ISBN 978-0-265-66931-0
PIBN 11008374

English
Français
Deutsche
Italiano
Español
Português

www.forgottenbooks.com

Mythology Photography **Fiction**
Fishing Christianity **Art** Cooking
Essays Buddhism Freemasonry
Medicine **Biology** Music **Ancient
Egypt** Evolution Carpentry Physics
Dance Geology **Mathematics** Fitness
Shakespeare **Folklore** Yoga Marketing
Confidence Immortality Biographies
Poetry **Psychology** Witchcraft
Electronics Chemistry History **Law**
Accounting **Philosophy** Anthropology
Alchemy Drama Quantum Mechanics
Atheism Sexual Health **Ancient History**
Entrepreneurship Languages Sport
Paleontology Needlework Islam
Metaphysics Investment Archaeology
Parenting Statistics Criminology
Motivational

NOUVEAUX S[UPPLÉMENS]

AU

RECU[EIL]

DE

TRAITÉS

ET

D'AUTRES ACTES REMARQUABLES,

servant à la connaissance des relations étrangères des Puissances et Etats dans leur rapport mutuel,

DEPUIS 1761 JUSQU'À PRÉSENT;

FONDÉ PAR

GEORGE FRÉDÉRIC DE MARTENS.

Suivis d'un Appendice contenant des Traités et actes publics importans d'une date antérieure, qui ou n'ont pas encore vu le jour ou du moins ne se trouvent pas dans une collection générale quelconque de Traités et d'actes publics.

PAR

FRÉDÉRIC MURHARD.

Tome I.
1761 — 1829.

À GOETTINGUE,
DANS LA LIBRAIRIE DE DIETERICH.
1839.

Avant-propos.

Le Recueil de Traités et d'autres actes publics,
mmencé par feu M. de Martens, est la seule collec-
n générale de ce genre qui depuis l'époque de la
ix de Fontainebleau a été continuée sans interruption
qu'à nos jours. Notre Recueil forme avec les Re-
eils généraux publiés antérieurement un ensemble et
corps le plus complet diplomatique existant jusqu'ici.
s diverses collections générales qui ont paru successi-
ment en Europe et qu'on doit aux recherches laborieu-
s des publicistes des XVII, XVIII et XIXme siècles
mprennent à partir de l'année 536 de l'ère chrétienne *),
s actes publics servant à la connaissance des relations
térieures de tous les Etats, comme Conventions et
raités d'alliance, de subsides, de trèves, de paix, de
nites, de commerce etc.; ainsi que les publications,
clarations, réglemens, etc. auxquels ces diverses trans-
tions politiques ont donné lieu **). Il existe en outre

) *Barbeyrac*, dans le 1er Volume des Supplémens au corps
diplomatique de *Dumont* donne l'histoire des traités depuis l'an 1496 avant J. C. jusqu'à 815 de l'ère chrétienne.
) Le relevé suivant des collections générales les plus esti-
mées fera connaître les périodes de temps que chacune
d'elles embrasse:
Après l'apparition du *Codex Juris gentium diplomaticus* de G. W. Leibnitz (Hannoverae 1693. Ibid.
mantissa edit. 1700 in-fol.), Jac. Bernard a publié

*2

beaucoup de Recueils spéciaux consacrés à un seul

---

un *Recueil de traités de paix de trève etc. depuis la naissance de Jésus-Christ jusqu'à présent* (Amsterd. et la Haye, 1700, 4 Vol. in fol.), renfermant la période 536 — 1700. Cet ouvrage a servi de base à la grande collection de J. D u m o n t: *Corps universel diplomatique du Droit des gens* (Ansterd. et la Haye, 1726 — 1731. 8 Vol. in fol.), comprenant la période de l'an 800 jusqu'à 1731, continué par R o u s s e t (Ibid. 1739. 5 Vol. in fol.) jusqu'en 1738.

J. J. S c h m a u s s *Corpus juris gentium*, 1696 — 1731 (Lips. 1730. 2 Vol. in 8ᵛᵒ.).

General collection of treaties and other public papers relating to peace and war, 1495 — 1731 (Lond. 1732. 4 Vol. in 8ᵛᵒ.).

L'abrégé de traités du Vicomte d e l a M a i l l a r d i è r e (1500 — 1778), forme le 2ᵉ Vol. de sa Bibliothéque politique.

La petite collection polonaise: *Traktaty Miedry Mocarstwame Europeyskiermi od Roku* 1648; *Zaste do Roku* 1763 (Varsovie, 1773. 3 Vol. in 8ᵛᵒ.) donne quelques traités qui manquent dans les collections de *Dumont* et de *Rousset.*

F r é d. A u g. G u i l l. W e n c k *Codex juris gentium recentissimi* 1735 — 1772 (Lips. T. I. 1781. T. II. 1788, T. III. 1796.). La mort de l'auteur survenue en 1811 a empêché la publication du Tome IV. de cette excellente collection.

A collection of state papers relating to the war against France now carrying on by Great-Britain and the several other European Powers (Lond. 1794 — 1796. 4 Vol. in 8ᵛᵒ.).

K o c h *Table de traités entre la France et les puissances étrangères, suivie d'un Recueil de Traités qui n'ont pas encore vû le jour.* (Bâle chez Decker, 1802. 2 Vol. in 8ᵛᵒ.). Nouvelle édition entièrement refondue et continuée par le Conseiller de légation *Schoell* et les pièces officielles publiées par celui-ci depuis 1814 en XII Volumes.

British and Foreign State Papers. Comprizing the principal Documents which have been made public, relating to the Political and Commercial affairs of Nations

ays *). Ces précieuses collections tant générales que par-

and to their Relations with each other, from the termi‑
nation of the war in 1814 to the latest period. Printed
exclusively for the use of the Government and of its
diplomatic Agents abroad. Compiled at the foreign office
by the Librarian and Keeper of the Papers. London,
depuis 1819.

Le Recueil général de Geo. Fréd. de Martens,
continué successivement par M. M. Charles de Mar‑
tens, Frédéric Saalfeld et Frédéric Murhard,
le seul qui se continue, comprend la période de l'an
1761 jusqu'à notre temps.

*) Comme p. e. pour l'*Allemagne*: Lunig *Reichsarchiv,*
(Leipz. 1710—1722. 24 Vol. in fol.). — pour la *France*:
Fr. Léonard *Recueil de Traités de paix, de trève
etc. faits par les rois de France avec tous les princes
de l'Europe depuis près de trois siècles* (Paris, 1693.
6 Vol. in 4to.); Gebhard *Recueil des traités de paix,
d'amitié, d'alliance, de neutralité et autres, conclus
entre la République française et les différentes puis‑
sances de l'Europe jusqu'à la paix générale* (Goettin‑
gue, 1796—1803, 4 parties in 8vo.); *Recueil général
des traités conclus par la République française avec
les différentes puissances continentales, pendant la
guerre de la révolution* (Paris, 1798. in 12mo.). — pour
la *Grande-Bretagne*: Thomae Rymer *Foedera,
Conventiones etc. inter reges Angliae* et quosvis im‑
peratores, reges etc. 1101—1654 (Lond. 1704. 20 Vol.
in fol. édition augmentée La Haye, 1739); *Collection
of all the treaties between Great Britain and other
powers* 1648—1783 (Lond. 1772. 3 Vol. nouv. édit.
augmentée 1785), ouvrage connu sous le nom de
Jenkinson; *Collection of treaties between Great-
Britain and other powers*, by G. Chalmers (Lond.
1790. 2 Vol.) — pour l'*Italie*: la collection de Lunig
1725—1735. — pour l'*Espagne*: *Colleccion de los tra‑
tados etc., hechos por los pueblos, reyes y principes
de España*, por D. Jos. Ant. de Abreu y Berto‑
dano 1598—1700 (Madrid, 1740—1752, 12 Vol. in
fol.); et un Recueil récent sans nom d'auteur, qui a paru
à Madrid en 1796, 1800 et 1801, renfermant la période
de 1701—1800. — pour la *Russie*: Tschutkow *Isto‑

ticulières des traités et actes publics de telle nation avec
les autres, composent une masse de plusieurs centaines

---

ritseskoe Opisianie Rossiiskoi kommercii (St. Petersbourg, 1782 et suiv. 8 Vol. in 4to.). — pour la *Pologne*:
Dogiel *Codex diplomaticus Poloniae et magni ducatis
Lithuaniae, in quo pacta, foedera, tractatus pacis
etc. continentur* (Vilna, T. I. 1758; T. V. 1759; T. IV.
1764; in fol. Les Tomes II, III, VI. et les suivans
n'ont pas parus); *Prava Konstytucye y Przywileie
Krolestwa Polskiego y Wilkiego Kieltswa Litewskiego
y wszystkich Provincyi* 1347 — 1780 (Varsovie, 8 Vol.
in fol.); **Jesjerski** *Traktaty Polskie* etc. 1618—1775
(Varsov., 1789. 8vo.); *Traktaty, Konvencye, Handlowe
y Graniczne* etc. 1764—1791 (Varsov., 1791. 2 Vol.
in 8vo.). — pour la *Suede*: G. R. **Modée** *Utdrag af
de emellan Hans Koniglige Majestaet ock Cronan
Suèrige a ena och utrikes Magter a andre sidan
sedan,* 1718, *flutna allianse Traktator och Afhand-
lingar* 1718—1753 (Stockholm, 1761. in 4to.); *Utdrag
atur Publique Handlingar* 1718—1779. (par le même
auteur, Stockh. 1742—1783. in 4to). — pour le *Danemarc*: Outre la collection de **Reedtz** (1016—1800)
et l'*Index chronologicus sistens foedera pacis etc. a
regibus Daniae et Norvegiae ac comitibus Holsatiae
inita cum gentibus intra et extra Europam,* par
Quistgaard (Gottingae, 1792. 8vo,), qui ne donne
que les titres des actes; le *Recueil de tous les Traités,
conventions, mémoires et notes, conclus et publiés
par la couronne de Danemarc, depuis* 1766 *jusqu'en*
1794, par H. F. C. **Clausen** (Berl. 1796. 8vo). — pour
la *Prusse*: *Recueil de déductions, manifestes, traités
etc. redigés et publiés pour la cour de Prusse, par
le Ministre d'état Comte de* **Herzberg**. 1756—1791
(Berl. 1788—1795. 3 Vol. in 8vo). — pour la *Hollande*:
*Recueil van de Tractaaten tusschen de H. M. S. G.
ende verscheyde Koningen* etc. 1576—1792. 2 Vol. in
4to.); **Kluit** *Index chronologicus sistens foedera pacis
etc. ab ordinibus Belgii foederati inita cum gentibus
intra et extra Europam* (Lugd. Batav. 1789. 8vo.). —
pour la *Suisse*: J. R. **Holzer** *Sammlung der vor-
nehmsten Bündnisse, Verträge, Vereinigungen,* etc.
welche die Krone Frankreich mit löblicher Eidge-

de volumes, dont les grandes bibliothéques publiques peuvent seules présenter la réunion. . Mais parmi les nombreux documens renfermés dans ces vastes Recueils, la plus grande partie n'offre plus d'intérêt qu'à l'historien. Rarement le publiciste, dans sa pratique, a besoin de recourir à des actes publics appartenans à une période plus reculée que celle d'un demi-siècle. Ce qu'il se trouve dans le cas de consulter le plus souvent, ce sont les transactions entre les gouvernemens qui se datent d'une époque plus rapprochée de notre temps, et c'est par cette raison que notre Recueil, comprenant la période dès la guerre de sept ans jusqu'à nos jours, lui est devenu un Manuel indispensable qui sert a lui faire connaître les relations étrangères des Puissances et Etats dans leur rapport mutuel aujourd'hui. Aussi est ce notre collection générale qui se trouve citée préférablement à chaque occasion par les hommes d'état de tous les pays. Aucun autre ouvrage n'a pu remplacer le Recueil de Martens dans leurs bibliothèques.

Il y a une espèce d'actes publics et de transactions entre les gouvernemens de divers pays dont la connaissance est surtout utile et nécessaire à beaucoup de classes de la société, dans la pratique habituelle des affaires : ce sont ceux qui doivent régler les rapports de commerce et de navigaton entre leurs pays et les autres nations. Les documens de cette catégorie sont sans doute le plus souvent à rechercher et à examiner par les négocians,

---

nossenschaft und dero Zugewandten insgesammt und insbesondere aufgerichtet (Bern, 1732. 8vo.); du même auteur: *Die Bündnisse und Verträge der Helvetischen Nation, welche theils die verschiedenen Städte und Republiken mit einander, theils alle insgesammt mit auswärtigen Potentaten haben* (Bern, 1737. in 4to.); U s t e r i *Manuel du droit public de la Suisse* (Aarau, 1815—1816. 2 Vol. in 8vo.). — pour *les Etats-unis de l'Amérique septentrionale: State papers of the United States of America* (Boston, 1810 et suiv. 10 Vol. in 8vo.). — etc. etc.

les manufacturiers, les armateurs, les administrateurs, les juges des tribunaux de commerce, les hommes de loi, les agens chargés à l'étranger de protéger les intérêts de leurs nations. Pour subvenir à ce besoin il a paru à Londres, il y a quelques années, un ouvrage renfermant les traités et conventions de commerce et de navigation actuellement en vigueur entre la Grande - Bretagne et les Puissances étrangères. L'utilité de cet ouvrage publié par M. Lewis Hertslet, Conservateur des archives au Foreign office à Londres*), a eté généralement appréciée en Angleterre, et a fait sentir la nécessité de publier pour la France un semblable travail. Occupant au Ministère des affaires étrangères à Paris une position analogue à celle de l'éditeur de la collection pour l'Angleterre à Londres, M. le comte d'Hauterive s'est chargé d'entreprendre ce travail pour la France. Les recherches longues et minutieuses, qu'il exigeait et le désir d'en hâter la publication dans l'intérêt du public, ont fait sentir à M. le Sous - directeur des Archives et chancelleries au département des affaires étrangères de la France la nécessité de s'adjoindre un collaborateur dans la personne de M. le Chev. de Cussy, Consul de France, ancien premier Secrétaire de légation et ancien Sous - Directeur au département des relations extérieures pour les affaires commerciales. Cet ouvrage publié à Paris 1834 — 1837 en huit Volumes**) comprend une collection complète de Traités et

---

*) A compleat collection of the Treaties and conventions and reciprocal regulations at present subsisting between Great-Britain and Foreign Powers. Compiled from authentic documents. London, 1827. 3 Volumes en 8vo.

**) Recueil des Traités de commerce et de navigation de la France avec les Puissances étrangères, depuis la paix de Westphalie, en 1648, suivi du Recueil des principaux Traités de même nature conclus par les Puissances étrangères entre elles depuis la même époque, par M. le Comte d'Hauterive et M. le Chev. Ferdinand de

conventions de commerce et de navigation conclus par la France, à partir de l'époque mémorable du Traité de Westphalie. Ce Recueil renferme également les stipulations relatives au commerce, aux droits des particuliers, et à leur état civil, qui se trouvent en quelque sorte égarées au milieu des nombreux traités de paix, de limites, de postes, de liquidation etc. que la France a conclus depuis la même époque. Pour rendre plus utile cette partie de leur travail les éditeurs y ont joint un appendice contenant les lois, ordonnances et réglémens qui se rattachent d'une manière directe à l'objet de ce recueil. Tous les documens qui en font partie ont été avant d'être imprimés, collationnés avec le plus grand soin sur les instrumens originaux conservés au dépôt des archives du Ministère des affaires étrangères, et *ils* ont acquis ainsi un degré d'authenticité qui permet de les invoquer, soit en justice, soit dans les négociations. Cet ouvrage est divisé en autant de chapîtres qu'il y a de Puissances, et celles-ci sont dressées par ordre alphabétique. Chaque chapître comprend la suite complète des Traités conclus par la France, depuis 1648, avec le gouvernement étranger auquel il se rapporte, et il est précédé d'une notice historique destinée à faire connaître les principales dispositions renfermées dans les traités antérieurs et à expliquer les principaux changemens introduits par le texte des traités modernes dans l'économie des rapports commerciaux de la France. Les éditeurs ne se sont pas arrêtés là; le désir de donner à leur ouvrage tout le développement dont il est susceptible leur a inspiré l'idée de joindre aux traités de commerce et de navigation conclus par la France avec les autres Puissances, les conventions de même nature conclues par les Puissances étrangères entr'elles.

Cussy. Paris, Rey et Gravier libraires. T. I. 1834. T. II. 1835. T. III. 1836. T. IV—VIII. 1834—1837. (Prix 64 Francs à Paris).

L'usage assez généralement adopté, entre les Puissances amies, de s'assurer réciproquement la jouissance du traitement et des privilèges qui sont accordés ou qui pourraient l'être, par la suite, à la nation la plus favorisée, ainsi que le portent beaucoup de traités modernes, démontre en effet la nécessité d'un tel second recueil, comme complément indispensable du premier. Car il ne suffit plus à une nation quelconque de connaître les traités conclus par son gouvernement, il lui devient encore nécessaire de connaître ceux qui unissent les autres nations entre elles, puisqu'ils sont fondés, dans certains cas, à reclamer, par assimilation, les privilèges dont elles jouissent. Cette collection des traités étrangers a été classée par les éditeurs de l'ouvrage en question d'après le même plan que celle des traités français. Elle est également divisée par ordre alphabétique, et en autant de chapîtres qu'il y a de Puissances; chaque chapître comprend la série des principaux Traités d'un Etat avec les autres Etats, à partir de la paix de Westphalie. L'ouvrage est terminé par une table raisonnée des matières, qui forme pour ainsi dire un Dictionnaire de droit commercial conventionnel.

Ces deux collections récentes très-estimables mises au jour en Angleterre et en France, seront sans doute d'une grande utilité pour beaucoup de personnes; cependant elles sont loin de rendre superflu l'usage du Recueil général qui porte le nom de M. de Martens, même dans les dits deux pays, pour les hommes d'état et particulièrement pour les publicistes et les diplomates de profession, attendu que ceux ci ne peuvent pas se borner à la connaissance des actes publics, en matière de commerce et de navigation.

Quant au Recueil anglais il n'a en outre pour objet, ainsi que son titre l'indique, que les traités considérés par l'auteur comme *actuellement* en *vigueur*. Mais il est presque impossible de préciser d'une manière certaine, quels sont en effet les traités exclusivement en vigueur; et ceux qui ont cessé de l'être, dans le sens absolu du mot. La distinction entre les conventions qui ont conservé tout ou partie de leur force, et celles qui l'ont perdue en tout ou en partie, paraît d'autant plus impraticable, qu'il existe nombre de traités qui, bien que parvenus au terme de leur durée, sont encore invoqués, au moins sous le rapport des principes qu'ils renferment, et des précédens qu'ils établissent. Il en est d'autres qui, bien que reconnus par une des parties contractantes, sont regardés par l'autre, comme tombés en désuétude ou abolis par l'effet d'évènemens ultérieurs. Ces considérations ont aussi déterminé les auteurs du Recueil français à ne se renfermer pas dans la même limite et à étendre le plan de leur ouvrage. Les deux Recueils en mention étant proprement destinés à l'usage des Anglais et des Français, les auteurs se sont bornés à donner presque tous les actes publics renfermés dans leurs ouvrages seulement dans leur langue maternelle. Ainsi on trouve dans la collection de Mr. Hertslet les traités préférablement communiqués en langue anglaise et les auteurs de la collection imprimée en France ont adopté exclusivement la langue française pour la publication de tous les actes publics. Mais pour l'interprétation juste et exacte des traités il importe souvent d'en connaître le texte original, de sorte que l'existence des dites collections ne dispensera pas les publicistes de la Grande-Bretagne et de la France de recourir dans beaucoup de cas au Recueil général de Martens.

Ce dernier Recueil étant le seul dans la littérature publiciste de l'Europe, qui par l'état le plus complet de traités et actes publics de toute nature et de tous les pays qu'il présente dans leurs textes originaux et dans une série non interrompue chronologique depuis près de 80 ans, peut satisfaire tous ceux qui ont un motif de s'occuper de l'étude de ces documens, propres à constituer la base du droit des gens moderne

de toutes les nations civilisées. Les publicistes de tous
les pays sont interessés à voir se compléter autant que
possible, la grande collection publiée depuis 38 années
par la Librairie de M. Dieterich à Goettingue, dont
l'utilité est généralement reconnue surtout pour les membres du corps diplomatique qui dans leurs missions am-
bulantes ne peuvent pas s'entourer de nombreuses bibliothèques et, privés de l'usage de notre Recueil, per-
draient souvent beaucoup de temps à la recherche de
pièces éparses dans une multitude d'ouvrages et de journaux. Mais un ouvrage comme celui fondé par M. de
Martens ne peut se perfectionner qu'avec le temps et il
n'est pas étonnant qu'après une longue suite d'années
on rencontre encore nombre de documens plus ou moins
intéressans qui y manquent. Dans nos jours l'opinion
des savans s'est manifestée itérativement par les feuilles
publiques scientifiques, combien il serait désirable de
voir bientôt remplies les lacunes qu'offre encore cette
grande collection, malgré les peines assidues que se
sont données le célèbre fondateur et ses successeurs de
la rendre aussi complète que possible. Des personnes,
respectables ont encourage l'éditeur actuel à ne perdre
jamais de vue de remplir cette tâche et j'ose me flatter
d'y contribuer par la publication de plusieurs Volumes
contenans de nouveaux Supplémens.

Un des plus célèbres Publicistes de notre temps,
feu Mr. Klüber, a eu la complaisance de me communiquer une liste de plus de 40 traités publics dont il
avait aperçu le besoin dans notre Recueil et dont beaucoup étaient très-peu connus et plusieurs restés secrets.
Cependant j'ai trouvé moyen, de me procurer des copies de la plûpart de ces documens. Secondé par la
bienveillance de plusieurs personnes distinguées qui,
s'intéressant au succès de notre ouvrage, ont bien voulu
me faire parvenir nombre de pièces qui n'ont pas été
imprimées jusqu'à ce jour, et d'autres qui, malgré leur
publication, ne sont que peu ou très-imparfaitement

connues du public, j'espère pouvoir compléter en grande partie la collection dont. la continuation. et la perfection sont confiées actuellement à mes soins. Mais il y aura sans doute des actes publics qui ont pu échapper à mon attention et je serai très-obligé à ceux qui voudraient bien m'indiquer des documens qui manquent encore dans notre Recueil, et dont ils pourraient avoir connaissance. Il y a en outre un assez grand nombre de Traités ou Conventions, dont je n'ignore pas l'existence sans être à même de satisfaire le public par leur publication.

Parmi les pièces dont je n'ai pas réussi encore à me procurer des copies authentiques, je. n'hésite pas de désigner les suivantes:

Traité d'alliance et d'amitié entre la Russie et le Danemarc, du 28. Février 1765. (Ce Traité secret se trouve cité dans le Traité provisionnel conclu le $\frac{11}{22}$ Avril 1767 entre la Russie et le Danemarc, touchant l'échange du duché de Holstein et des comtés d'Oldenbourg et de Delmenhorst. Voy. notre *Recueil* T. I. p. 426 et suiv.)

Convention entre le Royaume de Westphalie et celui de Saxe, en date du 19. Mars 1808.

Traité entre la France et le Grand-duché de Berg, du 15. Juillet 1808.

Convention entre la France et la Prusse, du 20 Septembre 1808.

Conventions signées le 8. Octobre 1808 au Congrès d'Erfort entre l'Empereur des Français et l'Empereur de toutes les Russies.

Convention du Grand-Duc de Bade avec la majorité des cantons de la Suisse, du 23. Août 1809.

Articles explicatoires de la convention conclue entre l'Empereur Napoléon et le Roi d'Espagne, le 8. Mai 1808 à Bayonne. En date du 3. Février 1810.

Convention entre la Saxe royale et le Royaume de Westphalie, du 26. Février 1812.

Traité d'Alliance entre la Russie et la Suède, du 24. Mars 1812.

Convention entre le **Royaume de Saxe** et celui de **Westphalie**, du 15. Avril 1812.

Convention pour l'accession de la **Grande-Bretagne** au Traité d'Alliance conclu entre la **Russie** et la **Suède**. En date du 3. Mai 1812.

Traité entre l'**Autriche**, la **Russie**, et la **Prusse**, signé à Reichenbach le 27. Juin 1813. (Il a été stipulé dans ce Traité secret entre autres: la restitution future des Provinces Illyriennes à l'Autriche et la dissolution du Duché de Varsovie. Les provinces qui forment ce dernier Duché, seront partagées entre l'Autriche, la Russie et la Prusse d'après des arrangemens à prendre par les trois Puissances, sans aucune intervention du gouvernement français.

Articles secrets ajoutés au Traité de paix signé à Paris le 30. Mai 1814 entre les Puissances alliées et la France. (Voy. notre Recueil Supplém. T. VI. ou Nouv. Recueil T. H. p. 1. et suiv.) Quelques-uns de ces articles secrets du premier Traité de Paris sont connus aujourd'hui, mais d'autres ne le sont encore que sommairement. La totalité des dits articles est restée toujours renfermée dans les cabinets.

Bref du **Saint Père à Rome** adressé à S. M. l'Empereur d'Autriche, peu avant le commencement du Congrès de Vienne.

Traité secret entre la **Russie** et la **Prusse**, concernant le sort futur de la **Pologne** et du **Royaume de Saxe**. En date du 28. Septembre 1814.

Note du **Cardinal Consalvi**, Plénipotentiaire du Pape au Congrès de Vienne, présentée au Prince de Metternich au mois de Octobre 1814. (La Cour de Rome y demande la restitution de la totalité de ses anciennes possessions).

Note du **même** adressée au **même**, renfermant des reclamations du saint Siége pour l'église romaine catholique en Allemagne. En date de Vienne le ... Octobre 1814.

Exposé du Prince de Hardenberg pour la réctification des tableaux statistiques communiqués au Congrès de Vienne par le Prince de Metternich pour la restauration de la Monarchie prussienne. Daté du ...; Décembre 1814.

Rapport de la commission nommée dans la séance du Congrès de Vienne du 10. Décembre 1814, relativement aux reclamations de la Reine d'Etrurie.

Note du Plénipotentiaire de l'Espagne au Congrès de Vienne, adressée au Prince de Metternich, concernant les Duchés de Parme, de Plaisance et de Guastale.

Notes du Plénipotentiaire du Grand-duché de Bade au Congrès de Vienne, présentées aux cabinets de la Russie et de la Prusse, le 2. Mars 1815, concernant les prétentions pour la cession d'une partie du territoire du Grand-duché en faveur de la Bavière.

Note du même adressée à la cour de Vienne le 3. Mars 1815 sur le même objet.

Promemoria présenté par le même aux Cours de l'Autriche, de la Russie et de la Prusse, le ... Avril 1815, sur le même objet.

Déclarations des Plénipotentiaires de Wurtemberg, de Bade et des deux Hesses au Congrès de Vienne, pour la reservation des droits de leurs gouvernemens contre la cession de territoires à eux appartenans stipulée en conventions secrètes entre l'Autriche et la Bavière. Datées du ... Avril 1815.

Convention préliminaire d'alliance entre l'Autriche et le Roi des deux Siciles par laquelle la restitution du Royaume de Naples a été garantie à celui-ci. En date du 29. Avril 1815.

Traité d'alliance offensive et defensive entre les Puissances alliées, savoir l'Autriche, la Grande-Bretagne, la Russie et la Prusse, d'une part; et le Roi Ferdinand des deux Siciles de l'autre part. Daté du ... Avril 1815.

Convention d'alliance secrète entre l'Autriche et le Roi des deux Siciles, signée à Vienne le 12. Juin 1815. (L'existence de cette convention n'a été connue que par le rapport du Ministre des affaires étrangères à Naples dans la séance du Parlement napolitain du 4. Octobre 1820.)

et plusieurs autres documens plus ou moins importans pour l'histoire et la science des publicistes.

Il y a des Traités, conventions et autres actes publics qui renferment des stipulations que les circonstances peuvent engager à tenir pendant quelque temps très-réservées; mais, après que celles-ci se sont changées, il n'existe quelquefois plus de motif de les soustraire à la curiosité du public, par leur publication. Souvent même la publication de telles stipulations, après avoir été mises en exécution, pourra paraître indifférente aux gouvernemens qu'elles regardent. Ces considérations sont peut-être applicables à la plûpart des pièces que je viens de désigner comme manquant encore dans notre Recueil. Ceux qui se trouveraient en état de me communiquer, à mes frais, des copies satisfaisantes de l'une ou de l'autre des pièces mentionnées ci-dessus, m'obligeraient par là infiniment, j'ose même croire qu'ils rendraient un grand service au public en contribuant ainsi à la perfection d'un ouvrage destiné à l'utilité de celui-ci.

Je ne doute pas que même après la publication de ces nouveaux Supplémens il restera encore bien de lacunes à remplir pour que notre collection obtienne tout le degré de perfection dont elle est susceptible. Il ne sera pas même à espérer d'atteindre ce but d'une manière tout-à-fait satisfaisante, sans que tous les gouvernemens mettent au jour les traités et actes publics qui les regardent et dont une partie se trouve ensevelie dans les archives. Parmi les gouvernemens d'Italie ce n'est jusqu'ici que la cour de Turin qui a fait publier officiellement une collection complète de tous ses

Traités publics *). Cependant on y cherche en vain plusieurs Traités secrets que le gouvernement Sarde n'a pas jugé convenable de porter à la publicité, comme p. e. les actes publics et conventions concernant les Vaudois, conclus avec l'Angleterre, que j'ai fait insé-rer aux nouveaux Supplémens de notre Recueil. Quant à l'Allemagne aucun de ses gouvernements n'a jus'qu'à présent publié des copies authentiques de ses Traités et d'autres actes diplomatiques. Il est d'autant plus mé-ritoire que M. le Baron C. M. d'Aretin a employé beau-coup de soins à nous donner non seulement un catalogue chronologique complet de tous les actes publics qui regar-dent la Bavière depuis 1503 — 1819, mais de publier en même tems 94 Traités, conventions et autres actes publics de la Bavière jusqu'ici imprimés nulle part **).

J'ajouterai à la fin de chaque Tome des nouveaux Supplémens au Recueil de Martens un Appendice renfer-mant des Traités et d'autres actes publics remarquables d'une date antérieure à 1761, qui n'ont pas encore vu le jour ou du moins ne se trouvent pas dans les Recueils généraux précédents.

---

*) Traités publics de la Royale Maison de Savoie avec les Puissances étrangères depuis la paix de Chateau - Cham-bresis jusqu'à nos jours, publiés par ordre du Roi et présentés à S. M. par le Comte Solar de Marguerite, premier Secrétaire d'Etat pour les affaires étrangères, etc. Turin, 1836. Cinq gros Volumes en royal 4to. (Prix 30 Thalers monnaie d'Allemagne.)

**) Chronologisches Verzeichniss der Bayer'schen Staats-Verträge vom Tode Herzog Georgs des Reichen (1505) bis zum Frankfurter Territorial-Recess (1819). Nebst einer Sammlung von 94 bisher ungedruckten Recessen, Conventionen, Protokollen, und anderen in gleiche Kate-gorie gehörenden Urkunden. Von C. M. Freiherrn von Aretin, Königl. Bayer'schem Rittmeister à la suite der Armee, Oberstlieutenant und Distrikts-Inspector der Landwehr des Unter-Donau-Kreises. Passau, bei Fr. Winkler 1838. in gr. 8vo.

Je profite de cette occasion d'adresser publiquement mes remercimens à tous ceux qui, par leurs secours, ont bien voulu contribuer à me fournir des matériaux pour la publication des nouveaux Supplémens. Ce secours m'était d'autant plus precieux qu'en ramassant les dits matériaux j'eus à surmonter des difficultés qui ne sauraient être suffisamment appréciées que par ceux qui se sont occupés d'un travail semblable.

Cassel, le 30. Janvier 1839.

Frédéric Murhard.

1.

*Actes relatifs à l'exécution du Traité de limites conclú le 24. Mars 1760 entre la France et la Sardaigne *).*

A.

Procès verbal de limitation générale convenue entre les Cours de Turin et de Versailles en exécution du Traité du 24. Mars 1760. En date du 15. Avril 1761.

Jean Joseph Foncet Baron de Montailleur, Seigneur de la Tour, Président et Sur-Intendant des Archives Royales de Sa Majesté le Roi de Sardaigne; et Pierre Bourcet Maréchal des Camps et Armées de Sa Majesté Très-Chrétienne, et Général des Fortifications des Places du Dauphiné, Commissaires principaux députés pour l'entière exécution du Réglement général des limites conclu entre les deux Cours.

Par notre procès verbal du 29. Mai de l'année dernière nous avons fixé et déterminé, par relation aux cartes qui en font partie, tous les détails de la limitation convenue entre les deux Cours, dont la saison et la disposition du terrein nous avoient permis l'accès; et nous avons renvoyé à un tems commode pour en faire lever les plans, le réglement définitif des limites des montagnes de l'Harpette et de Granier, et celui des territoires de Vaujani et de S. Colomban, de même que le rétablissement, soit redressement de la limitation des grandes alpes de l'année 1718, dans l'étendue de la quelle nous nous flations de trouver matière à l'équivalent stipulé par l'article séparé du Traité.

Nous avons à ces fins, chargé par des instructions communes des Ingénieurs géographes, de parcourir avec soin toute cette limitation, pour en reconnoître

---

*) Voy. le Traité du 24. Mars 1760 chez *Wenck T. III.*

1761 les bornes caduques et manquantes, et de se transporter
ensuite sur les montagnes d'Olle et de l'Harpette, pour
en lever les plans.

Par le compte qu'ils nous ont rendu des divers
objets de cette commission, il résulte que pour assurer
et constater toujours plus la limitation des grandes
alpes, relativement aux Verbaux de 1718, il est nécessaire de rétablir quelques bornes abbatues ou endom-
magées, et d'en ajouter d'autres en certains endroits,
pour prévenir des contestations qui pourroient aisément
s'élever dans la suite, et que pour le surplus l'on ne
pourroit prendre dans cette partie l'équivalent du terrein que la communauté de S. Colomban possède sur
les eaux pendantes du Dauphiné, sans s'éloigner du
principe de limitation établi par le Traité d'Utrecht,
et par la convention de 1718, ainsi que nous le recon-
nûmes dans nos conférences de Montmeillan, du mois
d'octobre dernier.

Et par l'inspection des cartes levées par ces Ingénieurs, nous avons dans le même tems eu lieu de
reconnoître, par rapport à la montagne d'Olle, que
les divers ruisseaux qui la traversent, pouvoient fournir
d'autres points de limitation, qui sans être moins naturels
que celui des eaux pendantes, qu'on avoit eu en vue,
dans l'échange projété par l'article séparé, seroient
même plus directs; mais que pour rendre cette limitation équitable, elle devoit être combinée avec les droits
et convenances réciproques.

Pour regard de la montagne de l'Harpette, l'étendue
de cette dénomination ayant fait naître quelque difficulté sur l'intelligence de l'article 4 du Traité, il nous
a paru qu'en vertu du pouvoir qui nous est attribué
pour pareils cas par la première partie du même
article séparé, il s'agissoit de concilier sur ce point,
les expressions du Traité, avec l'état antérieur et avec
la bienséance de la limitation, pour la lier ainsi depuis
les sources du Guyers vif jusqu'à la Croix du Col du
Fresne.

Sur le rapport que nous avons fait à Messieurs les
Ministres Plénipotentiaires de l'état des choses, et des
moyens qui nous paroissoient les plus propres, pour
les porter au point d'une juste conciliation, afin de
consommer par là le grand ouvrage de la limitation
générale et définitive entreprise et poursuivie avec tant

de succès, ils en ont approuvé l'idée, et nous ont en 1761
conséquence chargé de proposer les lignes de démarcation qui sur ce système nous paroîtroient plus convenables, pour l'un et l'autre objet, sans oublier ce qui
pouvoit concerner les intérêts des communautés, à
teneur de l'article 15 du Traité.

En exécution de ces ordres, et après avoir pris
tous les éclaircissemens possibles, tant sur les droits
et intérêts réciproques, que sur les convenances des
points de limitation dont il s'agit, nous avons crû devoir en projeter et proposer les plans de la manière
ci-après exprimée, rélativement aux cartes qui en dé-
signent et démontrent plus particulièrement la direction;
et le tout ayant été présenté à ces Ministres qui en
ont rendu compte aux Souverains respectifs et rapporté
leur approbation, nous avons en conséquence été chargés
d'en dresser procès verbal, par suite et continuation
de celui qui est annexé au Traité; aux fins, qu'après
avoir été aussi confirmé et autorisé par la signature
des mêmes Ministres, il soit censé en faire corps, et
avoir la même force et valeur que s'il y étoit inséré.

Et partant Nous Commissaires principaux, tant
en vertu des pouvoirs énoncés dans notre précédent
verbal, qu'en conséquence des ordres susdits, avons
fixé et déterminé la limitation de la montagne d'Olle,
et en même tems celle des territoires de S. Colomban
et de Vaujani, de la manière suivante, savoir: la ligne
de division qui subsiste sans difficulté, dès le Col de
la Croix jusqu'à la cime du rocher de la Combe, continuera par cette même cime jusqu'à l'endroit le plus à
portée, pour descendre par le rieu du Pin, et successivement par le nant de Billiant dans le ruisseau
d'Olle, que l'on suivra jusqu'au confluent du rieu blanc,
pour remonter jusqu'à la source de ce même rieu, et
de là par la serrière de la Lauze jusqu'à la cime du
roc de la Balme, soit à la Croix des Picheaux; d'où
l'on reprendra l'ancienne limitation, par l'Eguille noire
et autres alpes qui ont toujours séparé les deux Etats;
et au moyen de cet arrangement, dicté par une connoissance plus particulière du local, celui qui avoit été
projeté par l'article séparé du Traité, sera regardé
comme non avenu, et demeurera sans effet.

Et pour ce qui regarde les montagnes de l'Harpette et de Granier, la limitation convenue par l'ar-

1761 ticle 4 du Traité, se dirigera suivant la ligne tracée sur la carte particulière dressée pour ce regard, depuis la source du Guyers vif jusqu'à la sommité de l'Harpette que l'on suivra jusqu'au Col de Valfroide, d'où en descendant par l'arête désignée sur la même carte, au roc de Barbabillion, on suivra ensuite la cime des rochers dé l'Arc et des Lanches jusqu'à la Dent de Granier et à la Croix du Col du Fresne, où commence la limitation de la Vallée de Grésivaudan.

Dès que la saison pourra le permettre il sera procédé par les mêmes Ingénieurs au plantement des bornes et autres.opérations qui seront jugées nécessaires pour constater les susdites limitations, et pour le rétablissement de celle des grandes alpes de l'année 1718, à teneur des commissions et instructions qui leur seront expédiées à ces fins; et à leur passage sur les frontières du Montgénévre et de Césane, ils mettront en exécution, sous l'autorité de Messieurs les Subdélégués de Briançon et d'Oulx, les arrangemens que nous avons concerté entre ces deux communautés, de la manière portée par le résultat de nos conférences de Montmeillan.

Et afin de prévenir les difficultés qui pourroient survenir, pour la fixation des tributs des terreins que les communautés de S. Colomban et de Vaujani acquièrent et perdent réciproquement par cette nouvelle limitation, il a été convenu que pour éviter toutes autres opérations et discussions sur cet objet, la communauté de Vaujani levera sur le terrein qu'elle acquiert sur la droite de l'eau d'Olle, tant pour tributs Royaux, que pour charges provinciales et locales, la même somme qu'elle abandonnera à la Communauté de S. Colomban, pour raison du terrein que cette dernière acquiert sur la gauche de la même rivière; tous autres droits des Communautés intéressées à ce réglement de limites restant dans leur force et valeur, suivant l'esprit du Traité.

Enfin sur le doute qui s'est élevé de la part des particuliers et des Communautés limitrophes, qui ont réciproquement des bois hors de la Souveraineté dont ils relèvent, si la liberté d'extraction stipulée par l'article 18 du Traité les affranchit de la nécessité d'obtenir les permissions qui sont d'usage, pour l'extraction des bois suivant les loix de chaque Etat, il a été

convenu que pour concilier sur ce point la commodité 1761
des intéressés avec l'ordre qui doit être observé dans
cette matière, il suffira de recourir chaque année à
l'Intendant de la Province, où sont situés les bois,
pour en obtenir sans fraix, et avec les seules précautions nécessaires pour prévenir les abus, les permissions
de les couper et de les extraire.

Au moyen des dispositions portées par le présent
et par notre déclaration du 30. Octobre dernier, dont
la teneur est insérée ci-après, nous avons lieu de
croire d'avoir conduit à sa fin le réglement général
et définitif, que les deux Cours avoient en vue, pour
établir entre leurs Etats des limites stables, naturelles
et propres à en assurer à jamais la tranquillité; et pour
ce qui regarde quelques articles subalternes qui restent
encore à remplir, l'on se donne de part et d'autre
tous les soins possibles, pour en accélérer l'entière
exécution.

*Teneur de déclaration signée à Montmeillan le
30. Octobre 1760.*

Lorsque les deux Souverains sont convenus par
l'article 3 du Traité des limites du 24 mars dernier,
d'assujettir à fraix communs le guyers à couler sous
le pont de Saint Genis, ils n'ont entendu de faire en
commun que les premières dépenses nécessaires, tant
pour entonner les eaux sous le pont, que pour former
le canal de direction necessaire à cet effet, tel qu'il
seroit jugé convenable; et ils n'ont point eu l'intention
de s'engager à perpétuité à entretenir en commun cette
direction.

En conséquence, Nous Commissaires principaux,
à ce particulièrement autorisés par les Ministres Plénipotentiaires, avons stipulé en explication du dit article
III, que si le torrent sortoit du nouveau lit qui lui
aura été assigné, et abbandonnoit le pont de Saint
Genis, ce cas n'apporteroit aucun changement à la limitation établie par le milieu de ce pont; de manière
que la ligne de mi-partition, tant du dit pont, que
du canal de direction servira, dans tous les tems, de
ligne de démarcation, pour déterminer et fixer la limite
dans cet intervalle.

Stipulons en outre que les Souverains ayant fait
une seule fois la dépense nécessaire, tant pour l'entonne-

1761 ment. des eaux du guyers, sous le pont de Saint Genis, que pour la formation du canal de direction, les
Communautés riveraines tant de Savoie que de France,
seront obligées à l'entretien journalier des ouvrages de
leurs rives respectives; le quel entretien est d'autant
plus convenable, que les soins peu dispendieux qu'on
prendra de part et d'autre, pour la conservation de
ces ouvrages, sont le moyen le plus efficace de prévenir
les grandes excursions du guyers, qui pourroient dévenir
pernicieuses à l'une ou à l'autre des deux rives etc.

Et en foi de ce, nous avons signé deux copies de
ce Procès verbal, et y avons fait apposer le cachet
de nos armes; afin qu'après l'approbation des Ministres
Plénipotentiaires il soit regardé comme faisant partie
du Traité: à quelle fin nous avons aussi fait faire deux
copies des dites cartes par nous signées et scellées
comme dessus, et les avons fait coter, savoir celle de
la montagne d'Olle par la lettre G, et celle de l'Harpette par la lettre H; et n'ayant pas été possible de
nous réunir pour la signature du présent, nous l'avons
signé séparément; après en avoir arrêté et concordé
tout le contenu; savoir Nous Commissaire principal de
Sa Majesté le Roi de Sardaigne à Turin le vingtquatre
mars mil sept cent soixante un; et Nous Commissaire
principal de Sa Majesté Très-Chrétienne à Versailles
de quatre avril même année.

FONCET DE MONTAILLEUR.   BOURCET.

Nous Ministres Plénipotentiaires ayant pris lecture
de ce Procès verbal définitif, en approuvons et confirmons le contenu, déclarant qu'il aura la même force
et valeur, que celui du vingtneuf mai de l'année dernière, dont il fait la suite et la conclusion.

A Turin le 15. Avril 1761.

OSSORIO.   CHAUVELIN.

B.

*Verbal de limitation générale convenue entre
les Commissaires de S. M. le Roi de Sardaigne,
et S. M. le Roi de France en exécution du
Traité du 24. Mars 1760. En date du
4. Octobre 1761.*

Nous Antoine Durieu, Ingénieur topographe de
Sa Majesté le Roi de Sardaigne, et François Potain,

Ingénieur géographe de Sa Majesté Très-Chrétienne, 1761
députés pour le placement des bornes à faire ensuite
de la limitation convenue entre nos Souverains par le
Traité du 24. Mars 1760, et par le Procès verbal
définitif de messieurs les Commissaires principaux, approuvé par messieurs les Ministres plénipotentiaires le
15. Avril 1761, de même que pour le rétablissement
de la limitation des grandes Alpes de l'année 1718, à
teneur de nos commissions insérées au bas du présent,
avons divisé notre opération en trois parties, dont la
première a pour objet la frontière entre Nice et la
Provence avec partie de Barcelonette; la seconde
entre le Piémont et partie de Barcelonette et du Dauphiné; et la troisième entre le restant du Dauphiné et
Savoie.

Et commençant par la première partie, nous avons
observé que depuis la mer jusqu'au ruisseau de Rioland, la limitation se trouvant établie dans le Traité
susdit par le milieu du plus grand cours du Var et
de l'Esteron, il n'est besoin d'aucune borne pour la
constater dans cette partie que sur les ponts de
Rocasteron et de Cigale sur l'Esteron, et successivement sur ceux de Rioland; et nous conformant à cet
égard à la disposition de l'art. 9 du dit Traité, nous
avons fait poser dans le centre du dit pont de Rocasteron, qui est partie en bois et partie en pierre;
et sur la gauche d'icelui, allant de France à la Comté
de Nice, un poteau de bois de chêne, sur le quel
nous avons fait apposer et dûment assurer les armes
des deux Rois, relevées en bosse sur des plaques de
fer battu, lesquelles armes, de même que celles des
bornes suivantes, sont la Fleur de Lis à la p[art de]
France, et la Croix blanche à la part de Savoye
déclarant qu'à teneur de l'article 9 du Traité,
borne, de même que celles qui ont été posées
autres ponts, énoncées dans ce verbal, n'ont [pour]
objet que d'indiquer le point de division de ces
ponts, sans influer sur la limitation des riviè[res qui]
coulent au dessous d'iceux, les quelles à ten[eur du]
même Traité doivent toujours se diviser par le [milieu]
de leur plus grand cours.

De là nous nous sommes rendus sur le p[ont de]
Cigale, qui est tout en maçonnerie, dans le [centre]
du quel, et du côté gauche, a [...] de Fra[nce]

1761 la Comté de Nice, nous avons fait planter une borne
de pierre gravée aux armes des deux Souverains,
comme dessus.

De là nous nous sommes transportés sur les ponts
du Rioland, tous les deux en maçonnerie, et commençant par celui qui est plus proche de son confluent
dans l'Esteron, nous y avons fait poser une borne de
pierre, gravée comme dessus dans le centre d'icelui,
et sur la gauche, allant de France à la Comté de
Nice; et quant à l'autre pont tendant de Cigale à
Salagrifon, son état ruineux et sa petitesse n'ayant
pas permis d'y placer une borne, nous avons fait
graver les armes des deux Rois sur deux rochers fixes,
qui se trouvent, l'un sur la rive droite, et l'autre sur
la rive gauche du dit ruisseaux, en prenant pour point
central la clef de la voûte du dit pont.

De là la limitation suit, à forme de l'art. 9 du
Traité, par le même ruisseau jusqu'à la rencontre de
celui de Chanan, successivement de celui du vallon de
Saint Pierre, jusqu'à sa source, et de là tend à la
Roche de Beaumont, où nous avons fait planter une
borne gravée comme dessus; et de là la limitation
suit en droite ligne sur le Col de Rigaudon, où nous
avons fait planter une autre borne comme dessus, d'où
la limitation se continue en ligne droite jusqu'à celle
que nous avons fait planter en gordant à quinze pieds
de Roi de l'angle supérieur de la bastide Josserandi
qui reste sur la Comté de Nice.

De cette dernière borne la limitation descend en
ligne droite jusqu'au point de réunion des deux sources,
ou branches du ruisseau de Gordans, d'où suivant ce
même ruisseau jusqu'à la rencontre de celui de Valcroue, elle continue ensuite par ce dernier jusqu'à son
confluent dans le Var; la rapidité de ce torrent, et la
quantité de pierres qu'il entraîne, n'ayant pas permis
de faire planter une borne dans le milieu de son cours,
nous avons crû devoir en faire placer une sur chaque
bord, à la droite du chemin tendant d'Entrevaux au
Puget de Teniers, et à égale distance du milieu du
dit Torrent, pour indiquer que ce milieu doit être regardé comme le point de division des deux Etats,
jusqu'au Var.

De là remontant le Var jusqu'à l'embouchure du
ruisseau du vallon de Parcates, nous avons, par la

même raison que dessus, jugé à propos de faire plan- 1761
ter, ainsi que nous avons fait, sur les deux rives de
ce ruisseau deux autres bornes, à égale distance du
milieu d'icelui.

De là la limitation remontant par ce même ruisseau jusqu'à sa naissance le long du Vallon, elle vient
aboutir à la sommité d'Aurefol, lieu dit la Cime du
Collet de Thibau, où nous avons fait planter une
autre borne gravée comme dessus.

De là la limitation descend en droite ligne sur le
Col des Lacs à la cime du Vallon des Rivets, où
nous avons fait planter une borne gravée comme dessus, d'où la limitation suit par les cimes et crêtes du
dit Vallon des Rivets jusques sur la plus haute sommité du rocher d'Urban, sur le quel nous avons fait
graver les armes des deux Rois, avec le millésime
de 1761.

De la sommité du rocher d'Urban la ligne des
limites tire droit aux terres du Clot, du Col de Saint
Léger, et dans cet endroit nous avons fait placer deux
bornes, l'une sur le dit Col de Saint Léger, et comme
elle ne pouvoit se voir depuis le rocher d'Urban, nous
en avons fait poser une intermédiaire à la distance de
115 toises en avant de celle du dit Col de Saint
Léger.

De cette dernière borne plantée à 20 toises de
distance de la source du ruisseau du vallon de S. Léger,
la limitation continue par le cours du même ruisseau
jusqu'à son confluent dans le Var, qu'elle traverse et
tire de là en droite ligne à la sommité du Collet des
Charbons, et dans cet espace nous avons établi trois
bornes: la première sur deux rochers fixes que nous
avons fait graver aux armes des deux Rois sur la
gauche du chemin tendant d'Entrevaux à Guillaume,
pour indiquer que la ligne de division prend dans cet
endroit par le milieu de la distance de 9 pieds, six
pouces, qu'il y a de l'une à l'autre de ces armoiries;
la seconde borne a été plantée dans le mas de Cham-
paillayre, et dans une pièce de terre appartenante à
Joseph Malavard, et à treize toises du ravin de la
Lauve; et la troisième sur la plus haute sommité du
Collet des Charbons.

De cette dernière borne la limitation descend par
les crêtes et sommités des eaux pendantes, d'où elle

1761 remonte par le sommet du Collet de la Ramillière, et
suivant les crêtes elle tombe ensuite sur le Col appellé
le Pas de Saint Martin, et remontant par les hauteurs
de Martiniac, et suivant toujours les crêtes, elle vient
tomber sur le col de Saint Pons, où après avoir tra-
versé la pièce de terre d'Antoine Robin, elle vient
aboutir à la borne que nous avons fait planter sur le
dit Col de Saint Pons, à la droite du chemin allant de
France à la Comté de Nice.

De là la limitation continue par les crêtes passant
ensuite par le pas de Bellons jusques sur le Plateau
appellé le Clot de Guerin, au pied d'un grand penchant et au dessus de la fontaine du même nom, où
nous avons fait planter une borne gravée comme les
précédentes, et de là la limitation remonte par les
crêtes jusque sur le Serre de la Latte au dessus du
pré du Clot de la Latte où nous avons aussi fait
planter une autre borne comme dessus; et de là
la limitation continuant par les sommités de la montagne de Peragrossa jusque sur le Serre, soit Serrière du même nom, nous y avons fait planter une autre borne.

De là la ligne des limites descendant et passant par
la basse de Melline suivant les eaux pendantes, elle
remonte ensuite par les crêtes jusques sur le rocher
appellé la Cime de l'Erigier, d'où continuant par les
sommités, elle monte jusque sur la cime de Varmonette
soit de Peragrossa, où nous avons fait planter une
autre limite, d'où la ligne de division descendant le
long de la crête, remonte ensuite sur la cime de For-
ciau, où nous avons fait graver sur un rocher fixe les
armes des deux Souverains, pour tenir lieu de limitation.

Du centre de la distance qu'il y a entre ces deux
Armoiries la limitation descend par les crêtes des rochers jusque sur celui du Clot de Dourmilliouse, sur
le quel nous avons aussi fait graver les armes des deux
Souverains, avec le millésime pour la même fin que
dessus; et de là la limitation continuant par les crêtes
des rochers, vient tomber sur le Pas de Sangary, où
nous avons aussi fait graver les armes des deux Rois
à la gauche du chemin allant de France à la Comté
de Nice.

De là la limitation continuant par les crêtes, et
remontant jusque sur les plus grandes hauteurs, des-

cend ensuite sur le Pas, soit Col de Robines, où nous 1761
avons fait graver les armes des deux Rois, comme
dessus, sur un rocher fixe à la droite du chemin, allant de France à la Comté de Nice.

De là la ligne des limites continuant par les crêtes de rochers inaccessibles, passe par les sommités
du Puis, du Grand Caira des Heurres de Pellens,
et successivement de rocher en rocher jusque sur la
pointe, soit cime de la Pellonière, d'où suivant les crêtes et sommités des eaux pendantes, elle vient tomber sur les hauteurs du Col des Champs, et sur un
petit Serre, qui se trouve au dessus de la Cabanne
de la dite montagne du Col des Champs, qui reste
sur la Comté de Nice, sur le quel Serre nous avons
fait planter une borne, comme dessus; dès la quelle
la limitation suit par les eaux pendantes en tournant
autour de la dite. Cabanne jusque sur une Serrière
basse, où nous avons fait planter une autre borne à
cinq toises de l'angle inférieur de la dite Cabanne.

De là la ligne des limites suit la direction des
eaux pendantes, et la sommité de la susdite Serrière
basse jusqu'au Col des Champs, où nous avons fait
planter une autre borne à la droite du chemin tendant
de Colmars à Saint Martin.

De cette borne la limitation suit par les eaux
pendantes, et au travers d'une petite plaine jusqu'à
une autre que nous avons fait planter sur une petite
hauteur à la gauche du chemin tendant de Colmars
au village d'Entraunas, à 50 toises de distance de la
précédente borne; et de là la limitation continue par
la crête et sinuosité des eaux pendantes, et remonte
ensuite jusqu'au sommet du Serre de Bonnefont, où
nous avons fait planter une autre borne gravée comme
dessus.

De là la ligne des limites continue par les crêtes
des rochers en passant par la sommité de Testa Bo-
lona, et par les crêtes des rochers in accessibles jusqu'à la pointe de la montagne de l'Encombrette, où
se termine la limitation de 1718, et de là elle continue
par les crêtes des eaux pendantes de la manière exprimée par les Verbaux de plantement de bornes, de
la même année, aux détails des quels nous avons crû
devoir nous rapporter dans toute l'étendue de la frontière limitée par ces mêmes Verbaux: c'est-à-dire

1761 depuis la dite pointe de l'Encombrette jusqu'au Col
de Valmenier, attendu que notre commission se reduit,
pour ce regard, au rétablissement des bornes caduques ou manquantes; et pour y satisfaire nous avons
parcouru exactement toute cette partie de la frontière,
et avons observé, qu'il étoit à propos de planter, ainsi
que nous avons fait, une borne sur le Col de la Calliole à la droite du chemin allant de France dans la
Comté de Nice, et suivant de là au travers de la montagne du Col de la Calliole, et par les sinuosités que
forment les eaux pendantes jusque sur un gros rocher
fixe, nous y avons, en signe de limitation, fait graver
les armes des deux Rois, et suivant toujours les eaux
pendantes, nous avons trouvé un autre rocher élevé
de dix à douze pieds, au dessus de terre, sur la surface orizontale du quel nous avons fait graver les armes des deux Rois comme dessus; et à 56 toises, 4
pieds de là, allant du midi au nord, nous avons trouvé
la borne plantée en 1718 sur le Col de la Calliole, à
la droite du chemin allant de France à la Comté de
Nice, la quelle borne n'étant point solide, nous l'avons
fait rassurer.

De là suivant la frontière jusque sur le Col de la
Gippière, et à la droite du chemin allant de France
à la Comté de Nice, nous avons crû devoir y faire
graver les armes des deux Souverains sur un rocher
qui s'y trouve avantageusement placé pour cet objet,
d'où nous étant transportés sur le col de Sanguinière
qui sépare le territoire de Fours dans la vallée de Barcelonette, de celui d'Entraunas dans la Comté de Nice,
nous y avons aussi fait graver dites armoiries pour la
même fin.

De là passant au col de la Braise, soit de San-
guinerette, nous avons crû devoir y faire planter une
borne à la droite du chemin allant de Fours et d'Entraunas à Saint Dalmas le Sauvage, d'où nous étant
ensuite rendus sur le col de l'Escuissier soit de la Mou-
tière, qui sépare le dit territoire de Fours de celui de
Saint Dalmas le Sauvage, nous avons fait graver les
mêmes armoiries sur un rocher qui s'est trouvé à fleur
de terre, à la gauche du chemin tendant du dit Fours
au même Saint Dalmas.

De là nous avons passé au col de la Bonnette, où
nous avons crû devoir faire planter une borne gravée

comme dessus, à la droite du chemin allant de France 1761
à la Comté de Nice, d'où nous nous sommes rendus
sur le col de Vermillion, où nous avons trouvé la borne
plantée en 1718, en mauvais état, et presqu'effacée,
pour être de pierre ardoisine, et faute d'en avoir pu
trouver d'autre de meilleure qualité, nous avons fait
refaire la gravure des armes, et retabli cette borne
dans son aplomb naturel, (et dans sa vraie position.

De là nous avons passé au col de Pelousette où
nous avons crû devoir faire planter une borne gravée
comme dessus à la droite du chemin allant de France
à la Comté de Nice, et de là jusqu'à l'extrémité de la
frontière de ce même Comté, la limitation suivant par
les crêtes et eaux pendantes qui sont pour la plus
part d'un accès impraticable jusqu'à la pointe dite
la Tour du Prez, ou le rocher des quatre Evêques,
nous n'avons pas trouvé convenable, ni même pratica-
ble d'y placer aucune borne, de sorte que nous avons
terminé par là la limitation de la Comté de Nice avec
la Provence, et partie de la vallée de Barcelonette qui
fait la première partie de nos opérations.

Passant à la seconde, qui a pour objet la limitation entre le Piémont et la France, et nous rapportant
pour les détails soit pour la description de cette partie
de la frontière aux verbaux de 1718, nous nous sommes bornés, suivant notre commission, au rétablissement des bornes caduques, et à l'addition des manquantes, dans les endroits susceptibles de quelque contestation, et nous nous sommes rendus d'Alpe en Alpe
jusque sur les hauteurs du col de la Magdelaine, et
dans l'endroit appellé le Pré de Saint Antoine, où nous
avons fait planter une borne gravée comme dessus
dans le col, soit crête qui fait la séparation des dites
hauteurs d'avec le serre de la Parc.

De là la limitation suit par la sommité des crêtes
jusque sur la hauteur du Serre de la Parc, où nous
avons fait planter une autre borne comme dessus, d'où
la limitation se repliant du côté du lévant, et passant
par la cime des prés nommés la Gavia, jusque sur le
serre du même nom, nous y avons fait planter une
autre borne.

De là la ligne des limites se repliant du côté de
septentrion va en droite ligne à la borne plantée en
1718 sur la plaine du col de la Magdelaine, que nous

1761 avons trouvé mutilée avec les armes effacées, ce qui nous a obligé d'y en placer une autre gravée comme dessus à la droite du chemin allant de France en Piémont, d'où la limitation traversant la plaine du dit col en droite ligne jusqu'au bas du coteau appelé le Moure de Bargemont, où étoit la borne plantée en 1718 en trèsmauvais état, nous y en avons substitué une autre gravée comme dessus.

De là la limitation suit par les crêtes du dit Moure de Bargemont jusque sur le Moure de la Magdelaine appartenant à l'Ordre de Malte, où nous avons crû devoir faire planter une autre borne gravée comme dessus dans les prés appartenans au dit Ordre, d'où la limitation se repliant du côté du septentrion, suit en ligne droite, et au travers des prés procédés d'Antoine Donaud, jusqu'à la fontaine de la Blave, et successivement jusqu'à la pointe du rocher appellé la Vieille Cabanne du Berger de la Blavette, sur le quel nous avons fait graver les armes des deux Rois.

De là la ligne des limites suit en ligne droite jusqu'à la cime de la Platasse, d'où tournant du côté du Lévant, et passant par les crêtes de la montagne de Pied Roussin, et de l'Amortis, elle descend suivant les eaux pendantes au col de Ruburent, ou de Risbruyant, sur le quel col, divisé par sa sommité, nous avons trouvé, la borne plantée en 1718, à laquelle par rapport à sa caducité et mauvais état, nous avons été obligés d'en substituer une autre dans le même endroit, et d'en faire de même par rapport à celle qui fut aussi plantée en 1718 à mi-côté sur le penchant du dit col de Ruburent, qui donne la direction au rocher fixe, sur le quel furent gravées en 1718 les armes des deux Rois sur la plus haute sommité du dit col de Ruburent, que nous avons trouvé en bon ordre, et laissé dans le même état.

De là la ligne des limites doit aux termes du Verbal de 1718, continuer à travers des cimes, et crêtes des rochers de la montagne d'Oronaye jusque sur les crêtes et sommités du col des Monges, sans qu'on doive partant avoir égard à ce qui peut avoir été énoncé, ou projetté différemment dans notre Verbal de visite de l'année dernière, et ayant trouvé, que les armes de la borne plantée sur le dit col des Monges en

l'année 1718 étoient effacées, nous les avons fait gra- 1761
ver de nouveau.

De là nous avons suivi la frontière jusqu'au col
de Sauteron, où nous avons crû devoir faire planter
une nouvelle borne à gauche du chemin allant de
France en Piémont; et nous étant ensuite rendus sur
la cime du vallon dit Vallonet, nous avons aussi crû
devoir y faire graver en signe de limitation les armes
des deux Rois sur un rocher horizontal, et nous avons
été obligés d'en faire de même sur un rocher du col
de Maurin, à la gauche du chemin allant de France
en Piémont, attendu que les armoiries qui y avoient
été gravées en 1718 étoient presqu'entièrement effacées.

De là suivant toujours la frontière, nous nous
sommes rendus sur le col de l'Altaret, où nous avons
crû devoir faire planter une nouvelle borne à la gauche
du chemin tendant de France en Piémont, d'où nous
nous sommes transportés sur le col de Longet, où
avoient été gravées en 1718 les armes des deux Rois
sur deux rochers a 9 pieds de distance l'une de l'autre;
et comme celles de France étoient sur une pierre
ardoisine presque entièrement effacées, nous y avons
fait substituer dans la même direction une borne de
pierre gravée aux armes de France seulement, avec
le millésime, pour indiquer que le point de division
prend par le centre de la distance qu'il y a entre cette
même borne, et les armes gravées en 1718 sur l'autre
rocher, que nous nous sommes contentés de rafraîchir.

De là la limitation suit en ligne droite jusqu'à la
borne plantée en 1718 sur le col du Longet à la droite
du chemin allant de Piémont en France, que nous
avons trouvé, et laissé en bon état, et de là passant
au col de l'Agnière, nous avons crû devoir y faire
planter une borne à la gauche du chemin allant de
France en Piémont, et venant ensuite au col de Saint
Veran, nous avons fait graver sur un gros rocher à
la gauche du chemin tendant de France en Piémont
les armes des deux Rois.

Dé là nous avons passé au col de l'Agnelle, où
par rapport au chemin fort fréquenté tendant de France
en Piémont, nous avons crû devoir faire planter une
nouvelle borne gravée comme dessus à la gauche, et
à 4 toises du dit chemin, d'où suivant la frontière,
nous nous sommes ensuite rendus sur le col de la

1761 Traversette, où nous avons trouvé un rocher à la droite du chemin allant de Piémont en France, sur le quel nous avons fait graver les armes des deux Rois.

De là nous nous sommes rendus sur le col de la Croix, où, par rapport à un chemin allant de France en Piémont, nous avons crû devoir faire planter une nouvelle borne à la gauche du dit chemin, gravée comme dessus, d'où passant au col d'Urine, où nous avons trouvé un autre chemin tendant de Piémont en France, nous avons aussi crû à propos d'y faire planter, ainsi que nous avons fait, une nouvelle borne à la droite du dit chemin.

De là passant au col de Mallaure, soit de Mallorde, où est un autre chemin tendant de France en Piémont, nous y avons fait placer une autre borne à la gauche du même chemin, d'où nous étant rendus sur le col Bouchier, nous y en avons fait planter une autre gravée comme dessus, à la gauche d'un chemin tendant de France en Piémont.

De là passant au col de Saint Martin, soit de Prales, nous avons crû devoir y faire planter une nouvelle borne à 7 toises, et à la droite d'un chemin tendant de France en Piémont; d'où nous nous sommes ensuite rendus sur le col de la Mayte, et à la gauche d'un autre chemin allant de France en Piémont, où nous avons aussi fait planter une borne gravée comme les précédentes.

De là passant au col des Thurres, nous avons fait planter une nouvelle borne à la gauche du chemin allant de France en Piémont, d'où suivant toujours la frontière jusqu'à mi-côte du penchant du col de Chabaud, nous avons crû y devoir faire planter une nouvelle borne, que les Consuls et Communiers des Servières en France et des Thurres en Piémont, ont en même tems regardé comme divisoire de leurs communaux respectifs; et de cette borne la limitation suit en ligne droite jusqu'à celle qui fut plantée en 1718 sur le dit col de Chabaud, soit de la Molle, par le moyen d'un pillier de maçonnerie, qui se dépérissoit chaque jour, ce qui nous a obligé de substituer une borne de pierre a côté du dit pilier et dans la même direction à la droite du chemin allant de France en Piémont.

Nous avons crû devoir en faire de même par rapport aux autres piliers, soit dés de maçonnerie, qui

construits en 1718 au pied de la montagne dite 1761
rnière; sur le sommet du Serre de l'Alpet; sur
e de Larreille; sur le bas du Serre de Saurel
t le col de Servierette; et sur le Serre de
, soit sur les crêtes froides, et dans ces cinq
s nous avons fait planter des bornes de pierre
, comme dessus sur la même direction des
, dés, pour assurer toujours plus la limitation
ette partie.
, là passant sur la cime de Saurel, nous avons
iver les armes des deux Rois sur un rocher que
vons trouvé sur la plus haute sommité, formant
ion des communautés des Servières en France,
Jésane et Bousson en Piémont; d'où nous étant
sur le col de Gimont, nous y avons fait planter
ouvelle borne comme dessus, à la droite du
allant de France en Piémont.
, là suivant toujours la frontière, nous nous
s rendus à mi-côté du penchant de la Loubat-
lans un endroit appellé *le petit Clot de la*
, où nous avons fait planter une nouvelle borne;
limitation tend en droite ligne à la borne plantée
8 au pied de la dite montagne de la Loubat-
ou de la Plane, lieu dit aux Saignes de Gia-
dont il ne restoit que l'ancien socle, à côté du
ous avons fait planter une autre borne.
e cette borne la limitation avoit été désignée en
par le moyen d'un fossé au travers de la plaine
ont Genevre, le quel se trouvant présentement
s, nous avons crû la devoir constater à perpétuité,
moyen de deux nouvelles bornes que nous avons
né au dit fossé, l'une dans le pré de Charmet-
et l'autre sur la côte de Graret à la gauche
tier tendant du Mont Génevre aux Clavières,
nt en droite ligne à la borne plantée en 1718
e petite hauteur, qui se trouve dans le milieu
plaine du mont Genevre nommé le Graret, dont
restoit plus que le socle, au côté du quel nous
été obligés de faire planter une autre borne, la
, avec les quatre précédentes forme une ligne
jusques à la pointe de la Loubattière.
e cette dernière borne la limitation revient en
ligne sur une autre plantée en 1718 sur la
e du grand chemin tendant de France en Piémont

1761 dans le champ dit derrière le Collet, dont il ne restoit
que le socle, sur le quel nous avons fait graver le
nombre 1718 de même que sur les socles précédens et
suivans, et nous avons fait planter à côté de ce dernier
une autre borne gravée comme dessus, la quelle borne
divise par moitié la distance de 1116 toises, qu'il y a
du village de mont Genevre à celui de Clavières,
suivant la convention et la limitation de 1718.

De cette dernière borne la limitation suit en droite
ligne jusque sur le Serre de Peyara, où nous avons
crû devoir faire planter une nouvelle borne gravée
comme les précédentes; d'où suivant toujours la frontière, nous sommes arrivés sur le Serre de l'Infernet,
au dessus du col des Acles, où nous avons trouvé la
borne de pierre de tuf plantée en 1718, dont la partie
supérieure a été culbutée au bas du dit Serre, pour
arracher le fer et le plomb qui l'unissoit avec le socle;
et pour prévenir pareil inconvénient dans la suite, nous
avons fait planter une autre borne de tuf, mais d'une
seule pièce, à côté du dit socle, et dans la même
direction gravée comme les précédentes; et de là passant sur la hauteur ou Serre du Laus, nous avons
trouvé la borne qui y fut plantée en 1718 dans le
même état que la précédente, et y en avons fait
substituer une autre de la même manière.

De là passant au col des Acles nous avons trouvé
un rocher fixe à la droite, et à quatre toises du
chemin allant de France en Piémont; et nous y avons
fait graver les armes des deux Rois, pour indiquer
aux passants la division des deux Etats dans cet en-
droit-là, comme dans tous les autres passages où nous
avons pratiqué la même chose; et la ligne de limitation
nous ayant conduits au col de l'Echelle à l'endroit
nommé la Croix, ou le Serre des parties, nous y
avons trouvé la borne plantée en 1718, renversée et
culbutée dans sa partie supérieure, et le socle fendu,
ce qui nous a obligé d'en faire planter une autre d'une
seule pierre dure, et de bonne qualité, gravée comme
les précédentes avec le millésime de 1761.

De là passant au lieu de la Sea dans la montagne
des Tures, nous y avons fait planter une nouvelle
borne de pierre de tuf dans l'endroit où la limitation
se replie; et de là nous nous sommes rendus sur la
plaine de l'Alpe des Tures, où nous avons trouvé la

borne de tuf plantée en 1718 brisée comme les précé- **1761**
dentes dans sa partie supérieure, ce qui nous a obligé
d'en faire planter une autre d'une seule pièce à côté
de l'ancien socle, à la droite du chemin allant de
France en Piémont, et vis-à-vis le lac inférieur, qui
reste sur le Piémont.

De là nous nous sommes rendus sur les hauteurs
de l'Alpe des Tures, et dans l'endroit où la limitation
se replie, où nous avons crû devoir planter une nouvelle borne de pierre dure, gravée comme dessus; de
là continuant par les hauteurs de l'Alpe des Tures,
toujours suivant les eaux pendantes, nous avons trouvé
le socle de la borne plantée en 1718 à l'endroit nommé
la Petite Cotte vis-à-vis le lac supérieur dit *Belletis*,
qui est également sur le Piémont, sur le quel socle
qui reste d'une hauteur suffisante, nous avons crû qu'il
convenoit de faire graver les armes des deux Rois.

Et pour terminer le rétablissement de la limitation
de 1718 nous nous sommes rendus sur le col de Laval,
soit du Chardonnet, où nous avons trouvé les armes
des deux Rois, qui avoient été gravées sur un rocher
en 1718 presque effacées, nous les avons fait réparer,
et rafraîchir avec les millesimes de 1718 et 1761. Et
au moyen de ce nous avons terminé la seconde partie
de notre opération, qui sans s'écarter aucunement de
la limitation de 1718, ne tend qu'à la perpétuer, et
constater toujours mieux.

La troisième partie concernant la frontière entre
la Savoie et partie du Briançonnois et du Dauphiné,
commence par le rocher qui est au couchant du col
de Valmeynier, et qui fait le confin entre le Briançonnois, le Piémont et la Savoie; et de là la limitation
suit entre la Maurienne et le Dauphiné par la sommité
des eaux pendantes et des glaciers de la Muande ou
de l'Encochette, et ensuite par la plus haute pointe
du rocher de l'Eguille noire, d'où se repliant au midi
elle tombe sur le col des Rochilles, et remontant à la
pointe de la Portette, elle descend sur le col de ce
nom, et ensuite sur celui de la Poussonière, et remontant de nouveau par la cime des glaciers de la Glapière,
à la grande pointe du Galibier, elle descend sur le
haut col de ce nom, où il y a une croix de bois à la
droite du chemin allant de France en Savoie; et à la
gauche du même chemin nous y avons fait planter

B 2

1761 une borne de pierre gravée aux armes des deux Rois, chacune du côté de leur Souveraineté, avec le millésime de la présente année, ce qui a été également pratiqué pour les bornes suivantes.

De là nous nous sommes rendus sur le bas col du dit Galibier, où nous avons aussi crû devoir faire planter une autre borne de pierre gravée comme dessus à la droite du chemin de France allant en Savoie, d'où suivant toujours la frontière d'Alpe en Alpe jusque sur les hauteurs de la Montagne de Tiraquaz, en commençant par le Plateau dit le Gros Crest, nous y avons fait planter une borne comme dessus, pour prévenir par là et par les suivantes les difficultés qui se pouvoient élever dans cette partie; et par cette raison nous avons crû devoir en faire planter une autre sur le col de Tiraquaz ou Tirecohé, et encore une autre sur une petite hauteur dite vers les Viés; d'où suivant les sommités des eaux pendantes, nous avons aussi crû devoir en faire planter une autre au plan de la Gouille, d'où descendant, suivant les sinuosités des eaux pendantes, nous sommes arrivés à la petite plaine, qui est au dessus du col des Perties, soit des perches, où nous avons fait planter une autre borne gravée comme dessus.

De là descendant suivant les eaux pendantes sur le dit col des Perties, ou des Perches, nous y avons fait planter une autre borne à la droite, et au bord du chemin allant de France en Savoie; d'où suivant la frontière par les crêtes des eaux pendantes, et par la cime de la montagne de la Lauze ou de la Faisse, où se trouve une croix de bois, nous sommes descendus sur le col de Ferrent, lieu dit le Plan de la Frutière, où nous avons fait planter une autre borne gravée comme les précédentes, à la gauche du chemin allant de Savoie en France.

De là la limitation suivant toujours la cime des rochers et glaciers par les sinuosités des eaux pendantes jusque sur la cime de l'Eguille noire, descend de là par les crêtes sur la cime de la Balme, soit de la Croix de Pichaux, où se trouve une croix de bois, et de là par les crêtes soit serrière de la Lauze, ce qui nous a conduit à la limitation convenue par le Procès verbal définitif de messieurs les Commissaires principaux de l'année courante pour la Montagne d'Olle en-

tre les communautés de Vaujany en Dauphiné et de 1761
Saint Colomban des Villars en Maurienne.

Et pour exécuter cette partie de limitation, nous
avons commencé par faire planter une borne gravée
comme dessus sur la serrière de la Lauze; d'où descendant aux sources du Rieu blanc formées par un
ravin qui présente trois branches, nous avons, pour
nous conformer à la carte relative au dit Procès verbal, pris pour ligne de limite la branche, soit source
du milieu, qui nous a d'ailleurs paru la plus abondante,
et dans l'alignement de cette même branche à la précédente borne, nous y en avons fait planter une autre
à quelque distance au dessus de la dite source, d'où
la limitation descendant par le dit Rieu blanc, et remontant ensuite par le ruisseau d'Olle jusqu'au confluent
de Nant de Billian, nous avons crû devoir faire planter sur les deux bords du dit Nant, et à égale distance
du milieu d'icelui, deux bornes, l'une à droite, et
l'autre à gauche du chemin tendant de France en Savoie, pour indiquer que le milieu de ce Nant forme
la division des deux Etats, n'ayant, à ces fins, fait
graver, sur chacune des dites bornes, de même que
sur celles des Nants de Valcroue, et de Parcate, dans
la frontière de Nice, et encore sur celles du pont des
Gorges, dont sera parlé ci-après, que les armes du
Souverain, sur l'Etat du quel se trouvent respectivement
les dites bornes.

La limitation remontant ensuite par le dit Nant
de Billian, et successivement par le rieu du Pin, continue par les crêtes de rochers inaccessibles jusqu'à
la cime de celui de la Combe, et continuant toujours
par les crêtes elle vient tomber sur le Col de la Croix;
et ayant trouvé dans le milieu de ce passage un rocher fixe, nous avons fait graver sur la face orizontale
d'icelui les armes des deux Rois, avec le millesime en
signe de limitation.

De là la limitation suit par les eaux pendantes, et
les crêtes jusqu'à la sommité du haut Pònt, d'où descendant sur le Col Merlet elle remonte à la cime des
glaciers du Grand Charnier, d'où continuant toujours
par les cimes, et crêtes elle vient tomber sur le Col
de la Bourbière, où nous avons fait planter une borne
de pierre à la gauche du chemin allant de Savoie en
France, d'où la ligne des limites se repliant du côté

1761 du Nord, et continuant le long du ruisseau des Balmettes jusqu'aux sources de la rivière du petit Breda, soit de Bens, elle suit par le Vallon de Saint Hugon, et par le milieu de cette rivière, qui après avoir coulé sous trois différents ponts de planches amovibles, et non susceptibles de limitation, passe ensuite sous le pont du Sarret au-dessus de la Chartreuse de Saint Hugon, sur le centre du quel pont, qui est d'un seul arc de pierre, nous avons fait planter une borne de pierre gravée comme les précédentes sur la gauche allant de France en Savoie.

De là nous nous sommes rendus sur le grand pont de Saint Hugon, qui est sur la même rivière, et d'un seul arc de maçonnerie, dans le milieu du quel nous avons aussi fait planter une borne sur le parapet de la droite allant de Savoie en Dauphiné, d'où suivant le cours de la même rivière, qui passant sous les ponts de Bens, et de Barret qui sont en trop mauvaise état pour être limités, vient ensuite se jetter dans le gros Breda, par le plus grand cours du quel la limitation continue passant ensuite sur le pont de bois des Millières, qui est aussi de planches comme les deux précédentes, de même que celui des Gorges, qui est au-dessous, tous également peu propres à être limités; cependant pour indiquer aux passagers que le dit pont des Gorges, qui est le plus fréquenté est limitrophe, nous avons fait planter deux bornes, une sur chaque côté d'icelui, et à égale distance du milieu.

De ce pont la limitation suit par le cours de la même rivière jusqu'à la rencontre de la ligne droite établie par le Traité, et par la limitation de l'année dernière au travers de la Vallée de Gresivaudan, soit de l'Isère jusqu'à la rivière de ce nom, qu'elle remonte jusqu'à l'embouchure du Glandon, et de là jusqu'à la source de ce ruisseau, et successivement par les abîmes jusqu'à la Croix du col Dufrêne, où commence l'interruption, soit lacune qu'on fut obligé de laisser dans la limitation de l'année dernière, jusqu'à la source du Gujers vif, par rapport aux difficultés qui n'ont été applanies que par le procès verbal définitif de Messieurs les Commissaires principaux de la présente année, en exécution du quel, après avoir fait réparer le soubassement de la borne, et de la Croix de pierre, établies sur le dit Col Dufrêne en 1673, nous avons suivi la ligne convenue par le dit procès verbal, et par la carte y 1761 relative, par la Dent de Granier, et de telle pointe elle suit tout le long des rochers inaccessibles de Granier jusqu'à la pointe visant entre midi et couchant, d'ou elle descend suivant les crêtes sur le goulet de l'Arc, soit de l'Harpette de Bellecombe, où nous avons fait planter une borne gravée comme les précédentes, à la droite du chemin allant de France en Savoie.

De là la limitation suivant les sommités des rochers de la grande Roche du Truc, des Lanches, de l'Arc, et de Barbabillon, continue par les cimes jusqu'au Goulet de la Maye, où nous avons fait graver les armes des deux Rois sur un rocher fixe et vertical, à la gauche du chemin allant de France en Savoie, et comme les deux armes regardent la Souveraineté de Savoie, nous avons fait planter, à une toise de la sommité du dit rocher, une borne de pierre sans armoiries.

De la cime du dit rocher la limitation suit par les sommités de rochers inaccessibles jusqu'à la crête qui se trouve entre les montagnes de Valfroide, et de l'Arc, au midi de la grange du Sieur Carpinel, ou nous avons fait planter dans le trou d'un rocher une autre borne; d'où la limitation suit par la sommité des eaux pendantes entre la montagne de l'Arc sur France, et celle de Valfroide en Savoie jusqu'à une autre borne, que nous avons fait planter sur la même crête, gravée comme la précédente, aux armes des deux Rois.

De là la ligne des limites remontant, suivant celle des eaux pendantes sur la cime du pré dit de l'Echaux ou du Cré de l'Arc, nous y avons fait planter une autre borne comme dessus; et passant de là, à 65 toises et 5 pieds de Roi, de distance de la dite borne, et descendant par le penchant du dit pré, sur le Col de la Croix de l'Arc, ou de Valfroide, nous avons fait planter une autre borne à 9 pieds de Distance d'une croix de bois de sapin, qui se trouve sur France, et la dite borne est plantée à la gauche du chemin allant de Savoie en Dauphiné.

De la dite borne la limitation remonte par le cours de 32 toises, jusqu'à un rocher fixe qui se trouve à la droite du Goulet de Charnin allant de Savoie en France, sur le quel nous avons fait tirer une ligne droite pour marquer la division des deux Etats avec les armes des deux Souverains séparées par la dite ligne;

1761 d'où la limitation remontant par les crêtes des rochers, qui sont à la tête du Vallon de Valfroide, et tombant ensuite sur le petit goulet de Valfroide; et remontant par les cimes des rochers de la Rousse, elle continue par les crêtes de Valfroide jusque sur la cime du pré de l'Harpette, où nous avons fait graver les armes des deux Rois séparées par une ligne divisionelle comme dessus.

De là la limitation descend par le dit pré suivant les eaux pendantes sur une espèce de plateau à peu-près dans le milieu de la longueur du dit pré, où nous avons fait planter une autre borne; d'où la limitation descend par la sommité du pré de l'Harpette suivant les eaux pendantes, jusqu'à peu-près au bas du dit pré, entre les Haberts, soit Challets de Monsieur le Marquis de Marcieu, et des habitans de Saint Même en Savoie, nous y avons fait planter une autre borne gravée comme dessus.

De là la ligne des limites se repliant entre midi et couchant continue en ligne droite jusqu'à une autre borne que nous avons fait planter à la croisée des chemins qui conduisent aux montagnes de l'Harpette, et du haut du Seuil, et à la gauche du chemin allant de France en Savoie, la quelle borne est gravée comme les précédentes aux armes des deux Rois du côté de leur Souveraineté respective; et de cette dernière borne la limitation se repliant entre Nord et Couchant, tend en droite ligne à la source du Gujers vif, d'où elle suit jusqu'au Rhône, et de la jusqu'au territoire de Genève, suivant les articles 1 et 2 du Traité.

Et comme les ponts du Gujers, et du Rhône furent limités l'année dernière, dans le même tems que la Vallée de Gresivaudan, par Messieurs les Officiers Ingénieurs à ce députés, leur procès verbal étant joint au présent, forme l'entière limitation des Etats des deux Souverains, depuis la mer Méditerranée jusqu'au territoire de Genève, en conformité, et en exécution du dit Traité, et du procès verbal définitif de Messieurs les Commissaires principaux; à teneur des quels, et des cartes y relatives nous déclarons avoir procédé au susdit plantement, et rétablissement de bornes dès le 4. Juillet, que nous avons planté la borne du pont de Rocasteron jusqu'au 3 du courant inclusivement, et sans interruption.

ous avons-au reste notifié aux Communautés in- 1761
es le résultat de nos opérations par le moyen
nsuls, ou autres qui y ont assisté de leur part
; des avis que nous leur en avions donné, et les
chargés d'en informer leurs Communautés respec-
à fin qu'elles ayent à s'y conformer exactement
e rière soi, qu'elles veillent à la conservation
es bornes; et qu'elles soient attentives à donner
es atteintes, ou variations, qui pourroient les
de quelle manière que ce puisse être; et en
fant le contenu de ce procès verbal à l'examen,
obation de Messieurs les Commissaires principaux,
n avons signé deux exemplaires conformes. A
Pierre d'Entremont le 4. Octobre 1761.

NTOINE DURIEU, et François Potain Ingénieurs.

ous soussignés Commissaires principaux chargés
s Souverains de l'entière exécution du Traité de
entr'eux conclu le 24. Mars 1760, ayant pris
du présent procès verbal de plantement, et
sement de bornes, l'avons approuvé, et confirmé,
t que de besoin, pour tous les points de limita-
rtés par icelui, de même que pour regard de
aration faite par les Ingénieurs respectifs, à l'oc-
de la première borne du dit procès verbal plan-
le pont de Roccasteron, au sujet de la quelle
sont expliqués que toutes les bornes posées sur
nts limitrophes, n'ont d'autre objet, que d'indi-
e centre, soit point de division de ces mêmes
à teneur de l'article 9 du Traité susdit, sans
sur la limitation des rivières qui coulent sous
s ponts, et qui suivant le même Traité doivent
rs se diviser par le milieu de leur plus grand
ce qui doit être pareillement sous-entendu dans
bal de limitation des ponts du Guyers, et du
fait par Messieurs les Officiers Ingénieurs à ce
s, et daté du 15. Novembre 1760. Et en foi
Nous avons signé, sçavoir Nous Commissaire
al de Sa Majesté le Roi de Sardaigne à Turin
Août 1762, et Nous Commissaire principal de
jesté Très-Chrétienne à Versailles le 11 du même

FONCET DE MONTAILLEUR.   BOURCET.

2.

Article séparé du traite d'union signé à Schwetzingen entre l'Electeur de Bavière et l'Electeur Palatin le 15. Octobre 1761.

Charles-Théodore, par la grâce dé Dieu, Comte Palatin du Rhin, Archi-Trésorier et Electeur du St. Empire Romain, Duc de Bavière, de Juliers, de Clèves et de Berg, Prince de Moeurs, Marquis de Berg-op-Zoom, Comte de Veldenz, de Sponheim, de la Marche et de Ravensberg, Seigneur de Ravenstein etc.

Savoir faisons, par ce présent que nous sommes convenus avec le sérén. Prince le Seig. Maximilien-Joseph Duc de la haute et basse Bavière et du haut Palatinat, Comte Palatin du Rhin, Archi-Dapifer et Electeur du St. Empire Romain, Landgrave de Leuchtenberg et notre très-cher cousin, à l'occasion du traité d'amitié et défensif plus étroit, rédigé par nos ministres respectifs, à ce autorisés, que les différens de limites et autres, provenant du voisinage des états de la Bavière et du haut Palatinat, confinant avec les duchés de Neubourg et de Sulzbach, qui n'ont pu être encoré ajustés, soient par deux conseillers que sa dil. le Seigneur Electeur de Bavière et nous députerons, chacun pour cet effet, dans une ville et endroit commodément situé, terminés et réglés à la satisfaction des parties intéressées, suivánt la teneur de l'article séparé, dressé à ce sujet et signé par nos ministres plénipotentiaires respectifs. Le dit article séparé contient mot pour mot ce qui suit:

Article séparé.

Les plénipotentiaires des Electeurs de Bavière et Palatin, en procédant aujourd'hui à la conclusion d'un traité d'amitié et défensif, ayant considéré qu'il fallait ôter jusqu'au moindre sujet, qui pût occasionner dans la suite quelqu'incident ou altération dans la bonne intelligence établie, dans cette vue et prévoyance, il a été jugé convenable et agréé d'arranger et décider à l'amiable et par la voie la plus courte les différends

pour les limites du territoire et autres de quelqu'espèce 1761
qu'ils soient, qui subsistent dans les contrées des états
de la Bavière et du haut Palatinat qui confinent avec
les duchés de Neubourg et de Sulzbach; pour la plus
prompte exécution de quoi les conférences que l'on est
déjà convenu en général, il y a quelque tems, d'établir,
conformément aux principes du bon voisinage, auront
lieu incessamment et chaque partie y députera du milieu
de ses régences et chambres des. finances dans le pays,
deux conseillers, hommes discrets et pacifiques, lesquels
s'assembleront au plus tard, dans l'espace d'un an, à
compter du jour des ratifications échangées du traité,
signé aujourd'hui, et du présent article séparé, dans
des endroits et lieux commodément situés, d'où ils
seront à portée, en cas de besoin des descentes et
vues sur les lieux en litige, ou de prendre les dépositions de témoins vivans, et y étant rendus, ils présenteront et exposeront fidèlement et avec franchise les
articles litigieux et douteux, dans leur ordre successif,
à commencer par les plus pressans avec leurs raisons
pour et contre, de même que les preuves y rélatives,
péseront et examineront leur valeur, fondement au non-
fondement, aux termes de la loi et du droit, sans
prévention, déclareront et discerteront amiablement et
paisiblement les moyens et les vues qui s'offriront à
eux pour accommoder les choses, selon l'équité et
d'une manière agréable aux deux parties, et y prêteront, aux égards chacun de leur côté, toutes les facilités convenables, pour opérer un accord, sur lequel
ensuite les deux sérén. Electeurs prendront une résolution définitive, telle qu'ils jugeront à propos. En attendant aucune des parties n'usera de voies de fait, mais
il sera sérieusement recommandé à leurs régences
respectives et autres officiers dans le pays, de continuer à entretenir sur les difficultés qui pourraient
survenir, une correspondance qui sied entre amis et
voisins. Cependant si l'un ou l'autre article ne pouvait
être décidé par une composition amiable, en ce cas
les conseillers commissaires des deux parties dresseront
chacuns de leur côté un mémoire, tel qu'il est d'usage,
dans lequel ils établiront la question qui fait l'objet de
la contestation, pour le dit mémoire être envoyé à une
faculté de droit étrangère dont on conviendra en commun, et qui sera requise, aussi en commun, de donner

1761 une réponse juridique, laquelle étant arrivée, elle sera publiée par des commissaires nommés de part et d'autre et les parties seront tenues de se conformer très exactement à la décision, sans que ni l'une ni l'autre puissent prendre recours aux tribunaux de justice, interjeter appel, ni se prévaloir d'autres moyens y contraires, se désistant et renonçant pour cet effet, par le présent, à tous et un chacun ces moyens dilatoires et bénéfice de droit. Il a été en outre convenu et arrêté que cet article séparé aura et conservera la même force et sera aussi obligatoire que s'il était inséré de mot à mot dans le traité d'amitié, et défensif signé cejourd'hui; mais après que les différends mentionnés dans le présent article auront été accommodés suivant les principes du bon voisinage, et qu'il aura été dressé un acte particulier sur cet accommodement, alors cet article séparé sera rendu de part et d'autre. Cette stipulation nécessaire sera pareillement ratifiée par les deux Electeurs et leurs ratifications rapportées et échangées de même dans l'espace d'un mois ou plutôt, s'il est possible. En foi de quoi les deux ministres plénipotentiaires ont signé cette expédition et y ont apposé le cachet de leurs armes. Fait à Schwetzingen le 5. Octobre 1761.

    (L. S.)   Comte de Paumgarten-Frauenstein.
    (L. S.)   P. E. Baron de Zedwitz.

    Ainsi ratifions et confirmons en conséquence des pleins-pouvoirs que nous avons donnés, le contenu de l'article séparé ci-dessus, dans la meilleure forme et de même comme si nous l'avions traité et conclu nous-même, promettons pour nous, nos héritiers et descendans, sur notre parole Electorale d'accomplir fidèlement et en tous points ce qui est porté dans cet article séparé et de ne pas permettre qu'il soit entrepris de la part des nôtres la moindre chose au contraire. En foi de quoi nous avons signé le présent acte de ratification de notre propre main et l'avons fait munir du grand sceau de notre Chancellerie Intime Electorale. Fait dans notre Ville capitale et Résidence Electorale de Manheim le 27. Octobre 1761.

    (L. S.)   Charles-Theodore, Electeur.

3.

)éclaration des Rois de France, et 'Espagne d'indemniser le Roi de ardaigne pour n'avoir pas obtenu le 'laisantin. En date du 21. Décembre 1761 *).

En conséquence de la parole que le Roy Très-hrétien, et le Roy Catholique se sont donnée réciroquement, lorsque par l'article trois du pacte de mille signé le quinze aoust de la présente année, ils it garanti les possessions du Sérénissime infant d'Esigne Duc de Parme, leurs dites Majestés déclarent;

Que comme il conviendroit pour la sûreté, et la gnité dudit Infant Dom Philipe Duc de Parme, Gen-, et Cousin du Roy Très-Chrétien, et frère du by Trés Chrétien, et frère du Roy Catholique de rantir, s'il est possible, ce Prince de la réversion la partie du Plaisantin que le Roy de Sardaigne clame en vertu du traité d'Aix la Chapelle, leurs Matés Très-Chrétienne, et Catholique sont convenues ir un effet de leur tendre amitié pour le susdit Inint Duc, de travailler à procurer au Roy de Sardaigne ne indemnité proportionnée à son droit, Sa Majesté ès-Chrétienne voulant au surplus satisfaire à la pale qu'Elle a donnée audit Roy, et Sa Majesté Caolique étant disposée de son côté à contribuer à quitter la promesse de Sa Majesté Très-Chrétienne.

A Versaillés le 21. Décembre 1761.

LE DUC DE CHOISEUL.

_____

*) Voy. les conventions d'une date postérieure sur cet objet dans ce Recueil T. I. Nro. 16. p. 197 et suiv.

4.

Traité entre le Roi de Sardaigne et l'Impératrice Reine Marie Thérèse pour l'abolition du droit d'Aubaine. En date de Vienne, le 31. Août 1763.

Quum aliquot ab hinc annis exortae sint controversiae super jure admissionis et hereditariae successionis subditorum tam ex parte Serenissimi ac potentissimi Principis Domini Caroli Emanuelis, Regis Sardiniae, Ducis Sabaudiae, et Principis Pedemontis, quam ex parte Serenissimae ac Potentissimae Principis, Dominae Mariae Theresiae Romanorum Imperatricis, Hungariae Bohemiaeque Reginae, Archiducis Austriae, in bona et hereditates, quae in ditione alterius praedictorum Principum sitae erant; eamque ob rem circa explicationem Regiarum Constitutionum Pedemontis lib. VI. tit. XII. de lege Albinagii et reciproci mota fuerit quaestio, quae decernendo ex parte Austriaca juri retorsionis causam dedit; postea vero memoratae Sacrae Majestates non solum foederis, unionis, et sinceras, qua conjunguntur, amicitiae vinculum magis magisque coarctari, verum etiam felices hujus concordiae effectus in cunctos utrinque subditos larga manu diffundi cupientes, ea omnia, quae horum successionibus hereditariis obstabant, vel obstare videbantur, e medio tollere, et quo ad illas mutuum ac aequale jus inter utriusque partis subditos stabilire decreverint; ea super re inter praenominatas Sacras Majestates pro se ipsarumque successoribus per infrascriptos Ministros sequentem in modum conventum est.

I. Gaudeant deinceps omnes et singuli subditi utriusque sexus Sacrae Caesareae Majestatis Hungariae et Bohemiae Reginae ejusque heredum et successorum in universis ditionibus Sacrae Majestatis Regis Sardiniae, Serenissimaeque Domus Sabaudiae, jure succedendi, sive ex testamento, sive ab intestato, sive per donationem inter vivos aut mortis causa, sive ex quocumque alio legitimo actu ultimae voluntatis, aut inter vivos, in omnia jura, nomina, et bona tam mobilia, quam immobilia, etiam feuda nobilia et majora, actiones, res

rporales et incorporales, sine omni exceptione, tam 1763
opriorum concivium suorum, quam Regis Sardiniae,
t cujuscumque alterius Principis subditorum, quos in
tionibus ejusdem Sacrae Majestatis Regis Sardiniae,
l in quacunque alia e vita decedere contingeret; quin
redibus opus sit speciali privilegio Regio, seu literis
las vocant naturalitatis; adeo ut reputentur quoad
a bona adquisita veri subditi naturales, et libera de
dem disponendi fruantur facultate.

Similiter gaudeant deinceps omnes et singuli sub-
ti utriusque sexus Sacrae Majestatis Regis Sardiniae,
usque heredum et successorum in universis ditionibus
acrae Caesareae Majestatis, Hungariae et Bohemiae
eginae, Serenissimaeque domus Archiducalis Austriacae
re succedendi, sive ex testamento sive ab intestato;
'e per donationem inter vivos; aut mortis causa, sive
quocunque alio legitimo actu ultimae voluntatis, aut
ter vivos, in omnia jura, nomina, bona tam mobilia
iam immobilia, etiam feuda nobilia et majora, actio-
s, res corporales et incorporales, sine omni excep-
ne tam concivium suorum, quam Imperatricis Re-
nae, aut cujuscumque alterius Principis subditorum,
ios in ditionibus ejusdem Sacrae Majestatis vel in
iacumque alia e vita decedere contingeret, quin he-
dibus opus sit, speciali privilegio Regio; adeo ut re-
itentur quoad ista bona adquisita veri subditi natu-
les, et libera de iisdem disponendi fruantur facultate.

Quae ipsa libera facultas, mutua eo usque protensa
ebet intelligi, ut licitum etiam ac concessum sit, am-
irum partium contrahentium subditis utriusque sexus,
iam filiis natu majoribus, aut unicis familiarum illu-
ium, qui modis supra enumeratis ad successiones in
erius ditionibus capessendas vocarentur, domicilium
um permanens, si velint, illuc transferre; nihilominus
men simul possessionem proprietatemque ejus, quod
ditionibus proprii eorum Principis possiderent libere
tinere.

II. Hac conventione omnino derogatum intelligi
ebet quibuscumque legibus, quae in eorundem Prin-
pum paciscentium ditionibus contra forenses; vel non
ibitantes, aut habitantes quidem, sed civitate non do-
itos sancitae hactenus sint, vel esse queant; nomina-
n ex parte Sarda Titulo XII Libri VI Regiarum
onstitutionum, quatenus huic conventioni obstant, vel

1763 obstare videntur, et ex parte Austriaca Decretis, quae
ad statuendum jus retorsionis lata fuerint; ita quidem,
ut ea omnia respectu utriusque Principis contrahentis
subditorum, ac si numquam extitissent, pro futuro cen-
seri debeant, nec huic mutuae dispositioni ulla unquam
contraria lege aut consuetudine derogari possit.

III. Quum tamen in adquirendo civitatis vel indi-
genatus jure non eadem utrinque sit ratio, aut idem
usus: ordines etiam ac Status quarundam Sacrae Caesareae Majestatis, Hungariae Bohemiaeque Reginae Provinciarum separatas rationes ac singularia jura habeant,
quibus vel ipsi ejusdem subditi, si certorum bonorum
immobilium possessiones adipisci velint, obnoxii sunt;
instituti diversitas non permittit, eandem utrinque nor-
mam praescribi, quia etiam proprii subditi alicubi necesse habent, id observare et praestare, quod in Provincia, ubi hereditatem adire volunt, lege vel usu jam
receptum obtinet. Mutuo tamen consensu stabilitum
est, ut in capessendis hereditatibus et possessionibus
bonorum immobilium, unius partis subditi pari jure,
quo alterius subditi naturales utuntur, tam quoad beneficia et commoda, quam quoad onera, aliasque conditiones ab ipsis propriis subditis praestandas, uti, nec
deterioris conditionis, quam hi, esse debeant; adeo ut
si, quae propriis subditis ad consequendas hereditates, sive
ex testamento, sive ab intestato prosunt, vel obsunt, etiam
alterius partis subditis prodesse vel obesse censeantur.

IV. Eandem ob rationem in judicanda validitate
testamentorum, donationum inter vivos aut mortis causa,
aliorumque actuum ultimae voluntatis, vel inter vivos
attendenda erunt statuta illius Provinciae vel loci, ubi
talis actus fuerit conditus, sive sit in ditione unius,
vel alterius Principum paciscentium; ita quidem, ut
si talis actus iis solemnitatibus celebratus fuerit, quae
ad ejus validitatem secundum statuta vel legitimam
consuetudinem loci de jure requiruntur, plenum quoque
in ditione alterius Principis sortiatur juris effectum;
etiamsi forte in hac plures requirantur solemnitates,
quam in illa, ubi testamentum conditum, vel talis actus
dispositionis celebratus est.

Utque tanto facilius obviam eatur temerariis frau-
dibus et cavillationibus privatorum hominum, qui avaritia
et cupiditate ducti saluberrimas etiam Principum suorum Constitutiones eludere non verentur, adhibebunt tam

Sacra Majestas Rex Sardiniae, quam Sacra Caesarea Ma- 1763
jestas, Hungariae Bohemiaeque Regina, in suis ditionibus
omnes cautelas necessarias et opportunas, ad removenda
obstacula, quae efficaciam conventionis hujus impedire,
aut ejus executionem reddere possent difficiliorem.

V. Considerata pariter disparitate juris, statuto-
rum et consuetudinum tum inter utriusque Principis
contrahentis ditiones, tum etiam inter ipsas Provincias
Austriacas, conventum est, ut, si quae pecuniae summa
in praedictorum Principum ditionibus, sive Jure De-
tractus, sive Titulo annatarum, valimentorum, vel vecti-
galium, aut alia cujusvis generis onera propter hereditatis additionem, transitum, possessionem, aut alie-
nationem bonorum, ab exteris, vel in dominio non de-
gentibus, vel etiam ab iis, qui domicilium suum ex
una ditione in alteram transferunt, ob exportationem
pecuniae, aliarumque rerum, sive hereditatis, sive alio
jure ad illos pertinentium, vel quamcumque demum ob
causam exigi solent, standum utrinque sit legibus et
consuetudinibus provinciarum, in quibus bona sita sunt.

VI. Conventionis hujus ratihabitio, ejusque per-
mutatio fiet intra sex hebdomadarum spatium; promul-
gatio vero intra tres menses post factam ratihabitionem:
a qua promulgationis die conventio haec in utriusque
partis paciscentis ditionibus vim suam ac robur obtine-
bit, nec ad casus ante diem publicationis ortos vel adhuc evenientes retrahi aut extendi poterit. Subditis tamen utriusque partis libera facultas relinquitur, successiones, hereditatesque, ad quas in ditione alterius ante
hanc conventionem fuerint vocati et quas sperabant,
se non obstantibus difficultatibus, in exordio memoratis, nancisci posse, in judicio libere prosequendi; quum
praesens conventio casibus de praeterito nec favere
debeat, nec obesse.

In quorum fidem, majusque robur infrascripti Ministri hasce conventionis tabulas subscripserunt, suisque
sigillis muniverunt, duoque ejusdem exemplaria inter se
commutarunt. Actum Viennae Austriae die trigesima prima
mensis augusti millesimo septingentesimo sexages. tertio.

LUDOVICUS COMES DE CANAL.
W. A. COMES KAUNITZ RITTBERG.
Ratifié par l'Impératrice Reine le 14. *Octobre*
même année.

5.

Bref par 'lequel S. S. Clément XIII applique aux pays cédés au Roi de Sardaigne par les traités de Vienne, et d'Aix la Chapelle les §§. 9. 10. 11. 12 et 13. de l'instruction aux Evêques sur l'exécution du concordat. En date de Rome, le 3. Septembre 1763.

Clemens P. P. XIII ad futuram rei memoriam.

Pastoralis officii nobis, licet immerentibus, divinitus commissi sollicitudo Nos admonet, ut votis catholicorum, praesertim Principum, per quae ecclesiasticae immunitati nihil sit detractum, et simul publicae consultum sit tranquillitati, Apostolicum praebeamus assensum. Sane pro parte carissimi in Christo filii nostri Caroli Emanuelis Sardiniae Regis illustris nobis expositum fuit, quod cum jamdudum nonnullae controversiae, et dissensiones inter Ministros hujus Apostolicae Sanctae Sedis ex una, et Officiales ac Ministros clarae memoriae Victorii Amedei, dum vixit, ejusdem Sardiniae Regis illustris ex altera partibus, tam quoad immunitatem, libertatemque ecclesiasticam, quam quoad materiam beneficialem vigerent, felicis recordationis Benedictus P. P. XIII praedecessor noster ad illas sedandas, componendasque nonnulla pacta, et concordata inire studuit; et quoniam in tractatu, seu deliberatione desuper habita pro dicto solemni concordato, et pactione ineunda conventum, et reservatum fuit, ut quaedam instructio tum super jurisdictionem, tum super immunitatem libertatemque ecclesiasticam conficeretur transmittenda tunc nominando et eligendo suo, et Apostolicae Sedis praefatae Nuncio apud eundem Victorium Amedeum Regem, ad effectum illam communicandi cum omnibus Archiepiscopis, et Episcopis in ditionibus temporalibus ipsi Victorio Amedeo Regi subjectis existentibus: sed quoniam neque Nuncius id tempus missus, neque instructio confecta fuerant, propterea recolendae memoriae Benedictus P. P. XIV praedecessor itidem noster, vestigiis praedecessorum suorum inhaerens, cupiensque

questionibus omnibus tunc vigentibus debitum finem 1768
imponere, auditis prius nonnullis ex tunc existentibus
Sanctae Romanae Ecclesiae Cardinalibus de tranquil-
litate, et quiete dictae Apostolicae Sedis sollicitis, et
in rebus, de quibus agebatur, peritis, ac versatis, inspecto prius, penitusque cognito statu, in quo res
immunitatis, et libertatis ecclesiasticae reperiebantur,
tunc, suo, et praedictae Sedis Commissario in ditionibus praedictis existenti quamdam instructionem transmitti mandavit, quam ipse Commissarius cum Archiepiscopis, et Episcopis in ditionibus temporalibus prae-
fatis eidem Carolo Emanueli Regi subjectis, ut praefer-
tur, existentibus communicare, seu illos de illa participes facere deberet, per quam quidem instructionem
nonnullae difficultates, quae in intelligentia, et executione dictorum concordatorum ab ipso Benedicto XIII
initorum natae, et exortae fuerant, explicandae, et aperiendae, aliaeque leges pro bono jurisdictionis, et immunitatis ecclesiasticae regimine, et gubernio addendae
erant, dictamque instructionem in duas partes divisit,
quarum prima ad concordatum per dictum Benedictum
XIII praedecessorum initum pertinebat, in alia vero
continebantur ea, quae ad bonum regimen jurisdictionis, et immunitatis ecclesiasticae attinebant. Cum autem, sicut eadem expositio subjungebat, ipse Carolus
Emanuel Rex, quo controversiae, et dissensiones inter
curias ecclesiasticas, et magistratus, seu tribunalia se-
cularia Provinciarum e Statu, et Ducatu Mediolanensi
disjunctarum, et juxta tractatus Viennae, et Aquisgrani
sibi assignatarum, ac suo temporali dominio unitarum
vigentes, et quae forsan in posterum, quod Deus aver-
tat, oriri possunt super ecclesiasticum asylum, et in-
telligentiam, ac executionem, praesertim antiquorum
usuum, legum, et consuetudinum hucusque in eodem
Statu Mediolanensi in praemissis observatarum compo-
nantur, nil aliud consentaneum, justum, et aequum esse
ducat, quam ut totum id, quod per dictum Benedictum XIV, praedecessorem in sua memorata instructione dispositum, declaratumque fuit quoad immunitatem, libertatemque ecclesiasticam in paragraphis nono,
decimo, decimoprimo, decimosecundo, et decimotertio
pro omnibus priscis, antiquisque Provinciis sui dominii
temporalis ad novas Provincias sibi assignatas, et a
Statu Mediolanensi disjunctas per Nos extendatur, et

1763 amplietur, declarando, quaenam sint, et esse deb‹
loca, quae in posterum immunitate ecclesiastica mir
gaudent, neque gaudere possint, prout etiam quae
sint delicta, propter quae delinquentes ad publi
quietem, et securitatem, ne poenam juxta patrata
licta, et crimina effugiant, ecclesiastici asyli bene‹
minime fruantur; Nos igitur, qui nihil curamus
pensius, quam ut justitia, et pax se se invicem o‹
lentur, piis ejusdem Caroli Emanuelis Regis votis
in re, quantum cum Domino possumus, favorabi
annuere volentes, motu proprio, ac ex certa scie‹
et matura deliberatione nostris, deque Apostolicae
testatis plenitudine totum id, quod idem Benedi
XIV praedecessor noster in supradicta sua instructi
praesertim in paragraphis nono, decimo, decimopr
decimosecundo, et decimotertio contentum, et exp
sum quoad immunitatem, libertatemque ecclesiasti
pro dominio temporali ejusdem Caroli Emanuelis R
tunc existentibus in eo Archiepiscopis, et Episc
transmissa praescripsit statuit, decrevit, et declar
ad easdem Provincias vigore Tractatuum Viennae
Aquisgrani, a Statu, et Ducatu Mediolanensi avu
ac dicto Carolo Emanueli Regi assignatas, attribu
et subjectas, ejusque temporali dominio praedicto
tas extendimus, et ampliamus; ac pro majori securi‹
et intelligentia, ne novae in posterum ea de causa or
tur dissensiones, motu, scientia, deliberatione, et
nitudine paribus decernimus, statuimus, et declara
hanc esse in praemissis nostram voluntatem, ne
paragrapho IX. X. XI. XII. XIII. (Tom. II. n. CX)
pag. 552).

Decernentes easdem praesentes literas, et in
contenta quaecumque semper firma, valida, et effic
existere, et fore suosque plenarios, et integros esse
sortiri, et obtinere, ac illis, ad quos spectat, et
tempore quandocumque spectabit in futurum, pleniss
suffragari, et ab eis respective inviolabiliter observ
sicque in praemissis per quoscumque Judices ordina
et Delegatos etiam causarum Palatii Apostolici A
tores, ac Sedis praefatae Nuncios, sublata eis,
eorum cuilibet quavis aliter judicandi, et interpret.
facultate, et auctoritate judicari, et definiri debere
irritum, et inane, si secus super his a quoquam qu
auctoritate scienter, vel ignoranter contigerit atten

Quocirca venerabilibus fratribus Archiepiscopo Medio- 1763
lanensi, ac Episcopis Novariensi, Dertonensi, Bobiensi,
Viglevanensi, Papiensi, Vercellensi, et Placentino Provinciae Bononiensis, nunc, et pro tempore existentibus
in dominio temporali, ac Provinciis eidem Carolo
Emanueli Regi subjectis jurisdictionem spiritualem in
terris, locis, castris, et oppidi intra limites Dioecesum
praedictarum existentibus, habentibus, ut ipsi, et unusquisque eorum pro se ad omnimodam praesentium nostrarum literarum, et in eis contentarum executionem
procedat, et faciat illas, et in eis contenta quaecumque
semper, et ubique in ditionibus praedictis pro ea parte
suae jurisdictionis spiritualis ab omnibus, ad quos
spectat, et quandocumque spectabit, in futurum inibi
comprehensis juxta earumdem praesentium tenorem, et
continentiam inviolabiliter observari. Non obstantibus
Constitutionibus, et Ordinationibus Apostolocis, quae
nostris praesentibus Literis adversantur, caeterisque
contrariis quibuscumque. Volumus autem, ut praesentium Literarum transumptis, seu exemplis etiam impressis manu alicujus Notarii publici subscriptis, et
sigillo personae in ecclesiastica dignitate constitutae
munitis eadem prorsus fides in judicio, et extra illud
habeatur, quae ipsis praesentibus haberetur, si forent
exhibitae vel ostensae.

Datum Romae apud Sanctam Mariam Majorem sub
annulo Piscatoris die III Septembris MDCCLXIII,
Pontificatus nostri anno sexto.

N. Card. ANTONELLUS.   J. B. H. ORENGUS.

6.

Convention du Roi de Sardaigne avec
l'Autriche pour établir à Turin le
Collége Ghislieri, en exécution du
traité du 4. Octobre 1751. En date
du 27. Juin 1765 *).

Essendosi stabilito nell'articolo settimo del pubblico
Trattato delli quattro ottobre mille settecento cinquant'-

---

*) Voy. le Traité du 4. Octobre 1751 dans l'Appendice.

1765 uno tra Sua Maestà il Re di Sardegna, e Sua Maestà l'Imperatrice Regina, Duchessa di Milano, che per liberare il Collegio Ghislieri, fondato in Pavia dal Santo Pontefice Pio V, dalla obbligazione di ricevere e mantenere ventidue alunni sudditi di Sua Maestà il Re di Sardegna, cioè due Tortonesi, due Vigevanaschi, e dieciotto Alessandrini, il Marchese Ghislieri di Pavia, compadrone dell' istesso collegio corrisponderebbe l'annua somma di lire otto mila quattrocento vent' una soldi dodeci moneta di Milano, per essere impiegata nel mantenimento di detti alunni in quel Collegio, che più piacerebbe a S. M., col patto del regresso alle prime ragioni per il caso che si cessasse dal pagamento della suddetta annualità, o non ne fosse sborsato il capitale, il quale ragguagliato al quattro per cento rileva a lire ducento dieci mila cinquecento quaranta dell' istessa moneta, senza che intanto siasi dal Marchese Ghislieri adempiuto alla detta obbligazione da lui assunta in esecuzione di detto Trattato per istromento delli 6 ottobre del medesimo anno; ed essendo venuto a notizia dell' Eccellentissimo Signor Ministro Plenipotenziario Conte di Firmian codesto inadempimento, il quale ha dato luogo ad un sequestro delli beni posseduti dall' istesso Marchese negli Stati di Sua Maestà, si è pensato che il miglior mezzo di adoperarsi per compimento della disposizione del precitato articolo settimo, sarebbe quello di fare sborsare dallo stesso Collegio Ghislieri in iscarico del Marchese compadrone il suddetto capitale di lire ducento dieci mila cinquecento quaranta, mediante le opportune liberazioni e rinuncie, da concertarsi fra li Ministri rispettivamente autorizzati dalle loro Maestà, cioè per parte di Sua Maestà il Re di Sardegna l'Illustrissimo ed Eccellentissimo Signor Conte di Viry, Ministro e Primo Segretario di Stato della Maestà Sua per gli affari esterni, e per parte di Sua Maestà l'Imperatrice Regina, Duchessa di Milano l'Illustrissimo ed Eccellentissimo Signor Conte di Firmian, Cavaliere dell' insigne Ordine del Toson d'oro, Gentiluomo di Camera, Consigliere intimo attuale di Stato, Vicegovernatore del Ducato di Mantova, Principato di Bozolo, e Ducato di Sabbioneta, Ministro Plenipotenziario di Sua Maestà Imperiale e Reale nella Lombardia Austriaca, in vigore delli dispacci loro spediti dai rispettivi Sovrani, registrati al piè della presente convenzione, e già rispettivamente comunicati, sono con-1765 venuti nelli seguenti articoli, che serviranno di appendice e di compimento al suddetto articolo settimo del trattato 4 ottobre 1751.

I. Sua Maestà l'Imperatrice Regina, Duchessa di Milano farà pagare dal Collegio Ghislieri nella stessa Città contemporaneamente alla sottoscrizione della presente convenzione la detta capitale somma di lire ducento dieci mila cinquecento quaranta di Milano in denaro contante, ed in buone valute alla persona che sarà destinata ed autorizzata per riceverla, e spedirne la ricevuta.

II. E mediante il suddetto effettivo pagamento saranno il Collegio Ghislieri e li suoi compadroni pienamente liberati dalla obbligazione di ricevere e mantenere li ventidue alunni sudditi di S. M. il Re di Sardegna, in conformità delle dichiarazioni e rinuncie contenute nelli convocati delle Città e Communità interessate, de'quali già si è rimessa copia autentica all'Eccellentissimo Signor Conte di Firmian.

III. Essendosi dalli tre Seniori della Terra del Bosco, con approvazione di quella Comunità, rinunziato solennemente ed assolutamente in favore di S. Maestà il Re di Sardegna a qualsivoglia ragione di patronato, diritto, preminenza e prerogativa purificabile secondo la fondazione dell'accennato Collegio in favore delli Seniori di detta Terra, nel caso della totale estinzione della famiglia Ghislieri, la predetta Maestà Sua, mediante quanto sopra, rinunzia, cede, e pienamente trasferisce la suddetta ragione e diritti a Sua Maestà l'Imperatrice Regina, ed alli Reali suoi successori.

IV. Seguito il pagamento di detto capitale come sopra, darà Sua Maestà il Re di Sardegna gli opportuni suoi ordini, perchè sia rimosso il sequestro tuttavia durante sopra li beni e rendite del Marchese Ghislieri.

La presente convenzione sarà approvata e ratificata da Sua Maestà il Re di Sardegna, e da Sua Maestà l'Imperatrice Regina, e le ratificanze saranno rispettivamente cambiate e rimesse fra il termine di quattro settimane, o più presto, se sarà possibile. Dato in Torino il 27 giugno 1765.

Il Conte de Viry.

Milano 29 giugno 1765.

Il Conte di Firmian.

Ratifiée par S. M. Impériale le 3. Août.

7.

*Pièce concernant les relations de commerce entre la Grande-Bretagne et le Portugal *).*

Report of the Lords of Trade to the King in Council.

London, 10th March, 1767.

To the King's most Excellent Majesty.

May it please your Majesty,

In obedience to jour Majesty's Commands, signified by Letters from several of your Majesty's Secretaries of State, we have taken into our consideration, as well the Memorials of the British Merchants trading to, and residing in, Portugal, as the other Papers therewith referred, relating to the many grievances and obstructions to which their Commerce with that Country has been, and still continues to be, exposed: and having examined the several matters therein contained, with all the attention due to so important a subject, we beg leave humbly to represent to your Majesty our observations and opinions thereupon.

The nature of our Commerce with Portugal is so well understood as not to need any particular discussion. The Treaties at present subsisting between the two Crowns, for promoting and encouraging this Commerce, and for the protection and security of those British Subjects, who, for the purpose of carrying it on with the greater mutual convenience and advantage to both Countries, should have residence within the Realm of Portugal, at the same time that they exhibit a striking proof of the great regard and attention, which have been on our part repeatedly shown to this branch of the National Trade; so they do, on the other hand, by the importance of the concessions which they contain, fully evince the high value which the Crown of Portugal has ever put upon the friendship and alliance of Great Britain, and the just sense of the advantage that Nation derives from this Commerce. The Treaty concluded in the year 1654, ratified in 1656, and confirmed by the Marriage-Treaty of 1661, contains the most valuable concessions, and forms the basis of all the rights, privileges, and immunities, which your Majesty's Subjects are entitled to enjoy in Portugal and its Dominions; and therefore will on this account be frequently referred to in this our humble Representation to your Majesty.

So long as the British Commerce in Portugal has been conducted in conformity to the Treaties on which it depends, it has been productive of great mutual advantage to both Nations; and the assistance which that Kingdom has, upon various occasions, received from this, has been as conspicuous as the benefits which at all times she derives from her Trade and Commerce with us.

---

*) Presentée au Parlement d'Angleterre 1830 au moi de Juillet.

For some years past, however, the British Trade with Por- tugal has been exposed to great and unusual difficulties and disadvantages. Your Majesty's Subjects who reside in that Kingdom, and the Merchants who trade thither, represent, in the strongest terms of complaint, that their personal rights and privileges are violated, and their Commerce impeded and obstructed, in direct contravention to Treaty, by various Laws, Institutions, and Regulations of that Court. A long catalogue of grievances is exhibited upon this occasion, which we shall now proceed humbly to lay before your Majesty, according to the order in which they are stated in the Merchants, general Representation.

The British Merchants, in the first place, complain, that the privileges and jurisdiction of their Judge-Conservator, granted and established, not only by various Edicts and Decrees of the Kings of Portugal, of very ancient date, but more specifically ascertained and confirmed by the VIIth and XIIIth Articles of the Treaty of 1654, are violated, and even superseded, in plain and express contravention to the stipulations and concessions on which that Institution is founded.

The facts which the Complainants adduce, in support of this Complaint, are various: instances are given, not only of the rights and liberties of Individuals having been violated, by imprisonment of their persons, upon false and frivolous pretences; by illegal seizures of their merchandize, books of account, and other effects; and by forcible entry into their houses and warehouses, by the subordinate Officers of various Departments, without proper warrant and authority; but grievances of a more general and permanent nature are exhibited in their Representations. They set forth, that, by a Royal Decree dated the 5th May, 1742, they were subjected to the Senate or City Court, in every thing belonging to the Police; that by the XXIXth Article of the Pragmatic, or Sumptuary Law, published the 24th of May, 1749, the jurisdiction of their Conservator was taken away in all matters relative to the breach of that Law; that by a Law of the present King of Portugal, dated the 30th of October, 1752, whereby it was expressly ordained that no Judge-Conservator should grant Countermandates to impede the execution of any Writs or Orders issued by the ordinary Courts, under the penalty of six months suspension from his office, they were consequentially made subject to the Writ or Warrant of any Judge whatever, in violation of that particular privilege annexed to the institution of their Conservator, which makes the acquiescence of that Magistrate a necessary preliminary to the seizure or arrest of a British Subject They further complain, that, by the Institutions of the exclusive Trading Company of Para, of the General Company for the culture of the vineyards of Alto Douro, and by the Statutes of the newly-erected Junta de Commercio, all which are of Royal Authority, Conservators are appointed to each of these Bodies corporate, whose authority supersedes that granted to the British Conservator; and that the jurisdiction of these new Institutions, with privileges derogatory to the jurisdiction of the British Conservator, is so extensive, that your Majesty's Subjects, in carrying on suits for the recovery of their debts, are under the greatest difficulties and

1767 disadvantages, being continually involved in preliminary litigations and disputes, concerning the competency of their Conservatorial Court, as all or most of their Debtors belong to some Company or Corporation, and thereby enjoy the privilege of a separate Conservator.

The peculiar rights and immunities, which British Subjects residing in Portugal derive from this Institution of a distinct Judge-Conservator, have their foundation in Royal Edicts and Concessions of the Crown of Portugal, almost as early as the first establishment of British Commerce in that Kingdom; and these Concessions are fully stated in the Papers referred; but as the privileges thereby granted are confirmed in their full extent by the subsequent Treaties between the two Crowns, all that can be necessary on this occasion will be to have recourse to those Stipulations, of Treaty.

By the VIIth and XIIIth Articles of the Treaty of 1654 it is stipulated, "that for the judging all Causes that relate to the English, a Judge-Conservator shall be deputed, from whom no appeal shall be granted, except to the Court of Relação, where the Suits shall be determined in 4 months, at most, after the appeals; that no Alcayde, as he is commonly called, nor other Officer of the King of Portugal, shall arrest or impeach any of the People of England, of what rank or condition soever, excepting in a criminal Cause, where he is apprehended in the fact, unless he be first empowered in writing by the Judge-Conservator."

These Articles do, in such clear and express terms, establish and confirm the authority and independence of the British Judge-Conservator, and the rights and immunities which British Subjects residing in the Dominions of Portugal are entitled to from that Institution, as not to leave room for any doubt, that, in all cases where the houses and warehouses of Individuals have been broken open and ransacked, their books and effects seized and distrained, and their persons imprisoned, without a warrant of their Judge-Conservator; — whether such acts of violence have been committed by Officers belonging to the Custom House, to the Health Office, to the Police, to the Contractor for Tobacco, Soap, and Cards, to the Junta de Commercio, or to any other Office or Tribunal; — they are direct infringements and violations of the rights and privileges to which your Majesty's Subjects are entitled by the said Treaty; and it no less clearly follows, that every domestic Law or Regulation of the Court of Portugal, however innocent in its principle, which, by any of its Provisions, takes away or supersedes the jurisdiction of the British Conservator, in any other case than the single one excepted in the XIIIth Article above recited (as in the case of the Sumptuary Law of 1749, as well as of the Royal Decree relative to the Police,) is properly stated to be, in that particular, an infraction of Treaty. In the same light, we consider the Law passed by the King of Portugal in 1752, which suspends from his Office any Judge-Conservator who shall grant Counter-mandates to impede the execution of any Writs or Warrants issued by the ordinary Courts; as well as all such articles and provisions in the Institutions of particular Trading Companies, (as in that of Para and of the Wine Company,) or any other Bodies corporate, (as that of the Junta de Commercio,) which give to them respect-

rely peculiar Conservators, in whose favour the exclusive and 1767
independent jurisdiction of the British Conservator is superseded.

The Institution of the General Company, for the culture of
the vineyards of Alto Douro, by Royal Charter, dated on the 10th
f September 1756, is complained of by the Merchants of the
Factory at Oporto; as containing many regulations and restrictions
prejudicial to their Commerce, and subversive of those rights,
privileges, and immunities, to which they are entitled upon the
faith of National Treaties.

By the preamble to the Law which establishes this Company,
it should seem, as if this Institution was nothing more than a
domestic regulation and arrangement for the culture and improvement of the vineyards of the district of Alto Douro, and for pre-
serving the wines of that growth in their natural purity, free from
those mixtures and adulterations, which are represented to have
destroyed both their reputation and consumption.

Upon this principle of retrieving the credit of these wines, by
preventing the exportation of such as should be found unfit for
foreign consumption, and by reforming the abuses both of the
Vintagers and Merchants in the making and selling that commodity,
very extensive powers and privileges are granted to the Company,
and many regulations are laid down and prescribed in the Law
which establishes it, to which your Majesty's Subjects, in common
with those of the King of Portugal, are required to conform.

From amongst the many Articles, of which this Institution is
composed, it will be sufficient, as we conceive, if we select such
particular regulations only, as appear to us most essentially to
affect either the personal rights or commercial interests of your
Majesty's Subjects, and of course to substantiate the Complaints
of the British Factory.

By the 29th, 30th, and 31st Sections of this Law, the wines
in the borders of Alto Douro, and its District, are separated and
set apart for exportation to Foreign Markets; severe restrictions
are laid upon the traffic in wines brought from without the limits
of that District; none are allowed to be brought down to the
City of Oporto, under penalty of confiscation, without Permits,
directing them from the house of the Vintagers to the Board of
Administration of the Company; and all are subjected to the
examination of Tasters, who, at pleasure, set such a mark of
approbation or disapprobation upon them as they think proper,
either qualifying them for exportation, or condemning them as
inferior wines, fit only for the consumption of the Country.

These limitations and restrictions, which undoubtedly operate
greatly to the prejudice and disadvantage of your Majesty's Subjects, who trade in this commodity, by not only subjecting the
goods and merchandizes of British Traders to the examination of
mean yet arbitrary Judges, appointed by the Company, who are
Competitors in that trade, and of consequence interested in the
depreciation of that particular commodity, thus exposed to their
mercy, and from whose Sentence there lies no appeal; but also
by making the exportation of their wines a matter of difficulty
and hazard, and rendering their property in that article precarious
and uncertain; are stated by the Factory to be oppressive viola-

1767 tions of those commercial privileges and immunities, to which they are entitled by Treaty.

They contend, that they are not only entitled to general freedom of commerce in all the Dominions of the King of Portugal, by the IId Article of the Treaty of 1654, but that also, by the IIId and IXth Articles of that Treaty, they are specifically at liberty "to buy up all sorts of wares, goods, and merchandize, and the same to use and enjoy, in the Dominions of the King of Portugal, without being compelled to purchase them of forestallers or monopolists, or circumscribed to a set price; to sell, traffic, and freely transport, any sorts of goods, wares, and merchandize whatsoever, from the said Dominions of the King of Portugal, without being hindered or delayed for any reason whatsoever;" and therefore they allege, that a commerce, established on such principles of freedom, ought not to be shackled with those restrictions which have been before mentioned. And it does appear to us, that, whatever may be the fair construction and operation of the general stipulation of free commerce, in the IId Article of the said Treaty, there can be no doubt that the limitations and restrictions complained of, are directly adverse both to the letter and spirit of the specific stipulations contained in the other Articles above referred to.

And what renders the conditions of the regulation, respecting the institution of Tasters, more oppressive and severe, and makes it, if not immediately, yet ultimately, and in its consequences, an infraction of the Treaty, is, that, in cases where the mark of disallowance is set upon wines by these Tasters, and they thereby become prohibited from exportation, the Merchant, whose property they are, has no market open to him, for the disposal of them, except to this Company, who are his rivals in the trade, and who seldom give more for them than one third part of the prime costs for the tavern-keepers and retail traders of the City and neighbourhood of Oporto, who consume wines of an inferior quality, are restrained from purchasing them of the British Merchant, by the 28th section of this Law, which ordains "that no wine shall be sold by retail in the City of Oporto, and in the neighbouring Places to the distance of three leagues round, that is not on account of this Company." To the Settlements of the King of Portugal in the Brazils, he is expressly prohibited from exporting them, by the 19th Section of this Law, which gives to the Company "the exclusive commerce of all wines, brandies, and vinegars, which shall be shipped from the City of Oporto to any of the four Captainships of Santo Paulo, Rio de Janeiro, Bahia, and Pernambuco, and their respective Ports."

Another regulation of this Law, complained of by the Merchants, respects the absolute judicial power and authority granted to this Company, in the person of its Judge-Conservator, by the 7th, 8th, and 9th Sections, empowering him to seize, without distinction, boats and carriages for the conveyance of wines; to press into the service of the Company, labourers, coopers, tavern-keepers, and other artificers; and to cause houses and warehouses to be given up to their use; a provision which, at the same time that it violates the privileges of Your Majesty's Subjects, by superseding the jurisdiction and authority, of their Judge-Conservator, does appear to us no less justly a subject of Complaint, by giving the Company an unreasonable advantage over the British Merchants. And therefore, upon the whole, we are induced to join in opinion with the Merchants, that, although nothing more is professed to be designed by this Institution than a domestic economical arrangement, yet the real object of the' Law is to erect a monopoly in this article of commerce, and, under colour of improving the culture and quality of the wines, finally to exclude the British Factory from any commerce or concern in them.

The institution of exclusive Companies, trading to several of the Portuguese Colonies in America, particularly one to Gran Para and Maranham, and another to Paraiba and Pernambuco, is stated by the Merchants to be not only an innovation irreconcileable either to the spirit or the letter of the Treaty, but a measure confessedly of the most pernicious consequence to the trade and interests of Great Britain.

Before the establishment of the Maranham Company, in the year 1756, the trade to that Settlement is stated to have been in a most flourishing condition, employing annually at least 15 or 16 Ships, which number is now represented to be reduced to 3 or 4. The Pernambuco Company has been but latelyerected; but it is not to be doubted that experience will show, that this Institution will be productive of similar effects, and that the prejudices resulting to commerce from this Establishment will probably be proportionably greater, as the trade and navigation to Pernambuco is much more considerable than that to Maranham.

Amongst the many oppressive and prejudicial consequences complained of by the Merchants, as resulting from these Institutions, there is one which, in our opinion, deserves particular observation; and this is, the absolute disability which the Portuguese Factors, who carried on this commerce upon the credit of the British Merchants, are laid under, by being thus at once excluded from this trade, of ever discharging the debts which they have contracted with Your Majesty's Subjects, who have supplied the Brazil markets with goods and merchandize through their intervention: to have protected the British Merchants from the very heavy losses which this sudden regulation, by disabling their Creditors from paying their legal debts, must have thrown upon them, was a measure which natural justice could not, as we conceive, have dispensed with, even though the Treaties had been silent upon this head.

But without prosecuting this inquiry any further, or entering into a discussion of the principles upon which these Companies may have been instituted, we shall proceed to examine the arguments adduced by the Merchants, to support their assertion that these Institutions are direct infractions of Treaty.

They represent, that those Companies are restrictions upon, and violations of, that general freedom of trade, unrestrained by monopolies, which British Subjects are entitled to carry on in Portugal and its Dominions, by the IId, IIId, and IXth Articles of the Treaty of 1654. The general as well as specific Stipulations of which Articles having been already stated, it is only necessary

1767 to observe, that, when we apply the privileges given thereby to the case in question, and consider how far the Commerce of Your Majesty's Subjects is circumscribed and restricted by these exclusive Companies, it is evident, without straining the letter of the Treaty, that these Institutions are incompatible with that freedom of trade, and unlimited right of purchase as well as sale, granted and conceded by these Articles; for, would it not be the grossest evasion to say, that the British Merchants enjoyed the right of *selling to whom they pleased (unrestrained by monopolies)*, while the Subjects of His Most Faithful Majesty, the few excepted who compose these Companies, are incapacitated from buying their goods, by being prohibited from sending them to those markets to which they are most immediately adapted? If we add to this the further Stipulation, which provides against their being compelled to purchase of monopolists, and if these exclusive Companies (of which there needs no proof) evidently are monopolists, we think we may, with the Merchants, pronounce this particular Stipulation to be infringed; for, *virtually*, they are compelled to purchase of them, if they can get the products of their respective District from no other hands; and what other species of compulsion could the Treaty have in contemplation but a virtual one?

Conclusive as these arguments are, there yet remain to be stated Stipulations in favour of Your Majesty's Trading Subjects, not only in the Treaty so often referred to, but in the Marriage Treaty of 1661, to which these Institutions of the Court of Portugal are so expressly contrary, that we conceive they will at once put the question beyond dispute.

The XIth Article of the Treaty of 1654 stipulates a right to English Subjects to "trade and traffic freely and safely from Portugal to Brazil, and the other Conquests of the King of Portugal in the West Indies, and from Brazil and the said Conquests to Portugal, as also to the Dominions of the said King in the East Indies, Guinea, the Island of St. Thomas, and elsewhere on the coasts and shores."

The Marriage Treaty, after ratifying all former Treaties subsequent to 1641, amplifies the right of the British Subjects to trade to the Conquests and Colonies of Portugal in terms as follow: — Art. XII. — "And, in order that the Subjects of His Britannic Majesty may more fully enjoy the benefits of commerce in all the Dominions of the King of Portugal, it is agreed, that their Merchants and Factors (over and above what has been stipulated on this head by former Treaties,) shall, by virtue of this, have leave to reside in whatever Places they please; and shall enjoy all privileges and immunities relating to commerce, the same as the Portuguese themselves, in the fortresses and towns of Goa, Cochin, and Diu, provided the number of British Subjects so residing never exceeds four families in one Place."

The XIIIth Article extends the same privileges to them in the "Bay of All Saints, Pernambuco, and Rio de Janeiro, in the Brazils, and in all the Dominions of the King of Portugal in the West Indies."

It would, we conceive, have been impossible, in framing these Treaties, to have used any words that could more directly and

have been executed with a rigour that marks the unfriendly
e upon which that Law is founded. As the exports to Por-
o consist chiefly of the conveniences and necessaries of life,
f which she cannot be supplied with from any other State,
:ast upon such reasonable and advantageous terms, it was
y to be expected, that a Law, professing no other object
e suppression of luxury, should not operate to the exclu-
many commodities still permitted to remain in use, which
tion has been accustomed to take from this; but the seve-
h which this Law has been executed, the forced construc-
it has been put upon it, and the long catalogue of goods
by a Resolution of the Junta de Commercio, dated on the
May, 1757, are declared contraband, have so far strained
.ended it beyond its original intent, as to stop the impor-
f a very considerable number of British commodities of great
ence, and which were not objects of the Law itself, as
:d in 1749.

e prohibition of tanned Leather, by a Decree dated the
April, 1758, is represented as a sensible blow to the Bri-
mmerce in a very considerable article of exportation. By
ı Article of the Law in question, all liveries, that are not
ı of the manufacture of Portugal, are forbid; but what the
ats chiefly insist on, as a very severe aggravation, is, the
:y which is shown in admitting the mixed stuffs of French
:ture, while English goods of the same materials are refu-
aittance; and allowing that Nation to introduce their cloths
t quantities daily, and without embarrassment, though the
ion of importing woollen goods (which, by the Treaty of
:as, for considerations of equal value to Portugal, taken off
ir of Great Britain, in order to give her a preference,)
aains in force against them.

e have thus briefly stated the several cases, in which the
ats represent themselves to be aggrieved by this Law; but
provisions of it, though they afford matter sufficient for se-
:monstrance, do not appear to us in any instance directly

1767 to see the error of that policy, which, by prohibiting the use of Foreign Manufactures, is so peculiarly prejudicial to the commerce and navigation of this Nation, from whose assistance and protection she has derived such signal and repeated support; and especially if (as the Merchants allege) such partial distinctions are made in the execution of these prohibitory Laws, to the advantage of the commodities of other Nations, whose demand for the native produce of Portugal, in return, bears no degree of proportion to that of Great Britain.

The additional Duties laid upon British goods and merchandize, the oppressive innovations in the manner of their valuation, the increase of charges upon their Ships, and the many burthensome Regulations with regard to their despatch, which prevail in the Port of Lisbon, are complained of by the Merchants, not only as being directly contrary to the express stipulation of Treaty, but as destructive of their Commerce and discouraging to Navigation.

In stating this Complaint, many species of oppression are enumerated.

About 3 months after the disaster of the 1st of November 1755, an additional Duty of 4 per cent. was laid for defraying the expence of erecting a new Custom-House.

Exclusive of this general Duty, the Agents for the Contractors for victualling Your Majesty's Ships of War represent, that an extraordinary Duty of 4 per cent. was laid on all provisions furnished by them to the said Ships.

To these Duties, peculiar to the Port of Lisbon, it may not be improper to add, a Duty, called the Donative, to which the Factory at Oporto are subjected; and which imposes a tax of 2 per cent. on all export and imports, for the purpose of subsisting 2 Frigates, in order to protect the Ships belonging to the Whale Company, in their passage to and from the Brazils.

On these several Duties we beg leave to observe, that the service for which the first was levied, has never been carried into execution, although the Duty continues; and that the last is levied for the benefit of a Commerce, from which Your Majesty's Subjects have been so injuriously excluded.

These additional Duties the Merchants state as recent impositions, and infractions of the Secret Article of the Treaty of 1654. The innovations which have been introduced in the mode of valuation in the Custom-House, by laying aside the old Book of Rates, and referring it to the arbitration of Officers, who, in lieu of salaries, are paid a certain proportion of the Duties they impose, from the next head of Complaint, and are stated to be violations of the same Article, which stipulates that the Duties or Taxes on English goods shall never exceed 23 per cent. on their valuation for the payment of their Duties; and that they shall be favourably valued according to the regimen of the Custom-House, and the ancient Laws of the Kingdom; nor are these valuations on any account ever to be altered but my mutual consent; to which end the Consul-General is to choose 2 Merchants, to examine whether there be any just grounds for such alteration.

This limitation is very expressly laid down, and doubtless cannot be exceeded without infraction of Treaty; but should it be

f these impositions, some of the most recent are the tax of
reis upon every Ship or Vessel, as well small as great, for
y to the Members of the Junta de Commercio; and the
200 reis per ton on every Ship, under the denomination of
money, except when they return out fully loaden with the
e of the Country, in which case this impost is mitigated to
per ton. These taxes and imposts the Merchants, with
, conceive to be violations of the XXth Article of the Treaty
1, which, in direct terms, restrains His Portuguese Majesty
evying any additional charge on British Ships, fixing as a
d for futurity what was paid in the year 1654.
ie proceedings of the Health Officers, appointed by the
to inspect into the quality of provisions, (although those
lings are so precisely regulated by the XVIIth Article of
eaty of 1654, in all cases that can possibly occur,) and the
increase in the exaction of fees and emoluments, together
he expense of Guards, whose fees are raised from 300 to
is per day, their number frequently increased, and their
i board prolonged at the same exorbitant expense, till the
scharge of the cargo, are set forth as grievances, burthen-
a themselves when separately considered, but, when accu-
! in the manner above described, oppressive to the last
, and highly injurious and discouraging to navigation.
ie IVth Article of the Treaty of 1654 expressly stipulates,
there shall not be put on English Ships more than two
s or Waiters at most; that in unloading their Ships there
e no unnecessary delays; and if the said Ships, which are
with dry goods, should not be unloaden within the space
days, and the Ships loaden with fish and provisions within
s, after their entrance into the port, they shall not moreover
iged to pay any stipend or sum of money, or other reward,
said Officers or Waiters, nor upon their account be at any
expenses more than for the said 10 or 15 days respectively."
his Stipulation is so clear and precise, that we have only
, that in all cases where the Guards or Officers belonging

1767 Regulation, which obliges all such Ships as touch at the Port of Lisbon for orders, or informations of the state of markets, to take out a licence called a *Franquia*, and receive Guards as the burthensome rate above described; which, besides creating a heavy charge, generally causes a considerable delay.

This Regulation the Merchants allege (and we think they have foundation for such assertion) to be expressly contrary to the IId Article of the Treaty of 1654, already more than once referred to, which says, "that the English, without a permit or other licence, general or special, may enter and navigate in the Harbours and Ports of Portugal, etc., and with the same liberty depart from thence, with their goods, etc. either to their own or Foreign Countries as they shall think fit." If the exaction of this licence of *Franquia* be, as we conceive it is, an infringement of the above Provision, how much more oppressive must those arbitrary measures appear which are represented of late to have taken place, for the forcible detainer of Ships laden with corn, at seasons when the necessities of the State have been so far from pleading in mitigation and excuse of such violent resources, that the warehouses (it is alleged) were so full of corn, that with the utmost difficulty a place was found wherein to lodge what was thus detained.

The Merchants, in the next place, complain that they encounter great difficulties and delays in the legal claim and recovery of their debts.

They instance several modes and practices by which they are obstructed in their application for that justice, which, not only by the express stipulation of Treaty, ought to be open and accessible to them upon the easiest and safest terms, but which, even by natural right, is due to them in common with all Mankind.

In the first place, they represent that, in claiming debts due to them from such as are imprisoned, or have their effects sequestered by the Inquisition, or by the King's Exchequer, they are frequently involved in insurmountable difficulties; that, instead of being paid out of the Delinquent's effects in a limited time, they are unavoidably engaged in tedious and expensive Suits at Law, in the course of which such proofs are demanded as it is impracticable for them to furnish; in consequence whereof they are condemned to lose their debts, to pay the costs of Suit, and are judicially branded with the imputation of fraudulent collusions with the Delinquents.

This practice, they assert, is contrary to the express Provisions contained in the Vth Article of the Treaty of 1654; and this Article does appear to us to be so explicit, and makes such judicious Provisions for the security of debts due to British Subjects in the very Cases above described, that the innovations made in the practice of latter times, in opposition to that precise Stipulation which directs that the effects of Delinquents shall irremissibly be, in the first place, appropriated to the payment of their debts, are justly represented by the Merchants, whose interest and property are materially affected thereby, to be irreconcileable to Treaty, and expressly disallowed by the above Article.

The Royal Letters of Protection, termed *Moratorios*, furnish a second cause of complaint; these Letters suspend all Prosecutions

rer their just debts, superseding any protection whatever; the
lege is very particularly marked, and deserves to be recited,
t tends to set the importance of these complaints in a more
icuous light, by showing the extraordinary attention and pre-
a which have been used in guarding and providing against them.
The Article provides, that the Subjects of this Kingdom "shall
be hindered, by any safe conduct or protection to be granted
ie King of Portugal to his Subjects, or others frequenting his
inions, from recovering their debts; but they shall have a
to sue every Man to justice for the recovery of any just
, whatever be his Protection or Passport, be he a Farmer of
Revenue, or any other privileged Person."

If it were needful that any additional force should be given to
ority so apposite and express, we might observe, as a collateral
on why these Royal Letters should not take place, in regard
ebts due to British Subjects, that, by the VIIth Article of the
Treaty, it is stipulated that there shall be no Appeal but to
Relação, there to be determined in the space of 4 months.

Another cause of complaint under this general Article, which
remains to be discussed, is the protection which the *Junta de*
mercio holds out and affords to all who choose to claim it,
whose tardy proceedings, in the administration of the affairs
ankrupts, are stated to have been found, by experience, to
itolerable.

The arbitrary method in which this Board proceeds, by granting
ections upon all occasions to such as apply for that purpose,
ing the execution of all Sentences issued by the British
e-Conservator; debarring Your Majesty's Subjects from making
attachments for the security of their debts; and obliging them
quiesce in whatever dividends the said Board may, in future,
bute from the effects which the Bankrupts think fit to deliver
s the remainder of their capital; forms such a complicated
tion of Treaty, that, having before stated the privileges which
: Majesty's Subjects are entitled to from the Conservatorial
diction, and having already recited the XIIIth Article, which

1767 chandize, against the will of the Owners, and in direct violation of their rights and privileges.

The goods thus forcibly taken are in general represented to be, woollen for clothing the Troops, lead, coals, rice, butter, and other stores and provisions for the Royal Magazines, and even for Convents of Friars, who are maintained by the King. It is urged, and not without reason, as a very sensible aggravation of this injury, that the delay used in the payments for these commodities, when thus seized, is in general highly discouraging to trade, and oftentimes ruinous to Individuals, who, after a solicitation of years, have not been able to obtain payment of the value.

The IXth Article of the Treaty of 1654 says, "that neither the King of Portugal, nor any of his Ministers, shall detain, arrest, or attach any Merchants, Masters of Ships, Captains or Mariners, or their Ships, merchandize or other goods, which belong to England, or any of its People, either for war, or any other use whatsoever, unless the Lord Protector, or those to whom such Ships and goods appertain, are first apprized thereof, and give their consent; and that the sale of the merchandize and goods of the people of England, shall not be hindered or delayed, under pretence that the King has occasion for them, or for any other reason whatsoever, nor shall they be diverted to the King's use, or to any other uses whatsoever, without the consent of those concerned."

According to the letter of this Stipulation, it is evident that no circumstances can occur wherein such arbitrary proceedings are strictly allowable. But though it should be contended that such sudden and dangerous emergencies may be supposed to arise, which, though they cannot strictly justify, may at least excuse such temporary infringements, yet when the Merchants allege that, having patiently submitted to these grievances during the late war, in consideration of the urgency of the times, they are nevertheless continued during a season of profound peace and tranquillity, we think with them that this is a practice highly injurious to their interests, and a direct infringement of their privileges and immunities.

Amongst the many grievances which the Merchants complain of, they cite a particular examble of danger and hazard to which Your Majesty's Subjects are exposed, in carrying on their commerce in Portugal, from the undue extension of the Penal Laws, in the case of the seizure of money made on the person of one Humphrey Bunster, an Officer belonging to one of Your Majesty's Packet Boats, which, though a single instance, deserves attention, inasmuch as the sentence against him stands unrevoked: a tedious and expensive Suit at Law was carried on, in the name of this Person, for the recovery of the money seized, the result of which was, that, on the 26th of December, 1758, a Sentence was issued, ordering that the money should be confiscated, half to the use of the King, and the remainder to the Person who made the seizure: this was confirmed by a Sentence issued the 24th of March, 1759.

The notoriety of this fact, rendered more conspicuous by his late Majesty's gracious interposition, first by his Envoy Extraordinary, Mr. Hay, and afterwards by the Earl of Kinnoul, his

Ambassador Extraordinary to the Court of Lisbon, makes a more 1767 particular discussion of it unnecessary; a revisal of this sentence was, at the instance of the Ambassador, promised, but, soon after his Lordship's departure for England, that revisal was refused.

It is ordained by a very ancient Law of Portugal, that no gold, silver or money, shall be carried out of the Kingdom, upon penalty of death, and confiscation of all goods and effects.

The cases wherein the said penalties shall be incurred are specifically marked out to be; either as soon as the said things are put in a Boat, Bark, or other Vessels, or when gold and silver, coined or uncoined, is found packed up in bales, hogsheads, pipes, barrels and cases, in which other goods and merchandize are put, intended to be carried or sent out of the Kingdom; or when gold or silver is carried by land from any Village near the water-side to the bar, or to any other Village nearer to the bar; in these cases, and in these only, the design of exportation being judged to be notorious, the penalty of the Law is declared to be incurred.

The case in question falling under none of these predicaments (as is on both sides allowed) it is with reason, as we conceive, that the Merchants contend that the Sentence above mentioned was an unjustifiable extension of a Penal Statute.

It is further alleged, as matter of complaint, that the Counting-house of a British Merchant was broke open by common Officers of Justice, his books of accounts taken away by force, and carried to the house of a judge, where they remained 2 days, without being sealed up, or any precaution taken to hinder the bad consequences that might have resulted to him, from having his private, transactions in trade exposed to public view.

This fact, without doubt, is justly represented as a most flagrant invasion of the rights and privileges of a British Subject, in the most sacred article of his property; but, as we observe that this single instance of oppression has not been represented as followed by others of the like nature, we hope that a proceeding so injurious to Individuals, and in general so prejudicial to Commerce, will not be repeated.

The severe impositions and exactions to which such of your Majesty's Subjects who reside in the Kingdom of Portugal, and fall under the denomination of retail traders, are subject, form the last Article of complaint in the Merchants' general Representation.

These indeed are stated by the Memorialists as grievances of a subordinate nature to those to which the Trade of the British Merchants, and of course the commercial interests of Great Britain in general, are exposed. It is, in the first place, alleged, that the goods of these inferior traders are sometimes seized for their presuming to sell by retail.

It is stipulated by the Xth Article of the Treaty of 1654, "that the People of England may freely import arms, corn, fish, and all other sorts of merchandize, into the Dominions of Portugal, and the same sell at pleasure, either in parcels or in bulk, to whatsoever Chapmen, and for whatsoever price they can get, and shall not be prohibited, circumscribed, or restrained, by the King or his Ministers, Governors, Farmers of the Customs, or

1767 Monopolists, or by any Chamber or Jurisdiction whatsoever of any Court, public or private."

The right which your Majesty's Subjects derive from this Article of the Treaty of 1654, of selling by retail is so clearly expressed, that it cannot be brought into question; consequently the seizing their goods on this account, and prohibiting them from pursuing their lawful occupations of this sort, must be considered as a direct infraction of Treaty, and is justly complained of as such.

The Merchants further set forth, that, amongst several other impositions and exactions to which these retailers are subjected, they are compelled to pay the tax of 10 per cent, called *decima*; from which tax they conceive that British retailers are exempted, in common with themselves, under the general denomination of British Subjects, in the first instance by an *Alvara* or Law, dated 25th May, 1656, and again by another Decree of the late King, dated 8th February, 1715.

We come now humbly to state to your Majesty, that important subject of Complaint contained in the Papers referred to us by the Earl of Shelburne, in his Lordship's Letter of the 22nd of August, 1766.

The subject-matter of these Papers refers to a Law dated at Lisbon the 21st of June last, whereby the Actions of the several Companies in the Kingdom of Portugal are made to circulate in trade as neat money.

This Law, which is evidently calculated for the partial and interested purposes of favouring certain monopolies, instituted in direct contravention to Treaties, is in its natural principle subversive of all justice, and is so prejudicial to the interests of those against whom it shall be put in force, that, when we consider the effect it will have upon the property of Your Majesty's Subjects, who, in consequence of their commercial engagements with the Natives of that Kingdom, may now be compelled to receive Actions at a great discount in payment of their legal Debts, we think it is evident that the Court of Portugal could not have devised a Regulation more directly calculated for the oppression and ruin of Your Majesty's Subjects trading to, and residing in, that Kingdom: and if it be true, as the Merchants represent, that the Companies themselves refuse to take these Actions in payment, and that they will not pass for Duties at the Custom House, this is a circumstance that does more strongly evince the notorious partiality of this Law, and renders the injustice of it the more conspicuous.

If such was the opinion which your Majesty's Subjects justly entertained of the spirit and principle of this Law, when their danger was only in speculation, and while they received private assurances from the Court of Portugal, that it was not intended to be put in execution, what must be their consternation and alarm when they find that what they apprehended is come to pass? and that this Statute has actually been enforced in more instances than one, but more particularly so in the case of one William White, a British Subject, and a member of the Factory at Oporto, who, on refusal to accept the said Actions in part-payment of a debt owing to him by one Thomas Da Rocha Pinto, a native of Portugal, has been obliged, by a sentence of Law lately given by the 1767 Factory's Judge-Conservator, to receive as a legal payment two Actions, one of the Wine Company of Alto Douro for 664,000 reis, and another of the Pernambuco Company for 593,198 reis.

Having now stated to your Majesty the several grievances complained of by the Merchants, and having endeavoured, with as much precision as the nature of the subject would admit, to ascertain the Cases wherein the several Laws, Institutions, and Regulations of the Court of Portugal, which are the objects of these Complaints, do in fact violate either the letter or spirit of the Treaties subsisting between the two Crowns, we shall now, according to the mode prescribed in the Earl of Halifax's Letter of the 10th of July, 1765, proceed to examine the reasoning of that Court upon such parts of the Complaint as have hitherto been the subject of discussion, and the construction which in some cause has been attempted to be given to the subsisting Treaties, and the recriminations which have been urged by the Ministers of His Most Faithful Majesty.

The first Article of Complaint to which the Court of Portugal has made any Reply, relates to the jurisdiction of the British Judge-Conservator. Upon this occasion, the Minister of that Court, in the first place, asserts, "that the Stipulations of the Treaty of 1654, with all the other Concessions, upon which the power of the British Conservator is established, always have been inviolably observed in preference to the jurisdiction of every other Judge-Conservator; and that no doubt has ever occurred to the contrary, not even upon occasion of the particular Laws of 1742 and 1752, complained of by Your Majesty's Subjects as inconsistent with their privileges."

He then proceeds to observe, "that before the particular jurisdiction of any Judge-Conservator can suspend the jurisdiction of the Civil Magistrate, the quality of the Persons privileged must be made to appear to such Magistrate; and that if, even after that, the remission to the proper Judge should be refused, still redress may be procured by the ordinary method of appeal." And he concludes with assurances, "that, if any abuses should arise from the Laws complained of, and if the Officers, to whom it belongs, should not redress such abuses by the usual and ordinary methods, then His Most Faithful Majesty will cause the Stipulations and Concessions to be restored to their observance in every case where it shall be necessary."

With respect to the first part of this Reply, which, in general terms, asserts an inviolable observance of Treaty, without any instance having occurred wherein the privileges of British Subjects, and the jurisdiction of their Judge-Conservator have been violated, we have only to observe, that the Merchants exhibit a variety of facts and examples to the contrary of this assertion. In cases where Individuals have been injured and oppressed, they refer to the particular instances; if these are fictions, they may easily be refuted; if in the recital, any material circumstances are either added or suppressed, for the purposes of misrepresentation or evasion, they are open to discovery, and the truth may readily be ascertained; but, as no attempt has been made on the part of

1767 Portugal to invalidate the evidence of these facts, much less to disprove them, their authenticity cannot be overthrown by a general denial of them. As to those Complaints which have reference to certain Laws, Decrees, and Institutions, which are of universal notoriety in Portugal, and which every one can refer to; in all these cases, no fraud or collusion can be practised; the Regulations speak for themselves; we have already laid them before Your Majesty, and they appear to us to form by far the most important matter of the Complaint under this general Article.

As to the subsequent reasoning of Mr. Da Cunha, which would leave Your Majesty's Subjects liable to the process and sentence of the incompetent Magistrate, and then refers them to the ordinary course of the Law, for obtaining that privilege which ought to have been allowed them in the first instance, we conceive it to be founded upon an entire mistake, as well of the object of the Complaint of the Merchants, as of the very nature of the Stipulations respecting the Judge-Conservator.

It is not to obtain compensation for the injuries actually sustained in this particular, but protection and security against the continual repetitions of them, that the Merchants so earnestly apply for Your Majesty's interposition.

It was not to the general and ordinary provisions of the Laws of Portugal that the Treaties, which were formed for the encouragement of residence in that Kingdom, meant to intrust the most sacred rights, the Persons and Properties of your Majesty's Subjects. The Treaty of 1654, which establishes the privileges and jurisdiction of the Conservator with so much perspicuity and precision, had not in contemplation, merely to point out an occasional and particular redress, to be obtained for each particular grievance, as it should occur, and should be made matter of complaint; on the contrary, it is evident that the Stipulations which relate to that Institution were introduced, for the special purpose of giving an antecedent and permanent security against the necessity of making such Complaints, by preventing all occasions from whence they could arise; not by referring Your Majesty's Subjects, as the Portuguese Minister recommends, to the ordinary process of Law for redress and compensation; but by distinguishing them from the Subjects of His Most Faithful Majesty, and exempting them in the first instance from the jurisdiction of the ordinary Courts to which the Natives were amenable; in short, by erecting a peculiar Judge and Court of their own, for judging all Causes which should relate to them, and establishing it as an indispensable requisite, that the concurrence of that Magistrate must be obtained, in writing, previous to the seizure and arrest of their Persons.

Whenever this important Stipulation is violated, either by a refusal to remit the Cause of a British Subject to his proper Judge, or, by the seizure, arrest, or imprisonment of any British Subject, without the authority of his Conservator, unless in the Case excepted by Treaty, even although his privilege should be finally allowed him upon an appeal, prosecuted through the ordinary course of the Law, the general security of the Merchants who reside in Portugal is brought into danger; and the Treaty in respect to its most important object is defeated; neither can the mode prescribed

rtained and understood, that the determination upon those pri-
pes could never be drawn into any inconvenient length, for the
le question could only be, — whether British Subject or not;
obvious point being decided, no further difficulties or contest
d arise; but, since various late Institutions have been erected,
h confer unusual powers upon certain new jurisdictions, without
ress exceptions of the Conservators appointed under Trea-
, Your Majesty's Subjects have found themselves involved in
ous litigations upon the question of privilege; the claims of
Conservators have been opposed to that established jurisdic-
, which by Treaty is so expressly appropriated to the British
servator, and the most wanton violations of the rights and
unities of Your Majesty's Subjects have been grafted in such
bers upon these claims and disputes, that the whole benefit of
Institution is defeated, and the Office for some years past has
I suffered to lie vacant:

In order to restore this Office to its due authority, and Your
esty's Subjects to the possession of this privilege, (the most
ortant of any to which they are entitled, as being that by
h they are secured in the enjoyment of all the rest), we are
bly of opinion, that nothing would be more expedient than
the Court of Portugal should publish, and cause to be re-
tred in all those Offices and Tribunals, where the privileges
property of British Subjects can be questioned, an Edict or
laration, reciting the VIIth and XIIIth Articles of the Treaty
1654, expressly signifying and asserting that none of the late
rs and Institutions (enumerated in the Merchants' Memorials)
meant to supersede or interfere with the authority or juris-
ion of the British Conservators, and enjoining all Judges,
gistrates, and Officers, to pay the strictest regard to those
cles of the Treaty.

To this requisition the Court of Portugal can have the less to
act; because it does appear from the Letter which Mr. Hay,
r Majesty's Envoy Extraordinary wrote to the Earl of Egre-
t, on the 18th of March, 1763, that some measure of this
d was proposed by that Minister to Count D'Oeyras, and that

1767 Civil Institution, an economical Establishment, Your Majesty's Subjects can have no right to object to it, inasmuch as Treaties of Commerce cannot be understood to restrain that right, which, by the first principles of civil society, belongs to every free Sovereign, of making such political and economical Regulations within their own Dominions, as they shall judge to be most for the good of their Subjects; and that Foreigners, notwithstanding Treaties, ought to obey the Civil Laws of the Country wherein they reside.

And for the proof of this position, viz. that economical restrictions or prohibitions, with respect to the traffic of a particular commodity, are not to be considered as violations of general Treaties of Commerce, they appeal to the practice of all the Powers of Europe between whom such Treaties subsist.

In reply to this doctrine, we do not think it necessary to insist (as the Merchants seem to have done in some of their Memorials) that, by virtue of the general Stipulation for a free Commerce, they are entitled to object to every restriction or prohibition, which the Laws of Portugal shall at any time impose upon any branch of the Commerce of that Kingdom, extending equally to Persons of all descriptions, as an infringement of the Treaty; and that, both because it does not appear to us, either from reason or practice, that it ought to be considered as a breach of such general Stipulation, and because that manner of treating this argument might create some embarrassment, in our Reply to the recriminations of the Court of Portugal.

We therefore would propose to admit, that, wherever a general freedom of Commerce only is stipulated, the power of making such restrictions, and even prohibitions, must be understood to be reserved to the Sovereign of the Country; or, to express it in the very words used by the Court of Portugal, on this occasion: "Strangers must always be subject to the Laws of the Country where they reside, unless they can produce a subsisting Treaty, by which the power of the Sovereign is specifically limited."

This principle being thus admitted on both sides, the decision of this question must depend on this single point, whether, by any Treaty subsisting between Great Britain and Portugal, there is any such specific limitation of the general power of the Crown of Portugal, in respect of the Commerce of Your Majesty's Subjects residing in his Dominions, as is transgressed by the establishment of the Wine Company: if none such can be found, the cause of the Oporto Merchants, in this particular, must be given up; if, on the other hand, the existence of such a limitation cannot be denied, and the direct infringement of it can be made to appear, the Court of Portugal, upon their own principles, cannot refuse to do justice upon this part of the Complaint.

In the Treaty of 1654, after a general Stipulation of free Commerce between the Subjects of the two Kingdoms, it is by the IIId and Xth Articles specifically provided, on behalf of Your Majesty's Subjects trading in the Dominions of Portugal, that they shall not be prohibited, restrained, or circumscribed, either in buying or selling, by monopolists; now this Provision must evidently have been intended as a specific limitation of the general power

of the Crown of Portugal; in framing even economical Regulations, 1767
as far as Your Majesty's Subjects were to be affected; for the
establishment of monopolies in any Country must, in its own
nature, be no other than an economical or domestic Regulation;
and that, in this respect, it was intended to exempt Your Majesty's
Subjects from one species of the Laws, which should at the same
time be binding upon the Subjects of His Most Faithful Majesty,
receives a further confirmation from the form of expression in the
IIId Article of this Treaty, where, after providing for the British
Merchants an entire exemption from monopolies, it is added, "But
as to purchases and sales by the negociation of Brokers, they
shall enjoy the same privileges as the Portuguese." In the Article
of monopolies, therefore, they were to be on a different footing.

But if it thus appears that, by the specific Stipulations of
Treaty, the British Merchants are not to be prohibited restrained,
or circumscribed by monopolists, nothing can be more evident than
that, by the institution of this Company, they are made liable to
be so prohibited, restrained and circumscribed.

They are expressly and absolutely forbid to purchase for exportation any wines, not produced within a particular District set
out and appointed by the Company; they are not suffered to export
any wines, of a sort inferior to what the Company shall think fit
to allow of, although produced within the limits prescribed; they
are excluded from selling wines to retailers, and also from selling
brandies and vinegars; while, in all these particulars, the Company
alone are allowed to carry on an unrestrained traffic.

In justification of these restrictions, it is alleged that they are
intended merely for preventing the adulteration of the commodity
and the loss of its reputation; and, had no restrictions been established by this Law but such as should have taken place universally, upon all dealers in this commodity without exception, there
might have been some colour for this plea; and, however rigorous
and inconvenient some of the Regulations might have appeared, it
must be confessed that there would have been no sufficient ground
to complain of them as establishing a monopoly, nor consequently
as a direct infringement of these Articles of the Treaty; but, while
a trading Company is empowered to enforce the observance of
these restrictions upon their competitors in trade, without being
bound to observe them themselves, every such Regulation furnishes
an additional advantage to the Company, for engrossing the trade
to itself, and constitutes a distinct instance of that sort of restraint
and circumscription by monopolists, from which Your Majesty's
Subjects are by Treaty expressly exempted.

In one particular, the grant of a monopoly to this Company
is most express and avowed; and that is, in the trade of brandies
and vinegars to Brazil; and yet, with regard to this trade in particular, so little was it supposed that the King of Portugal's general power of making economical Regulations, or granting monopolies, could supersede the specific exemption stipulated for Your
Majesty's Subjects by the Treaty of 1654, that, when it was intended that the contract then subsisting between His Most Faithful
Majesty and the Brazil Company should take place against Your
Majesty's Subjects, it was thought necessary to declare that inten-

1767 tion by express words in the Treaty, and the trade to and from the Brazils in meal, fish, wine, oil, and Brazil wood, was accordingly reserved to the Brazil Company.

After this, it cannot surely be contended that the King of Portugal has reserved to himself a right of making as many more exceptions as he pleases. Other instances might be specified, in which, though a monopoly is not so directly given, yet, by unavoidable consequence, it is given as effectually, and has in fact taken place; two in particular of a very extraordinary nature have been pointed out to us by the Merchants. By the prohibition of exporting inferior wines, as altogether unfit for exportation, the British Merchants were disabled from supplying Your Majesty's Navy with that species of wines, and the Company alone could and during the late war actually did, supply it.

By the prohibition of carrying wines from Oporto to Lisbon, and of Ships from Lisbon touching at Oporto to complete their lading, Your Majesty's Subjects at Oporto, are disabled from sending any Port Wines to Great Britain, unless in Ships wholly freighted at Oporto; while the Company, being at liberty to send their wines to Lisbon, have the sole benefit of supplying all the Port Wines to be exported in Ships touching at Lisbon, and do by these means engross to themselves the greatest part of the trade in Port Wines to Ireland, and to most of Your Majesty's Outports in the northern parts of this Island.

As to the argument used by the Court of Portugal, that wine being a native commodity of that Kingdom, Your Majesty's Subjects ought not to arrogate to themselves a commerce therein, but should confine themselves to trafficking in the merchandizes and commodities of England, the doctrine thereby advanced is not only so repugnant to almost every provision subsisting between the two Crowns, but so utterly irreconcileable to every idea and principle of commerce, that we should scarcely have thought it necessary to take any particular notice of it, but for the sake of the evidence which it affords, that what we have endeavoured to prove to be the natural tendency of the establishment of this Company, viz. their engrossing the whole traffic in the wines of Portugal, in exclusion of Your Majesty's Subjects, was actually in the contemplation of those who formed this Establishment.

With respect to many particular Regulations of this Company, which we think justly objected to by the Merchants, as highly grievous and oppressive, we have not thought it necessary to enter into a minute discussion of them; being of opinion that one general, and that a fatal, objection, lies against them all, viz. that they all contribute to establish in the Company a monopoly against Your Majesty's Subjects, from which by Treaty they have a right to be exempted.

As to that particular Regulation which respects the condemnation of the wines, we think it necessary to take notice of the justification which the Court of Portugal draws, from the practice which they say prevails at the Custom-House in London, of destroying with salt such Portugal wines as arrive there in a corrupt condition. The practice alluded to is so far from bearing any resemblance to the condemnation of any Person's property at the discretion of his rivals in trade, that no examination or scrutiny is 1767 ever made at the Custom-house into the condition of wines that arrive there; the most corrupt wines are suffered to pass as freely as the best; and the only case where salt is put into wines is, where the Owner applies to be excused paying the duties, upon the plea that the wine is, in his own opinion, so damaged, as to be altogether unfit for use, in which case, to prevent fraud in passing that for spoiled wine, which, being only under some temporary disadvantage, might afterwards be recovered and become fit for use, the exemption from duty is directed not to be allowed to the Importer, but upon condition of his suffering salt to be put into his wine.

But the argument upon which the Court of Portugal seems most to rely, for the vindication of this Company from the charge of being established in contravention to the Treaties, is, that these restrictions and prohibitions being common to the Portuguese individuals as well as the English, these latter should not complain of being upon an equal footing with the native Subjects of the Kingdom; but if, not being content with enjoying the common lot, they were desirous of being put upon a level with the Company; in that Case, it is urged that they might have entered into it by becoming Sharers in the Stock, inasmuch as the Company is open to all Foreigners.

That Your Majesty's Subjects are entitled, by specific Stipulations, to be upon a better footing with respect to the Article of monopolies than the Portuguese Subjects can claim to be, we have already proved.

The Subjects of Portugal, either Individuals or incorporated, must submit to such monopolies as are established by their Sovereign; but the Crown of Portugal has expressly engaged that Your Majesty's Subjects shall not be bound by any Laws of monopoly. By the Treaty of 1641, a general freedom of Commerce was stipulated, and the British Merchants were, by that Treaty, expressly entitled to carry on trade as freely as any the most favoured Nation, or as the Portuguese Subjects at large; and to these limits the reasoning of the Court of Portugal would still confine them. But surely, when, by the Treaty of 1654, so many specific Stipulations were superadded in behalf of Your Majesty's Subjects, and among the rest, those special Provisions of exemption from monopolies, something more than the Treaty of 1641 had conveyed, was intended to be secured to them by these Stipulations; they became entitled to trade as freely, not only as any Foreign Nation, or as the Portuguese Subjects at large, but as any the most favoured Persons of any description whatever. Under the security of these Provisions, they were no longer liable to be sacrificed to the interests of particular men or bodies of men; and, without this security, it is not to be thought that British Subjects could have been induced to settle and reside in Portugal: a Stipulation that promised nothing more than to secure them from exclusive privileges granted to the Portuguese Subjects at large, could never afford sufficient encouragement for the introduction of British traders into Portugal, while they were left liable to be circumscribed in that trade, or even excluded

1767 from it, by Grants of monopolies to particular Companies, the very species of competitors with whom it was most likely that they would at all times have to contend. But when, upon the faith and security of Treaty, the British Subjects found themselves put upon so much better an establishment, and that their commerce, agreeably to the express concessions of that Treaty, could not be obstructed by any restrictions or prohibitions, but such as should extend to all traders universally, they thought they might with reason conclude, that Portugal would never impose any oppressive and insupportable checks and restraints upon their trade, when all its own Subjects without exception, and consequently its own interests, would of necessity be equally involved in the mischief.

But it is contended, that your Majesty's Subjects are not necessarily exposed, either to these restrictions or prohibitions; for that, by becoming Sharers in the Stock, and consequently Members of the Company, they may partake of all their privileges; as if there could be a more express method taken, for circumscribing or restraining a Merchant in his traffic, than compelling him to put his capital, into a joint stock, where the method of carrying on his trade must become liable to be directed by others, and the profits thence arising necessarily divided with others, and that under the penalty of being absolutely excluded from trading at all. But, not to spend too much time in refuting an argument so evidently fallacious, it follows, that if this reasoning is to be admitted in one branch of the trade of Portugal, it may equally in all; and, consequently, the King of Portugal might vest every branch of trade in exclusive Companies without infringing the Treaties. Can any one read the Treaty of 1654, and believe, that barely permitting Your Majesty's Subjects to become members of exclusive Companies, can be called a performance of the Stipulations of that Treaty?

These arguments seem to us to be conclusive against the conduct of the Court of Portugal; but the question is not suffered to rest here: on the contrary, it is urged by that Court, that they are countenanced, and even authorized in these proceedings, by the practice of Great Britain, in Cases of the like nature; for that, although the Treaties are, in their own nature, reciprocal to the Subjects of both Nations, and declared to be so, yet the very Stipulations insisted on by Your Majesty's Subjects have been frequently broken through, on the part of Great Britain.

The particular Acts, whereby we are said to have violated the Treaties, as instanced by the Court of Portugal, is the Act of Navigation of 1670, (which date, as we conceive, is put by mistake for 1660) the Act of Tonnage and Poundage, of the same Year, and such other Acts of Parliament, of which it is alleged a long catalogue might be formed, as prohibit to the Portuguese, both directly and indirectly, the commerce of many commodities, and impose heavier Duties on the Subjects of that Realm, than those paid by the English in Great Britain, as well upon English as upon Portuguese commodities; and the additional Duties upon Portugal Wines, by the Acts of 1745 and 1762, are particularly cited, and much dwelt upon.

Before we enter into an examination of these particular in-1707
stances, it may be necessary to consider how far the Treaties can
be said to be reciprocal. The Court of Portugal asserts that they
are so in their own nature, and that they are also declared to be so.

That in these, and indeed in all Treaties, the obligation to
perform whatever each Party has undertaken, is reciprocal, we most
readily admit: but that in all Treaties, each of the Contracting
Parties always does undertake, or that, in the present Treaties,
each Party actually has undertaken, to perform the same specific
things towards the other, will not, we conceive, be seriously insisted upon.

A reciprocal performance of the same specific Stipulation would
often be altogether useless, and, in some cases, impossible. Does
(for instance) the Treaty of Commerce of 1703, entitle the Portuguese to import their woollen goods into Great Britain; or does
the King of Portugal thereby undertake to observe a certain proportion in the Duties to be imposed upon wines imported into his
Dominions? Is it possible that the Provisions in the Treaty of
1654, respecting the exemption of such of Your Majesty's Subjects,
as should reside in Portugal, from those peculiarities of the Portuguese Establishments, both civil and religious, which would otherwise have bound them, in common with all the other Inhabitants
of the Country, or those Provisions in the Treaty of 1661, which
stipulate for Your Majesty's Subjects the right of residence in
certain Towns in The Brazils, could be understood to have a reciprocal operation with respect to Portuguese Subjects? In their
own nature, therefore, these Treaties are not reciprocal in every
Article; and whether any particular Article is so or not, must depend upon the examination of the Article itself. Nor are these
Treaties so inaccurately penned, as to leave that a doubtful question in any one instance. Each of the Stipulations does, either
by expressly naming both Parties, prove itself to be reciprocal,
or else, by specifying only one of the Parties, as clearly prove
that the other is not bound by it.

If, indeed, any general Article were to be found, such as the
Court of Portugal allege to be contained in the Treaty of Defensive
Alliance of May, 1703, whereby it is stipulated that all the privileges of Persons, and liberties of Commerce in the respective
Kingdoms, shall be common to the Subjects of both Crowns; a Stipulation of this sort, it is confessed, would determine the question:
but although the XVth Article of that Treaty is particularly
quoted, yet neither in that Article, nor in any other part of that
Treaty, can we find any mention of personal privileges, or liberties
of Commerce. We may venture, therefore, to assert, that no such
Provision does exist; and, indeed, it seems impossible that any
such should have been inserted, but by those who had forgot the
nature and purport of the Treaties subsisting between the two
Crowns; as well as the actual situation, and commercial engagements, of their respective Subjects.

We shall now proceed to examine, according to the rule laid
down by the Court of Portugal whether, by any of the Laws of
Great Britain complained of by that Court, the Portuguese are
subjected to any restrictions or prohibitions from which, by virtue

1767 of any specific Stipulations of Treaty, they ought to be exempted; for that under the Stipulation of a general freedom of Commerce, foreigners are not exempted from the general Laws of the country, is not barely admitted but even insisted upon by the Court of Portugal.

With respect to the payment of greater duties by Aliens than by natural-born Subjects, it is sufficiently apparent that it was not introduced (as the Court of Portugal seem to suppose) by the Acts of Navigation, and of Tonnage and Poundage, but was of much more ancient date, and took place long before any of the Treaties now subsisting between the two Crowns. Inasmuch, therefore, as in those Treaties there is not one word that can be construed to exempt the Portuguese from the operation of that part of the known Laws of the land, they must be understood to have acquiesced therein. In like manner, the distinction in respect of the Ships in which, and of the places from whence, foreign commodities were to be imported, was not for the first time introduced by what is now called the Act of Navigation, but had been established in 1651, and was adopted and confirmed by the Act of 1660; and it is remarkable, that, as the establishment of both these Regulations as parts of the Law of England, was prior to the Treaty of 1654, so was the confirmation of them, and reference to them by the Acts now objected to, prior to the ratification of that Treaty, by the Marriage Treaty of 1661, which, however, would scarcely have added further privileges in trade to your Majesty's Subjects, had there been at that time the least apprehension that the Stipulation in the Treaty of 1654, of general freedom of trade, had been violated by the Navigation Act of 1660. But indeed, if the Regulations, established by these Acts, had been introduced subsequent to both the Treaties, it would still be incumbent on the Court of Portugal, before it could be entitled to complain of them as infringements of Treaty, to shew that there are any specific Stipulations of Treaty with which they interfere; none such, we are confident, can be produced; and, by the general stipulation of free commerce, it has been agreed that they are not precluded. This latter Answer is equally applicable to all the Cases we can find, (for they are not specified by the Court of Portugal, but referred to in general terms,) of various instances wherein the Portuguese are prohibited, directly and indirectly, from the commerce of many commodities. They are, as we conceive, parts of the Civil Laws of the Land, and as such not liable to be objected to by Strangers, unless they can produce some Treaty, by which the general power of making Laws, vested in every State, is specifically limited, and that such general prohibitions were on each side allowed; notwithstanding the reciprocal stipulation for a free commerce, may be inferred from the Treaty of 1703, which virtually acknowledges the right by which Portugal had laid a prohibition on the woollens of Great Britain, by making an equivalent Concession to her for consenting to take it off.

But the additional Duties which have been laid by Acts of Parliament, passed in the years 1745 and 1762, upon Portugal wines imported into Great Britain, are chiefly insisted upon as matter of just recrimination, and a supposed violation of the above mentioned Treaty.

The words of the Treaty of 1703, respecting the admission of the wines of Portugal, and the Duties to be laid upon them, are as follows: Article IId. "That Her Sacred Royal Majesty of Great Britain shall, in her own name, and that of her Successors, be obliged, for ever hereafter, to admit the wines of the growth of Portugal into Great Britain, so that at no time, whether there shall be peace or war between the Kingdoms of Britain and France, any thing more shall be demanded for these wines, by the name of Custom or Duty, or by any other title whatsoever, directly or indirectly, (whether they shall be imported into Great Britain in pipes or hogsheads, or other casks,) than what shall be demanded for the like measure of French wine, deducting or abating a third part of the Custom or Duty." What follows is only a declaration, conditioning, that whenever this proportion is violated, it shall be lawful for the King of Portugal again to prohibit the woollen cloths, and the rest of the British woollen manufactures.

It is evident that this Treaty contains no provision against the increase of these Duties; no ascertainment of any limit which they should not exceed; but, leaving that to be determined by the Laws of the State, it decides upon nothing but the proportion which is to take place between the Duties on French and those on Portugal wines. The advantage which this proportion gave to the wines of Portugal over those of France was the sole object of Portugal in this Treaty.

The Stipulation on the part of Great Britain, which formed the equivalent to Portugal, for her admission of the woollens of Great Britain, was not that of giving encouragement at large to the consumption of the wines of Portugal, but the securing to her that particular species of encouragement, arising from the difference between the Duties on Portugal and on French wines.

The rule of proportion therein laid down between those Duties, and the preference thereby given to the wines of Portugal, has been invariably observed on the part of Great Britain; and, consequently, the Court of Portugal has no foundation for complaint upon the subject of those Duties.

Upon the whole, therefore, it appears that these Complaints of Your Majesty's Subjects are pointed at Regulations and Establishments, directly violating the specific Stipulations of Treaties; and those too of a kind never attempted for a whole Century after the Treaties took place. The recriminations of Portugal have respect to Regulations, which are not pretended to be inconsistent with any specific Stipulations; and so little have such Regulations been thought to interfere, either with a general freedom of Commerce, or with the particular Treaties subsisting between the two Crowns, that they have been allowed to take place on both sides, without the least complaint of their being infringements of Treaty.

Having thus examined the reasoning which the Court of Portugal has opposed to the Complaints of the Oporto Merchants, respecting the institution of the General Wine Company, and their arguments either in defence of that monopoly, or by way of recrimination on Great Britain; the next question for our consideration is, the institution of the exclusive Companies trading to the Brazils; upon which subject, as we have already, in general terms,

1767 given our opinion that the British Merchants have just foundation for complaint, it is incumbent · upon us to endeavour to answer the stated arguments, in support of the contrary opinion, in the Earl of Kinnoul's Letter of the 7th of June, 1760, which your Majesty has been pleased to refer to our more particular consideration.

In that Letter, it is represented, "that the general freedom of trade, granted by Treaty to the British Subjects, does not restrain the King of Portugal from making whatever Regulation he pleases, for the trade of his own Subjects to his Colonies, however those Regulations may, in their consequences, affect that general Stipulation." "That the right of a direct trade to the Brazils, and of residence there, given to the British Subjects by the XIth Article of the Treaty of 1654, and the XIIth and XIIIth Articles of the Treaty of 1661, has been so long disused, and is a privilege so directly contrary to the policy which prevails in all Nations, of keeping the trade of their Colonies sacred to themselves, that no Minister will advise His Most Faithful Majesty to allow of their being revived." "And with respect to the argument alleged by the Merchants, viz. (that as they had forborne to use those privileges, only because they were allowed to carry on the Commerce through the Portuguese Subjects at large without restraint now, when that trade is confined to Companies, the right of a direct trade ought to be claimed, in order to force the Court of Portugal, by a compromise, to leave the trade upon the same free footing, upon which it was carried on for so many years) his Lordship does not think it would be consistent with Your Majesty's honour, or the interests of your Subjects, to claim these privileges, without a determination to compel the exercise of them by a Naval Force, in case the Court of Portugal should not acquiesce in the claim or the compromise. Of which measure, his Lordship did not foresee all the effects, he would not pretend to give any judgment, whether the claim should be made or not.

So that, upon the whole, his Lordship seems to apprehend that what is taken from Your Majesty's Subjects, by the establishment of these Companies, is what they cannot claim by Treaty; that the privileges, which, by Treaty, they might have claimed, having been long disused, will not be now allowed them; that it is not fit to lay in our claim to them, unless it be determined to support that claim, or at least the demand of an equivalent for it, by force.

As. to the first of these points, Your Majesty's Ambassador seems, by the manner in which he states his argument, to have confined his attention to the effect and operation of the general Stipulation for a free commerce; probably led into this by the Memorial of the Merchants, who, as we before observed, seem to us to have rested the case too much upon that ground; and did the merits of these Establishments turn singly upon this point, we entirely agree with his Lordship in opinion, that, by the general Stipulation of freedom of Trade, Your Majesty's Subjects are not entitled to prescribe to the King of Portugal what Regulations he shall make; but if, as has been already shown, the Treaties contain specific Stipulations, which, by these new Establishments, are infringed, if, by Treaty, the King of Portugal has 1767 bound himself not to make Regulations of a certain description, then surely Your Majesty's Subjects are entitled to object to any such Regulations being made, as fall directly within that description: the particular Regulations which from the Establishments of these Brazil Companies are not stated by the Merchants, nor do in any way appear to us; thus much, however, in general, is sufficiently certain, (and more cannot be requisite for the present purpose,) that they do directly establish an absolute exclusion of all Persons from the benefit of trading to certain parts of The Brazils, except the few who compose the Companies.

Whatever, therefore, has been urged under the last head of inquiry, (respecting the Wine Company,) to establish the right of Your Majesty's Subjects to an exemption from all prohibitions or restrictions, in favour of Monopolists, must be equally applicable to the present Case. It must be equally evident, that those specific Articles, which stipulate that exemption are no less directly infringed by these Establishments of the Brazil Companies, with this additional aggravation, — that this infringement takes place in that very branch of trade, for the securing of which to Your Majesty's Subjects, such extraordinary attention was shown, and such special Provisions made, in both the Treaties of 1654 and 1661.

But if those considerations do clearly evince that Your Majesty's Subjects cannot, consistently with the very letter of the Treaties, be bound by the late Regulations, respecting the trade to The Brazils, it would of course become unnecessary to enter into a discussion of the expediency, at this time, of claiming a direct trade thither, which, indeed, seems only to be proposed by the Merchants upon a supposition, that the new Establishments could not be considered as an infringement of the Treaties. However, lest possibly any doubt should remain, whether that opinion may not be well founded, we think it our duty to proceed to examine these objections, which, in the judgment of Your Majesty's Ambassador, might lie against adopting, even upon that supposition, the expedient proposed by the Merchants.

The Proposition laid down by his Lordship may be thus stated· These privileges have been long disused; they are likewise contrary to the policy of all Nations; therefore they will not be suffered to be revived.

The argument which asserts an extinction of privileges, because they have gone into disuse, must be founded upon implied consent, and the presumption of a tacit renunciation, when it is applied to such rights and privileges as are established upon the faith of National Treaties: but whenever it appears that the forbearance of using was founded upon an actual enjoyment of an equal benefit in another mode, such presumption of an intention to relinquish the right must cease of course; or, at most, it can extend no farther than to a qualified renunciation, a consent to relinquish so long as that equivalent should be continued; and, if this tacit consent of Your Majesty's Subjects to forbear using the direct trade and residence could extinguish their original right, by the like tacit consent of the King of Portugal, to let them enjoy

E 2

1767 without restraint the indirect trade in lieu of it, they must acquire a new right?

But this argument, it will be said, holds only upon the supposition that one of these privileges was really introduced in lieu of, and by way of, compensation for the other; upon which it may be asked, how this appears to have been the case?

This fact, we conceive, is sufficiently notorious from the nature and history of that trade; it is a measure, likewise, plainly calculated for the benefit of the Factory, and which, of course, they would be well inclined to adopt, inasmuch as upon this system all British Subjects, not resident in Portugal, are excluded from any trade with The Brazils but through Portugal; it has been likewise apparently understood in this sense by Your Majesty's Subjects, who have repeatedly urged this consideration as a reason for discouraging a direct trade from Great Britain to The Brazils. But this does not rest upon mere conjecture and probable inference: we have an express declaration of the sense of Portugal upon this subject; a direct authority for considering it as an equivalent, consented to by that Crown in lieu of the other. We have before us a Memorial of their Ambassador, dated in the year 1716, (a Copy of which we beg leave herewith to annex,) which states, that, by a Treaty in 1667, between the Crowns of Portugal and France, the Subjects of the latter are entitled to enjoy the same advantages in trade as those of England. That the French do accordingly claim, and actually exercise, a right of residence in Brazil, which cannot be refused to them while the English Subjects continue to enjoy it; upon which it then proceeds to set forth, that all the English trade to Brazil being carried on by way of Portugal, they have no need to have houses in Brazil, where they have only had one for 7 or 8 Years; whereas the French having little trade in Portugal, and almost none in Brazil, would, by means of such houses, establish themselves there to the ruin of the trade of the English, who have it now entirely to themselves; and it therefore proposes, not as a point in which Portugal is at all interested, but from her known friendship and union with Great Britain, that, in order to prevent other Nations from encroaching upon the British there, Great Britain should desist from the privilege of having houses in Brazil; in which case the King of Portugal obliges himself to expel from The Brazils all the French who are settled there, and to hinder any family of any Nation whatever from establishing themselves there, or otherwise the privilege of the English shall remain in full force and vigour.

In this Memorial we observe that there are two things remarkable:

1st. — It is acknowledged by Portugal that the English enjoyed the same benefit by another mode, had indeed the Brazil trade entirely to themselves, and that it was in consideration of this circumstance that they made so sparing a use of their right of residence in Brazil.

2dly. — It is apparent that at that time Portugal had not entertained the least conception of our having forfeited that right by disuse: and if this was not brought into question then, still less can such a pretence be now set up. After so explicit a declaration on the part of Portugal, both as to the right itself, and as to the reason of its not being more largely exercised, it should seem as **1767** if there could be no danger of misconstruction: if exercised, the claim was thereby kept up; if forborne, the condition of such forbearance was expressly ascertained.

What Answer was given to the Court of Portugal does not appear from any Records in our Office. We find only that the Merchants of London, and the Factory of Portugal, (who were both consulted upon the occasion,) agreed in opinion that it was not advisable to accept of the proposition.

They look upon the inducement from danger to our trade, by establishing French houses in Brazil, as merely colourable; they insist, that the enjoyment of this Privilege must be infinitely more beneficial to our Merchants than it can be to those of any other Nation; and that the only damage we can suffer, is, and must be, by the clandestine trade carried on directly from Europe to Brazil, which has no connection with the establishment of houses in Brazil; that therefore no benefit could accrue to us from the Proposition; but that the giving up of this Privilege would weaken our enjoyment of the rest. And they are of opinion, that, upon all accounts, this Privilege ought not to be given up. We presume, therefore, that in fact it was not given up; in which case the Court of Portugal engaged that it should remain in full force.

After this, can there be danger of our being now told that we have forfeited it by disuse? Will that Privilege, which it was then declared impossible to refuse to the French, who could claim it only in consequence of our being entitled to it, and who it should seem then for the first time offered to use it, now be refused to us? Did the Court of Portugal at that time, from its known friendship to, and union with, Great Britain, propose to us an exchange of one Privilege for another, not as a matter in which she was herself at all interested, but merely as a means of securing to Your Majesty's Subjects the most complete preference above all other Nations? And are those circumstances of friendship and union so much altered, as that she can now really contend for our being excluded from both? This objection of disuse, therefore, it is hoped will not be urged.

But the allowance of such a Privilege is contrary to the policy of all Nations!

The consideration of policy, we understand to be urged only as an argument that Portugal will not do, in contradiction to the policy of all other Nations, what she is supposed not to be bound by Treaty to do. But if the obligation from Treaty be clearly established, the consideration of policy becomes less material. That the example of the policy of other Nations, neither restrained Portugal from binding herself by Treaties to observe a contrary conduct, nor has hitherto ever been pleaded as an excuse for the breach of such Treaties is evident, as well from the whole history of her intercourse with this Kingdom as more particularly from her Memorial above quoted of the year 1716; and whether, at the present time, she is capable of supposing Treaties to be out of the question, of adopting and really carrying into execution the policy which prevails in other Nations, with respect to Colonies might reasonably be questioned.

1767   The remaining doubt of the Earl of Kinnoul, whether it would be consistent with Your Majesty's honour, or the interests of your Subjects, to make the claim, recommended by the Merchants, unless it was first determined to support that claim by force, we also apprehend to be chiefly founded upon his Lordship's opinion, that the claim itself is of an ambiguous or exceptionable nature: for if the right by Treaty, by usage, by the actual acknowledgment of the Court of Portugal herself, to the enjoyment of one or other of these Privileges, be (as we conceive it to be,) clear and indisputable, we can see no possible objection to its being urged as such to the Court of Portugal, especially as we are not yet convinced, that, however desirous that Court may be to evade or to circumscribe that right, there is any reason to take it for granted that she would expressly deny it. The very plan of proceeding used by her on this occasion strongly implies the contrary. Nothing, we conceive, can more clearly demonstrate her full conviction, that the right of Your Majesty's Subjects to trade with The Brazils was too clearly established to be in direct terms denied, than that, for the sake of indirectly defeating it, under the pretence of regulations, she has been content to subject her own Brazil trade to Joint-Stock Companies; a method of carrying on commerce, which the more enlightened policy of these latter times has agreed, almost universally, to condemn, and which appears by the Representations of the Merchants to have been actually attended, in the present instance, with a loss to Portugal herself of nearly three parts in four of those branches of the Brazil trade to which it has been applied. But if the right itself, when claimed, should be directly denied, what course it would be most safe for. Your Majesty's honour, and for the interests of your Subjects, to take, must depend upon the result of many considerations, of which Your Majesty, with the advice of your Council, is the only competent judge, and concerning which, therefore, we shall not presume to offer any opinion.

There remains, as we conceive, but one Article more of the Complaints of Your Majesty's Subjects, to which any Answer has either been given, or suggested as likely to be given, by the Court of Portugal. And this is the Sentence of the Judges in the case of Humphrey Bunster, for a supposed attempt to extract coin out of the Kingdom of Portugal.

The argument which that Court draws, in justification of their severity in prohibiting the exportation of their coin, from a similar practice in Great Britain, is by no means applicable to the case in question, inasmuch as the objection taken is, not to the Law, but to the extension of it by the Court to a case clearly not comprehended under it.

The promise made by the Minister of that Court of a revision of that sentence, we have already observed, was never made good; but indeed to this demand that Court did all along oppose objections drawn from the rules of their judicial proceedings; and therefore as the object of most importance to Your Majesty's Subjects is, not so much the recovery of the money unjustly condemned, as the security against the effect of the precedent, we would humbly submit it to Your Majesty, whether in this case it would

not be most expedient to propose to the Court of Portugal to publish 1767
an Edict, directing the Judges for the future to confine themselves strictly to the letter of the original penal Statute, respecting
the extraction of coin, and expressly disallowing an extension of
it in any instance whatever.

We have now gone through the whole of this very important
consideration, in the discussion of which we have taken the Treaties for our guides, and examined the conduct of the Court of
Portugal by the rules and Stipulations therein laid down, without
giving any larger interpretation to the favourable provisions thereof
than they will naturally carry, or putting any less friendly construction upon the several Laws, Regulations, and Institutions, of
that Court, which are the objects of complaint, than what evidently
belongs to them; and as the foregoing state of facts, and our
reasoning upon them, will, we presume, fully inform Your Majesty
of the nature and effect of the several grievances and obstructions
to which the British commerce with Portugal stands exposed, it
would have been our duty to have rested the matter here, sub-
mitting the determination upon the whole of this important discussion to the wisdom of Your Majesty's Council, had we not found
ourselves particularly called upon, by the Letters from Your Majesty's Secretaries of State, to distinguish the several articles of
complaint according to their various degrees of importance, and
to lay before Your Majesty any such proposal as the examination
of these Papers might suggest to us.

In obedience, therefore, to this part of Your Majesty's Commands, we beg leave humbly to submit to Your Majesty the following observations:

The prohibitions upon various articles of the produce and
manufacture of these Kingdoms by sumptuary Laws and other
Regulations, and the continual extension of those Laws in the
mode of execution, have been already stated to be, not so properly instances of direct infringement of Treaty, as a departure
from those principles of friendship and good correspondence established by mutual Engagements between the two Crowns, and
which it is so much the interest of Portugal to cherish and preserve.

The increase of Duties on the trade and shipping of Your
Majesty's Subjects, the burthens and delays to which that trade
and shipping are exposed, by the multiplication of Officers with
large discretionary powers, the difficulty which English Merchants
resident in Portugal find in the recovery of their just debts, by
Protections of various kinds; the arbitrary seizure of their merchandize for the uses of the Crown, and the exactions imposed
on retailers, are, as we conceive, inconsistent with the very letter
of the Treaties; as it is not, however, to be expected, but that
obstructions and inconveniences of this nature will necessarily
sometimes occur, in a commercial intercourse so extensive and
complicated as that between this Kingdom and Portugal, so it is
our duty to apprize Your Majesty, that many of those here
enumerated do appear to have taken place in former times, and
to have been heretofore matter of complaint on the part of Your
Majesty's Subjects, and of remonstrance to the Court of Portugal;
at the same time we cannot but be of opinion, that the instances

1767 of irregularities of this kind, in the conduct of the Court of Portugal towards Your Majesty's Subjects, have of late years grown much more numerous and oppressive, and therefore, that, to relieve Your Majesty's Subjects in these instances from suffering any greater degree of hardship than what the nature of their situation must necessarily expose them to, may be an object well worthy Your Majesty's attention.

The Laws which are complained of, as affecting the jurisdiction of the British Judge-Conservator, as they appear to be without example in former times, so do they, in our opinion, utterly defeat the very purpose and end of the institution of that Office; and, by depriving Your Majesty's Subjects of their best security, for the enjoyment of every privilege to which they are entitled, must render their residence in Portugal altogether unsafe and intolerable.

The establishment of the Company for the culture of the wines of Alto Douro, appears also to be a project of a very modern date; and is evidently so constituted as to make it impossible for Your Majesty's Subjects at Oporto to carry on that branch of trade in competition with this Company.

The number of British Ships trading to that Port is already very considerably reduced, since the establishment of the Company, as appears by the List hereunto annexed; and, should this institution be much longer continued upon its present footing, it cannot fail, as we conceive, to put an end to the existence of the British Factory at Oporto.

But that which appears to us, abstractedly considered, to be by far the most important object of all that have fallen under our consideration, is what respects the trade to The Brazils.

The irreconcileableness to Treaty, of the methods taken to force this trade out of the hands of Your Majesty's Subjects, we have shown at large; the certainty that these methods will produce that effect is admitted, even by those who differ with us upon the former point; and, in forming our opinion of the importance of this branch of the Portugal trade, we rely, not only upon the present earnest and importunate representations of the British Merchants, but also upon the uniform and more deliberate declarations made by Your Majesty's Subjects residing in Portugal for a long course of years past, who have always concurred, as well under their more prosperous, as under unfavourable, circumstances, in representing the improvement or diminution of the Brazil trade as that upon which the value of Great Britain's commerce with Portugal must chiefly depend.

The only particular remaining to be considered, is the Law which compels Your Majesty's Subjects to receive the Actions of the abovementioned Company in payment of their just debts; a proceeding utterly repugnant, we will not say to Treaty, but to every principle of justice, and so directly subversive of that good faith, without which all commercial engagements, instead of promoting mutual advantage, must prove to every one who embarks in them the most dangerous of snares, that it is altogether unnecessary to expatiate further upon it; and therefore we have only to add, that, in order the better to judge whether those proceedings on the part of Portugal, which we have represented to **1767** be both unwarrantable in themselves, and fatal to the interests of Your Majesty's Subjects, have already in any considerable degree actually affected the Commerce of this Kingdom with Portugal, we did obtain from the Custom-house, a State of the Exports and Imports to and from that Kingdom, from Christmas 1750 to Christmas 1765, an Abstract of which, together with a calculation delivered to us by the Merchants, of a more comprehensive kind, are hereunto annexed.

The vast diminution therein stated of the Exports to Portugal is undoubtedly, in a commercial light, most alarming; and, whatever other circumstances of disadvantage may have attended the trade of Your Majesty's Subjects in Portugal within that period of time, we cannot entertain the least doubt but that this diminution is in great measure to be imputed to the Regulations and practices above mentioned.

All which is most humbly submitted.　　　CLARE. SOAME JENYNS. GEO. RICE. JOHN ROBERTS. J. DYSON. WM. FITZHERBERT, THOMAS ROBINSON.

Whitehall, 10th March, 1767.

The Trade of this Nation with Portugal has generally been rated at a very high estimate; some Persons, not only computing the annual amount thereof at millions, but even pretending that the very Balance paid by that Country in specie amounts to no less; every one speaking according to the impulse of his own fancy only, without ever having formed any account whereby to fix their judgment.

The difficulty of procuring materials for such a purpose has indeed been so discouraging, in a Country where the most minute trifle is kept from the knowledge of Foreigners, that it is not surprizing no one has hitherto undertaken a task, which must be troublesome, and produce so small advantage to the undertaker.

The apparent necessity however of such an Account has at length induced me to try how far 1 could succeed in such an attempt, in order thereby to acquire, if possible, a more just notion of what has hitherto been always so imperfectly known, or at least to stimulate some other person, perhaps more able than myself, to produce a more correct Account, or, pointing out any errors found in the one produced, bring the matter in the end to a certainty.

I must own that the result has surprized me, the Balance of the whole being but L. 105,000, and some friends to whom this has been communicated have been equally surprized; yet, when they looked over the different articles which form the Account, they declared they could not object to any, and therefore, that being the case, the Account stands unreproved.

The quantity of Portugal coin circulating in this Kingdom has always influenced the opinion of People concerning the trade

1767 of that Country, and may be said to have formed a prejudice which will not be easily overcome in the minds of the multitude; but to those conversant in commerce it is well known, that the excess of the amount of the commodities sent by this Kingdom over those it receives, which is called the balance of the trade, must be the standard of the bullion that will remain, but not *vice versâ*, that the bullion should be a proof of the amount of the balance of that particular trade, when it can be proved that the same is increased from other channels.

Accordingly, let the high estimation of gold above silver, different from that in other Countries of Europe, be lowered; let the low price of carriage of money from Falmouth, and the freight of our Packets be raised, and we should soon find that the Portugal coin would be equal only to the balance of our trade to that Country.

Whereas, at present, it must be regarded as the amount of all our Foreign trade with the various States of Europe; for Portugal, taking from them the different commodities and manufactures necessary for its use, makes payment thereof inco in, which, from accidental circumstances of advantage to the Foreign Proprietors, circulates through this Kingdom; and those same States find it more to their advantage to receive their remittances from England in Bills of Exchange, or other commodities, than in the specie which has been sent for their payment.

So that it may be easily conceived, that this Kingdom might have the same quantity of Portugal specie (the difference of the trade to Portugal excepted) even though it had no communication with that Country: the only difference in such a case would be, that those States which would take our commodities, would then send us the gold which we now receive from Portugal: the truth of this is evident from what happens in Holland, the whole trade whereof with Portugal is but of a small amount, yet the coin of that Kingdom abounds there almost as much as in England.

8.

Supplément au Traité de paix conclu le 21. Octobre 1727 entre la Russie et la Chine. En date du 18. Octobre (vieux style) 1768 *).

(Traduction de l'original Mandschou.)

Par ordre du grand Empereur de l'Empire de Daitsing, les personnes suivantes se sont réunies pour régler les affaires des frontières:

Le premier adjoint du président du tribunal qui gouverne les provinces extérieures, Karatsin;

Le gosai beise des Dchasa, Khouton rinkga;

L'adjoint du côté gauche du président du tribunal qui gouverne les provinces extérieures, Kinggoni;

Watsirai batow Tousiyetou Khan Tschendon dordzi, officier de la garde de l'intérieur du Palais, adjutant-géréral et command de l'aile gauche des Kahlas;

Le Sous-inspecteur du mont Khanoola, membre du Dchasak et Cousin de la famille impériale de la sixième classe, — avec

Le Commissaire Kropotow, Envoyé de l'Impératrice regnante de l'Empire des Oros (des Russes).

Après en avoir délibéré ensemble, on est convenu de ce qui suit:

Quoique les onze Articles du Traité de paix dussent être considérés comme maintenus invariables, on a trouvé néanmoins nécessaire de faire retirer les Oros du voisinage du mont Bourgoutai, de Bisitktou, Khochoo

---

*) Voy. le Traité du 21. Octobre 1727 dans l'Appendice. On s'était flotté que la conclusion du Traité de 1727 terminerait toutes les discussions entre les deux Empires. Cependant souvent de nouveaux différends s'élevèrent, et les sujets respectifs passaient les frontières, sans en être punis. Le traité mentioné en effet était bien vaque à ce sujet. Cela décida l'Impératrice Cathérine II à ordonner en 1767 au Commissaire Kropotow, d'aller examiner et réformer ce Traité conjointement avec un Plénipotentiaire Chinois, envoyé dans le même but à Kiachta, pour mettre fin à toutes les plaintes. En conséquence ils redigèrent ce supplément au Traité de 1727, en y changeant en entier l'article X.

1768 et autres places, afin que la frontière passât sur l'autre revers de la montagne. Toutes les choses demeureront d'ailleurs dans l'ancien état auprès des deux dépôts de commerce à Kiachta et à Tsououikhaïtou (Tsouroukhaitou) où l'on ne paye pas de droits d'entrée. Des erreurs s'étant glissées dans la copie latine et russe du traité de paix, et plusieurs points essentiels y ayant été oubliés, on a jugé convenable de les rectifier et de les corriger. De plus, les discussions qui s'étaient élevées entre les deux Etats doivent être vouées à l'oubli, et les déserteurs ne seront pas réclamés pour le passé.

Les dispositions de l'article X de la convention primitive à l'égard du mode d'empêcher les vols et les désertions parmi les sujets respectifs, sur les frontières, ont paru trop équivoques et trop peu précises: c'est pourquoi l'article X est rayé. On y en a substitué un autre pour faire loi. Selon la convention actuelle, chacune des deux parties surveillera désormais ses sujets pour prévenir le retour de semblables événemens. Si, à la réunion qui doit avoir lieu tous les ans à la frontière, on aperçoit les traces de pareilles choses, les commandans limitrophes sont tenus de les examiner sans délai et avec bonne foi. Si, guidés par leurs intérêts privés, ils manquaient à leurs devoirs, chacune des deux parties les punira selon les lois. Quant à la recherche et à la saisie des brigands, et au châtiment de ceux qui passent illégalement la frontière, on a adopté les dispositions suivantes:

Article X. Les gens armés, qui passent la frontière en évitant les maisons de garde, dans un but de brigandage, doivent être, soit qu'il aient commis des meurtres ou non, saisis et rigoureusement détenus jusqu'à ce qu'ils avouent de quelle maison de garde ils viennent et s'ils étaient avec ou sans compagnons. Après qu'ils auront subi un sévère examen à la maison de garde respective, on mettra par écrit les noms des brigands qui n'ont pas été arrêtés et on communiquera cette liste à toutes les maisons de garde, mais particulièrement au taidzi principal du Dchasak et aux commandans des Oros. Les chefs du Dchasak doivent venir à l'instant même sur les lieux et examiner scrupuleusement l'affaire avec les commandans des Oros, puis ils feront immédiatement un rapport qui doit être envoyé

de suite à l'endroit où les affaires des frontières se dé- 1768
cident. On y délèguera un homme intègre et considéré, qui se rendra immédiatement à la maison de
garde respective et y procèdera conjointement avec le
chef du Dchasak à une seconde enquête, après quoi,
le rapport sera expedié pour l'endroit ou les affaires des
frontières se décident. Les sujets de l'empire du centre, qui auront commis des brigandages, seront livrés,
sans distinction de personnes, au tribunal qui gouverne
les provinces extérieures, et punis de mort; les sujets
des Oros seront livrés à leur sénat, pour subir la même
peine. Les meurtriers seront amenés et exécutés publiquement sur la frontière. Le cheval, la selle, les armes et les autres effets d'un brigand, seront donnés
en récompense à celui qui l'a arrêté. Ceux qui volent
des chevaux, du bétail ou autres choses, seront tenus,
pour la première fois, de payer dix fois la valeur des
objets volés. Si le voleur n'est pas saisi, les commandans des maisons de garde respectives doivent se réunir
pour faire une enquête sur le crime, et inspecter les
blessures et les corps des personnes tuées afin de présenter là-dessus leur rapport. Le commandant de la
maison de garde aura à faire arrêter les criminels, au
plus tard, dans l'espace d'un mois. Si le voleur n'est
pas arrêté à cette époque, un rapport doit être envoyé
à l'endroit où se décident les affaires des frontières.
Alors les commandans et soldats qui n'ont pas fait leur
devoir dans la recherche des chevaux et des objets
volés, seront punis eux-mêmes et obligés de payer
dix fois la valeur des objets volés. Si l'on arrête des
gens sans armes qui ont passé la frontière pour commettre des vols secrets, on les punira, selon les lois,
d'un châtiment corporel de cent coups. Le cheval du
voleur et sa selle seront donnés en récompense à celui
qui l'aura arrêté. Les objets volés seront rendus à
leur propriétaire. Le voleur paiera pour la première
fois le quintuple, pour la seconde le décuple de la
valeur des objets volés, la troisième fois il sera traité
comme un brigand. Si de pareils voleurs ne sont pas
arrêtés, un rapport authentique sera dressé à la maison de garde la plus prochaine du lieu où le délit a
été commis, et le commandant ainsi que les soldats
de cette maison recevront l'ordre de saisir le criminel,
au plus tard, dans l'espace d'un mois. Quand il aure

1768 été pris, on lui infligera publiquement cent coups et on remettra à qui de droit, et sans délai, les chevaux et les objets volés. Si les commandans des maisons de garde et leur soldats ne parviennent pas à trouver et à arrêter les voleurs sans armes, dans l'espace de temps déterminé, le quintuple de la valeur des chevaux et objets volés sera payée par les commandans et les soldats qui n'auront point fait leur devoir.

Lorsque les chevaux et autres bêtes se seront égarés à travers la frontière, on les reconduira immédiatement à la maison de garde la plus prochaine. Si on ne les trouve pas, un rapport sera dressé, à ce sujet, avec leur description exacte. Les chevaux et bêtes égarés doivent être restitués en cinq jours; après ce espace de temps, si le bétail trouvé n'a pas été rendu, ou s'il a été recélé quelque part et que l'on connaît cet endroit, les commandans des maisons de garde respectives devront présenter là-dessus un rapport aux autorités qui décident les affaires des frontières. La restitution aura lieu alors pour le double de la valeur du bétail égaré.

Les gens armés et non munis de passe-ports qui traversent la frontière, sans commettre ni vols ni meurtres, doivent être arrêtés. Leurs chevaux, selles et autres effets, seront donnés en récompense à celui qui les arrêtera. S'ils ont passé la frontière pour chasser, ils seront punis selon les lois d'un châtiment public à cent coups. Leur gibier, leurs armes, chevaux, chiens, deviendront la récompense de celui ou de ceux qui les auront arrêtés.

Si des gens sans armes sont arrêtés pour avoir passé la frontière, le commandant de la maison de garde doit les examiner sévèrement. S'ils se sont trompés de chemin, on les relâchera et on les renverra de suite au poste respectif de l'autre côté. Si l'on trouve et arrête des gens qui se cachent dans des forêts des montagnes inaccessibles, on leur infligera, selon les lois, un châtiment public de cent coups, et leurs chevaux, selles et autres effets, seront donnés en récompense à ceux qui les auront arrêtés.

Tous les criminels de l'empire du centre condamnés à une punition corporelle seront fouettés, les criminels de l'empire des Oros recevront des coups de bâton.

La présente convention a été échangée de la 1768 manière suivante:

Les grands de l'empire du centre en délivrèrent une copie en mandschou et mongol sous leur sceau au commissaire plénipotentiaire des Oros, et celui-ci leur en présenta une en langue oros, signée et cachetée par lui.

Pour faire parvenir le présent arrangement à la connaissance générale, on en distribuera des exemplaires imprimés parmi les sujets des frontières des deux côtés.

La trente-troisième année du Abkai Wekhiyekhe *), le dix-neuvième jour de la neuvième lune. (18. Octobre 1768.)

Remarques sur les stipulations du Traité ci-dessûs entre la Russie et la Chine.

L'immense ligne de démarcation qui sépare les deux plus grands empires du monde commence du côté de l'ouest à la rivière Bouktourma, et finit du côté de l'est sur les bords de la mer d'Ochotsk. Sa largeur est de cinq, dix ou trente toises, selon la nature du pays qu'elle traverse; elle n'appartient, à proprement parler, à personne, et forme la véritable limite. Cette frontière doit être protégée par les deux puissances, et ne peut être traversée qu'en des endroits désignés à cet usage.

Des maisons de garde ont été établies à des distances plus ou moins grandes, selon ce qu'exige l'état de la population. Cette dernière circonstance détermine aussi le nombre de soldats qui stationnent dans ces endroits.

Les maisons de garde respectives sont bâties en face l'une de l'autre, à une distance qui permet de l'observer mutuellement; elles se trouvent à la distance de cinq, dix et vingt werstes (le quart d'une lieue française) au plus de la frontière elle-même. La ligne de démarcation est soigneusement examinée chaque jour, non seulement pour empêcher qu'on ne la tra-

---

*) En chinois Khian Loung, terme d'honneur pour le long règne de l'empereur Kao Tsoung chun-houang, grandpère de l'empereur actuel, et qui régna de 1736 jusqu'à 1795.

1768 verse, mais aussi pour interdire toutes communications entre les habitans des pays limitrophes. Dans les districts agrestes et montagneux, où la distance entre les maisons de garde est plus grande, on a érigé des buttes de terre et de pierres sur les hauteurs ainsi que dans les vallées pour marquer le cours de la frontière, et lorsque cette dernière est coupée par des ruisseaux, on plante des pieux de chaque côté, et on les joint par des cordes de crin de manière qu'on né puisse passer sans qu'on s'en aperçoive.

Les membres du congrès de 1727 suivirent cette ligne dans toute sa longueur, et convinrent que chaque poste y serait gardé par des cavaliers mongols bien armés; leur nombre se monte à vingt ou trente, sous un commandant qui doit veiller à ce que la frontière, jusqu'à la maison de garde la plus prochaine, soit visitée chaque jour. Dans les contrées désertes, cette inspection ne se fait pas tous les jours, à cause des distances considérables qu'il faut traverser. Les avant-postes sont établis tout près de la frontière; ils se composent de quelques hommes, et se tiennent à une certaine distance de la maison de garde. Leurs chevaux sont toujours attachés pour prévenir le trajet de la frontière. Le principal devoir du commandant d'une maison de garde est de surveiller chaque jour en personne la ligne de démarcation, et d'examiner s'il n'y a pas sur le gazon ou sur le sable de traces d'hommes qui l'auraient franchie. Les Mongols, comme tous les peuples des steppes, ont une vue si perçante, que, même étant à cheval, la trace la plus légère n'échappe point à leurs regards. Dès qu'une trace est découverte, ils descendent de cheval, et tâchent de la poursuivre, sans l'effacer, jusqu'à la ligne de neutralité. Si la trace provient d'un cheval ou d'un animal domestique quelconque, ils l'entourent de petits morceaux de bois, de pierres ou de gazon pour ne pas la perdre. Après avoir placé une sentinelle à l'endroit, ils s'avancent vers le poste opposé, et crient à la première vedette de faire venir le commandant avec une escorte. Les deux parties se rendent alors à l'endroit où se trouvent les traces pour examiner leur direction. Puis les commandans respectifs entourent la place où ils ont marché pendant cette enquête de petites cordes attachées à des pieux pour prévenir que des voleurs ou des déserteurs

ne profitent de ces traces pour traverser inaperçus la 1768
frontière. La partie sur le territoire de laquelle les
traces se dirigent est obligée de les suivre jusqu'à
l'endroit où elles finissent, pour découvrir avec précision si un étranger y est venu, ou si des vols et des
brigandages n'y ont pas été commis; si l'on decouvre
des déserteurs, on les conduit à la maison de garde,
où le commandant du côté opposé est invité à les venir
prendre. Les affaires de ce genre se traitent juridi-
quement, et les magistratures des frontières s'informent
respectivement de leurs résultats, pour que toute satisfaction possible soit donnée des deux côtés.

C'est ainsi que la frontière est protégée et conservée intacte, et qu'on empêche les relations illicites
entre les populations limitrophes. C'est à ce soin mi-
nutieux en apparence qu'il faut attribuer le maintien
de la ligne de démarcation comme elle a été réglée
par les congrès de 1727 et 1768.

Le premier et principal entrepôt de commerce a
été établi sur la petite rivière de Kiachta, qui se jette
dans le Boro, à quatre-vingt-onze werstes de Selen-
ginsk; le second entrepôt est près de la rivière Gan;
qui tombe dans l'Argoun à Tsouroukhaitou. Tout commerce particulier à Ourga et dans d'autres places sur
la nouvelle frontière, ainsi que toute communication entre les Bouriates et les Mongols a cessé.

9.

Concordat entre le S. Siège et la Cour de Turin, au sujet de l'Immunité Ecclésiastique).*

I.

Lettre de S. S. Clément XIV à S. M. le Roi de Sardaigne en lui donnant communication de la nouvelle Instruction aux Evêques. En date du 28. Janvier 1770.

Texte original.

Carissime in Christo Fili noster salutem, et Apostolicam Benedictionem.

E ben nota a Vostra Maestà l'Istruzione, che dalla s. m. di Benedetto XIV con sua lettera particolare delli 6 gennaio 1742 fu a Lei comunicata, e rispettivamente trasmessa all'Arcivescovo di Atene, che di quel tempo aveva l'onore di risedere presso la Maestà Vostra col carattere di Ministro Apostolico, acciocchè, riportatone il convenevole assenso da Lei, la distribuisse agli Ordinarj di cotesti suoi Stati, ai quali, siccome ai suoi Regii Tribunali, doveva poi servire di norma nei casi in essa contemplati.

Noti sono altrettanto a V. M. gli officj, che in appresso fece Ella pervenire nel suo Real nome per mezzo del Conte di Rivera suo Ministro plenipotenziario all'immediato nostro antecessore Clemente XIII di pur santa memoria, per riportarne, rispetto all'immunità locale, altre provvidenze, che col progresso del tempo sembrarono alla M. V. adattate a combinar meglio colla generica preservazione delle prerogative de' Templi a Dio consacrati il pur essenzial bene della pubblica tranquillità in certi particolari casi degni di speciale attenzione.

---

*) Voy. *Recueil Tom. I. Nro.* 69. p. 688 et suiv., où ne se trouve qu'une traduction française des pièces relatifs à ce Concordat.

Ora giacchè la considerazione, nella quale il so- 1770
pra lodato nostro Predecessore presi aveva gli accennati rispettabili uffizii di V. M. per regolare quella de-
ferenza ai medesimi, alla quale era disposto, non potè
produrre il suo effetto rimasto in sospeso a cagione
del passaggio di esso Pontefice agli eterni riposi, ed
è toccata a Noi la cura di subentrare nelle di lui prov-
vide, e religiose mire, ripigliatasi la negoziazione col
predetto suo Regio Ministro, dopo la matura conveniente discussione abbiamo in oggi il contento di ac-
chiudere a questa nostra lettera una nuova Istruzione,
pel di cui mezzo abilitiamo i Vescovi dei di Lei Dominii a prestarsi a quei temperamenti, che si deside-
ravano dalla M. V., ed abbiam potuto consentire.

Speriamo, che del tenore di essa Istruzione sia
per rimaner paga V. M., e per ravvisarvi gli auten-
tici documenti della paterna nostra dilezione sempre
pronta a secondare le pie, e plausibili sue intenzioni.
Con l'appoggio di questa fondata speranza la preghiamo a compiacersi d'impiegare la Regia sua autorità,
acciocchè il prescritto nella suddetta Istruzione venga
da' suoi Ministri, e Tribunali puntualmente osservato,
ed eseguito, e Noi ne facciamo trasmettere dal nostro
Segretario di Stato Cardinal Pallavicini una copia simile a codesto Monsignore Arcivescovo, acciocchè sup-
plendo in ciò a quello, che fece già il sunnominato Arcivescovo d'Atene, dopo d'essersi assicurato del gradimento della M. V., la faccia tenere ai rispettivi Ordinarii dei di Lei felicissimi Stati; e possa egli pure
uniformarvi il proprio contegno.

Se i nostri pensieri, e la compiacenza, colla quale
ben volentieri ci prestiamo in questo caso, siccome ci
presteremo in qualsivoglia altra opportuna congiuntura
a'suoi Reali desiderii, avranno presso di Lei quel favorevole incontro di cui ci lusinghiamo, piena sarà la
soddisfazione nostra, siccome lo è quella, che proviamo
intanto nel pregare l'Altissimo a felicitare sempre più
la M. V., e la Reale sua Famiglia, nell'atto di dare e
all'una, e all'altra con pienezza di paterno affetto l'Apostolica Benedizione.

Datum Romae apud S. Mariam Majorem die 28
januarii 1770, Pontificatus nostri anno primo.

F 2

II.

*Réponse du Roi de Sardaigne à la lettre de
S. S. Clément XIV.   En date de Turin, le
7. Février 1770.*

Texte original.

Beatissimo Padre,

Ci è pervenuto il veneratissimo foglio di V. S.
dei 28 gennaio scorso, con cui la S. V. si è compia-
ciuta comunicarci la nuova sua Istruzione sopra la
materia dell' immunità locale; e ravvisando nella medesima un nuovo tratto particolare della paterna solleci-
tudine colla quale V. S. si è mossa a corrispondere
alle nostre premure nel combinare con il rispetto dovuto ai sagri Templi gli essenziali riguardi della pubblica
tranquillità, prendiamo riverentemente a significare a
V. B. la piena soddisfazione, che veniamo a provarne,
unita ai sentimenti della più ossequiosa riconoscenza,
che le ne conserveremo mai sempre.

Abbiamo spiegato Noi stessi a questo Arcivescovo
il nostro gradimento, acciocchè egli, in conseguenza
degli ordini di V. S., trasmetta ai Vescovi de' nostri
Stati, ed agli altri, che vi hanno una parte della loro
Diocesi, l'Istruzione suddetta, potendo V. S. esser certa,
che daremo altresì gli ordini ai nostri Ministri, e Tribunali, affinchè sia anche puntualmente eseguita dal
canto loro.

Questa nuova testimonianza della graziosa defe-
renza di V. S., e della speciale sua dilezione verso di
Noi, siccome non può a meno di vieppiù animare
il nostro rispettoso filiale attaccamento verso la vene-
ratissima di Lei Persona, così preghiamo V. S. di
essere persuasa, che sommamente desideriamo qualche
opportunità, che ci dia luogo di contrassegnarlielo colle
prove; sperando, che il Signore, a seconda delle nostre
più ardenti brame, e de' voti pubblici, vorrà conservare lungamente la S. V. a beneficio del mondo Cat-
tolico. E qui inchinati al bacio de' santissimi Piedi,
imploriamo da V. B. l'Apostolica Benedizione.

Torino li 7 febbraio 1770.

Umilissimo e divotissimo figlio

C. Emanuele.

III.

Instruction de S. S. Clément XIV aux Evêques du Piémont, contenant l'interprétation de celle du Pape Bénoit XIV.

Texte original.

Per sopire le controversie altre volte eccitate fra la santa Sede, e la Maestà del Re di Sardegna sopra la giurisdizione, ed immunità ecclesiastica fu dalla s. m. di Benedetto XIV mandata al sig. Cardinale Merlini, allora Nunzio, e Commissario Apostolico in Torino, una istruzione da comunicarsi ai Vescovi di quegli Stati, in cui non solo restavano appianate varie difficoltà insorte nell'intelligenza del progetto d'accomodamento fatto in tempo del Pontificato della s. m. di Benedetto XIII, ma si davano ancora alcune altre regole appartenenti all'esercizio, e buon governo di essa immunità e giurisdizione.

Piacque alla Maestà del Re in ogni sua parte il provvedimento, che fu tosto eseguito, e da' Magistrati laici con tutta esattezza, e religione osservato; anzi in ciò, che riguarda il punto dell'immunità locale, fu ancora ad istanza della Maestà sua esteso con Breve della s. m. di Clemente XIII dei 3 settembre 1763 alle altre Provincie in vigor degli ultimi trattati smembrate dallo Stato di Milano: ma siccome col tratto del tempo si erano intanto introdotti sul detto punto dell'immunità locale nuovi inconvenienti, e disordini, che per la loro frequenza, e gravità avevano mosso il zelo, e la pietà del Re a chiederne l'opportuno riparo, non lasciò quindi lo stesso Clemente XIII di secondare con egual zelo così pie, e rette intenzioni, condescendendo di prestare con l'autorità sua tutta la mano per rimuovere ogni abuso, e disordine; e già sentito il parere di alcuni Cardinali zelanti, e pratici di questa materia, si stava trattando intorno al modo di farlo il più efficace, e il più conforme alle regole della Chiesa, quando sul punto di conchiudere, essendo sopraggiunta la morte improvvisa del santo Padre, restò l'affare interrotto, e sospeso.

In tale stato di cose pertanto eletta la Santità di Nostro Signore Papa Clemente XIV, e riassunto il trattato, è venuta S. B. in determinazione, a norma di

1770 quello che fu praticato da Benedetto XIV, e sulle
tracce di quanto era già stato stabilito da Clemente.
XIII suo predecessore, di aggiugnere a detta istruzione Benedittina altre poche dichiarazioni, e provvidenze adattate al bisogno, ed alle circostanze particolari degli Stati di S. M., onde si tolga da una parte
ai malviventi ogni motivo di delinquere, e abusarsi
del luogo sacro; senza ledere dall'altra il rispetto, e
la venerazione al medesimo dovuta.

I. E primieramente essendosi riconosciuto, che l'origine principale degli abusi è derivata, perchè negli
atrii delle Chiese, detti volgarmente *piazzali*, si fanno
lecito i malviventi di piantare a loro talento capanne,
baracche, ed altri ripari con uscio chiuso a forma di
case, di cui poi si servono non tanto per aver ivi un
sicuro, e stabile ricovero, quanto per ricettarvi, e nas-
condervi ogni specie d'armi, e di robe furtive, intro-
durvi donne di mal affare, assalir quelli che di là pas-
sano, e commettere impunemente altri eccessi con
grave danno della quiete pubblica, e manifesta profa-
nazione de'luoghi sacri, sarà cura dei Vescovi, e Ret-
tori delle Chiese di far subito dai detti atrii, e luoghi
rimuovere, qualor vi sieno, e rigorosamente proibire,
che più non si costruiscano simili baracche, capanne
e ripari, i quali oltre al dare ai rifugiati un ricovero
quanto indecente, altrettanto dannoso, non può a meno,
che non guastino, e deturpino la maestà, e decoro
esterno de' sagri tempii.

II. Per lo stesso fine d'impedir l'abuso del confugio fu in detta Istruzione data ai Vescovi la facoltà
di trasportare da uno in altro luogo immune quei rifugiati, che per la prima volta si abusano del sagro asilo,
per poi dichiararli decaduti da ogni benefizio d'immunità, caso che seguitassero la seconda volta ad abu-
sarne: ma perchè anche ad effetto di ordinare questo
semplice trasporto alcuni Vescovi han creduto, che
sia necessario un processo formale per la verificazione
dell'abuso, cosa, che molte volte rende inutile il provvedimento preso nell'Istruzione a motivo delle difficoltà,
che s'incontrano nel compilare detto processo, perciò
trattandosi nel primo caso non di privare il rifugiato
dell beneficio dell'asilo, ma soltanto di trasportarlo da
una Chiesa in un'altra, e così permutargli il confugio
da un luogo in un altro egualmente immune: si dichiara,

che a questo effetto non sarà altrimente bisogno di 1770 processo, ma basterà, che senza alcuna forma di giudizio per le circostanze rilevate o dal Regio Fisco, o da altri, oppure *ex informata conscientia* costi al Vescovo dell'abuso, lasciando alla sua prudenza di ordinare il trasporto, dove sia minore il pericolo, e dove abbia il rifugiato minor comodo, e facilità di commettere nuovi abusi.

III. Bensì nel secondo caso, in cui si tratta di dichiarare decaduto il rifugiato dal beneficio dell'asilo, resta fermo, che il nuovo abuso debba provarsi nelle solite forme col processo; e siccome in detta Istruzione è stato ordinato, che a coloro, che si rifugiano in luogo immune, i Vescovi, e altri Superiori ecclesiastici facciano subito togliere le armi, con implorare, quando vi sia di bisogno, il braccio della Curia secolare, così dovrà intendersi commesso abuso di confugio da chi riterrà, o nasconderà nel luogo immune quelle arme, che nel rifugiarsi gli sarebbero state tolte, o che se gli sarebbero dovuto togliere, come anche da chi riterrà, o nasconderà chiavi false e adulterine, grimaldelli, o altri stromenti atti di lor natura a commetter furti; da chi terrà mano ai ladri con ricettare robe furtive, o introdurrà nel luogo immune donne di mala vita, e da chi insulterà, e offenderà i passeggieri, o uscito dal luogo immune avrà commesso qualche furto, o altri simili eccessi.

IV. Cadea dubbio, se fra i delitti, che in detta Istruzione furono eccettuati dal benefizio, dell'asilo dovessero intendervisi compresi alcuni, che non meno per la loro gravità, che per esser divenuti troppo frequenti, e perniciosi, meritano egualmente anch'essi di eccettuarsi; perlochè a scanso d'ogni difficoltà in vista del bisogno, e delle circostanze, che specialmente concorrono in quegli Stati, si dichiara, che neppure goderanno per l'avvenire del benefizio dell'asilo;

I plagiarii, o sian quelli che negli Stati di S. M. ingaggeranno soldati per portargli al servizio di altri Principi esteri, come rei di delitto, che secondo le leggi Regie vien considerato, e punito come delitto di lesa Maestà.

I falsarii, che a danno del pubblico, e del privato falsificheranno il sigillo, e le lettere o Apostoliche, o Regie.

1770   Quelli, che in qualunque tempo commetteranno *armata manu* ruberie, purchè la cosa rubata ascenda alla somma, per cui secondo le leggi comuni, e municipali il reo meriti la pena della morte.

E coloro finalménte, che facendo violenza all'onestà delle donne, le rapiranno, purchè il ratto secondo le leggi della Provincia sia punibile colla pena della morte, e la donna rapita sia onesta, nè vi abbia prestato il suo consenso.

V. Si è inoltre rilevato dalla nota esibita, che da qualche tempo in quà negli Stati di S. M. moltissimi omicidii, ed anche atroci si vedono commessi dai minori di 20 anni, ai quali la nota bolla di Clemente XII *In supremo justitiae solio* estesa già ai medesimi Stati non toglie, ma anzi preserva il beneficio del sagro asilo; in vista pertanto della moltiplicità, e frequenza di sì enorme delitto, e sulla traccia di quello, che nei casi particolari ha praticato più volte la santa Sede, qualora è stata ricercata dell'opportuno provvedimento, si accorderà, che in avvenire per gli omicidii atroci anche il minore d'anni 20, che ne sia reo, potrà nelle debite forme estrarsi dal luogo immune, e consegnarsi alla Curia laica nel modo, e con le cautele, che detta bolla Clementina ha disposto per i maggiori di 20 anni; dichiarando, che per omicidio atroce s'intenderà il parricidio, il fratricidio, l'uxoricidio, il proditorio, il premeditato, o appensato, tanto se sia, quanto se non sia insidioso, o quello commesso per causa affatto irragionevole e bestiale, come ancora l'omicidio, che sebben derivato dalla rissa, è stato però commesso dopo sei ore dal tempo della medesima rissa, o quando la rissa sia stata affettata, e mendicata per causa come sovra affatto irragionevole, e bestiale.

VI. E perchè possa speditamente venirsi a questa estrazione, e consegna senza dovere in ogni caso che succeda, ricorrere alla santa Sede per dimandare la deroga della immunità, si potrà liberamente procedere alla medesima estrazione, e consegna, sol che venga verificata, e decisa non meno in prima, che occorrendo in seconda istanza la surriferita qualità gravante dell'omicidio, e segua la rispettiva consegna nelle forme prescritte dalla Istruzione Benedettina per le declaratorie di delitti eccettuati; e per le successive consegne alli §§. 11 e 13, i quali dovranno esattamente osservarsi; ma essendo conveniente, che nel presente 1770 caso più speciale apparisca ancora in modo più individuo della espressa delegazione della santa Sede sì per la prima, che per la seconda istanza: perciò tanto il presente, quanto ogni futuro Arcivescovo *pro tempore* di Torino dovranno chiedere al Sommo Pontefice e per se, e per gli altri Apostolici Delegati la facoltà di procedere nelle forme suddette, che sarà data una volta per sempre ad ogni Arcivescovo per se, e per gli altri a seconda della suddetta istanza, e petizione.

VII. Finalmente inerendo alla dichiarazione fatta nella Costituzione di Benedetto XIV *Officii nostri ratio*, ed estendendola in ogni sua parte ai dominii della Maestà del Re di Sardegna, si dà facoltà ai Vescovi di poter estrarre dai luoghi immuni i rei di ferite riconosciute, e giudicate dal perito con grave pericolo di vita, anche prima che succeda la morte dei feriti, con la condizione, che se le ferite saranno casuali, o fatte a giusta, ed incolpata difesa, come pure, se il ferito non venisse a morire nel termine dalle leggi prefisso, debba l'autore delle ferite restituirsi alla Chiesa.

10.

Bref par lequel S. S. Clément XIV applique aux pays cédés à S. M. le Roi de Sardaigne par les Traités de Vienne et d'Aix la Chapelle le § 1 de l'instruction aux Evéques sur l'exécution du concordat. En date de Rome, le 22. Septembre 1771.

Clemens P. P. XIV ad futuram rei memoriam.

Circumspecta Romani Pontificis omnium Christifidelium patris et pastoris providentia, sicuti spiritualibus eorum utilitatibus jugi vigilantia consulere studet, ita et temporalibus illorum commodis paterna caritate providere satagit, prout vota praesertim Catholicorum Principum exposcunt, et in Domino conspicit expedire. Dudum siquidem, sicut Nobis nuper pro parte carissimi in Christo filii nostri Caroli Emanuelis Sardiniae Regis

1771 illustris expositum fuit ad componendas, sedandasque nonnullas controversias, et dissensiones super libertate ecclesiastica, ac materia beneficiali ïnter Ministros hujus Apostolicae Sanctae Sedis éx una, et Officiales, ac Ministros clarae memoriae.Victorii Amadei, dum vixit, ejusdem Sardiniae Regis illustris vigentes, felicis recordafionis. Benedictus Papa XIII praedecessor noster nonnulla pacta, et concordata inire curavit, ad inter caetera conventum fuit, ut quaedam instructio tam super jurisdictione, quam super immunitate, et libertate ecclesiastica conficeretur, quae transmittenda esset tunc nominando suo, et Apostolicae Sedis apud' eumdem Victorium Amadeum Regem Nuncio, ut illam omnibus Archiepiscopis, et Episcopis in ditionibus temporalibus ipsi Victorio Amadeo Regi subjectis existentibus communicaret; verum quia neque Nuncius id temporis transmissus, neque instructio hujusmodi confecta fuerant; hinc felicis recordationis Benedictus Papa XIV praedecessor quoque noster, statu ejusmodi rerum prius serio perpenso, tunc suo, et dictae Sedis Commissario in eisdem ditionibus existenti quamdam instructionem transmitti mandavit, de qua ipse Commissarius praedictos Archiepiscopos, et Episcopos participes facere deberet, et per quam nonnullae difficultates, quae in intelligentia, et executione dictorum concordatorum ab ipso Benedicto XIII initorum exortae fuerant, explicandae, et aperiendae, aliaeque leges pro bono jurisdictionis, et immunitatis ecclesiasticae regimine addendae erant. Cum autem, sicut eadem expositio subjungebat, ipse Carolus Emanuel Rex, nec cives ac incolae Provinciarum a Statu, et Ducatu Mediolanensi disjunctarum, et juxta tractatus Viennae et Aquisgrani sibi assignatarum, ac suo temporali dominio unitarum gravi cum incommodo pro quacumque re, seu controversia alicujus saltem relevantiae eorum patriam, ac domos relinquere, et ad tribunal ecclesiasticum coram Episcopo, seu ejus Vicario Generali, qui cum Episcopo ipso commorari solet, se transferre, atque civitatem in alieno dominio existentem, in qua idem Episcopus, ejusque Vicarius Generalis, ac Tribunal ecclesiasticum reperiuntur, petere teneantur, quam maxime conveniens, justum, et aequum esse ducat, ut id totum, quod per memoratum Benedictum XIV praedecessorem in sua instructione praedicta dispositum, declaratumque fuit

in paragrapho primo, quod alium Vicarium Generalem 1771
ab Episcopis deputandum ,in illa parte eorum respectivae Dioecesis in.omnibus priscis, antiquisque Provinciis
sui dominii temporalis ad novas Provincias sibi assignatas, et a Statu Mediolanensi disjunctas per Nos extendatur, et amplietur. Nos igitur piis ejusdem Caroli
Emanuelis Regis votis hac in re, quantum cum Domino
possumus, favorabiliter annuere volentes, motu proprio,
et ex certa scientia ac matura .deliberatione nostris,
deque Apostolicae potestatis plenitudine totum id, quod
memoratus Benedictus XIV praedecessor noster in §
primo disposuit, ac expressit quoad deputationem alterius
Vicarii Generalis hujusmodi pro dominio temporali ejusdem Caroli Emanuelis Regis, et tunc existentibus in
eo Archiepiscopis, et Episcopis praescripsit, statuit,
decrevit, et declaravit ad easdem Provincias vigore
tractatuum Viennae, et Aquisgrani a Statu et Ducatu
Mediolanensi sejunctas, et dicto Carolo Emanueli Regi
assignatas, attributas, et subjectas, ejusque temporali
dominio praedicto unitas extendimus, et ampliamus:
ac pro majori securitate, et intelligentia, motu, scientia,
deliberatione, et potestatis plenitudine paribus, decernimus, statuimus, et declaramus hanc esse in praemissis nostram voluntatem; nempe § primo (*Tom. II.
n. CXXIV. pag.* 539.)

.Decernentes easdem praesentes Literas, et in eis
contenta quaecumque semper firma, valida, et efficacia
existere, et fore, suosque plenarios, et integros effectus sortiri, et obtinere, ac illis, ad quos spectat, et
pro tempore quandocumque spectabit, in futurum plenissime suffragari, et ab eis respective inviolabiliter
observari, sicque in praemissis per quoscumque Judices
ordinarios, et Delegatos etiam causarum Palatii Apostolici Auditores, ac Sedis praefatae Nuncios, sublata
eis, et eorum cuilibet quavis aliter judicandi, et interpretandi facultate, et auctoritate, judicari, et definiri
debere, ac irritum, et inane, si secus super his a
quoquam quavis auctoritate scienter, vel ignoranter
contigerit attentari. Quocirca venerabilibus fratribus
Archiepiscopo Mediolanensi, Episcopis Papiensi, et
Placentinensi Provinciae Bononiensis nunc, et pro tempore respective existentibus in dominio temporali, ac
Provincis eidem Carolo Emanueli Regi subjectis jurisdictionem spiritualem in terris, locis, castris, oppidis

1771 intra limites Dioecesum praefatarum existentibus, habentibus, ut ipsi, et unusquisque eorum pro se ad
omnimodam praesentium nostrarum literarum, et in
eis contentorum executionem procedat, illasque, et in
eis contenta quaecumque juxta earumdem praesentium
tenorem, et continentiam inviolabiliter observari curent,
et faciant, non obstantibus constitutionibus, et ordinationibus Apostolicis, quae nostris praesentibus Literis
adversantur, caeterisque contrariis quibuscumque.

Volumus autem, ut praesentium Literarum transumptis, seu exemplis etiam impressis manu alicujus
Notarii publici subscriptis, et sigillo personae in ecclesiastica dignitate constitutae munitis eadem prorsus
fides in judicio, et extra illud habeatur, quae ipsis
praesentibus haberetur, si forent exhibitae vel ostensae.

Datum Romae apud Sanctam Mariam Majorem
sub annulo Piscatoris die XXII septembris MDCCLXXI,
Pontificatus nostri anno primo.

A. CARD. NIGRONUS.

11.

Traité, avec un article séparé, entre la Sardaigne et la Bavière pour l'abolition du droit d'Aubaine. En date de Turin, le 3. Septembre 1772.

Sa Majesté le Roi de Sardaigne, et Son Altesse
Sérénissime Electorale de Bavière étant animées du
désir mutuel non-seulement de raffermir de plus en
plus l'ancienne union, amitié, et bonne intelligence qui
subsistent entre les deux Cours, et qui ont toujours
subsisté entre les Rois prédécesseurs de Sa Majesté,
et la Sérénissime Maison de Bavière; mais encore d'en
faire ressentir les effets heureux à leurs sujets, en
leur facilitant les moyens de multiplier entr'eux les
liaisons d'amitié, de Parenté, de commerce, et de correspondance mutuelle; Elles ont résolu d'écarter les
obstacles qui pourroient s'y opposer, et particulièrement en établissant entre les sujets respectifs une
égalité absolue, et une entière réciprocité en fait des
Successions.

Dans cette vue les Plénipotentiaires soussignés, 1772 savoir de la part de Sa Majesté le Roi de Sardaigne, Son Excellence D. Joseph Marie Vincent François Lascaris Comte de Castellar, des Comtes de Vintimille, Baron de Desferres, et Boyon, et Seigneur de Consegudes, Chevalier de l'Ordre des Saints Maurice et Lazare, Secrétaire de celui de l'Annonciade, Gentilhomme de la Chambre de Sa dite Majesté, et son Ministre et Premier Secrétaire d'Etat pour les affaires étrangères: et de la part de Son Altesse Sérénissime Electorale de Bavière, Monsieur le Comte Charles de Piossasque, Chambellan de Sa dite Altesse; après avoir échangé leurs pleins pouvoirs respectifs, dont les copies seront transcrites à la fin de la présente convention, sont convenus pour et au nom de Sa Majesté, et de Son Altesse Sérénissime Electorale de Bavière, des articles suivans.

I. Les sujets de Sa Majesté le Roi de Sardaigne, et ceux de Son Altesse Sérénissime Electorale de Bavière auront dorénavant la libre faculté de disposer de leurs biens quelconques par testament, par donation, ou par tout autre acte reconnu valable, et légitime, en faveur de qui bon leur semblera, des sujets de l'une ou de l'autre Domination; et leurs héritiers sujets de l'une ou de l'autre des deux parties contractantes pourront recueillir leurs successions soit ab intestat, soit en vertu de testament, ou autres dispositions légitimes, et posséder lesdits biens, soit meubles, ou immeubles, droits, raisons, noms, et actions, et en jouir sans avoir besoin d'aucunes lettres de naturalité, ou autre concession spéciale; et seront lesdits héritiers traités à cet égard dans celui des deux Etats, où les successions leur seront échues, aussi favorablement que les propres et naturels sujets du pays.

II. Pour cet effet, Sa Majesté le Roi de Sardaigne, et Son Altesse Sérénissime Electorale de Bavière dérogent expressément par la présente convention à toutes lois, ordonnances, statuts, arrêts, et coûtumes qui pourroient y être contraires, lesquels seront censés non avenus, et non émanés vis-à-vis des sujets respectifs, pour les cas exprimés dans l'article premier.

III. En exécution des articles précédens les sujets respectifs, leurs héritiers légitimes, ou tous autres ayant titre valable pour exercer leurs droits, leurs

1772 procureurs, mandataires, tuteurs, ou curateurs, pourront recueillir les biens, et effets généralement quelconques, sans aucune exception, provenans des successions ouvertes en leur faveur dans les Etats respectifs,
soit ab intestat, soit par testament, ou en vertu d'autres
dispositions légitimes, transporter les biens, et effets
mobiliers, où ils jugeront à propos, régir et faire
valoir les immeubles, ou en disposer par vente, ou
autrement, sans aucune difficulté, ni smpêchement, en
donnant toutes décharges valables, et en justifiant seulement de leurs titres et qualités; bien entendu que
dans tous ces cas ils seront tenus aux mêmes lois,
formalités et droits, auxquels les sujets propres et
naturels de Sa Majesté et de Son Altesse Sérénissime
Electorale sont soumis dans les Etats et Provinces, où
les successions auront été ouvertes.

IV. Lorsqu'il s'élevera quelques contestations sur
la validité d'un testament, ou d'une autre disposition,
elles seront décidées par les Juges compétens conformément aux lois, statuts, et usages reçus et autorisés
dans le lieu, où lesdites dispositions auront été faites,
en sorte que si lesdits actes se trouvent revêtus des
formalités et des conditions requises pour leur validité
dans le lieu de leur confection, ils auront également
leur plein effet dans les Etats de l'autre partie con-
tractante, quand même dans ceux-ci ces actes seroient
assujettis à des formalités plus grandes, et à des règles
différentes qu'ils ne le sont dans les pays, où ils ont
été rédigés.

V. L'égalité et la réciprocité parfaite que Sa dite
Majesté et Son Altesse Sérénissime Electorale ont en
vue d'établir entre leurs sujets respectifs par la présente convention, aura lieu aussi par rapport au payement du droit qui se lève dans les Etats de Son Altesse
Sérénissime Electorale sous le titre de détraction, ou
sous toute autre dénomination quelconque, à raison
d'une hérédité, ou de l'exportation des effets en provenans, ou du prix des immeubles; de même que par
rapport à tous autres droits qui peuvent se percevoir
en Bavière sous le titre de mutation de propriété, ou
sous quelqu'autre titre que ce soit, pour raison des
successions qui écherroient aux sujets du Roi; de
façon que lorsqu'une succession sera échue à un sujet
Bavarois dans les Etats de Sa Majesté, il devra payer

les mêmes droits, et sera tenu aux mêmes prestations, 1772
de quelque nature qu'elles puissent être, qu'on exigeroit
en Bavière d'un sujet de Sa Majesté en pareil cas.

VI. La présente convention sortira son plein, et
entier effet dès le jour de la signature, et sera ratifiée
par le Roi, et par le Sérénissime Electeur. Les ratifications en seront échangées dans l'espace de six
semaines, ou plutôt, si faire se peut; et six semaines
après cet échange, cette même convention sera enté-
rinée, et enregistrée dans les Tribunaux des deux
Etats, et publiée partout où besoin sera, dans la forme
la plus solemnelle usitée en pareil cas, pour être exécutée selon sa forme et teneur.

En foi de quoi Nous Plénipotentiaires de Sa Majesté le Roi de Sardaigne, et de Son Altesse Sérénissime Electorale de Bavière, en vertu de nos pleins
pouvoirs respectifs, avons signé la présente convention,
et y avons fait apposer le cachet de nos armes. Fait
à Turin le trois septembre mil sept cent soixante douze.

LASCARIS DE CASTELLAR.   CHARLES PIOSSASQUE.

Article séparé.

Sa Majesté le Roi de Sardaigne, et Son Altesse
Sérénissime Electorale de Bavière ayant pris en considération qu'il seroit avantageux a leurs sujets respectifs de leur épargner les formalités qu'ils auroient à
remplir pour se conformer au contenu de l'article cinq
de la convention ci-dessus, et d'établir sur un pied
uniforme les droits que leurs dits sujets respectifs auroient à payer dans chacun des deux Etats à raison
des successions ouvertes en leur faveur, ou de l'exportation des biens et effets en provenans, ou du prix des
immeubles; et ayant en conséquence autorisé les Plénipotentiaires soussignés à convenir d'un arrangement
à cet égard, il a été arrêté et convenu que dans le
cas où les sujets de Sa Majesté le Roi de Sardaigne
désireroient de transporter hors des Etats de Son Altesse Sérénissime Electorale de Bavière les effets, ou
le prix d'iceux, provenans des successions ouvertes en
leur faveur dans les Etats de Sa dite Altesse Sérénissime Electorale, il ne sera perçu desdits sujets de Sa
Majesté qu'un droit unique et invariable de cinq pour
cent de la valeur de ce qu'ils emporteront; lequel tien-

1772 dra lieu de tous autres droits qui se lèvent en Bavière sous le titre de détraction, ou sous toute autre dénomination quelconque sur les effets ou capitaux transportés hors du pays, sans que pour raison de ladite exportation on puisse exiger d'eux autres ou plus grands droits.

Et pour le cas que les sujets de Sa dite Majesté, à qui il sera échu quelque succession en Bavière, ne transportent pas hors de la domination de Son Altesse Sérénissime Électorale les effets en provenans, ou leur prix, il ne sera exigé d'eux, sous quelque prétexte que ce puisse être, d'autres droits que ceux auxquels sont assujettis les sujets propres et naturels de Sa dite Altesse Sérénissime Électorale de Bavière.

Viceversa les sujets de Son Altesse Sérénissime Eletorale de Bavière qui voudront transporter hors des Etats de Sa Majesté le Roi de Sardaigne les effets, ou le prix d'iceux provenans des successions ouvertes en leur faveur dans les Etats de Sa dite Majesté, payeront pour ladite exportation entre les mains du Trésorier des Finances de Sa Majesté un droit unique et invariable de cinq pour cent de la valeur de ce qu'ils emporteront, sans que pour raison de ladite exportation on puisse exiger d'eux autres ou plus grands droits.

Et pour le cas que les sujets de Sa dite Altesse Sérénissime-Electorale, à qui il sera échu quelque succession dans les Etats de Sa Majesté, ne transportent pas hors de sa domination les effets en provenans, ou leur prix, il ne sera exigé d'eux, sous quelque prétexte que ce puisse être, d'autres droits que ceux auxquels sont assujettis les sujets propres et naturels de Sa Majesté le Roi de Sardaigne.

Le présent article séparé ne fera qu'un seul et même acte avec la convention ci-dessus, et aura la même force, et valeur que s'il y étoit inséré de mot à mot. Il sera pareillement ratifié, enregistré, publié, et exécuté de la même manière, et aux mêmes époques qui ont été fixées pour les ratifications, enregistrement, publication, et exécution de la convention ci-dessus.

En foi de quoi Nous Plénipotentiaires de Sa Majesté le Roi de Sardaigne, et de Son Altesse Sérénissime Electorale de Bavière, en vertu de nos pleins pouvoirs respectifs ont signé le présent article séparé et 1772 y avont fait apposer le cachet de nos armes. Fait, à Turin, le 3. Septembre 1772.

LASCARIS DE CASTELLAR. CHARLES PIOSSASQUE.

(Ratifié par le Roi de Bavière le 3. Octobre 1772.)

12.

Conventions de sel entre la Bavière et l'Archevéché de Salzbourg.

I.

Vergleich zwischen Pfalzbaiern und dem Erz-stift Salzburg über die von letzterm nach dem Tode des Kurfürsten Max III. erhobenen Ansprüche. München, den 4. Februar 1781.

Kund und zu wissen seye hiermit jedermänniglich, wie von Seite Sr. Hochfürstl. Gnaden Herrn Erzbischofen zu Salzburg auf zeitlichen Hintritt Weyl. des Herrn Kurfürsten Maximilian III. in Bayern Durchl. verschiedene theils ältere theils neuere Ansprüche an dessen Verlassenschaft im Namen Ihres Erzstiftes aufgestellet, und zu diesem Ende bei Sr. Kurfürstl. Durchl. zu Pfalz als Nachfolgern im Herzogthum Bayern unter dem 8ten Jänner 1779, nach fünf Abtheilungen förmlich angebracht worden, wovon die

Ite von den Jahren 1611 bis 1765, wegen zu wenig ausgeführten, dann wegen zwar ausgeführt- aber nicht veraufschlägten Salz, und wegen von Seite Bayern allein gemacht- aber an Salzburg nicht berechnet- und vergüteten Aufschlägen; die

IIte von jüngern Salz-Preis-Ausständen von 1766 bis 1775, dann jenen von 1776 und 1777; auch die

IIIte von den während des sogenannten österreich. Successions-Kriegs in Lebzeiten Kaisers Carls VII. May. in Jahren 1742, 43, 44 und 1745 gelieferten Naturalien und andern aufgewandten Kösten und erlittenen Schäden, hergeleitet, und sofort die

IVte auf die Gegend in und um Reichenhall, und endlich die

Nouv. Supplém. Tome I. G

1781 Vte auf die Heimfälligkeit mehrerer Lehns-Stücke
gerichtet ist;

Wogegen aber auch von Seite Sr. Ch. Durchl. zu
Pfalz unter dem 9ten Jänner des nämlichen 1779ten
Jahrs mehrfache Gegenforderungen und verschiedene
Prätensionen, und zwar unter folgenden Rubriken, als:

1) Wegen Entgang des Halleinischen Salz-Verschleiss in Böheim,

2) Wegen nicht geleisteter Gewehrlichkeit des
Salzes,

3) Wegen nicht erfüllter Schifordnungsmässiger
Verbindlichkeit,

4) Wegen Verbreitung des Halleinischen Salzverschleiss zu Lande,

5) Wegen der gesperrten Wasserfahrt auf der Saal
nach und von Reichenhall,

6) Wegen Schwendung der im Erzstift gelegenen
und zum Salzsieden nach Reichenhall gewidmeten
Schwarzwälder,

7) Wegen Rückständen an Steuern, Anlags-,
Scharwerks-, Herdstädts- und Jurisdictions-Gefällen
bei der Herrschaft Mattsee, dann bei dem Voigt- und
Probstgericht Mühldorf, wie auch wegen hyemal Liefe-
rungs- und extra ordinari — Contributions — Restantien
von den Zeiten der Türken-Kriege, Schwedisch 30jäh-
rigen Kriegs, des Spanisch- und österreich. Successions-
Kriegs etc.

8) Wegen einigen von dem 30jährigen Krieg her
in allgemeinen sich auf Kurfürsten Maximilian I. beziehenden Schuldigkeiten, und insonders wegen den
an Weyl. Sr. Kaiser. May. Carl VII. nicht gut gemachten Römer-Monaten im Vorschein gekommen sind:
wie eines sowohl, als das andere in den unter hievor
bemerkten 8ten und 9ten Jänner 1779. gegen einander mitgetheilten Forderungen verzeichnet, und ausführlicher darinnen zu entnehmen ist.

Gleichwie aber bei so wichtig, und weit ausse-
henden Vorgang und bei den vielen Widersprüchen
und Einwendungen, welche ein Theil des andern Forderungen zugleich entgegen gestellet, sich beede höchste Paciscenten bewogen gefunden, dieses ganze ob-
begriffene Forderungswesen und alle dabei wechselweis
gerügte Anstände in schiedliche Wege einzuleiten, und
mit fürstl. wahrer Eintracht und Güte hinzulegen, so

ist auch diese rühmlichste Absicht auf die dieserwegen 1781 gepflogene Behandlung zu derselben vollen Berubigung wirklich erreichet, und in Folge der zwischen beedseitigen Kommissarien am 16ten Weihmonats 1780. gefertiget, und von ihren höchsten Principalen am 19ten und 23ten besagten Monats bestättigten Praeliminarien · die nachstehend gütliche Abkunft und Verein getroffen und beliebt worden.

(Art. 1.) Erstens: machen sich Sr. Ch. Drlt. zu Pfalz für sich, und ihre Nachkommen im Herzogthum Bayern verbindlich, an Sr. hochfürstl. Gnaden und ihre Nachfolger am Erzstift Salzburg über die schon baar bezahlte Einmal hundert Sechs tausend acht hundert zwei und dreysig Gulden, und über Abzug deren von Zeiten Kaisers Carl. VII. May. rückstehenden Römer-Monaten von 30653 fl. dann der zu Wasserburg im Jahre 1777 gemeinsam liquidirten Preusischen Kriegs-Schuld von 47593 fl. noch eine aversal-Summe von 435000 fl. dergestalten baar zu bezahlen, dass solche weder unter dem Vorwand der so eben namentlich ausgedruckten drey Posten, noch anderer am 9ten Jänner 1779. aufgestellten Gegenforderungen dem geringsten Abzug, oder Verkürzung unterliegen, sondern gleich bey Auswechslung des Haupt-Vergleichs-Instruments, und der Neben-Rezesse $\frac{m}{50}$ fl. baar bezahlet, der sodann ab obiger avers-Summe mit $\frac{m}{385}$ fl. noch übrig bleibende Rest aber, und zwar solang das dermalige Salz-Kuffengeschier dauert, das ist, einschliessig des Jahrs 1782. jährl. mit 50000 fl. nachhin aber von dem Jahr 1783. anzufangen, mit $\frac{m}{75}$ fl. allwegen in monatl. Ratis abgeführt und zu diesem Ende um die ganze in Fristen zu bezahlende Summe eben so viele assignationes, resp. Wechselbriefe von der Hauptkassa in München nach dem beiliegenden Formular ausgestellet werden, von welchen Sr. hochfrtl. Gnaden durch Cession, oder wie sonst ihre Convenienz ist, einen selbst beliebig, und dermassen wirkenden Gebrauch machen mögen, dass hierauf, sie seyen von einem Cessionario, oder von dem Erzstift selbsten zur Verfallzeit praesentirt, die baare Bezahlung jederzeit bereitest gelei-

G 2

1781 stet werden solle. Gegen diese verbindliche Zusage
sollen aber

(Art. 2.) Zweitens: Die Eingangs erwähnte Forderungen, und Gegenforderungen, wie solche unter
dem 8ten und 9ten Jänner 1779 einander mitgetheilet
worden, vollends getilget, und aufgehoben, sohin ein
wie anderer Seits die volle Verzicht hierauf gegeneinander geleistet werden.

In dessen Gemässheit begeben sich

(Art. 3.) Drittens: und verzeihen beede höchste
contrahirende Theile gegeneinander für sich, und ihre
Nachkommen an der Landes-Regierung mittels gegenwärtiger Renuntiation, und Verzicht auf alle, und
jede vorgedachte beederseits aufgestellte Ansprüche
sammt, und sonders aus freyen wohlbedachten Willen,
ohne Zwang, oder Furcht höherer Macht, und Bedro-
hung in der allerbesten beständigsten, und ausdrück-
lichsten Form, Weiss, und Maase, als es von geist-
und weltlich gemeinen geschriebenen, auch Landrech-
ten, Gewohnheiten, Gebräuchen, Reichs- und anderen
Ordnungen, oder Freyheiten geschehen, und statt haben soll, und kann:

Höchst selbe verbinden sich auch hierzu in Kraft
dieses Verzichts-Briefes, also, und dergestalten, dass
weder Sie, noch jemals einer von höchst ihren Regie-
rungs-Nachkommen mehr einigerley Recht, Gerechtigkeit, oder Anspruch in Rücksicht der obangeführt-
mittels gegenwärtiger Urkund aufgegebenen, und ver-
ziehenen Forderungen ein oder anderseits haben, suchen, oder behaupten sollen, noch wollen, oder mögen, weder mit, noch ohne Recht, weder in noch ausser Gericht, wie es immer erdacht werden möchte,
oder könnte, sondern sie geloben und versprechen
sich wechselweise diese Verzicht in allwegen bei Würden, und Kräften durchaus unangefochten zu belassen,
noch zu gestatten, dass solche durch andere von ih-
retwegen geahndet, angefochten, oder dawider gehandelt werde.

Da auch wider alle bessere Zuversicht Sie, oder
ihre Nachkommen, oder jemand anderer von ihretwe-
gen etwas dawider vornehmen, oder weitere Strit und
Irrung erheben würden, das soll nicht allein nichtig,
und kraftlos, sondern auch sie, und ihre Nachkommen
darüber schuldig und gehalten seyn, dem beschädigten

Theil allen ihm derentwillen erloffenen, oder verur- 1781
sachten Kosten und Schaden ohne mindesten Abgang
zu erstatten.

Zur vollkommenen Gewährung alles obigen verzeihen, und begeben Sie sich auch all und jeder Pri-
vilegien, Gnaden, Indulten, Dispensationen, Freyheiten,
Rechten, und Gerechtigkeiten, so ihnen, oder ihren
Nachkommen von gemeinen oder sonderbaren geistlich
oder weltlichen Rechten, Statuten, Ordnungen, Satzun-
gen, oder Gewohnheiten aller und jeder Orten, sonderbar der Landen zu Bayern, und Salzburg, jetzt,
oder künftig wider solche Verzicht zu guten kommen,
erdacht, oder von Päbstlich, Kaiserl., Königl. und anderen Constitutionen wegen dawider ergrifen werden
möchten.

Vorzüglich und insbesondere aber entsagen Sie
der Einrede oder Ausflucht, dass kein Regierungsvor-
fahrer zum Praejuditz seiner Nachkommen eine Verbindlichkeit einschreiten möge, und in Folge dessen
aller dagegen suchender Restitution, Appellation, Absolution, der Einrede vorgebl. Nichtigkeit, allzuhoch,
oder übermässiger, oder mehr als zur Hälfte beschehenen Ueberfahr, und Bevortheilung, auch all anderen
rechtlichen Behelfs-Mitteln, so hinwider ersonnen, oder
zum Umsturz dieser Verzicht auf die Bahn gebracht
werden dürften, wie dann auch allda nimmermehr die
Rechts-Regel, dass keine general Verzicht gelte, wenn
nicht eine absonderliche vorhergegangen, einige Anwendung oder Theil haben solle.

Dessen zu wahren Urkunde haben die höchsten
Transigenten hierüber nicht nur stätt, und unverbrüchlich zu halten, sich einander bey fürstlichen Wort,
Ehre, Treu und Glauben (jedoch ihren übrigen beedseitigen gerechtsammen, und Befugnissen, die hierinne
nicht nammentlich eingekommen sind, und sonders dem
am heutigen Tage gefertigten Haupt-Salz-Vertrag und
Neben-Recessen, dann den darin wechselweis übernommenen Verbindlichkeiten, wie auch jenen, wessen
man sich wegen Mühldorf und der alldort umgelegenen
Voigt- und Probstgerichten für die Hinkunft weiters
vereinen wird, unvorgriffen) versprochen und gelobet,
sondern auch jeder derselben dieses Verzichts-Instru-
ment mit seiner eigenen höchsten Hands-Unterschrift
bekräftiget, und die solchergestalten verfasste zwey

1381 Originalien in Kraft der dem vorberührten Haupt-Salz-
Vertrag unter dem heutigen Dato angehängten Fertigung gegeneinander bestättiget.

So geschehen in der Haupt- und Residenz-Stadt
München den vierten Hornung im Ein tausend, Sie-
benhundert, Ein und achtzigsten Jahre.

Formular.

München den „ „ „ 178. Pef. „ Convent.
Ende Monats „ „ „ 178 „ zahlt an Seine Hochfürstl. Gnaden in Salzburg, oder dero hohen Ordre
die Kurfürstl. Hauptkassa gegen Einziehung diess, die
Summa von Gulden „ „ Conventions-Münz in bayrischen Valuta werth verstanden.

Kurfürstliche Hauptkassa.

II.

Haupt-Vertrag zwischen Kurfürst Carl Theodor
von Pfalz-Bayern, und dem Erzbischof Hie-
ronymus von Salzburg, den Verschleiss des
Halleinischen Salzes betreffend. München den
4. Februar 1781.

Von Gottes Gnaden Wir Carl Theodor Pfalzgraf
bei Rhein, Herzog in Ober- und Niedern Baiern, des
heil. Röm. Reiches Erztruchsess, und Kurfürst, zu
Gülich, Cleve, und Berg Herzog, Landgraf zu Leuchtenberg, Fürst zu Mörs, Marquis zu Bergenopzoom,
Graf zu Veldenz, Sponheim, der Mark, und Ravensberg, Herr zu Ravenstein etc. etc. Und von Gottes
Gnaden Wir Hieronymus Erzbischof zu Salzburg, Legat
des Heil. Apostol. Stuhls zu Rom, und des Deutschland
Primas etc. etc. Thun kund, und zu wissen männiglich
für Uns, unsere Erben, und Nachkommen:

Nachdeme zwischen Unsern Vorfahrern von wegen
des Halleinischen Salzhandels, und der darüber errichteten ältern Verträgen durch lange Jahre her schwere
Misshelligkeiten sich erhoben, auch über die in jüngeren Jahren getroffene Eventual-Verständnisse verschiedene Zweifel, Widersprüche, Forderungen und
Gegenforderungen rege geworden:

Als haben wir beide Fürsten allvorderst aller wechs-
selweis aufgestellten Forderungen und Gegenforderungen, wie solche den 8ten und 9ten Jänner ao. 1779

einander communicirt worden, uns verziehen, und sol- 1781
che vermittelst einer darüber sonderbar errichteten
Verzichts - Urkunde, für alle künftige Zeiten gänzlich
gegeneinander aufgehoben, auch die bisherige Anstände
neuerdings mit einander in gütliche Unterhandlung
ziehen lassen, sofort solche zur Vorbeugung aller un-
angenehmen Weiterungen, die daraus zum Nachtheil
beeder Ländern, bevorstehen, in Kraft gegenwärtigen
Vertrags vermittelt, und auf ein ewiges unwiderrufliches
Ende vereint, wie von Wort zu Wort folget.

Nämlich und

(Art. 1.) Erstens: Bleiben die Verträge vom Jahr
1594 und 1611 in soweit die Grundlage, als solche in
einen, und anderen Theil durch hernach folgende
Punkten nicht abgeändert, oder erläutert werden.

(Art. 2.) Zweitens: Lassen wir es beyderseits noch
ferner, und für allzeit bey der im Vertrag de anno
1611 ausgedrükten Verbindlichkeit, in Betreff des zu
übernehmenden, und resp. zu verabfolgenden jährl. Salz-
Quanti bewenden, also zwar, dass wir Kurfürst, unsere
Erben und Nachkommen in den bayerischen Landen
jährlich nicht mehr als 1100 Pf. zu übernehmen, und
auf des Erzstifts Schiffungen in Hallfahrten eingetheilter
auszuführen gehalten, und so auch wir Erzbischof,
und unsere Nachkommen kein mehreres, als jährl.
1100 Pf. zu gewehren, und auf zeitl. Begehren zu
verabfolgen schuldig seyn sollen, und wollen.

(Art. 3.) Drittens: Von erst bestimmter Verbindlichkeit, jährl. 1100 Pf. zu übernehmen, und resp. zu
verabfolgen, sollen allein die sogenannte Casus insoliti,
improvisi, et impossibilitatis uns beiderseits wechselweise entschuldigen können, und in solchen Fällen
weder wir Kurfürst das vollkommene Quantum von
1100 Pf. anzunehmen, noch wir Erzbischof dasselbe
auszufolgen verbunden, auch ein Theil dem andern für
die zurückbleibende Anzahl Salzes einigen Recompens
oder Schadloshaltung zu bezahlen nicht schuldig seyn;
damit aber eben dieser Casuum impossibilitatis halber,
und was dieses für Fälle sein sollen, hinführo destoweniger Streit entstehen möge; so ist zugleich festgesetzt worden, dass es beiderseits lauter Casus notorii,
das ist, solche Fälle seyn müssen, welche einem Theil,
wie dem andern, ohne weitläufige Probe, und also

1781 durch eigene Erfahrung zu genügen bekannt seyn
können, und soll benanntlich von unser des Kurfürstens,
unserer Erben, und Nachkommen Seite nichts anderes
mehr pro Casu impossibilitatis angezogen werden, als
wenn (So Gott gnädig verhütten wolle) in unseren bayr.
Landen, oder wo das Halleinische Salz seinen Verschleiss hat, leidige Kriege, Hungersnoth, Menschen-
oder Viehe - Sterben entstünden: wie auch wenn in
fremden Landen neue Salzwerker erbauet, und durch
dieselbe, oder gar durch auswärtiger Fürsten, oder
Ständen - Imposten, oder Verbote der Halleinische Salz-
Debit zuruckgetrieben, und endlich, wenn das zur
rechten Zeit begehrte Quantum ohne unsre Schuld
nicht nach St. Nicola beygeführt wurde, dass also das
Erzstift nur, wenn ein, oder anderer solcher Fällen
notorié existirt, mit dem Salz an sich zu halten, und
von wegen zu wenig ausführenden Salz an uns einige
Recompens, oder Entschädigung nicht zu begehren
haben solle.

Auf gleiche Weise soll auch auf uhserer des Erz-
bischofens Seite ferner nichts anders mehr als Casus
impossibilitatis angezogen werden, als wenn in unserm
Erzstift (So Gott ingleichen gnädig abwenden wolle)
leidige Kriege, Hungersnoth, Menschen- oder Vieh-
sterben sich ereigneten, wie auch, wenn durch ausserordentlichen grossen Brand, Erdfälle, oder Wasser-
güsse die Salzerzeugung zu Berg, Wald, Pfann oder
Griess beträchtlich gehindert wurde, oder die Ausfuhr
nach St. Nicola ohne unsern Verschulden nicht geschehen könnte, dass man also ingleichen an Seite des
Hauses Bayern nur, wenn einer oder der andere solcher Fällen notorie existiret, sich an der empfangenden
Anzahl zu begnügen, und wegen des zuruck bleibenden an uns einige Recompens, oder Entschädigung
nicht zu fordern haben solle.

In soweit jedoch existente Casu impossibilitatis es
auf die Quantität des Salzes ankommt, um welche entweder wir Kurfürst zu wenig annehmen, oder das Erzstift zu wenig liefern zu können prätendieren möchte,
oder aber, wenn von ein, oder anderer Seite über die
vorbenannte noch ein sonderbarer gegenwärtig nicht
vorzusehender Casus impossibilitatis sich anbegeben
dürfte, sollen entweder beede Theile sich in der Güte
zu vereinen haben, oder der Anstand durch hinnach

umständlich verglichenen obmannschaftl. Weeg auf das 1781 fördersamste entschieden werden.

Würden aber

(Art. 4.) Viertens: Wir Kurfürst, unsere Erben, und Nachkommen ausser sothaner notorischer Casuum impossibilitatis weniger, als die jährl. 1100 Pf. Salz übernehmen, oder wir Erzbischof, und unsere Nachkommen ausser solch beschriebener Fällen die jährliche 1100 Pf. Salz nicht verabfolgen lassen; so sollen wir Kurfürst dem Erzstift für jede secluso Casu impossibilitatis zuruck lassende Hallfahrt 180 fl. — Recompens, und Entschädigung erstatten, desgleichen auch wir Erzbischof für jede citra Casum impossibilitatis nicht abfolgende Hallfahrt 180 fl. an Bayern als eine Schadloshaltung vergüten, und ein Theil dem andern des Betrags halber allwegen vor dem nächst folgenden neuen Salzausgang befriedigen; wobey jedoch wir Kurfürst für uns, unsere Erben, und Nachkommen ausdrücklich bedingen, und wir Erzbischof für uns, und unsere Nachkommen eingewilliget haben, dass wegen der im Königreich Böheim notorie verbotenen Einfuhr des Halleinischen Salzes wir Kurfürst in so lange, und, viel, als nicht der Böhmische Verschleiss wiederum hergestellt seyn wird, dispensirt seyn sollen, an dem oben bestimmten obligo der 1100 Pf. mehr als 900 Pf. zu übernehmen, und wir Erzbischof gleichfalls dispensirt seyn sollen, mehr als 1000 Pf. zu leisten, folglich keinen Theil wegen der auf solche Weis zurück bleibenden 200 resp. 100 Pf. einige Recompens oder Schadloshaltung zugemuthet werden: Diese Dispens jedoch gleich so bald als der Verschleiss in Böheim wieder seinen Gang gewinnen wird, aufhören soll.

Damit nun

(Art. 5.) Fünftens: Der Halleinische Salzausgang, und desselben Verschleiss zu desto mehrern zu- und aufnehmen gebracht werde, auch dessen Perpetuität gesichert seye, so verbinden wir beede Kur- und Fürsten für uns und unsere Nachkommen auf fürstliches Wort, und glauben, dass von Seite Bayern solchem als hergebrachten Halleinischen Wasser-Salz-Verschleiss, so viel das obligo-quantum von 1100 Pf. betrift, weder mit inn- noch ausländischen Salz der mindeste Eintrag, oder einig anderer Nachtheil, oder Abbruch beschehen, mithin diessfalls der inn- und ausländische

1781 Salz-Verschleiss pro Casu insolito niemals angezogen
werden: hergegen aber auch das Erzstift Salzburg
nicht befugt seyn solle, weder einen Salzhandel, weder Abgebung des·Gehölzes (ausser was vermög·älte-
rer Verträgen, und des nachfolgenden §phi. 9. dieses
Vertrages beschehen mag) noch, was in anderweg dem
Wasser-Salz-Verschleiss nachtheilig oder der beständigen Gewährung des jährlich erforderlich seyn mögenden Ausfuhrs-quanti auf 1100 Pf. hinderlich, oder
abbrüchig seyn könnte, in Zukunft mit Jemand andern
einzugehen, oder selbst zu unternehmen; wie dann
auch Salzburgischer Seits, so viel obbemeltes obligo
der 1100 Pf. betrift, weder die ältern Verträge, noch
der im nachfolgenden §pho beschriebene Halleinische
Salz-Verschleiss des Erzstifts jemals als ein Casus in-
solitus solle können angezogen werden.

Wo übrigens wegen Ausführung des Berchtesgad-
nerischen Schellenberger- und Fronreiter Salzes es bei
jenen sein Bewenden hat, was hierinfalls sowohl die ältere Recessen, benanntlich de ais. 1555. und 1556. als
die jüngern de ais. 1611. und 1628. in sich enthalten,
und vorschreiben, gleich dann auch anher wiederhollt,
und bekräftiget wird, was der Vertrag de ao. 1611.
auf den Fall eines die 1100 Pf. übersteigenden Salz-
Bedarfs statuirt, nämlich dass, wenn Bayern über kurz
oder lang im Stande wäre, noch ein grösseres Quantum
des Halleinischen Salzes auszuführen, und zu verschlei-
ssen, solch mehrers Quantum, dem Verstande des Vertrags gemäss, an das Erzstift mit Zurücksetzung alles
andern fremden Salzes begehrt, angenommen, und in
dem zur selben Zeit verglichenen Preise bezahlt werden; wo aber sothane mehrere Anzahl Salzes entweder
gar nicht, oder nur zum Theil, oder nur auf ein, oder
mehrere Jahre ohne eigenen Schaden nicht liefern zu können, ab Seite des Erzstifts sich erklärt wurde, alsdann wir
Kurfürst, und unsere Erben und Nachkommen darmit begnügt, doch uns frey gestellt seyn solle, pro rata des nicht
erfolgenden Halleinischen Salz-quanti, et Temporis ein
anders fremdes Salz uns zuzulegen.

(Art. 6.) Sechstens: Die Bezahlung des Salzes
bey der Wurze betreffend, ist beederseits veranlasset,
und verglichen worden, dass dem Erzstift nun hinfüro,
so lang die dermalige Kuffen-Gewehrschaft andauert,
auf eine jede in 186 Kueffen, und 33 Setzfudern be-

stehende Hallfahrt zwey hundert, zwey und zwanzig 1781
Gulden frey vom Entgelt eines etwaigen Abschlages
von uns Kurfürsten gut gethan werden; wenn aber
der Gebrauch des neuen Fudergeschirs eingeführet ist,
so solle dem Erzstift für eine in 244 sammentlich in
haltbare Geschirre eingeschlagenen gewehrlichen Fudern bestehende Hallfahrt 228 fl. gleichfalls frey von
einem Abschlags-Entgeld bezahlet werden, folglich das
Pretium, und Kaufschilling um die Hallfahrt künftig
222 fl. und resp. 228 fl. seyn, welche wir Kurfürst in
Salzburg, wie zeithero geschehen, in monatlichen Ratis, und mit gut, und gangbarer Reichs-Münz nach
Maass des diesfalls errichteten Separat-Articuls baar
bezahlen lassen sollen.

Und gleichwie wir bis anhero mit vorgedacht mo-
natlicher Bezahlung richtig zugehalten; also auch solle
das Erzstift Salzburg den Salzausgang zurück zu halten
in solange nicht berechtiget seyn, als lang wir, unsere
Erben, und Nachkommen in den bayer. Landen die
erwähnte Zahlung in das künftige richtig leisten werden.

Und von diesem nunmehro verglichenen beständigen Kaufschilling der 222 fl. und resp. 228 fl. soll weder über lang, oder kurz das Erzstift Salzburg von
einem bei dem Legstätten allenfalls erforderlichen dereinstigen Abschlag, es möchte ein Abschlag universaliter bey allen, oder particulariter bei einer Legstatt
beschehen, jemals etwas zu verlieren, oder zu entgelten haben.

(Art. 7.) Siebentens: Ist nicht wohl möglich unter-
einst einen ewigen Kauf zu schliessen, und da bei künftigen nach Gelegenheit der Sachen, Zeit und anderen
fremden Salz leidenden höheren Salzpreisen das Haupt-
augenmerk auf den Verschleiss zu nehmen seyn will,
von dessen Erfahrung bei der Verschleiss-Direktion
Bayern die nächste und beste Kenntniss, und Einsicht
haben muss; so hat man sich zur Vermeidung fernerer weitern Anständen über das gemeinsame Vorwissen,
und einwilligen, auch zur Verhüttung beederseitiger
gegen einander zu beschwerlichen Berechnungen eines
beederseits Zielsetzlichen Maassstabes dahin vereint,
und verglichen, dass, so oft man an Seite Bayern (unabbrüchig obbesagten Salzausfuhrs-Obligo, und dessen Verschleiss) über die dermaligen für die Kuffen
sowohl, als auch in eventum für die einzuschlagende

1781 Fuder mittels eines besondern Schematis festgesetzte
Legstätt-Preise einen neuen Aufschlag bei den Legstätten vornehmen wird, so oft ohne bedurfend weite-
rer Handlung auch Salzburg die Theilnehmung eines
Drittels solcher Preis-Mehrung, und zwar in der Maass
zu beziehen haben soll, dass, soviel mal ein Kreuzer
bey jedem verkaufenden Stück von Seite Bayern aufgeschlagen wurde, auch soviel mal ein Gulden 2 Kr.
bei den Kueffen, und ein Gulden 21 Kr. bei den Fudern der Preis von jeder Hallfahrt für das Erzstift
Salzburg bey der Wurzen gesteigert werden solle; zu
oem Ende die Preise nicht nur, wie diese bisher bestehen,
sondern auch, wie sie ferner steigen möchten, allwegen
öffentlich affigirt, und in Druck gesetzt, sondern auch
sogleich bei der Salz-Tractation jährlich communicirt
und jede treffende Hallfahrtsmehrung nach dem ausführenden Quanto in'den Salz-Tractationsmässig-mo-
natlichen Raten mit dem Kaufschilling deren 222 fl. und
resp. 228 fl. gleich baar bezahlt werden solle.

Damit man aber hiebei so viel als möglich, aller
künftigen Berechnungs-Anstössigkeit im voraus ausswei-
chen möge; so machen wir Kurfürst uns hiemit anheischig, dass füran unsere weitere Legstätt-Preiss-Auf-
schläge, sie mögen sodann alle Legstätte universaliter
gleich, oder nur eine, oder andere Legstätte betreffen,
allwegen mit ersten April oder ersten Oktober, mithin
von dem neuen Salzausgange an, oder doch halbjährig introducirt werden sollen; im Fall eines vom
1ten April einführenden allgemeinen, alle Legstätte
betreffenden Aufschlags aber soll sodann das Erzstift
im vorverstandenen Maase seine Steigerung von dem
ganzen Quanto desselbjährigen Ausgangs, bei einem
den 1ten Okt. erfolgenden Universal-Aufschlag entgegen die obstehende Mehrung von der Halbscheide der
solch jährigen Salzausfuhr allwegen mit dem Kaufschilling monatlich zu beziehen haben, es möchte letztern Falls bis 1ten Okt. mehr, oder weniger als die
Hälfte Salz ausgeführt worden seyn.

Um aber auch für jenen Fall Fürsehung zu machen, wenn besondere Umstände erfordern, oder zulassen sollten, dass nur bey einer, oder der andern
Legstatt allein, oder auch bey diesen nach Lage der
Erfordernisse ungleich aufgeschlagen werden müsste;
so will man zur abermaligen Vermeidung aller Berech-

nung die Proportion per aversum dahin verglichen 1781
haben, dass von einem Salzausgang von 900 Pf. (und
so per Progressionem arithmeticam von 1100. oder
mehr ausführenden Pfund Salz) für die untere 4 Legstätte Burghausen, Passau, Vilshofen und Straubing
per aversum 200 Pf. also über Abzug des Schellenberger Salzes die betreffende 242 Mühlbacher Hallfahrten
zum verglichenen Verschleiss-Antrag dermassen hiemit angenommen seyn sollen, dass, so oft gemäss der
afügirt und commuhicirten Preisen ein particular-Aufschlag, es geschehe bei einer, oder mehr Legstätten
bayrischer Seits per 1 Kr. von dem Stück vorgenommen würde, allzeit nachher Salzburg von jeder aller vorgedachten 242 Mühlbacher Hallfahrten ein Gulden 2 Kr.
und resp. ein Gulden 21 Kr. Aufschlagsmehrung in
monatl. Zahlungen vergüttet werden soll, es möchte
somit derley particular Legstatts-Preis-Höherung mit
Anfang, oder unter dem Salzausgang, und derselbe
nur bey ein oder bey allen 4 Legstätten vorgekehrt
werden.

Dahingegen von gedachten 900 Pf. die übrige
200 Pf. auf die obere 3 Legstätte, und zwar für Stadt
am Hof, incl. Amberg 400, Ingolstadt 100, und Donauwörth 200 Pf. mithin für Stadt am Hof 484, für
Ingolstadt 121, für Donauwörth 242 Mühlbacher Hallfahrten computirt, und sodann für jede Legstatt, wo
eine Legstatts-Preis-Höherung geschehete, allwegen
für 1 Kr. von jedem Stück ein Gulden 2 Kr. und resp.
1 fl. 21 Kr. auf jede Mühlbacher Hallfahrt an Salzburg vergüttet werden soll, es möchte derley Aufschlag
früher, oder später unter dem Jahr gemäss der Af-
fixion, oder Communication geschehen seyn, mit dem
alleinigen Unterschied gedachter oberer, gegen den
untern 4 Aemtern, dass von den untern auf das für alle
4 Aemter fixirte Aversum 242 Hallfahrten die Vergütung doch zu geschehen, wenn man auch nur bey einer der 4 Legstätten aufgeschlagen hätte; wohingegen
bey den oberen 3en die verstandene Vergütung auf
das fixirte Mühlbacher Hallfahrts-Quantum derjenigen
Legstatt zu thun wäre, wo derley particular-Aufschlag
existiren würde. Sollte aber der Böheimische Salz-
Verschleiss wiederum völlig eröffnet und andurch der
Verschleiss bey den untern Aemtern zu Passau und
Vilshofen oder aber obenhin bey Regensburg beträcht-

1781 lich vermehrt werden; so soll sich alsdann wegen eines höheren Hallfahrten-Avers der 4 untern Aemter über vorgedachte 242 Mühlbacher Hallfahrten, oder aber bey Regensburg über die dermalige computirte 484 Mühlbacher Hallfahrten Freundnachbarlich weiters verglichen werden; und ist wegen der künftigen Preiss-Abschlägen die Einverständniss weiters dahin getroffen worden, dass, wenn über die dermalige Legstätt-Preise ein Aufschlag gemacht, und seiner Zeit gänz, oder zum Theil wiederum abgethan wird, das Erzstift einen solchen Abschlag in der nämlichen Proportion, als es des Aufschlags zu genüssen gehabt hat, zu entgelten habe solle.

Gegen dieses dem Erzstift §. 6. inalterabl bewilligte Pretium, und Kaufschilling bey der Wurze der 222 fl. und resp. 228 fl. und gegen die im gegenwärtigen Absatz begriffene weitere Theilnehmung soll nunmehro alle bisherige, und über die 165. fl. jährlich nach Proportion jeder Legstatt beschehene Vertheilung, und Berechnung der Aufschlägen, gleich auch jene des Profits-Entgangs von dem Regensburger-Verschleiss hiemit gefallen seyn, somit uns Kurfürst, und unseren Erben freye Hand verbleiben, mit dem übernehmenden Halleinischen Salz-Quanto, desselben auf- und abschlägen nach unsern Belieben und Willen zu handeln, und zu ordnen, ohne dass wir Erzbischof zu Salzburg und unsere Nachkommen bey solchen Salzhandel auf die Participation, oder gleiche Theilung der Aufschlägen, und des Gewinns auf den Legstätten, oder auf das Halleinische Salz legende Land-Collecten, resp. eigene Lands-Consumptions-Aufschläge sofort auf die zu dem Ende begehrte Legstatts-Visitationen, Einsehung der Rechnungen und Bücher eine Societätsmässige Ansprache mehr machen wollen; doch bleibt auf den Fall, wenn durch ein Land-Collect, oder auch durch einen andern Salzaufschlag der Verschleiss des Halleinischen Salzes zu leiden hätte, dem Erzstift für allzeit vorbehalten, nicht nur die pcto. 4to bedungene Rekompens, resp. Poen zu fordern, sondern auch zugleich die uneinstellige Abthuung eines solchen dem Verschleiss nachtheiligen Aufschlags, oder Collect zu begehren, und sollen demselben wir Kurfürst statt zu thun, sohin die Recompense, und Aufhebung der Land-

Collecten, oder Aufschlags zu leisten Kraft diess schul- 1781
dig und gehalten seyn.

Sollte nun

(Art. 8.) Achtens: Ausser dieser obverglichenen
Steigerung und Abschlag sich noch über das in Ansehung der Münze, und hiernach steigend oder fal-
lender Venalien eine solche ausserordentliche Aenderung
ergeben, dass der jetzige Münzfuss ad vier und zwanzig
Gulden über acht und zwanzig Gulden steigen, oder
unter zwanzig Gulden fallen, folglich zu einer billigen
Steigerung oder Abschlag des beständigen Preises bey
der Wurzen und der Theilnehmung eines Drittls künftiger Legstätt-Aufschlägen nach der Vorschrift des
Recess de ao. 1611. Ursach geben wurde, in solchen
Fall sollen wir beede Fürsten mit einander in freundnachbarlichen Verträgen uns vergleichen, in dessen
Entstehung aber soll die Sache durch den hinnach
ausgemachten Obmannschaftl. Weeg in der Güte verglichen, und hingelegt, bis zu ein, oder des andern
Erfolg jedoch alles in Statu quo belassen werden.

(Art. 9.) Neuntens: Ausser den bayerischen Landen bleibt dem Erzstift der offene freye Verschleiss
des Salzes zu Lande sowohl im Erzbisthum, als auch
Steuer, Kärnten, Tyrol und derselben Gegend ausdrücklich vorbehalten; wohingegen das Erzstift sich
dieses Verschleisses an all jenen Orten begiebet, wo
derselbe dem Halleinischen Salz-Verschleisse eines Herzogen in Bayern hinterlich oder nachtheilig seyn kann,
und zumal

(Art. 10.) Zehentens: Uns beyden Fürsten merk-
lich daran gelegen, dass zur Erhalt- und Verbesserung
des Halleinischen Salz-Verschleisses das jährliche auszuführende Salz-Quantum in Zeiten bey guter Schifmanns-Witterung an die Legstätte verführet werde,
haben wir uns diessfalls einer neu errichteten Schifordnung verglichen und vereinbart, auf welche wir
Erzbischof durchgängig zu halten, dagegen auch wir
Kurfürst für uns, und unsere Erben versprechen und
geloben, alle unsers Orts über kurz oder lang sich
zeigende, den Salzausgang und Verschleiss hemmende
Hinternisse und Mängel ebenfalls abzuthun, die interes-
sirte Stände wider solch neu errichtete Schifordnung
nicht zu kränken, sondern das verlangende Salz der

1781 alt hergebrachten Gewohnheit nach auf des Erzstifts
Schiflungen sammt aller Schifordnungsmäsigen Zugehör
auszuführen. Zu solchen Ende hat man verglichen,
und beschlossen, dass hinfüro das gewöhnliche Salz-
begehren je und allzeit mit Anfang des Monats Jänner
auf das künftige von uns gestellt, und das auszuführende Quantum für solches Jahr bestimmt werde, wornach sowohl wir das einmal benannte Quantum ohne
einigen Nachbegehren auszuführen, und entgegen das
Erzstift solches ohne einigen Abbruch abzugeben schuldig und gehalten seyn solle.

Zu dessen mehrern Beförderung man sich dahin
beederseits verstanden hat, dass der Halleinische Was-
sersalzausgang mit ersten April, und wenn es möglich,
auch ehender den Anfang nehmen, und so lang es
Schifmanns-Witterung zulässt, andauern solle. Was
aber nach all solcher angewendter Mühe gleichwohl
ohne beederseitigen Verschulden aus alleinigen Verursachen einer zufällig und lediglich von der Hande
Gottes abhangenden widrigen Zeit, und hinderlichen
Schifmanns-Witterung von dem verglichenen Quanto
zurück bleiben würde, hievon soll kein Theil von dem
andern einige Rekompense zu begehren, oder einer
dem andern zu bezahlen haben.

(Art. 11.) Eilftens: Da nach dem Inhalt des Re-
cesses de ao. 1611. das Erzstift Salzburg sich bereit,
und schuldig erkläret hat, das abzugebende Salz-
Quantum allezeit in gebührender Maasse und Qualität
soviel immer menschlich und möglich zu erhalten, damit es ein wohl gedörrt, und gewehrliches Kaufmanns-
gut seye; als soll auch von demselben noch hinfüro
ein solches geliefert, und auf das von den bayerischen
Beamten in Hallein zeitlich bestehende Erinnern die
eingeschlichene Unfug und Mängel schleunig gewendet
werden.

Nachdem man aber dermalen beederseits vor nöthig
und nützlich erachtet hat, alle bisherige Anstösse der
Gewährlichkeit halber zu heben; so haben wir beede
Paciscenten diessfalls einen neuen Gewehrlichkeits-Recess abgeredet, errichtet und beschlossen, worauf wir
auch durchgehends genau halten, und mittelst einer
miteinander verglichenen Eids-Formel jeder seine Beamten, und Diener anweisen, und verpflichten zu lassen
versprechen und geloben.

(Art. 12.) Zwölftens: Was die in dem Erzstift 1781
entlegene, und vermög des Hauptvertrags de ao. 1525.
und Waldbuchs de ao. 1529. auf ewigen Gebrauch zum
Reichenhallischen Salzsieden gewidmete Wälder berührt,
erklären wir Erzbischof für uns und unsere Nachkommen, dass es diesertwegen durchgehends bey deme,
was der so eben gemeldte Recess, Waldbuch, und
die mit diesem einstimmende Erzstiftliche Erklärungen
verordnen, sein ohnabänderliches Bewenden haben,
folglich ein zeitlicher Erzbischof gehalten bleiben solle,
auf Anzeigen der bayerischen Beamten, deren einer
zu diesem Ende ohnedem zu Sallfelden ausgesetzt ist,
all jenem unaufhaltlich, und verfänglich abzuhelfen,
was den in obbedeuten Recesse, Waldbuch, und deme
einstimmenden Erklärungen enthaltenen Gebrauch, und
Hayung solcher Wälder behindern, oder erschweren
könnte; zu dessen mehrerer Erläuterung man sich in
einem diesem Vertrag beygewidmeten additional-Artikl
noch ausführlicher, miteinander einverstanden hat.
Gleichwie nun

(Art. 13.) Dreyzehentens: Das Erzstift Salzburg
den ganzen Handel des Halleinischen Salzes zu Wasser
den regierenden Fürsten in Bayern verlassen, übergeben, und verliehen hat, als soll es in so lang dabey
sein ohnabgeändertes Bewenden auch in das künftige
haben, als lang gedachte Fürsten solchen Verschleiss
selbsten fortzuführen gedenken. Würde sich nun zu-
tragen, dass wir Kurfürst oder unsere Erben regierende Herzoge in Bayern diesen Salzhandel nicht län-
ger selbsten behalten wöllten, alsdann soll die Ueber-
gebung und Zurückgabe auf jene Art und Weise geschehen, wie solche in den Recessen de ais. 1594. dann
1602 und 1611. bedungen und vorbehalten ist. Bis
dahin aber sollen wir contrahierende Theile soviel möglich mit Rath und That einander in deme verhilflich
seyn, dass der Halleinische Salzverschleiss und dessen
Nutzen nicht nur aufrecht erhalten, sondern vielmehr
befördert, und insonderheit von auswärtigen Fürsten,
und Ständen weder mit Land-Imposten, noch in andere
Weege behindert werde. Und da

(Art. 14.) Vierzehentens: Wider alles Verhoffen
über diesen neuen Vergleich in ein oder mehreren
Punkten und Fällen zwischen uns beederseitigen Contrahenten, und unseren Erben, und Nachkommen sich

1781 einige Irrung ereignen würde, so sollen wir beede
Theile alsdann binnen einer Monats-Frist unsere schiedliche Räthe in gleicher Anzahl, jeder zween oder drey
mit vollkommentlichen Gewalt an einen von uns beederseits zu vergleichenden Mittelort, dergestalt zusammen
ordnen, dass sie die Sache ihrer Wichtigkeit nach mit
allem Fleisse reiflich berathen und folgends dasjenige
abhandeln, und vergleichen mögen, was sie beeden
Theilen zum nützlichsten zu seyn befinden werden, worzu
die zwote Monats-Frist hiemit bestimmt seyn solle.

Da sich aber in solcher Zeit unsere abgeschickte
Räthe nicht vereinbaren, noch mit ihren Bedenken zusammen kommen möchten, sollen wir, ohne dass dieselben unsere Räthe von einander gehen dürfen, uns
eines unpartheyischen der Sache nicht verwandten Ob-
manns dermassen vergleichen, dass jeder Theil zween
regierende Kur- oder Fürsten, oder Fürstenmässige
(davon der eine geistlich und der andere weltlichen
Standes) als Obmänner zu gleicher Zeit gegen einander
in Vorschlag bringen, und wenn wir beederseits in der
Wahle schon selbst auf eine Person zusammen treffen,
dieser ohne weiters als der vertragsmässige Obmann
anerkannt seyn solle.

Wenn wir aber in der Wahle auf eine der jedzei-
tigen zwoen Personen nicht zusammen kommen würden, alsdann unsere zusammengesetzten Räthe aus den
vorgeschlagenen, und von beiden Fürsten gegeneinander
als annehmlich erklärten vier, eine Person durch das
Loos erwählen sollen.

Dieser Obmann soll alsdann die Sachen ohne aller
Appellation, Reduction, und dergleichen in der Güte
vergleichen, und hinlegen, doch bis dahin alles in
Statu quo beederseits belassen werden.

Gleichwie übrigens und

(Art. 15.) Fünfzehentens: Diese ganze Vergleichs-
Handlung zu Erhalt- und Fortpflanzung eines guten
nachbarlichen Vertrauens, dann zu Erläuterung und
gütlichen Hinlegung der über den Verstand des Haupt-
Vertrags von ao. 1611. so vieljährig obgewalteten Zweifel
und Anständen, sohin zu Abschneidung künftiger Weiterungen fördersamst angesehen ist; als solle es in all
übrigen hier nicht ausgedrückt- oder abgeänderten
Punkten allenthalben bey den Eingangs erwähnten beeden Verträgen von 1594 und 1611. sein unabgeändertes

Verbleiben haben, insonders aber durch diesen Vertrag 1781
keinem Theil an seinen Hochheiten, Landen, Immuni-
täten, Rechten, und Gerechtigkeiten einiger Nachtheil,
oder Schmälerung zugehen, vielweniger ein Fürst über
den andern; oder dessen Land, und Unterthanen einig
Recht und Gerechtigkeit, als was in diesem Vergleich
ausdrücklich begriffen, ihme schöpfen, oder zueignen
können. Solches alles haben wir Kurfürst Carl Theodor
und wir Hieronymus Erzbischof zu Salzburg für uns,
unsere resp. Erben und Nachhommen bey unsern fürstlichen Würden, auch wahren Worten, Trauen und
Glauben zugesagt, und versprochen: Zu dessen festen,
steifen und wahren Urkund, auch ewiger Gedächtniss
haben wir dieses Vertrags zwei gleichlautende Exemplarien errichtet, und solche mit unseren grösseren
Insiegeln, und Handes-Unterschriften bestättiget, auch
die solcher Gestalten gefertigte Original-Vergleichs-
Instrumenten gegeneinander ausgewechselt. Alles getreulich und ohne Gefährde.

So bekennen auch wir von Gottes Gnaden Vigilius
Maria des heil. Röm. Reichs Fürst von Firmian, Dom-
probst, und Erzpriester und von desselben Gottes Gnaden Franz Xaveri des heil. Röm. Reichs Fürst von
Breuner, Domdechant, Senior, und gemeiniglich das
Domkapitul des Erzstifts Salzburg, dass wir in diesen
Vertrag auch gewilliget haben, gereden und versprechen
auch, denselben mit allen seinen Nebenrecessen, ad-
ditional- und Separat-Artikuln, dann Beylagen vollen
Inhalts, so viel uns berührt, stet, und unverbrochen
zuhalten.

Zu Urkund haben wir gemeines unsers Kapitels
Insiegel hieran gehangen.

So geschehen in unserer Haupt- und Residenz-
Stadt München, den vierten Hornung, im Ein tausend
sieben hundert ein und achtzigsten Jahre.

III.

*Separat-Artikul zu vorstehendem Haupt-Ver-
trag. Die Bezahlung des jährlich auszuführenden Salz-Quanti betr. München den
4. Februar* 1781.

Demnach in dem neu verglichenen Haupt-Salz-
Recess §. VI. unter andern bedungen, und festgestellt

H 2

1781 worden ist, dass die Bezahlung des jährlich ausführ-
renden Salzquanti bei der Wurze monatlich in gut
gangbarer Reichs-Münze in Salzburg baar beschehen
solle.

Als haben sich beyde Contrahirende Theile in Er-
manglung eines allgemeinen Reichs-Münzfusses zu Aus-
weichung derer vielen andurch beyden Fürsten zuge-
henden Nachtheilen, und Beschwernissen dahin freundnachbarlich verglichen und verstanden, dass

(Art. 1.) Erstens: die Bezahlung des von Jahr zu
Jahr übernehmenden Salzquanti mit $\frac{5}{8}$tl in Gold, oder
Silber Conventions-Sorten nach dem dermaligen 24 fl.
Fuss, $\frac{1}{8}$tl hingegen nicht unter Conventionsmässigen
12 kr. Stücke geleistet werden solle.

(Art. 2.) Zweytens: falls der wirkliche Conventions-
Fuss sich in denen österreich. Landen dergestalten ändern sollte, dass solcher von dem jetzigen 20 fl. Fuss
herunter oder hinauf steigen, oder fallen würde, in
solchen Fall solle je und allzeit drey Monat nach der
in österreich. Landen erfolgten Aenderung auch in denen
Salzzahlungen die Proportion im fallen und steigen
des dermaligen 24 fl. Fuss, gegen den Wienerischen
20 fl. Fuss mit jederzeitigen Vier Gulden Unterschied
solchergestalten beobachtet werden, dass, wenn zum
Beispiel in österreich. Landen der 20 fl. Fuss um zwey
Gulden fallen, oder steigen würde, auch der 24 fl. Fuss
hiernach in den Salzzahlungen zween Gulden höher,
oder niederer zu stehen kommen solle. Würde sich aber

(Art. 3.) Drittens: ereignen, dass ohngeachtet des
in österreich. Landen höher gestiegenen 20 fl. Fuss jedoch in denen Bayer. Landen der jetzige 24 fl. Fuss
beybehalten, oder sich dem Wienerischen Fuss noch
mehr genähert würde; alsdann solle es dem Erzstift
frey, und zur Willkür stehen, sich an die obbedungene
Proportion gegen den 20 fl. Fuss, oder aber an die
bayer. Valuta dergestalten zu halten, dass, wenn zum
Beispiel der Wiener 20 fl. Fuss auf 22 fl. steigen, und
dessen ohnerachtet Bayern bey dem 24 fl. Fuss, oder
darunter stehen bleiben sollte, alsdann dem Erzstift
die Wahl verbleiben, die Salzzahlungen oder nach Proportion gegen Oesterreich per 26 fl. oder nach dem
Bayer. Fuss per 24 fl., und darunter anzunehmen,
welche auch Bayern an das Erzstift zu leisten jederzeit
verbunden seyn solle.

(Art. 4.) Wenn hingegen Viertens: und zum Bey- 1781
spiel der 20 fl. Fuss in denen österreich. Landen auf
18 fl. herunter fallen, und dessen ohngeachtet Bayern
bei dem dermaligen 24 fl. Fuss, oder auch höher stehen bleiben würde; in solchen Fall sollen dessen ohngeachtet die Salzzahlungen nach der bestimmten Proportion, und nach dem 22 fl. Fuss von Bayern an das
Erzstift beschehen und solches niemalen können angehalten werden, sich ausser eigenen Belieben, und Convenienz, der höhern Bayer. Valuta zu confirmiren, welch
anmit getroffene Einverständniss jedoch

(Art. 5.) Fünftens: lediglich in Anbetracht der annoch obwaltenden Münz-Verwirrung, und allein in Ansehung des Salzkauf-Preises bey der Wurzen zu verstehen, folglich, und im übrigen beyden Chur- und
Fürsten an ihren Münzrechten, und Regalien in beyderseits Landen ohnnachtheilig, und ohnabbrüchig,
und nur in so lang geltend seyn solle, bis

(Art. 6.) Sechstens: ein wirklicher Reichs-Schluss
allgemein erfolgen, und angenommen seyn wird, als
nach welchen sodann die Salzzahlungen ohne weitern
Anstand in guter gangbarer Reichs-Münze dem Erzstift nach Inhalt des neuen Haupt-Rezess geleistet
werden sollen.

(Art. 7.) Wenn aber endlich, und Siebentens: der
dermalige Conventionsmässige Ausmünzungs-Fuss in
keinen der drey korrespondirenden Kreisen mehr bestehen würde, so sollen bis zu einem allgemeinen Reichs-
Schluss die Salzzahlungen in dem in diesen drey Kreisen patentmässigen Cours beschehen, und angenommen werden.

Zu dessen Festhaltung dieser Separat-Artickul
von beyden höchsten Contrahenten eigenhändig unterzeichnet, und in Kraft der dem Haupt-Salz-Vertrag
unter dem heutigen Dato angehängten Fertigung bekräftiget worden.

So geschehen in der Haupt- und Residenz-Stadt
München den vierten Hornung im Ein tausend, Sieben
hundert, Ein und achtzigsten Jahre.

IV.

Additional - Articul zum vorstehenden Haupt-
Vertrag, die zum Reichenhällischen Salzwesen
gewidmeten, im Erzstift Salzburg gelegenen
Schwarzwälder betr.

Damit wegen den eigentlichen Verstand des im
Haupt - Salz - Vertrag enthaltenen zwölften Punkts, und
was daselbst der zum Reichenhall. Salz - Erzt auf ewig
vertragsmässig gewidmeten im Erzstift Salzburg liegenden Hoch- und Schwarzwaldungen halber fürgesehen,
in Zukunft so leicht kein Zweifel entstehen, sohin allen auch diessfalls besorglichen nachbarlichen Irrungen
möglichst vorgebogen werde: so haben sich beide
höchste Paciscenten hierüber weiters, und insonderheit dahin verglichen, dass

(Art. 1.) Erstlich nicht nur der Vertrag de ao.
1525, dann die Landbothe, Holz - Ordnung, Austrag,
und Waldbuch de ais. 1527 und 1529 sondern auch
die nachgefolgte beyderseits ratifizirte Rezessen und
Erklärungen die Richtschnur in Betreff der vertragmä-
ssigen beständigen Conservation, und Hayung der benannten Schwarzwaldungen seyn und verbleiben sollen,
so weit nicht hieran durch die dermalige Verständtniss
ein anderes beliebt worden; und weil

(Art. 2.) Zweytens die rezessmässige Abstellung
all dessen, was diesen Waldungen, und deren Gebrauch
nach Reichenhall zum Nachtheil gereichet, lediglich
darauf beruhet, dass die in diesen Waldungen unter-
nehmende Frevel und Beschädigungen zeitlich entdecket,
und mit angemessenen, auch abhaltenden Strafen be-
legt werden; so solle den bayerischen Beamten, und
deren untergeordneten Waldbedienten hierauf ihre fleissige Obsicht zu tragen, und gegen die betrettende
Frevler ordnungsmässig mit der Einklage bey den betreffenden Erzstiftischen Pfleggerichtern fürzuschreiten,
und dann ferners unverwehrt seyn, bey verübten
Waldfrevel mit der das Vergehen auszeigenden Pfändung zu verfahren, und das abgenommene Pfand zu
Gerichtshanden unentgeldlich zu bringen, und die ver-
tragmässige Probe des begangenen Waldschadens dadurch zu erleichtern. Was aber

(Art. 3.) Drittens, die Bestrafung der in den zum
Reichenhallischen Salzwesen rezessmässig gewidmeten

Schwarzwaldungen fürgehenden Frevel anbelangt, hat 1781
man sich gegenwärtig auf eine besondere hiernach bey-
gehängte Waldstraf-Ordnung gemeinsamlich verglichen,
und dabei festgesetzt, dass jene Fälle, für welche in solch
neu verglichener Waldstraf-Ordnung nichts sonderheitl.
bestimmt ist, nach Ermässigung der hochfürstl. Pfleg-
gerichts-Obrigkeit bestraffet werden sollen.

.. Mit welchen bestimmten Strafen dann auch die
betreffende Erzstiftische Pfleggerichter auf der bayer.
Beamten erfolgende bescheinigte Anklage ohne bedür-
fende Anfrage bey der hochfürstl. höheren Stelle so
zu verfahren haben, dass alle angebrachte Fälle nicht
über ein Quartals Zeit unberichtiget bleiben, sondern
so viel immer möglich, binnen solcher Zeit abgeurtheilt
werden. Und gleichwie

(Art. 4.) Viertens. die neu verglichene Waldstrafs-
Ordnung nebst denen Strafen, die dem Bayer. Salz-
Mayramt zuständige Ableg oder Schadensersatz deutlich,
und ausführlich bestimmt; so haben die hochfürstl. Beamte nach dieser Ordnung stracks zu verfahren, sohin die Ableg nach dessen Vorschrift zu bestimmen,
und auf erfolgte Erkenntniss unnachlässig beyzutreiben.

Und ob zwar einem jeweiligen Hrn. Erzbischof in
einzelnen Fällen die Waldfrevler nach Umständen mit
einer Moderation oder Nachlass zu begnädigen bevorstehet; so solle sich doch diese Begnadigung nur auf
die Sr. hochfürstl. Gnaden als Landesfürsten zuständige
Straf erstrecken, und niemals auch auf die dem Salzmayramt vermög dermal verglichener Waldstrafs-Ord-
nung von denen Unterthans-Freveln gebührende Ab-
leggelder, oder auf den respectu der Holzmeister, und
der ihrigen Freveln schon in der Holzordnung de ao.
1529, §. fin. für Bayern vorbehaltenen Schaden, und
Interesse Ersatz extendirt werden, sondern gedachten
Salzmayramt bevorgestellt bleiben, alle Frevler ohne
Ausnahm nach dem auf jedes individual Vergehen rich-
terlich erkannten Ableggeld durch die hochfürstl. Pfleggerichter zum Abtrag ihrer Schuldigkeit anhalten zu
lassen, wozu auch ermeldte Pfleggerichter, jener Begnadigung ungeachtet, allwegen die Hände zu biethen,
und in sonderheit die Unvermögliche zu Abdienung des
verworchten Betrags bey einer diesen Wäldern zu guten kommenden, jedoch nicht ausser dem Gerichts-
Sprengl des Frevlers vorzunehmenden Arbeit, und

1781 zwar mit allmalig richterlichem Ausspruch, ob dem
Delinquenten an dem Arbeits-Verdienst die Hälfte, das
Dritl, oder Quart abzuziehen seye, verfänglich, und
allenfalls executive zu vermögen haben.

(Art. 5.) Fünftens: Was die Hayung der Unterthanen Heimhölzer und Hofsachen betrift, wird man
Erzstiftl. Seits auf all dasjenige genau halten, was diesertwegen der Vertrag, das Landboth, und Waldbuch
in sich fassen. Und damit

(Art. 6.) Sechstens: die Schwarzwaldungen unter
dem Vorwand der Unterthans-Nothdurft gegen die
Verträge, und über die Haus-Nothdurft zum Nachtheil des Waldstandes zu anderwärtigen Gebrauch mit
den anbegehrten Holz-Abgaben desto weniger beschwert
werden mögen; haben beyde höchste Paciscenten sich
freundnachbarlich einverstanden, dass in Betreff eines
für die Unterthanen jährl. zu bestimmen kommenden
Holzquanti eine Lokal-Untersuchung demnächstens vorgenommen, und nach den hiebey ergebenden Umständen
eine nähere Vergleichshandlung abgemessen werden solle.

Bis nun aber solch intentierende Bestimmung eines
jährl. Holzquanti verglichen seyn wird, solle mittlerweil,
so oft über eines Unterthans Holzbegehren die Frag
entstehet, ob es nicht der Unterthan aus seiner Hof-
sache, oder Heimholz hernehmen könne, oder ob er
diese etwa vertragswidrig abgeschwendet, ausgestocket
und verödet habe? dem auf einen Augenschein pro-
vocierenden Ch. Salzmayr-Amt die Miteinsicht von dem
hochfürstl. Pfleggerichtern gestattet werden, so fort
nach dem unter des obgedachten Salzmayr-Amts Bey-
zug eingenommenen Lokal-Augenschein die Erkenntniss und Entscheidung des betreffenden hochfrtl. Pfleg-
gerichts in diesem, wie in andern Fällen eintreten.

(Art. 7.) Siebentens: ist man zu Behebung des
Anstandes der sich wegen der Viehankehrung in den
Schwarzwaldungen und deren Maisen ergeben hat, dahin übereingekommen, dass es bey der verbottenen Auf-
kehr des Geissviehes, und der ungeringelten Schweine,
dann alles Löhn- oder Aufnehmviehes durchaus verbleiben; von den Pferden, Schaafen und geringelten
Schweinen aber keinem mehrer aufzutreiben gestattet
werden solle, als was er von dieser Viehgattung über
Winter beym Stall von dem hierzu berechtigten gut
futtern kann; zu welchem Ende man Erzstiftischer Seits

nicht entstehet, eine vollständige Beschreibung all und **1781**
jeden Viehes nach der dermaligen Gräser-Zahl nach
Maass, was jeder mit eigenen Futter überwintern kann,
vorzunehmen, und solche noch vor künftiger Viehauf-
kehr der Ch. Hofkammer in Müchen gefertigter mitzutheilen.

Wornach der Auftrieb von mehrern Viehe, als
was dieser Beschreibung gemäss ist, nicht gestattet,
und zu Erreichung dieses Endzwecks das anderstwo
schon übliche Brennen, oder Einmärken des Viehes,
beywesend eines Bayer. Waldbedientens, unentgeldlich
des Unterthans, und unbeschadet seines Auftrieb-Rechts
eingeführet, die Zeit zum Auf- und Abtreiben des Viehes aber von den hochfrtl. Pfleggerichten nach Umständen der Zeit und Witterung, jedoch alle Zeit mit
Rücksicht auf die Schonung der Wälder dergestalt bestimmt werden solle, dass das Viehe nicht zur Zeit,
wann noch Schnee vorhanden, oder gleich nach dessen
Abschmelzung, sondern erst alsdann aufgetrieben werde,
wenn es eine Weide antrifft, und in die jungen Pöschel
zugreifen nicht benöthiget ist; deswegen auch diese
Zeit-Bestimmung durch einen Verruf allemal bekannt
zu machen, und dem Ch. Waldbeamten zu Beobachtung seiner seitiger, und seiner untergebenen Obsicht
hievon zeitliche Communication zu ertheilen ist.

Wobei jedoch bevorgestellt bleibt, Bayer. Seits
auf den Fall, wenn sich nach der Hand mit dem Brennen, und Märchen des Viehes nicht zu begnügen wäre,
den Erzstiftl. Seits selbst vorgeschlagenen Ausweg durch
Errichtung förmlicher Eich- oder Aufkehr-Briefe ein-
zuschlagen, wo sodann gegen Aufhebung der Brenn-
und Märchung den Ch. Waldbeamten legale Copien
der Eichbriefe mitzutheilen kommen.

(Art. 8.) Achtens: werden Se. hochfürstl. Gnaden
die Verfügung treffen lassen, dass den bayer. Waldbeamten sowohl bey Gericht, als auch bey der Land-
Boths- und Waldstrafs-Ordnungs-Vorlesung ein besonderer von dem Erzstiftl. Gerichts-Tisch entfernter
honorabler Platz und Sitz angewiesen, auch für die
von den hochfrtl. Pfleggerichtern auf Verlangen aus-
zufertigende Protokolls-Extracte nicht mehr als 6 kr.
vom Bogen nach der Erzstiftl. Taxordnung gefordert
werde.

1781   (Art. 9.) Neuntens: sind in den Hoch- und Schwarzwaldungen sehr viele Plätze nicht mehr aus denen bey
der Unterhandlung vorgekommenen Ursachen mit Holz
angeflogen, wenigst sehr schlecht bewachsen, und dadurch an dem Nachwuchs ein beträchtlicher Abgang
entstanden.

Damit nun diesem Verfall nach · aller Möglichkeit
gesteuert, und der Waldstand wiederum in besseres
Aufnehmen gebracht werden möge; so bleibt dem ·Ch.
Salzmayramt Reichenhall bevor, in dem Umfang· der
samentl. in den dreyen Hochfrtl. Pfleggerichtern Zell,
Sallfelden, und Loier liegenden· Schwarzwäldern alle
Jahr, und zwar in jedem Gericht zwanzig, ·sohin jährl.
Sechzig Morgen Waldgrundes, jeden Morgen zu Vierzig
Tausend quadrat Schuh berechnet, jedoch nicht in
einer Strecke, sondern an unterschiedl. Orten mit der
Holzsaat, oder Pflanzung cultiviren, und Zehen Jahre
hindurch nach Nothdurft verfrieden zu lassen, wobei
die Auswahl der zu besäämenden Plätze dem gedachten
Ch. Salzmayramt um so mehr zustehet, als sich Se.
Ch. Drlt. verpflichten, den Bedacht von selbst dahin
nehmen zu lassen, dass dem Unterthan durch die Ver-
friedung der besäämten Orte sein anderweiter Blum-
besuch nicht gespert werde.

Wie man denn auch bey sothaner Auswahl den
hochfürstlichen Unterwaldmeister beyzuziehen, und selben darüber zu vernehmen sich erbiethet; und falls
sich ersagter Unterwaldmeister zu diesem oder jenen
zu kultivirenden individual-Platz aus wohl begründeten
Ursachen nicht einverstehen könnte; soll das Salzmayramt einen anderen seiner Eigenschaft und Lage nach
gleich schicklichen Platz auswählen, auch die hochfrtl.
Pleggerichter angewiesen werden, den Unterwaldmeistern
nicht zu gestatten, dass sie dem Salzmayramt die Wald-
kultur wider diese Vorschrift auf einige Weiss· erschweren.

(Art. 10.) Zehentens: weil vermög der gemeinsam
verglichenen Holz- und Waldstrafsordnung beidtheili-
gen Beamten, und Dienern obliegt, die Wälder und
Holzschläge oft zu durchgehen, und auf die vorkommende Mangel mit Fleiss zu sehen; als haben auch die
hochfürstl. Ober- und Unterwaldmeister dasjenige, was
allenfalls das Ch. Salzmayramt Reichenhall in den Schwar-

wäldern wider die Holzordnung, oder zum offenbaren **1781** Nachstand des Waldwesens wider Verhoffen anordnen würde, den betreffenden hochfrtl. Pfleggerichtern, und diese zur hochfitl. Hofkammer zu rechter Zeit anzuzeigen, damit von selber das weitere an die Chrf. Hofkammer in München gelangen möge, welche nicht ermangeln wird, die Ungebühr allwegen sogleich und verfänglich abzustellen. Wo übrigens sich das Erzstift die nämliche Modifikation, welche bey Besäämung einiger Waldplätze §. proced. von Bayern vorgeschlagen ist, auch dieses Punktes halber gefallen lassen will.

(Art. 11.) Eilftens: ist man übereingekommen, dass die Länge der Holz- oder Brennwids-Dreylinge in der Hinsicht zu 2½ Schuh bestehen möge, wenn der beedseitige Spranz nicht dazu gerechnet wird. Ueberhaupts und mit Einschluss des Spranzes aber, wie auch bey geschnittenen Dreylingen kann man sich auf eine wenigere, als eine Länge von 3 Schuhe nicht einschränken; und weil die Bäche nur im Unkenthall die Trift von 9schuhigen Brügeln ertragen; so begnügt man sich daran, jedoch mit dem Anhang, dass dadurch die allenfallsige Abtriftung auch längerer Holzstämme auf dem Hochwasser, angefangen von demjenigen Ort, wo die Unken sich in selbes ergiesset, nicht in Anstand gezogen, sondern vorbehalten seyn solle.

Uebrigens erklären sich Se. Ch. Drlt. wegen der Kohlholz-Trift zur Eisen-Gewerckschaft in der Hammerau, dass diese aus dem Lofer. Gericht, und in dem zuversichtl. Vertrauen auf die Erfüllung dessen, was man sich der Schwarzwälder halber gegenwärtig verglichen hat, auf ferneres Anmelden bey dem Ch. Salzmayramt Reichenhall, wie bisher, willfährig zugestanden werde. Welch sämmtliche Punkte demnach auch eben jene Kraft, und Wirkung haben sollen, als wenn solche dem Hauptvertrag selbst von Wort zu Wort also einverleibt wären.

Urkundlich der dem Haupt-Salz-Vertrag angehängten Fertigung, und beeder höchsten Paciscenten mehrmalen beygesetzten Handes-Unterschriften.

So geschehen in der Haupt- und Residenz-Stadt München den vierten Hornung im Ein Tausend Sieben hundert, Ein und achtzigsten Jahre.

V.

Neben–Rezess zu vorstehendem Haupt–Vertrag,
die Gewährschaft des Halleinischen Salzes be-
treffend. *München den 4. Februar 1781.*

Zu wissen — dass der Durchlauchtigste Fürst,
und Herr Herr Karl Theodor, (ponatur P. Tit.) dann
der Hochwürdigste Fürst und Herr Herr Hieronimus
(ponatur P. Tit.) mit Gelegenheit des wegen des Salzes, und anderer Sachen anheute zu Stande gekommenen
Hauptvertrages §. 11tens zu Herstellung eines wechselweis vollkommenen Vertrauen, und guten Vernehmen,
für rathsam erachtet, zu gleicher Zeit einen Neben-
rezess, darin die Gewährschaft des halleinischen Salzes genugsam ausgedrücket, zu errichten, und nachdeme
in dieser Absicht beyde höchst gedachte eine gemeinsame Kommission niederzusetzen, und durch diese eine
gütige Handlung fürnehmen zu lassen beliebt, so ist
auch hierauf der gemeldten Salzgewehrlichkeit halber,
um allen bisher in Vorschein gekommenen, oder künftig
sich ereignen mögenden Zweifeln, und Anständen für-
zubeugen, eine umständtliche freundnachbarliche Vergleichung erfolget, wie hernach des mehrern begriffen
stehet.

(Art. 1.) Erstens wegen der Sulzen haben Se.
Hochfürstl. Gnaden zum Grunde der so viel möglichen
Gleichheit der Salz-Erzeugung statt der bisherigen eine
neue, nach Graden abgetheilte konnische Sulzen-Waage
von Messing, wovon der Form am Ende abgezeichnet
ist, und drey derley Mutter-Waagen von Silber verfertiget worden, eingeführet, sofort sich gegen Se.
Churfürstl. Drlt. verbindlich gemacht, dass ab Seite
des Pflegamts Hallein einige Sulze vom Berg her unter
sichtbaren fünf und zwanzig drey Viertl Graden (ausser
einer von Gottes Gewalt, oder andern Casu insolito
sich hernehmenden Ohnmöglichkeit) nicht abgelassen,
und solche durch die Lab- und Kernstube dermassen
auf die Pfanne gegeben werden solle, dass, wenn solche durch den Durchfluss über die Vergütungs-Mittel
des Kern-, Schrecken-, Rissl- oder Fuss-Salzes, sich
noch mehrers, und allenfalls auf 26 Grad verbesserte,
man es auch geschehen lassen wolle, und also zum
mindesten Grad 25¾ bestimmt seyn sollen.

Dahero auch Sr. hochfürstl. Gnaden keine andere, 1781 als diese neue fürgenommene Sulzen-Waage bey dero Aemtern zu Berg und Pfannhaus von Messing verfer-tigter in Zukunft werden brauchen lassen.

(Art. 2.) Zweytens: wegen der Berkuffe, und resp. Fudermaass hat man sich verglichen, dass eine Visier von drey Stangen, wovon die Mittlere von Eisen, die zwey äussern von Kupfer, dann zween mit eisenen Kreutzen versehenen kupfernen Reifen, auch zwey ei-senen mittleren Zwerchstängeln dauerhaft zusamm ge-setzt ist, von innen der Berkuffe das künftige wahre Maass eines gewehrlichen Salzfuders ausmachen solle, über welche Visier der Binder die Taufeln von inn und aussen gleich zugebutzter anlegen, die Berkuffen-Zarg in der äussern unbeschornen Länge drey Schuhe, acht ein Drittl Zoll verfertigen, das innere Kreuzholz einen halben Zoll dick, und drey Zoll hoch (alles nach dem Erzstift-Salzburgischen, nach der duodecimal-Theilung genommenen Landschuhe, wovon die Länge am Ende abgezeichneter zu ersehen) einmachen, und damit die Berkuffe sich um so minder aus der behörigen Weite lasse, von aussen vier eisene Reife, und zwar den weitesten einen Zoll von dem Rande des weiten Orths, den kleinsten einen halben Zoll von dem Rande des engen Orts der Berkuffe, die zween mittlern aber in so viel möglich gleicher Distanz von den äussersten zween Reifen anlegen, und deren jeden mit drei Nägeln befestigen, folgsam die Berkuffe allenthalben gewehr-lich, und dermassen herstellen solle, dass sie ihre Rundung halte, und vorgedacht neu errichtete Fuder-Visier ohne allen Zwang in jede Seite, oder Ort der Berkuffe hinein gehen könne. Diese Fuder-Visier hat in der Höhe oder Länge von dem engen auf das weite Ort, von aussen der kupfernen Reife gemessen, drey Schuhe, drey Zoll, der obere Herd-Reif im Durch-schnitt Ein Schuh Sechs und drey Viertl Zoll, der untere Gupf-Reif am untersten Ort Zehen, und einen halben Zoll, und machet aus die Länge und Dicke des Fuders ohne dem hienach sonderbar ausgezeigten Gupf.

Von solcher Visier sind drey Haupt- und Mutter-Maass durchgehends an Reifen, und Stangen mit des Erzstifts Wappen, und Jahrzahl 1781 bezeichneter ver-fertiget, auch, um allzeit zu sehen, wie die Visier in der Berkuffen-Zarge stehen solle, drey kupferne

1781 Berkuffen - Zargen über die Visier gemacht, und mit
des Erzstifts Wappen bezeichnet worden, damit bei
allenfalligen Mangel, und vorkommenden Klage die
Probe genommen, und der befundenen Unrichtigkeit
ohnverweilt abgeholfen werden möge.

(Art. 3.) Drittens: Um aber vollends gesichert zu
seyn, dass sowohl von dem Binder, als von denen
Pfannhausarbeitern stets auf das gebührende Fuder-
Maass gesehen, und deme durch deren Unachtsamkeit, und
Unfleiss weder etwas weg, noch zugehen könne, werden
Se. Hochfürstl. Gnaden verfügen, dass in jedweders Pfannhaus Siebenzig, und auf einen Vorrath zur Abwechs-
lung der schadhaften Ein hundert Stück Berkuffen
im voraus gefertiget, und von dem Pflegamt Hallein
im Beyseyn des Bayer. Oberanschaffers gefächtet, dann
von Seiten des erstern mit des Erzstifts Wappen bemerkt werden, wo beynebens auch darob gehalten werden wird, dass keine Berkuffe, die eine völlige Zerlegung
erfordert, unter der Sud repariert, sondern im Fall
Bedürfens mit vorräthigen die schadhafte ausgewechselt, die reparierte aber nach vorher ausgelöschten alten March von neuem wie obstehet, gefächtet, und bezeichnet, folgl. ungefächte, dann unbezeichnete Berkuffen niemals im Pfannhaus gebraucht werden sollen.

(Art. 4.) Viertens: Hat man sich verglichen, dass
über vorbegrifene Länge der Fuder noch ein zugewölb-
ter Gupf in der Mitte zwey Zoll haltend, gegeben werde,
wessentwillen drey kupferne Fuder - Maass - Stäbe, so
die Rundung des Gupfs gleich in sich halten, und welche, wann sie an der äusseren Fläche an das grüne
Fuder, gemäss der am Ende fündigen Abzeichnung
angehalten werden, mit Einschluss des Gupfs nach der
völligen Länge drey Schuh fünf Zoll hoch sind, mit
des Erzstifts aufgeprägten Wappen errichtet, und denen sogenannten Salz - Mayrn in jedes Pfannhaus einer von Holz nach vorbeschriebenen Form, wie auch
mit des Erzstifts Wappen zu künftig ohnfehlbaren Gebrauch ertheilet worden sind.

(Art. 5.) Fünftens: Wegen dem Stoss der Berkuffen hingegen ist von Sr. Hochfürstl. Gnaden die
Zusage geschehen, dass, nachdeme das Salz von der
Pfann her so oft von dem Mann, als gegen dem Mann
eingeschittet, und die Berkuffe bis an die Mitte gefül-
let ist, alsdann mit einem nach bisheriger Art formirten,

jedoch etwas schwereren und mittels eines eisenen Rei- 1781
fes auf 4 Pfund hergestellten Berkolbens drey gute
Stöss, oder Stich bis auf das Kreuz durchgegeben,
und mittels des Vierten eine unausbleiblich fleissige
Einrührung der übrigen, damit soviel möglich die Löcher oder Höllungen vermieden werden, verfüget, und
endlich solches mit einem gut gewehrlichen Haufen,
oder Gupf mittels eines Eilf bis zwölf Pfund schweren
Zuschlager zu einen gewehrlichen Herd zugeschlagen,
zu dieser Arbeit auch gleichwohl die zu derselben taug-
liche, und mit nothwendigen Leibeskräften versehenen
Leute angestellt werden sollen, wobei die Fürsehung
erfolget, dass sowohl von dem Berkolben, als Zuschläger drey Mutter-Maass mit des Erzstifts Wappen errichtet, wovon dergleichen in die Pfannhäuser zum Gebrauch ausgetheilet, und mit des Erzstifts Wappe aju-
stiert worden.

(Art. 6.) Sechstens: Was die übrige Sudart betrift, werden Sr. Hochfürstl. Gnaden ernstlich verordnen, dass das Salz wohl gesotten, nicht vor der Zeit
ausgeberet, das Lab auf der Pfann nicht von seiner Maass,
oder Model gelassen, die nach der Ausberung ge-
schwächte Wässer in rechter Zeit mit gewehrlichen
Sulzen auf die Pfannen ersetzt, und, wenn die Pfanne
unter der Woche rinnend wird, nicht Kalchbrod glat-
terdings eingeschitt, sondern mit Schäffeln und Kü-
beln die Wehrung des ausruns ohne mit Einkalchung
des Salzes vorgekehrt, wie nicht minder das von denen zu Ausberung einer Sud nach dermalig Hochfürstl.
Verordnung gehörigen zwey Stunden, die eine zum
herausberen, und abseigen in dem Trog, die andere
zum stürzen, Kuffen abziehen, Fuder-Ausbesserung,
und derselben satsammen Auskühlung, dann endlich zur
Pfiesel-Tragung angewendet werden; und wenn nun
Zeit, die Berkuffen von dem Fuder abzuziehen, ist
selbe wohl anzuschlagen, damit das Fuder in der
Runde, und Kopf wohl von dem Holz lasse, auch wenn
dieses löcherig, oder sonsten schadhaft ist, hat der
Salzmayr dasselbe mit heissem Salz wohl auszuflicken.

So viel aber insonders die beklagte schadhafte,
und unräthige Fuder betrift, sind jenige, welche am
Herd, Gupf, und sonsten beschädiget, oder nicht genugsam ausgeflicket, desgleichen auch jene, welche
mit Schlamm, Russ, und Kalch-Brod vermenget sind,

1781 hinfüro von dem Pfannhaus in die Pfiesl, die zum Wurf
kommen, nicht mehr tragen zu lassen, wie dann dergleichen, oder auch die Eisenschaufel-Fuder das Bayer.
Oberanschaffer-Amt, wann selbes solche nicht selbst
für gut erkennet, auf den Wurf anzunehmen nicht
schuldig seye, und derentwillen bey Ziehung des Zap-
fens einem Nebenanschaffer beyzuwohnen, allzeit unverwehrt seyn solle.

(Art. 7.) Siebentens: Obschon die Gewehrschaft
nach obigen Fuder-Maass, und hienach zu vernehmen-
der Fuderzahl, folglich nicht auf das Gewicht verglichen ist; so hat man jedoch lediglich zur Beurtheilung
der Qualität des Salzes, damit die erzstiftische Pfleg
Hallein auf anbringen des Oberanschaffer-Amts die Er-
heblichkeit der Beschwerde desto leichter einsehen, und
remedieren könne, sich beyderseits Verstanden, dass
wochentlich von gedachter Pfleg sowohl einige nasse,
als trockene Fuder, wobey sich der Bayer. Oberanschaffer, oder Gegenschreiber einfinden mag, abgewogen,
und ermelten Oberanschaffer ein Abwägungs-Extract
zur Nachricht mitgetheilt werden solle, als welchem
ohne das obliegt, die Fuder vom Pfiesl her öfters abwägen zu lassen, und, wenn sich andurch ein Rezess-
widriges Gebrechen äusseren würde, solches obiger
Pfleg anzuzeigen, welche sofort den Augenschein, und
schleunige Wendung nicht zu verzögern, oder abzuschla-
gen hat, so oft von Seite des Oberanschafferamts über
einige, vermittelst der Abwägung entdeckte Mängel
der Fuder begründte Beschwerde angebracht wird.

Und weil dann gewehrliche Fuder von gewehrlichen Sulzen, sonst ohnausstelliger Arbeit grüner, oder
nasser von der Pfann her, von Hundert fünf und zwanzig, bis Hundert sechzig, nach deren Auspfieslung aber
von Hundert, bis Hundert zwanzig Pfund des Salzburgischen, mit dem Wienerischen und dem Bayerischen
einstimmigen Gewichts zu halten pflegen; so solle, wenn
das nasse, oder das trockene Fudergewicht aus solcher
Proportion durch drey nach einander gemachte Proben schreiten würde, die Anzeige bei der Pflege beschehen, damit, wenn es sich verringert, dieselbe ohngesäumt nachsehe, ob nicht zugegen obiger Vergleichung an Sulzen-Gewicht, Berkuffen-Maass, oder
Stoss ein Fehler unterwalten dürfte, wohingegen, wann
selbes gar zu schwer sich bezeigen würde, gedachte

Pfleg ebenfalls nachforsche, ob nicht vermög unter- 1781 loffenen Kalchbrod, oder zu weniger Auspfieslung dem Salz eine nachtheilige Schwere zugekommen seye.

·(Art. 8.) Achtens: In den Pfiesl nun hat man zu verfügen zugesagt, dass die Pfiesl-Knechte die Fuder nicht so eng, wie dermalen, dass sie an einander im ein- und austragen das Salz abstreifen, das Krebsalz vermehren, den Durchzug der Hitze hemmen, und einfolglich den Pfiesel, mit Salz nicht übersetzen sollen, auf dass solches die Hitze wohl ausziehen könne, sollen auch die Fuder nicht so oft überstürzen, damit es nicht so viel gebrochene Fuder gebe.

Da am Samstag der Pfiesl oft nicht gar voll, folgsam bis auf den Montag (unter welcher Zeit die nasse Fuder sich in die Gerüst einlegeten, und ausrinneten) ungeheizt gelassen werden müsste; so solle der Abgang mit gewehrlichen Fudern vom Labsalz sogleich ersetzet, und der Pfiesl ohnverlängt geheizet werden.

(Art. 9.) Neuntens: Wird man auch von Seite der Pfleg die Obsorg tragen lassen, dass der Pfiesl-Heitzer das Holz in die Grundpfiesl nicht gleich vorne hinein stecken, sondern gegen die Mauer in die Seite einlegen solle.

Wie dann bey Anfang des Salzausgangs die über Winter erkältete Pfiesl stärker geheizet, bey kalter nasser Witterung ein gleiches beobachtet, und denen Pfieseln, in welche bey denen Wassergüssen das Wasser hineinsitzet, und das Salz feicht wird, noch ein Feuer, ehe man solche werfen will, gegeben, auch, wann mit zwey Feuer das Salz nicht wohl gedörret wäre, ohne Widerred das dritte Feuer gegeben werden solle: würde aber der Pfieslheizer mit Räumung des Aschens so säumig seyn, dass sodann fast kein Holz in die Schier gehet, so wird man selben verfänglich zu vermögen wissen, dass er fleissiger raume, die Schier behörig behölze, und gleichwohl die Pfiesl-Knechte die eisenen Thüren, wenn das Feuer abgebrunen, fleissiger zumachen, damit die Hitz beisammen bleibet, und das Salz besser austrocknen könne.

Und gleichwie ein Grund-Pfiesl unter acht, und ein Hallstätter unter Sechs Täg und Nächte zum Wurf nicht anzugreifen wäre, damit nicht wider die Recess heisses Salz auf die Stoss-Stätte kommet; so solle denen Nebenanschaffern zu der ersten Pfiesl-Heitzung,

1781 und Notierung getreulich angesagt, denen Hallstädter
Pfiesln den anderten Tag, denen Grund, Pfieseln aber
den dritten Tag das anderte Feuer gegeben werden.
Die Beurtheilung, ob es des dritten Feuers nothwendig
haben möchte, solle zwar dem Salzburgischen Verweseramt zustehen, jedoch dem Oberanschafferamt frey
bleiben, solchen Pfiesel, wenn das dritte Feuer begehrt, und nicht gegeben, folglich das Salz zu wenig
ausgepfieselt worden wäre, zu verschlagen, wie dann
jeder Nebenanschaffer die Zahl des notierten Pfiesels
aufmerken, und wie der Pfieselknecht dem Verweser,
also dieser dem Oberanschäffer melden solle.

(Art. 10.) Zehentens: Bevor das Salz aus dem
Pfiesel auf den Wurf kommt, ist das täglich sogenannte Geschäft auf der Stossstatt abzuhalten, deme
ab Seiten des Erzstifts das Verweseramt mit denen
Pfiesel-Knechten, und denen dazu gehörigen Arbeitern, Bayerischer Seits aber der Ober- und die Nebenanschaffer beyzuwohnen haben, und wie nun letzteren
bevorgestellt wird, allda die in vorigen Tag unterlof-
fene Mängl und Fehler zu erinnern; so solle auch,
damit die Pfleg Hallein nicht wegen jeder Kleinigkeit
überloffen werde, der gegenwärtige Verweser die von
dem Oberanschaffer-Amt angebrachte Mängel gegen
die Leute ernstlich ahnden, und wahrnen; wäre es aber
Sache, dass es auf eine Straf ankämme, ist alsdann
die Sache von dem Ober- oder Nebenanschaffer bey
dem Pflegamt anzubringen, welches auch die verfäng-
liche Remedur zu verschaffen haben solle.

Wie viel nun, und von was für Pfiesel geworfen,
um welche Stund angefangen, folglich wie frühe ge-
weckt werden solle, stehet daselbst auszumachen, und
sind alsdann nöthigen Falls Pfiesel, und Behälter gegen
den Register anzusehen, wobey sich von selbsten verstehet, dass man dem Oberanschaffer keinen unzeitigen
Pfiesel, wo das Salz nicht genugsam ausgepfieselt, oder
noch zu warm wäre, aufdringen solle.

Wo im übrigen man nicht entgegen seyn wird,
bey unzeitigen Hof-Pfieseln, einen zeitigen Burger-
pfiesel auf den Wurf abzugeben.

(Art. 11.) Eilftens: hat man Erzstiftischer Seits
zugesagt, dass die Uebergab, und Austragung unaus-
gezählter Pfieseln gänzlich abgestellt seye, die Auszäh-
lung der ganzen Fuder hingegen auf den Wurf solle,

1781

nachdeme die Hausknecht die Stossstatt reinlich aus-
gekerret, auch bey nassen Wetter, so viel möglich ist,
aufgetrocknet haben, in einer verlässig aufmerksamen
Ordnung, und zweifachen Auszählungsart, einer Seits
durch den laut zählenden Pfieselknecht, oder Herdtra-
ger, andererseits durch den Nebenanschaffer beschehen.

Dahero man auch von Seite des Pflegamts Ge-
schwätz und Zänkereyen der Pfieselknechte und Salz-
hackerinnen ernstlich bestrafen, und wenn sich im
Zählen eine Irr- oder Zweifel ergiebet, auf Anbringen
verfügen wird, dass dem Oberanschaffer durch das
Verweseramt zum Beweis dessen, wie viel Stücke sich
in dem Pfiesel befunden, das Sudbuch vorgezeigt werde.

Fuder, welche ganzer in die Pfiesel gekommen,
hierinnen aber schadhaft geworden, sollen, wenn der
ganze Pfiesel zum Wurf kommt, zwar angenommen,
dergleichen Bruch aber von den Burger-Pfieseln, welche nicht gänzlich zum Wurf kommen, dem Oberanschafferamt nicht aufgebürdet, sondern auf das Land
denen Karrern, Wagenfahrern, und Sämern aufgege-
ben werden.

Sind nun solch auf den Wurf kommende Bruch-
fuder noch zum grössern Theil ganz, und die abge-
fallene Köpf, oder Knollen vorhanden, kommeten solche zu den ganzen Fudern, sammt denen darzu gehörigen Brocken, oder Knollen stückweis auf den Wurf
zu zählen. Wäre aber aus Unfleiss, Muthwillen, oder
anderen Zufällen beschehen, dass in den Pfieseln ganze
Gerüster ausbrinneten, und die Fuder zusammen fal-
leten, so, dass man die Stücke nicht wohl zählen könnte,
so solle dergleichen Bruch separirter auf die Stossstatt
herausgetragen, in die Kuffen verstossen, und um sich
einigermassen zu erkennen, acht Kuffen für Neun Fuder
gezählet werden; zu dem Ende der bey dem Wurf
vorhandene Neben-Anschaffer auch besorgen soll, dass
das abgestreifte Weisse, oder Krebsalz nicht ungebührlich enttragen, sondern Ihrer Churfrtl. Durchl. bey
der Verstossung zu Nutzen gebracht werde. Was hingegen das schwarze Fusssalz in Pfiesel, so man wegen
Unreine in die Kuffen nicht stossen kann, oder das
von dem in denen Behältern untereinander stehenden
Land- und Wasser-Salz sich angebende Krebsalz an-
belanget, solle letzteres zu minderer Ruinirung der
Fuder bey dem Absetzen, wenn selbe aber geräumet

1781 werden müssen, nebst obigen Fuss-Salz in Bedärfungsfall vorzüglich als ein Vergütungs-Mittel auf die Kern- oder Labstube applicirt werden.

, (Art. 12.) Zwölftens: Wegen denen 33 Setzfudern, die man auf jede in Kuffengeschier ausführende Hallfahrt zur Einfüll dargiebt, haben Seine hochfürstl. Gnaden den Bedacht nehmen zu lassen zugesaget, dass nur ganze Fuder hierzu ausgesetzet, und nebst dem sonderbaren Spittall-Fuder mit zehn schwarzen in der Mitte 2½ Zoll breiten Spettern, und vier wohl angetriebenen Reifen, dann auf Verlangen des Oberanschafferamts mittelst oben am Kopf, wie bey den weiss Spetter Fudern beschehenden Einmachung versichert, hingegen der mehrere gegen den vorigen Einmachungskosten von dem gedachten Bayrischen Oberanschaffer erstattet werden solle.

(Art. 13.) Dreyzehentens: Das ausgeworfene Salz solle über einen zwerchen Finger dick nicht gehackt werden, und da manchesmal das Salz dermassen hart, und ausgepfieselt, dass auch eine zweimalige Ueberhackung nicht viel erkleckete; als sollen derley harte grosse Brocken, und Schielen sogleich auf die Seite geworfen, und mit einem Stessl zerschlagen werden.

(Art. 14.) Vierzehentens: Wegen der Gewehrlichkeit des Kuffholzes ist von Sr. Hochfürstl. Gnaden geordnet, dass das Verweseramt jedesmal ausser einer notorischen Unmöglichkeit mit einem halbjährigen Kuffholz, dann Band- und Reif-Vorrath versehen seye, darnach auch allwegen das ältere vor dem grünen jüngeren Holz hergenommen, und gleichwohl hierauf mit der Anrichtung angetragen werde.

Wegen der Länge der Kufftaufeln ist zu beobachten, dass solche dergestalten beschaffen seye, damit der Kuffer die Kuffe jedesmal nach der unterm §. 19. beschriebenen Länge verfertigen, und zurichten möge; wegen der Dicke aber ist vereinet, dass sie ein viertl Zoll ausgetrockneter halten, von denen Böden, oder Beschlagholz, dann denen Spangen hingegen vier Stück ein und ein halben Zoll ausmessen, auch die obere Spangen in der Mitte zwischen vier ein halb, und fünf Zoll, die untere aber zwischen drey und vier Zoll breit seyen, worauf die Kleizler mit dem ernstlichen Gebott angewiesen worden, dass man wider solches Maass, oder wenn sie verfault, verbogen, eckig, oder ver-

löchertes Kuffholz liefern würden, solches ihnen nicht 1781
nur nicht angenommen, sondern ohne Verdienst rück-
geschlagen werden solle.

(Art. 15.) Fünfzehentens: Damit aber an guten
geschlachten Kleitzl- oder Taufelholz folgsam an gewehrlicher Kuffarbeit einiger Mangel nicht erscheine,
und wegen dessen Abgang oder harten Beibringung
die Salzausfuhr keine Hinderniss zu befahren habe;
als haben Sr. Churfl. Durchl. zugesaget, und an Behörde angeordnet, dass zu Reichenhall noch vorräthige
derley Kleitzl- und Taufelholz in dem Preise abfolgen
zulassen, wie solches dem Erzstift Salzburg ehedem
aus dem Kobernauser Wald zu stehen gekommen ist.

(Art. 16.) Sechzehentens: Hiernächst wird genaue
Aufsicht beschehen, dass kein ungeschert, ungemerkt,
zerlexnet, oder sonst ungewehrl. Kuffe auf den Wurf
getragen, und überhaupts die Kuffer sich genau an
ihre Lehre, und geschworne Maass, wovon §. 19. hinnach das mehrere zu befinden, halten, und sonderbar
mit ihrer Arbeit sich dermassen zeitlichen vorbereiten,
damit sie bey starker Salzausfuhr desto richtiger folgen
können, wie dann auch die Kuffen- oder Zargenträger
nicht einschichtiger, sondern fahrtenweis die Geschier
aus den Werkstätten auf die Stossstätte bringen, die
alte, und zerlexnete aber, die nach den Wurf gemacht
werden, eben der Besichtig- und Einfeuchtungswillen
vorhero in die Keller tragen sollen.

Wenn aber nichts destoweniger sich begäbe, dass
auf denen Stoss-Stätten schadhafte, kleine, oder sonst
ungewehrliche Kuffen-Zargen in Vorschein kämmen,
solle dem bayer. Oberanschaffer oder Nebenanschaffer
frey stehen, diese auszusetzen, und mit einem Zeichen
(auf dass sie nicht verzogen, und neuerlich unterscho-
ben werden mögen) zu bemerken, und solche in der
unverrückten Gestalt, als man diese auf der Stossstatt
angetroffen, der Salzburgischen Pfleg vorzuzeigen, damit derjenige Kuffer, so dergleichen ungewehrliche Arbeit verfertiget, zu gebührender Strafe gezogen, und
zu gewehrlicher Umarbeitung verfänglich angehalten
werde.

(Art. 17.) Siebenzehentens: Der Aufheber halber
ist verfüget, dass selbe eher, als zwey Stund nach der
Salz-Zerhackung, damit das Salz wohl auskiele, und
bei der Verhackung nicht also übereilet werden dürfe,

1781 nicht einfassen, auch die Schaufeln nicht grösser, als
zwey Schuhe, Sechs Zoll lang, und Ein Schuh, Zehn
Zoll breit führen, dann insonders den Stosser mit dem
Einschitten, oder Aufgaben bis zu Verrichtung der
nothwendigen Stöss nicht übereilen, dahero auch die
Pfleg Hallein anordnen solle, dass zu denen Aufhebern
und Stossern so viel möglich Leute von gleichen Leibeskräften, und Alter angestellet werden.

(Art. 18.) Achtzehentens: Der Stosser soll mit seinen fünfzehen Pfund schweren Salzstössel (davon drey
gleichen Gewichts mit des Erzstifts Wappen zum Mutter-Maass verfertiget, und die den Stossern ausgetheilte
mit des Erzstifts Wappen ajustirt worden) nach Längs
wohl in die Seite, und nach der Fläche in die Mitte stossen, und in allweg solchen Fleiss gebrauchen, dass
die Kuffen nicht verletzet und geschwächet, und im
übrigen die zweyhundert Eilf auf eine Hallfahrt ausgeworfene Fueder in Einhundert Sechs und achzig, so
viel möglich einander gleichkommende Kuffen einge-
stossen werden; gleichermassen auch der darauffol-
gende Zuschlager von dem der Ordnung nach einge-
stossenen Salz nichts mehr herabstreichen, sondern
solches mit seinem Zuschläger von harten Holz ohne
Verletzung des Geschiers fleissig, und wohl zuschlagen solle, damit das Salz durch die Beschlager nicht
gestreuet, und der obere Boden nach Nothdurft könne
eingelegt werden. Wiewohl es im übrigen wegen der
Kuffer, Beschlager, und deren Setzer Buben bei deren bisherigen Handgrif zu verbleiben hat; so haben
doch Se. Hochfürstl. Gnaden um willen eines besseren
Grifs der Kuffen für die Weitträger, und überlegende
Schiffleut, folglich auch hierinnen eine bessere Gewährung der gefüllten Kuffen zuverschaffen ernstlich angeordnet, dass, gleichwie der untere Boden über einen
zwerchen Daum nicht einzulegen, also entgegen der
obere Boden einen starken zwerchen Daum zu einen
wohl ergiebigen Grif eingesetzet, und die beidseitige
Keil nicht, wie bishero, vor der Spang eingeschlagen,
und die Spang nur in die Keil hineingezwenget, sondern die Keil auf einer Seite zwar leicht geschlagen,
nachhin aber die Spangen glat auf den Boden auflie-
gend, und beyderseits in die Zarg anstehend fest ein-
gesetzt, und mittelst der Keil auf der andern Seite
befestiget, auch denen Reifen die erforderl. Zwickkeil

gegeben, folgends auf den obern Boden die dicke, 1781
und grade Spangen ausgesucht, krumme, und dünne
aber zu Zwickkeilen hergenommen, und wie von dem
Kuffer mit Brand, also auch von dem Stosser, und
Beschlager das March mit Röthl auf die Kuffen ge-
zeichnet werden solle.

(Art. 19.) Neunzehentens: Das Kuffen-Maass selbst
nun belangend, weilen das vorhin Recessmässige mit
des Erzstifts Wappen nebst dem Rittlmaass nicht mehr
vorhanden, sondern nur bey dem Pfleg- und Ober-
anstschäfferamte gleichförmig kupferne Reife zu Abfäch-
tung der Kuffengeschier gebraucht worden; so hat
man nach gemachten Proben sich eines neuen, und (soviel bei der Irregularität des dermaligen bis zu etwa
folgender freundnachbarlichen Vergleichung eines besseren Geschiers beschehen können) doch in etwas ver-
lässigeren Maass vereinet, vermög welchen (nachdeme
die ungebrochene Taufel wenigstens Ein Schuh, Neun
ein Drittl Zoll halten; und an dieser Länge durch die
nach verfertigten Kuffen gewöhnliche Bescherrung nichts
mehr verliehren solle) also ein Kuffengeschier:

Bey dem Durchschnitt des ersten oder obersten Reif,	Ein Schuh, zehen ein halben Zoll,
Bey dem Durchschnitt des Brauch - Reifs,	Zwey Schuhe,
Bey dem Durchschnitt des untersten Brustheft-Reifs,	Ein Schuh, acht und ein halben Zoll,
Ferner bei dem Durchschnitt des unterst. Boden-Reifs,	Ein Schuh fünf zwey Drittl-Zoll,
Bey dem untern Boden in Diametro,	Ein Schuh, fünf ein Sechstl Zoll,
Die Länge der Taufeln vom ob. Rand bis zum Brauch,	Sieben Zoll,
Dann der obere, und untere Boden in der Dicke jeder Drittl, mithin	Zwey Drittlzoll,
Und endlich der obere und untere Grif jeder ein, also	Zwey Zoll,

ungefähr halten, und ausmessen solle.

Wornach auch Se. Hochfürstl. Gnaden verordnet,
dass vier kupferne Reif, davon der untere, dann der
Brust- und obere Reif nach ihren inwendigen Umfang,
der Brauchreif aber nach der äusseren Peripherie die

1781 vorhin jeden Orts bemerkte Durchschnitt in sich halten,
mit des Erzstifts Wappen dreyfach verfertiget worden,
von welch kupfernen Reifen bei denen Proben der Gebrauch solchermassen zu machen ist, dass der Brauch-
Reif von innenher in den Kuffen-Brauch eingesetzet,
die übrige drey Reife aber von aussenher auf die Taufel an den Platz der hölzernen Reifen, und nicht über
dieselbe angelegt, und der oberste Reif an den äussern
obersten Ranft, der unterste Boden-Reif aber bey den
Kuffen-Boden angesetzet werden solle, wodurch der
untere Brust-Heft-Reif sich von selbst zur Anlegung
ergiebet.

 Ob nun zwar nicht wohl möglich, dass wegen der
unvermeidlich eilfertigen Arbeit hiernach alle Kuffengeschier gleich ausfallen; so haben doch Se. Hochfürstl.
Gnaden gemessenst aufgetragen, dass die Setzlohren
der Kuffer, und Kleitzler gegen diesen Maass mit des
Erzstifts Wappen ajustirt, und sie die Kuffer zu deren
Nachachtung möglichst angehalten, auch die Kleitzler,
damit die Kuffer dieses Maass desto richtiger beobachten können, mit dem unbeschornen Taufel- und andern
Holz hierauf anzutragen angewiesen werden sollen.

 Unterdessen sollen auf diese Art die völlige zweyhundert Eilf Wurf-Fuder in die Ein hundert, Sechs
und achzig Kuffen fleissig einzustossen getrachtet, und
dabei von denen Aufhebern, und Stossern auf eine Aus-
wiflung ganz und gar nicht angetragen werden; sollte
aber ohnerachtet dessen ein Salz auf der Stossstatt
sich übrig bezeugen, solle solches, wie bishero, dem
bayerischen Oberanschafferamt zustehen, dagegen aber
auch, wenn die Einhundert Sechs und achtzig Kuffen
mit denen zwey hundert Eilf Fudern nicht gar voll geworden, das Erzstift zu Anfüllung der Kuffen keine
fernere Fuder mehr nachzuwerfen gehalten seyn, sondern hievon, gleichwie bisher, unbelangt bleiben.

 (Art. 20.) Zwanzigstens: Ist von Seiner Churfürstl.
Drlt. an Sr. Hochfürstl. Gnaden zu Salzburg accordirt
worden, dass zu Behufe der dem Halleinischen Salzwesen zugewandten Personen, Beamten und Arbeitern
alljährl. solang der Gewehrlichkeits-Recess aufrecht bestehen wird, auch bey einigen in Bayern verwaltende
Treid-Spörs-Zeiten 4000 Münchner Schäffel Korn, und
2000 Münchner Schäffel Waiz, Mauth- und accis-
frey zu Wasser und zu Lande herein passieret; und

im Umlaufe jeden Jahres angeführt werden, welche
Zeit jedoch erst bey Anhändigung der Getreidgüte
anfangt, und bis auf den nämlichen Tag des folgenden Jahres fortlauft. Se. Hochfürstl. Gnaden werden
also anderweiten Unterschleif, Contrebandieren, und
Kandereyen möglichste Versorge thun lassen, damit
solches Quantum zur Haus-Nothdurft der dem Salzwesen wirklich verwandten Personen gebracht werde,
gleich dann höchstdieselbe gedenken, durch ihre eigene Hofkammer sowohl den Ankauf als Einfuhr besorgen, sofort auf jedes Jahr, da man dieses Quanti
benöthiget ist, sich um die Frey-Pässe, welche bey
jedmaliger Salz-Tractation der Salzburg. Kommission
auszuhändigen sind, zeitlich melden, und das solchergestalten eingeführte Getreid in Salzburg oder andern
gelegenen Orten aufschitten, und durch einen eigends
hierzu bestellten gegen die von der Pfleg Hallein ab-
gebende attestata austheilen, überhaupt aber darauf
sehen zu lassen, dass keine der obbemerkten Absicht
widrige Fürgänge beschehen möchten.

(Art. 21.) Einundzwanzigstens: Zu mehrerer Festhaltung der vor und nach begriffenen Recess-Punkten
haben Se. Hochfürstl. Gnaden die Verordnung gethan,
dass die Pfannhaus-Beamte sowohl, als auch die Arbeiter daselbst, wie nicht minder der Verweser, dann
die Pfieselknechte, Kleitzler, Kuffer, Stosser, und
andere Stosstatts-Arbeiter nach der mit einem der
verglichenen, am Ende sub Nro. 1. findigen Eidsformul beeidiget und verpflichtet werden, und dieses sowohl auf die künftig anzuordnend, als bereits angeord-
nete derley Beamte und Arbeiter zu verstehen, und zu
beobachten seye; dagegen auch Se. Churfürstl. Durchl.
dero Hofkammer in München aufgetragen, nicht nur
die dermalige dero Oberanschaffer, Gegenschreiber,
und Nebenanschaffer, sondern auch die künftige, in
solche Dienste anstellende nach der gleichmässig am
Ende sub Nro. 2. beygerückt mit einander verglichenen Eidsformul zu verpflichten.

(Art. 22.) Zweyundzwanzigstens: stehet dem Bayerischen Oberanschaffer, Gegenschreibern und Nebenanschaffern zu, und bevor, dass diese, wann, und
so oft sie wollen, bey denen Arbeiten, welche in diesem Recess beschrieben sind, ihren freyen Zu- und
Abgang haben mögen, also, dass sie die Sulzen von

1781 dem Guss her, oder von der Kern- und Labstuben
mit der neu eingeführten Sulzenwaag abwägen, die
Berkuffen um die Erzstifts-Wappen, auch deren Fu-
derstab nachsehen, und nachmessen, auf das Ausberen,
dann all andere Mässerey, und in diesem Recess verglichene Arbeiten acht haben mögen, und wie ihnen
nicht nur ganz unverwehrt ist, sondern allerdings ob-
lieget, die wider die gegenwärtige Ordnung handlende
Arbeiter zu Pfannhaus, Pfiesl, Kuff und Stossstätten
ihres auf diese verglichene Ordnung abgelegten Eides
zu erinnern, auch alle mangelhaft erfundene Instrumenten, oder Geschier auf der Stelle vom Pfannhaus, Kuff
oder Stossstatt hinweg, und unmittelbar auf die Pfleg
zu tragen, sofort zur Untersuchung und schleunigen
Remedur vorzulegen; so sollen sie sich doch hierinnen
bescheidentlich betragen und weder mit harten Worten,
noch minders mit Schlägen und Handanlegung gegen
selbe verfahren, oder sonst auf einige Weis sich selbsten das Recht verschaffen, sondern, da der Oberanschaffer, oder die Nebenanschaffer einen Straf- und Ahn-
dungswidrigen Fehler entdecket zu haben glauben, solle
ersterer, nämlich der Oberanschaffer selbst, oder in dessen Abwesenheit, Verhinderung, oder Unpässlichkeit der
Gegenschreiber oder ein Nebenanschaffer in desselben
Namen die Nothdurft bey dem Pflegamt vorbringen,
und billiger Wendung gewärtig seyn; allermassen Se.
hochfürstl. Gnaden gemessenst, und ernstlich anbefoh-
len haben, dass ein jeweiliger dero Pfleger mit andern
Beamten, und Officiren mit allen Fleiss und Ernst
darob seye, dass gute gewehrliche Arbeit gemacht,
und den aufgerichten Recessen, fürnämlich aber diesem
jetzigen stracks nachgekommen, darwider nichts gehandelt, weder Sr. Churfürstl. Durchl. noch Sr. hochfürstl.
Gnaden mit ungewehrl. Arbeit und Waare beschweret.
Und da Sr. Hochfürstl. Gnaden und dero Nachkommen
regierenden Fürsten und Eigenthümern des Hallein. Salzes bevorstehet und frey bleibt, bey der Halleinischen
Sud- und Pfieselart gegen der jetzigen Verfassung
nach erheischenden Umständen, und Gutdünken neue
Erfindungen, und Aenderungen einzuführen, durch derley allenfalls vorzunehmende Abänderungen an der in
diesem Recess bestimmten Gewehrlichkeit des jährlich
auszuführenden Salz-Quanti kein Abbruch oder Schaden veranlasset werde.

Und. wann der bayersche Ober - oder Nebenan- 1781
schaffer zu Klag kommen, soll man von Seite des
Pflegamts Hallein sie mit Bescheidenheit ohne Aufschub,
und nothdürftiglich .hören, die Verhandlung und Wendung in ihrer Gegenwart fürnehmen, und. den Ueber-
fahrer dieses Recess der Gebühr nach strafen, auch
auf Begehren des Oberanschaffers zu seiner Legitima-
tion allwegen eine Abschrift der Verbescheidung un-
aufenthältlich, und unentgeldlich ertheilen.

Wurden aber die Salzarbeiter gegen den bayerischen Oberanschaffer, Gegenschreiber oder Nebenanschaffer sich mit Worten oder Werken ungebührlich
aufführen, selbe geringächtig spöteln, antasten, oder
etwa beschädigen, solle die Pfleg Hallein auf besche-
hende Anzeige solche Ausrichtung thun, und Straf
fürkehren, damit jeder von dergleichen Muthwillen ab-
gehalten werde.

(Art. 23.) Dreyundzwanzigstens: Und weilen dann
Se. Churfürstl. Durchl. derzeit die Halleinische Salz-
fertigung allein haben; so solle denenselben in dero
abschickenden Räthen und Kommissarien das nämliche
wegen der Nachsicht zustehen, was schon ao. 1569.
nicht nur denen Dienern der Fertigern, sondern auch
selbst denen Fertigern zugestanden ist, daher, wenn
höchst dieselben dero Oberanschafferamt, und dessen
Subalternen, ob sie ihre Pflicht und Schuldigkeit machen, durch eine Kommission nachsehen lassen wollen,
gedachter Kommission auf vorhergegangene schriftliche
Insinuation der Bayerisch an die Salzburg. Hofkammer
ein solches, und folgl. die näml. Nachsicht der Mässerey,
und all andern in diesen Recess verglichenen Arbeiten
nicht nur unverwehrt bleiben, sondern auch bedürfti-
gen Falls die requirirende Assistenz nicht verweigert
werden solle.

(Art. 24.) Vierundzwanzigstens: Und da sich wider
den starken Salz - Abtrag, und allerley andere, sonders
bey der Nacht in denen Stossstätten fürgehende Incon-
venientien beklagt worden; so haben Se. hochfürstl.
Gnaden die Verfügung treffen lassen, dass durch die
in Hallein befindliche Gerichsdiener fleissig nachgesehen
werde. Wenn aber ein Ober- oder Nebenanschaffer
Jemand auf der That erwischt, mögen sie durch den
nächst besten Gerichtsdiener (allermassen dessentwegen
sowohl der Pfleg als dem Stadtgericht die Nothdurft

1781 bedeutet worden) den Thäter ergreifen, und der Pfleg Hallein nebst einer schriftlichen Anzeige einliefern lassen,. Ausserdeme, und wo der Thäter nicht auf der That betretten, und es folglich auf eine Inquisition ankommen wird, solle der Oberanschaffer dem Pflegamt solches vorläufig anzeigen, welches von Sr. Hochfürstl. Gnaden befehlet ist, sothanne Inquisition vorzukehren, und die allenfalls erforderl. Visitation mit Beyziehung des Anzeigers durch die Subalternen unaufschieblich vornehmen zu lassen.

(Art. 25.) Fünfundzwanzigstens: Haben Se. Hochfürstl. Gnaden von den Originalien alljener Mutter-Mässereyen, welche in denen §. §. 1. 2. 4. 5. 18. und 19. mit mehrern beschrieben sind, benanntlich die Sulzenwaage, Landschuhe, Fuder-Visier, Berkuffen, Zarg, Fuder-Maasse, Stab, Berkolben, Zuschlager, Salzstössl, und Kuffengeschier-Reif, das eine zur Hofkammer in Salzburg hinterlegen, das andere aber der Bayer. Kommission, um es ingleichen bey der Hofkammer in München ad Conservatorium zu nehmen, übergeben lassen, das dritte Original ist der Pfleg Hallein zugestellet, beynebens auch von sothanen Originalien ein gleiches genau ajustirt, und von beederseits Kommissarien recognoscirtes Transumpt mit des Erzstifts Wappen dem Bayer. Oberanschafferamt der fürwehrenden Beobachtungswillen gegeben worden.

(Art. 26.) Sechsundzwanzigstens: Was in dieser neuen Vergleichung von denen Gewehrlichkeits-Recessen, und hochfürstl. Salz-Verordnungen de annis 1489. 1531. 1569. et 1599. dann denen Verträgen de annis 1594. et 1611. nicht geändert, noch aufgehoben worden, darinnen sollen selbe in deren Kräften und Würden verbleiben.

Gleichwie übrigens vermög einer besondern additional-Abrede sub Nro. 3. die gemeinsame Verständniss getroffen worden, dass statt der zeitherig gebrechlichen Kuffen mit dem Salzausgang des 1783ten Jahres ein anderes haltbares Geschier eingeführet werde, so begreift sich von selbsten, dass jenes, was im vorstehenden Gewehrschafts-Recess in verschiedenen Stellen wegen dem Kuffengeschier, den dazugehörigen Instrumenten, und andern dahin sich beziehenden Manipulationen versehen ist, mit dem Jahre 1782. seine Endschaft erreiche, und wornach statt dem jene Verbind-

lichkeiten einzutretten haben, welche in der erwähnten 1781
additional-Abrede freundnachbarlich gegen einander verglichen sind.

Nachdeme auch dem fürstl. Stift. Berchtesgaden
besag interim de ao. 1628. zugelassen ist, nebst zehen
Pfund frey Salz den zwanzigsten Theil dessen, was
von Hallein aus in Kuffen zu Wasser ausgefertiget
wird, darzu zu legen, und auf des Erzstifts Schiffen-
gen auszuführen; als solle es nicht nur bei diesem
Interimal-Vergleich, sondern auch jenen sein ohnabänderliches Verbleiben haben, was die des Berchtes-
gadischen, Schellenberger und Fronreiter-Salz in dem
§. 5. des Haupt-Vertrags neuerdings bestättigte Verträge der Salzgewehrlichkeit halber verordnen, und
von beeden Theilen dahin gesorget werden, dass diesen Verträgen zuwider nichts gefährliches gehandelt
werde.

(Art. 27.) Siebenundzwanzigstens: Ueberhaupts aber
behalten sich Se. Hochfürstl. Gnaden bevor, dass durch
gegenwärtigen Gewehrschafts-Recess dem hohen Erzstift an dessen Landeshohheit, hoch und niedern Gerichtsbarkeit und Freyheiten nichts benohmen, noch
solcher demselben bey seinen Salz-Erzt und desselben
Freyheiten, Rechten und Gebräuchen zu einiger Schmäl-
lerung, oder Abbruch gereichen solle.

(Art. 28.) Und endlichen solle die obstehende neue
Gewehrlichkeits-Ordnung, welche mit künftig neuen Salz-
arbeit ihren Anfang zu nehmen hat, nur in so lang
das hohe Erzstift verbinden, als Se. Churfürstl. Durchl.
den Halleinischen Wasser-Salzhandel selbsten behalten;
würden aber Höchstdieselben, oder deren Erben, und
Nachkommen in denen Bayer. Landen sich dessen wiederum begeben, solle alles in den Stande rückgesetzet
werden, darinnen sich die Sachen vor dem von Bayern
übernommenen Salzhandel befunden haben.

Zu Urkund dessen sind dieses Vertrags zwey gleichlautende Exemplarien verfasset, und solche von Sr. Churfürstl. Drlt. und hochfürstl. Gnaden zu Salzburg eigenhändig unterzeichnet, und in Kraft der dem Haupt-
vertrag anhangenden Fertigung bestättiget worden.

So geschehen in der Haupt- und Residenzstadt
München den vierten Hornung im Ein tausend, Sie-
benhundert Ein und achtzigsten Jahre.

1781

Nro. 1.

E i d s - F o r m u l.

Wornach die hochfürstl. Salzburg. Salzbeamte, Diener und Arbeiter in Hallein zu Folge des Gewehr-schafts-Receß de ao. 1781. §. 21. und der dazu ge-hörigen additional-Abrede zu verpflichten kommen.

Ich N. N. gelobe und schwöre dem Hochwürdig-sten des heil. Röm. Reichsfürsten und Herrn Herrn (ponatur plenus Titulus) dass ich

> das gnädigst mir anvertraute Verweesamt:
> das gnädigst mir anvertraute Pfannhausamt:
> den gnädigst mir anvertrauten Dienst des Ver-weesamts Gegenschreibers:
> den gnädigst mir anvertrauten Dienst des Pfann-hausamts Gegenschreibers:
> den gnädigst mir anvertrauten Dienst eines Pfannhausmeisters:

nach meinem besten Vermögen, Vernunft und Gewissen verrichten, und dabey insonderheit deme getreulichst nachkommen werde, was mir, Se. hochfürstl. Gnaden in Kraft des zwischen Sr. Churfürstl. Durchl. und höchst-ihnen errichtet, und

> zum hochfürstlichen Pfannhausamt:
> zum hochfürstlichen Verweesamt

in Abschrift mitgetheilten Salzgewehrschafts-Receß dann der dazugehörigen additional-Abrede von Landesherr-schafts wegen gnädigst aufzutragen geruhet haben. So wahr mir Gott helfe, und alle seine Heiligen.

Vor die Salz-Arbeiter u. s. w.

Ich N. N. gelobe, und schwöre dem Hochwürdig-sten des heil. Röm. Reichs Fürsten und Hrn. Hrn. (ponatur plenus Titulus) dass ich die mir aufgetragene Arbeit

mit
> Salz-Erzeugung zu Pfannhaus:
> Pfieslung des Salzes:
> Salzhacken:
> Aufheben:
> Stossen der Kuffen:
> Zuschlagen der Kuffen:
> Beschlagen der Kuffen:
> Zwicken der Kuffen:
> Zurichtung des Kleizelholzes:
> Verfertigung des Kuflwerks:

Dermassen getreulich verrichten werde, als es Se. 1781 hochfürstl. Gnaden von Landesherrschaftswegen, und sonderbar vermög eines zwischen Sr. Churfl. Durchl. und höchstihnen errichteten, und von Wort zu Wort, so viel hierinne mein Arbeit berührt, abgelesenen Gewehrschafts-Vertrag und der dazu gehörigen additional-Abrede gnädigst angeordnet, und gesetzet haben. So wahr mir Gott helfe und alle seine Heiligen.

Nro. 2.

Eids-Formul.

Wornach der Churfürstl. Salz-Oberanschaffer, Gegenschreiber und Nebenanschaffer im Hallein zu Folge des Gewehrschafts-Recess de ao. 1781. §. 21. und der dazu gehörigen additional-Abrede zu verpflichten kommen.

Ich N. N. gelobe und schwöre dem Durchlauchtigsten Fürsten und Herrn Herrn (pon. p. T.) dass ich
das gnädigst mir anvertraute Oberanschafferamt:
den gnädigst mir anvertrauten Gegenschreibersdienst:
den gnädigst mir verliehenen Nebenanschafferdienst:
nach meinem besten Vermögen, Vernunft und Gewissen verrichten, und dabei insonderheit deme getreulichst nachkommen werde, was Se. Churfürstl. Durchl. in Kraft des zwischen höchst Ihro, und dem hohen Erzstift Salzburg errichteten, und zum Churfürstl. Oberanschafferamt in Abschrift mitgetheilten Salzgewehrschafts-Recesse, dann der dazugehörigen additional-Abrede gnädigst mir aufzutragen geruhet haben. So wahr mir Gott helfe und alle seine Heiligen.

VI.

Additional-Abrede zum vorstehenden Salzge-
währlichkeits-Recess. München den 4. Februar
1781.

Nachdeme sich beede höchste Paciscenten nach den dermal vorliegenden Umständen in Belang des bisher üblichen, und längstens noch bis Ende des 1782ten Jahrs bestehenden Kuffen-Geschiers, zu Aufrechthaltung der Debite dahin freundnachbarlich verglichen haben, dass zu solchen Ende mit dem 1783ten Salz-Ausgang alles Salz anstatt der zeitherigen gebrechlichen

1781 Kuffen in so lang, bis man sich etwa in Folge der
Zeit beyderseits zu Beförderung des Verschleisses eines
anderen noch annehmlicher findenden Geschirrs vergleichen wird, in ganzen Salzfudern, oder Stöcken,
sohin unzerhackt in haltbaren Geschirren ausgeführt
werden solle; so sind folgende Punkte beederseits beliebt und festgesetzt worden, und zwar

(Art. 1.) Erstens soll eine Hallfahrt aus 244 dergleichen eingeschlagenen Fudern, mit Einschluss der
gewöhnl. 33 Sez- oder Auffüll-Fudern, übrigens aber
ausschliesslich des sonderbar übernehmenden Spital-Fu-
ders bestehen, und dazu lauter ganze unzerbrochene
Fuder, unabbrüchig dessen, was hierunter §. 6. bedungen, ist, verwendet werden, welche

(Art. 2.) Zweitens: sowohl in der Grösse, als in
anderwegs durchgehends so gewehrlich und untadelhaft beschaffen seyn müssen, wie es der obangezo-
gene Gewehrlichkeits-Recess mit mehrern enthält, und
verordnet:

(Art. 3.) Drittens erfordert jedes dieser Fuder
ein haltbares, und dem Salz-Stock nach Thunlichkeit
genau anpassendes Geschirr, welches aus 14 fünf Linien dicken, drey Schuhe und acht Zoll langen, und
in der Breite beym obern Ort 2 Zoll 9 Linien — im
untern Ort aber 4 Zoll und 6 Linien haltenden, auch
wohl ausgetrockneten, und abgestossenen Taufeln, dann
2 guten Böden bestehet, wovon der untere, oder Heerd-
boden mit einer Spang nach Zwerch des Schnits zu
befestigen, und hierzue entweders die wegen der Ast-
löcher oder in anderweg mangelhafte Taufeln, oder
gekleizelte Spangen vorzüglich zu verwenden kommen.

(Art. 4.) Viertens: Muss jedes Geschirr mit 6 (so
viel immer möglich) frischen, nicht zu schwachen,
auch gut geschlossenen, und beym Schloss wohl abge-
bundenen Reifen versehen werden.

Von diesem sollen sowohl die Gupf-, als Herd-
Reif genau gegen die Fürköpfeder Taufeln, die mittlere
Reife aber mehr gegen den Herd angetrieben werden.

(Art. 5.) Fünftens: sind beede Böden mit Einleg-
Reifen zu versehen, und diese am Herd mit 4, am
Gupf aber mit 3 eisernen Nägeln, die auch zugleich
überall den äussersten Gupf und Herd-Reif, dann die
Taufeln halten, und anselber übernietet sind, zu befe-
stigen.

Nebst deme sind die mittlere, und die innere Bo- 1781
den-Reife jeden Orts mit 3 in gleicher Entfernung
kommenden von lerchenen oder anderen zähen Holz
verfertigten Nägeln, auf die Spange mit 2 solchen Nägeln, welche unter den inneren Boden-Reifen bis durch
selbe reichen, wohl zu verwahren.

(Art. 6.) Sechstens: Da es nicht wohl möglich,
das jährlich auszuführende Salzquantum in lauter ganzen und unzerbrochenen Fudern abzugeben, so hat
man sich der Uebernahme des Bruchsalzes halber dahin verglichen, dass von dem ganzen jährlichen Salz-
ausfuhrs-Quanto der 16te Theil in eben diesen mit 2
mehreren Reifen versehenen haltbaren Fudergeschieren
zerhackter und eingstossener von dem bayerischen Salz-
Oberanschafferamt dergestalt übernommen werde, dass
dieses Bruch-Salz, wie das übrige von Recessmässi-
ger Güte seyn, und jedes nach obiger Art abgemach-
tes Stück auf 118 Pfund sohin nicht weniger oder
mehr in Sporco-Gewicht hergestellt werden solle, wenn
anders die Tharra nicht mehr, als 12 bis 13 Pfund
betragen wird; dem jedoch unpräjudizirlich, was im
Gewehrschafts-Recess von dem Gehalt, und der Schwere
der Fuder bedungen ist, welch eingestossene Bruch-
fuder denn auch, um im Salzausgang keine Hinderniss
zu veranlassen, von Zeit zu Zeit mit andern eingeschlagenen ganzen Salzfudern auszuführen, und, wenn es
nöthig ist, mit einem besonderen Zeichen zu bemerken sind.

(Art. 7.) Siebentens: So lange die Ausfuhr ein-
geschlagener ganzer Salz-Fuder andauert, das ist, in
so lang, bis man sich, wie Eingangs bemerkt, etwa in
Folge der Zeit beyderseits eines anderen noch annehmlicher findenden Geschieres vergleichen wird, erbieten
sich Se. Churfürstl. Drlt. zu einer jählichen Holzaushilf
von langen geschnittenen Fudergeschier-Taufeln, und
zwar bey einem Salzausgang von 900 Pfund, oder
1091 Mühlbacher Hallfahrten, jede zu 244 eingeschlagenen ganzen Fuderstöcken gerechnet, zu einem dergleichen Taufelholz Beytrag von 10800 Pfund, massen
bei einem stärkeren Salzausgang sothanne Holzaushilfe
verhältnissmässig zu vermehren ist.

Beynebens aber kommt dieses Holz ohne des Erzstiftes Entgelt bis Salzburg zu liefern, allwo ein Bayer.
Beamter solches dem erzstiftischen Pflegamt Hallein

1781 behörig einantworten wird, damit sich in quanto et
quali um so weniger ein Anstand in der Folge ergeben
möge, besonders wenn unter diesem Holz sich schon
einmal gebrauchte Taufeln bezeigen wurden, welche,
soferne selbe sonst untadelhaft beschaffen sind, auch
unbedenklich zu übernehmen wären.

(Art. 8.) Achtens: Behalten sich Se. Kurfüstl.
Drlt. etc., bevor: das Schellenberger Salz ebenfalls in
ganzen Fuderstöcken und verglichenen Geschirren, dergestalt auszuführen, dass jedoch bei demselben nur
211 Stück für eine Hallfahrt gezählet, und passirt werden sollen. Gleichwie übrigens

(Art. 9.) Neuntens: Durch die zum Theil neue
§. 4. und 5. bestimmte Bedingnisse, welche nach dem
geschlossenen Haupt-Salz-Vertrag und Gewehrlichkeits-Recess erst verabredet worden, und das Erzstift
Salzburg zu erfüllen über sich genommen hat, eben
diesem hohen Erzstift neue Kösten zugeben,- als haben
Se. Churftl. Drlt. für eine jede ausführende Mühlbacher
Hallfahrt per 244 Fuder der verbesserten Gewehrlichkeit halber Ein Gulden und dreysig Kreuzer zu erstatten zugesagt, welche von Bayer. Oberanschafferamt
entweder zu Ende des Salzausgangs, oder auch monatlich der wirklichen Ausfuhr nach zur Pfleg Hallein
bezahlt werden sollen.

Welch sammentl. Punkte demnach auch eben jene
Kraft und Wirkung haben sollen, als wenn solche dem
Eingangs gedachten Salz-Gewehrlichkeits-Rezess selbst
von Wort zu Wort also einverleibt worden wären.

Urkundlich der dem Haupt-Salz-Vertrag unter
dem heutigen Dato angehängten Fertigung und beeder
höchsten Paciscenten mehrmalen beygesetzten Hand-
Unterschriften.

So geschehen in der Haupt-und Residenzstadt
München den vierten Hornung im Ein tausend Sieben
hundert Ein und achtzigsten Jahre.

13.

Controverses maritimes entre le Danemarck et les Provinces unies des Pays-Bas.

Promemoria de M. St. Saphorin, Envoyé danois à la Haye, en date du 28. Avril 1781.

Hauts et Puissans Seigneurs!

Il est connu de V. H. P. avec quelle confiance et depuis quel tems le soussigné a eu l'honneur de leur exposer par ordre de sa cour, combien elle désire parvenir à terminer les differends qui existent sur le *Rio-Volta* entre ses sujets et les leurs, qui ont peu à peu occupé abusivement et fortifié les postes de *Creve-Coeur* et de *Bonne-Espérance*, lesquels présentement incommodent et gênent les établissemens Danois sur cette côte, au point d'en détruire prèsque l'existence, d'obliger pour leur soutien à des fraix qui absorbent l'utilité et de rendre de plus en plus nécessaires les mesures auxquelles Sa Maj. désirerait n'être nullement dans le cas de penser. En conséquence, quoique le Soussigné ait fidelement rendu compte des assurances qui lui ont été données réitéretivement du désir qu'ont V. H. P. de tarir jusques dans sa source tout sujet de mésintelligence réciproque, désir bien conforme à celui du Roi son Maitre; cependant comme il n'est rien resulté de ces assurances générales, il se trouve présentement dans le cas d'exécuter les ordres qu'il vient de recevoir, de demander à V. H. P. de faire évacuer les susdits forts de *Creve-Coeur* et de *Bonne-Espérance*, dont l'existence ne peut se concilier avec celles des établissémens du Danemarck. Il a les ordres exprès de les en requerir et de leur donner à connaitre que tout comme Sa Maj. sera très sensible à cette manière amicale de terminer les différends actuels sur la côte de *Guinée*, de même Elle verra avec un vrai regret, qu'on l'oblige à donner à cette affaire une attention plus sérieuse.

K 2

Note du même, en date du 5. Juillet 1782.

Hoog Mogende Heeren!

De slegte behandelingen, die de Deensche Schepen, welke de Kaap de goede Hoop aandeden, in dezen laatsten tyd hebben geleden, zyn reeds te voren, door den Ondergetekende, voor Uw. Hoog Mog. opengelegt: Hy heeft de eere gehad, hun te verzoeken ingevolge de ordres, daarover ontvangen, om wel in die abuisen strydig met de goede verstandhouding tuschen de beide Staten, en zoo geopposeert tegens de regtvaerdigheid en betamelykheid, te willen voorzien: thands komt het Gouvernement van de Kaap de maat vol te meten aan deszelfs willekeurige handelingen, door de sterkste vyandelykheden te bedryven tegens 't schip van de Deensche Compagnie, genaamd *la Citadelle Dansburg,* 't welk, meenende die haven, als by eene in vriendschap zynde en gealliëerde Natie, te kunnen aandoen, en aldaar de gewone ververschingen te ontvangen, behandeld is met eene barbaarsheid zonder voorbeeld, geweigerd in deszelfs verzoeken, met geweld weerhouden, en, omdat het zig wilde verwydern von eene plaats, alwaar men geen regt had, hetzelve bevelen te geven, met geweld gedwongen, beschoten, geplunderd is, de Stuurman en Kaptein aangehouden, gevangen gezet, en gerefuseerd zyn zonder middel van defensie. De omstandigheden 'er van zyn breder te vinden in de hierbygevoegde stukken. 't Zal genoeg zyn, Uw Hoog Mog. thans voor oogen te leggen 't verbod, aan den Deenschen Kaptein, en zyne Equipagie gedaan, om aan land te gaan, zonder eenige explicatie; de volstrekte ontzegging om den Correspondent van de Compagnie op de Kaap, of eenig ander Perzoon, die de billyke ongerustheden van den Kaptein konde stillen, te zien; 't suspecte bezoek, 't dubbelzinnig en captieus gesprek, te kennen gevende eene ruptuur tusschen den Koning en de Republiek, gehouden met een man, die zeide, geauthoriseerd te zyn, om hatelyke en geweldige middelen, van den kant van 't Gouvernement, uittevoeren; de immediate nadering van een Hollandsch schip ten oorlog gewapend, en veele andere omstandigheden, die niet dan de attentie van den Deenschen Kaptein konden opwekken in de criticque situatie, waarin hy zig gebragt zag door de verras-

sing, en 't geweldig gedrag van den, zig dus noemende, 17$\frac{81}{82}$
Gevolmagtigde van 't Gouvernement, en die hem vol-
komen, volgens de beginzelen van 't regt der volkeren,
regtvaardigt, eene zoo regtvaardige, als natuurlyke
en met zyne pligten overeenkomstigen parthy genomen
te hebben, om namentlyk op zyne veiligheid en be-
houd bedagt te zyn, zig tragtende te retireeren, en
alle zyne pogingen aanwendende, om 't aanstaand
gevaar, 't welk hem scheen te dreigen, te vermeyden.
Die Kapitein had ongetwyfeld het volle regt, deze
party te kiezen op 't oogenblik, waarop hy 't doed,
en zonder daarover de toestemming van den Holland-
schen Gouverneur te vragen, alzoo hy zig konden
aanmerken, als niet op de Kaap gekomen te zyn, nog
voet aan land gezet, nog de minste communicatie heb-
bende, ten zy met die geenen, die 't vertrouwen had-
den van 't Gouvernement, en zeiden, geauthoriseerd
te zyn, om zyn schip aanteklampen, en er zig meester
van te maken; zyn vertrek daarenboven, niet meer
dan zyne aankomst, op eenige wyze of aan de Kaap
of 't Hollandsch Gouvernement eenig nadeel kunnende
toebrengen, op geene wyze eenen vryen uitgang aan
dat schip kunnen, verbieden en nog minder hetzelve
te doen vervolgen, en als een vyandelyk schip aante-
tasten.   Te voren, Hoog Mog. Heeren, heeft het
Deensch Compagnie Schip *Haabet*, Kaptein *Lotberg*,
zig ook grotelyks te beklagen gehad over de bejege-
ning en behandeling, hem op de Kaap aangedaan;
dit schip, 't welk komt te arriveeren, bevestigt vol-
komen alle de rapporten van den Kaptein *Fuglede*.
't Gouvernement van de Kaap heeft, om zyne slegte
behandelingen te ontschuldigen, geen ander voorwendzel
kunnen aanhalen, tenzy dat zig aan boord van 't Deensche Schip eenige Engelsche Passagiers bevonden;
een brief, die 'er melding van maakt, is 't eenigste
bewysstuk, van den kant van 't Gouvernement aan
den Heer *Fuglede* overgegeven, die zelfs zoo verre
gegaan is, dat hy aangeboden heeft, de Engelsche
Passagiers overteleveren, indien zulks hem konde be-
vryden van de moeijelykheid, die hem aangedaan wierd,
maar de onstuimige *Staring* heeft die aanbieding af-
geslagen, voortvarende met zyne onwettige handelwyze. — Zyne Majesteit de Koning heeft den Onder-
getekenden gelast, Uw Hoog M. te verzoeken, om,

17$\frac{81}{82}$ wegens hunne opregte vriendschap voor denzelve, en wegens hunne natuurlyke regtvaerdigheid, wel te willen vermyden alle langwyligheid, die de formaliteiten verschaffen, wanneer men regtvaardige satisfactie verlangt te verydelen: zoodanig dat zy, zonder vertoeven, tot de strengste middelen overgaan, om de directie van hunne W. I. Compagnie te verpligten, eens voor altoos een einde te maken aan de beledigingen en geweld, die de schepen zyner onderdanen ondervinden, en te bezorgen, voor de kwellingen en vyandelykheeden hier gedetailleerd, eene eclatante, prompte en volkomene satisfactie, die Hy regt heeft te eisschen voor zulk een willekeurig en beledigend gedrag. — De Ondergetekende heeft daarenboven positive ordres, om gelykelyk aantehouden op eene geheele schadeloosstelling van 't considerabel verlies, 't welk daaruit voortkomt voor de Deensche O. I. Compagnie. Hy laat aan Uw Hoog Mog. over de middelen, om die ordres, die schadeloosstelling en die satisfactie te bezorgen, overtuigd zynde, dat hunne hooge wysheid, regtvaardigheid en voorzigtigheid niet zullen toelaten, dezelve te weigeren aan een Souverain, die hun gegeven heeft, en nog geeft vermeenigvuldigde blyken van zyne vriendschap, en die wenscht, nooit verpligt te zyn, andere handelingen te moeten bezigen, als die geene, waarvan tot nog toe is gebruik gemaakt.

Gedaan in 's Hage den 5. July 1782.

St. Saphorin.

Note ultérieure du même Envoyé, en date du 22. Juillet 1782.

Hoog Mog. Heeren!

De ondergetekende heeft den 5 dezer de eer gehad van uit te voeren de bevelen van den Koning, zynen Meester, aangaande de enorme abuizen, door de regeering en de bedienden van de Kaap de goede Hoop begaan. Thans heeft hy de eer U Hoog Mog. aan die Memorie te doen denken, en wel op uitdruklyk bevel, 't welk hy ontvangen heeft: ,,Dat Zyne Majesteit, zig overtuigd houdende van derzelver onveranderlyk verlangen om de beste verstandhouding te bewaaren tusschen derzelver onderdaanen en de zyne, ,,en door de handelwyze, die zyne schepen in hunne

„havens ondervinden zullen, doen blyken, hoe Zy met 17$\frac{81}{82}$
„dercelver schepen in zyne havens wenschen gehandeld
„te hebben, hoopt, dat U Hoog Mog. de vriendschaplyke
„gevoelens, die Zy Hem toedraagen, wel zullen wil-
„len aan den dag leggen en bevestigen, door Hem
„by eene formeele en naauwkeurige verklaaring te
„verzekeren, dat Zy met den eersten, door uitdruklyke
„en strenge ordres, ten dien einde langs verscheiden
„wegen aan de regeering en bevel voerende officieren
„aan de Kaap de goede'Hoop te zenden, zullen voor-
„zien, dat niet alleen de Deensche schepen aldaar geen
„vyandlykheden meer ondervinden' zullen, die men met
„verachting van goede trouw en der Tractaaten, aan
„vier zyner, agtereenvolgend by de Kaap aangekomen,
„schepen gepleegd heeft; maar dat ook voortaan alle
„Deensche schepen 'er zo vriendlyk ontvangen worden,
„als die der Republiek van alle tyden, in de verschei-
„den havens van de Dominatie van Zyne Majesteit on-
„dervonden hebben; dat zy niet meer, onder eeniger-
„lei voorwendsel, tegen hunnen wil worden aangehou-
„den, en dat hun, minzaamer wyze, zo veel hulp worde
„toegebragt; gelyk tusschen in vriendschap zynde Na-
„tiën gebruiklyk is."

De vraag van Z. M. is van het uiterste gewigt:
Dezelve is gegrond op het regt der Volken: op de we-
derkeerigheid van regt, op de Tractaaten tusschen
de beide Natien en de overeenkomst der gewapende
Neutraliteit, welker grondslagen al te bekend zyn, om
ze hier te herhaalen en al te klaar en duidlyk om eenige
twyfel deswege over te laaten. 't Zyn herhaalde ge-
weldenaryen tegen de schepen zyner onderdaanen, die
onvermydlyk gemaakt hebben den stap, waar toe Z. M.
zig genoodzaakt vindt, en de vraag, waar op hy vooraf
aanhoudt. Dezelve kan niet geweigerd worden als
door een willekeurig oogmerk, 't welk Z. M. wel verre
af is van te onderstellen, veel minder te wenschen. Dezelve vereischt geen voorafgaande onderzoekingen noch
ophelderingen, en is van eene al te belang ryke natuur
om uitstel te kunnen lyden. Ook heeft de ondergetekende uitdruklyke bevele ontvangen om deswege een
cathegorische verklaaring en antwoord voor het einde
deezer week te vraagen.

Met opzigt der voldoening, die Z. M. regt heeft
te eisschen voor de handelwyze, ongehoord tusschen in

17⁸⁴⁄₈₂ Vriendschap zynde Natien, die de schepen zyner onderdaanen, van wege de bedienden der Hollandsche O. I.
Compagnie aan de Kaap de goede Hoop, geleeden hebben;
en betreffende de aanmerklyke vergoedingen, die aan de
Deensche Comp. niet geweigerd kunnen worden wegens
de groote verliezen, die zy geleeden heeft, dit zyn
zaaken van een nader onderzoek: Maar Z. M. zal 'er
nimmer van afgaan en niets zal hem weerhouden om
ten sterkste en kragtigste aantehouden op het een en
ander, overeenkomstig de Nota, die de ondergetekende
den 5. July heeft overgegeeven, en van de nadere
wettige en duidlyke opgaaven en vorderingen die hy
ordre zal hebben van over te geeven naar maate die
verliezen klaar en juist zullen kunnen berekend worden.

14.

Actes, Traités et conventions relativement à la pacification de la République de Genève *).

I.

Traité entre la France et la Sardaigne pour la pacification de Genève. Signé à Versailles, le 6 Juin 1782.

Le Roi de Sardaigne ayant acquiescé avec tout
l'empressement possible aux désirs que le Roi Très-
Chrétien a témoignés de concourir à la pacification de
la Ville, et République de Genève comme étant une
entreprise également utile pour leurs sujets respectifs
et digne de leur justice et de leur bienfaisance les
deux Monarques se sont déterminés à fixer provisoirement par une convention le plan d'arrangemens et de
mesures les plus propres à parvenir promptement et
sûrement au but qu'ils se proposent. Dans cette vue
le Roi de Sardaigne a choisi pour son Ministre Pleni-
potentiaire le sieur Comte de Scarnafis, Chevalier,
Grand Croix de l'Ordre des Saints Maurice et Lazare,
Gentilhomme de sa Chambre et son Ambassadeur au-

---

*) Voy. ce Recueil T. III. p. 486. (ière édit. T. II. p. 301.)

près du Roi Très-Chrétien et le Roi Très-Chrétien 1782 le Sieur Charles Gravier de Vergennes, Comte de Vergennes, Baron d'Uchon et de S. Eugennes, Seigneur de Bordeaux, S. Symphorien de Marmagne, Pontdevaux, Marli, Barnault et autres lieux, son Conseiller en tous ses conseils, Commandeur de ses Ordres, Conseiller d'Etat d'Epée, Ministre et Secrétaire d'Etat et de ses Commandemens et Finances, ayant le Département des affaires étrangeres; lesquels, après s'être communiqués leurs pleins pouvoirs en bonne forme sont convenus provisoirement des articles suivants pour parvenir promptement et sûrement au but qu'ils se proposent.

I. Le Roi de Sardaigne et le Roi Très-Chrétien feront avancer chacun de leur côté un corp de troupes vers Genève.

II. Les généraux chargés du Commandement de ces troupes seront revetus du caractère de Ministres Plénipotentiaires pour travailler à la pacification, lorsque la tranquillité et la sûreté seront rétablies dans Genève.

III. Les instructions données aux Commandans sur la manière dont ils devront se procurer l'entrée de Genève et travailler ensuite à la pacification seront communiquées respectivement et de bonne foi, et il leur sera préscrit de se concerter en tous points pour assurer la tranquillité de Genève par les moyens les plus doux, et en même tems les plus efficaces.

IV. Si les deux Cantons de Zurich et de Berne désirent prendre part à la pacification de Genève, soit en envoyant des troupes, soit simplement par l'entremise de plénipotentiaires, les Généraux et Ministres respectifs se concerteront avec les Commandans et Plénipotentiaires des Cantons pour procéder tant au rétablissement de la sûreté dans Genève, qu'à la pacification entière de cette ville.

V. Les différentes mesures qu'il sera nécessaire de prendre avant l'entrée des troupes dans Genève, pendant le cours de la négotiation et après la conclusion de la pacification, dépendant de circonstances qui ne peuvent être toutes prévues, seront combinées entre les Généraux et Plénipotentiaires des deux Monarques, et, s'il y a lieu, entre eux et les Commandans et Plénipotentiaires des cantons de Zurich et de Berne, et autant qu'il sera possible, on suivra la marche tra-

1782 cée dans les instructions communiquées d'avance de part et d'autre.

VI. Le but des deux Cours est d'établir dans Genève un Gouvernement dont la base soit prise dans le réglement de mil sept cent trente huit qui avoit été garanti par le Roi Très-Chrétien et les louables cantons de Zurich et de Berne et dans le prononcé des Puissances garantes de mil sept cent soixante huit.

VII. On s'attachera à faire ajouter à ces loix et agréer par la République de nouveaux articles pour completter la législation de Genève, donner au Gouvernement une force qui le mette à l'abri des insurrections, empêcher que le droit de représentation ne soit, comme par le passé, une source de séditions, faire en un mot que tout citoyen de Genève puisse avoir part au Gouvernement en proportion du rang qu'il occupe dans la République, mais qu'aucun ne puisse le troubler.

VIII. Le Gouvernement étant fixé, le Roi de Sardaigne et le Roi Très-Chrétien le garantiront, soit seuls, soit avec les Cantons de Zurich et de Berne et on aura le plus grand soin de bien déterminer la maniére légale dont les Puissances garantes pourront être invoquées par un ou plusieurs Corps de l'Etat.

IX. La présente convention sera ratifiée par le Roi de Sardaigne et par le Roi Très-Chrétien et les ratifications échangées dans l'espace d'un mois ou plustôt, si faire se peut, à compter du jour de la signature de la présente convention.

En foi de quoi Nous Ministres Plénipotentiaires du Roi de Sardaigne et du Roi Très-Chrétien avons signé la présente convention et y avons fait apposer le cachet de nos armes. Fait à Versailles le 6. Juin 1782.

DE SCARNAFIS. GRAVIER DE VERGENNES.

Ratifié par le Roi de France le 2. Juillet de la même année.

II.

Déclaration du Plénipotentiaire de la France sur le Traité précédent. En date de Versailles, le 10. Juin 1782.

Le Roi ayant reconnu que l'intervention de S. M. le Roi de Sardaigne dans la pacification de Genève, telle qu'elle a été proposée par ce Prince, pouvoit 1782 beaucoup, contribuer au succès de cette entreprise, également intéressante pour les deux Cours, a voulu donner à S. M. Sarde une preuve particulière de son affection en lui épargnant tout embarras et toute sollicitude pour les suites que cette affaire pourroit avoir. En conséquence, considérant que tout ce qui se traite avec les Républiques est susceptible de contrariétés imprévues, et que les cantons de Zurich et de Berne, quelque intéressés qu'ils soient à la tranquillité de Genève, et quelque disposés qu'ils paroissent être à contribuer à la pacification de cette République, pourroient néanmoins par une suite des possions qui divisent leurs conseils, élever des obstacles contre les voeux des deux cours, et se porter jusqu'à se mettre entièrement en opposition avec Elles: Sa Maj. a voulu dans ce cas prendre vis-à-vis de Sa Maj. Sarde l'engagement de se charger seule d'arrêter l'effet de la mauvaise volonté des Cantons, et de ne pas permettre que sous aucun prétexte relatif à Genève ils causent le moindre dommage au Roi de Sardaigne, à ses Etats et sujets. La présente déclaration restera dans le plus grand secret, et sera anéantie d'abord après la pacification de Genève.

Fait à Versailles, le 6. Juin 1782.

GRAVIER DE VERGENNES.

III.

Convention entre les Plénipotentiaires de S. M. le Roi de France, de S. M. le Roi de Sardaigne, et de la République de Berne pour l'occupation de la ville de Genève. En date du 26. Juin 1782.

I. Il a été décidé que samedi 29 de ce mois les trois Puissances enverroient la déclaration et la lettre aux Syndics de Genève à cinq heures du matin, par un trompette, à chacune des portes que leurs troupes doivent occuper.

II. Il est dit par la lettre aux Syndics de Genève qu'on donnera aux habitans de cette ville cinq heures pour ouvrir leurs portes aux troupes des trois Puissances. En cas de prolongation de temps demandée par ladite Ville, il a été décidé par les Généraux et les Ministres des trois Puissances qu'on accorderoit un dé-

1782 lai de vingt-quatre heures, et qu'il seroit dit dans l'option du délai que les Généraux des trois Puissances continueroient leurs préparatifs pour attaquer, mais qu'ils n'en feroient usage qu'à la révolution desdites vingt-quatre heures accordées.

III. Il a été convenu par les trois Généraux, et les Ministres Plénipotentiaires du louable Canton de Berne qu'il seroit fait une déclaration en même temps que celles qui doivent être remises le 29, par laquelle il seroit dit que tout sujet des trois Puissances qu'on prendroit les armes à la main, subiroit la loi martiale.

IV. Il a été arrêté que dans le cas, où la Ville de Genève n'ouvriroit pas ses portes cinq heures après que les déclarations et les lettres lui seroient parvenues, le Général des troupes de Sa Majesté Très-Chrétienne viendra occuper un camp à 12 ou 1300 toises de la place sur le territoire de la République, et que cette même disposition existera dans le cas où il seroit accordé vingt-quatre heures de plus aux habitans de ladite Ville, que les trois Généraux et Ministres Plénipotentiaires du louable Canton de Berne ont jugé ne pas devoir leur être refusées, s'il les demandoient.

V. Il a été également réglé et convenu qu'en accordant les vingt-quatre heures il seroit positivement dit que ce terme, qui seroit un nouveau témoignage d'indulgence et de bonté des trois Puissances, n'arrêteroit en rien les dispositions militaires; mais qu'il ne seroit commis aucun acte d'hostilité de leur part qu'à la révolution desdites vingt-quatre heures.

VI. Que pendant lesdites vingt-quatre heures Monsieur le Baron de Lentulus enverra trois ou quatre cent hommes à son choix pour masquer la porte de Rive, lesdites troupes seront embarquées au port de Versoix sur les bateaux du Roi, si l'on en a besoin.

VII. Monsieur le Comte de la Marmora ordonnera le même jour que sa cavalerie vienne occuper des cantonnemens derrière les troupes qu'aura envoyées Monsieur le Baron de Lentulus pour masquer la porte de Rive.

VIII. Convenu que si à la révolution des vingt-quatre heures les habitans de Genève n'ouvroient pas leurs portes, Monsieur le Baron de Lentulus se porteroit par le territoire de S. M. Très-Chrétienne à Varembé sur le territoire de Genève, où il établiroit son camp, et que le lendemain il ouvriroit la tranchée 1782 à 200 toises de la place.

IX. Convenu que le Général des troupes de Sa Majesté Très-Chrétienne lui fournira un Ingénieur pour diriger sous ses ordres les travaux qu'il jugera à propos de faire.

X. Monsieur le Comte de la Marmora est convenu de donner des ordres de son côté pour qu'on fasse des gabions et des fascines dans les bois de la République, à la rive gauche du Rhône, et qu'on les transporte à la rive droite dudit fleuve, où elles seront prises par des voitures que le Général françois enverra, pour être transportées au camp de Monsieur le Baron de Lentulus.

XI. Il a été également convenu que Monsieur le Comte de la Marmora rapprocheroit sa gauche de la droite françoise, et que ses troupes concoureroient aux opérations desdites troupes françoises.

XII. Il a été pareillement convenu avec Monsieur le Comte de la Marmora qu'on donneroit des ordres pour qu'on rassemblât des échelles, dans la partie qu'il occupera pour escalader les ouvrages, s'il y a lieu.

XIII. Convenu qu'à la révolution des vingt-quatre heures, et dans la nuit seulement, il sera tiré des bombes sur les remparts par les François, et que Monsieur le Baron de Lentulus en fera autant de son côté en les dirigeant sur la manufacture du Sieur Fazy.

XIV. Que dans le cas où la Ville ne jetteroit pas de bombes de son côté, on se restreindroit à n'en faire jetter que vingt des tranchées Françoises, et autant des tranchées Bernoises.

XV. Que si on en tiroit de la Ville, on continueroit à en jetter une partie de la nuit, et qu'à la pointe du jour on démasqueroit les batteries pour attaquer tout de suite.

XVI. Que dans le cas où la Ville essujeroit ce châtiment sans jetter des bombes, ni tirer le canon sur les troupes des Puissances, on lui feroit une dernière sommation par laquelle il lui seroit dit que les Démagogues et les habitans en se soumettant à ce qui leur a été prescrit par les déclarations, et les sommations, toute hostilité de la part des Puissances cessera; mais qu'ils ne peuvent espérer aucune grâce, et que ses déclarations et lettres resteront sans effet, s'ils.

1782 n'ouvrent pas leurs portes quatre heures après que cette dernière déclaration lui aura été signifiée.

Fait triple à notre quartier-général de Fernex, le vingt six juin mil sept cent quatre vingt deux.

DE LA MARMORA.   STEIGER.
LE MARQUIS DE JAUCOURT.
LE BARON LENTULUS.   DE WATTEVILLE DE BELP.

IV.

Lettres des Ministres Plénipotentiaires de Leurs Majestés les Rois de France et de Sardaigne, et de la République de Berne de transmission de l'Edit de pacification aux Syndics et Conseil de la République de Genève.

A.

à Genève 13. Novembre 1782.

Magnifiques Seigneurs,

Nous vous envoyons l'Edit de pacification au quel nous avons travaillé de concert sur les mémoires qui nous ont été remis par les Commissaires des Petit et Grand Conseils.

Notre but, Magnifiques Seigneurs, 'd'après les ordres que nous en avions de nos Souverains respectifs, a été de concilier les différens intérêts des membres de la République, avec un Gouvernement ferme, mais paternel. Nous avons pensé qu'exiger de tous les ordres de l'Etat, les sacrifices qui pouvoient assurer une paix durable et les en dédommager par des attributions qui n'auroient pas les inconvéniens sur les quels l'expérience du passé nous avoit éclairés, c'étoit travailler au bonheur et à la prospérité de votre Etat.

Nous ne retracerons pas, Magnifiques Seigneurs, le tableau de vos malheurs; ce seroit en quelque sorte rappeller des obligations envers nos Souverains, que la République de Genève ne pourra jamais mieux reconnoître qu'en jouissant avec sagesse du bien qu'on veut lui procurer.

Notre ouvrage doit prouver à la République, qu'en assurant la stabilité de la constitution de l'Etat, et en

qu'ensuite nous en suspendîmes l'effet, ignorant aussi 1782 la vraie situation de Genève, nous étions loin d'imaginer que les délais que nous accordions, fussent employés à préparer encore des moyens de défense, et à aggraver ainsi le péril où se trouvoit la République.

On ne peut donc justement réclamer, ni pour la forme, ni pour le fond, les conditions d'une déclaration qui n'eût point été donnée si l'état de Genève eût été mieux connu.

D'ailleurs, presque tous les Magistrats qui ont été exposés aux violences et aux insultes des personnes qui avoient usurpé l'autorité dans Genève, se trouveroient obligés, ou de les juger et de les condamner aux peines rigoureuses portées par la loi, ce qui répugneroit sans doute à leur délicatesse, ou de se récuser, ce qui réduiroit les deux Conseils à un nombre trop foible pour pouvoir former un jugement, et enhardiroit à de nouveaux attentats par l'exemple dangereux de l'impunité.

Dans cet état des choses, Magnifiques Seigneurs, il convient que ce jugement se fasse par un acte de l'autorité du Magnifique Conseil, et comme un engagement qu'il contractera avec les Puissances qui sont venues au secours de la République.

Nous vous invitons donc, Magnifiques Seigneurs, à vous montrer dès à présent disposés à recevoir dans vos murs ceux qui se présenteront pour y rentrer, et qui en signant le nouvel Edit, et prêtant le serment de s'y soumettre, manifesteront l'intention de contribuer par leur conduite au maintient et à l'affermissement de la paix, bien entendu néanmoins, qu'ils ne pourront siéger dans le Grand Conseil, ni exercer aucune fonction publique, à moins qu'ils n'y soyeht appellés par une élection nouvelle.

Tant de douceur cependant tourneroit au détriment de la République, et passeroit les bornes de ce que tout Etat libre se doit à lui-même et aux droits des Souverains si on l'étendoit à tous les auteurs du bouleversement de Genève.

Pour l'exemple il est indispensablement nécessaire que les Sieurs Jacob Vernes, Pasteur, et Isaac Salomon Anspach, Ministre et Régent, soyent déposés de leurs places de Pasteur, et de Régent; que les Sieurs Julien Dentand ancien Syndic, Jacques Vieus-

1782 verains, quand notre travail aura eu la sanction des trois Conseils.

Nous sommes très-parfaitement,

Magnifiques Seigneurs,

Vos très-humbles et très-obéissans Serviteurs,

LE COMTE DE LA MARMORA.
LE MARQUIS DE JAUCOURT.
STEIGER.
DE WATTEVILLE DE BELP.

B.

à Genève le 21. Novembre 1782.

Magnifiques Seigneurs,

Lorsque nos Souverains prêterent leurs forces à la Republique pour la sauver de l'anarchie et de l'oppression, ils jugèrent nécessaire d'éloigner de votre ville des principaux auteurs des troubles.

Ce préliminaire indispensable pour le retour de l'ordre, fut annoncé comme une disposition du moment, et le jugement des vingt-une personnes qui devoient quitter la ville, fut renvoyé à la décision de la République.

En remettant le sort de ces personnes entre les mains des tribunaux de l'Etat, nos Souverains n'avoient d'autre but que de ménager les formes et les loix criminelles d'une République dont ils ont voulu rétablir et consolider la liberté.

Quand ils se déterminèrent à cette mesure, ils ne connoissoient point l'état où Genève étoit réduite, ils ne pouvoient pas soupçonner que ceux qui s'y étoient érigés en maîtres, voulussent défendre leur tyrannie au péril de l'Etat entier, qu'ils voulussent envelopper dans leur catastrophe les victimes de cette tyrannie, que dans ce but ils eussent préparé la destruction de la ville entière, en amoncelant les poudres dans l'Eglise Cathedrale et dans les souterrains de quelque maison, et qu'ils eussent ainsi fait dépendre l'existence de leur Patrie, non seulement du désespoir ou du délire d'une seule tête égarée par l'esprit de parti, mais encore des accidens inséparables d'une attaque qu'ils provoquoient, et que la justice et la dignité des Puissances ne permettoient plus de retarder. Lorsque nous donnâmes la déclaration au nom de nos Souverains, et qu'ensuite nous en suspendîmes l'effet, ignorant aussi 1782 la vraie situation de Genève, nous étions loin d'imaginer que les délais que nous accordions, fussent employés à préparer encore des moyens de défense, et à aggraver ainsi le péril où se trouvoit la République.

On ne peut donc justement réclamer, ni pour la forme, ni pour le fond, les conditions d'une déclaration qui n'eût point été donnée si l'état de Genève eût été mieux connu.

D'ailleurs, presque tous les Magistrats qui ont été exposés aux violences et aux insultes des personnes qui avoient usurpé l'autorité dans Genève, se trouveroient obligés, ou de les juger et de les condamner aux peines rigoureuses portées par la loi, ce qui répugneroit sans doute à leur délicatesse, ou de se récuser, ce qui réduiroit les deux Conseils à un nombre trop foible pour pouvoir former un jugement, et enhardiroit à de nouveaux attentats par l'exemple dangereux de l'impunité.

Dans cet état des choses, Magnifiques Seigneurs, il convient que ce jugement se fasse par un acte de l'autorité du Magnifique Conseil, et comme un engagement qu'il contractera avec les Puissances qui sont venues au secours de la République.

Nous vous invitons donc, Magnifiques Seigneurs, à vous montrer dès à présent disposés à recevoir dans vos murs ceux qui se présenteront pour y rentrer, et qui en signant le nouvel Edit, et prêtant le serment de s'y soumettre, manifesteront l'intention de contribuer par leur conduite au maintient et à l'affermissement de la paix, bien entendu néanmoins, qu'ils ne pourront siéger dans le Grand Conseil, ni exercer aucune fonction publique, à moins qu'ils n'y soyeht appellés par une élection nouvelle.

Tant de douceur cependant tourneroit au détriment de la République, et passeroit les bornes de ce que tout Etat libre se doit à lui-même et aux droits des Souverains si on l'étendoit à tous les auteurs du bouleversement de Genève.

Pour l'exemple il est indispensablement nécessaire que les Sieurs Jacob Vernes, Pasteur, et Isaac Salomon Anspach, Ministre et Régent, soyent déposés de leurs places de Pasteur, et de Régent; que les Sieurs Julien Dentand ancien Syndic, Jacques Vieus-

1782 seux, Jean Flournoy, Etienne Claviere Membres du Grand Conseil, Jacques Antoine Du Roveray, François d'Ivernois Avocats, et Marc François Rochette Notaire, soyent exilés à perpétuité, et que le Magnifique Conseil s'engage à ne les jamais rappeller, come nos Souverains s'engagent envers la République à ne pas les laisser vivre dans leur territoire à la proximité de quarante lieues de ses frontières.

Que les Sieurs Jacques Grenus, David Chauvet, Jean Janot, Guillaume Ringler, Jean Jacques Breusse la Motte, membres du Grand Conseil; Jean Antoine Thuillier Bourgeois, Esaïe Gasc Pasteur, et Jean Louis Schraidl, Natif, soyent pareillement exilés, mais qu'au bout de dix ans, en recourant à la grâce du Grand Conseil, et promettant de se soumettre aux loix et de vivre en citoyens paisibles, ils puissent rentrer dans Genève, si ce Conseil y consent à la pluralité des trois quarts des suffrages, bien entendu qu'ils ne pourront jamais devenir membres du Conseil des Deuxcent, ni occuper la place d'Adjoints.

Que le Sieur Jean Jacques Bonnet, ancien Capitaine au service de Sa Majesté Très-Chrétienne, soit aussi exilé, et ne puisse rentrer dans votre ville et son territoire que du consentement de Sa dite Majesté.

Quant au nommé Girard dit Guerre, il est sous le jugement prononcé contre lui.

Nous avons voulu, Magnifiques Seigneurs, vous mettre dans le cas de ne plus revenir sur le passé, en vous déclarant ce que nos Souverains regardent comme suffisant pour en imposer à quiconque voudroit à l'avenir imiter l'exemple des perturbateurs du repos de la République; les sanctions de vos loix fondamentales et la dignité des Puissances auroient éxigé, sans doute, une requisition moins douce, et peut-être une justice exacte eût-elle été nécessaire, si nos Souverains n'avoient lieu de croire que par les mesures qu'ils nous ont chargés de prendre avec vous, votre Gouvernement sera à l'avenir dans une sécurité parfaite contre toute entreprise formée dans le sein de la République; c'est dans cette assurance que nous croyons pouvoir vous inviter à prononcer conjointement avec le Grand Conseil, une amnistie entière et irrévocable qui ne déroge en aucune manière aux dispositions du Titre XXV de l'Edit de Pacification, et qui soit un gage de réconciliation entre tous les ordres et tous les indi- 1782 vidus de l'Etat.

Nous sommes très parfaitement,

  Magnifiques Seigneurs,

   Vos très-humbles et très-obéissans Serviteurs,

    LE COMTE DE LA MARMORA.
    LE MARQUIS DE JAUCOURT.
    STEIGER.
    DE WATTEVILLE DE BELP.

V.

Edit de pacification de la Ville de Genève arrêté entre les Plénipotentiaires des Leurs Majestés les Rois de France et de Sardaigne, et de la République de Berne. En date du 4. Novembre 1782.

Titre Premier.
Des divers Ordres de la République, et de sa Souveraineté.

I. Tous les différens Ordres qui composent le Gouvernement de Genève, savoir, les quatre Syndics, le Petit Conseil ou le Conseil des Vingt-Cinq, le Conseil des Soixante, le Conseil des Deux-cent ou le Grand Conseil, et le Conseil Général conserveront chacun leurs droits et attributs particuliers, en sorte que l'un des susdits Ordres ne pourra donner aucune atteinte quelconque aux droits et attributs des autres Ordres.

II. Les Syndics ne pourront être pris que dans le Conseil des Vingt-cinq; les Membres du Conseil des Vingt-cinq ne pourront être pris qu'entre les citoyens du Conseil des Deux-cent; ceux du Conseil des Soixante ne pourront être pris que dans le Conseil des Deux-cent; ceux du Conseil des Deux-cent ne pourront être pris que parmi les citoyens et bourgeois; et les seuls citoyens et bourgeois âgés de vingt-cinq ans accomplis auront avec les Syndics et les Membres des Petit et Grand Conseils entrée au Conseil Général.

III. La Souveraineté de la République n'appartient à aucun des Ordres susdits pris séparément; cependant le Conseil Général sera seul qualifié de Souverain Conseil.

Titre Deuxième.
Du Conseil Général.

I. Les droits et attributs du Conseil Général légitimement assemblé, demeureront invariablement fixés et limités aux articles suivans.

L 2

1782 1°. Au pouvoir législatif, c'est-à-dire, d'agréer ou de réjeter les lois qui lui seront proposées, ou les changemens à celles qui sont établies, en sorte qu'aucune nouvelle loi, aucune abrogation de loix, aucun changement dans ces loix·ne puissent avoir d'effet sans son approbation.

2°. Au pouvoir d'élire les quatre Syndics, le Lieutenant, le Trésorier, les Auditeurs, le Procureur Général, les Châtelains et les Secrétaires de la Justice.

3°. Au pouvoir confédératif, c'est-à-dire, d'agréer ou de rejeter *in-globo* les Traités et Alliances qui lui seront proposés avec les Puissances étrangères, comme aussi tout Traité d'échanges, d'acquisitions ou d'aliénations de territoire avec les dites Puissances étrangères; ainsi que les emprunts hypothécaires qui pourroient se faire à l'avenir.

4°. Au pouvoir d'agréer ou de rejeter la déclaration de la guerre, et la conclusion de la paix, qui lui seront proposées.

5°. Au pouvoir d'agréer ou de rejeter les impôts et subsides qui lui seront proposés, c'est-à-dire, toute levée de deniers ou autres contributions quelconques qui emportent contrainte.

6°. Au pouvoir d'agréer ou de rejeter les augmentations de fortifications qui lui seront proposées.

7°. Au pouvoir de fixer le taux du vin, en choisissant un des quatre prix qui lui seront proposés, sans ligne de nouveau taux.

8°. Au pouvoir d'agréer ou de rejeter les décharges accordées par les Petit et Grand Conseils, aux Magistrats pourvus d'office dont l'élection lui appartient.

9°. Au pouvoir d'agréer ou de rejeter l'établissement de toute nouvelle jurisdiction, et de tout nouveau fief, qui lui sera proposé.

10°. Au pouvoir d'agréer ou de rejeter l'établissement de toute nouvelle charge de Magistrature ou de Judicature, qui lui sera proposé.

11°. Au pouvoir d'agréer ou de rejeter toute introduction de troupes étrangères qui lui sera proposée, à la réserve toutefois de celles des Augustes Puissances Garantes, dans les cas relatifs à la Garantie, et à l'exécution des anciens Traités.

Toutes les quelles attributions ci-dessus énoncées appartiendront incontestablement au Conseil Général, et les Conseils ne pourront, par aucun réglement et innovation de leur part, ni porter aucune atteinte à ces attributions, ni déroger aux loix ou les changer sans son consentement.

II. Aucune manière ne pourra être proposée au Conseil Général que par les Syndics, Petit et Grand Conseils, qui seuls auront le droit de le convoquer.

III. Rien ne pourra être porté au Conseil des Deux-cent, qui n'ait auparavant été traité et approuvé dans le Conseil des Vingt-cinq; et rien ne pourra être porté au Conseil Général qui n'ait été auparavant traité et approuvé dans le Conseil des Deux-cent.

IV. Le Conseil Général statuera sur les matières qui lui seront portées, en approuvant ou rejetant par billets et sans délibérer, les avis qui lui seront proposés par les Syndics Petit et Grand Conseils.

V. En Conseil Général et dans les Cérémonies publiques, les Magistrats, les Membres de la Compagnie des Pasteurs, et les Membres du Conseil des Deux-Cent, continueront de précéder les citoyens et Bourgeois.

VI. S'il survient quelque désordre au Conseil Général, les 1782
Syndics et le Lieutenant devront y pourvoir provisionnellement,
et ordonner, s'il y a lieu, une information pour que les coupables
soient ensuite jugés par les Syndics et Conseil.

VII. Lorsque le Conseil Général sera assemblé, aucune Garde
ne pourra être placée aux portes du Temple, et il ne sera mis
aux susdites portes que des Dizeniers, pour empêcher l'entrée de ceux qui n'ont pas le droit d'assister au Conseil Général.

VIII. Les débiteurs insolvables, les faillis, ceux qui ne sup-
portent pas les charges de l'Etat, et ceux qui sont assistés des
Bourses, seront exclus dans tous les cas du Conseil Général.

Ceux qui n'obtiendront pas une quittance des Directeurs des Bourses publiques, pour prouver qu'ils ont remboursé à la satisfaction
des susdits Directeurs les assistances qu'ils en ont reçues, seront
aussi exclus du Conseil Général, et les régistres des Bourses publiques feront foi des susdites quittances.

Titre Troisième.
Des Syndics.

I. Chaque année, le vendredi avant le premier dimanche de
janvier, le Petit et Grand Conseils seront assemblés pour procéder
à la nomination des Syndics. Pour cet effet, les Conseillers qui
ont déjà été élus Syndics quatre années auparavant, et qui sont
appellés à rentrer dans le Syndicat, seront grabelés par les Petit
et Grand Conseils, et s'ils sont approuvés au grabeau, ils seront
présentés le dimanche suivant au Conseil Général avec la ligne de
nouvelle élection, et chacun d'eux rentrera dans le Syndicat, s'il
n'a pas contre lui les trois quarts des suffrages.

II. Si l'élection des Syndics n'est pas complette, soit parce
qu'il n'y auroit pas quatre Membres du Conseil ayant exercé le
Syndicat quatre années auparavant qui eussent été présentés au
Conseil Général, soit parceque le Conseil Général auroit refusé de les
élire en tout ou en partie; les Petit et Grand Conseils seront assemblés le vendredi suivant pour procéder au grabeau des Conseillers éligibles pour la charge de Syndic, et le dimanche suivant
tous les Conseillers éligibles et approuvés au grabeau seront présentés au Conseil Général sans ligne de nouvelle élection, à la
réserve toutefois du Trésorier Général, le quel ne sera pas en
élection, s'il a obtenu sa décharge.

Les Membres du Petit Conseil âgés de soixante-dix ans ne
pourront être contraints d'être en élection pour les charges que
confère le Conseil Général.

III. Chaque Electeur nommera un Conseiller pour chaque
place à pourvoir; les deux Conseillers qui auront eu le plus de
suffrages, seront nommés, s'il y a une place vacante; les quatre
Conseillers qui auront eu le plus de suffrages, seront nommés, s'il
y a deux places vacantes, et ainsi de suite.

IV. Tout billet, dans le quel on aura nommé plus ou moins
de personnes, qu'il n'y a de places à pourvoir, ou les deux Secrétaires d'Etat, ou deux personnes du même nom et famille,
sera nul.

1782   V. Si d'eux Conseillers de même nom et famille, ou les deux Secrétaires d'Etat avoient assez de suffrages pour être compris dans la nomination, celui des deux qui aura le moins de suffrages, ne sera pas nommé.

Dans l'un et l'autre cas, leurs places seront remplies par celui ou ceux qui auront eu après eux le plus de suffrages.

VI. La nomination sera portée le lendemain au Conseil Général pour consommer l'élection, et dans cette opération, tout billet dans le quel on aura donné plus ou moins de suffrages qu'il n'y a de places à pourvoir, sera nul.

VII. Immédiatement après que l'élection sera consommée, les Syndics sortant de charge feront prêter en Conseil Général aux quatre Syndics qui les remplacent, le serment de leur office, et ils leur remettront les bâtons Syndicaux.

Si l'un des Syndics avoit été élu pendant qu'il étoit absent ou malade, il ne pourra exercer les fonctions de son office, qu'après en avoir prêté le serment, et reçu le bâton de Syndic dans l'assemblée du Conseil Général.

Le rang dans le Syndicat sera réglé :

1°. D'après l'ancienneté dans le Syndicat.

2°. D'après l'ancienneté des nouveaux Syndics dans le Petit Conseil.

VIII. Les Syndics seront à la tête de tous les Conseils, et ils auront entr'eux la présidence des diverses Chambres et Départemens de l'administration, sauf ceux auxquels il est pourvu d'une autre manière par l'Edit, ou par un usage constamment suivi.

IX. Les Syndics seront spécialement chargés de veiller à tout ce qui peut intéresser le bien public, et en particulier à l'observation des Edits et des Réglemens, et à l'exécution des résolutions prises dans les divers Conseils, à l'exception des cas réservés au titre du Conseil Militaire.

X. Dans toutes les affaires pressantes et extraordinaires, autres que celles qui sont du ressort du Conseil Militaire, les Syndics auront le pouvoir provisionnel ; mais lorsqu'ils en auront usé, ils en feront le rapport à la première Séance du Petit Conseil, qui aura le droit de prononcer sur l'usage que les Syndics auront fait de leur pouvoir provisionnel.

XI. Les Syndics seront spécialement chargés de maintenir l'Autorité paternelle, et celle des Tuteurs ou Curateurs, et ils réprimeront par des admonitions, par des censures, ou par la prison, les enfans mineurs et non mariés qui manqueroient au respect ou à l'obéissance, soit envers leurs pères ou mères, soit envers leurs tuteurs ou curateurs ; en observant néanmoins qu'ils ne pourront infliger la peine de la prison, que pour le terme d'un mois au plus, après dûe connoissance de cause, et à la réquisition du père, ou à son défaut de la mère, ou à la réquisition des tuteurs ou curateurs, après avoir eu dans ce dernier cas l'avis de la Chambre des tutelles ou curatelles. Ce pouvoir particulier des Syndics ne préjudiciera en aucun cas à la jurisdiction des Tribunaux de l'Etat.

XII. Dans le cas d'incendie les Syndics s'assembleront sur le champ pour y pourvoir ; deux d'entr'eux se rendront à la maison de Ville pour convoquer le Petit Conseil, si le cas le requiert,

les deux autres se transporteront sur le lieu avec leurs bâtons 1782
Syndicaux pour donner les ordres nécessaires.

Dans les cas d'alarme, de sédition, de danger public et imprévu, ils s'assembleront sur le champ, et ils décideront s'il y a lieu de convoquer le Petit Conseil, le quel, s'il est assemblé, décidera s'il y a lieu de convoquer le Grand Conseil.

Le Syndic Président du Conseil Militaire devra convoquer et présider le Conseil Militaire.

XIII. Les Syndics auront inspection sur les Archives publiques, et ils veilleront à ce que les régistres, titres et documens qui y sont déposés, soient tenus en bon ordre et conservés soigneusement.

XIV. Les quatre Syndics devront résider dans la Ville pendant l'année de leur Syndicat, et aucun d'eux ne pourra s'en absenter pour plus de huit jours dans les temps non fériés, sans quelque cause grave et importante dont le Petit Conseil connoîtra.

XV. Dans les temps des féries, il devra y avoir au moins deux des Syndics qui résident dans la Ville.

Le Premier Syndic ne pourra passer la nuit hors de la Ville, sans en informer un de ses Collègues, et aucun de ceux-ci ne le pourra sans en informer le Premier Syndic.

Il devra toujours y avoir au moins deux Syndics dans la Ville pendant la nuit.

XVI. Les Syndics seront les Présidens du Petit Conseil, du Conseil des Soixante, du Grand Conseil, et du Conseil Général; mais le premier Syndic aura seul le droit de proposer les affaires sur les quelles les divers Conseils sont appellés à statuer, selon leur compétence, et les formes prescrites par la Loi, sans préjudice du droit qu'a chaque Conseiller d'Etat de faire en Petit Conseil telle proposition qu'il estimera convenable, par l'organe du Premier Syndic, le quel pourra lui enjoindre de la développer lui-même.

XVII. Le premier Syndic pourra convoquer ses Collègues toutes les fois qu'il le jugera nécessaire, et il devra le faire dans tous les cas importans qui exigeront une prompte provision.

XVIII. Le premier Syndic recevra les lettres qui seront adressées au Conseil; mais il ne pourra les ouvrir qu'en présence d'un autre Syndic, ou à son défaut, de deux autres Membres du Petit Conseil.

XIX. Le premier Syndic donnera l'ordre par écrit pour la publication des Annonces, dans les Eglises de la Ville et de la Banlieue, et il devra en tenir régistre.

XX. Le premier Syndic sera particulièrement chargé de l'inspection sur la Chancellerie et sur le Sceau. S'il s'élève quelques difficultés rélatives à l'expédition des Actes de la Chancellerie, elles lui seront rapportées pour qu'il les termine; ou que, s'il en est requis, il en fasse le rapport au Petit Conseil.

XXI. Le premier Syndic signera les mandats des payemens ordonnés par le Petit Conseil.

XXII. Lors de l'élection des Syndics, le premier Syndic continuera à rendre, en Conseil Général, un compte sommaire de l'administration pendant le courant de l'année.

XXIII. Le premier Syndic étant absent, malade ou récusé, le second, et à son défaut, l'un des autres Syndics, en suivant le rang, fera son office.

1782   XXIV. Chacun des Syndics aura le pouvoir d'emprisonner, en se conformant aux règles établies par les Edits.

XXV. Les Syndics Présidens du Conseil Militaire, et de la Chambre des Domiciliés, auront chacun le droit d'expulser de la Ville et du territoire les étrangers suspects, ou qui se conduisent mal, et les vagabonds ou gens sans aveu.

Titre Quatrième.

Du Lieutenant et des autres Offices dont l'élection appartient au Conseil Général.

I. Le Lieutenant ne pourra être pris que dans le Conseil des Vingt-cinq.

Lorsque la place de Lieutenant sera vacante, tous les Membres du Petit Conseil éligibles et approuvés au grabeau, qui n'auront pas obtenu leur décharge du Deux-cent, seront présentés sans ligne de nouvelle élection, au Conseil Général qui procédera à la nomination et à l'élection, en la forme prescrite par le présent Edit pour la nomination et élection des Syndics.

Il ne pourra être présenté moins de quatre personnes pour cet Office au Conseil Général.

Le Lieutenant une fois élu par le Conseil Général, pourra revenir en Office tous les quatre ans, et s'il est approuvé par le grabeau du Deux-cent, il devra être présenté au Conseil Général avec la ligne de nouvelle élection, et il rentrera en Office, s'il n'a pas contre lui les trois quarts des suffrages.

Le Lieutenant sortant de charge, continuera de rendre en Conseil Général un compte sommaire de l'administration de son Tribunal pendant le courant de l'année.

II. Les Auditeurs, le Procureur Général, les Châtelains, et les Secrétaires de la Justice, ne pourront être choisis qu'entre les citoyens Membres du Grand Conseil.

III. On présentera au Conseil Général une nomination en nombre triple pour chacune des susdites places, sans ligne de nouvelle élection; bien entendu que les personnes inéligibles, celles qui n'auront pas été approuvées au grabeau, et celles qui auroient obtenu leur décharge, ou qui se seroient soumises à la peine des refusans charge, ne pourront être comprises dans cette nomination.

IV. Le Trésorier Général ne pourra être pris que dans le Petit Conseil; son élection aura lieu huit jours après celle du Lieutenant, en la forme et avec les règles prescrites dans l'article précédent.

Les Membres du Petit Conseil qui n'auront pas été Syndics, seront seuls éligibles pour l'emploi de Trésorier Général.

V. L'élection des Châtelains et des Secrétaires de la Justice aura lieu après que celle des Auditeurs aura été consommée.

La première élection des Châtelains se fera à jours différens, et dans cette première élection l'un d'eux ne sera élu, que pour le terme de deux ans.

VI. Si le Petit Conseil et le Conseil des Deux-cent estiment, qu'il y ait lieu de confirmer au bout de trois ans, dans leur emploi le Trésorier, les Auditeurs, le Procureur Général, les

Châtelains et les Secrétaires de la Justice ; cette confirmation n'aura lieu que pour trois ans ; et qu'autant qu'elle sera approuvée par le Conseil Général.

VII. En cas de vacance des Charges mentionnées dans l'article précédent, soit par mort, soit par décharge, soit par promotion à une autre Charge, soit par jugement criminel, ou toute autre cause, le Conseil Général y substituera pour le reste du terme, sans préjudice au Substitué de se présenter ensuite pour la même Charge ; mais s'il ne restoit plus que six mois de la durée des susdits Offices, le Petit Conseil y substituera pour le reste du terme.

Titre Cinquième.

Du déchiffrement des billets en Conseil Général.

I. Pour remédier à l'inconvénient qui pourroit avoir lieu en certains cas dans les élections qui se font en Conseil Général relativement au déchiffrement des billets, dans les quels l'Electeur a donné un ou plusieurs suffrages, en même tems qu'il a croisé la ligne de nouvelle élection, et faire en sorte que les suffrages de nouvelle élection ne portent pas indistinctement contre tous les Candidats ; mais seulement contre ceux que l'Electeur a voulu rejeter : dans les susdites élections chaque Candidat aura sur les cartons de déchiffrement sa colonne de rejection particulière, sur la quelle on marquera les suffrages de nouvelle élection qui devront porter contre lui ; et pour décider s'il doit être rejeté, on balancera les dits suffrages de rejection contre les suffrages d'approbation qu'il aura eus.

En cas de parité de suffrages dans les nominations et les élections, le partage sera levé par le sort.

En cas de parité de suffrages dans toutes les autres opérations, le Conseil Général sera assemblé le lendemain pour aller de nouveau aux suffrages.

II. Les Syndics déchiffreront les billets en s'aidant des Membres du Petit Conseil et des autres Magistrats non recusables. Ce déchiffrement se fera à haute voix, et en présence de ceux d'entre les Adjoints au Deux-cent qui se trouveront en Conseil Général ; le Procureur Général fera sous leurs yeux le calcul des suffrages, et après que les Syndics l'auront vérifié, le résultat de l'opération sera incontinent publié.

Titre Sixième.

Du Grand Conseil.

I. Les Membres du Grand Conseil ne pourront être pris qu'entre les citoyens et bourgeois, laics âgés de trente ans accomplis, ou de vingt-sept ans accomplis s'ils sont Avocats ou mariés.

II. Aucune personne domiciliée hors de la République, ne pourra être élue ; ne comprenant point dans ce nombre les Officiers au service étranger, ni les personnes absentes pour le service de l'Etat.

III. On ne pourra élire dans la même promotion un père et un fils, un beau-père et son gendre, deux frères utérins, ni deux personnes de même nom et famille.

IV. On ne pourra à l'avenir admettre dans le Grand Conseil plus de six personnes de même nom et famille.

V. Il ne pourra y avoir en même tems en Deux-cent qu'un père et deux fils, ou trois frères germains ou consanguins.

VI. Ceux qui sont exclus du Conseil Général, seront aussi exclus des autres Conseils.

Les fils de faillis, ceux dont les pères sont morts insolvables, ne pourront entrer ou demeurer en Deux-cent, et en Conseil, qu'autant qu'ils auront payé leur portion virile des dettes de leur père.

VII. Le nombre des Membres du Grand Conseil sera de deux cent cinquante, et la promotion sera déclarée ouverte dès qu'il y aura seize places vacantes.

VIII. Chaque promotion ne sera que de seize Membres; et si après l'ouverture de la promotion, il se faisoit de nouvelles vacances, elles ne seront remplies qu'à la promotion suivante.

IX. Dès que la promotion sera déclarée ouverte, les citoyens ou bourgeois qui voudront y être compris, pourront s'indiquer ou se faire indiquer en Chancellerie par une personne duement autorisée; les Secrétaires d'Etat ne marqueront cependant pas sur leurs registres le nom des indicateurs.

Huit jours avant celui qui sera fixé pour l'élection, l'inscription en Chancellerie sera fermée, et le Conseil des Deux-cent sera convoqué. On tirera au sort vingt-cinq de ses Membres, qui, joints à ceux du Petit Conseil, auront le droit d'indiquer chacun une personne qui sera inscrite dans le susdit registre pour concourir à l'élection. Ceux qui auront été indiqués de cette manière, seront mandés par devant le Premier Syndic, pour déclarer ou faire déclarer s'ils acceptent ou refusent leur indication.

Ceux qui auront accepté l'indication, seront seuls en élection, conjointement avec ceux qui se seront indiqués ou fait indiquer à l'un des Secrétaires d'Etat.

X. Lorsque les indications auront été consommées, le Petit Conseil procédera à un grabeau d'éligibilité sur tous les indiqués.

XI. Après ce grabeau il sera procédé à l'élection de la manière suivante.

Le Petit Conseil nommera seize personnes d'entre les indiqués; pour cet effet chacun de ses Membres en nommera huit sur son billet; on passera au déchiffrement, et les seize personnes qui auront eu le plus de suffrages seront nommées.

XII. Le lendemain, les seize personnes nommées seront présentées au Grand Conseil qui en retiendra huit. Pour cet effet, chaque Membre du Grand Conseil croisera sur son billet les noms des huit personnes qu'il voudra retenir. On passera au déchiffrement, et les huit personnes qui auront eu le plus de suffrages, seront élues.

XIII. Tout billet, dans lequel on aura nommé ou retenu plus ou moins de huit personnes, sera nul, ainsi que ceux où l'on n'auroit pas observé les limitations et restrictions prescrites par les Edits concernant l'élection du Grand Conseil.

XIV. Si deux ou plusieurs sujets, qui, par l'Edit ne peuvent être élus dans une même promotion, ou siéger ensemble dans le Grand Conseil, se trouvent du nombre de ceux qui ont la plura-

lité des suffrages pour la nomination; celui ou ceux d'entr'eux qui en
auront eu le moins, seront exclus de la nomination, et s'ils se
trouvent égaux en suffrages, le partage sera levé par le sort.

XV. Si pour déterminer le dernier ou les derniers des nommés
ou des élus, il se trouve plusieurs personnes qui ayent égalité de
suffrages, le partage sera levé tout de suite à la pluralité, et
dans cette nouvelle opération chaque électeur donnera autant de
suffrages qu'il sera resté de places indéterminées.

XVI. L'élection de huit Membres étant ainsi consommée, le
Grand Conseil sera assemblé le lendemain pour procéder à une
nomination de seize personnes, sur les quelles, le jour suivant, le
Petit Conseil en retiendra huit. On observera dans cette opération les règles prescrites dans les articles précédens.

XVII. Dans les diverses opérations rélatives à cette élection,
il n'y aura lieu à aucune récusation, sauf pour le grabeau d'éligibilité.

XVIII. Il ne devra pas s'écouler plus d'un mois entre le
jour où la promotion sera déclarée ouverte et celui où il sera procédé à l'élection.

XIX. Le rang des élus sera réglé par leur âge.

XX. Les personnes qui ont obtenu leur démission du Grand
Conseil depuis 1768 inclusivement, seront invitées à y rentrer
dès-à-présent, et à reprendre dans ce corps la place qu'elles y
occupoient ci-devant; cependant il ne sera faite aucune promotion
jusqu'à ce que le Deux-cent soit réduit au nombre fixé par l'Edit
pour une élection nouvelle.

XXI. Le droit d'accorder aux Membres du Deux-cent leur
décharge, appartiendra au Petit Conseil.

XXII. Lorsque quelque affaire sera portée au Grand Conseil;
il pourra approuver, rejeter, ou modifier l'avis du Petit Conseil;
mais il ne pourra, en suivant sa délibération, se saisir d'aucun
objet étranger à celui dont la connoissance lui aura été portée par
le Petit Conseil.

XXIII. Lorsque le Grand Conseil aura commencé à délibérer
sur une affaire, la délibération ne pourra être suspendue ni dis-
continuée que de l'aveu de ce Conseil.

XXIV. Lorsque dans une affaire quelconque le Grand Conseil
décernera une Commission, les Commissaires devront être élus à
la pluralité des suffrages, à moins que ce Conseil n'en laisse la
nomination au Syndic Président.

XXV. Chaque année toutes les Chambres et autres Départemens
continueront à rendre compte de leur gestion au Grand Conseil.
Il lui sera aussi rendu compte chaque année de la recette et
de la dépense des diverses caisses publiques.

XXVI. Le Grand Conseil connoîtra de toutes les entreprises
dont la dépense excédera la somme de vingt et un mille florins.

XXVII. Il fixera les appointemens de toutes les Magistratures,
Offices, ou Emplois, lorsque ces appointemens devront être portés
au delà de la somme de douze cent florins, ou lors que l'élection
des personnes qui seront pourvues de ces places lui appartiendra.

XXVIII. Il pourra seul créer de nouveaux emplois pour l'utilité publique, sauf ceux dont il est fait mention dans l'art. I, § 10
du titre II du présent Edit.

XXIX. Il déterminera les pensions de retraite qu'il conviendroit d'accorder aux personnes pourvues d'office ou d'autres places dont l'élection lui appartient, et dont il a le droit d'accorder la décharge.

XXX. Il déterminera si les diverses branches des revenus de l'Etat doivent être mises en ferme ou en régie.

XXXI. On ne pourra, sans le consentement du Grand Conseil, hausser ou baisser le prix du pain que fait vendre la Chambre des bleds.

XXXII. Le Grand Conseil aura le droit de confirmer les Lettres de légitimation que le Petit Conseil trouveroit convenable d'accorder.

XXXIII. Il connoîtra de l'établissement qui pourroit se faire dans la Ville de nouvelles rues, places et promenades publiques, ainsi que des changemens dans la destination des bâtimens publics.

XXXIV. Il statuera sur les diminutions quelconques de fortifications ainsi que sur les changemens à faire à l'enceinte de la Ville, en tant que ces changemens n'entraîneront aucune augmentation de fortifications.

Il fixera les heures auxquelles les portes de la Ville devront être fermées.

XXXV. Il connoîtra des abergemens de terrain public et des communes, lorsque le prix de ces abergemens excédera la somme de vingt et un mille florins.

XXXVI. Il conservera l'inspection sur les monnoies, et il ordonnera de frapper au coin de la République toutes les espèces d'or et d'argent et le billon qu'il estimera nécessaires.

XXXVII. Il aura le droit de faire des Réglemens sur le luxe, le jeu, le commerce, les fabriques, les arts, l'imprimerie et les hautes professions, les poids et les mesures, les boucheries et les moulins. Il conservera de même le droit de fixer le prix du vin nouveau dans les caves, le prix de la viande et celui des montures, à moins qu'il n'estime devoir renvoyer pour un temps limité la taxe de ces deux derniers objets au Petit Conseil ou au Tribunal du Lieutenant.

XXXVIII. Il déterminera la police de son Corps, et il fera sur cet objet les réglemens qu'il estimera convenables.

XXXIX. Il conservera les droits d'élection, le droit d'accorder des décharges, et les droits de confirmation et de grabeau qu'il possède en vertu de la Loi, des Réglemens et de l'usage constamment suivi auxquels le présent Edit ne déroge point.

Il conservera le droit de faire des Réglemens sur l'Hôpital Général, sur les fonctions du Trésorier Général, sur l'ordre des Avocats, sur les Notaires et sur leur nombre, sur les autres Officiers publics, sur leurs honoraires ou émolumens, sur la police et le tarif de la Chancellerie, des greffes, des prisons, sur les fonctions et émolumens des diverses Chambres et Offices dont l'élection lui appartient, ou qui lui rendent compte, sur les divers Départemens, et sur les Officiers qui en dépendent.

XL. Il aura le droit de faire, ensuite d'un préavis de l'Académie, tous les Réglemens relatifs au Collège, aux Auditoires, aux Classes et à leur nombre.

Il aura aussi le droit de statuer sur ce qui intéresse l'éducation publique, les études et les établissemens pour le progrès des arts et des sciences.

XLI. Il aura le droit d'ériger lorsqu'il le croira convenable, 1782 l'Académie en Université; de fixer le nombre des Pasteurs et des Professeurs, et celui des services qui se font dans les Temples, sans pouvoir toutefois rien changer à la Religion de l'Etat.

XLII. Les Réglemens ne pourront en aucune manière déroger aux Loix.

XLIII. Tout Réglement qui décerneroit quelque peine afflictive, capitale ou infamante, devra être converti en loi, et conséquemment ne pourra avoir d'effet sans le consentement du Conseil Général,

XLIV. Le Deux-cent conservera les droits et attributs ci-dessus énoncés, et ceux qui lui sont encore attribués par le présent Edit, par l'Edit de 1568, et par les Edits subséquens, non abrogés, ou aux quels il n'a pas été dérogé, ainsi que par un usage constamment suivi, en tant que le présent Edit n'y déroge point.

XLV. Le Deux-cent exercera les droits et attributs ci-dessus énoncés, conformément à ce qui est statué par l'article III du titre II du présent Edit.

Titre Septième.
Du Conseil des Soixante.

I. Le Conseil des Soixante sera composé du Petit Conseil, des Magistrats dont l'élection appartient au Conseil Général, et de vingt-un Membres du Grand Conseil.

II. Les Petit et Grand Conseils procéderont dans le mois de Janvier de chaque année, à remplir les places qui pourroient être devenues vacantes dans le Conseil des Soixante, et ce, selon les formes prescrites pour l'élection des Conseillers.

III. Les Secrétaires d'Etat auront droit de suffrage dans le Conseil de Soixante.

IV. Le Conseil des Soixante connoîtra des négociations relatives aux Traités ou Alliances que la République pourroit conclure avec les Etats étrangers.

Il connoîtra aussi des cas de danger extérieur, et des autres affaires étrangères que le Petit Conseil estimera devoir lui porter.

V. Lorsque le Petit Conseil saisira le Conseil des Soixante d'une affaire relative aux cas mentionnés dans l'article précédent, il lui proposera son avis sur icelle, mais lorsque le Conseil des Soixante sera une fois saisi de cette affaire, le Petit Conseil ne pourra plus déterminer les avis qui devront être portés au Conseil des Soixante.

VI. Le Conseil des Soixante ne pourra se saisir d'aucun nouvel objet étranger à celui dont la connoissance lui aura été portée par le Petit Conseil.

VII. Lorsque le Conseil des Soixante aura été saisi par le Petit Conseil de quelque affaire, il pourra la renvoyer au Petit Conseil.

VIII. Lorsque le Conseil des Soixante sera saisi d'une affaire dont la négociation lui paroîtra exiger une Députation au dehors, il déterminera le caractère, et réglera les instructions des personnes que le Petit Conseil nommera à cet effet.

IX. Dans les affaires intérieures d'une haute importance, le

1782 Petit Conseil pourra consulter le Conseil des Soixante, et s'aider de ses lumières, s'il le juge convenable; mais dans ce cas, l'avis du Conseil des Soixante ne sera nullement obligatoire pour le Petit Conseil.

X. Lorsque le Conseil des Soixante sera convoqué pour les cas relatifs à l'article IV du présent titre, on observera, quant à la nomination d'une Commission, et à ses délibérations, les règles établies par les articles XXII, XXIII et XXIV du titre VI du présent Édit.

Titre Huitième.
Du Conseil des Vingt-cinq.

I. L'élection des Membres du Conseil des Vingt-cinq continuera de se faire comme par le passé, et suivant les Edits.

II. Tous ceux qui ont été élus Conseillers d'Etat, qui en ont prêté le serment, et qui sont ensuite sortis du Conseil de quelque manière que ce soit, depuis le premier de janvier 1768 jusques au premier de février 1782, seront invités dès à présent à y rentrer, et devront se déclarer dans le terme de trois mois.

Le rang de tous les Membres du Conseil sera reglé de manière que ceux qui auront été Syndics précéderont ceux qui ne l'ont pas été, et la place de chacun d'eux sera determinée par la date de sa première promotion à l'office de Syndic ou de Conseiller.

Les Conseillers qui rentreront dans le Petit Conseil, et qui auront été Syndics, ne pourront l'être de nouveau qu'autant qu'ils seront élus en la forme ordinaire; et dans ce cas ils prendront rang dans le Syndicat selon la date de leur première élection.

Il sera procédé à l'élection d'un Conseiller lorsqu'il y aura deux places vacantes, et cet ordre sera observé jusqu'à ce que le Conseil soit réduit au nombre fixé par la Loi; dérogeant pour ces cas seulement à l'égard des personnes qui rentreront dans le Petit Conseil, en vertu de cet article, à toutes les loix contraires aux présentes dispositions.

A mesure qu'il se fera une vacance dans le Petit Conseil, les honoraires seront attribués au plus ancien des Conseillers qui seront rentrés, de manière que le nombre des Conseillers qui recevront les honoraires, n'excède pas le nombre actuel.

Les personnes qui ne voudront pas rentrer en Petit Conseil, et qui en sont sorties sans avoir le rang et les honneurs de Conseillers, jouiront aussi du rang et des honneurs de Conseillers d'Etat.

III. Outre les limitations des degrés de parenté établies par les précédens Edits, les frères de même sang, ainsi que les utérins, oncles et neveux de même nom et famille, comme aussi les oncles et neveux d'alliance de même nom et famille, ne pourront à l'avenir siéger ensemble dans le Petit Conseil.

IV. En cas de mort, de décharge, ou de destitution d'un Membre du Petit Conseil, il ne pourra être remplacé immédiatement ni par son fils, ni par son gendre, ni par une personne de même nom et famille.

V. Nul ne pourra entrer en Petit Conseil avant l'age de trente-cinq ans accomplis, à moins qu'il n'ait occupé pendant un an une place de Magistrature ou une Chaire de Professeur dans l'Académie, ou siégé pendant deux ans dans l'une des Chambres ou Commissions du Gouvernement.

VI. Le Petit Conseil suivra dans ses délibérations les règles établies dans les articles XXII, XXIII et XXIV du titre VI du présent Edit.

Il déterminera la police de son Corps, et il fera sur cet objet les réglemens qu'il estimera convenables.

VII. Il conservera les droits et attributs qui lui sont conférés par les Edits, ainsi que ceux qui ne sont pas attribués au Conseil Général, au Conseil des Deux-cent, au Conseil des Soixante, au Conseil Militaire, aux Syndics, au Lieutenant, et à son Tribunal, et aux autres Offices, Chambres ou Départemens.

VIII. A l'avenir le Petit Conseil jugera sans appel tous les procès civils, lorsque la valeur contestée n'excédera pas la somme de deux mille florins en principal, à moins qu'il ne s'agisse de propriété, d'immeubles, de servitudes, de rentes, de droits féodaux ou démaniaux.

Le Tribunal des premières Appellations jugera sans appel, sauf dans les cas ci-dessus exceptés, de toutes les causes qui sont de son ressort, lorsque la valeur contestée n'excédera pas la somme de mille florins en principal.

Les Tribunaux de première instance connoîtront sans appel, et sous les mêmes réserves, de toutes les causes civiles instruites sommairement et par écrit; à savoir pour les premières jusqu'à la concurrence de cent cinquante florins, et pour les autres, jusqu'à la concurrence de deux cent cinquante florins aussi en principal, à l'exception des Juges des Seigneuries particulières à l'égard desquels il ne sera rien changé à ce qui étoit établi précédemment.

Titre Neuvième.
Des Grabeaux.

I. Si l'un des Membres du Petit Conseil qui sont appellés à rentrer dans l'office de Syndic, en étoit exclu par le Grabeau qui se fera à haute voix et à la balotte, il sera mandé aussitôt dans le Grand Conseil; le Syndic Président l'informera de l'exclusion prononcée contre lui, et si dans le Grabeau à haute voix on a donné des motifs de cette exclusion, il les lui fera connoître; il lui demandera aussi s'il a quelque chose à représenter; le Grand Conseil ira de nouveau à la balotte, et si l'exclusion est confirmée, celui qui aura été ainsi exclu, ne pourra rentrer pour cette fois dans l'office de Syndic, et il sera placé dans la classe des simples Conseillers. On suivra la même règle pour le Grabeau de celui qui est appelé à redevenir Lieutenant, et s'il est exclu, il ne pourra rentrer pour cette fois dans l'office de Lieutenant.

On procédera de la même manière pour toutes les élections des Offices, Charges ou Emplois, sauf dans les cas exceptés par la Loi.

II. Le Petit Conseil fera au commencement de chaque année le Grabeau à haute voix et à la balotte, de tous les Membres du Grand Conseil qui ne sont pas pourvus d'un Office dont l'élection appartient au Conseil Général; et si un ou plusieurs d'entr'eux étoient exclus par ce Grabeau, cette exclusion n'aura d'effet qu'-

1782 autant qu'elle sera confirmée par le Grabeau du Grand Conseil à haute voix et à la balotte.

III. Le Grand Conseil fera ensuite le Grabeau à haute voix et à la balotte de tous les Membres du Petit Conseil, à la réserve des quatre Syndics, du Lieutenant, et du Trésorier Général.

IV. Les Membres des Petit et Grand Conseils seront tenus par leur serment, d'assister au Grabeau de ceux qui sont appellés à l'office de Syndic et de Lieutenant, ainsi qu'à la révision annuelle des Petit et Grand Conseils; et dans ces cas, aucune exclusion par le Grabeau, n'aura d'effet qu'autant qu'il y auroit eu au moins cinquante balottes d'omission.

V. Les exclusions par le Grabeau n'emporteront aucune espèce de note; les régistres ne feront aucune mention des motifs d'exclusion qui auroient été allégués dans les Grabeaux, et ceux qui seront ainsi destitués, seront de nouveau éligibles pour les places de Conseillers du Petit et du Grand Conseils.

VI. Le Lieutenant, le Trésorier, le Premier des Auditeurs, le Procureur Général et deux Membres du Deux-cent tirés au sort, assisteront avec les Syndics au déchiffrement du Grabeau annuel de confirmation des Membres des Petit et Grand Conseils, qui se consomme dans ce dernier Conseil.

Titre Dixième.

Des citoyens, bourgeois, natifs, habitans et sujets de la République.

I. Les enfans des citoyens, ou bourgeois qui sont nés ou qui naîtront hors de la ville sur les terres de la République, seront réputés citoyens, ainsi que ceux qui sont nés ou qui naîtront hors de la ville et de son territoire de pères citoyens ou bourgeois absens pour le service de l'Etat.

II. Les enfans qui sont nés, ou qui naîtront en pays étranger d'un père citoyen, ou dont les ancêtres auront été citoyens, pourront se faire reconnoître citoyens, pourvu toutefois:

1°. Qu'ils ayent habité pendant dix ans dans la Ville ou sur le territoire de la République.

2°. Que leur père ou ancêtres n'ayent pas été déchus de la Bourgeoisie de droit ou par jugement.

3°. Qu'ils payent les Gardes que leur père et grand-père n'auroient pas payées; laissant au Petit Conseil le droit d'arbitrer sur cet objet selon les circonstances.

III. Les enfans des natifs qui sont nés ou qui naîtront hors de la Ville, mais sur le territoire de la République, seront réputés natifs, comme s'ils étoient nés dans la Ville.

IV. Les enfans des natifs qui sont nés ou qui naîtront hors des terres de la République, seront reçus de droit, et sans finance, au nombre des habitans, pourvu qu'ils ayent séjourné dans la Ville pendant l'espace de dix années entières.

V. Les natifs participeront à l'avenir à tous les droits, privilèges et immunités des citoyens et bourgeois relativement aux arts, aux métiers et professions, au commerce, au payement des droits y relatifs, à la vente des vins, aux éxécutions de sentences, emprisonnemens, contrainte par corps, au droit de géole, au droit **1782**. de partage avec l'acheteur à la douane, au payement des lods, et de toutes les taxes et impositions de quelle nature qu'elles soient, en sorte que pour tous les droits utiles il n'existe aucune différence entr'eux et les citoyens et bourgeois.

VI. Chaque année pendant dix ans, cinq natifs âgés de trente ans au moins, célibataires, mariés, ou chefs de famille avec leurs enfans, seront admis à l'honneur de la Bourgeoisie, en remboursant toutefois par eux aux maisons de charité les assistances que leur père et eux-mêmes pourroient en avoir reçu, et en payant les Gardes que leurs pères et eux-mêmes n'auroient pas payées.

Après les dix ans expirés, trois natifs seulement seront admis annuellement à la Bourgeoisie.

VII. Ils seront élus par le Petit Conseil en la forme suivante.

Chaque Membre du Petit Conseil indiquera par billets, librement et à son choix, trois natifs.

L'un des Syndics mandera, les indiqués pour savoir s'ils acceptent l'indication aux conditions prescrites dans l'article précédent.

Ceux-là seulement qui auront accepté l'indication, exposeront dans une requête les motifs et considérations qu'ils peuvent alléguer en leur faveur.

Chaque requête sera communiquée au Procureur Général, et après qu'il aura donné ses conclusions sur l'admissibilité, la conduite et les moeurs de ceux qui auront accepté l'indication, le Conseil procédera à leur Grabeau.

VIII. La liste de ceux qui auront été approuvés au Grabeau sera remise à chaque électeur, qui croisera les noms des personnes qu'il veut élire, et celles qui auront eu le plus de suffrages, seront élues.

IX. Si pour déterminer le dernier ou les derniers des élus, il se trouve plusieurs personnes qui ayent égalité de suffrages, le partage sera levé tout de suite à la pluralité; dans cette nouvelle opération, chaque électeur donnera autant de suffrages qu'il sera resté de places indéterminées; en cas de partage, le sort en décidera.

X. Cette élection annuelle sera gratuite, sauf le payement des droits ordinaires de la Chancellerie, de la Bibliothèque, et de trois cent florins à l'Hôpital.

Ils seront admis à la prestation du serment dès qu'ils auront satisfait aux conditions ci-dessus énoncées.

XI. Si le Petit Conseil jugeoit convenable de recevoir un plus grand nombre de bourgeois, il devra porter au Conseil des Deux-cent cet avis, le quel ne sera censé approuvé qu'autant qu'il sera adopté par la pluralité des trois quarts des suffrages.

Le Petit Conseil ne pourra porter cet avis aux Deux-cent, que tous les deux ans.

Si le Deux-cent approuve l'avis qui lui est porté, il fixera le nombre des personnes que le Petit Conseil pourra admettre à la Bourgeoisie. Dans ce cas le Petit Conseil ne sera point astreint à les choisir parmi les natifs, et il déterminera la finance qu'elles devront payer.

Le Deux-cent grabelera à haute voix et à la balotte les personnes que le Petit Conseil aura ainsi admises à la Bourgeoisie, et celles qui auront été approuvées au Grabeau seront reçues.

XII. Le Conseil aura le droit d'admettre à l'habitation.

Les habitans participeront aux mêmes droits et priviléges que les citoyens et bourgeois, rélativement aux exécutions de sentences, emprisonnemens, contrainte par corps, au droit de geole, au payement des lods et de toutes les taxes et impositions quelconques.

XIII. Tout habitant pourra exercer le commerce, lorsqu'il en aura obtenu la permission du Petit Conseil, d'après un préavis de la Chambre du Commerce.

XIV. Les enfans des habitans qui sont nés ou qui naîtront hors la Ville, mais sur le territoire de la République, seront réputés habitans.

XV. Les enfans des habitans, qui sont nés ou qui naîtront hors des terres de la République, seront admis de droit à l'habitatioh, en payant le prix fixé par le présent Edit pour ce droit, pourvu:

1º. Qu'ils ayent séjourné dans la Ville pendant l'espace de dix années.

2º. Que leur père ait supporté les charges de l'Etat.

3º. Qu'ils remboursent aux Maisons de charité ce que leur père et eux pourroient en avoir reçu.

XVI. Les personnes qui à la date du présent Edit sont nées dans la Ville, et dont le père et grand-père sont aussi nés dans la Ville, sans avoir été reçus habitans, seront admises de droit à l'habitation, en payant par elles ce qu'elles-mêmes et leur père et grand-père pourroient devoir à la Chambre des Gardes et aux Maisons de charité; laissant au Petit Conseil et aux dites Maisons de charité le droit d'arbitrer sur cet objet.

XVII. Les personnes qui à la date du présent Edit sont nées dans la Ville, d'un père qui a été admis à l'habitation depuis leur naissance, ou d'un père né dans la Ville, qui n'auroit pas été reçu habitant, seront admises de droit à l'habitation, en payant la moitié du prix fixé pour cette admission, et en outre ce qu'elles-mêmes et leur père pourroient devoir à la Chambre des Gardes, et aux Maisons de charité; laissant au Petit Conseil et aux dites Maisons de charité le droit d'arbitrer sur ces objets; bien entendu, que les dispositions contenues dans cet article et dans l'article précédent, n'auront d'effet que pour les personnes déjà nées, et ne s'étendront point aux personnes qui à l'avenir se trouveroient dans les cas qui y sont énoncés.

XVIII. Le Conseil ne pourra admettre chaque année à l'habitation plus de dix domiciliés majeurs, célibataires, mariés ou chefs de famille.

Le prix de l'habitation séra de mille florins, qui se verseront, comme par le passé, dans les caisses des Maisons de charité.

Les chefs de famille admis à l'habitation, payeront au delà du prix principal la somme de cinquante florins pour chacun de leurs enfans mâles, mineurs et non mariés.

Le Conseil ne pourra choisir les habitans que parmi les domiciliés, dont il sera fait mention ci-après.

XIX. Si le Petit Conseil estime pour bonne considération qu'il soit convenable de recevoir un plus grand nombre d'habitans, il devra porter cet avis au Grand Conseil, qui aura le droit de l'approuver ou de le rejeter, et dans le premier cas de fixer le nombre des habitans que le Petit Conseil pourra recevoir, n'enten- 1782 dant comprendre dans ce nombre, ceux qui sont dans les cas énoncés aux articles XV, XVI et XVII du présent Titre.

XX. La clause, *sous le bon plaisir de la Seigneurie*, qui se trouve dans les Lettres d'habitation, expédiées avant l'année 1770 sera censée annullée; et à l'avenir cette clause ne sera plus insérée dans les lettres d'habitation, dont la formule devra être rendue conforme au serment des habitans, ténorisé au Titre XXV du présent Edit.

XXI. Les sujets de la République seront exempts de taille, et ils participeront aux mêmes droits et privilèges que les citoyens et bourgeois relativement aux exécutions des sentences, emprisonnemens, contrainte-par corps, au droit de géole, au payement des lods et de toutes les taxes et impositions quelconques; bien entendu qu'ils supporteront les charges de l'Etat de la même manière que les citoyens, bourgeois, natifs et habitans.

XXII. Les possesseurs des fonds taillables qui relèvent du fief de la République, pourront racheter la condition de taillabilité, en payant à l'Etat la sixième partie de la valeur des dits fonds, estimés par Experts nommés d'office par le Conseil.

XXIII. Les gens de main-morte, soit ceux qui sont taillables à la tête, relevant du fief de la République, seront affranchis dès à présent, et sans finance de la taillabilité personnelle; n'entendant comprendre dans cette disposition, non plus que dans celle de l'article précédent, les fonds et les personnes qui relèvent des fiefs appartenans à des Seigneurs particuliers sur le territoire de la République, lesquels Seigneurs continueront de percevoir les lods sur le pied accoutumé.

XXIV. Les citoyens, bourgeois, natifs, habitans et sujets de la République, ne pourront, non plus que par le passé, être obligés de prendre du bled dans les magasins de la République pour leur subsistance ordinaire, à l'exception des boulangers qui seront soumis aux Réglemens qui les concernent.

XXV. Les citoyens et bourgeois conserveront le droit de faire vendre le vin de leur cru, comme précédemment, suivant les us et coutumes, et les natifs auront à l'avenir le même privilège.

Les citoyens, bourgeois, natifs, habitans et sujets de la République, auront aussi le droit d'acheter, seulement pour leur usage particulier, des vins étrangers; n'entendant comprendre dans cette disposition, non plus que dans celle de l'article précédent, les hôtes, cabaretiers, traiteurs, caffetiers, et ceux qui tiennent des pensionnaires, les quels se conformeront aux Réglemens qui les concernent.

XXVI. A l'avenir le Conseil ne pourra admettre, ni à la bourgeoisie, ni à l'habitation, les sujets de Sa Majesté Très-Chrétienne et de Sa Majesté Sarde, à moins qu'ils n'en ayent obtenu l'agrément de leurs Souverains respectifs.

XXVII. A l'avenir le Conseil ne pourra admettre ni à la Bourgeoisie, ni à l'habitation, les sujets de la République de Berne, qu'entant qu'ils feront conster par une déclaration de leurs Souverains, qu'en demandant la bourgeoisie ou l'habitation, ils n'enfreignent point les ordonnances de l'Etat.

M 2

Titre onzième.
Des domiciliés.

I. Ceux qui n'ont pas le droit de séjourner dans la Ville et dans la Banlieue, devront en obtenir la permission du Syndic Président de la Chambre des domiciliés; la permission sera donnée par écrit et pour trois mois.

II. Il sera formé une Chambre composée d'un Syndic, de deux Membres du Petit Conseil, du Procureur Général, d'un Auditeur, de six Membres du Grand Conseil, et d'un Secrétaire, pour connoitre des demandes de tous ceux qui voudront se domicilier dans la Ville ou dans la Banlieue.

III. La Chambre, après avoir pris les informations nécessaires sur les moeurs, l'industrie et les ressources de ceux qui aspireront à cette faveur, aura le droit de refuser leur demande; et dans le cas où la Chambre estimera qu'elle peut leur être octroyée, elle formera un préavis qui sera porté au Petit Conseil, le quel seul pourra accorder la permission de domicile.

IV. La permission de domicile sera annuellé et sous le bon plaisir du Petit Conseil, qui demeurera le maitre de la retirer à l'instant où il le jugera convenable.

V. La Chambre fera chaque année la revue de toutes les permissions de domicile en suivant l'ordre des quartiers.

VI. Pour cet examen la Chambre devra s'adjoindre, le Seigneur Commis de la Dixaine, son Substitut et le Dixenier, qui feront une revue annuelle de leurs Dixaines, et en produiront à la Chambre un rôle soit dénombrement circonstancié.

VII. La Chambre pourra proroger annuellement toutes les permissions de domicile; mais si elle estime qu'une permission doit être retirée, elle formera sur cet objet un préavis, le quel sera rapporté au Petit Conseil.

VIII. La Chambre fixera la somme que les Domiciliés devront payer pour les Gardes; elles exigera d'eux annuellement cette taxe au moment de la revue des permissions, et en versera successivement le produit dans la caisse de l'Etat.

IX. Les femmes des domiciliés suivront le sort de leurs maris. Les enfans des domiciliés suivront le sort des leurs pères, et lorsqu'ils auront atteint l'âge de vingt-cinq ans, ou qu'ils se marieront, ils devront demander une permission de domicile.

X. Les domiciliés pourront sur un préavis de la Chambre obtenir du Petit Conseil la jouissance des droits, ou d'une partie des droits attribués aux habitans, et le Petit Conseil arbitrera la finance annuelle qu'ils devront payer pour le privilège qu'il leur accordera.

XI. Les Châtelains pourront accorder les permissions de séjour et de domicile, dans leurs Châtellenies, et ils veilleront à ce qu'aucun étranger ne s'y établisse sans leur consentement, selon le Réglement qui sera fait à ce sujet par le Grand Conseil.

Titre douzième.
Des Assemblées de Société.

I. Les cercles, c'est-à-dire, les cotteries ou sociétés d'hommes qui s'assemblent chaque jour ou périodiquement dans le même 1782 lieu, étant devenus des conciliabules politiques, dans lesquels se sont formées des ligues de parti également funestes à la liberté des individus, à la tranquillité publique, et à l'autorité du Gouvernement, le bien de l'Etat exige qu'ils ne puissent désormais être continués ou rétablis sous quelque forme que ce soit; en conséquence, dès-à-présent, tous les cercles actuellement existans dans la Ville et sur le territoire de la République seront et demeureront abolis, toutes les sociétés susmentionnées seront dissoutes; et dans le terme de deux ans pour le plus tard, les meubles ou effets qui appartiennent à ces cercles soit sociétés seront vendus ou partagés entre leurs Membres, et les locations contractées par ces sociétés expireront à la fin du premier semestre, qui écherra après la date du présent Edit. Si au mépris de cette Loi, pareille société actuellement existante, ou toute autre formée sur le même modèle se perpétuoit, ou se reproduisoit, elle sera regardée comme un attroupement punissable selon la rigueur des loix.

II. Tous Députés, soit Commissaires nommés pour affaires publiques, hors des Conseils et sans leur aveu, sont supprimés; et il est défendu d'en établir de nouveaux en aucun temps, sous quelque dénomination que ce soit, sous peine de bannissement perpétuel.

III. Pour remplacer les cercles, il sera établi des caffés publics, tant dans la Ville, que dans la Banlieue; le nombre de ces caffés ne sera point limité; on pourra en établir dans tous les quartiers; le privilège en sera accordé par le Petit Conseil, moyennant une redevance, qui ne devra pas excéder la somme de trois cent florins. Le Petit Conseil aura le droit de retirer ce privilège, toutes les fois que le caffétier se seroit rendu coupable ou complice de quelque désordre ou infraction aux loix, ou aux réglemens de police sur cet objet, ou qu'il n'aura pas révélé les contraventions qui seroient venues à sa connoissance, sans préjudice d'infliger au dit caffétier et à tous les coupables des peines proportionnées à l'exigence du cas.

IV. L'entrée de tous les caffés sera ouverte à tous les particuliers, et il n'y aura dans les caffés aucune chambre, soit appartement, dont l'entrée soit fermée. Il y aura au dessus de la porte de chaque caffé un écriteau avec ces mots: *Caffé public.*

Les caffetiers de la Banlieue pourront aussi obtenir le privilège de traiteurs.

V. Il est défendu sous les peines les plus graves de délibérer ou de voter sur les affaires d'Etat, non plus que sur les opérations du Gouvernement dans les caffés ou cabarets.

Les violences, les insultes, et tous désordres quelconques qui y seroient commis, devront être sévèrement punis, et le Petit Conseil fera sur la police des caffés, cabarets, et autres lieux publics d'assemblée les réglemens qu'il estimera convenables.

VI. Le Petit Conseil et le Tribunal du Lieutenant veilleront à ce que les Edits et Réglemens concernant la suppression des cercles, les caffés et autres lieux publics d'assemblée, soient exécutés, et ne puissent être éludés en manière quelconque.

Titre treizième.
Des Représentations.

I. Chaque particulier conservera la faculté de s'adresser par requête dans son fait propre aux Tribunaux de la République, selon leur compétence; mais le droit de faire des représentations ne sera exercé à l'avenir qu'en la forme prescrite ci-après.

II. Afin d'assurer aux citoyens et bourgeois d'une manière avantageuse à l'Etat, la prérogative de faire pour le bien public telles propositions qu'ils estimeront convenables, et de se plaindre en cas d'inobservation, ou de violation des loix ou des réglemens, ceux d'entre eux qui sont censés avoir le plus d'intérêt à la chose publique, seront pour cet effet successivement admis dans les Assemblées périodiques du Grand Conseil.

III. Il sera tenu un rôle exact de tous les citoyens et bourgeois laïcs, ayant droit d'entrée au Conseil général, agés de vingt-sept ans accomplis, domiciliés dans la Ville ou sur le territoire, propriétaires d'immeubles sur le sol de la République, de la valeur au moins de dix mille livres argent courant, dont il constera par contrat d'acquis, ou par Experts nommés d'office par le Conseil, et payant dans ce cas vingt-quatre florins de Garde; et des citoyens et bourgeois de l'âge susdit, qui n'étant pas dans la classe des propriétaires sus-mentionnés, auroient payé depuis trois ans au moins, ou dès que la taxe des Gardes leur auroit été imposée, quarantequatre florins de Gardes; bien entendu que les dits citoyens et bourgeois qui voudront être compris dans le susdit rôle, seront obligés de s'inscrire ou de se faire inscrire en Chancellerie.

IV. Au mois de janvier de chaque année, on tirera au sort trentesix citoyens ou bourgeois d'entre ceux qui seront inscrits dans le rôle ci-dessus, et ils seront adjoints pour l'année au Conseil des Deux-cent.

V. Aucun de ceux qui se seront inscrits ne pourra refuser la place d'Adjoint, et ceux dont les places deviendront vacantes pendant l'année, par quelque cause que ce soit, ne seront pas remplacés.

VI. Nul ne pourra être appellé de nouveau à la place d'Adjoint qu'après le terme de cinq ans dès le jour de sa nomination, à moins qu'il n'y eût pas un nombre de citoyens et Bourgeois éligibles, suffisant pour faire ou completter la nomination des trentesix Adjoints.

VII. Les noms des Adjoints seront imprimés à la suite du tableau du Grand Conseil, ils auront rang tant dans ce Conseil, que dans le Conseil général et dans les cérémonies publiques, après les Membres du Deux-cent, et l'ordre qu'ils garderont entr'eux sera déterminé par leur âge.

VIII. 1°. Les Adjoints siégeront pendant une année, a compter du mois de janvier, après le renouvellement des offices, dans les Assemblées du Grand Conseil du premier lundi de chaque mois, qui sont destinées à faire de vive voix des propositions relatives à l'administration et au bien public, et ils auront le droit de faire ou d'appuyer toutes celles qu'ils estimeront convenables.

2°. Ils auront voix délibérative dans toutes les Assemblées du Grand Conseil mentionnées dans les Articles XII, XIV et XVI du présent Titre.

3°. Ils assisteront et concourront de même à toutes les opé- 1782
rations relatives à l'election du Grand Conseil, tant pour l'indication que pour la nomination et la rétention.

4°. Enfin dixhuit d'entr'eux tirés au sort assisteront en Petit Conseil à la plaidoyerie des accusés, et à la lecture des conclusions du Procureur Général, en prétant néanmoins par les
dixhuits Adjoints le serment du secret; et dans les cas de recours
à la grace, les dixhuits autres Adjoints assisteront à la lecture de
la requête des accusés, du sommaire de la procédure, et des conclusions du Procureur Général, en prétant aussi le serment du secret.

IX. Les Adjoints prêteront le même serment que les Membres du Grand Conseil, et ils seront soumis à la même police.

X. Il sera tenu un registre de toutes les propositions faites
tant par les Membres du Grand Conseil que par les Adjoints, et
ce registre sera déposé en Chancellerie, à l'usage des dits Membres du Grand Conseil et Adjoints.

Le Petit Conseil devra répondre à ces propositions dans le
terme de deux mois, la lecture de ses réponses se fera dans
l'Assemblée périodique du Grand Conseil en présence des Adjoints,
et elles devront étre inscrites dans le registre des propositions.

XI. Le Petit Conseil conservera le droit de rejetter toute
proposition tendante à l'abrogation ou au changement de quelque
loi ou réglement, à l'établissement des loix nouvelles ou de réglemens nouveaux, ainsi qu'à toute innovation de quelque nature
qu'elle soit.

XII. Si après la réponse du Petit Conseil, une proposition
renfermant une plainte sur l'inobservation ou l'infraction de quelque loi ou réglement; étoit renouvellée et appuyée par vingtcinq
Membres ou Adjoints du Grand Conseil, elle devra étre soumise
à la délibération de ce Corps dans le terme de deux mois pour le
plus tard.

XIII. Toute proposition sur la quelle le Grand Conseil aura
statué en vertu de l'Article précédent, ne pourra être renouvellée
qu'au bout d'une année révolue.

XIV. Si après ce terme, la proposition étoit renouvellée, elle
sera traitée de nouveau suivant les règles prescrites dans les deux
Articles ci-dessus; mais lorsque le Grand Conseil aura statué
une seconde fois sur icelle, elle ne pourra être renouvellée qu'au
bout de dix années révolues.

XV. Il ne pourra être fait aucune proposition sur un affaire
civile ou criminelle pendant la litispendance.

XVI. S'il y a dissentiment entre le Petit Conseil et vingt-
cinq Membres du Deux-cent ou Adjoints, sur la question de savoir
si une proposition a pour objet la demande d'une nouveauté, ou
celle d'un redressement de grief, le Grand Conseil en décidera.

XVII. Les Membres du Grand Conseil et les Adjoints, avant
que de délibérer sur les questions mentionnées aux Articles XII,
XIV et XVI du présent Titre, prêteront serment de prononcer
consciencieusement sur icelles, et de se conformer dans leurs décisions aux loix de l'Etat, de maintenir les droits et attributions
des divers ordres qui le composent, telles qu'elles sont réglées par
le présent Edit, et de ne favoriser aucunement des vues d'innovation, par quelque considération que ce soit.

1782 · XVIII. Le Procurenr Général conservera le droit de faire telles remontrances ou réquisitions qu'il estimera convenables.

Titre quatorzième.
· Explication de l'Edit de 1635.

I. Pour que chacun demeure plus entier dans son devoir et dans la fidélité qu'il doit à l'Etat, très-expresses inibitions et défenses sont faites à touts citoyens, bourgeois, natifs, habitants, sujets de la République et domiciliés, de recevoir d'aucun Prince, Etats, ou République, aucuns dons, pensions, gages ou autres récompenses pour affaires d'Etat, sans la permission expresse du Conseil.

II. Le Conseil ne pourra reconnoître comme Ministre, ou Chargé d'affaires d'aucune Puissance étrangère auprès de la République, aucun citoyen, bourgeois, natif, habitant, sujet de l'Etat et domicilié, lors même qu'il renonceroit aux dites qualités: et quant à ceux qui auroient accepté la commission de Ministre, ou Chargé d'affaires d'un Souverain étranger auprès d'une Puissance étrangère, ils ne pourront habiter dans la Ville ou sur le territoire de la République, qu'en tant qu'ils resteront soumis aux loix et à la jurisdiction de l'Etat; et qu'ils ne pourront prétendre à aucune immunité ni distinction pour raison de la dite commission, sous quelque prétexte que ce soit.

III. Les Vassaux d'une Puissance étrangère, ceux qui sont à son service ou qui en retirent une pension, seront recusés dans les délibérations où il s'agira de quelque affaire concernant la dite Puissance.

IV. Le présent Titre prendra la place de l'Edit de 1635, qui sera ainsi entièrement abrogé.

, Titre quinzième.
Loi contre les injures.

I. Pour entretenir désormais l'esprit d'union entre tous les ordres de l'Etat, il est expressément défendu sous peine grave suivant l'exigence du cas, de se provoquer par aucun des noms de parti que l'animosité et la discorde avoient mis ci-devant en usage, de rappeller par des invectives ou reproches les troubles passés et de célébrer aucune fête quelconque qui tende à en conserver le souvenir. .

Titre seizième.
Loi sur les Ecrits contraires à la tranquillité publique.

I. Il est pareillement défendu d'imprimer ou de faire imprimer tant dans cette Ville qu'ailleurs, tout libelle, tout écrit quelconque tendant à renouveller les anciennes dissentions, à en exciter de nouvelles, ou à jeter du blâme sur aucun citoyen, bourgeois, natif, habitant, ou sujet de la République, relativement aux troubles passés; tout écrit sur les loix de Genève sur le gouvernement, et

son administration, sans la permission expresse du Petit Conseil; 1788.
le tout sous les peines les plus graves, suivant l'exigence de cas,
contre les auteurs, imprimeurs, et distributeurs; enjoignant au Petit Conseil de veiller à ce qu'il ne s'imprime rien sans permission,
et à ce que les réglemens sur l'imprimerie soient observés:

Titre dix-septième.
Du Code.

I. Le présent Edit prendra la place de celui de 1738, et de
tous les Edits faits depuis 1733 les quels seront, ainsi que les
Edits antérieurs à 1568, regardés comme nuls ou non avenus;
et il est expressément défendu à toute personne de quelque ordre
et condition qu'elle soit, de les reclamer en manière quelconque
et pour quelque objet que ce soit, non plus que les loix aux
quelles il a été dérogé par des loix posterieures.

II. Il sera fait dans espace de quatre mois pour le plus tard,
a dater du présent Edit, un code des Edits politiques non abre-
gés, ou aux quels il n'a pas été dérogé par des loix postérieures,
dans le quel on observera:

1°. De classer les loix subsistantes dans le meilleur ordre.

2°. De les conserver textuellement autant qu'il sera possible.

3°. De convertir en loi les usages contraires aux loix, ou
de rétablir les loix tombées en désuétude.

4°. De n'apporter aucun changement quelconque au présent
Edit, le quel devra être annexé en entier au code pour être observé selon sa forme et teneur.

Le Grand Conseil nommera pour ce travail une Commission
composée d'un Syndic ou d'un Conseiller qui ait été Syndic, de
deux autres Membres du Petit Conseil, et de quatre Membres du
Deux-cent. Cette Commission devra s'adjoindre un Secrétaire.

III. Le projet du code rédigé par la Commission, devra être
porté successivement aux Petit, Grand et Général Conseils pour
y être approuvé ou rejeté *in globo.*

IV. Si dans le cours de son travail, la Commission estime
qu'il soit nécessaire de faire quelque loi nouvelle, elle devra,
avant que de l'insérer dans son projet, la porter au Petit Conseil, le quel, ainsi que les Grand et Général Conseils, aura le
droit de l'approuver ou de la rejeter.

V. Si le projet de la Commission est rejeté par l'un des
trois Conseils, la même Commission fera textuellement et par ordre chronologique, la collection des Edits subsistans, et des usages contraires aux lois aux quels il ne conviendroit pas de renoncer.

Cette collection de loix et d'usages consacrés, convertis en
loix, sera vérifiée par les Petit et Grand Conseils, et formera
le code des Edits politiques de la République; ce code aura force
de loi dans l'Etat, et il ne pourra s'introduire aucun usage qui
lui soit contraire.

Cet ouvrage devra être achevé dans l'espace de trois mois,
et publié aussitôt après par la voie de l'impression.

VI. Il sera fait ensuite, dans l'espace de quatre mois, une
collection des Edits civils par une Commission composée de la
même manière que la précédente.

1782 Elle conservera textuellement les loix en vigueur, elle conciliera les loix avec les usages qui leur sont contraires et elle éclaircira les loix sur le sens des quelles il a pu s'élever quelque doute dans la pratique.

L'ouvrage de cette Commission devra être porté successivement aux Petit, Grand et Général Conseils, pour y être approuvé ou rejeté *in globo.*

VII. Si dans le cours de son travail, la Commission estime qu'il soit nécessaire de faire quelque loi nouvelle, elle devra, avant que de l'insérer dans son projet, la porter au Petit Conseil, le quel, ainsi que les Grand et Général Conseils, aura le droit de l'approuver ou de la rejeter.

VIII. Si le projet de la Commission est rejeté par l'un des trois Conseils, la collection des Edits civils revus en 1713, aux quels il n'aura pas été dérogé par des loix subséquentes, formera le Code des loix civiles de l'Etat, et il ne pourra s'introduire aucun usage qui y soit contraire.

Cet ouvrage devra être achevé dans l'espace de trois mois, et publié aussitôt après par la voie de l'impression.

IX. Immédiatement après la confection du Code civil, il sera nommé pour la révision de cette partie des ordonnances Ecclésiastiques, sur la quelle le Grand Conseil n'a pas, en vertu du présent Edit, le droit de statuer en dernier ressort, une Commission composée come ci-dessus, et à la quelle la Compagnie des Pasteurs déléguera quatre de ses Membres avec droit de suffrage.

Cette Commission devra porter, dans le terme d'une année, à dater du jour de son établissement, son projet de révision au Petit Conseil, le quel, ainsi que les Grand et Général Conseils, aura le droit de l'approuver ou de le rejeter *in globo.*

X. Si le projet de cette Commission est rejeté par l'un des trois Conseils, cette partie des ordonnances Ecclésiastiques sur la quelle le Deux-cent n'a pas le droit de statuer en dernier ressort aura force de loi, sauf dans les points sur les quels il s'est introduit des usages contraires aux loix, les quelles continueront d'être observées comme par le passé.

XI. Les réglemens seront revus et recueillis par les Petit ou Grand Conseils dont ils émanent; cette collection devra être faite et imprimée dans le terme de cinq ans, à dater du jour où la révision de l'ordonnance Ecclésiastique aura été achevée; et à l'avenir les réglemens devront recevoir tous les vingt ans pour le plus tard une nouvelle sanction.

Titre dix-huitième.

Loi sur les Natif exilés en 1770.

1. L'exil prononcé en 1770 contre huit Natifs sera regardé comme nul et non avenu; en conséquence ils seront censés n'avoir jamais été déchus de leurs droits de Natifs, et leurs enfans nés pendant cet exil seront réputés Natifs.

Titre dix-neuvième.

De la Chambre des Tutelles et Curatelles.

I. Il sera établi une Chambre des Tutelles et Curatelles, composée du Procureur Général qui en sera le Président, et d'un nombre égal d'Avocats, et de Négocians, Membres du Deux-cent, ou citoyens ou bourgeois majeurs; et ce nombre sera fixé par le Conseil des Deux-cent.

II. Le Petit Conseil fera par Election la première composition de cette Chambre, et à l'avenir, il en élira les Membres sur une nomination en nombre double faite par la Chambre elle-même.

III. Les Membres de cette Chambre seront élus pour cinq ans; mais ils pourront être confirmés s'ils le demandent pour le même terme.

Afin que cette Chambre ne se renouvelle que graduellement, le Conseil aura soin, dans la première Election, d'en élire les Membres pour des termes différens.

IV. Cette Chambre sera chargée de faire rendre compte chaque année aux Curateurs des biens vacans, et de se faire présenter de trois ans en trois ans pour le plus tard, les comptes des Tutelles et Curatelles établies tant dans la Ville que dans les Châtellenies.

V. Elle veillera à ce que les Tuteurs et Curateurs exercent avec zèle et avec fidélité les fonctions de leur office, et à ce que les pupils et mineurs soient élevés convenablement; elle déférera au Tribunal compétent les Tuteurs et Curateurs négligens ou infidèles, et elle aura soin que les Tuteurs et Curateurs fassent embrasser à leurs pupils et mineurs une vocation convenable.

VI. Elle aura l'administration des sommes qui pourroient être données ou léguées en faveur de cet établissement, et elle les appliquera, ou les intérêts d'icelles, à aider les pupils et mineurs qui manqueroient de fortune, dans le payement des apprentissages et des autres dépenses qu'elle jugeroit indispensable pour leur établissement.

VII. La Chambre rendra compte chaque année au Petit Conseil de son administration.

VIII. Le Grand Conseil fera sur cette Chambre tous les réglemens qu'il estimera convenables

Titre vingtième.

Des causes d'injure.

I. Nul ne sera contraint de se rendre partie, ou dénonciateur pour avoir réparation des offenses ou injures verbales ou réelles à lui faites; et personne ne pourra ni devra lui reprocher ni imputer à infamie, qu'il a patiemment supporté les dites injures, sans en faire plainte et dénonciation judiciaire, et par là avoué tacitement les faits dont il a été chargé.

II. Les Juges connoitront de toutes les causes d'injures, sans exception, soit qu'elles soient poursuivies d'office, ou à l'instance de partie civile, et ils puniront les coupables, supprimant toutefois la partie formelle, et les loix qui y sont relatives.

III. Ceux qui trouveront des libelles diffamatoires seront obligés

1782 nison seront employées au maintien de la sûreté publique et particulière; mais elles ne pourront entrer dans aucune maison, sans
un ordre par écrit de un des Syndics, et que pour la recherche
des malfaiteurs, ce qui se fera en la présence du Dizenier ou
Sous-Dizenier, ou de quelque personne connue du voisinage, les
quelles devront assister à la recherche qui y sera faite; à l'exception néanmoins des cas compris dans les loix relatives au Conseil
Militaire, et de ceux où les particuliers eux mêmes appelleroient
à leur secours la garde ou les dites patrouilles; et tous les soldats
des dites patrouilles devront avoir une marque distinctive à la
qu'elle on puisse les reconnoitre.

X. Dès qu'un prevenu de crime aura été conduit dans les
prisons, le geolier devra écrire sur son registre, soit livre d'écrou,
le jour et l'heure de l'emprisonnement, et le nom du prevenu;
il devra aussi fouiller le prevenu; faire un état soit inventaire sommaire de ce qui sera trouvé sur lui, et proposer au prevenu de
le signer.

XI. Le Lieutenant ou l'Auditeur, incontinent après qu'il aura
fait emprisonner ou permis d'emprisonner quelqu'un pour crime,
sera obligé de le faire repondre personnellement, et de remettre
ses reponses au Conseil dans vingt-quatre heures; et ne pourra,
de son autorité, élargir le prisonnier.

XII. Si les Syndics ou le Conseil font saisir et emprisonner
un criminel, qu'ils l'interrogent aussi, ou commandent au Lieutenant de le faire répondre personnellement dans vingt-quatre heures; il est défendu aux Juges d'user dans leurs interrogatoires
d'aucunes menaces, ou de faire aucune promesse d'impunité.

XIII. Tous les Juges seront obligés de faire faire lecture à
un prevenu de son interrogatoire, et le prevenu pourra, s'il le veut,
la faire lui même; de le sommer de déclarer s'il persiste dans ses
réponses, et s'il veut y ajouter ou diminuer; de le sommer aussi
de les signer, s'il veut ou sait écrire, sinon de faire mention
de son refus; de les signer aussi ou faire signer par leurs Secrétaires et ajouter à la fin de l'interrogatoire, et non par interlignes ou ratures, les changemens que le prevenu aura voulu faire.

Les questions faites au prevenu seront écrites à la seconde
personne, et ses réponses à la première: chaque page de l'interrogatoire sera signée du prévenu, s'il veut ou sait écrire, et du
Juge ou de son Secrétaire qui fera mention seulement à la dernière page du refus qu'auroit fait le prévenu de signer.

XIV. Les Syndics et Conseil seront Juges de toutes les causes criminelles, et procéderont de jour à jour à leurs instructions;
sauf les cas exceptés dans les loix relatives au Conseil Militaire.
Dans le cas où les quatre Syndics se trouveroient récusables, le
moins récusable d'entre les Syndics, et ceux qui auroient été revêtus de cette charge dans les trois années précédentes, présidera
le Tribunal; et si ce Président n'étoit pas un Syndic, il sera censé
remis sous le serment [...] ...eront au Syndicat,
et de [...] lui [...] [...] pour la prononc-

qui [...] XV. [...]   Syndics en ma-
[...]   [...] en connoître
de [...]   [...] en matière

criminelle ne s'étendront pas au-dela des enfans des cousins ger- **1782**
mains; à l'exception des parens de même nom et famille, qui seront récusés en quelque dégré qu'ils soient; sans déroger aux autres causes de récusation portées par le Titre III des Édits civils.

XVI. Le Procureur Général sera partie publique dans tous
les procès criminels qui seront poursuivis, conformément aux règles prescrites ci-après; il pourra, pendant le cours de la procédure,
faire telle requisition qu'il estimera de droit; et les Juges devront
lui communiquer la procédure et requérir ses conclusions en définitive; toutes les quelles réquisitions ou conclusions ne seront point
communiquées à l'accusé, non plus qu'à son Avocat et Procureur.

XVII. Les Juges seront tenus d'informer diligemment et d'office de tout ce qui peut tendre à la décharge du prévenu. Ils seront aussi tenus de sommer le prévenu, d'alléguer les faits qu'il estime
justificatifs, et de nommer les témoins par les quels il prétend
établir les dits faits. Le prévenu pourra aussi, pendant tout le
cours de la procédure, alléguer des faits justificatifs, et si les Juges trouvent les faits pertinens ou relévatoires, ils devront en informer soigneusement et sans délai, et suivant le résultat des informations procéder au récolement des témoins, et à leur confrontation au prévenu.

XVIII. Les dépositions des témoins seront toujours reçues à
la première personne, et le témoin qui devra être récolé, prêtera
de nouveau serment; après quoi lecture lui sera faite de sa déposition. Il sera sommé de déclarer s'il veut y ajouter, changer ou
retrancher quelque chose, sans lui faire aucun interrogat nouveau,
et tout cè qu'il aura dit sera rédigé par écrit.

XIX. Lorsque le Conseil interrogera le prévenu, il devra le
sommer de déclarer s'il a des objets de récusation à proposer
contre ses Juges dont on lui fournira la liste, et s'il en a, de les
proposer sur le champ à peine de forclusion. Cette forclusion
n'empéchera point l'Avocat du prévenu de proposer immédiatement
avant la plaidoyerie, des objets de récusation, sur les quels le
Conseil prononcera sur le champ.

Les objets de récusation ne pourront être proposés que séparément contre chaque Juge, et le prévenu ou son Avocat ne pourra
proposer une seconde récusation, qu'auparavant il n'ait été prononcé sur la première.

XX. Lorsqu'on procédera à la confrontation du témoin avec
l'accusé, les Juges sommeront le témoin de déclarer s'il connoit
l'accusé, et l'accusé s'il connoit le témoin, s'il a des objets à
proposer contre lui, et s'il en a, de les alléguer sur le champ,
sous peine de forclusion. Cette forclusion n'empéchera point l'A-
vocat du prévenu de faire valoir dans sa plaidoyerie tel reproche
d'après le quel la déposition d'un témoin pourra être sortie de la
procédure.

Si le prévenu cotte des objets et reproches qui soient trouvés
vrais et pertinens, les Juges rejetteront la déposition du témoin;
s'ils ne sont pas trouvés vrais et pertinens, ou que le prévenu
n'en ait cotté aucun, les juges suivront à la confrontation, et feront
faire lecture de la déposition et recollement du témoin; ils le sommeront de nouveau et en présence du prévenu de déclarer par
serment, si ces deux pièces contiennent vérité; ils demanderont en-

1782 nison seront employées au maintien de la sûreté publique et particulière; mais elles ne pourront entrer dans aucune maison, sans un ordre par écrit de l'un des Syndics, et que pour la recherche des malfaiteurs, ce qui se fera en la présence du Dizenier ou Sous-Dizenier, ou de quelque personne connue du voisinage, les quelles devront assister à la recherche qui y sera faite; à l'exception néanmoins des cas compris dans les loix relatives au Conseil Militaire, et de ceux où les particuliers eux mêmes appelleroient à leur secours ou les dites patrouilles; et tous les soldats des dites patrouilles devront avoir une marque distinctive à la quelle on puisse les reconnoître.

X. Dès qu'un prévenu de crime aura été conduit dans les prisons, le géolier devra écrire sur son registre, soit livre d'écrou, le jour et l'heure de l'emprisonnement, et le nom du prévenu; il devra aussi fouiller le prévenu; faire un état soit inventaire sommaire de ce qui sera trouvé sur lui, et proposer au prévenu de le signer.

XI. Le Lieutenant ou l'Auditeur, incontinent après qu'il aura fait emprisonner ou permis d'emprisonner quelqu'un pour crime, sera obligé de le faire répondre personnellement, et de remettre ses réponses au Conseil dans vingt-quatre heures; et ne pourra. de son autorité élargir le prisonnier.

XII. Si les Syndics ou le Conseil font saisir et emprisonner un criminel, qu'ils l'interrogent aussi, ou commandent au Lieutenant de le faire répondre personnellement dans vingt-quatre heures: il est défendu aux Juges d'user dans leurs interrogatoires d'aucunes ménaces, ou de faire aucune promesse d'impunité.

XIII. Tous les Juges seront obligés de faire faire lecture à un prévenu de son interrogatoire, et le prévenu pourra, s'il le veut, la faire lui même; de le sommer de déclarer s'il persiste dans ses réponses, et s'il veut y ajouter ou diminuer; de le sommer aussi de les signer, s'il veut ou sait écrire, sinon de faire mention de son réfus; de les signer aussi ou faire signer par leurs Secrétaires et ajouter à la fin de l'interrogatoire, et non par interlignes ou ratures, les changemens que le prévenu aura voulu faire.

Les questions faites au prévenu seront écrites à la seconde personne, et ses réponses à la première: chaque page de l'interrogatoire sera signée du prévenu, s'il veut ou sait écrire, et du Juge ou de son Secrétaire qui fera mention seulement à la dernière page du refus qu'auroit fait le prévenu de signer.

XIV. Les Syndics et Conseil seront Juges de toutes les causes criminelles, et procéderont de jour à jour à leurs instructions; sauf les cas exceptés dans les loix relatives au Conseil Militaire. Dans le cas où les quatre Syndics se trouveroient récusables, le moins récusable d'entre les Syndics, et ceux qui auroient été revêtus de cette charge dans les trois années précédentes, présidera le Tribunal; et si ce Président n'étoit pas un Syndic, il sera censé remis sous le serment qu'il auroit prêté en parvenant au Syndicat, et le Bâton lui sera remis par l'un des Syndics pour la prononciation du jugement.

XV. Pour rendre plus rare la récusation des Syndics en matière criminelle, et pour que les Tribunaux appellés à en connoître ne soient pas trop dépourvus de Juges, les récusations en matière criminelle ne s'étendront pas au-dela des enfans des cousins germains; à l'exception des parens de même nom et famille, qui seront récusés en quelque dégré qu'ils soient; sans déroger aux autres causes de récusation portées par le Titre III des Édits civils.

XVI. Le Procureur Général sera partie publique dans tous les procès criminels qui seront poursuivis, conformément aux règles prescrites ci-après; il pourra, pendant le cours de la procédure, faire telle requisition qu'il estimera de droit; et les Juges devront lui communiquer la procédure et requérir ses conclusions en définitive; toutes les quelles réquisitions ou conclusions ne seront point communiquées à l'accusé, non plus qu'à son Avocat et Procureur.

XVII. Les Juges seront tenus d'informer diligemment et d'office de tout ce qui peut tendre à la décharge du prévenu. Ils seront aussi tenus de sommer le prévenu, d'alléguer les faits qu'il estime justificatifs, et de nommer les témoins par les quels il prétend établir les dits faits. Le prévenu pourra aussi, pendant tout le cours de la procédure, alléguer des faits justificatifs, et si les Juges trouvent les faits pertinens ou relévatoires, ils devront en informer soigneusement et sans délai, et suivant le résultat des informations procéder au récolement des témoins, et à leur confrontation au prévenu.

XVIII. Les dépositions des témoins seront toujours reçues à la première personne, et le témoin qui devra être récolé, prêtera de nouveau serment; après quoi lecture lui sera faite de sa déposition. Il sera sommé de déclarer s'il veut y ajouter, changer ou retrancher quelque chose, sans lui faire aucun interrogat nouveau, et tout ce qu'il aura dit sera rédigé par écrit.

XIX. Lorsque le Conseil interrogera le prévenu, il devra le sommer de déclarer s'il a des objets de récusation à proposer contre ses Juges dont on lui fournira la liste, et s'il en a, de les proposer sur le champ à peine de forclusion. Cette forclusion n'empêchera point l'Avocat du prévenu de proposer immédiatement avant la plaidoyerie, des objets de récusation, sur les quels le Conseil prononcera sur le champ.

Les objets de récusation ne pourront être proposés que séparément contre chaque Juge, et le prévenu ou son Avocat ne pourra proposer une seconde récusation, qu'auparavant il n'ait été prononcé sur la première.

XX. Lorsqu'on procédera à la confrontation du témoin avec l'accusé, les Juges sommeront le témoin de déclarer s'il connoit l'accusé, et l'accusé s'il connoit le témoin, s'il a des objets à proposer contre lui, et s'il en a, de les alléguer sur le champ, sous peine de forclusion. Cette forclusion n'empêchera point l'Avocat du prévenu de faire valoir dans sa plaidoyerie tel reproche d'après le quel la déposition d'un témoin pourra être sortie de la procédure.

Si le prévenu cotte des objets et reproches qui soient trouvés vrais et pertinens, les Juges rejetteront la déposition du témoin; s'ils ne sont pas trouvés vrais et pertinens, ou que le prévenu n'en ait cotté aucun, les juges suivront à la confrontation, et feront faire lecture de la déposition et recollement du témoin; ils le sommeront de nouveau et en présence du prévenu de déclarer par serment, si ces deux pièces contiennent vérité; ils demanderont en-

1782 suite au prévenu, s'il a quelque chose à dire sur cette déposition ou recollement, et feront rédiger par écrit ses réponses; ils seront aussi obligés d'interroger le témoin sur les faits et éclaircissemens que l'accusé demandera être exigés de lui. L'accusé pourra lui même, ayant sous les yeux la déposition du témoin, lui faire directement telle question pertinente qu'il estimera convenable. La confrontation des co-accusés aura lieu avant celle du témoin et du prévenu.

Les dispositions de cet Article n'excluront pas l'audition et la confrontation des témoins nécessaires, au témoignage des quels les Juges auront tel égard que de raison.

XXI. Le Petit Conseil seul pourra faire mettre aux fers les accusés et prévenus; mais il ne pourront en aucun cas, et pour quelque crime que ce soit, être appliqués à la question ou torture tant préparatoire que définitive, la quelle sera et demeurera supprimée et abolie.

XXII. Si l'accusé ne comparoît au jour de l'assignation, ou n'a pu être appréhendé, s'il y a eu décret de prise de corps, il sera assigné publiquement à son de trompe, à trois briefs jours, si le crime mérite punition corporelle ou capitale; et s'il ne se présente dans les délais qui lui auront été donnés, il sera pour le profit des défauts laxés contre lui, ordonné que le recollement des témoins vaudra confroutation.

XXIII. Le procès étant instruit, clos et appointé en droit, il sera procédé au jugement le plutôt qu'il sera possible, si l'accusé est prisonnier ou qu'il ne soit question que de crimes ordinaires; mais si l'accusé étoit fugitif et contumax, et qu'il fût accusé de crimes de Lèze Majesté, de conspiration contre l'État, ou d'empoisonnement, outre les trois ajournemens qui lui auront été donnés à son de trompe à trois divers jours, il sera derechef ajourné a cri publié, pour comparoître à la huitaine, lequel jour échu, les défauts laxés contre lui étant déclarés bien obtenus, il sera rendu après avoir eu sur ce les conclusions du Procureur Général, jugement tel que le cas le mérite, pour être exécuté lorsqu'il pourra être appréhendé, et aussi en ses biens, selon qu'il aura été jugé, les quels devront être saisis et annotés, aussitôt qu'il apparoîtra de sa fuite.

XXIV. Si quelques uns des complices ou prévenus d'un même crime sont prisonniers, et les autres fugitifs, il ne sera point procédé à leur jugement en des termes différens; mais le jugement des prisonniers devra être sursis jusqu'à ce que les délais donnés aux fugitifs soient expirés, et leur contumace pleinement instruite, pour tous les prévenus être jugés en même temps.

XXV. Le procès clos et appointé en droit, afin que l'accusé puisse mieux se défendre, il sera en droit de prendre, si lui, ou quelqu'un en son nom le requiert, un Avocat et un Procureur de la Ville, à son choix, les quels, à peine d'interdiction, seront obligés de le servir.

Le dit accusé pourra en outre prendre deux de ses parens ou amis, tels qu'il voudra, pour l'assister aux prisons dans les instructions qu'il lui conviendra de donner à son Avocat et Procureur.

La procédure finie sera communiquée à l'Avocat et au Procureur de l'accusé, ainsi qu'à ses deux assistans, huit jours au moins avant le jugement, s'ils le demandent, et cette communica- 1782 tion se fera en Chancellerie.

Si l'accuse requéroit copie de la procédure, elle lui sera octroyée; il s'obligera par serment, ainsi que son Avocat, son Procureur et ses deux assistans, de ne la communiquer à qui que ce soit, et de la rapporter ainsi que les notes ou extraits qu'ils pourroient avoir fait de la dite procédure, à l'un des Secrétaires d'Etat aussitôt après la sentence définitive.

L'accusé aura de plus la liberté de prendre deux autres parens ou amis faisant ensemble quatre, outre l'Avocat et le Procureur, pour l'accompagner à l'audience, et être présens au plaidoyer de ses défenses, sans que les quatre une fois choisis puissent être changés ni leur nombre augmenté.

XXVI. Aucune condamnation à mort n'aura lieu en Petit Conseil que par une pluralité de deux suffrages.

XXVII. Le jugement étant rendu, soit contre le criminel qui sera prisonnier, soit contre celui qui aura été contumacé, le sommaire du procès sera lû devant le peuple, par l'un des Secrétaires du Conseil, au jour marqué pour l'exécution; après quoi le premier Syndic ou à son défaut celui des Syndics qui présidera le Tribunal, délivrera au Secrétaire la sentence pour en faire aussi lecture; et si les quatre Syndics étoient récusés, celui des anciens Syndics qui aura présidé au jugement conformément au dispositif de l'Article XIV, montera sur le Tribunal, ayant en mains le Bâton Syndical.

La sentence lue, le criminel sera remis au Lieutenant pour la faire exécuter, ou à l'un des Auditeurs qui sera accompagné du Sautier.

XXVIII. La même formalité sera observée lorsque les jugemens seront exécutés en effigie.

XXIX. Si quelque citoyen bourgeois, natif, habitant, sujet de la République ou domicilié détenu dans les prisons pour cause criminelle, après avoir été jugé et condamné définitivement, requéroit d'être entendu au Conseil des Deux-cent pour en obtenir grace, le dit Conseil sera convoqué à cet effet, et recevra la requête de l'accusé signée de lui, ou de son Avocat ou procureur, dans la quelle il exposera les raisons qu'il aura à représenter pour demander grace. L'Avocat ou le Procureur pourra lui même lire cette requête en présence des quatre parens ou amis de l'accusé. Le Conseil des Deux-cent après avoir pris sommairement connoissance du procès et du jugement rendu par le Petit Conseil, décidera s'il y a lieu d'accorder grace ou de modérer la sentence, la quelle ne pourra être aggravée.

XXX. La confirmation d'une sentence portant peine de mort n'aura lieu qu'à la pluralité de cinq suffrages.

XXXI. Aucun citoyen, bourgeois, natif, habitant, sujet de la République ou domicilié, ne pourra recourir au Conseil des Deux-cent, s'il n'a été condamné par jugement définitif du Petit Conseil, à une prison de six mois, outre celle qui a été subie, à un bannissement d'un an, à la suspension des droits honorifiques de la bourgeoisie pendant cinq ans, à la suspension du droit de siéger en Deux-cent, pendant le même terme, à être déclaré infame en

1782 termes exprès, à une amende de cinq cent écus, ou à quelque autre peine, aussi grave ou plus grave que celles ci-dessus.

XXXII. Dans le cas où le Conseil auroit cumulé plusieurs peines, dont aucune prise séparément, ne seroit assez forte pour donner lieu au recours, le condamné aura le droit de recourir au Conseil des Deux-cent. On ne regardera point comme une cumulation de peines, la condamnation aux prisons subies, aux dépenses, à demander pardon à Dieu et à la Seigneurie, et à l'offensé s'il y en a, huis clos et sans génuflexion.

XXXIII. Les criminels étrangers jouiront du droit de recours mentionné dans l'Article XXXI, lorsqu'ils auront été condamnés à mort; et le Petit Conseil pourra les admettre à ce recours pour toute autre peine, lorsqu'il le jugera convenable.

XXXIV. La sentence de grace ou de modération de peine sera publiée avec la même formalité que les autres sentences, afin que le peuple en sache les motifs.

Mais lorsque le Grand Conseil aura remis au condamné une peine qui s'inflige publiquement, il pourra le dispenser de la comparoissance devant le Tribunal dressé pour la publication de la sentence.

XXXV. Tous ceux qui s'opposeront à l'exécution des jugemens prononcés et rendus en dernier ressort, par les différens Conseils, seront punis capitalement.

XXXVI. Si le contumax est arrêté, ou se présente dans les prisons, même après cinq années, il sera interrogé sur les charges qu'il y aura contre lui, et confronté aux témoins, encore qu'il auroit été dit, pour le profit de la contumace, que le récolement vaudra confrontation.

XXXVII. La déposition des témoins décédés avant le récollement sera rejetée, si ce n'est qu'ils aillent à la décharge de l'accusé; mais si le témoin qui aura été récolé est décédé ou mort civilement pendant la contumace, ou ne peut être confronté à cause d'une longue absence, ou autre empêchement légitime, sa déposition subsistera, et il en sera faite confrontation littérale à l'accusé.

XXXVIII. Si celui qui aura été condamné par contumace, n'est appréhendé, ou ne se représente dans cinq ans après le jugement rendu contre lui, les condamnations pécuniaires, amendes et confiscations seront réputées contradictoires; sauf au Conseil des Deux-cent de le recevoir à ester à droit, après les dits cinq ans, s'il y écheoit; et s'il meurt pendant les dits cinq ans, les condamnations seront aussi réputées contradictoires; mais s'il a été condamné par contumace à mort, aux galères perpétuelles ou au bannissement perpétuel, s'il décède après les cinq an, sans s'être représenté ou avoir été constitué prisonnier, il sera réputé mort civilement, du jour que la sentence de contumace aura été prononcée.

XXXIX. La veuve ou les enfans du condamné contumax, décédé pendant les dits cinq ans, seront admis pendant les cinq ans qui suivront le décès de leur dit père ou mari, à purger sa mémoire.

XL. Nul ne pourra être accusé de nouveau pour le délit dont il aura déja été absous, ou pour le quel il aura déja été condamné.

Titre vingt-deuxième.

De la procédure à suivre dans les délits mineurs,
et des cas, où un innocent emprisonné d'office sera
dédommagé des déniers publics.

I. Celui qui sera accusé par une fille d'être père de l'enfant dont elle est ou a été enceinte, ne pourra être emprisonné avant son jugement, en donnant par lui bonne et suffisante caution de répondre et de s'offrir à la confrontation, toutes les fois qu'il en sera requis; de se charger de l'enfant et de payer les dépens, dommages et intérêts, s'il est ainsi jugé.

II. Lorsque le Conseil, les Syndics, le Lieutenant ou les Auditeurs auront ordonné d'office l'emprisonnement d'une personne quelconque, et qu'ils l'auront fait répondre dans les vingt-quatre heures, conformément aux Articles XI et XII du Titre précédent, le Conseil à la première séance examinera si le cas est de nature à être traité et poursuivi suivant la procédure criminelle ci-dessus indiquée, et s'il estime que non, le prévenu pourra être libéré, en donnant bonne et suffisante caution de se représenter quand il en sera requis, et de payer tout ce à quoi il pourroit être condamné à titre de dépens, dommages et intérêts: toutefois, si dans le cours de l'information, il parvient à la connoissance du Conseil, des circonstances tellement aggravantes, qu'il estime devoir suivre la procédure extraordinaire, il pourra de nouveau faire emprisonner le prévenu.

III. Le Conseil fera suivre à l'information, si elle n'est pas complète, et recevoir ou continuer de recevoir tant à charge qu'à décharge, les dépositions des témoins qui peuvent avoir quelque connoissance du délit.

IV. L'information faite, le Conseil mandera le prévenu, et après l'avoir interrogé à la barre, lui prononcera son jugement sur ce qui résultera de la procédure, la quelle ne sera point communiquée au dit prévenu.

V. Dans tous les cas où cette procédure sommaire aura été suivie, le prévenu ne pourra pas être condamné à une peine plus grave que celle d'un mois de prison en chambre close au pain et à l'eau, ou de deux mois de prison domestique; cependant cette peine pourra être jointe à la condamnation de demander pardon à Dieu, à la Seigneurie, et à la personne offensée, toutefois sans génuflexion, ainsi qu'à des condamnations pécuniaires, tant à titre de dommages et intérêts que d'amende, en observant que cette amende ne devra pas excéder la somme de cinquante écus, à moins qu'elle ne soit expressément déterminée par une loi, ou par un réglement.

VI. Si le Conseil, après avoir d'abord estimé que le cas d'un accusé étoit de nature à être traité et poursuivi suivant les formes de la procédure criminelle, reconnoît ensuite qu'il n'est pas si grave qu'il avoit paru d'abord, et qu'il peut être jugé sommairement, il devra en avertir l'accusé qui aura la liberté de requérir qu'on suive à son égard la susdite procédure.

VII. Si l'accusé consent à être jugé sommairement, il le sera dans le jour même, sinon il sera sur le champ libéré des prisons

1782 aux conditions mentionnées dans l'Article II du présent Titre, et la peine qui lui sera prononcée ne pourra excéder celle mentionnée dans l'Article V, sans y comprendre la prison subie.

VIII. Toutes les fois que le Lieutenant ou les Châtelains poursuivront d'office un délit, et s'en rétiendront la connaissance et le jugement, on ne suivra que la procédure sommaire, et le délinquant ne pourra pas être condamné à des peines plus graves que celles mentionnées dans le susdit Article V.

Toutefois si le délinquant est un homme sans aveu ou vagabond, le Lieutenant pourra l'expulser de la Ville et du Territoire, avec défense d'y rentrer sous peine de châtiment corporel.

IX. Le Tribunal du Lieutenant et le Châtelain, suivant la qualité du délit et ses circonstances, pourront, si le prévenu y consent, se dispenser de faire recevoir par écrit les dépositions des témoins, et se borner à les faire déposer verbalement en présence du Tribunal et de l'accusé.

X. Celui qui aura été condamné par le Tribunal du Lieutenant, sera tenu de subir son jugement; mais il pourra s'adresser par requête et sans plaidoyerie au dit Tribunal pour demander un adoucissement à sa peine.

Celui qui aura été condamné par le Châtelain, sera aussi tenu de subir son jugement, mais il pourra s'adresser par requête au Conseil pour demander un adoucissement à sa peine.

XI. Si un prévenu emprisonné d'office à l'occasion d'un crime ou délit grave, après avoir subi une procédure criminelle, étoit en fin de cause reconnu innocent et pleinement absous et déchargé du délit qui auroit donné lieu à son emprisonnement, il pourra demander un dédommagement à raison de ce qu'il aura souffert par son emprisonnement.

XII. Dans le cas où le Conseil estimera qu'il y ait lieu de dédommager le requérant, trois Membres du Conseil choisis par le requérant, et deux Adjoints au Deux-cent tirés au sort, seront commis pour taxer le dédommagement qui lui est équitablement dû, et la somme à la quelle ils l'auront évalué sera payée des deniers publics.

XIII. La somme qu'ils pourront allouer à un accusé déclaré innocent, ne devra pas excéder celle de cinquante florins, ni être au dessous de celle de sept florins pour chaque jour que le dit accusé aura été détenu dans les prisons.

XIV. Les susdits Commis prêteront serment en Conseil de procéder à la fixation du dédommagement requis, en bonne et droite conscience, avec impartialité et sans dessein de favoriser le requérant ou le Fisc, ni de nuire à l'un ou à l'autre.

La prononciation des dits Commis sera sans appel.

XV. Si le Conseil estime au contraire que le requérant, quoiqu'innocent, à fourni contre lui par sa conduite des présomptions, et qu'en conséquence il refuse le dédommagement requis, le requérant pourra recourir contre ce refus au Conseil des Deux-cent, au quel il exposera par une simple requête ou mémoire, les raisons qu'il a de demander dédommagement.

XVI. Si le Conseil des Deux-cent prononce que le recourant doit être dédommagé, il sera procédé à la fixation de son dédommagement, conformément aux Articles XII, XIII et XIV du présent Titre.

Titre vingt-troizième.

De la Garnison et du Conseil Militaire.

I. La Garnison actuelle sera reformée, et le plutôt possible on en créera une nouvelle conformément aux régles prescrites par le présent Edit, et par les réglemens du Grand Conseil.

II. La Garnison sera à l'ordinaire de mille hommes, cependant elle pourra être réduite à huit cent, ou portée a douze cent, selon que le Grand Conseil l'estimera convenable; mais elle ne pourra être augmentée au-delà de ce dernier terme sans le consentement du Conseil Général.

III. La Garnison sera casernée et le Grand Conseil fixera le nombre et l'emplacement des casernes.

IV. La Garnison sera divisée en dix compagnies, à la tête de chacune des quelles, seront un Capitaine et un Lieutenant, et il y aura de plus un Aide-Major, qui aura rang de Capitaine, et l'un des Lieutenans fera l'office de Sous-Aide-Major. Ces compagnies seront commandées par un Colonel, un Lieutenant-Colonel, et un Major, et elles seront immédiatement sous les ordres du Conseil Militaire.

V. La Garnison prêtera serment de fidélité à la République, et d'obéissance au Conseil des Deux-cent et au Conseil Militaire.

VI. Le Conseil Militaire sera composé d'un Syndic élu annuellement, du Colonel, du Lieutenant-Colonel, du Major, d'un Auditeur élu annuellement, de six Membres du Grand Conseil élus pour six ans, et d'un Secrétaire aussi élu par le Grand Conseil et choisi entre ses Membres.

VII. Tous les Membres du Conseil Militaire seront élus par le Grand Conseil et seront soumis au Grabeau annuel de ce corps, selon les règles prescrites pour l'election et le Grabeau de confirmation des Conseillers d'Etat; à l'exception toutefois du Syndic et de l'Auditeur, qui, sortant du Conseil Militaire au bout de l'an, ne peuvent être sujets à un Grabeau annuel. Et s'il ne se présentoit pour les places de Colonel ou de Major qu'une seule personne, son Grabeau tiendra lieu d'élection.

VIII. Au moment où le Conseil Militaire sera formé, et pour cette fois seulement, deux des Conseillers ordinaires élus pour six ans, le seront pour deux ans et deux autres pour quatre ans, en sorte qu'à l'avenir il n'y ait de mutation périodique entr'eux que tous les deux ans.

IX. Les Conseillers Militaires pourront rentrer de nouveau dans ce corps deux ans après qu'ils en seront sortis.

X. En cas de vacance dans le Conseil Militaire par mort, jugement, omission au Grabeau, décharge, promotion à quelque charge, ou toute autre cause, la place vacante sera remplie pour le reste du terme qui écheoit à celui qui en étoit pourvu; sans préjudice au substitué de pouvoir être élu de nouveau au bout de ce terme, si la substitution n'a pas duré plus de deux ans.

XI. Le Colonel et le Major devront être des Officiers étrangers, de la Religion Reformée; ils deviendront de droit bourgeois par leur élection, sans pouvoir jamais être élus Membres du Grand Conseil; et dans le cas où ils seroient destitués de leur office par le Grabeau, ils perdroient en même tems leur droit de bourgeoisie.

1782 Le Lieutenant-Colonel sera choisi entre les Membres des Petit ou Grand Conseils, ou entre les citoyens et bourgeois ayant droit de suffrage en Conseil Général, qui auront été pendant dix ans au moins dans quelque service étranger.

Le Grand Conseil pourra dans la suite, si le bien de l'Etat l'exige, faire tel réglement qu'il jugera convénable, pour donner la préférence aux Genevois sur les étrangers, ou aux étrangers sur les Genevois, pour chacune de ces trois Places, mais ces réglemens n'auront lieu qu'à la pluralité des trois quarts des suffrages.

XII. Si un Membre du Petit Conseil étoit appellé à l'une de ces trois places, celle qu'il occupoit dans le Petit Conseil deviendroit vacante.

XIII. Le Colonel, le Lieutenant-Colonel, le Major et les Conseillers Militaires retirés du service étranger, pourront conserver les marques d'honneur et les pensions de retraite qu'ils auront obtenues.

XIV. On observera relativement aux personnes qui pourront siéger ensemble dans le Conseil Militaire, les mêmes restrictions qui ont lieu à l'égard des Conseillers du Petit Conseil.

XV. Le Colonel, le Lieutenant-Colouel et le Major auront les honneurs des Membres actuels du Petit Conseil, et prendront rang d'abord après eux dans toutes les cérémonies publiques.

XVI. Le Conseil Militaire sera présidé par le Syndic qui en sera Membre, et à son défaut par le Colonel, le Lieutenant-Colonel ou le Major, qui auront le droit de le convoquer en l'absence du Syndic, et dans le cas où il refuseroit de le faire.

XVII. La charge de l'un des Syndics, relativement à la garde, celle du Maître de l'artillerie, seront supprimées, et les Edits relatifs à ces deux offices seront abrogés.

XVIII. Le Conseil Militaire aura l'inspection et la direction des fortifications, de l'artillerie, des approvisionnemens, munitions de guerre, postes, casernes et arsenaux; il portera aux Petit et Grands Conseils son préavis sur tous les arrangemens qu'il conviendra de prendre à l'égard de tous ces objets, et il aura l'exécution de tout ce qui sera réglé et statué.

XIX. Le Grand Conseil déterminera la paye des Officiers, Bas-Officiers et Soldats de la Garnison, ainsi que les honoraires de l'Etat-Major.

XX. Tous les Officiers de la Garnison seront élus par le Grand Conseil, sur une indication de deux personnes pour une place, faite par le Conseil Militaire, indication à la quelle deux Membres du Grand Conseil, tirés au sort, seront les maîtres de joindre chacun une personne d'entre celles qui auroient offert leurs services au Conseil Militaire.

XXI. Les Officiers de la Garnison pourront être pris indistinctement parmi les citoyens, bourgeois, natifs, habitans, sujets et domiciliés.

XXII. Les Bas-Officiers seront élus par le Conseil Militaire.

XXIII. Les Officiers de la Garnison seront soumis au Grabeau annuel du Grand Conseil, et les Bas-Officiers à celui du Conseil Militaire.

XXIV. La discipline de la Garnison, sa police intérieure, et le choix des soldats seront déterminés par le Conseil Militaire, sous l'inspection toutefois du Grand Conseil, au quel les réglemens 1782 sur cet objet devront être portés, pour qu'il les modifie s'il l'estime convenable, après avoir ouï le rapport du Conseil Militaire.

XXV. Le Conseil Militaire prêtera chaque année serment de fidélité à la République et d'obéissance au Grand Conseil.

Tous les Membres du Conseil Militaire seront, ainsi que tous les individus de la République, soumis dans tous les cas, à la jurisdiction civile et criminelle des Tribunaux de l'Etat.

XXVI. Tous les délits quelconques, commis par les Officiers, Bas-Officiers ou Soldats de la Garnison dans leurs casernes, dans leurs postes, ou sous les armes, seront du ressort de la jurisdiction du Conseil Militaire; dans tous les autres cas ils seront soumis à la jurisdiction ordinaire.

XXVII. Le Conseil Militaire jugera en dernier ressort les Bas-Officiers et Soldats dans tous le cas qui ne peuvent pas donner lieu à une peine capitale; mais lorsque le délit seroit de nature à donner lieu à cette peine, le Conseil Militaire fera tout de suite son rapport au Petit Conseil, qui lui adjoindra neuf Membres du Grand Conseil, dont, si faire se peut, trois devront être choisis entre les Auditeurs, et les six autres entre les personnes qui auront exercé quelque Magistrature; en observant néanmoins relativement à ces Adjoints, les mêmes restrictions qui ont lieu relativement aux Conseillers du Petit Conseil.

Dans le cas d'une sentence de mort, le recours au Grand Conseil sera ouvert au condamné.

XXVIII. Le Conseil Militaire jugera en dernier ressort les Officiers de la Garnison, dans tous les cas qui ne lui paroîtront pas devoir donner lieu à une peine plus forte qu'une prison d'un mois ou une suspension de trois mois; mais dans tous les cas plus graves, le Conseil Militaire fera tout de suite son rapport au Petit Conseil, qui lui nommera des Adjoints, conformément à l'Article ci-dessus. Dans le cas d'une sentence qui infligeroit une peine capitale ou infamante, le recours au Grand Conseil sera ouvert au condamné.

XXIX. Le Conseil Militaire déterminera la manière dont ses sentences devront être prononcées et exécutées; mais dans l'instruction des procès contre les prévenus de son ressort, il devra se conformer aux principes établis dans les Titres des causes d'injures en matières criminelles; en particulier il devra observer toutes les formes prescrites par le Titre XX relativement à la grande procédure, toutes les fois que le cas aura été de nature à nécessiter une nomination d'Adjoints: bien entendu cependant que les prévenus de son ressort ne pourront jamais réclamer le bénéfice des Articles II, III, IV, V, VI et VII du Titre XXI, relativement à la libération sous caution.

XXX. Le Conseil Militaire veillera particulièrement à la tranquillité et sureté de la Ville et du Territoire, et disposera de la Garnison pour la maintenir; il pourra pour cet objet donner éventuellement tous les ordres que les circonstances exigeront, mettre la Garnison sous les armes, la faire marcher en cas d'émeute, d'attroupement ou de mouvement tumultueux, et prendre toutes les mesures nécessaires pour rétablir le plus promptement et le plus efficacement possible l'ordre et la tranquillité; mais il devra

1782 tout de suite informer les Syndics pour qu'ils assemblent incontinent le Petit Conseil, le quel assemblera, s'il est possible, dans vingt-quatre heures le Grand Conseil, qui après avoir ouï le rapport du conseil Militaire, ordonnera ce qu'il appartiendra. Si quelques personnes avoient été arrêtées dans ces circonstances, elles seront tout de suite remises aux Syndics ou au Lieutenant, afin qu'après le rapport fait en Petit et Grand Conseils, leur procès soit instruit conformément aux loix de l'Etat.

XXXI. Dans les cas préssans où le Conseil Militaire ne pourroit être assemblé, le Colonel, le Lieutenant-Colonel, et le Major auront chacun le pouvoir de donner provisionnellement les ordres nécessaires; mais ils informeront sur le champ les Syndics pour qu'il soit procédé conformément au dispositif de l'Article précédent.

XXXII. Si le Grand Conseil n'approuvoit pas la conduite du Conseil Militaire, ou les ordres provisionnels qui auroient été donnés par les Officiers de l'Etat-Major, en cas de négligence ou d'abus de pouvoir, il pourra ordonner l'instruction d'un procès criminel contre les coupables, ou statuer qu'il soit à l'instant procédé à un Grabeau extraordinaire des Membres du Conseil Militaire.

XXXIII. Le Petit Conseil pourra de même, lorsqu'il le jugera nécessaire, proposer un pareil Grabeau extraordinaire des Membres du Conseil Militaire; et toutes les fois que le Grand Conseil sera convoqué pour ouïr un rapport, ou procéder à un Grabeau du Conseil Militaire, tous ses Membres seront obligés par leur serment d'assister à cette assemblée.

XXXIV. La Garnison ne pourra être employée contre les particuliers, citoyens, bourgeois, natifs, habitans, sujets et domiciliés, hors les cas déterminés par le présent Edit, et ceux où l'on opposeroit la force à l'exécution des loix.

XXXV. Les portes de la Ville ne pourront être ouvertes après l'heure fixée par le Grand Conseil sans l'ordre de deux des Syndics, ou du Conseil Militaire.

XXXVI. Le Conseil Militaire fixera hors de la Ville, les lieux où les Officiers Genevois au service des Puissances étrangères pourront faire des recrues pour les compagnies qui sont ou qui seront constamment affectées à des Genevois, et le grand Conseil déterminera par un réglement la police de l'enrôlement de ces recrues.

XXXVII. Tous les citoyens, bourgeois, natifs, habitans, sujets ou domiciliés, devront déposer leurs armes à feu de quelque espèce qu'elles soyent dans les arsenaux de la République, et aucun d'eux ne pourra en avoir dans son domicile sous peine de bannissement.

XXXVIII. Aucune Arme à feu ne pourra être introduite dans la Ville ou, dans le Territoire, sans la permission du Conseil Militaire, sous la peine énoncée dans l'Article ci-dessus, ou telle autre plus grave s'il y échoiet.

XXXIX. Toutefois les propriétaires ou amodiataires des fonds situés hors de la Ville, pourront avoir des armes à feu dans leurs maisons, s'ils en obtiennent la permission par écrit du Conseil Militaire.

XL. Toutes les Milices tant de la Ville que du Territoire seront et demeureront dès à présent supprimées.

Tous les tirages de la Ville, de la Banlieue, et des campa- **1782**
gnes seront supprimés, les royautés de ces tirages abolies, et les
biens meubles et immeubles attachés à ces tirages seront dévolus
au fisc; bien entendu que les différens particuliers qui peuvent
avoir des créances sur ces biens seront remboursés.

XLI. Le Grand Conseil statuera par un réglement, sur la
police qui devra s'observer dans la Ville en cas d'alarme ou d'incendie.

Titre vingt-quatrième.
Des Emprunts, des Impôts et des Revenus de l'Etat.

Article I.

Le fond capital de l'Etat étant déjà presqu'entièrement ab-
sorbé, et les établissemens nouveaux préscrits par le présent Edit,
nécessitant des dépenses soit momentanées, soit perpétuelles, très-
considérables, il est indispensable de recourir à un emprunt pour
fonder ces établissemens, et à de nouveaux impôts pour pourvoir
au payement de l'intérèt des sommes empruntées, pour préparer
leur remboursement, et pour assurer à l'Etat les revenus qui lui
seront nécessaires à l'avenir: en conséquence.

§. 1. Les Petit et Grand Conseils sont autorisés à emprunter
la somme de six cent mille livres, soit deux cent mille écus argent courant, et à hypotéquer pour sureté des prêteurs les domaines et les revenus de l'Etat.

§. 2. Les Petit et Grand Conseils fixeront l'intérêt, les termes et les conditions de cet emprunt.

§. 3. Dès que les besoins de l'Etat et la situation de les finances le permettront, les Petit et Grand Conseils devront commencer et continuer successivement te remboursement de cet emprunt.

§. 4. Les Petit et Grand Conseils pourront néanmoins, si les
prêteurs y consentent, borner ce remboursement à la somme de
trois cent mille livres, de manière que l'Etat reste débiteur de
celle de trois cent mille livres. Et dans le cas où tout l'emprunt
auroit été remboursé, il sera toujours loisible aux Petit et Grand
Conseils d'emprunter de nouveau, et 'sous les mêmes hypotéques,
jusqu'à la concurrence de trois cent mille livres, ensorte que l'E-
tat puisse être constamment débiteur de cette somme, sans qu'il
soit besoin de l'assentiment du Conseil général, la susdite dette devant
toujours être en visagée comme une suite de l'emprunt présentement ordonné.

Article II.
Droits sur le Bled.

§. 1. Tout le bled qui devra être moulu dans les moulins de
la Ville ou de la Banlieue, sera pesé au poids public, et payera
à l'Etat un droit de six sols par coupe du poids de cent et cinq
livres. Le poids devra être verifié au Contrôle pour le prix de
six deniers par coupe, applicables aux gages de Commis.

§. 2. Les farines qui entreront dans la Ville payeront à la
porte un droit de sept sols et demi par quintal.

§. 3. Il sera payé à l'Etat un florin par chaque coupe de bled,
que la Chambre des Bleds remet aux Boulangers.

Article III.

De la Gabelle de la Chair.

Les différentes bêtes qui seront tuées à la Boucherie, ou qui entreront mortes dans la Ville, payeront à l'Etat un droit de Gabelle, conformément au Tarif ci-dessous.

Ce droit s'exigera à la Boucherie quant aux bêtes qui y seront tuées, et aux diverses portes quant a celles qui seront importées mortes dans la Ville.

		flor.	sol.	d.
Boeufs,	Gabelle	25	3	,,
	Bancage	2	,,	,,
	Ecorcherie	1	,,	,,
Vaches,	Gabelle	13	,,	,,
	Bancage	1	,,	,,
	Ecorcherie	,,	6	,,
Veaux,	Gabelle	2	,,	,,
	Bancage	,,	8	,,
	Ecorcherie	,,	1	6
Moutons,	Gabelle	2	,,	,,
	Bancage	,,	2	,,
	Ecorcherie	,,	1	,,
Cochons,	Tués par les Bouchers	6	,,	,,
	Par les particuliers à la tuerie . .	4	,,	,,
	Achetés morts	3	,,	,,
Chèvres	. . . .	3	6	,,

Article IV.

Du droit sur le Sel et sur la Poudre à tirer.

§. 1. Le commerce exclusif du sel nécessaire pour la consommation de la Ville et du Territoire appartiendra à l'Etat.

Le sel sera vendu en détail à raison de cinq sols la livre, et si le prix d'achat venoit à être augmenté, le prix de la vente dévra être aussi augmenté, mais seulement dans la même proportion.

§. 2. Le Commerce exclusif de la poudre à tirer appartiendra à l'Etat et le Grand Conseil fera sur la fabrication et la vente de cette poudre les réglemens qu'il estimera convenables.

Article V.

Droits sur le Vin.

§. 1. Les vins du Territoire de la République, ainsi que ceux du pays de Vaud, de la Savoie, de la Franche-Comté; du Pais de Gex et du Bugey, payeront à l'Etat un droit d'entrée de dix sols par septier, s'ils proviennent de fonds appartenans à des citoyens, bourgeois, natifs, habitans ou sujets, et de douze sols soit d'un florin par septier, s'ils proviennent d'autres fonds.

§. 2. Les vins des provinces de France plus éloignées, d'Allemagne, de la Principauté de Neufchâtel et d'ailleurs, payeront un droit d'entrée de deux florins par septier.

§. 3. Les vins fins qui viendront en paniers payeront le droit d'entrée à raison de quatre florins par septier.

§. 4. Toutes les liqueurs et eaux de senteurs, tous les vins **1782** de liqueur, ainsi que les divers vins muscats payeront le droit d'entrée à raison de douze florins par septier, ou de trois sols par bouteille de quelque grandeur qu'elle soit, pourvu qu'elle n'excède pas le pôt.

§. 5. Les eaux-de-vie, bières, vinaigres, lies et vins gâtés payeront un droit d'entrée double de celui qu'ils payoient ci-devant conformément au Tarif.

§. 6. Les droits mentionnés ci-dessus se prendront sur les vins qui entrent tant dans la Banlieue que dans la Ville et son Territoire pour y être consommés.

§. 7. Les habitans ou sujets de l'Etat qui obtiendront la permission de vendre en détail dans leurs maisons de la Banlieue, le vin du cru de leurs fonds situés dans la dite Banlieue, payeront à l'Etat le droit d'entrée à raison d'un florin par septier.

§. 8. Les vins étrangers qui passeront dans la Ville payeront à l'Etat un droit de transit de six sols par quintal.

§. 9. Les hôtes, cabaretiers, traiteurs et autres qui feront la revente du vin, payeront à l'état un droit de Gabelle de deux florins par septier pour tout le vin dont ils feront la revente, tant dans la Ville que dans le Territoire, si le dit vin est dans la classe de ceux qui sont compris dans le premier, et de quatre florins par septier pour les autres vins, s'ils ont obtenu la permission d'en revendre.

Article VI.

Droits sur le bois à brûler.

Le bois à brûler qui entrera dans la Ville payera à l'Etat un droit d'un pour cent, le quel sera payé en nature pour le bois qui entre par terre, et en nature ou en argent au choix du propriétaire pour celui qui entre par le Lac.

Article VII.

Droits sur le Suif.

§. 1. Les Suifs produits par les Boucheries de la Ville et du Territoire payeront à l'Etat un droit d'un sol par livre, outre six sols par quintal, payables par ceux qui le fabriqueront dans la ville, pour l'usage de la chambre, des chaudières et des presses déstinées à le préparer.

§. 2. Les suifs venant de l'étranger ouvrés ou non ouvrés, outre les droits de la Douane payeront un droit de trois florins six sols par quintal.

Article VIII.

Droits sur les cartes à jouer.

Toutes les cartes à jouer dont on se servira dans la Ville et sur le Territoire, payeront à l'Etat un droit d'un florin neuf sols par sizain, soit trois sols six deniers par jeu.

Le Petit Conseil pourra établir des Bureaux, ou accorder un privilège exclusif pour la vente des cartes.

Article IX.
Droits sur les glaces, les dorures, et les marbres.

Toutes les glaces de carrosse ou de miroir, toutes les moulures, toutes les sculptures dorées, ainsi que les tables, les chambranles et tous les ouvrages en marbre, qui entreront dans la Ville ou sur le Territoire pour y être employés, payeront à l'Etat outre le droit de Douane, un droit du dix pour cent de leur prix.

Article X.
Droits sur le Sucre.

Tout le sucre en pain de quelque espèce et en quelque état qu'il soit, qui entrera dans la Ville ou sur le Territoire pour y être consommé, outre le droit de la Douane, payera à l'Etat un droit de trois sols par livre.

Article XI.
Droits sur le Caffé.

Tous les caffés qui entreront dans la Ville ou sur le Territoire pour y être consommés, outre le droit de la Douane, payeront à l'Etat un droit d'un sol six deniers par livre, et de trois sols s'ils sont du Levant.

Article XII.
Droits sur le Thé.

Tout le thé qui entrera dans la Ville ou sur le Territoire pour y être consommé, outre le droit de Douane, payera un droit d'un florin par livre.

Article XIII.
Droits sur les bougies et la cire blanche.

Toutes les bougies qui entreront dans la Ville ou sur le Territoire pour y être consommées, outre le droit de Douane, payeront un droit d'un florin par livre.

La cire blanche qui entrera dans la Ville ou sur le Territoire pour y être consommée, outre le droit de Douane, payera un droit de six sols par livre.

Article XIV.
Droits sur le Tabac.

Tout le tabac qui entrera dans la Ville ou sur le Territoire pour y être consommé, payera, compris le droit de Douane, un droit de douze florins six sols par quintal.

Article XV.
De la Douane.

§. 1. Toutes les marchandises importées dans le Territoire de la République, pour y être consommées, de même que celles qui en seront exportées, payeront à l'Etat un droit de Douane, soit pour l'entrée, soit pour la sortie, de la manière fixée ci-après.

§. 2. Les citoyens, les bourgeois, les nàtifs, habitans et 1782 sujets, payeront les susdits droits conformément au Tarif.

§. 3. Les domiciliés et tous autres payeront les droits fixés par le Tarif avec une moitié en sus; et de plus ils payeront le droit de Courtage de la Douane, ainsi qu'il sera dit ci-après.

§. 4. Toute marchandise non mentionnée dans le Tarif, payera le droit d'entrée sur le pied de demi pour cent de sa valeur; si elle est pour le compte de quelque citoyen, bourgeois, natif, habitant et sujet: si elle est pour le compte d'un domicilié ou de toute autre personne étrangère, le droit sera augmenté dans la proportion établie par le § précédent.

§. 5. Le droit de sortie pour les marchandises non tariffées sera de six sols par quintal.

§. 6. Les marchandises de passage, quelque soit leur nature et leur valeur, et à qui qu'elles appartiennent, payeront à la Douane un droit de transit de six sols par quintal à l'exception des sels et des tabacs pour les Etats voisins, qui payeront le transit conformément aux conventions faites à ce sujet.

§. 7. Toutes les marchandises importées dans le Territoire de la République, de même que celles qui en seront exportées, seront conduites à la Douane pour y acquitter les droits à peine de confiscation de la marchandise et de cinquante écus d'amende contre les voituriers, charretiers, muletiers, bateliers ou gagne-deniers, qui en feroient le transport au préjudice des droits de la Douane.

§. 8. En cas de soupçon de fraude, le Directeur ou le Fermier de la Douane sera autorisé à arrêter et à faire conduire à la Douane les marchandises suspectes, et à faire ouvrir les pièces, en présence de deux Négocians, et du propriétaire ou d'un de ses Commis, et ce, aux dépens de celui qui sera en tort.

§. 9. En cas de doute sur la propriété de la marchandise, celui qui s'en prétend le propriétaire sera tenu d'en faire sa déclaration par serment.

§. 10. Celui qui, en fraude des droits de la Douane, aura donné ou fait donner une fausse déclaration, soit sur la qualité, la quantité ou la valeur de sa marchandise, soit sur la personne à qui elle appartient, ou qui aura déclaré ou fait déclarer pour marchandise de transit celle qu'il sait devoir rester dans l'Etat, sera puni par la confiscation de la dite marchandise, et telle autre peine plus grave s'il y échet.

§. 11. Celui qui, après avoir reçu une marchandise de transit, au lieu de l'expédier, la vendra dans la Ville ou le Territoire, devra en acquitter le droit d'entrée, sous la déduction du droit de transit, à peine de confiscation du prix de la marchandise.

Celui qui, après avoir commis et reçu une marchandise pour son compte, seroit ensuite dans le cas de la vendre pour le compte de l'étranger, sera pareillement tenu de bonifier à la Douane le surplus des droits, sous la même peine que ci-dessus.

§. 12. Toutes les marchandises qui séjourneront à la Douane plus de quinze jours, payeront le droit de garde, qui sera, pour chaque mois en sus des susdits quinze jours, de six sols par quintal pour les marchandises fines, et de deux sols par quintal pour les marchandises grossières.

Les marchandises qui seront restées à la Douane, plus des quinze jours susdits, payeront au moins la garde d'un mois.

§. 13. La douane sera responsable envers les particuliers des marchandises, qui y seront déposées pendant quinze jours, lorsqu'elles auront été consignées au Directeur ou au Fermier, et enregistrées sur le livre d'entrée. Passé ce terme, ceux qui voudront rendre la Douane responsable de leurs marchandises, devront en payer la garde et les faire enregistrer sur le livre de garde.

§. 14. Le Grand Conseil aura le droit de revoir le Tarif de la Douane, et de porter au demi pour cent, conformément à l'esprit du tarif, la taxe des marchandises qui ne payent pas le demi pour·cent, ou qui ne sont pas imposées par le présent Edit.

Dans le cas où l'intérêt du commerce exigeroit qu'il fut fait une diminution sur les droits de quelques marchandises particulières, le Petit Conseil sera autorisé à faire la dite diminution pour un tems limité, après avoir pris sur ce l'avis de la Chambre du Commerce.

§. 15. Le Grand Conseil sera chargé de faire les réglemens sur la police de la Douane, de même que sur les fonctions du Directeur ou du fermier et des Commis.

Article XVI.

De ❡ vente des marchandises appartenantes aux étrangers et du courtage de la Douane.

§. 1. Toutes ventes de marchandises déposées à la Douane appartenantes aux étrangers, seront faites par l'entremise du courtier de la Douane.

§. 2. Il sera payé au susdit courtier, par le vendeur, un droit de demi pour cent sur le prix de la marchandise, indépendamment d'une rétribution payée par l'acheteur, la quelle sera de six sols par balle ou autre pièce dont le poids n'excédera pas deux quintaux, et à proportion pour celles qui seront au-dessus.

Le même droit de demi pour cent sera payé au susdit courtier, dans le cas, où des étrangers enverroient des marchandises à vendre pour leur compte à des négocians de cette Ville; laissant aux susdits négocians la faculté de les vendre eux mêmes, ou de les faire vendre par d'autres courtiers, s'ils le jugent convenable.

§. 3. Quant aux fruits et autres marchandises amenées en cette Ville par des muletiers, au lieu du droit susdit, il sera payé au courtier par le vendeur neuf sols par pesée de deux quintaux, et par l'acheteur six sols par pesée dans le cas où le courtier l'aura averti de l'arrivée de la marchandise.

Le même droit de neuf sols par pesée sera payé au courtier, dans le cas où les muletiers ameneroient des marchandises, de la vente des quelles ils seroient convenus d'avance avec les négocians de la Ville.

§. 4. Les particuliers qui, en fraude du droit mentionné dans les deux §§ précédens, vendroient sous leur nom des marchandises appartenantes à des étrangers, seront punis par une amende égale à la valeur des dites marchandises.

Article XVII.

Du courtage de change, et de celui des marchandises.

§. 1. Le Petit Conseil fixera le nombre des Agens de change chargés des négociations d'espèces, lettres de change, et autres papiers négociables, les quels seront élus par la Chambre du Commerce, qui les présentera au Petit Conseil pour y être approuvés ou rejetés par le Grabeau.

§. 2. Il y aura de même des courtiers pour les négociations de marchandises entre les négocians de cette Ville, les quels seront élus par la Chambre du Commerce.

§. 3. Le droit des Agens de change sera d'un tiers pour mille, payable par chacun de ceux pour qui ils auront fait une négociation.

Le droit des courtiers en marchandises sera d'un quart pour cent de la valeur de la marchandise, payable tant par le vendeur que par l'acheteur.

§. 4. Tous les trois ans la chambre du Commerce procédera au Grabeau des Agens de change; mais s'ils sont omis au Grabeau, cette omission ne pourra avoir d'effet qu'autant qu'elle sera confirmée par le Petit Conseil.

La somme que les Agens de change payeront annuellement à l'Etat pour la ferme de leur emploi, sera la dixième partie de leurs profits, sur quoi on s'en rapportera à leur déclaration assermentée; mais pour ceux qui sont présentement en office, le prix de la ferme restera pendant trois ans sur le pied actuel.

§. 5. Tous les trois ans, la Chambre du Commerce procédera au Grabeau des courtiers de marchandises, et déterminera la finance qu'ils devront payer annuellement à l'Etat pour la ferme de leur emploi, et cette finance ne pourra pas excéder la somme de quatre cent florins.

§. 6. Défenses très-expresses sont faites à toutes personnes, qui n'auront pas été établies Agens de change, ou courtiers de marchandises, de faire aucun des courtages mentionnés ci-dessus.

§. 7. Le privilège des Gazettes, et celui de la feuille d'avis seront adjugés tous les trois ans, au plus offrant et dernier enchérisseur.

Article XVIII.

Du droit de Protection pour le Commerce et pour les Maîtrises.

§. 1. Ceux qui, sans avoir par l'Edit le droit de négocier, en auront obtenu la permission du Petit Conseil, payeront annuellement à l'Etat un droit de protection, le quel sera fixé par la Chambre du Commerce, sous l'approbation du Petit Conseil.

§. 2. Ce droit sera déterminé selon la nature et les avantages du Commerce, et la portion pour la quelle celui qui aura obtenu la dite protection s'y trouve intéressé.

§. 3. Les habitans qui seront admis aux professions d'horlogerie et d'orfèvrerie, en qualité de maîtres privilégies, payeront à l'Etat un droit de deux cent florins.

Article XIX.

Droit sur l'affinage.

Il sera payé à l'Etat un droit de six sols pour chaque marc d'argent fin affiné dans la Ville ou dans le Territoire. Ce droit

1782 sera payé chaque année au Trésorier Général par l'Affineur, qui lui remettra en même tems sa déclaration de la quantité de marcs qu'il aura affiné dans l'année.

Article XX.
Droit sur la marque des cuirs.

Les cuirs destinés à la consommation de la Ville et du Terri-toire, de même que ceux qui, ayant été fabriqués dans la Ville, seront transportés dans l'étranger, devront être marqués à la mar-que de l'Etat, et payeront pour la dite marque le droit fixé par le Tarif.

Défenses sont faites à tous ceux qui employent des cuirs dans leur profession, de se servir des cuirs non marqués, à peine de confiscation, et d'amende.

Article XXI.
Droit d'enseigne sur les logis.

Chaque Hôte, Cabaretier ou Traiteur de la Ville payera an-nuellement à l'Etat, pour droit d'enseigne, cinquante florins.

Article XXII.
De la taxe des Gardes.

§. 1. Les citoyens, bourgeois, natifs, habitans et sujets, en quel-que lieu qu'ils soyent domiciliés, payeront à l'Etat la taxe des gardes dès qu'ils seront hors de la puissance paternelle conformé-ment aux règles ci-après.

§. 2. La taxe des gardes sera annuelle et réglée suivant l'état ou suivant la fortune de ceux qui y sont sujets.

§. 3. La taxe relative à l'état des personnes sera réglée com-me suit.

1°. Les compagnons des diverses professions, de même que les journaliers, manoeuvres, et autres ouvriers qui n'ont d'autre bien que leur travail, payeront, s'ils sont domiciliés dans la Ville, depuis douze jusqu'à dixhuit florins; et s'ils sont domiciliés hors de la Ville, depuis sept jusqu'à dix florins.

2°. Les maîtres des diverses professions ou métiers, ceux qui s'occupent à quelque profession ou métier qui n'est pas établi en maîtrise, ceux qui exercent le Commerce, de même que ceux qui professent les Sciences, les lettres ou les Arts, s'ils n'ont d'autre bien que leur travail ou leur industrie, payeront pour la plus basse taxe dixhuit florins, et pour la plus haute trentedeux florins. Cette taxe sera plus particulièrement déterminée en ayant égard aux moyens de subsistance de ceux qui y sont soumis.

3°. Les Membres du Grand Conseil payeront au moins cinq écus.

4°. Les Membres du Petit Conseil payeront au moins dix écus.

5°. Les mineurs non mariés qui seront hors de la puissance paternelle, seront taxés relativement à leur fortune et à leurs moyens de subsistance, sans avoir égard à l'état de leur père.

Les filles et les veuves qui ne subsistent que de leur travail, seront exemptes de la taxe des gardes.

§. 4. La taxe relative à la fortune sera réglée comme suit. **1782**

1°. Ceux dont le bien ne passera pas dix mille écus payeront demi pour mille de leur capital.

2°. Ceux dont le bien sera au-dessus de dix mille écus, payeront demi pour mille des dix premiers mille écus, et un pour mille de l'excédent.

3°. La plus haute taxe n'excédera pas trois mille cinq cent florins.

4°. Dans l'évaluation de la fortune, seront compris tous les biens de quelque nature qu'ils soient, et en quelque lieu qu'ils soient situés, a l'exception des outils et du mobilier.

§. 5. La taxe déterminée par l'état des personnes ne pourra être cumulée avec celle qui est relative à la fortune, et l'on ne pourra exiger d'un particulier que celle des deux qui sera la plus haute.

§. 6. Les personnes dont la fortune sera au-dessous de vingt-cinq mille écus, seront libérées du quart de leurs gardes, si elles ont trois enfans ou plus; et de la moitié, si elles en ont six ou plus, tandis que les dits enfans seront vivans et à leur charge.

§. 7. Les personnes qui auront eu dix enfans vivans en même tems, seront libérées de la taxe des gardes pendant leur vie.

§. 8. Les personnes domiciliées dans l'étranger ne payeront, pendant leur absence, que la moitié de la taxe des gardes.

§. 9. La Chambre chargée de la répartition et de la perception de cet impôt, devra poursuivre en justice toutes les personnes qui seront en retard de trois ans.

§. 10. La Chambre des Domiciliés déterminera la taxe que les domiciliés devront payer.

§. 11. La Chambre des Gardes devra revoir les taxes tous les trois ans; cependant s'il advient dans cet intervalle à un particulier quelque accroissement de fortune notoire, la Chambre pourra augmenter sa taxe dès l'année même.

§. 12. Toutes les fois qu'il y aura contestation entre la Chambre et le Particulier qu'elle aura taxé, si celui-ci refuse de se soumettre à la taxe qui lui aura été imposée, on s'en tiendra à la taxe qu'il déclarera par écrit être celle qu'il doit payer conformément au présent Edit, sans qu'il puisse être pris contre lui des mesures ultérieures.

§. 13. Dès le premier janvier 1786, et pendant quinze années consécutives, toutes les taxes depuis quatre écus, soit quarante-deux florins en sus, seront augmentées de moitié, en sorte que les personnes qui sont imposées de quatre écus en payeront six, et ainsi de suite.

La taxe des gardes ne se payant qu'à terme échu, l'augmentation ne sera payable qu'au commencement de l'année 1787, jusqu'au commencement de l'année 1801 inclusivement, et passé ce terme l'imposition des gardes ne pourra être sujette à aucune augmentation.

§. 14. Du produit de la taxe additionnelle sera formé un fond d'amortissement destiné à commencer le remboursement des sommes empruntées par l'Etat.

Article XXIII.
Droit sur la vaisselle.

Chaque particulier pourra avoir dans son mobilier deux cent onçes de vaisselle d'argent qui ne seront sujettes à aucune imposition; mais il payera annuellement un pour cent de la valeur intrinséque de la vaisselle qu'il aura dans son ménage au de là des deux cent ouces susdites.

Cette imposition sera perçue pour la première fois dans le mois de janvier 1784; on s'en rapportera, pour la quantité de la vaisselle, à la déclaration des particuliers.

Article XXIV.
Droit sur les loyers.

§. 1. Toutes les locations d'appartemens, boutiques, magasins, emplacemens situés dans la Ville, dont le prix n'excédera pas, la somme de cinquante écus, soit cinq cent florins, ne seront sujettes à aucune imposition.

§. 2. Toutes les locations de l'espèce susdite, dont le prix excédera la somme de cinquante écus, et ne sera pas au-dessus de celle de cent écus soit trois cent livres, seront sujettes à une imposition annuelle d'un et demi pour cent du prix total, payable en sus du susdit prix.

§. 3. L'imposition annuelle sur les locations croîtra d'un demi pour cent du prix total, à mesure que le susdit prix s'élévera de cinquante livres soit cent soixante et quinze florins, ainsi les locations depuis trois cent livres jusqu'à trois cent cinquante seront imposées de deux pour cent, celles depuis trois cent cinquante à quatre cent, de deux et demi pour cent, et ainsi de suite.

§. 4. L'imposition sur les locations sera payable par le propriétaire du fond, qui s'en fera rembourser par le locataire.

§. 5. Le Propriétaire qui occupera son fond ou partie de son fond, payera l'imposition comme s'il avoit un locataire à sa place, et le prix de cette portion de son fond sera réglé de gré à gré ou par Experts nommés d'office.

§. 6. Si une personne outre son appartement tient à loyer une boutique, magasin, remise, écurie, ou emplacement quelconque situé dans la même maison, ou dans le même fond, on ne cumulera point le prix de ces diverses locations pour fixer la quotité de l'imposition, mais l'imposition sera prise sur chaque location séparément, si elles sont d'un prix à y donner lieu.

§. 7. Aucun propriétaire ne pourra passer plus d'une location en faveur d'un locataire, pour des appartemens et dépendances situés dans la même maison, et que le locataire occuperoit par lui-même ou par sa famille vivant en ménage avec lui.

§. 8. Les aubergistes qui posséderont une maison ou un corps de maison, payeront un et demi pour cent du prix quelconque de l'estimation du revenu de ce fond, réglé de gré à gré ou par experts nommés d'office; l'imposition des locations des aubergistes sera aussi d'un et demi pour cent, quelque soit le prix de ces locations, à moins qu'il ne soit au dessous de cinquante écus.

§. 9. L'imposition sur les locations de la Banlieue et du ter-

ritoire sera la même que sur les locations de la ville, à la réserve: 1782
1°. Que le propriétaire qui habitera son propre fond, ne payera
rien: 2°. Que s'il y a un rural annexé à la maison louée, on
défalquera de la location, le prix du rural estimé de gré à gré
ou par Experts nommés d'office.

§. 10. Toutes les locations quelconques devront être passées
devant Notaire, à peine de nullité, et d'amende payable moitié
par le propriétaire, moitié par le locataire.

Les notaires devront tenir un régistre séparé de toutes les
locations, qui contiendra le nom du propriétaire, celui du locataire,
une désignation du fond, et une note du prix de la location.

Les Notaires ne pourront exiger pour leur labeur plus de
dixhuit sols pour chaque location du prix de cinquante écus et au
dessous, et six sols en sus à mesure que le prix de la location
croîtra de la somme de cinquante livres.

§. 11. Pour faciliter la perception de cet impôt, toutes les
maisons de la Ville et du territoire seront numérotées aux frais de
l'Etat, et ces numéros devront être entretenus par les propriétaires.

Article XXV.
Droit sur les domestiques.

Toute personne quelconque domiciliée dans la Ville, dans la
Banlieue ou sur le territoire, qui aura pour son service ou celui
de sa famille ou maison, plus d'un domestique mâle ou femelle,
payera annuellement pour le second quinze florins, pour le troisième
trente florins, pour le quatrième quarante cinq et ainsi de suite,
ensorte que pour le dernier domestique, il sera toujours payé un
nombre de quinzaines de florins inférieur d'une unité au nombre
total des domestiques; n'entendant soumettre à l'imposition les
cochers, les domestiques de campagne, et les domestiques mâles,
qui servent dans les ateliers des artisans.

Les traiteurs et aubergistes ne payeront que la moitié de
la taxe.

Article XXVI.
Droit sur les chevaux.

§. 1. Tous les chevaux de selle et de carrosse tant de la
Ville, que de la Banlieue, seront soumis à une imposition annuelle
de vingtcinq florins par tête, payable par le propriétaire dans le
courant du mois de juin, n'exceptant de la susdite imposition que
les chevaux uniquement destinés au travail des manufactures, aux
charrois et au labourage, et dont les propriétaires n'auront ni ne
loueront aucun carrosse ou équipage.

§. 2. Les chevaux de selle et de carrosse appartenans à des
Genevois qui ont des fonds dans les Châtellenies ou sur le territoire étranger, seront soumis à la même imposition, si leurs propriétaires ont remises ou écuries dans la Ville ou dans la Banlieue.

Article XXVII.
Droit sur les enterremens.

Toutes les fois que dans les enterremens en ville ou sur le
territoire, on employera pour porteurs des Grands ou des Petits

1782 Sergens, on payera à l'Etat, dans le premier cas, un droit d'un écu par porteur et huissier, et dans le second, un droit de demi écu.

Article XXVIII.
Du Droit sur les greffes.

Il sera payé chaque année à l'Etat par les Secrétaires de la Justice et les Greffiers des Châtellenies, une rétribution à titre de Ferme, pour le greffe du Tribunal du Lieutenant, et pour ceux des Châtellenies, la quelle rétribution ne pourra être augmentée.

Article XXIX.
Du Droit sur les subhastations.

Il sera payé à l'Etat un droit d'un et demi pour cent, pour toutes les subhastations, qui seront faites, tant dans la Ville que dans la Banlieue et les Châtellenies, le quel sera prélevé sur le prix du fonds subhasté.

Article XXX.
Du Droit sur les inventaires.

Il sera payé annuellement à l'Etat, une rétribution à titre de Ferme, par ceux que le Petit Conseil aura chargé de la confection des inventaires.

Article XXXI.
Du Droit sur le sceau.

Le droit du sceau fixé par le tarif pour les actes notariés, pour les actes judiciaires et les testamens olographes, continuera à se payer comme ci-devant conformément au tarif.

Article XXXII.
Du dix pour cent.

§. 1. Tous ceux, auxquels il écherra quelque bien, à titre de succession, donation entre vifs ou pour cause de mort, de legs, de substitution ou fidéicommis lors de leur ouverture, payeront à l'Etat le dix pour cent de tout ce dont ils profiteront, de quelque nature que soyent les biens, et en quelque lieu qu'ils soyent situés; à moins qu'ils ne soyent ascendans, descendans, frères, soeurs, neveux ou nièces de ceux de qui ils tiennent les dits biens.

§. 2. Les donations que les époux se seront faites par contrat de mariage, de même que celles qui pourroient leur être faites dans le dit contrat par d'autres personnes, entre vifs, et pour en jouir sur le champ, seront exemptes du dix pour cent.

§. 3. L'augment et le contreaugment en seront aussi exempts, lors même qu'ils n'auroient pas été stipulés.

§. 4. Les donations que les conjoints par mariage se feront, pour cause de mort, ne devront pas le dix pour cent, dans le cas où ils décéderont laissant des enfans.

§. 5. Les legs au dessous de cent florins, les legs pies, les legs faits aux domestiques par leurs maîtres jusqu'à la concurrence

de deux cent cinquante florins, seront exempts du droit de dix 1782
pour cent, bien entendu que ces derniers legs, s'ils sont au dessus
de la somme susdite, seront sujets au dix pour cent de la somme
totale.

§. 6. Les simples jouissances et les pensions alimentaires, dans
le cas où elles n'excéderont pas annuellement la somme de mille
florins, ne devront pas le dix pour cent; n'entendant comprendre
sous cette dénomination les contrats de rentes viagères.

§. 7. Dans le cas où il y auroit difficulté sur l'évaluation des
fonds ou effets, sur les quels le dix pour cent devra être payé,
ils seront estimés par Experts nommés d'office par le Conseil.

§. 8. Dans le cas où il pourroit être dû à l'Etat un ou plusieurs lods et le dix pour cent sur une même succession, ces
deux droits ne pourront être cumulés; mais l'Etat aura le droit
d'exiger ou le lod ou le dix pour cent.

Article XXXIII.
Des droits d'aubaine, de déshérence et de bâtardise.

§. 1. Aucun droit d'aubaine n'aura lieu sur les biens des
étrangers morts dans cet Etat, à moins qu'ils ne soyent d'un pays
où ce droit est exercé au préjudice des Genevois.

§. 2. Les biens de ceux qui mourront *ab intestat*, et sans
laisser aucun héritier apparent, seront pris par inventaire, et remis
entre les mains de la Justice ordinaire, pour être conservés aux
héritiers les plus habiles, les quels seront invités à se présenter
dans le terme de trois ans.

Après l'expiration de ce terme, si aucun héritier légitime ne
s'est présenté, les dits biens seront dévolus au Fisc.

§. 3. Les biens des bâtards qui mourront sans enfans légitimes
et sans avoir disposé de leurs biens, entre vifs ou pour cause de
mort, seront dévolus au Fisc.

XXXIV.
De la traite foraine.

§. 1. Il ne sera exigé aucune traite foraine des personnes qui
seront d'un Etat dans le quel on ne l'exige pas des Genevois.

§. 2. Ceux qui seront d'un Etat où les Genevois sont sujets
à la traite foraine, la payeront sur le même pied et de la même
manière qu'on l'exige chez eux des Genevois.

§. 3. Dans le cas où la traite foraine devroit être payée en
même tems que le dix pour cent, l'on défalquera la somme à la
quelle monte ce dernier droit, pour l'estimation de la traite foraine.

Article XXXV.
Du loyer des places des Temples.

§. 1. L'Etat continuera de percevoir le loyer des places du
Temple Neuf et de Saint Germain, sur le pied de quatorze florins
pour le plus haut prix de chaque place.

§. 2. Le nombre des places, louées dans les susdits Temples,
ne pourra être augmenté, et aucune place ne pourra être louée
par l'Etat dans les autres Temples.

Article XXXVI.
Des pontonages.

§. 1. Les droits de passage sur les ponts du Rhône et de l'Arve, seront payés à l'Etat par les Etrangers, conformément aux Tarifs.

§. 2. Les droits de passage sur les ponts du Rhône, s'exigeront seulement sur ce qui entrera dans la Ville ou en sortira par la porte de Cornavin.

§. 3. Les droits de passage sur le pont de l'Arve seront également payés tant en allant qu'en venant, sauf par ceux qui entreront et sortiront le même jour, les quels ne les payeront qu'une fois.

Article XXXVII.
Des lods.

§. 1. Il sera payé à l'Etat un lod à chaque mutation de propriété des fonds qui auront été reconnus être du fief de la République, lorsque les dites mutations ne se trouveront pas dans quelqu'un des cas exceptés par le présent article.

§. 2. Dans les ventes libres ou forcées, le lod sera payé à l'avenir par l'acquéreur sur le pied de douze pour cent du prix réel du fond aliéné.

§. 3. Dans l'estimation du lod, toute distraction pour épingles, pot de vin, ou autre convention tendante à le diminuer, est expressément défendue.

§. 4. Dans les mutations de propriété de fonds, où il n'y aura aucun prix convenu, les dits fonds seront estimés par Experts nommés d'office par le Conseil.

§. 5. S'il y a des effets mobiliers joints au fond aliéné ou des fruits pendans par les racines, distraction sera faite de leur prix pour l'estimation du lod; et en cas de difficulté sur l'évaluation des dits effets ou des dits fruits, ils seront estimés par Experts nommés d'office par le Conseil.

§. 6. En cas d'échange, si les fonds échangés sont d'égale valeur, il sera payé demi-lod pour chacun d'eux, lors même que les dits fonds seroient de différens fiefs.

Si les fonds échangés sont de valeur inégale, il sera pris un demi-lod sur chaque fond, jusqu'à la concurrence du prix de celui qui est de moindre valeur, et il sera payé en outre le lod entier du surplus.

§. 7. Lods seront dûs pour les ventes de fonds faites sous faculté de rachat; mais si le propriétaire se prévaut de cette faculté dans l'espace de six ans, le lod sera restitué.

§. 8. Les ventes de fruits, locations ou amodiations qui excéderont le terme de dix ans devront lods.

§. 9. Celui qui aura possédé pendant plus de dix ans un fond à lui remis par antichrèse ou hypothèque, en payera le lod; et le propriétaire le lui remboursera en rentrant en possession de son fond, sans payer aucun autre lod.

§. 10. Toute convention, en vertu de laquelle le lod peut être dû et qui aura été faite de main privée sera rédigée en acte

notarié dans l'année, sous peine de double lod, payable par l'ac- 1782
quéreur.

§. 11. L'acquéreur d'un fond sujet à lod exhibera son acte
d'acquis au Seigneur du fief, et acquittera le lod dans le terme de
six mois, à compter du jour de la passation du dit acte, sous peine
de payer double lod.

Si l'acte d'acquis porte la condition ou la faculté de subhaster,
le lod sera payé au terme fixé par l'Edit pour le rapport des deniers en justice, pourvu que la subhastation ait été commencée
dans le terme de trois mois, à compter du jour de la passation du
dit acte, sous peine de payer double lod.

§. 12. Dans le cas où un fond subhasté auroit été expédié à
un prix plus haut que celui qui étoit porté par l'acte de vente,
le lod sera payé sur le prix de l'expédition.

§. 13. Si l'acquereur d'un fond le remet, en tout ou en
partie, à titre de nomination de compagnon, par acte notarié ou
judiciaire, il ne sera payé qu'un seul lod, lorsque la nomination
de compagnon aura été faite dans les quarante jours après la passation de l'acte de vente ou l'expédition judiciaire.

§. 14. Dans le cas ou un fond sera revendu à la folle enchère
de celui qui l'auroit acquis par subhastation, et n'en auroit pas
rapporté les deniers, il ne sera dû qu'un seul lod, si les formalités de la folle enchère ont été commencées dans les quarante
jours après la première expédition.

En ce cas, la quotité du lod sera réglée sur le prix de la
dernière expédition.

§. 15. Si cependant le prix du fond revendu à la folle enchère se trouvoit inférieur à celui de la première expédition le
premier adjudicataire sera tenu de payer le lod de la moins value.

§. 16. Les Communautés ou Corporations qui auront acquis
un fond, devront en payer le lod tout les vingt-cinq ans.

§. 17. Il ne sera dû aucun lod pour les mutations de propriété de fonds entre les ascendans et descendans.

§. 18. Il ne sera dû aucun lod pour les fonds que les conjoints se seront donnés par contrat de mariage, non plus que pour
ceux qui pourroient leur avoir été constitués en dot par leurs frères ou soeurs, oncles et tantes, en tant que la translation de propriété aura lieu dès le jour de l'acte.

§. 19. Lorsqu'un fond aura été remis en hypothèque à une
femme pour sûreté de sa dot ou de ses avantages nuptiaux, elle
n'en payera pendant sa vie aucun lod.

§. 20. Ceux qui posséderont, en commun et par indivis, un
fond dont la propriété ou l'usufruit leur aura été transmis conjointement, à titre d'acquisition, de succession, de fidéicommis, de
legs ou de donation, ne payeront aucun lod, soit en cas de partage,
soit dans le cas où ils céderoient leur portion à leur co-posses-
seur, à quelque titre que ce soit.

Il en sera de même de leurs héritiers naturels, s'ils ont continué à posséder en commun et par indivis.

§. 21. Il ne sera dû aucun lod pour les fonds qui passeront, à
titre de succession ou de legs, aux héritiers naturels du défunt
soit à ses parens les plus proches, s'ils sont en degré de légitime.

1782 §. 22. Il ne sera dû aucun lod pour les fonds que les conjoints par mariage se donneront à titre de succession ou de legs.

§. 23. Ceux qui auront acquis par testament ou donation le simple usufruit d'un fond, n'en payeront pas le lod.

§. 24. Il ne pourra être exercé d'action sur un fond pour le payement d'autres lods que de ceux des deux dernières acquisitions; à moins que le dit fond n'eût été chargé par acte public, du payement des lods précédens.

Lorsqu'il n'y aura pas de pareilles conventions, si le Seigneur direct prétend qu'il lui est dû d'autres lods, il devra s'adresser à ceux qui auront contracté ou à leurs héritiers.

§. 25. La quotité du lod des fonds situés rière le fief d'un Seigneur particulier, continuera d'être le sixième dernier, sauf à l'égard des citoyens et bourgeois qui devront être gratifiés du quart du dit lod.

Article XXXVIII.
Des cens, servis, et autres charges féodales.

Les cens, servis, et autres charges féodales réelles seront payées, tant à l'Etat qu'aux autres possesseurs de fiefs, conformément aux titres qui les établissement.

Article XXXIX.
Des dîmes.

§. 1. Il sera payé chaque année à l'Etat ou aux autres propriétaires des dîmes, la onzième partie du grain et de la paille recueillis dans les champs ou dans les hutins, et la seizième partie du vin recueilli dans les vignes: à moins que le propriétaire ne justifie, que les dits fonds sont exempts de la dîme, ou qu'elle doit être payée à une quotié inférieure.

§. 2. Les terres situées dans les Châtellenies, qui auront été incultes de mémoire d'homme, et qui seront mises en culture pour la première fois, seront exemptes de la dîme, à titre de novales, pendant les trois premières années, entant que le propriétaire aura déclaré préalablement devant le Châtelain, qu'il prétendoit se prévaloir de ce privilège, et que le Châtelain aura constaté par une information, qu'il étoit en droit de l'obtenir.

§. 3. On ne reconnoîtra aucunes novales dans la Banlieue.

§. 4. Les champs qui auront été ensemencés en bled et auront payé la dîme, en seront exempts pour les autres graines qui pourroient y être recueillies dans la même année.

§. 5. La dîme des grains sera payée en nature. Celle du vin sera aussi payée en nature, blanc pour blanc, et rouge pour rouge.

Article XL.
De la pêche du Rhône, de l'Arve et des fossés de la Ville.

§. 1. La pêche du Rhône, de l'Arve, et des fossés de la Ville, appartiendra à l'Etat. Le Petit Conseil fixera le prix du poisson de cette pêche, et le produit d'icelle sera versé dans la caisse de l'Etat.

§. 2. Défenses très-expresses sont faites à tous particuliers **1782** de pêcher dans le Rhône, dans l'Arve, ou dans les fossés de la Ville, de quelque manière que ce soit; à l'exception de la pêche à la ligne, qui sera seulement permise dans le Rhône et dans l'Arve.

Article XLI.

Des autres revenus de l'Etat.

Outre les impôts et droits mentionnés dans les articles ci-dessus, l'Etat continuera de percevoir le produit des divers biens, droits et possessions qui lui appartiennent, eu y comprenant les loyers des divers édifices, ou places que la Chambre des Comptes loue ou admodie à des particuliers.

Article XLII.

Les Petit et Grand Conseils feront, chacun selon leur compétence, les Régfemens nécessaires sur la perception de tous les revenus publics; bien entendu, que ces Réglemens ne dérogeront aucunement aux loix qui établissent les impôts, et que s'ils tendoient à améliorer le produit des impôts, autrement que par une administration plus sûre, plus fidèle, ou plus exacte, c'est-à-dire, à les aggraver en augmentant leur quotité, où en les étendant à d'autres objets, ils ne pourront avoir d'effet qu'autant qu'ils seront convertis en loix, et approuvés par le Conseil Général.

Article XLIII.

Si les Petit et Grand Conseils éprouvoient dans la suite qu'il résulte des inconvéniens considérables de quelques uns des impôts anciennement ou récemment établis, ils pourront en proposer la permutation contre d'autres impôts d'un produit égal, et quoique cette permutation renfermant la suppression d'un impôt établi, emporte ainsi une dérogation au présent Edit, elle pourra avoir lieu si elle est approuvée dans les Petit, Grand et Général Conseils, à la simple pluralité des suffrages.

Titre vingt-cinquième.

Loix destinées à assurer l'observation et la stabilité du présent Edit.

I. La stabilité des loix fondamentales d'une République étant le gage le plus asssuré d'une paix durable, et le présent Edit renfermant le plus grand nombre des loix constitutives de cet Etat, il est expressément statué qu'aucun de ses articles ne pourra être changé ou abrogé qu'autant que la loi nouvelle, destinée à le changer ou à l'abroger, sera approuvée à la pluralité des trois quarts des suffrages dans le Conseil des Deux-Cent, et à la même pluralité dans le Conseil Général.

II. Dès la date du présent Edit, tous les citoyens et bourgeois majeurs et domiciliés dans la ville ou sur son territoire, devront dans le terme de deux mois prêter entre les mains des Syndics et Conseil le serment de Bourgeoisie, tel qu'il est stipulé ci-après.

1782   Ceux qui refuseront de prêter ce serment dans le terme sus-dit, seront reduits à la classe des simples domiciliés, et ils con-serveront pendant une année, dès la date du présent Edit, les seuls privilèges relatifs au commerce et à l'industrie; si pendant l'année ils ne prêtent pas le susdit serment, il seront rayés du nombre des citoyens et bourgeois, déchus de tous leurs privilèges, et ne conserveront que la qualité de simples domiciliés.

Tous les natifs, habitans et sujets de la République, majeurs et domiciliés dans la Ville ou sur son territoire, devront dans le terme de deux mois prêter entre les mains des Syndics et Conseil, le serment d'habitation et de fidélité, tel qu'il est stipulé ci-après: ceux qui refuseront de prêter ce serment dans le terme susdit, seront rayés du nombre des natifs, habitans et sujets, déchus de tous leurs privilèges, et reduits à la qualité de simples domiciliés.

Les natifs, les habitans et les sujets ne pourront être réinté-grés que de l'aveu du Petit Conseil, et les citoyens et bourgeois ne pourront être admis de nouveau à la bourgeoisie, que par une élection nouvelle, en la forme et avec les restrictions prescrites au titre X du présent Edit.

Quant aux citoyens, bourgeois, natifs, habitans et sujets qui ne sont pas présentement domiciliés dans la Ville ou dans le ter-ritoire, il leur est enjoint sous les mêmes peines, quand ils y ré-tabliront leur domicile, de prêter les susdits sermens.

Dans tous les cas ci-dessus, on delivrera des certificats au-thentiques à tous ceux qui auront satisfait au présent article.

III. Tous les citoyens, bourgeois, natifs, habitans et sujets qui parviendront à leur majorité, devront dans le terme d'un mois prêter entre les mains des Syndics et Conseils le serment de bour-geoisie, d'habitation ou de fidélité, tel qu'il est ténorisé ci-après, et signer le présent Edit, de tout quoi il leur sera delivré un cer-tificat authentique. Ceux qui refuseront de jurer et de signer dans le terme susdit, perdront les droits, privilèges et qualités de ci-toyens bourgeois, natifs, habitans ou sujets, et il leur sera donné pour mettre ordre à leurs affaires encore un mois, à l'expiration du quel ils devront sortir de la Ville et des terres de la République. Ils pourront cependant redevenir citoyens, bourgeois, natifs, ha-bitans ou sujets, et rentrer comme tels dans la Ville ou dans le territoire si dans le terme de trois ans, après les deux mois ex-pirés, ils viennent eux-mêmes prêter le susdit serment, et signer.

IV.
Serment des Bourgeois.

Vous promettez et jurez:

1º. De vivre selon la Réformation évangélique.

2º. D'être bon et fidèle à l'Etat et d'obéir à nos Seigneurs et à leurs Officiers.

3º. D'observer exactement les Edits, Réglemens et Ordon-nances de la République.

4º. De venir en Conseil Général quand vous y serez appellé, et d'y donner votre suffrage selon les lumières de votre conscience, et les devoirs qui vous seront imposés par le serment que vous y prêterez.

5º. De procurer le bien, l'honneur et le profit de l'Etat.

6°. D'acquitter exactement et sans fraude ni réserve les char- 1782
ges de l'Etat.

7°. De ne point vous absenter de la Ville en tems de nécessité.

8°. Enfin de ne faire ni souffrir qu'il soit fait aucune pratique ou machination quelconque contre la Religion reformée, contre le Magistrat ou contre les loix, mais de les révéler et rapporter à nos Seigneurs; et en général de demeurer fidèle et soumis à la Constitution actuelle de l'Etat, telle qu'elle est fixée par
l'Edit de 1782; de vivre fraternellement avec tous vos Compatriotes, et de procurer ainsi, autant qu'il sera en vous, le bonheur
et la paix de votre patrie.

Que Dieu vous soit témoin de ces promesses pour vous punir
si vous y contrevenez.

V. Le Serment des natifs et habitans sera le même, à cela
près qu'on en retranchera le paragraphe quatrième relatif au Conseil Général.

Le serment des sujets sera le même, à cela près qu'on en
retranchera le paragraphe quatrième relatif au Conseil Général, et
que dans le paragraphe septième on substituera le mot de territoire à celui de Ville.

VI. En cas qu'au mépris des Loix, il arrive quelque mouvement
ou attroupement tendant à renverser l'ordre de la République, en
faisant violence au Magistrat, ou en désarmant les Officiers ou
Soldats de la garnison, les personnes qui seront atteintes et con-
vaincues de ces désordres seront punies comme perturbateurs du
repos public, sans pouvoir être comprises dans aucune amnistie.

Fait et arrêté à Genève le quatre novembre mil sept cent
quatre vingt-deux.

Le Comte de la Marmora.
Le Marquis de Jaucourt.
Steiger.
De Watteville de Belp.

VI.

Déclaration des Plénipotentiaires de France,
de Sardaigne et de Berne par laquelle est ac-
cordée à la République de Zurich le droit d'ac-
céder à l'édit de pacification pour la République
de Genève. Datée de Genève, le 13. *Novembre*
1782.

Nous soussignés Ministres plénipotentiaires de Sa
Majesté très-chretienne, de sa Majesté le Roi de Sardaigne et de la République de Berne, en conséquence
des ordres de nos Souverains respectifs, avons arrêté,
que la République de Zurich ayant avec celle de Genève d'anciennes liaisons fondées sur les Traités, il
seroit réservé à la dite République de Zurich d'accéder

1782 à l'Edit de pacification, ainsi qu'aux divers actes et traités qui y sont annexés, et que nous avons signés le 4 et le 12 du présent mois.

Fait et arrêté à Genève le 13. Novembre 1782.

Le Comte de la Marmora.

Le Marquis de Jaucourt.

Steiger.

De Watteville de Belp.

(Ratifiée par le Roi de France le 12. Décembre 1782 et par la République de Berne le 11. Décembre de la même année.)

VII.

Edit de la République de Genève, qui réforme l'Edit de pacification de l'année 1782. En date du 10. Février 1789.

Programme.

Messeigneurs animés du désir de ramener le plus promptement possible au milieu de nous la paix, l'harmonie et la confiance, ayant pris connoissance des propositions faites dans ce but salutaire par le Sieur Procureur Général et en ayant délibéré avec une sérieuse attention; mes dits seigneurs ont approuvé en deux tours les articles suivans et en ont arrêté de les proposer demain au magnifique Conseil des deux cent, pour, s'il les approuve, être porté lundi prochain au magnifique et souverain Conseil général, pour savoir s'il les approuve et y donne son consentement, afin qu'ils nous servent à l'avenir de loi fondamentale et perpetuelle.

Genève, le 8. Février 1789.

Au magnifique Conseil des deux Cents.

Lecture faite de l'avis du magnifique Petit Conseil ci-dessus, avec les articles qui s'y rapportent, et en étant opiné en deux tours, le dit avis a été approuvé à une pluralité supérieure aux trois quarts des suffrages pour être porté mardi prochain, le 10 Février, au magnifique et souverain Conseil Général.

De Rochemont.

Edit.

I. L'Edit du 21 de novembre 1782, avec les modifications qui y sont apportées par le présent Edit, ainsi que le Code Politique publié le 13 de juin 1783, seront la Loi fondamentale de l'Etat, et formeront la collection complète de ses loix politiques.

II. *Le § 2 de l'article I du titre II de l'Edit de 1782 sera stipulé comme suit.*

Au pouvoir d'élire les quatre Syndics, le Lieutenant, le Trésorier, les Conseillers d'Etat, les Auditeurs, le Procureur Général, les Châtelains, et les Secrétaires de la Justice.

III. *L'article I du Titre III de l'Edit de* 1782 *sera stipulé* **1789** *comme suit.*

Chaque année le vendredi avant le premier dimanche de janvier les Petit et Grand Conseils seront assemblés pour procéder à la nomination des Syndics. Pour cet effet les Conseillers qui ont déjà été élus Syndics quatre années auparavant, et qui sont appelés à rentrer dans le Syndicat, seront grabelés par les Petit et Grand Conseils, et s'ils sont approuvés au grabeau ils seront présentés le dimanche suivant au Conseil Général avec la ligne de nouvelle élection, et chacun d'eux rentrera dans le Syndicat, s'il n'a pas contre lui la pluralité des suffrages.

IV. *L'article II du Titre III de l'Edit de* 1782 *sera stipulé comme dans l'Edit de* 1782, *et à la fin du paragraphe on ajoutera la clause suivante.*

Le Grand Conseil aura aussi le droit d'accorder des décharges pour le Syndicat aux Membres du Conseil qui la demanderaient, bien entendu qu'il ne pourra en accorder que deux chaque année pour l'élection des Syndics.

V. *Le § 4 de l'article I du Titre IV de l'Edit de* 1782 *sera stipulé comme suit.*

Le Lieutenant une fois élu par le Conseil Général pourra revenir en office tous les quatre ans, et s'il est approuvé par le grabeau du Deux Cent il devra être présenté au Conseil Général avec la ligne de nouvelle élection, et il rentrera en office, s'il n'a pas contre lui la pluralité des suffrages.

VI. *L'article III du Titre IV de l'Edit de* 1782 *sera stipulé comme suit.*

On présentera au Conseil Général une nomination en nombre double sans ligne de nouvelle élection, pour les places d'Auditeurs, de Châtelain, et de Secrétaire de la Justice; et en nombre triple, pour celle de Trésorier et de Procureur Général, aussi sans ligne de nouvelle élection: bien entendu que les personnes inéligibles, celles qui n'auront pas été approuvées au grabeau, et celles qui auraient obtenu leur decharge, ou qui se seraient soumises à la peine des réfusans charge ne pourront être comprises dans cette nomination.

VII. *L'article XVI du Titre VI de l'Edit de* 1782, *rélatif à l'élection du Deux Cent sera terminé comme suit.*

Dans les élections ci-dessus mentionnées la première nomination appartiendra alternativement à Petit et à Grand Conseil; et à la prochaine promotion, ce sera le Grand Conseil qui commencera les opérations de l'élection.

VIII. *L'article I du Titre VIII de l'Edit de* 1782 *sera stipulé comme suit.*

L'élection des Membres du Conseil des Vingt Cinq continuera de se faire comme par le passé et suivant les Edits.

Mais dans dix ans, à dater du premier du mois de janvier de cette année l'élection des Conseillers d'Etat se fera comme suit.

Le Deux Cent nommera trois Membres, éligibles de son corps pour chaque place vacante, et cette nomination se fera de manière que chacun des dits nommés soit retenu séparément en la forme selon laquelle le Grand Conseil procède à une élection effective: les trois Membres du Deux Cent ainsi nommés, seront portés le

1789 lendemain au Conseil Général sans ligne de nouvelle élection, et celui qui aura le plus grand nombre de suffrages sera élu.

Le présent article ne dérogeant point au droit qu'a le Deux Cent de grabeler les Membres du Petit Conseil et de leur accorder leur décharge.

IX. *Le § 2 de l'article II du Titre VIII sera stipulé comme suit.*

Le rang de tous les Membres du Conseil sera réglé par la date de leur promotion à la place de Conseiller, mais les Membres actuels du Conseil qui ont été Syndics, conserveront le rang qu'ils occupent actuellement.

X. *Il sera ajouté à la fin de l'article VI du Titre X la stipulation suivante.*

Les Natifs Majeurs de la quatrième génération, arrière petits fils de natifs, qui ne seront dans aucun des cas pour lesquels on peut perdre la qualité de Bourgeois, le droit de suffrage en Conseil Général, ou le droit d'éligibilité aux divers emplois, seront admis de droit à la Bourgeoisie, en remboursant toute fois par eux aux Maisons de Charité les assistances que leurs pères et eux mêmes pourraient en avoir reçues, et en payant les gardes que leurs pères et eux mêmes n'auroient pas payées. Ils seront reçus gratuitement, sauf le payement des droits ordinaires de Chancellerie, de la Bibliothèque et de l'Arsénal.

XI. *L'article X du Titre XI sera terminé comme suit.*

Dorénavant les domiciliés ne pourront être admis à faire le commerce de détail ni seuls, ni en société, avec les personnes qui en ont le droit, mais la présente disposition n'aura pas d'effet rétroactif.

Titre douzième.
Des Assemblées de société.

XII. *Les stipulations suivantes prendront la place de la totalité de ce Titre.*

1. Les Assemblées de société connues sous la dénomination de cercles seront permises; mais il est défendu sous les peines les plus graves, d'y délibérer ou d'y vôter sur les affaires d'Etat, ainsi que sur les opérations du Gouvernement. La même défense portera sur les Cafés et Cabarets.

2. Défenses sont faites, sous les peines les plus graves, d'établir aucuns Députés soit Commissaires, nommés pour affaires publiques, hors des Conseils et sans leur aveu.

3. Les Assemblées de société ne payeront aucun droit de Gabelle pour le vin qui se consommera dans leurs cercles; mais il leur est expressément défendu de faire aucun commerce ni revente de vin.

4. Le nombre des Cafés ne sera point limité, le privilége en sera accordé par le Petit Conseil, moyennant une redevance qui ne devra pas excéder trois cent florins.

XIII. *Après le § 3 de l'article VIII du Titre XIII concernant les adjoints, il faut ajouter le § suivant.*

Ils assisteront à la reddition des comptes et au rapport des

Commissaires du Grand Conseil qui ont lieu chaque année le pre- 1789
mier lundi de juin.

*Ce § deviendra le quatrième et l'on retranchera du § 4 de
l'Edit qui devient le cinquième cette clause.*

En prêtant le serment du secret de la procédure.

Du même Titre.

XIV. *L'article IX sera stipulé comme suit.*

Les adjoints prêteront serment de contribuer au maintien de
la constitution actuelle de l'Etat et d'exercer les droits qui leurs
sont attribués uniquement en vue du bien public; et ils seront
soumis à la même police que les Membres du grand Conseil.

XV. *La fin de l'article X du Titre XIII sera couchée
comme suit.*

Le Petit Conseil devra répondre à ces propositions dans le
terme de deux mois: la lecture de ses réponses se fera suivant,
l'usage, à la fin de l'assemblée périodique du Grand Conseil en
présence des adjoints, et elles devront être inscrites dans le registre
des propositions.

XVI. *Le Titre XIII sera terminé par l'article XIX comme suit.*

La Compagnie des Pasteurs et le Consistoire conserveront le
droit de faire des remontrances en Conseil sur les objets, qui sont
de leur ressort, et lorsqu'ils demanderont l'entrée du Grand Conseil délibérant sur les mêmes objets, le Grand Conseil décidera si
leur demande doit leur être accordée.

XVII. *L'article XI du Titre XVII sera stipulé comme suit.*

Les Réglemens seront revus et recueillis dans cinq ans au
plus tard par les Petit et Grand Conseils, dont ils emanent; ces
Conseils détermineront ceux qui doivent être rendus publics; et
ceux auxquels il pourrait être fait dans la suite quelques changemens seront imprimés de nouveau.

XVIII. *Le Titre XXIII de l'Edit de 1782 sera supprimé,
et il y sera supplée comme suit.*

Titre vingttroisième.
Du Militaire.

Chapitre I.
De la Milice Bourgeoise.

I. Tous les Citoyens, Bourgeois, natifs, habitans et sujets étant,
obligés de porter les armes pour la défense de l'Etat en cas de
nécessité les autres personnes demeurant dans la Ville sont les
seules auxquelles il est défendu d'avoir des armes à feu dans leur
domicile sans permission.

II. Le Conseil continuera comme par le passé, à faire telles
publications qu'il estimera convenables pour que le port d'armes
sur tout le territoire ne puisse point nuire à la tranquillité des
particuliers, à leur propriété, ni à la sûreté de leurs possessions.

III. Quant aux exercices militaires annuels ils auront lieu
dans le tems et de la manière que prescrira le Conseil. Il sera
formé à ces fins un Régiment de volontaires divisé par compa-

1789 gnies, commandées chacune comme ci-devant par un Capitaine, tiré du Petit Conseil, lesquelles seront sous les ordres du Petit Conseil, et du Syndic de la garde. La formation et discipline de ces compagnies, leur nombre, ainsi que celui des differens Officiers seront réglés par le Conseil.

IV. L'élection des Officiers et Bas Officiers du Régiment sera faite par le petit Conseil. Ceux qui auraient été ci-devant Officiers ou Bas Officiers auront la préference sur tous autres dans leurs grades respectifs.

Après le premier établissement, nul ne pourra être élu Officier qu'il n'ait servi auparavant deux ans comme Bas Officier.

V. Les Natifs, seront admissibles au poste de Bas Officier, et ils occuperont le quart de ces places, s'ils se présentent en nombre suffisant.

VI. Tout Citoyen, Bourgeois, natif ou habitant qui se présentera pourvu de l'uniforme, tel qu'il aura été déterminé par le Conseil, pourra être admis dans ce Régiment. L'équipement et l'armement seront fournis par l'Etat, auquel ils seront rendus en cas de mort ou de retraite, et chacun sera tenu de les entretenir en bon état.

VII. §. 1. Les bâtimens et emplacemens de la coulouvrenière et des paquis, destinés aux tirages, seront rétablis aux dépens de l'Etat qui en restera propriétaire, et seront employés au tirage du fusil et de l'arquebuse lesquels seuls sont rétablis. Le Petit Conseil fera tel réglement qu'il jugera convenable sur la police de ces tirages.

§. 2. Le Petit Conseil pourra rétablir l'exercice de l'arc dans le tems et sous les conditions qu'il jugera convenables, la propriété du sol et des bâtimens destinés à cet exercice demeurant à l'Etat.

Lorsque le Régiment de volontaires aura été établi, le Petit Conseil réglera la police, formation et discipline des milices du teritoire.

IX. Il est défendu sous les peines les plus graves à tous Capitaines, Lieutenans, Sergens, Caporaux, et à toutes autres personnes, de quelque qualité et condition qu'elles soyent, d'assembler les Compagnies Bourgeoises, ou de leur faire prendre les armes, sous quelque prétexte que ce soit, sans le commandement exprés des Syndics ou du Petit Conseil.

X. Il est expressément défendu, sous les peines les plus rigoureuses, à toutes personnes de quelque qualité, condition et sexe, qu'elles puissent être, de crier; *aux armes* sans le commandement exprès des Syndics.

XI. §. 1. En cas d'alarme, qui sera annoncée par la générale, chaque soldat du Régiment des volontaires se rendra à la place d'armes de sa compagnie et non ailleurs, et il ne pourra s'en écarter sans permission, à l'exception de ceux qui auront des excuses légitimes connues de leurs Officiers. Il est expressément défendu aux autres Citoyens, Bourgeois, natifs et habitans non enrégimentés, de prendre les armes à moins que l'ordre ne leur en ait été donné de la part des Syndics.

§. 2. En cas d'incendie, une seule des compagnies du Régiment des volontaires prendra les armes.

§. 3. Les compagnies bourgeoises ne sortiront point de leurs places d'armes sans un ordre exprès du Syndic de la garde.

Chapitre II.

De la Garnison.

I. La Garnison sera comme avant l'année 1782 sous les ordres du Petit Conseil, du Syndic de la Garde, et de deux Conseillers Majors, et les Réglemens qui la concernaient alors seront revûs le plutôt possible.

II. La suppression du cazernement de la Garnison se fera de la manière suivante.

La cazerne du haut de la Ville sera évacuée dans le terme de deux mois au plus tard, et ce bâtiment sera destiné à tout autre objet; bien entendu qu'il continuera à y avoir un corps de garde là ou ailleurs auprès de la maison de Ville.

Le bâtiment du Bastion de Hollande pourra servir au logement des soldats actuellement engagés, jusqu'à l'expiration de l'engagement de chacun d'eux, et dorénavant les engagemens seront faits comme avant 1782, et les soldats ainsi engagés ne demeureront plus dans le bâtiment, en sorte que dans trois ans au plus tard, qui est le plus long terme des engagemens actuels il n'y aura plus aucun soldat dans le dit bâtiment.

III. Le Syndic de la garde sera nommé par le Petit Conseil et grabelé par le Deux Cent.

IV. Il veillera à ce que tous les Officiers et soldats de la Garnison fassent exactement leur devoir suivant le réglement et leur serment.

V. Il donnera tous ses soins pour ce qui peut concerner la garde, sûreté et tranquillité de la Ville; neanmoins il ne pourra faire faire à la Garnison aucun mouvement extraordinaire et de conséquence sans l'avoir communiqué au Petit Conseil, et en avoir obtenu la permission par écrit.

VI. La Garnison est établie pour la garde et la défense de l'Etat, et de la conservation des Citoyens, Bourgeois, Natifs et Habitans, et en général pour celle de toute la communauté; et en conséquence elle pourra être employée par le Conseil pour le maintien de la tranquillité publique.

VII. La Garnison sera réduite à six cent hommes par l'expiration graduelle des engagemens actuels, cependant elle pourra être portée jusqu'au nombre de sept cent vingt, selon que le Grand Conseil l'estimera convenable; mais elle ne pourra être augmentée au delà de ce dernier terme sans le consentement du Conseil Général.

VIII. La garde de la Maison de Ville sera de trente soldats au plus, et ne pourra être augmentée que du consentement du Conseil Général, à l'exception des tems de vacances de moissons, et jours de foire, où le Conseil pourra augmenter ce poste et établir des postes extraordinaires dans la Ville; et à l'exception de ces cas il ne pourra y avoir aucun autre poste intérieur que celui de la Maison de Ville, sauf ceux de nuit, tels qu'ils étaient avant 1782, si le Conseil juge convenable de les établir.

IX. Les Petit et Grand Conseils fixeront le nombre des compagnies et des Officiers et détermineront la paye des Officiers, Bas Officiers et soldats.

Les Officiers de la Garnison ne seront pris que parmi les

1789 Citoyens, Bourgeois, et Natifs, et seront élus par le Grand Conseil, en la forme ordinaire des Elections, et grabelés de même annuellement.

Les Bas Officiers seront élus par le Petit Conseil.

X. Le Syndic de la garde donnera à l'avance les ordres nécessaires pour qu'en cas d'incendie, une partie de la Garnison, qui ne pourra en excéder le tiers, prenne les armes, et il en disposera pour la sûreté de la Ville suivant l'Edit.

XI. Les Officiers actuols de l'Etat Major conserveront leurs places et leurs rangs honorifiques, en faisant le service sous les ordres du Syndic de la garde : et des deux Conseillers Majors il seront grabelés, et prêteront serment comme les autres Officiers de la Garnison ; mais lors de la vacance de chacune de ces trois places, elle sera et demeurera supprimée.

XII. Les portes de la ville seront fermées à l'heure fixée par le Grand Conseil, et ne pourront être ouvertes sans l'ordre par écrit de deux Syndics, ou du Petit Conseil.

XIII. L'inspection de l'artillerie et des fortifications sera confiée à une Chambre composée du Syndic de la Garde, des deux Conseillers Majors, du Procureur Général, et de cinq Membres du Deux Cent, dont l'un sera Secrétaire.

Ce Titre prendra la place du Titre XXIII de l'Edit 1782, lequel se trouvera entièrement abrogé à l'exception de l'article XXXVI sur les recrues.

Titre vingt-quatrième.

XIX. *à l'article III.*

La gabelle sur les veaux et les moutons sera rétablie sur le même taux où elle était avant 1782, et le tarif sera dressé en conséquence.

XX. *L'article II du Titre XXV de l'Edit 1782 sera stipulé comme suit :*

Tous les citoyens, bourgeois, natifs et habitans qui n'ont pas prêté le serment prescrit par l'Edit de 1782, seront admis sans formalité préalable à prêter ce serment tel qu'il est modifié par la présente loi, et ils seront par cet acte, ainsi que les citoyens et bourgeois qui ont été admis l'année dernière par les Petit et Grand Conseils à la prestation du serment de bourgeoisie, rétablis dans tous les droits dont ils jouissaient avant l'Edit de 1782.

Et quant à leurs enfans nés avant ladite réintégration, ils rentrent dans tous les droits dont ils auraient joui comme si leur dits pères avaient prêté serment dans le tems.

XXI. *L'article III du même Titre sera stipulé comme suit.*

Les citoyens et bourgeois qui n'auront pas prêté le susdit serment, et qui à l'avenir refuseraint de le prêter, seront privés de la jouissance des droits honorifiques de la bourgeoisie ; mais ils en conserveront les droits utils.

Ils recouvreront tous leurs priviléges en prêtant le susdit serment, et ils y seront admis en tout tems sur leur simple requisition.

Les natifs, habitans, et sujets de la République qui n'ont pas prêté ledit serment recouvreront en le prêtant les droits attachés à leur état, et ils seront admis au serment lorsqu'ils le requerront.

XXII. *L'article IV du même Titre sera stipulé comme suit.* 1789

Les citoyens et bourgeois, qui parviendront à leur majorité, devront prêter ce serment dans la prochaine assemblée du Conseil Général, sous l'autorité des Syndics, en s'inscrivant pour cet effet huit jours auparavant à la Chancellerie; mais cette obligation leur est imposée uniquement aux conditions mentionnées dans l'article précédent.

Les natifs, habitans et sujets, qui parviendront à leur majorité, ne jouiront des droits attachés à leur état qu'après avoir prêté ce serment.

XXIII. *Le § VIII relatif au serment de l'Edit ne subira d'autre changement que celui-ci. Après les mots, à la constitution actuelle de l'État, telle qu'elle est fixée par l'Edit 1782, ajoutez:* modifiée par l'Edit du mois de février 1789.

XXIV. *Amnistie.*

Pour procurer l'entier retablissement de la concorde et de la paix, et tranquilliser pleinement tous les individus de la République, il est statué que les amnisties publiées précédemment seront confirmées afin que personne, sous aucun prétexte, ne puisse être recherchée à l'avenir en manière quelconque, pour avoir participé à l'emeute qui a eu lieu dernièrement à l'occasion du prix du pain, ou aux violences criminelles qui l'ont suivie; voulant que tout ce qui peut s'être dit, fait ou écrit de répréhensible, tant à l'occasion des dissentimens politiques, que de l'emeute et de ses suites, jusqu'à ce jour, soit mis dans un entier oubli. N'entendant néanmoins invalider aucun jugement rendu qui ne serait pas mentionné ou rappelé dans le présent Edit.

XXV. Pour Affermir l'union et la paix dans la République, et pour effacer les traces de nos anciennes dissensions, toutes les personnes exilées à cette occasion pourront rentrer dans Genève; et après avoir prêté le serment de l'Edit, elles seront réintégrées dans les droits respectifs qu'elles tiennent de leur naissance et de leur profession: elles seront de nouveau éligibles à toutes les places auxquelles elles avaient droit avant l'Edit de 1782.

XXVI. Les Pasteurs et Ministres, à qui les fonctions de la chaire avaient été interdites, et qui avaient été privés de leurs places de Pasteur, pourront reprendre lesdites fonctions, et ceux d'entre eux qui étaient membres de la compagnie y reprendront leur rang et séance, et seront de nouveau éligibles à la place de Pasteur.

Les citoyens et bourgeois à qui il était permis de rentrer dans Genève après l'Edit de 1782, et qui étaient membres du Grand Conseil, pourront reprendre la place qu'ils y occupaient, en tant qu'ils auront prêté le serment susmentionné.

XXVII. Mais comme les dispositions renfermées dans les deux articles ci-dessus ne peuvent avoir d'effet que par le consentement des trois Augustes Puissances garantes, le Petit Conseil est chargé de s'adresser à Elles pour obtenir ce consentement de leur générosité au nom de la République.

XXVIII. Toutes procédures et jugemens relatifs à des projets quelconques d'émigration seront regardés comme non avenus.

XXIX. Toutes les stipulations de l'Edit de 1782, relatives au Conseil militaire sont supprimées.

P 2

1789   XXX. Les loix contenues dans l'Edit de 1782 ne pouvant
être changées, ou abrogées, qu'à la pluralité de trois quarts des
suffrages dans les Grand et Général Conseils sauf celles qui sont
relatives à la permutation des impôts, il sera de même des articles
contenus au présent Edit.

     XXXI. Pour assûrer d'autant mieux la durée du présent Edit
qui a pour base celui de 1782, dont il n'est qu'une modification
opérée par les Conseils selon les formes que la susdite loi de 1782
a établies, et pour empêcher plus efficacement qu'aucune innovation
ne puisse y être faite contre la volonté libre d'aucun des ordres
de l'Etat, la République pénétrée du plus profond respect pour
les · Augustes Puissances garantes, et attachant le plus haut prix
à leur garantie, charge le Conseil de solliciter ces Puissances, de
la manière la plus forte, de vouloir bien accorder nommément le
bienfait de leur garantie au présent Edit.

1789, 10 février.

· *En Conseil général.*

     Lecture faite de l'avis de Messeigneurs les Syndics; Petit et
Grand Conseils des 6, 7 et 8 de février, et des articles ci-dessus,
chaque citoyen et bourgeois ayant donné son suffrage par billets
sur l'approbation, ou rejection desdits articles, l'avis de Messeigneurs a été approuvé à une pluralité supérieure aux trois quarts
des suffrages; ce qui devra être inséré dans nos Edits pour nous
servir de loi fondamentale et perpétuelle; et cette résolution a été
à l'instant publiée.

PUERARI.

VIII.

*Acte conclu entre les Ministres Plénipotentiai-
res de leurs Majestés les Rois de Sardaigne,
et de France, et de la République de Berne,
par lequel sont garantis les articles de l'Edit
de la Ville de Genève, qui réforment l'Edit
de pacification de l'année* 1782. *En date de
Genève le* 9. *Décembre* 1789.

     Les Puissances garantes ayant pris en considéra-
tion les demandes qui leur ont été adressées de la part
de la République de Genève relativement aux articles
25, 26, 27 et 31 de l'Edit du 10 février 1789, transcrit ci-dessus, assurées par le voeu presqu'unanime
de chacun des Conseils qui ont concouru à sa sanction de la durée de ces loix, persuadées que tous les
citoyens sentant que l'existence de la République dépend de sa paix intérieure, sont dans la disposition
de demeurer inviolablement attachés à une Constitution

qui est de leur choix, et de repousser les suggestions 1789
de tout novateur. Ces Puissances toujours guidées
par l'objet unique qu'Elles se sont constamment proposé, de maintenir la souveraineté, la liberté et la
tranquillité de Genève, et voyant avec plaisir l'hommage que l'universalité des citoyens a rendu à ces
principes de leur garantie, adhérent aux deux demandes qui leur sont adressées, et en conséquence sans
toucher, ni préjudicier à l'indépendance et souveraineté
de Genève, réservées ici de la manière la plus solemnelle, Elles déclarent qu'Elles comprennent sous la même
garantie qu'Elles accordèrent à la République en 1782
tous les articles de l'Edit qui a été sanctionné le 10 février dernier par les trois Conseils en la forme prescrite par l'article 1 du Titre XXV de l'Edit de 1782,
et ce selon la teneur des actes qui furent passés lors
de la garantie de 1782 tels qu'ils sont insérés à la
suite de ce même Edit, lesquels actes sont ici rappe-
lés de la manière la plus expresse.

Fait et arrêté à Genève le neuf de décembre mil
sept cent quatre vingt neuf.

LE BARON D'ESPINE.
BERNIER DE MALIGNY.
DE GRAFFENRIED.

Nous soussignés Ministres Plénipotentiaires, savoir:

De la part de Sa Majesté le Roi de Sardaigne
Jean Baptiste Baron d'Espine, Chevalier de l'ordre
des Saints Maurice et Lazare, Conseiller de Sa Majesté, et son Résident près la République;

De la part de Sa Majesté Très Chrétienne Laurent Joachim Xavier Bernier de Maligny, son Chargé
d'affaires près la dite République;

De la part de la République de Berne Abraham
de Graffenried, Membre du Conseil Souverain de la
République, Lieutenant Colonel et Baillif de Aubonne,
en vertu de nos pleins pouvoirs que nous nous sommes
réciproquement communiqués, avons réglé et arrêté
l'acte de garantie ci-dessus après avoir pris l'engagement que les ratifications de leurs Majestés Sarde et
Très Chrètiennne, et de la République de Berne seront fournies en bonne et dùe forme, et échangées
respectivement à Genève dans le terme d'un mois à
compter de ce jour, ou plutôt si faire se peut.

1789 Fait et arrêté à Genève le neuf de décembre mil
sept cent quatre vingt neuf.

LE BARON D'ESPINE.
BERNIER DE MALIGNY.
DE GRAFFENRIED.

*Ratifié par le Roi de France le 6 janvier, et par
la République de Berne le 4 mai 1790.*

15.

*Déclaration du Roi de Prusse en
faveur du commerce des villes de
Koenigsberg et de Memel avec la Pologne. Datée de Berlin, le 29. Avril
1783.*

Wir **Friedrich** von Gottes Gnaden, König von
Preussen etc. thun kund, und fügen hiemit zu wissen:
Wie Uns vorgetragen worden, was gestalten der in der
Ost-Preussischen Regierungs-Instruction vom 30. Jul.
1774 Sect. III. §. 17. n. 25. angenommene Grund-Satz:
dass zur giltigen Verpfändung einer beweglichen Sache,
die Uebergabe derselben an den Creditorem nothwendig
erforderlich sey, in neuern Zeiten auch auf die Verpfändung der Polnischen Waaren und Crescentien an
Königsbergsche Kaufleute, wider die, in dem Hand-
lungs-Verkehr der Stadt Königsberg mit Polen, beständig vorgewaltete Observanz, ausgedehnet, — dadurch aber zu schädlichen Störungen dieses Handlungs-
verkehrs Anlass gegeben worden; indem solches die
Preussischen Kaufleute zurückgehalten, den Polnischen
Unterthanen auf ihre, künftig ins Land zu bringenden
Waaren und Producte, Vorschüsse zu thun, die Polen
aber, durch die Versagung dieses Credits, oft ausser
Stand gesetzt worden, solche Producte zu erzeugen
und auszuführen.

Da Wir nun, zum Besten des zwischen Preussen
und Polen etablirten Commercii die vorerwähnte, in
dem Handel zwischen Königsbergischen Kaufleuten und
Polnischen Einwohnern, von jeher statt gefundene Observanz, und die damit übereinstimmende Vorschriften
des auch in Polen angenommenen gemeinen Rechts,

wegen der Giltigkeit solcher Verpfändungen, wieder 1783 herzustellen resolviret haben; als setzen, ordnen, und befehlen Wir Kraft dieses:

§. 1. Dass von nun an, den Handels-Leuten Unserer Städte Königsberg und Memel, erlaubt seyn soll, mit den Einsassen des Königreichs Polen und Herzogthums Littauen, welche nach Unsern Landen Handlung treiben, über die von selbigen einzubringende Producte, Waaren und Feilschaften, nicht weniger über die Crescenz ihrer Güter, zur Sicherheit der denenselben darauf zu machenden Vorschüsse, giltige Verpfändungs-Contracte mit voller Wirkung zu schliessen, dergestalt, dass der Gläubiger sein Pfandrecht gegen jeden Besitzer der verpfändeten Effecten verfolgen, und sich daraus bezahlt machen könne, ohne dass ihm der Mangel der Uebergabe des Pfandes, im geringsten daran hinderlich seyn soll.

§. 2. Ein dritter Inhaber solcher verpfändeten Effecten, soll nicht befugt seyn, den Pfandgläubiger, an den Polnischen Haupt-Schuldner, und dessen Bürgen, zu verweisen; es sey denn, dass letztere einheimisch und zahlbare Leute wären.

§. 3. Doch soll der Pfandgläubiger, wenn er sich an die verpfändeten Effecten halten will, schuldig seyn, dem dritten Inhaber derselben, in sofern solcher mit dem Gegentheil nicht colludiret hat, und daher als ein redlicher Besitzer anzusehen ist, die verwendeten Transport- und andere Kosten, wodurch der Werth der Waare erhöhet worden, zu vergütigen.

§. 4. Es sollen aber dergleichen Verpfändungen polnischer Waaren und Feilschaften an Preussische Kaufleute, nicht anders giltig und von rechtlicher Wirkung seyn, als wenn solche gerichtlich manifestiret und verlautbaret worden.

§. 5. Diese Verlautbarung soll, in Königsberg bei dem Commerzien-Collegio, in Memel aber bei dem Wett-Gericht, geschehen.

§. 6. Bei diesen Gerichten müssen die contrahirende Partheien, besonders aber der Polnische Schuldner, in Person, oder durch einen gerichtlich constituirten Bevollmächtigten, erscheinen, die unter sich vollzogene Verschreibung vorzeigen, und sich zu dem Inhalt derselben ausdrücklich bekennen.

1783   §. 7. Das Gericht muss die nöthige Vorsicht brauchen, sich zu versichern, dass der vor ihm erschei-
nende Polnische Schuldner derjenige wirklich sey, für
welchen er sich ausgibt.

§. 8. Ueber die ganze Handlung muss ein ordentliches Protocoll aufgenommen, die Verpfändung in ein
zu haltendes Buch eingetragen, und wie solches alles
geschehen, unter der Original-Verschreibung gerichtlich attestiret werden.

§. 9. Dieses Pfandbuch soll für beide Plätze Königsberg und Memel, bei dem Commercien-Collegio
gehalten, folglich auch die von dem Memelschen Wett-
gericht manifestirte Verpfändungen, durch besagtes
Wettgericht an das Commercien-Collegium, zur Eintragung in das Buch, befördert werden.

§. 10. Damit aber auch die Memelsche Kaufleute,
welche sich mit einem Polen in Handel einlassen wollen, sich ohne Zeitverlust versichern können, ob die
an sich zu bringende Producte bereits einem andern
verpfändet sind, oder nicht: so soll das Commercien-
Collegium, von jeder eingetragenen Verpfändung, dem
Memelschen Wettgericht, zu dessen Annotation, jedoch
ohne Benennung des Pfandgläubigers, unverzüglich
Nachricht geben.

§. 11. Das Pfandbuch soll, nach alphabetischer
Ordnung des Namens der Polnischen Schuldner, gehalten, und darin auch die Grundstücke und Güter,
von welchen die verpfändeten Waaren oder Crescenz
eingebracht werden sollen, verzeichnet werden.

§. 12. Wenn dergleichen Effecten mehreren Preussischen Kaufleuten verpfändet wären: so soll die Zeit
der gerichtlichen Eintragung das Verzugsrecht unter
den Pfandgläubigern entscheiden.

§. 13. Die Gerichte müssen daher, dergleichen
bei ihnen producirte Pfand-Verschreibungen, ohne
Zeit-Verlust eintragen, und den Tag sowohl als die
Stunde, wo ihnen solche präsentiret worden, auf dem
Original-Instrument getreulich verzeichnen.

§. 14. Wenn der Polnische Schuldner, wegen Kürze
der Zeit, oder aus andern Ursachen, verhindert ist,
die Vollziehung des Pfandkontracts bei den Gerichten
abzuwarten: so soll es zwar erlaubt seyn, diese Vollziehung auch vor einem Justiz-Commissario zu bewirken; der Gläubiger aber muss dem ohngeachtet die

der Mark, Ravensberg und Rappoltstein, Herr zu Ra- 1785
venstein und Hoheneck etc.

Urkunden und fügen hiermit zu wissen: demnach
Ihro des Herrn Churfürsten zu Sachsen Liebden, im-
gleichen Sr. Königlichen Majestät von Preussen als
Churfürst zu Brandenburg, und Sr. Königlichen Majestät
von Grossbritanien als Churfürsten zu Braunschweig
und Lüneburg, ein vertrauliches Bündniss unter sich
getroffen, welches die constitutionsmässige Erhaltung
der deutschen Reichsverfassung und der Reichsständischen Gerechtsame nach den Reichsgesetzen und Reichs-
friedensschlüssen lediglich zur Absicht hat, und deshalb durch ihre dazu besonders bevollmächtigte Ministers unter den 23sten Juli letzthin eine von Höchst-
gedachten Ihro Majestäten und Ihro Churfürstl. Liebden
hiernächst ratificirte förmliche Convention folgenden
Inhalts abschliessen lassen:

(Suit le texte de la convention *)).

Und dann Wir aus zuverlässiger Ueberzeugung
der angeführten Beweg-Ursachen, so wie der Nütz-
lichkeit, Nothwendig- und Gesetzmässigkeit dieser Verbindung, nach den von Uns bei jeder Gelegenheit er-
probten patriotischen Gesinnungen zu alle dem, was
die constitutionsmässige Erhaltung des teutschen Reichs-
systems, wie auch der Reichsständischen Gerechtsame
und Freiheiten bezielt, gern und willig mitwirken, dass
Wir auf die an Uns beschehene freundschaftliche Einladung vorstehende Convention in all ihren Puncten,
Clauseln und besondern Theilen und Verabredungen,
ohne die geringste Ausnahme und Vorbehalt, für Uns,
Unsere Fürstlichen Erben und Nachkommen genehmigen und derselben förm- und feyerlich mit gutem Vor-
bedachte und rechtem Willen, wie es am kräftigsten
und beständigsten geschehen kann oder mag, eben so
verbindlich andurch beitreten, als wenn Wir allen bei
der Errichtung gepflogenen Handlungen in Person bei-
gewohnt und solche gleich anfänglich mit beliebt und
abgeschlossen hätten; versprechen auch solche aufs
heiligste zu beobachten, und so viel an Uns steht, die
Erfüllung des intendirten Endzwecks befördern zu wollen, auch nicht zu gestatten, dass dawider gethan oder
gehandelt werde; in der festen Zuversicht, dass all

---

*) Voy. Recueil T. IV. Nro. 6. p. 18.

1783 bung allen und jeden Gerichten unterwerfen, oder in die Verkümmerung seiner Feilschaften und Crescentien, auch wenn solche von einem Dritten eingebracht würden, ausdrücklich gewilliget hat.

§. 20. Wenn ein Arrest auf Waaren verstattet wird, welche leicht verderben, oder deren Aufbewahrung kostbar fällt: so sollen die Gerichte solche Waaren bald Anfangs öffentlich verkaufen, und das gelösste Geld, bis zum Austrag der Sache, in gerichtliche Verwahrung nehmen.

§. 21. Findet sich, dass der Arrest zur Ungebühr angeleget worden; so sollen dem Arrestanten nicht nur alle Schäden und Kosten, sondern auch der erweisliche Gewinnst, den er, ohne den Arrest, mit der Waare hätte machen können, vergütiget werden.

§. 22. Doch soll dem Arrestanten freistehen, von dem Werth der Waaren 10 pCnt aufs Jahr gerechnet, für die Zeit, wo die Waare unter dem Arrest gestanden hat, zu liquidiren.

Wir befehlen also hierdurch allen höhern und niedern, besonders aber in Unserm Königreich Preussen verordneten Gerichten, sich nach dieser Vorschrift genau zu achten, und solche, durch die gewöhnliche Publication, zu jedermanns Wissenschaft zu befördern.

Urkundlich unter Unserer Höchsteigenhändigen Unterschrift, und beigedrucktem Königl. Insiegel; so geschehen und gegeben Berlin, 29. April 1783.

gez. FRIEDRICH.

v. BLUMENTHAL.   v. CARMER.   v. SCHULENBURG.
v. GAUDI.   v. HEINITZ.   v. WERDER.

16.

Acte d'accession du Duc Charles de Deux-ponts à l'Association de plusieurs Princes d'Allemagne (Fürstenbund). En date du 4. Octobre 1785.

Von Gottes Gnaden Wir Carl der Zweite, Pfalzgraf bei Rhein, in Bayern zu Jülich, Cleve und Berg Herzog, Fürst zu Mörs, Graf zu Veldenz, Sponheim,

der Mark, Ravensberg und Rappoltstein, Herr zu Ra- 1785
venstein und Hoheneck etc.

Urkunden und fügen hiermit zu wissen: demnach
Ihro des Herrn Churfürsten zu Sachsen Liebden, im-
gleichen Sr. Königlichen Majestät von Preussen als
Churfürst zu Brandenburg, und Sr. Königlichen Majestät
von Grossbritanien als Churfürsten zu Braunschweig
und Lüneburg, ein vertrauliches Bündniss unter sich
getroffen, welches die constitutionsmässige Erhaltung
der deutschen Reichsverfassung und der Reichsständischen Gerechtsame nach den Reichsgesetzen und Reichs-
friedensschlüssen lediglich zur Absicht hat, und deshalb durch ihre dazu besonders bevollmächtigte Ministers unter den 23sten Juli letzthin eine von Höchst-
gedachten Ihro Majestäten und Ihro Churfürstl. Liebden
hiernächst ratificirte förmliche Convention folgenden
Inhalts abschliessen lassen:

(Suit le texte de la convention *)).

Und dann Wir aus zuverlässiger Ueberzeugung
der angeführten Beweg - Ursachen, so wie der Nütz-
lichkeit, Nothwendig - und Gesetzmässigkeit dieser Verbindung, nach den von Uns bei jeder Gelegenheit er-
probten patriotischen Gesinnungen zu alle dem, was
die constitutionsmässige Erhaltung des teutschen Reichs-
systems, wie auch der Reichsständischen Gerechtsame
und Freiheiten bezielt, gern und willig mitwirken, dass
Wir auf die an Uns beschehene freundschaftliche Einladung vorstehende Convention in all ihren Puncten,
Clauseln und besondern Theilen und Verabredungen,
ohne die geringste Ausnahme und Vorbehalt, für Uns,
Unsere Fürstlichen Erben und Nachkommen genehmigen und derselben förm - und feyerlich mit gutem Vor-
bedachte und rechtem Willen, wie es am kräftigsten
und beständigsten geschehen kann oder mag, eben so
verbindlich andurch beitreten, als wenn Wir allen bei
der Errichtung gepflogenen Handlungen in Person bei-
gewohnt und solche gleich anfänglich mit beliebt und
abgeschlossen hätten; versprechen auch solche aufs
heiligste zu beobachten, und so viel an Uns steht, die
Erfüllung des intendirten Endzwecks befördern zu wollen, auch nicht zu gestatten, dass dawider gethan oder
gehandelt werde; in der festen Zuversicht, dass all

---

*) Voy. Recueil T. IV. Nro. 6. p. 18.

1785 dasjenige, so die hohe paciscirende Theile Sich in gedachter Convention einander zugesagt, auf Uns und
Unser pfalzbayerisches Haus sich erstreckt, auch getreulich und aufrichtig werde erfüllt werden.

Zu dessen Urkunde haben Wir gegenwärtige Ac-
cessions-Acte in drei gleichlautenden Exemplarien aus-
fertigen lassen, solche eigenhändig unterschrieben und
Unser geheimes Insiegel beidrucken lassen.

Geschehen Darmstadt den 4ten October 1785.

(L. S.)   CARL, Pfalzgraf.

CH. v. HOFENFELS.

*Déclaration du Prince Maximilien de Deux-
ponts pour son accession à l'Association de
plusieurs Princes d'Allemagne. En date du
4. Octobre 1785.*

Von Gottes Gnaden Wir Maximilian Joseph Pfalzgraf bey Rhein, in Bayern zu Jülich, Cleve und Berg
Herzog, Fürst zu Mörs, Graf zu Veldenz, Sponheim,
der Mark, Ravensberg und Rappoltstein, Herr zu
Ravenstein und Hoheneck etc.

Urkunden und bekennen, dass Wir mit gutem
Willen und Vorbedacht dem zwischen Ihro Königl.
Majestäten von Preussen und Grossbritanien und Ihro
des Herrn Churfürsten zu Sachsen Liebden geschlossenen Associations-Tractat in der nemlichen Mase,
wie solches von Unsers Herrn Bruders, des Herrn
Herzogen zu Pfalz-Zweybrücken Liebden geschehen,
förmlich in allen seinen Puncten, Clauseln und Verabredungen beytreten und diesemnach feyerlichst versprechen, solchen jeder Zeit, so viel an Uns steht, auf das
heiligste nachzukommen, niemalen dawider zu handeln,
auch nicht zu gestatten, dass von jemand dagegen
gehandelt werde.

Urkundlich Unserer eigenhändigen Unterschrift und
beigedrucktem Unserm geheimen Insiegel.

Darmstadt, den 4ten Oktober 1785.

(L. S.)   MAXIMILIAN, Pfalzgraf.

CH. v. HOFENFELS.

17.

Acte d'accession de l'Electeur de Mayence à l'association de plusieurs Princes d'Allemagne (Fürstenbund). Daté du 18. Octobre 1785.

Wir Friedrich Karl Joseph von Gottes Gnaden, des heiligen Stuhls zu Maynz Erzbischoff, des heiligen Römischen Reichs durch Germanien Erzkanzler und Churfürst, auch Fürst und Bischoff zu Worms, urkunden und fügen hiermit zu wissen; was massen Sr. des Herrn Churfürsten zu Sachsen Liebden, dann Sr. Königl. Majestät von Preussen, als Churfürst zu Brandenburg, und Sr. Königl. Majestät von Grossbritanien als Churfürst zu Braunschweig und Lüneburg, gefällig gewesen, Uns durch eigene Absendung zu derjenigen reichsständischen Convention einzuladen, welche zwischen Ihren Majestäten und Liebden unter den 23sten Julius des laufenden Jahres abgeschlossen worden ist, des Inhalts

(suit le texte de la convention.)

Gleichwie nun ausser der den sämmtlichen Höchst und Hohen Ständen des Reichs ohnehin eigenen Verbindlichkeit, Uns als des Reichs-Erzkanzler und Churfürst, der besondere Beruf obliegt, denjenigen ständischen Gesinnungen allenthalben beizuwirken, welche auf eine constitutionsmässige Art der Aufrechthaltung des teutschen Reichs- und Kirchen-Systems der gemein verbindlichen Gesetze und der Reichsfriedensschlüsse, so wie des Reichs und der Stände besitzlich hergebrachten Rechte gewidmet sind, wie auch bei der genauesten Einsicht und Erwägung der vorliegenden ständischen Convention solche in allen ihren Absichten, Clauseln und Verabredungen so beschaffen finden, dass keinem Hofe oder Macht so in- als ausser dem Reiche dadurch zu nahe getreten, sondern blos die Beiwirkung zur gemeinschaftlichen konstitutionellen Beförderung der Reichswohlfahrt mittelst einer näheren patriotischen Zusammensicht und Vereinigung ohne Unterschied der Religion zum Gegenstande genommen werde, welches dann mit denjenigen Gesinnungen aufs voll-

1785 kommenste übereinstimmt, die Wir bisher bey aller
Gelegenheit werkthätig zu Tage gelegt haben und.
Kraft deren Wir, auch künftig unsere reichsständischen
sowohl, als erzkanzlerischen Obliegenheiten, ohne alle
Partheilichkeit oder Particular-Absicht, blos zum allgemeinen Reichsbesten nach den Gesetzen und Friedensschlüssen erfüllen werden; Also haben Wir in Betracht all dieser Verhältnisse keinen Anstand hegen
können, noch wollen, diese reine Gesinnungsart auch
mittels des gegenwärtigen Beitritts zur vorstehenden
reichsständischen Convention zu bestätigen, wie Wir
solche hiermit bestätigen, und der mehrgedachten Convention accediren, auch selbige als von Uns selbst mit
abgeschlossen betrachten, und in allem, was auf die
Erhaltung der Reichswohlfahrt, der teutschen Staats-
und Kirchen-Verfassung, der Gesetze, der deutschen
Freiheit und der ständischen Rechte einigen Bezug
hat, und in diesem Gesichtspuncte nützlich oder nothwendig seyn mag, in Folge vorliegender Convention
durch reichspatriotische gesetzmässige Zusammensicht
und Freimüthigkeit und Bereitwilligkeit beizuwirken
nicht entstehen werden.

Urkund dessen haben Wir gegenwärtigen Acces-
sions-Act eigenhändig unterschrieben und mit Unserm
geheimen Kanzley-Sigill bedrucken lassen.

So geschehen Aschaffenburg den 18. Oktober 1785.

(L. S.)   FRIEDRICH CARL JOSEPH, Churfürst.

18.

*Convention provisoire entre les deux
maisons ducales de Saxe-Gotha et de
Saxe-Cobourg-Saalfeld relativement
à l'extinction vraisemblablement prochaine de la maison ducale de Saxe-
Meiningen. d. d. $\frac{28}{18}$. Janvier* 1787.

(Ratifié de la part de la maison ducale de Saxe-Gotha
et Altenbourg le 5. Mars 1787, et de la part de la
maison ducale de Saxe-Cobourg-Saalfeld le 22. Février 1787.)

Zu wissen sey hiermit: Demnach die Durchlauchtigsten Fürsten und Herren, Herr Ernst Friedrich

und Herr **Ernst**, Gevattern, Herzoge zu Sachsen, 1767
Jülich, Cleve und Berg, auch Engern und Westphalen etc. aus tragendem rühmlichem Eifer und Sorgfalt für Erhaltung der Ruhe und Beförderung der
Wohlfahrt in Dero Herzoglichem Gesammthause, auch
zu Herstellung und Befestigung eines freundschaftlichen
guten Vernehmens unter Sich, insbesondere der Nothdurft befunden haben, wegen eines, ob zwar menschlicher Vermuthung nach, noch sehr entfernten, gleichwohl möglichen, und allein in Gottes Händen stehenden **Anfalls der Sachsen-Coburg-Meiningi-
schen Lande und Zubehörungen**, zur Vermeidung sonst besorglicher mancherlei beschwerlichen Irrungen und Weiterungen zumal in Absicht einer, auf einem
solchen Fall nöthigen Besitz-Ergreifung und sonstigen
Massregeln, in Zeiten unter sich eine standhafte Vereinigung zu treffen, in sothaner Absicht auch von
erst höchstgedachter Ihro des Herrn Herzogs **Ernst
Friedrich** zu Sachsen-Coburg-Saalfeld Herzogli-
cher Durchlaucht, Dero Geheimenrath **Hoffmann**, so
wie von des Herrn Herzogs **Ernst** zu Sachsen Gotha
und Altenburg Herzogliche Durchlaucht Dero Geheimen
Assistenz-Rath **von Hof** Auftrag geschehen, sich
beiderseits, in Gefolg einiger diesfalls gehabten vorläufigen Beredungen, allen Fleisses angelegen seyn zu
lassen, die hierauf gerichtete heilsame Absicht zu erreichen und eine dergleichen Provisional-Abrede bis
auf der Durchlauchtigsten Herrschaften beiderseits bald
möglichst beizubringende Ratification zum Schluss zu
befördern; Als ist von nurerwähnten hierzu committirten Herzogl. Gevollmächtigten in Gefolg sothanen
gnädigsten Auftrags nachstehende Vereinigung, beliebt
und abgeschlossen worden:

Da in dem Fürstbrüderlichen Punctations-Recess
vom 8ten März 1679 sowohl als in den darüber gestellten Erinnerungen und darauf erfolgten Resolutionen vom 8ten und 24sten September selbigen Jahrs,
vorzüglich aber in dem Hauptvertrage vom 24sten Februar 1683 §. 15. junct. §. 22. welche beide Punctations-
und Hauptrecesse durch die bekannte in contradictorio
ertheilte und im Jahr 1725 im Revisorio confirmirte Reichs-
hofraths-Sentenz v. 25. April 1714 Membro I. noch
eine weitere Bestätigung erhalten und in allen bei dem
Fürstl. Gesammthause Sachsen Gothaischer Linie vor-

1787 kommenden Successionsfällen zur immerwährenden Richtschnur und Statutis domesticis gesetzet, mithin allerseits Fürstl. Herren Interessenten zu deren unverbrüchlichen Festhaltung, bei Vermeidung einer Strafe von 100 Mark löthigen Goldes, angewiesen werden, der ordo succedendi in Stirpes oder nach Anzahl der, von weyland Herzogs Ernst zu Sachsen Gotha Durchlaucht nachgebliebenen Herren Söhnen abstammenden Fürstl. Häuser auf das deutlichste festgestellt, und Sachsen Gotha über den ihm bei einem Anfall nach den vorhandenen Stämmen gebührenden Antheil eine portio virilis zum praecipuo mitgetheilt, auch dieser modus succedendi in dem zwischen Sachsen Gotha und Sachsen Saalfeld unterm 6ten Sept. 1717 abgeschlossenen sogenannten Liberations-Recess in Ansehung der beiden noch übrigen Sachsen Meiningischen und Sachsen Hildburghäusischen Linien und deren dereinstigen Landes-Succession, von neuem ausdrücklich gebilliget, und vorgedachtes Praecipuum dem Fürstl. Hause Sachsen Gotha nochmals vorbehalten geblieben ist; Als wird sothanes principuum successionis in gegenwärtigem Recess von beiderseits Fürstl. Paciscenten wiederholt hiermit agnoscirt und dergestalt zum Grunde gelegt, dass es nicht nur bei dem bevorstehenden Sachsen Meiningischen Anfall Statt haben, sondern auch bei einem fernerweiten in dem Fürstl. Sammthause Sachsen Gothaischer Linie, sich nach Gottes Willen begebender Successions-Fall, die genaueste Befolgung der angeführten Hausverträge und Kaiserlichen Erkenntnisse in diesem Puncte, als worzu sich hiermit von neuem ausdrücklich verbindlich gemacht wird, beobachtet werden soll.

Urkundlich dessen etc. etc.

Coburg und Gotha, den $\frac{24}{13}$. Januar 1787.

(L. S.)   JOHANN CHRISTIAN HOFMANN.

(L. S.)   JOHANN CHRISTIAN VON HOP.

19.

Acte d'accession du Coadjuteur de l'Electeur Archevéque de Mayence à l'association de plusieurs Princes d'Allemagne. En date du 6. Juin 1787.

(v. Dohm's Denkwürdigkeiten Bd. III. S. 203.)

Nachdem es der göttlichen Vorsicht gefallen hat, mich, auf das eigene grossmütige Verlangen und Zuthun Sr. Churfürstl. Gnaden, meines gnädigsten Erzbischoffs und Churfürsten, auch Herrn Vaters, mittelst einhelliger Wahlstimmen des hiesigen Dom-Capituls zur Coadjutorie-Würde des hohen Erzstiftes und Churfürstenthums Maynz zu berufen — Mir aber die ruhmvollen Absichten und Gesinnungen vorhin wohl bekannt sind, welche Höchstgedachte Sr. Churfürstl. Gnaden bereits vor einiger Zeit bewogen haben, jener reichsständischen Convention förmlich beizutreten, die unter dem 23sten Julius 1785 zwischen Sr. Churfürstl. Durchl. zu Sachsen, dann Sr. Königl. Majestät in Preussen, als Churfürsten zu Brandenburg, und Sr. Majestät von Grossbritanien als Churfürsten zu Braunschweig und Lüneburg geschlossen worden ist, des Inhalts:

(suit le texte de la convention.)

Als habe ich mir zu einer der ersten und vorzüglichsten Angelegenheiten seyn lassen den vorstehenden, mir von Sr. Churfürstl. Gnaden eigends vorgelegten Inhalt ersagter Convention mit der erforderlichen genauen Aufmerksamkeit zu durchgehen, solche in ihrer Absicht, ihrem Sinne und ihren Mitteln reiflich zu erwägen, auch sonst alle dabey eintretende Verhältnisse in den ernstlichsten Betracht zu ziehen: Wie ich nun auf solche Art nicht nur von ihrer Recht- und Gesetzmässigkeit überhaupt gänzlich überzeugt bin, sondern auch zu bemerken finde, dass ihre Absicht offenbar keine andere sey, als das Reichs-System in seiner gesetzlichen Verfassung und jeglichen Stand des Reichs bei den Seinigen ungestört zu erhalten — sodann dass ihr Sinn den Pflichten und Verbindlichkeiten nirgend zu nahe trete, welche jeder Stand gegen das Allerhöchste Reichs-Oberhaupt, das gesammte Reich und

1787 dessen Mitstände zu beobachten hat — endlich aber, dass der vorgesetzte Zweck in keiner andern als reichs- constitutionsmässigen Weise, auch durch keine andere als reichsverfassungsmässige, obgleich kräftige und wirksame Mittel und Massregeln erreicht werden soll; So erachte ich es meinem künftigen reichsständischen Beruf, vorzüglich aber den Pflichten eines künftigen Reichs-Erzkanzlers allerdings gemäss, einer solchen ständischen Vereinbarung aus eigenem Antriebe und Ueberzeugung, so wie es hiermit freimüthig und frei- willig geschiehet, in allen ihren Clauseln und Verab- redungen, so viel an mir ist, zu accediren, und solche von nun an für eben so verbindlich zu halten und zu achten, als wenn ich zu ihrem Abschlusse gleich An- fangs mitgewirkt hätte.

Ich werde auch diesem zufolge, im Falle meines dereinstigen wirklichen Regierungsantritts, dessen Ziel die Vorsicht noch weit entfernen und hinaussetzen wolle, all' demjenigen, was die Erhaltung der deutschen Staats- und Kirchen-Verfassung, der Gesetze, der Freiheit und der ständischen Rechte immer erfordern mag, um so mehr nach allen meinen Kräften willigst beizu- wirken bereit seyn, je mehr ich versichert und be- glaubigt bin, dass der fernere aufrechte Bestand des jetzigen status quo im Reiche nur durch gemeinsame Zusammensicht zu erreichen sey.

Zu Urkund dessen habe ich gegenwärtigen Acces- sions-Act eigenhändig unterschrieben und mit meinem angebornen Insiegel bekräftiget.

So geschehen Maynz den 6ten Junius 1787.

(L. S.)   CARL THEODOR ANTON,
                  Coadjutor der Chur Maynz.

20.

Accommodement à l'amiable entre les maisons ducales de Saxe-Meiningen et de Saxe-Hildbourghausen, d. d. ⅓. Avril 1789.

Zu wissen sey hiermit, denen es zu wissen nöthig: Demnach das Fürstliche Haus Sachsen-Coburg-Mei-

ningen aus dem Sachsen Coburgischen auch Eisenber- 1780
gischen Erbanfall, zu Erfüllung seiner Erbgebührniss
noch 786 Fl. 11 ggr. 11¼ Pf. und zwar an Coburgischen Land und Leuten nebst denen sämmtlichen Einkünften seit 1735, mithin an solchen, nur in duplo gerechnet, eine Summe von 77,669 Fl. prätendirt, und
da das Fürstl. Haus Sachsen-Hildburghausen vermöge
des mit S. Coburg-Meiningen unter Gothaischer Mit-
beliebung und nachherig erfolgten S. Coburg-Saalfel-
dischen Access (abgeschlossenen Erbvergleichs), das
Amt Sonnefeld zu seinem Coburgischen Antheil, jedoch
nur in so weit, als dessen recessmässige Rata aus dem
ganzen Coburgischen Anfall ihm gebührender Land
und Leute betragen dürfte, überkommen etc. etc. dan-
nenhero diese Sonnenfeldische Uebermaase à 736 Fl.
11 ggr. 11¼ Pf. portionsmässige Revenüen bei der von
Allerhöchst. Kaiserl. Local·Commission beschehenen Ueberweisung der Aemter Coburg, Mönchröden, Neustadt inclus. Sonneberg und Neuhaus an S. Meiningen
zur Erfüllung seiner Erbgebührniss mit überwiesen und
darauf von Allerhöchst Kaiserl. Reichshofrath unterm
10ten December 1735 sowohl als nachhero mehrmals
zuerkannt, dagegen jedoch von S. Hildburghausen re-
stitutio in integrum gesucht, auch diesem remedio
endlich deferiret worden, und dermalen die Hauptsache
schon seit 1735 auf allerhöchster Entscheidung beruht.
Hiernächst aber auch bereits Anno 1723 zwischen den
beiden Fürstlichen Häusern S. Meiningen und S. Hildburghausen ein Umtauschcontract über Sonnefeld, Schalkau, Römhild und 4 Meiningische, dem Fürstl. Amte Behrungen nahe gelegene
Ortschaften geschlossen etc. etc., der ganze Voll-
zug dieses Contracts aber durch S. Coburg-Saalfeldische Protestation und darauf erfolgte Kaiserl. Inhi-
bition nicht minder, als durch inmittelst eingetretene
S. Hildburghaus. Pönitenz verhindert und unerfüllt gelassen, vielmehr von S. Hildburghausen gegen diesen
Contract bei Allerhöchst Kaiserl. Reichshofrath Klage
erhoben und auch diese Sache zwischen beiden Fürstl.
Häusern bis ad annum 1755 ventilirt worden, seit jener Zeit aber auf Allerhöchst Kaiserl. Erkenntniss beruhet und dann die dermalen regierenden Herren Herzoge beider Fürstl. Häuser, Herr Herzog Georg
zu S. Meiningen und Herr Herzog Friedrich

1789 zu S. Hilburghausen den lobenswürdigen Entschluss
gefasst, diese beiderlei Processe etc. etc. durch fried-
liche und schiedliche Composition aus dem Mittel zu
schaffen, zu welchem Ende beide Herren Herzoge vor
gut befunden, beiderlei objecta litis auf einer gemeinschaftlich beliebten und in die acht Wochen ange-
dauerte Conferenz in loco Römhild durch etliche ihrer
vertrauten Räthe eruiren und zu einem gütlichen Vergleich präpariren zu lassen. Als ist hierauf von Höchstgedacht Ihro Hochfürstlichen Durchlauchtigkeiten für
sich und Ihre Fürstl. Erben und Nachkommen verbindlich ausgemacht und beschlossen worden wie folgt:

  I. Es renunciren und entsagen nämlich beide
Fürstl. Theile überhaupt wechselseitig allen Ansprüchen

  a) aus denen S. Coburg-Eisenberg- und Römhildischen Erbanfällen, wie solche dermalen vorhanden
sind, oder künftig bei einer General-Peräquation noch
entstehen könnten,

  b) aus dem Sonnefelder, Römhilder und Schalkauer
Umtausch-Contract; so dass kein Fürstlicher Theil
berechtigt bleibt, hieraus gegen den andern auf irgend
eine Art die mindeste Prätension zu nehmen, wollen
auch beiderseits liti et causae, in specie aber S. Meiningen seinem aus dem Concluso von 1735 und allen
nachherigen Erkenntnissen, confessionibus pactis et re-
cessibus allenfalls erlangten juri quaesito, zum Besten
des Fürstl. Hauses S. Hildburghausen, bei Einem Allerhöchst Kaiserl. Reichshofrath durch ihre beiderseits
hiezu zu legitimirenden Anwälte feierlichst renunciren
lassen. Ingleichen versprechen auch

  c) beide Fürstl. transigirende Theile in keinem
Fall auf beiderseitige von ihnen und ihren Herren Vä-
tern neu acquirirte Güter und Vermögen, insofern solches nur keine Landes-Pertinenzien sind, einigen Anspruch zu machen, immassen jedem Fürstl. Hause darüber in favorem der Fürstl. Allodial-Erben, der Fürstl.
Frau Wittwe desjenigen Hrn. Agnaten, mit welchem
sich eine Speciallinie endigt, und zum gemeinsamen
Landes-Besten oder ad pios usus frei zu disponiren
nachgelassen bleiben soll.

  Dieweil nun

  II. Sachsen-Meiningen aus dem Sachsen-Cobur-
gischen und Eisenbergischen Erbanfall zur Erfüllung
seiner Erbgebührniss noch 736 Fl. 11 ggr. 11¼ Pf. und

zwar an Coburgischen Land und Leuten nebst deren 1782
sämmtlichen Einkünften seit 1735 und dem Interesse
von diesen Einkünften fordert und solché aus der Sonnefeldischen Uebermaasse bezahlt haben will, so cedirt
nunmehr und tritt ab S. Meiningen an S. Hildburghausen diese ganze Forderung an Land und Leuten,
davon zu ersetzenden Einkünften und Verzugszinsen,
erb- und eigenthümlich, cum omni jure et actione, wie
es solche zu fordern berechtigt gewesen, um sich Hild-
burghäusischer Seits deren gegen männiglich, agendo
et excipiendo gebrauchen zu können; will auch diese
Cession auf die bereits von den Sonnefeldischen Re-
luendis in Besitz habenden Sonnefeldischen Höfe, Gut
Nassach und alle übrige noch einzulösende oder zu re-
vocirende Amts-Pertinenzien zu Gunsten des Fürstl.
Hauses S. Hildburghausen erstreckt haben, jedoch
dergestalt, dass nach Abgang der S. Hildburghäusischen Speciallinie diese Cession für S. Meiningen un-
schädlich und unpräjudicirlich und als nicht geschehe-
hen angesehen werden solle; quittirt dahero über diese
ausgeklagte 736 Fl. — — portionsmässige, aus dem
Hildburghausischen Amt Sonnefeld prätendirte, obschon
noch in lite befangene Landes-Revenüen dergestalt
und also, als ob sie bis auf den letzten Heller bezahlt
worden wären; macht sich nicht minder verbindlich,
so lang die S. Hildburghausische Special-Linie besteht,
an die andern Fürstl. Hrn. Agnaten wegen seiner
vorangeregten Erbgebührniss keine Ansprüche zu machen, damit S. Hildburghausen völlig dieserhalb in
Sicherheit gesetzet und nicht etwa von den Fürstl.
Hrn. Agnaten ein Regress wider S. Hildburghausen
genommen werden könne; will auch die rechtliche
Eviction an S. Hildburghausen bis zur Erlöschung seiner der Meiningischen Speciallinie, sowohl überhaupt,
als auch in Specie durch das unten vorkommende un-
ableglich bleibende Vergleichsquantum leisten und prä-
stiren.

Dagegen erhält

III. Sachsen-Meiningen von Sachsen-Hildburghausen für die vom ersten fürstl. Hause formirte vorgedachte Ansprüche, darauf geschehene Renunciatio-
nen und eventualiter bewürkte Cession zu einer wohlbedächtlich bestimmten Vergleichs-Summe Vierzig Tausend, sage 40,000 Fl. Frk. in 24 Fl. Fuss, nämlich

1789 26,815 Fl. 9 ggr. 9½ Pf. für die Ablösung der Sonnefeldischen Uebermaase selbst, und 13,184 Fl. 11 ggr.
2½ Pf. für die Renunciation auf sämmtliche davon prätendirte Nutzungen, jedoch dergestalt und also, dass
S. Melningen aus besonderer Freundschaft für S. Hildburghausen

    a) dieses Vergleichs-Quantum als ein unablegli-
·ches Kapital bei S. Hildburghausen stehen lasse, auch
hiervon

    b) das Interesse von dato des Vergleichs an, hö-
her nicht als jährlich nur zu 3½ Procent durch Holz
oder baar verlange; von dem Capital selbst aber

    c). nach Abgang der S. Meiningischen Special-
Linie die diesem fürstl. Hause wegen derer präten-
dirten Nutzungen vorgedacht verwilligten 13,184 Fl.
11 ggr. 2½ Pf. gänzlich erlassen und S. Hildburghausen
also nur das für die Ablösung der Sonnefeldischen
Uebermaase selbst zugestandene Vergleichs-Quantum
von 26,815 Fl. 9 ggr. 9½ Pf. im 24 Fl. Fuss, als diejenige Summe, auf welche die fürstl. Hrn. Agnaten Anspruch machen können, schuldig bleiben, und

    d) sodann S. Hildburghausen freistehen solle, die-
ses Kapital, nach Abzug seiner daran zukommenden
Erb-Rata mit 17,876 Fl. 20 ggr. 6 Pf. im 24 Fl. Fuss
an die fürstl. Hrn. Agnaten pro rata und mit Vorbehalt seiner bei vorkommendem Fall daran bleibenden
Erbgebührniss abzutragen oder mit 3½ Procent ferner
an dieselbe zu verzinsen.

    Ob nun schon

    IV, V und VI. durch diesen Vergleich alle wech-
selseitigen Ansprüche, also auch der S. Hildburghausische Anspruch auf Cassation des Schalkauischen
Umtausch-Contracts gänzlich aufgehoben worden, mithin S. Meiningen in dem ruhigen Besitz des ihm durch
diesen Umtausch-Contract von S. Hildburghausen überlassenen Amts Schalkau, solange die dermalige S. Meiningische Speciallinie bestehen wird, verbleiben solle;
so ist doch auf den Fall des Abgangs dieser Special-
linie in Kraft dieses ausgemacht, paciscirt und mittelst
dieses Vergleichs festgesetzt worden, dass dem fürstl.
Hause Hildburghausen die Befugniss und das Recht
und zwar sub constituto possessorio zustehen möge,
nach Abgang der S. Meiningischen Speciallinie dieses
Amt Schalkau (dessen vormaliger Umtausch hiedurch

und in Kraft dieses in einem Wiederkaufs-Contract 7189
wohlbedächtig und feierlichst verwandelt und überge-
tragen wird) wieder an sich zu nehmen und einzulösen,
ihm aber sodann gleichwohl freistehen solle

a) sich dieses Wieder-Einlösungs-Rechts zu bedienen, oder es nach seinem Belieben fahren zu lassen,
hierbei aber

b) S. Meiningen vorbehalten bleibe, über die zurück zu empfangende Peräquationsgelder zum Besten
seiner Allodial-Erben zu disponiren; hingegen

c) S. Hildburghausen schuldig seyn solle, auf den
von ihm beliebten Einlösungsfall, nicht nur die aus
dem vorherigen Umtausch-Contract erhaltene 4 Dorfschaften Queyenfeld, Schridershausen, Rentwertshausen
und Berlach zur Meiningischen Landesportion zu re-
stituiren, sondern auch die aus dem mehrgedachten
Permutations-Contract vormals von Meiningen empfan-
gene Peräquationsgelder, deren Summe nunmehro durch
einen in eventum abgeschlossenen Vergleich nach vorheriger genauer Untersuchung beiderseitiger Rech-
nungsverständiger auf eine Abfindungs-Summe von
30,000 Thlr. in 24 Fl. Fuss moderirt und festgesetzt
worden, an die Behörde, welche der letzte S. Meiningische Landesregent bestimmen wird, oder in dessen
Ermangelung an dessen Intestat-Erben, entweder sofort bei der Ueberweisung in einer unzertrennten Summe, oder gegen hinlänglich zu leistende Sicherheit
successive und particulariter in den nächstfolgenden 6
Jahren mit denen Zinsen zu 4 Procent jährlich mit
5000 Thlr. abzutragen. Da auch

d) S. Hildburghausen aus denen neugetauschten 4
Dorfschaften das Gut Rentwertshausen veräussert hat
und von ihm keinesweges als ein Restituendum angesehen, sondern vielmehr unter die genossenen Fructus
gerechnet werden will, S. Meiningen hingegen solchen
zu widersprechen und als ein Restituendum zu behaupten sich um so mehr berechtigt halten will, als die
damalige Obervormünderin, Herzogin Albertina, sich
zu dessen Restitution schriftlich anerboten; so ist zur
Umgehung dieser Discrepanz dahin freundschaftliche
Uebereinkunft getroffen worden, dass auf den Fall,
wenn nach Abgang der S. Meiningischen Speciallinie
die Einlösung des Amtes Schalkau beliebt werden wollte,
gleichwohl ersagtem Fürstl. Hause Hildburghausen hier-

1789 bei auch dieses freistehen solle, diese 4 Dorfschaften
bei der Feudal-Erbschaft statt Land und Leute auf
seine Erbportion anzunehmen, oder daferne es sich
hierzu nicht entschliessen oder die anderen fürstl. Hrn.
Agnaten es nicht eingehen wollten, das fürstl. Haus
Hildburghausen nur verbunden seyn solle, einen Vasallen zu stellen, welcher das Gut Rentwertshausen
als ein Mannlehn besitze, und da auch dieses wegen
der beschehenen Verwandelung in Söhn- und Töchter-
lehn nicht thunlich und möglich sey, sodann bei der
Vasallen Theilung sich dieses nunmehro Söhn und
Töchter lehnbare Gut als ein Mannlehn aufrechnen zu
lassen; so wie zu dem Ende S. Meiningen auf alle
Ansprüche, welche seine Allodial-Erben sodann deshalb
formiren könnten, zum Besten des H. Hildburghausen
renunciirt, vielmehr solche demselben in Kraft dieses
cum omni jure et actione zu Vermeidung aller Verdriesslichkeiten cedirt, dahingegen S. Hildburghausen
den S. Meiningischen Vorbehalt:

Dass es sich dagegen alle Ansprüche auf dieses
heimgefallene Gut nach Abgang der S. Hildburghausischen Speciallinie ausdrücklich reservire,
auf den sodann eintretenden Fall der rechtlichen Erörterung ausgestellt lassen will. Es solle auch

e) wenn nach Abgang der S. Meiningischen Special-
linie die Einlösung des Amtes Schalkau statt findet,
S. Hildburghausen die freie Wahl zustehen, das zu
dem Amte Schalkau von S. Meiningen acquirirte Mann-
lehn-Gut Schaumberg, die erkaufte Schaumbergische
Jagd und eingehandelte Wiesen um und für die bezahlten Kaufsummen an sich zu nehmen oder denen
fürstl. Allodial-Erben dergestalt zu überlassen, dass
sie in diesem Fall ebenermassen schuldig seyn sollen
wegen des Mannlehnbaren Guts Schaumberg einen Vasallen zu stellen. Es macht sich hierüber auch

f) S. Meiningen verbindlich, im Fall casu existente
der Schalkauischen Wieder-Einlösung sich Pertinencien
finden sollten, welche in dem Schalkauer Amtsanschlag
angesetzt, vorhin aber von S. Meiningen veräussert
seyn sollten, sich deren empfangenen Werth von denen
verglichenen 30,000 Th. Peräquationsgeldern abziehen
zu lassen. Wie dann S. Meiningen noch ferner

g) verspricht, auch von dato an keine Alienation
bei und von dem Amte Schalkau und dessen Pertinen-

cien vornehmen, überhaupt aber das Amt Schalkau 1789 und die darinnen befindlichen Unterthanen gleich andern fürstl. Meiningischen Landen nach Recht und Billigkeit zu regieren und solche auf keine Art prägraviren zu lassen, inmassen ausdrücklich verglichen und ausgemacht worden, dass zu Vermeidung aller künftigen Irrungen zwischen den transigirenden beiden fürstl. Häusern und ihren fürstl. Erben alle Meliorations- und Deteriorations-Ansprüche auf den Fall der eintretenden Reluition cessiren und excludirt seyn sollen. Es erkennet sich auch

h) S. Meiningen verbindlich, das, ausser dem acquirirten Reichsleben Rauenstein, von dem Oberstallmeister von Schaumberg mit erkaufte sächsische Mannleben Rauenstein in dieser Qualität auch nach Abgang der S. Meiningischen Speciallinie zu agnosciren und deshalb die Besitzer dieses sächsischen Mannlehns hierzu noch vorhero verbindlich zu machen etc. etc.; wie dann überhaupt zwischen beiden fürstlichen Theilen ausdrücklich bedungen worden, dass casu existente durchgehends bona fide und freundschaftlich zu Werke gegangen werden soll.

VII. Haben sich beide Herzögliche Häuser wechselseitig versprochen, zur Beförderung ihres Interesse und zu Verminderung der Zinsen von denen auf sich habenden Passiv-Capitalien ihren Fürstl. Agnaten-Consens zur Erborgung eines Capitals von 100,000 Thlrn. hierdurch zu ertheilen; doch dergestalt dass

a) jeder Fürstliche Theil dieses Capital lediglich zu angezogener Absicht anwenden und mithin versionem in rem erproben müsse; wie denn auch

b) jeder Fürstl. Theil in Ansehung dieser Consens-Ertheilung auch nur zum Antheil seiner gebührenden Erbratae zu concurriren verbunden seyn solle; wobei

c) S. Meiningen verspricht, seine bona officia bei den übrigen Agnaten zu S. Saalfeld-Coburg und S. Gotha besten Fleißes anzuwenden, und deren Fürstl. Agnaten-Consens zur Aufnahme dieser beiden Capitalien ebenfalls zu bewirken. Es ertheilt auch demnächst

VIII. S. Meiningen hierdurch und in Kraft dieses seinen agnatischen Consens in die mit der jetzt regierenden Frauen Herzogin zu S. Hildburghausen Durchl. abgeschlossene Ehepacta in vollkommenster Bereitwilligkeit pure und ohne alle Einschränkung. Da aber auch

1791 Fischer - und Förchen - Hütt 5 bis 6 perpendicular sporn am Lande zu errichten, und

3) Nach dem Plan zwischen Lit. D. et E. oder Rückwärts auch Bajer. Seits eine quer Verlag nach der Landhöche Landabwärts, und auch ein derley unterhalb am BrunnenBach, wenn sie erforderlich gefunden wird, zu machen.

4) Auf der K. K. Seiten nächst denen Ueberäcker Wiesen und Feldern unterhalb dem dermahligen Dopelzaun, werden eben auch wehrender obgehörter Durchgrabung die erforderlich findende perpendicular sporen, dann der paralell ohnschädlich und der Convention angemessene Druckwerkhe und QuerVerlagen auch nach der Landhöche und Directionslinie Landabwärts, dann ohne aussprengenden Winkl Errichtet, und diese von Lit. F. bis C., und von da bis zu den sogenanten Schwaiger Bauren hinab fortgeführt.

5) Muss auf K. K. Seits nach Maassgab des ratificirten Vergleichs der Zaun bey der Ueberacker Wiesen Lit. C *. in einer Länge von 110 Schuhen und

6) Auch auf die näml. arth und zu gleicherzeit auf der bajer. Seiten alle LandVerzäunungen Lit. C. herausgerissen werden, und sollen diese beedseitige Herausnehmungen ebenfahls zur Zeit, als der Durchschnitt gemacht wird, geschehen.

7) Zur nämlichen Zeit sind auch die Gräben in der Ueberacker Dorm - und Mitterau zu Erhöcheren und zu verschlagen.

8) Zur näml. Zeit, mithin auch wiederum als erst gehörter Zaun Herausnehmung Lit. G. J. * et J. geschiehet, werden auf der bajer. Seite Ruckwärts die Erforderlichen Faschinaden angelegt, oder was sonst zur behöriger Versicherung des Landes alda erforderlich gefunden wird, nach der Landhöche gebauet.

9) Ist K. K. Seits bey der sogenannten Herren Ueberfuhr nach dem Plan Lit. √ bis No. 2. und Lit. H. ein zweyfacher, dann weiters über Lit. P. bis Q. ein dreyfacher Zaun zu Errichten, und an die Ueberacker Dorfau anzuschliessen, auch dabey der Reith - oder Trepelweg sicher und behörig und nach der Landhöche herzustellen.

10) Am Ausgang des Neuhofer Brunbachs, wird auf der bajer. Seite ein der Linie ohnschädliches: und Conventionsmässiges Druckhwerkh mit ansezung meh-

rerer perpendicular sporen, je nach findender Erforder-1791 niss, längst der Biesinger Auwiesen und Feldern angelegt.

11) Wird auf der K. K. Seiten der Zaun von Lit. F. längst der paralell Linie aufwärts bis Lit. Q. geführt, und das Land Ruckwärts nach nothdurft und den ratificirten project verschlagen.

12) Auf der bajer. Seite wird der Einbruch bey der Neuhofer Au mitls so vieler perpendicular sporn abgewendet, als man dazu nothwendig findet.

All diese Gebäude müssen aber nach gegenwärtiger Uebereinkunft

13) In folgender Ordnung geschehen, als

Churfulzbajer. Seits das Gebäude Resp. der Durchschnitt No. 1., dass Gebäude No. 2. 3. et 7., die Herausreissung der Zäunen, und Faschinaden Errichtung No. 8., und endlichen die perpendicular sporenanlegung bey der Neuhofer Au No. 12, und zwar dergestalten, dass die Herausreissung der Zäunen: und Faschinaden Errichtung·No. 8 eines der ersten Gebäuden seyn solle.

K. K. Seits der Durchschnitt No. 1. per se, dass No. 4. umständlich angezeigte Gebäude, und auch jenes, welches sub No. 9. mit mehreren enthalten.

Wenn diese Gebäude fertig sind, so ist bajer. Seits der Bau No. 6., und K. K. Seits der No. 5. zu führen.

Alsdann wenn auch diss ihr endschaft Erreichet, kommt bajer. Seits der Trepelweg No. $8\frac{1}{2}$ von Lit. G. bis zur Bierlend, und das sub. No. 10. angemerkte Druckwerkh nebst anlegung der erforderlichen sporen zu Errichten, und

K. K. Seits die sub No. 11. von Lit. F. bis Q. bemerkte Verzäunungen anzulegen.

Zur genauen und richtigen Darobhaltung, dann Exequirung dieses nunmehr commissionaliter et cumulative festgesetzten Bau-Systems ist auch gegenwärtige diessfahls gleicher gestalten getroffene Uebereinkunft von beedseitig. Titl. Herrn Commissarien und Ingenieurs unterschrieben und gefertiget: gleichlautende Exemplarien gegen einander ausgewechselt, und von jeder Commission den betreffenden Tit. Herrn Beamten und Werkmeistern zu ihrer Richtschnur und stracken Befolgung dessen eine gleichlautende Abschrift zugestellt worden. Actum ut supra.

Kaiserl. Königl. u. Churpfalz-Bayerisch allergnädigst u. gnädigst abgeordnete gemeinschaftl. Local-Commission.

22.

Convention entre les Maisons ducales de Saxe-Gotha, Saxe-Meiningen, Saxe-Hildbourghausen, et Saxe-Coburg-Saalfeld sur plusieurs points qui concernent leurs rapports reciproques et particulièrement sur la conservation de la succession linéale dans la succession des parents collateraux. Conclue et signée à Roemhild, le 28. Juillet 1791.

Nachdem die Durchlauchtigste Herzoge und Herren, Herr **Ernst Friedrich**, regierender Herzog zu Saxen-Cobourg-Saalfeld, Herr **Ernst**, regierender Herzog zu Sachsen-Gotha und Altenburg, Herr **Georg**, regierender Herzog zu Sachsen-Coburg-Meiningen und Herr **Friedrich**, regierender Herzog zu Sachsen-Hildburghausen, seit einigen Jahren in freundvetterliche Communication zu treten und die höchste Entschliessung zu fassen geruhet haben, Sich zum gemeinsamen Wohl des Herzogl. Gesammthauses Sachsen-Gothaischer Linie zu vereinigen:

1. Wie überhaupt das gemeinschaftliche Beste in Rücksicht der Lande und Unterthanen mit gemeinsamen Kräften zu befördern?

2. Wie die allgemeine Sicherheit zu erhalten?

3. Wie besorglichen Getraid-Theuerungen und Fruchtsperren vorzubeugen?

4. Auf welche Weise die zwischen einem oder dem andern Fürstl. Hause noch existirenden Irrungen binnen einer gewissen Zeit in Güte oder durch Compromiss gänzlich zu beendigen? und

5. Wie künftigen Irrungen bei vorkommenden Successions- und andern Fällen auf beständig vorzukommen sey?

Diese Gegenstände auch bei der zu dem Ende beliebten gegenwärtigen allhiesigen Haus-Conferenz umständlich besprochen und in genaue Erwägung ge-

zogen worden, so haben sich hierüber die allerseitig 1791
hierzu bevollmächtigte Endesunterschriebene herzogl.
Depuſirte bis auf höchste Genehmigung und Ratification ihrer Durchlauchtigsten Herren Herzoge folgender-
massen wohlbedächtlich und unwiderruflich verglichen:

1. So wie die Durchlauchtigsten Herren Herzoge
zu S. Coburg-Saalfeld, S. Gotha und Altenburg, S.
Coburg-Meiningen und S. Hildburghausen Sich zeithero
vorzüglich haben angelegen seyn lassen, das wahre
Wohl und Beste höchst Ihroselben eigenen Unterthanen
sowohl, als auch allerseitiger in einem Verband und
gesammter Lehnschaft stehenden fürstlichen Lande, in
Gemässheit der Haus-Verträge nach Möglichkeit zu
befördern; so bleiben Höchst Ihroselben noch immer
fort geneigt und erbötig, diesen höchst rühmlichen
Entzweck ferner unermüdet zu verfolgen, und Sie werden dahero jede Gelegenheit benutzen, bei welcher Sie
sothane Gesinnungen werkthätig darlegen zu können
eine Veranlassung erhalten. Demnächst wollen

2. Sämmtliche Durchlauchtigste Herren Herzoge,
nicht nur bei einer in Ihro herzoglichen Landen durch
etwa entstehende innere Unruhen und Aufwiegelungen,
oder durch Eindringen auswärts zusammen gerotteten
bösen Gesindels, oder aufrührerischer und übelgesinn-
ter Flüchtlinge, aus benachbarten oder entfernten Ge-
genden, bedrohenden Gefahr, solche Massregeln schleunig
und zeitig von selbst zu ergreifen Bedacht nehmen,
wodurch besorgliches grosses Uebel abgewendet und
anscheinende Gährungen sofort in der Geburt erstickt
werden können, sondern Höchst Ihroselben ertheilen
sich einander auch die wechselseitige Versicherung, dass
daferne ausserordentliche Umstände, und ein allgemei-
ner Aufstand der Landes-Unterthanen in einem oder
Herzogl. Sächsischen verbundenen Lande, einen auswärtigen Beistand wider Vermuthen gleichwohlen erfordern sollten, Höchst Ihroselben auf Anrufen damit
nicht entstehen, vielmehr sich aus allen Kräften bemühen werden, durch thätige und schleunige Beywür-
kung und wo es nöthig durch militärische Hülfe, Ruhe
und Ordnung wieder herstellen zu helfen. Gleichwie
nun ferner

3. die Herzogl. Häuser S. Coburg-Saalfeld, S.
Coburg-Meiningen und S. Hildburghausen wegen Erhaltung eines freien Commercii unter sich bereits un-

term **23. Dec.** 1789 eine Convention getroffen, und hierdurch in Conformität der Recesse von **1680** und **1681** das freye Commercium auf beständig hergestellt worden, Ihro Herzogl. Durchlaucht der regierende Herr Herzog zu S. Gotha auch bereits geruhet haben, die zeithero in den S. Gothaischen Landen in Vereinigung mit Chur-Maynz, wegen dem Erfurther Gebiet, und mit S. Weimar und Eisenach eingeführt gewesene Frucht-sperre wieder aufzuheben, und den freyen Fruchtver-kauf zu gestatten; so behalte es hierbey nunmehro dergestalt sein Bewenden, dass alle Mühe angewendet werden solle, hierüber mit den Herzogl. Häusern S. Gotha, und S. Weimar, und wo möglich, sowohl mit Chur-Sachsen, als auch mit Chur-Maynz wegen des Erfurther Gebiets, und mit Schwarzburg-Rudolstadt eine ebenmässige beständige Uebereinkunft zu treffen, wozu das Herzogl. Haus S. Gotha auf alle Weise be-förderlich seyn wolle. **Insonderheit**

4. verbinden sich die Herzogl. Häuser alle Mühe anzuwenden, dass neue Irrungen auf alle Weise ver-mieden, die noch existirende aber, sobald als möglich in Güte völlig beigelegt werden. Dahero auch insbe-sondere zu Vermeidung künftiger Aemter-Irrungen, von allerseitigen Herzogl. Regierungen den Unterbe-amten eingeschärft werden sollte, allen unnöthigen Dif-ferenzien und Verdriesslichkeiten, mit den benachbar-ten S. Aemtern sorgfältig auszubeugen, und wenn sich dergleichen wider Vermuthen ereigneten, ohne Anfrage bei den Landes-Collegiis, keine factische Veranstaltun-gen eigenmächtig zu unternehmen oder zu verhängen.

Würde aber wider Vermuthen eine gütliche Beile-gung entstandener Irrungen nicht zu erreichen seyn, so sollen diese Irrungen durch compromissarische Ent-scheidung nach dem modo wie solcher in der Beilage sub A. verglichen worden ist, völlig beendiget werden. Sollten jedoch wider Verhoffen mit einem oder dem andern Fürstl. Theil neue Differenzien entstehen, so sollen Thätlichkeiten schlechterdings unterbleiben, und eigenmächtige Besitzergreifungen, keine Gültigkeit ge-gen den vorhero in Besitz gewesenen Fürstl. Theil haben; vielmehr vor allen Dingen die formirte neue Ansprüche gründlich untersuchet, wo möglich in Güte beigelegt, und wenn solches nicht geschehen könnte, zur rechtlichen Entscheidung entweder per modum eines

Compromisses nach dem oben angeführten Modo, oder 1791 bei einem compromissarischen Richter, oder wenn sothane rechtliche Entscheidung verzögert oder versagt, auch mit Thätlichkeiten vorgegangen würde, den höchsten Reichsgerichten überlassen, und in jedem Fall unnöthige Weitläuftigkeiten und vergebliche Unkosten, so viel nur thunlich ist, vermieden werden. Endlich

5. Nachdem a) die Successio linealis in stirpes, in Ansehung der in dem Herzogl. S. Gothaischen Gesammthaus vorkommenden Collateral-Successionsfälle ohnehin schon verglichen, so behält es bey den abgeschlossenen Vergleichen und insbesondere zwischen den Herzogl. Häusern S. Gotha und Hildburghausen bey den Recessen vom 24. Febr. 1680, 16. Febr. 1683, 10. April 1702 und 6. Febr. 1745, insoweit solche denen Herzogl. Häusern S. Coburg-Saalfeld und S. Coburg-Meiningen nicht präjudiciren; dann zwischen den Herzogl. Häusern S. Gotha und S. Meiningen bei den Recessen vom 8. Juni 1681, 27. Juni 1687 und 30. May 1717, insoweit solche denen Herzogl. Häusern S. Coburg-Saalfeld und Hildburghausen nicht präjudiciren, und zwischen denen Herzogl. Häusern S. Coburg-Saalfeld und S. Gotha bei den Recessen von 24. Febr. 1680, 6. Septbr. 1717 und $\frac{21}{28}$ Januar 1787, insoweit solche den Herzogl. Häusern S. Coburg-Meiningen und S. Hildburghausen nicht präjudiciren, sein unabänderliches Bewenden. Desgleichen haben sich zu Abwendung künftiger Successions-Irrungen allerseitige Fürstl. Herren Interessenten auch dahin vereinigt, dass von Dato an, von dem S. Gothaischen Gesammthaus bei den ausser diesem Herzogl. Haus in der Herzogl. S. Weimar und Eisenachischen Linie oder in dem Churfürstl. S. Haus entstehenden Collateral-Successions-Anfällen die Successio linealis in stirpes angenommen und pro statuto domestico festgesetzt seyn und bleiben solle; und zwar dergestalt, dass von den jetzo in dem Fürstl. S. Gothaischen Gesammthaus bestehenden 4 Special-Linien, S. Gotha, S. Meiningen, S. Hildburghausen und S. Coburg, hiervon eine jede zur Zeit des S. Weimarischen oder Chursächs. Anfalls noch existirende Special-Linie ausser der Chur-Landen gleiche Erb-Ratam unverkürzt erhalten soll.

b) Wegen der heimgefallenen Güter, welche seit der Fürstl. Ernestinischen Landes-Vertheilung und

1791 den S. Coburg-Eisenberg und Römhildischen Anfällen
jedem Fürstl. Haus von den in seinen Landen zugetheilten Vasallen angefallen sind, oder noch künftig
anfallen werden, soll in dem Herzogl. S. Gothaischen
Gesammthaus festgesetzt seyn, dass es jedem Landesherrn frey stehe, die heimgefallenen Güter, entweder
mit einem neuen damit zu intestirenden Vasallen zu
gewähren, oder auch solche an Privatos zu vererben
und zu vereinzeln; jedoch in der Maase, dass im letztern Fall der eintretenden Aufhebung des Lehns-Nexus
die daraus gelösste Summe, oder der darauf gelegte
Canon, Zinsen oder sonstigen Abgaben als ein Surrogat der geschehenen Veräusserung in Zugang gebracht
werde. Würden nun bei Collateral-Successions-Anfällen heimgefallene Güter sich unveräussert befinden, so
sollen zwar die Fürstl. Landes-Folgern berechtigt seyn,
diese vorhandene heimgefallene Güter selbst behalten
zu dürfen, es sind aber dagegen diese Fürstl. Herren
Landes-Successores schuldig, deren Werth zu 4 pCto.
zum Capital angeschlagen, und zwar nach dem reinen
Ertrag eines gemeinen Jahrs aus den letzten 12 Be-
sitz-Jahren vor dem entstehenden Landes-Anfall genommen, an die eingewiesenen Gläubiger oder nach
Disposition des letzten Landesherrn oder auch in Ermangelung einer Disposition an die Fürstlichen Allodial-Erben zu bezahlen.

Dieweil auch dem Fürstl. Gesammthaus daran
gelegen ist, dass die dem Herzogl. Haus S. Meiningen heimgefallene Gerichte und Güter zu Altenstein
und Oepfershausen, von der S. Meiningischen Landesportion nicht veräussert werden, so versprechen Ihre
Herzogl. Durchlaucht der regierende Herr Herzog zu
S. Coburg-Meiningen für Sich, Ihre Fürstlichen Descendenten und Nachkommen, zu Bethätigung ihrer
freund-vetterlichen Gesinnungen gegen Ihre Fürstl.
Herren Agnaten, sothane beide heimgefallene Güter
nicht zu alieniren, sondern solche Ihren Fürstl. Landes-Successoribus zurück zu lassen: wogegen aber die
Durchlauchtigste Herren Herzoge zu S. Coburg, Gotha und Hildburghausen, Sich vor Sich und vor Ihre
Fürstl. Descendenten und Nachkommen verbindlich machen, den Werth dieser heimgefallenen Geräthe und
Güter, nach dem zu 4 pCto. zum Kapital angeschla-
genen Ertrag eines gemeinen Jahrs aus den letzten

12 Jahren vor der erfolgenden Besitz-Abtretung ge- 1791
nommen, an die eingewiesenen Gläubiger oder nach
der Disposition des letzten S. Meiningischen Landesherrn und in deren Ermangelung an die Fürstlichen
Allodial-Erben, nach dem nach Gottes Willen künftig
sich etwa ergebenden Abgang der Herzogl. Meiningischen Special-Linie, zu bezahlen und bis zum Erfolg
der wirklichen Bezahlung, die eingewiesenen Gläubiger, oder Fürstl. Allodial-Erben, im ruhigen Besitz
zu lassen; sowie eben dieses wegen aller unveräussert
bleibenden heimgefallenen Güter bei allen künftigen
Successionsfällen in dem Fürstl. S. Gothaischen Gesammthaus unveränderlich Statt finden soll.

c) Damit in dem Fürstl. S. Gothaischen Gesammthaus bei künftigen sich etwa noch ereignenden Colla-
teral-Anfälllen um soweniger Irrungen entstehen können, so haben sämmtliche Durchlauchtigste Herren
Herzoge sich zur Pflicht gemacht hierbei vorzüglich
Rücksicht auf einen solchen Plan zu nehmen, welcher dem regierenden Herrn Herzog einer jeden Fürstl.
Special-Linie, denen sämmtlichen Fürstl. Herren Agnaten und allen getreuen Unterthanen zum Nutzen und
zur beständigen Beruhigung gereichte, und zu dem
Ende sich dahin vereiniget und einander wechselseitig
versprochen;

1. von Dato an, weder von denen Landen noch
von denen dabei befindlichen Kammergütern etwas zu
veräussern,

2. keine neuen Schulden zu machen,

3. die Unterthanen auch fernerhin bei ihren Gerechtsamen zu erhalten und zu beschützen und deren
Wohl nach Möglichkeit zu befördern, damit auch diese
sich einer glücklichen Regierung zu erfreuen haben,
wogegen aber

4. zu der Allodial-Verlassenschaft einer erlöschenden Fürstl. Special-Linie von dem S. Gothaischen Gesammthaus gerechnet werden soll:

1. neue ohne Vermehrung der Schulden acquirirte
und bezahlte Güter, Gebäude und Grundstücke, welche
zu den Portionsanschlägen und Kammergütern nicht
gehörten;

2. alle bezahlte Mobilien und das vorräthige Getraid,
insoferne solches nicht zu Deputaten, Stiftungen und
zu Bestreitung anderer Landesbürden erforderlich ist;

1791 3. die ausstehenden Resten von den bis zum Ableben des letzten Landesherrn einer Fürstl. S. Gothaischen Special-Linie gefälligen Cammereinkünften, wovon jedoch zuvörderst auch alle Cammerrückstände berichtiget werden müssen; welche Cammerresten zwar
von den herrschaftlichen Einnehmern möglichst beizu-
treiben, von denen Fürstl. Landes-Successoribus aber
auf keine Weise zu gewähren sind, und

4. überhaupt alle Sachen, worüber jeder Landes-
herr bei seinen Lebzeiten frei disponiren könne. So
wie nun in dem Fürstl. S. Gothaischen Gesammthaus
hiernach jedem ohne Fürstliche männliche Descendenten
abgehenden Landesregenten frey stehet, über alle zur
Allodial-Verlassenschaft gehörige, nur benannte Stücke,
so wie über die Kauf-Summen derer zurücklassenden
heimgefallenen Güter, welche die Fürstl. Herren Agnaten
unter den im vorstehenden §pho festgesetzten Bedingungen nach eigenem Gefallen selbst behalten, oder
zur Veräusserung mit Beibehaltung des alten Lehns-
Nexus den Fürstl. Allodial-Erben überlassen können,
inter vivos et mortis causa nach Gutbefinden zu disponiren, und welches alles die Fürstl. Allodial-Erben in
Ermangelung einer Disposition ab intestato erben, so
sind dagegen nicht nur die Fürstl. Landes-Regenten,
mit welchen sich eine Fürstl. Special-Linie endiget, so
wie die nachgelassene Allodial-Erben schuldig, aus
diesem Allodio und dazu gehörigen Kauf-Summen der
heimgefallenen Güter, alle die — ausser den wahren
Cammer- und Landschaftlichen Passivis zurücklassende
übrige rechtmässige Schulden, vor Vertheilung des
Allodii zu bezahlen, und die Fürstl. Herren Lehnfolgern
sind nur verbunden, die in nachfolgenden beiden §§
benannten Cammer- und Landschaftlichen Schulden,
von Zeit des Abgangs einer Fürstl. Special-Linie an,
zu übernehmen und zu bezahlen.

d) Wegen Bezahlung und Uebernehmung der bei
Abgang einer Fürstl. Special-Linie sich findenden
Cammerschulden haben sich sämmtliche Fürstl. Herren
Interessenten vereiniget, mit deren successiven Abtrag
auch fernerhin zu continuiren.

Von den bei einem Collateral-Anfall in dem Fürstl.
Gothaischen Gesammthaus unbezahlt gebliebenen Cam-
mer- und Privatschulden, sollen von den Fürstl. Landes-
Successoribus alle wahre Cammerschulden, welche von

denen Fürstl. Vorfahren ererbt — bei den Fürstl. Cam- 1791
mern in Einnahme und Ausgabe gebracht, und von
solchen verzinst worden, übernommen, und nach eines
jeden Fürstl. Herrn Interessenten Erb-Rata bezahlt und
guarantirt werden. Sollten sich ausser diesen jetzo
schon vorhandenen, oder zu deren Abtrag erborgten
Cammer-Kapitalien, welche jedoch gedachtermassen
successive zu vermindern sind, noch andere Schulden,
oder von neuen vermehrte Kapitalien, bei Abgang eines
Fürstl. Hauses finden, so müssen solche ganz allein
aus dem Allodio, und von den Kaufsummen bezahlt,
und mithin die Fürstl. Herren Landes-Successores mit
deren Bezahlung gänzlich verschont werden.

Wenn sich aber Fälle ereigneten, in welchen zu
Vermehrung der Cammer-Einkünfte, oder zu Verbesserung des Landes, oder zu Ausstattung Fürstl. Prinzessinnen, oder zu Bestreitung ausserordentlicher Aus-
gaben bei Unglücksfällen, neue Cammer-Kapitalien
erborgt werden müssten, so soll hierüber zuvörderst
mit den Fürstl. Agnaten communiziret, der Fürstl.
Agnaten-Consens hierzu erbeten, und solcher nur in
den Fällen ertheilt werden, wenn versio in rem darge-
than, und gezeigt worden, wie der Abtrag wieder be-
wirkt werden könne.

Und so wie Ihro Herzogl. Durchlaucht der regierende Herr Herzog zu S. Meiningen, obgleich höchst
Ihroselben noch zur Zeit mit Fürstl. Deszendenten nicht
gesegnet worden, dennoch nichts mehr wünschen, als
von den ererbten Schulden successive auch fernerhin
Abtrag thun zu können, so versichern höchst Ihroselben
auch eine solche Einrichtung zu erhalten, dass, wenn
die S. Meiningischen Lande mit besonderen Unglücksfällen verschont bleiben, die wahren Cammerschulden
noch bei ihren Lebzeiten bis auf 200,000 Thlr. vermindert werden, und wenn solches ausser Unglücksfällen gleich nicht wohl möglich seyn sollte, so versichern höchstgedacht Ihro Herzogl. Durchlaucht, dass
die zurücklassende höhere Summe Cammer-Kapitalien
aus dem Allodio, nebst den übrigen Privatschulden bezahlt werden sollen; worüber die Durchlauchtigsten
Herren Herzoge zu S. Coburg, S. Gotha und S. Hildburghausen Ihre vollkommene Zufriedenheit erkläret und
sich damit völlig einverstanden haben.

e) Damit auch bei vorkommenden Collateral-Suc-

1791 cessions-Fällen, wegen Vertheilung derer landschaftlichen Schulden keine Differenzien entstehen können,
so wird gleichfalls hierdurch festgesetzt, dass in dem
Herzogl. S. Gothaischen Gesammthaus die Fürstl. Landes-Successores bei jedem Collateral-Anfall schuldig
seyn sollen, die sich vorfindende — von den Land-
ständen der angefallenen Landes-Portion agnoscirte
und überhaupt rechtmässig constituirte, oder zum Abtrag solcher Kapitalien verwendete landschaftliche Schulden nach Proportion derer überkommenden extra Steuern
zu vertheilen und zu übernehmen, auch aus denen
Landschafts- und Steuer-Kassen ununterbrochen verzinsen und abtragen zu lassen; wobei jedoch einstim-
mig bedungen worden ist, dass sothane landschaftliche
Schulden, von Dato an, auf keine erhebliche Summe,
ausser Unglücksfällen, und wenn es das gemeinsame
Landes-Wohl erfordert, ohne Einwilligung derer Fürstl.
Herren Agnaten vermehret, die Landschaft auch bei
ihren Gerechtsamen erhalten, die Unterthanen mit Vermehrung der Steuern verschont und von denen jetzo
vorhandenen Schulden in Friedenszeiten jährlich nach
Möglichkeit etwas abgetragen werden solle.

f) Die Fürstl. Wittwe eines erlöschenden Fürstl.
Hauses soll den in jedem Fürstl. Haus S. Gothaischer
Linie bis jetzo observanzmässig gewesenen und constituirten Witthum doppelt erhalten, und die hinterbleibenden Prinzessinnen doppelte Alimentgelder bekommen;
auch soll beides von den Fürstl. Successoribus nach
Proportion der zukommenden Erb-Ratae bezahlt werden. In Ansehung der übrigen Witthums- und Alimentgelder bleibt es aber bei demjenigen, was von
denen Fürstl. Herren Agnaten consentiret oder Haus-
verfassungsmässig in den Fürstl. Ehepacten oder sonst
verordnet sich befindet.

g) Die hinterbleibende treue Diener eines abge-
henden Fürstl. Hauses sollen von den Fürstl. Landes-
Successoribus beibehalten und ohne Verminderung ihrer
Besoldungen versorgt werden; auch jeder Fürstl. Erb-
Interessent nach Proportion seiner Erb-Ratae zu deren
Versorgung zu concurriren schuldig seyn; jedoch der-
gestalt, dass wenn ein oder der andere der succedi-
renden Fürstl. Herren Agnaten einen hinterbleibenden
Diener aus dem heimgefallenen Fürstenthum oder Lan-
den, in seine eigene Hof-, Civil- oder Militairdienste

aufzunehmen oder wieder anzustellen gut finden sollte, 1791 die übrigen Herren Lehns-Successores, sodann des Beitrags zu dessen Besoldung enthoben werden müssten.

h) Wegen der Besitz-Ergreifung bei Fürstl. Anfällen in dem S. Gothaischen Gesammthaus sollen die Herzogl. Häuser sich unter einander zweckmässig vereinigen; jedoch soll hierdurch zum Voraus festgesetzt seyn, dass alle Besitz-Ergreifungen, welche zum Nachtheil der übrigen Fürstlichen Erb-Interessenten vorgenommen werden, und deshalb geschehen, um sich ohne Zufriedenheit der übrigen Fürstl. Landesfolger in den alleinigen Besitz eines oder des anderen Amts zu setzen, ungültig seyn, und keine rechtliche Würkung haben sollen.

i) Bei der künftigen Vertheilung einer anfallenden Landes-Portion, sollen die Portions-Anschläge von 1572 und 1660 nach vorgängiger Ratification, insoweit solches nicht bereits im Jahr 1720 geschehen, zum Grund gelegt werden. Sowie nun allen Einwendungen gegen diesen bis auf höchste Genehmigung allerseitiger Durchlauchtigster Herren Herzoge abgeschlossenen Vergleich hierdurch entsaget, und zugleich wechselseitig versprochen wird, dass diesem allen getreulich nachgekommen, und dagegen von den Fürstl. Herren Interessenten auf keine Weise gehandelt werden soll; also ist zu dessen Urkund dieser darüber abgefasste Rezess vierfach ausgefertigt, von allerseitigen bevollmächtigten Herzogl. Deputirten eigenhändig unterschrieben und besiegelt, jedem Fürstl. Theil auch ein Exemplar hiervon ausgehändigt und dabei endlich zugesichert worden, die erfolgende höchste Ratifikations-Urkunden gleichergestalt gegen einander baldmöglichst auszuwechseln und jedem Fürstl. Haus ein Exemplar davon zuzuschicken.

So geschehen Römhild den 28. Juli 1791. -

G. F. GÖBEL.   J. C. v. HOF.   E. v. DÜRKHEIM.
JOH. CARL AUG. v. UTTENHOVEN.   J. C. BRUNNQUELL.

Sachsen Gothaische Ratification der Uebereinkunft v. 28. Juli 1791.

A. *An S. Koburg-Saalfeld und Meiningen.*
Post Scriptum.

Nachdem wir auch Durchlauchtigster etc. etc. aus Ew. Lbd. geehrtesten Schreiben am 7ten De-

1791 zember v. J. mit Vergnügen vernommen, dass Ew. Lbd. auf von Dero zur vorjährigen Conferenz nach Römhild abgeordnet gewesenen Deputirten dem Hof- und Consistorialrath auch geheimen Referendar Göbel geschehenen Vortrag die bei der Conferenz über die 5 benannten Puncte:

1) wie überhaupt das gemeinschaftliche Beste in Rücksicht der Lande und Unterthanen mit gemeinsamen Kräften zu befördern,

2) wie die allgemeine Sicherheit zu erhalten,

3) wie besorglichen Getreide - Theuerungen und Fruchtsperren vorzubeugen,

4) auf welche die zwischen einem oder dem anderen fürstlichen Hause noch fortdauernde Irrungen in einer gewissen Zeit entweder in Güte oder durch Compromiss gänzlich zu beendigen und

5) wie künftigen Irrungen bei vorkommenden Successions- und andern Fällen auf beständig vorzukommen sey? wechselseitig geschehene freundschaftliche Erklärung gut zu heissen, und zugleich den darüber unter allerseits herzoglichen Deputirten abgeschlossenen und unter dem 28ten Juli v. J. vollzogenen und ausgewechselten Recess ihres hohen Orts zu ratificiren keinen Anstand gefunden haben; so werden dieselben erlauben, ihnen auch Unserseits eine gleichmässige Gutheissung sothaner Verabredung hiermit zuzusichern und hierdurch für Uns, Unsere Fürstliche Erben und Nachkommen vorgedachten Recess nach seinem ganzen Inhalt in gleicher Maasse zu genehmigen und zu ratificiren, dergestalt, dass darüber jeder Zeit fest und unveränderlich gehalten und selbiger durchgehends treulich und unverbrüchlich erfüllt werden soll; und dass Wir Uns auf alle Weise angelegen seyn lassen werden, den hierbei zum Grund gelegten gemeinnützigen Endzweck nach Unsern freundschaftlichen und aufrichtigen Gesinnungen eifrig nachzukommen und Unsere gegen Ew. Lbd. hegende freundvetterliche Ergebenheit und Hochachtung werkthätig zu beweisen mit welcher Ew. Lbd. Wir zur Darlegung aller angenehmen Dienste etc. etc. verbleiben. Ut in litteris.

Friedenstein den 24sten Februar 1792.

ERNST, II. z. S.

B. *An S. Hildburghausen.* 1791

Post Scriptum.

Auch

Durchlauchtigster etc. etc.

werden Ew. Lbd. aus den vorjährigen Römhilder Conferenz - Verhandlungen unfehlbar vernommen haben, was bei vielerwähnter Conferenz über die bekannte 5 erste Conferenzial-Puncte und besonders wegen Vorbeugung aller Irrungen beï künftigen Successionsfällen unter allerseitigen Deputatis verabredet und bis auf Ratification beschlossen worden.

Da wir nun daraus mit Vergnügen ersehen, dass man in dem unterm 28ten Juli v. J. darüber abgeschlossenen, vollzogenen und ausgewechselten Recess allen etwa entstehenden Zweifeln und Irrungen ausreichend vorzubeugen sich bemüht hat; so nehmen Wir auch auf nunmehr eingegangene S. Coburg - Meiningische und S. Coburg - Saalfeldische beifällige Erklärungen und unter Voraussetzungen, dass auch Ew. Lbdn. solchen beizutreten geneigt seyn werden, nicht den mindesten Anstand jene Verabredung und ⸗erwähnten Recess vom 28ten Juli v. J. für Uns, Unsere Fürstliche Erben und Nachkommen nach seinem ganzen Inhalt hiermit zu genehmigen und zu ⸗ratificiren und haben solches Ew. Lbd. mit der Versicherung nach Unsern hegenden aufrichtigen und freundschaftlichen Gesinnungen zu Ausführung des gemeinnützlichen Entzwecks, nach Möglichkeit beizuwirken, hierdurch erklären und Uns darüber eine baldige freund - vetterliche Antwort erbitten wollen, die Ew. Lbd. Wir etc. Ut in litt.

Friedenstein den 24ten Februar 1792.

ERNST, H. z. S.

Sachsen Coburg-Saalfeldische Ratification der Uebereinkunft v. 28. Julius 1791.

A. *An Sachsen Gotha!*

Unsere freundliche Dienste, und was Wir sonst Liebes und Gutes vermögen, jederzeit zuvor; Durchlauchtigster Fürst, freundlich-geliebter Herr Vetter! Es ist uns von demjenigen, was Ew. Liebden Deputirten der dasige herzogliche Geheime-Assistenzrath von Hof mit dem S. Coburg Meiningischen, S. Hildburghausischen, und Unsern Deputirten, bei der zu

1791 Römhild vorgewesenen und vom 28ten Junius bis 30. Julius angedauerten Conferenz Unsers Herzogl. Gesammthauses, über die dabei vorgekommenen fünf ersteren Conferenzial - Puncte freundschaftlich besprochen und verabredet hat, erforderlicher Vortrag geschehen. Wir finden hierauf kein Bedenken, gegen Ew. Liebden, so wie es auch gegen Unsere Herren Vettern derer Herren Herzoge zu S. Coburg-Meiningen und S. Hildburghausen Liebden ebenfalls geschehen, Uns dahin mit vielem Vergnügen zu erklären, dass Wir den über erwähnte Verabredung bis auf Unsere allerseitige höchste Genehmigung von gedachten sämmtl. herzogl. Deputirten abgeschlossenen und 'unterm 28ten Julius d. J. vollzogenen und ausgewechselten Recess, hierdurch für Uns, Unsere Fürstl. Erben und Nachkommen nach seinem ganzen Inhalt genehmigen und ratificiren auch selbigen jederzeit fest und unveränderlich halten und durchgehends erfüllen werden. Wie Wir nun auch übrigens Unserer Seits nach Unsern hegenden aufrichtigen und freundschaftlichen Gesinnungen alles nur mögliche zur Ausführung des gemeinnützigen Endzwecks beyzutragen Uns fernerhin bemühen werden; Also bestätigen Wir nur annoch die vollkommenste freundvetterliche Ergebenheit und wahre Hochachtung, mit welcher Ew. Liebden Wir zu Beweisung aller angenehmen Dienste stets willig und geflissen verbleiben. Datum Coburg zur Ehrenburg den 7. December 1791. tot. tit.

Serenissimus.

B. *An Sachsen Meiningen.*

Unsere freundliche Dienste, und was Wir sonst mehr Liebes und Gutes vermögen, jederzeit zuvor; Durchlauchtigster Fürst, freundlich-geliebter Herr Vetter!

Ew. Liebden haben Uns Dero Genehmigung des von Dero Deputirten dem dasigen Herzogl. würklichen Geheimenrath und Oberhofmeister Freiherrn von Dürckheim und geheimen Regierungsrath auch Oberamtmann von Uttenhoven mit dem S. Gothaischen, S. Hildburghäusischen und Unserm Deputirten bei der zu Römhild den 28ten Junius angefangenen und den 30ten Julius d. J. geendigten Haus - Conferenz, über die hierbei vorgekommenen fünf ersten Conferenzial - Puncte — bis auf Unsere allerseitige höchste Genehmigung ab-

geschlossenen und unterm 28ten Julius d. J. vollzoge- 1791
nen und ausgewechselten Recess zu erkennen zu geben
geruhet. So wie Wir nun auch Unsers Orts sothanen
— zum wahren Nutzen Unsers Herzogl. Gesammthauses abzweckenden — Recess für Uns, Unsere Fürstl.
Erben und Nachkommen nach seinem völligen Inhalt
hierdurch genehmigen und ratificiren; Also haben Ew.
Liebden Wir zugleich hiermit — so wie es auch von
Uns bei Unserer Herren Vettern, derer Herren Herzoge zu·S. Gotha und Hildburghausen Liebden Liebden geschehen — die freund-vetterliche Zusicherung
ertheilen wollen, dass dieser Recess von Uns durchgehends erfüllet und jederzeit fest und unveränderlich gehalten werden soll. Uebrigens werden Wir mit innigstem
Vergnügen jede Gelegenheit benutzen, wobei Wir diejenige wahre freund-vetterliche Ergebenheit und Hochachtung bethätigen können, mit welcher Ew. Liebden
Wir zu Beweisung aller angenehmen Dienste stets
willig und geflissen verbleiben. Datum Coburg zu Ehrenburg den 7ten Dezember 1791.

tot. tit.

Serenissimus.

C. *An Sachsen-Hildburghausen.*

Unsere freundliche Dienste, und was Wir sonst mehr
Liebes und Gutes vermögen, jederzeit zuvor; Durchlauchtigster Fürst, freundlich-geliebter Herr Vetter!
Es ist Uns von demjenigen, was Ew. Liebden
Deputirten der dasige Herzogl. Geheimerath und Canz-
ler Brunnquell mit dem S. Gothaischen, S. Coburg-
Meiningischen und Unserm Deputirten bei der zu Römhild vorgewesenen und vom 28. Junius bis 30. Julius
ausgedauerten Conferenz Unsers Herzogl. Gesammthauses, über die dabei vorgekommenen fünf ersten Con-
ferenzial-Punkte freundschaftlich besprochen und verabredet hat, erforderlicher Vortrag geschehen; Wir
finden hierauf kein Bedenken, gegen Ew. Liebden,
sowie es auch gegen Unsere Herren Vettern derer
Herren Herzoge zu S. Gotha und S. Coburg-Meiningen Liebden Liebden ebenfalls geschehen, Uns dahin
mit vielem Vergnügen zu erklären, dass Wir den über
erwähnte Verabredung bis auf Unsere allerseitige höchste Genehmigung von gedachten sämmtlichen Herzogl.
Deputirten abgeschlossenen und unterm 28. Julius die-

1791 ses Jahres vollzogenen und ausgewechselten Recess hierdurch für Uns, Unsere Fürstl. Erben und Nachkommen nach seinem ganzen Inhalt genehmigen und ratificiren, auch selbigen jederzeit fest und unveränderlich halten und durchgehends erfüllen werden. Wie Wir nun auch übrigens Unserer Seits nach Unsern hegenden aufrichtigen Gesinnungen alles nur mögliche zur Ausführung des gemeinnützigen Endzwecks beizutragen Uns fernerhin bemühen werden; Also bestätigen Wir nur annoch die vollkommenste freund-vetterliche Ergebenheit und wahre Hochachtung, mit welcher Ew. Liebden Wir zu Beweisung aller angenehmen Dienste stets willig und geflissen verbleiben.

Coburg zu Ehrenburg den 7. Dezomber 1791.

tot. tit.

Serenissimus.

Sachsen-Meiningische Ratification der Uebereinkunft v. 28. Julius 1791.

A. *An S. Coburg Saalfeld.*

Unsere freundliche Dienste, und was Wir sonst mehr Liebes und Gutes vermögen, jederzeit zuvor; Durchlauchtigster Fürst, freundlich-geliebter Herr Vetter!

Ew. Liebden lassen Wir hierdurch unverhalten, dass. Uns nunmehro umständlicher Vortrag geschehen, wohin sich Dero Deputirter der dasige Herzogl. Hof- und Consistorialrath auch geheimer Referendarius Göbel mit dem Sachsen Gothaischen, S. Hildburghäusischen und Unsern Deputirten bei der zu Römhild den 28. Juni angefangenen und den 30. Juli dieses Jahrs geendigten Conferenz der ihnen ertheilten Instruction gemäss darüber,

1. wie überhaupt das gemeinschaftliche Beste in Rücksicht der Lande und Unterthanen mit gemeinsamen Kräften zu befördern;

2. wie die allgemeine Sicherheit zu erhalten;

3. wie besorglichen Getraide-Theuerungen und Fruchtsperren vorzubeugen;

4. auf welche Weise die zwischen einem oder dem andern Fürstl. Hause noch existirenden Irrungen binnen einer gewissen Zeit entweder in Güte oder durch Compromiss gänzlich zu beendigen; und

5. wie künftigen Irrungen bei vorkommenden Suc-

cessions- und andern Fällen auf beständig vorzukom- 1791 men sey, freundschaftlich besprochen, und endlich vereiniget haben.

Wie Wir nun den darüber bis auf Unsere allerseitige höchste Genehmigung von nur gedachten sämmtlichen Herzogl. Deputirten abgeschlossenen und unterm 28. Juli d. J. vollzogenen und ausgewechselten Recess hierdurch für Uns, Unsere Fürstl. Erben und Nachkommen, nach seinem völligen Inhalt genehmigen und ratificiren, dergestalt, dass von Dato an darüber jederzeit stets fest und unveränderlich gehalten werden soll; Als versichern Ew. Liebden Wir hierdurch zugleich freund-vetterlich, sowie es von Uns bei Unserer Herren Vettern derer Herren Herzoge zu S. Gotha und Hildburghausen Liebden Liebden ebenfalls geschehen ist, dass Wir diesen Recess jederzeit durchgehends erfüllen, hierbei Uns auch fernerhin bemühen werden, den allerseits zum Grund gelegten gemeinnützlichen Endzweck unermüdet zu verfolgen und in dessen Gemässheit Unsere Gesinnungen bei jeder Gelegenheit werkthätig darzulegen, auch dadurch Unsere vollkommenste und aufrichtigste freund-vetterliche Ergebenheit und Hochachtung zu erkennen zu geben, mit welcher Ew. Liebden Wir zu Erweisung aller angenehmen Dienste, stets willig und geflissen verbleiben. Datum Meiningen zu Elisabethenburg den 24. September 1791.

Von Gottes Gnaden Georg Herzog zu Sachsen, Jülich, Cleve und Berg, auch Engern und Westphalen, Landgraf in Thüringen, Markgraf zu Meissen, gefürsteter Graf zu Henneberg, Graf zu der Mark und Ravensberg, auch Sayn und Wittgenstein, Herr zu Ravenstein etc. etc.

Ew. Liebden
dienstwilliger treuer Vetter und Diener
Georg, H. z. S.

B. *An Sachsen Gotha.*

Unsere freundliche Dienste, und was Wir sonst mehr Liebes und Gutes vermögen, jederzeit zuvor; Durchlauchtigster Fürst, freundlich-geliebter Herr Schwager und Gevatter!

Ew. Liebden lassen Wir hierdurch ohnverhalten, dass Uns nunmehro umständlicher Vortrag geschehen, wohin sich Dero Deputirter der dasige geheime Assi-

1791 stenzrath von Hoff mit dem Sachsen Saalfeldischen und S. Hildburghäusischen und Unsern Deputirten bei der zu Römhild den 28. Juni angefangenen und den 30. Juli dieses Jahres geendigten Conferenz der ihnen ertheilten Instruction gemäss darüber,

1. wie überhaupt das gemeinschaftliche Beste in Rücksicht der Lande und Unterthanen mit gemeinsamen Kräften zu befördern;

2. wie die allgemeine Sicherheit zu erhalten;

3. wie besorglichen Getraide-Theuerungen und Fruchtsperren vorzubeugen;

4. auf welche Weise die zwischen einem oder dem andern Fürstlichen Hause noch existirende Irrungen binnen einer gewissen Zeit entweder in Güte oder durch Compromiss gänzlich zu beendigen, und

5. wie künftigen Irrungen bei vorkommenden Successions- und andern Fällen auf beständig vorzukommen sey, freundschaftlich besprochen und endlich vereiniget haben.

Wie Wir nun den darüber bis auf Unsere allerseitige höchste Genehmigung von nur gedachten sämmtlichen Herzoglichen Deputirten abgeschlossenen und unterm 28. Juli dieses Jahres vollzogenen und ausgewechselten Recess hierdurch für Uns, Unsere Fürstliche Erben und Nachkommen, nach seinem völligen Inhalt genehmigen und ratificiren, dergestalt, dass von Dato an darüber jederzeit stets fest und unveränderlich gehalten werden soll; Als versichern Ew. Liebden Wir hierdurch zugleich freund-schwägerlich so wie es von Uns bei Unserer Herren Vettern, derer Herzoge zu Sachsen Saalfeld und Sachsen Hildburghausen Lbd. Lbd. ebenfalls geschehen ist, dass Wir diesen Recess jederzeit durchgehends erfüllen, hierbei Uns auch fernerhin bemühen werden, den allerseits zum Grund gelegten gemeinnützlichen Endzweck unermüdet zu verfolgen und in dessen Gemässheit Unsere Gesinnungen bei jeder Gelegenheit werkthätig darzulegen, auch dadurch Unsere vollkommenste und aufrichtigste freundschwägerliche Ergebenheit und Hochachtung zu erkennen zu geben, mit welcher Ew. Liebden Wir zu Erweisung aller angenehmen Dienste, stets willig und geflissen verbleiben. Datum Meiningen zur Elisabethenburg den 24. September 1791.

Von Gottes Gnaden Georg, Herzog zu Sachsen, 1791
Jülich, Cleve und Berg, auch Engern und Westphalen,
Landgraf in Thüringen, Markgraf zu Meissen, gefür-
steter Graf zu Henneberg, Graf zu der Mark und
Ravensberg, auch Sayn und Wittgenstein, Herr zu
Ravenstein etc. etc.

Ew. Liebden
dienstwillig treuer Schwager, Gevatter und Diener
GEORG, H. z. S.

Sachsen Hildburghäusische Ratification der Ue-
bereinkunft von 24. Juli 1791.

A. *An Sachsen Coburg-Saalfeld.*

Unsere freundliche Dienste, und was Wir sonst mehr
Liebes und Gutes vermögen jederzeit zuvor; Durchlauchtigster Fürst, freundlich-geliebter Herr Vetter!
Es gereichet Uns zur besondern Zufriedenheit,
dass alles dasjenige, was Deroselben zu der im Junius
des vorigen zu Römhild vorgewesenen Sächsischen Haus-
Conferenz Abgeordneter Dero Hof- und Consistorialrath Göbel durch seine gute und Sachgemässe Verordnung wegen derer bekannten 5 ersten Conferenzial-
Punkte und insonderheit wegen Vorbeugung aller Irrungen bei künftigen Successionsfällen mit allerseitigen
Herzogl. Deputatis zu Stande bringen und in einen
verbindlichen förmlichen Recess verfassen helfen, Ew.
Liebden Erwartung entsprochen habe.
Wie Wir nun durch Deroselben bereits zu Ende
des abgewichenen Jahres an Uns zuvorkommend ge-
langte freund-vetterliche Ratihabition Uns zu ganz besonderer Danknehmigkeit verbunden erkennen; so ver-
fehlen Wir ebenmässig nicht die unbewundenste Genehmigung zu dieser von Unserm Deputato mitbewürkten
Verhandlung auf das feyerlichste andurch zu ertheilen,
und Uns zu Festhaltung und Nachlebung dieses Re-
cesses aufs rechtsbeständigste zu verpflichten. Derjenige gemeinschaftliche Endzweck der das Herzogl.
Sächsische Gothaische Gesammthaus gleich stark hierbei interessiret, verbürgt Uns im Voraus, dass der
Fall einer Contravention sich niemalen begeben — vielmehr mehrmalige Gelegenheit verschaffen werde, auch
gegen Ew. Liebden diesen gemeinschaftlichen Endzweck werkthätig zu verfolgen und dadurch von Un-

1791 sern freundschaftlichen aufrichtigsten Gesinnungen gegen Dero Fürstl. Haus Proben ablegen zu können,
anjetzo aber diejenige Hochachtung zu erneuern, mit
welcher Wir zu Beweisung aller angenehmen Dienste
stets willig und geflissen verbleiben. Datum Hildburghausen den 16. April 1792.

Von Gottes Gnaden Friedrich, Herzog zu Sachsen,
Jülich, Cleve und Berg, auch Engern und Westphalen,
Landgraf in Thüringen, Markgraf zu Meissen, ge-
fürsteter Graf zu Henneberg, Graf zu der Mark und
Ravensberg, Herr zu Ravenstein etc. etc. Ihro Königl.
Majestät zu Hungarn und Böhmen General-Feld-Wacht-
meister.

Ew. Liebden

dienstwilliger treuer Vetter und Diener

FRIEDRICH, H. z. S.

B. *An Sachsen-Gotha!*

Auch, Durchlauchtigster Fürst! Was auf der vorjährigen Römhildischen Conferenz über die bekannte 5
erste Conferential-Deliberanda und insonderheit wegen
Vorbeugung aller Irrungen bey künftigen Successions-
Fällen unter allerseitigen Deputatis verabredet und
hauptsächlich durch die Sachgemässe und gute Einlei-
tung Ew. Liebden darzu gewesenen Deputirten zu
Stande gebracht, auch sofort darüber bis auf allerseitige hohe Genehmigung in einen förmlichen Recess
verfasset und ausgewechselt worden, hat Unserer Erwartung so sehr entsprochen, dass Wir durch Deroselben auch hierüber an Uns unterm 24sten Februar
a. c. eingelangte Ratihabition Uns zu ausnehmendem
Dank verpflichtet finden.

Wenn Wir nun diesen Recess nach seinem ganzen Inhalt genehm halten, und darüber unverbrüchlich
zu halten gemeint sind; so verbürgt uns das gemeinschaftlich dabey versierende Interesse des Herzogl.
Gothaischen Gesammthauses im Voraus, dass der Fall
einer Contravention sich niemalen begeben, vielmehr
dadurch sich desto bequemere Gelegenheit darbieten
könne, auch gegen Ew. Liebden mehrmalen diesen ge-
meinerspriesslichen Endzweck werkthätig zu verfolgen,
und dadurch von Unsern freundschaftsvollen aufrich-

igsten Gesinnungen gegen Dero Herzogl. Haus Pro-
hen darzulegen.

Datum ut in litteris den 24sten Februar 1792.

FRIEDRICH, H. z. Sachsen.

23.

Extrait d'une Lettre autogr. adressée à S. A. Serenis. l'Electeur Fréderic Auguste de Saxe par S. M. l'Empéreur Léopold II. d'Autriche, en date du 4. Août 1791 et Réponse de l'Electeur du 9. Août 1791.

(Pölitz Regierung Friedrich Augusts, Königs von
Sachsen. Th. I. Leipz. 1830. S. 237.)

Pour suppléer en attendant autant que possible à la briéveté des momens précieux que je consacrerai à Pillnitz sans réserve à la confiance et à l'amitié, je crois nécessaire de communiquer à Votre Alt. Ser. Elect. secrétement les dernières négociations et démarches les plus importantes dont la connaissance peut l'intéresser. Mon Envoyé extraordinaire Comte Hartig est chargé de s'acquitter sans delai de cette communication. Elle ne diminuera point, à ce que je me flatte, l'opinion que j'espère avoir inspirée à V. A. S. El. de la loyauté, justice et modération de mes procédés et de mes vües qui tendent constamment, soit à préserver et rétablir la tranquillité publique de l'Europe, soit d'en assurer de plus à plus le maintien futur, par l'établissement et l'extension la plus générale de la bonne harmonie et d'un accord parfait entre les Puissances, un des motifs qui contribuent le plus à encourager le zèle avec lequel je me livre à ce dessein salutaire, est la certitude de m'y rencontrer avec les sentimens et les principes de V. A. S. El. dont j'ambitionne l'aprobation en toute chose.

Réponse de l'Electeur de Saxe, en date du 9. Août 1791.

A l'égard des communications secretes que Votre Majesté Imp. se propose de me faire parvenir par Son

1791 Envoyé extraordinaire le Comte Hartig, je les recevrai, Sire, comme une nouvelle preuve des sentimens dont Vous m'honorez et avec cette confiance parfaite que je dois à Vos vertus. Elles me confirment dans l'espoir consolant que les mesures que Votre Majesté Imp. prendra de_concert avec un Prince animé des mêmes sentimens de loyauté et justice, rétabliront dans l'Europe ce calme précieux qui seul peut assurer la stabilité.de son bonheur.

24.

Instruction pour les Envoyés de l'Electeur de Saxe accrédités aux cours étrangères, en date du .... Août 1791.

(Pölitz Regierung Friedrich Augusts, Königs von Sachsen. Leipz. 1830. S. 239.)

Le Système de S. A. Ser. Elect. est de persister invariablement dans les principes une fois adoptés, de vivre autant que possible en bonne intelligence avec toutes les Puissances de l'Europe, de prouver partout la droiture de ses intentions, la justesse de sa marche politique, et la sincérité de ses sentimens, de donner nulle part de justes sujets de méfiance, de contribuer, autant qu'il dépend d'Elle, à la conservation de la tranquillité publique et de la paix générale, de ne songer qu'à la sûreté et à la défense de ses Etats et au maintien de la constitution germanique, de ne se mêler d'aucune affaire qui n'a point de rapport avec ces objets, mais d'observer pour le reste aussi long-temps que possible la plus exacte neutralité, et par conséquent de ne se lier les mains par aucun Traité formel qui puisse l'entrainer dans des différents étrangers à ses intérêts et la détourner des soins qu'Elle donne au gouvernement de ses Etats. L'accession de l'Electeur à l'association germanique n'est absolument pas à regarder comme un abandon de ce Système.

25.

Contrat de mariage entre Charles Theodor, Electeur de Bavière et du Palatinat et Marie Leopoldine Anne Josephe Johanne, Princ. d'Autriche.

Eheberedung zwischen Sr. Churfürstl. Durchleucht zu Pfalzbaiern, Carl Theodor (tit. tot.) einerseits, dann der zweytgebohrnen Prinzess Sr. Königl. Hoheit des Erzherzogs Ferdinand Carl Anton (tit. tot.) Leopoldina Anna Josepha Johanna andererseits. (1795).

Praemissis Titulis et Formalitatibus.

(Art. 1.) Zum ersten. Versprechen höchstgedacht Ihre königl. Hoheit ihrer freundlich vielgeliebten Prinzessin Tochter und Braut Frauen Maria Leopoldina etc. Hoheit zu einem gewissen Heurathsgut die Summe von einmahlhundert fünfzig tausend Gulden rheinisch oder nach dem Reichs üblligen 24 fl. Fuss, und zwar bey der Verehlichung mit einem Dritttheil ad fünfzig tausend Gulden, sodann nach Verlauf eines halben Jahrs mit dem anderen Dritttheil gleichfalls ad fünfzig tausend Gulden, endlich das dritte Dritttheil nach Verlauf eines ganzen Jahrs nach der Verehlichung mit den letzteren fünfzig tausend Gulden in gangbaren Reichs - Münz - Sorten oder in Wiener - Stadt - Banco-Obligationen und zwar in der Haupt- und Residenzstadt München baar abzuführen, benebens auch Ihro Hoheit mit Kleyder, Kleinodien, Schmuck, Credenz, Silber und anderen benöthigten Sachen ihrem hohen Stande gemäss auszustatten; dahingegen hat

(Art. 2.) Zum zweyten. Die durchleuchtigste Prinzessin Maria Leopoldina etc. mit ihres künftigen geliebtesten Gemahls des Durchleuchtigsten Churfürsten zu Pfalzbaiern Carl Theodors Einwilligung und feyerlicher Bestättigung ihrer vätterlich- mütterlich-brüderlich- vetterlichen, theils schon ergebenen und theils zu gewartenden Erbfällen · ab intestato halber, vor sich, ihre Erben und Erbens - Erben einen verbindlichen Verzicht, wie solcher nach Ordnung geistl. und weltlicher Rechten am kräftigsten erfordert werden

S 2

1795 dere, ihrem hohen Stande convenable oder von Höchstihro selbsten in den Churf. Landen erwählende und behörig adoptirte witthümliche Wohnung, zu ihrer wittib-
lichen Residenz herzustellen ist; und damit

(Art. 6.) Zum Sechsten. Die Durchleuchtigste
Prinzessin Maria Leopoldina auf die Zeit ihres Wit-
thums ihre anständige Unterhaltung desto besser und
würdiger haben möge, ist dahin geschlossen worden,
dass Höchstihro, so lange sie sich nicht weiter ver-
mählen, es seyen gleich Kinder von Deroselben vorhanden oder nicht, nebst gänzlicher Unterhaltung ihres Hofstaats, bestehend in einem Obersthofmeister,
Obersthofmeisterin, vier Dames du Palais, und der
Churf. Livré-Bedienung nach dem jüngsten Beyspiel
der verwittibten Frauen Churfürstin Maria Anna Drit.
zu einem jährlichen Unterhalt in baarem Geld sechzig tausend Gulden rheinisch, worunter jedoch die,
von der Wiederlaage fallende jährliche Zinssen mitbe-
griffen und einzurechnen sind, aus der Churf. HofCammer und deren bereitesten Einkünften richtig abgeführet und ausbezahlet werden.

Zu mehrerer Dessen Sicherheit die Durchleuchtigste Braut und künftig Churf. Gemahlin auf alle und
jede in sammtlich Churf. Churlanden und Herzogthü-
men habende Gefälle und Einkommen in genere und
specie krafft dieses auf das kräftigste versicheret wird,
allso und dergestallten, dass die vorerwehnte wittibliche
Unterhalts Gelder alljährlich in quartal-ratis aus den
obenbenanten Gefällen baar und richtig ausbezahlet,
und diessfalls auf alle Weisse und Weege genugsame
Anweissung auch zu allem Ueberfluss eine besondere
Verschreibung in gebührender Form aufgerichtet und
hinausgegeben werden solle.

Wie dann auch sowohl die Capital-Summe, als
die jährliche mit 5 pCt. zu bezahlende Interesse oder
Zinsen des eingebrachten Brautschatzes, Wiederlaage
und Morgengaabe, im Falle solche noch nicht entrichtet wären, auf die oberwehnte Gefälle sub hypotheca
generali et speciali auf das verbindlichste verschrieben
und versichert werden. Was nun vorstehender Maßen
ihrer Hoheit an witthümlichem Gehalt zu geniessen
ausgesetzet, und versichert worden ist, sollches solle
derselben auf den Falle, dass sie währenden ihres
Wittwenstandes sich auf dero Witthumsitz begeben, und

Herrn Gemahl zugebracht, und worüber ein von bey- 1795
den höchsten Seiten zu unterschreibendes Inventarium
in Duplo, dergestalten, dass ein Exemplare hievon in
Mayland, das andere aber in München aufzubehalten,
gefertiget werden solle, auch all jenes, so höchstselbe
an Schankungen von ihrem Durchlauchtigsten Herrn
Gemahl, als auch während der Ehe durch Testamenten
ihrer hohen Anverwandten ererbet, oder sonsten überkommen oder erlangt hat, es habe Nahmen wie es
wolle, ohne alle wiederrede eigenthümlich folgen und
verbleiben, dann Ihro die Nutzung von der Wiederlaage der einmahl hundert fünfzig tausend Gulden wie
auch der Morgengaabe von fünfzig tausend Gulden
Rheinisch (in Falle Höchstselben diese Morgengaabe
von fünfzig tausend Gulden nicht gleich baar befrie-
diget seyn würde) zusammen also von ihrem, eine
Summe von dreymahl hundert fünfzig tausend Gulden
rheinisch wie oben abwerffenden Heurathsguth, Wiederlaage und Morgengaabe durchgehends zu 5 pCt. und
also jährlich mit zehen sieben tausend fünf hundert
Gulden auf ihre Lebenszeit ohnweigerlich angedeyhen
solle.

(Art. 5.) Zum Fünften. Soll der Erzherzog-
lichen Prinzessin Maria Leopoldina auf berührten Falle
zum Witthumsitz das Churf. Residenzschloss in München oder das Schloss in Neuburg nebst einer Som-
mer-Residenz in Baiern oder in dem Herzogthum
Neuburg nach hierüber seiner Zeit zu treffender Ver-
einbahrung angewiessen, und sothan erwählendes Schloss
als ihre wittübliche Residenz, so weit es annoch vonnö-
then seyn mögte, auf Kösten der Churf. HofCammer
in gebührend und brauchbaren Stande gesetzet, auch
mit allen, vor Ihro Hoheit und Dero Bediente erforderlichen Nothwendigkeiten an Silber, Zinn, Kupfer,
Tapezereyen, Leinen, Tafel- und Bett-Gewand und
allerhand anderem Geräth, dann Kutschen und Pferden,
samt deren Zubehörde, wie es ihrem hohen Stande
angemessen, nach hierüber absonders entworffener Ver-
zeichnuss versehen und der ganze Unterhalt auf Kosten der Churf. HofCammer bestritten werden.

Wie dann auch nicht weniger in jenem Falle, da
der Witthumsitz durch Kriege, Brand oder anderes
Unglück, (welches der barmherzige Gott gnädiglich ver-
hüten wolle) ruinirt würde, Höchstderoselben eine an-

1795 dere, ihrem˙ hohen Stande convenable oder von Höchstihro selbsten in den Churf. Landen erwählende und behörig adoptirte witthümliche Wohnung, zu ihrer wittib-
lichen Residenz herzustellen ist; und damit

(Art. 6.) Zum Sechsten. Die Durchleuchtigste
Prinzessin Maria Leopoldina auf die Zeit ihres Wit-
thums ihre .anständige Unterhaltung desto besser und
würdiger haben möge, ist dahin geschlossen worden,
dass Höchstihro, so lange sie sich nicht weiter ver-
mählen, es seyen gleich Kinder von Deroselben vorhanden oder nicht, nebst gänzlicher Unterhaltung ihres Hofstaats, bestehend in einem Obersthofmeister,
Obersthofmeisterin, vier Dames du Palais, und der
Churf. Livré - Bedienung nach dem jüngsten Beyspiel
der verwittibten Frauen Churfürstin Maria Anna Drit.
zu einem jährlichen Unterhalt in baarem Geld sechzig tausend Gulden rheinisch, worunter jedoch die,
von der Wiederlaage fallende jährliche Zinssen mitbe-
griessen und einzurechnen sind, aus der Churf. HofCammer und deren bereitesten Einkünften richtig abgeführet und ausbezahlet werden.

Zu mehrerer Dessen Sicherheit die Durchleuchtigste Braut und künftig Churf. Gemahlin auf alle und
jede in sammtlich Churf. Churlanden und Herzogthü-
men habende Gefälle und Einkommen in genere und
specie krafft dieses auf das kräftigste versicheret wird,
also und dergestallten, dass die vorerwehnte wittibliche
Unterhalts Gelder alljährlich in quartal - ratis aus den
obenbenanten Gefällen baar und richtig ausbezahlet,
und diessfalls auf alle Weisse und Weege genugsame
Anweissung auch zu allem Ueberfluss eine besondere
Verschreibung in gebührender Form aufgerichtet und
hinausgegeben werden solle.˙

Wie dann auch sowohl die˙ Capital - Summe, als
die jährliche˙ mit 5 pCt. zu bezahlende Interesse oder
Zinsen des eingebrachten Brautschatzes, Wiederlaage
und Morgengaabe, im Falle solche noch nicht entrichtet wären, auf die oberwehnte Gefälle sub hypotheca
generali et speciali auf das verbindlichste verschrieben
und versichert werden. Was nun vorstehender Mássen
ihrer Hoheit an witthümlichem Gehalt zu geniessen
ausgesetzet, und versichert worden ist, solches solle
derselben auf den Falle, dass sie währenden ihres
Wittwenstandes sich auf dero Wittbumsitz begeben, und

in Baiern oder dem Herzogthum Neuburg wesentlich 1793
wohnen, ohne Abbruch angedeyhen; würden sich aber
Ihre Hoheit alsdann ausser Baiern oder dem Herzogthum Neuburg wenden, oder nicht in selbigen oder
anderen Churf. Landen ihren Aufenthalt nehmen wollen, auf solchen Falle ist specialiter hiemit bedungen
worden, dass sie sich mit jährlichen in Quartal einge-
theilten fünfzig tausend Gulden rheinisch zu befriedigen, und für den Witthumsitz, mit Einschluss der
Nutzung von der Wiederlaage, keine mehrere oder höhere Summen zu fordern hätte. Da sich aber

(Art.7.) Zum siebenten zutrüge, dass die durchleuchtigste Prinzessin Frau Maria Leopoldina ihren
Wittibstand wieder änderen, und sich anderweit vermäh-
len würden, als welches deroselben jedoch mit Vorwissen
beyder höchster Häuser und hiezu erhaltenem Rathe
frey belassen und ohnverwehrt verbleibet, es seyen
Kinder vorhanden oder nicht, so cessiret zwar alsdann
der vorbeschriebene witthumliche Unterhalt von selbsten, hingegen solle doch höchstgedachter durchleuchtigsten Prinzessin das eingebrachte Heurathsgut, der
einmal hundert fünfzig tausend Gulden rheinisch zurückzunehmen, und die Morgengaabe von fünfzig tausend Gulden, falls diese noch nicht wörklich ausbezahlet worden seyn sollte, zu erheben, oder so lange
eines wie das andere, nämlich das eingebrachte und
die Morgengaabe nicht aufgeкündiget, und erfordert
wird, gegen ordentliche Verzinsung zu 5 pCt. stehen
zu lassen, frey bleiben, auch die Nutzniessung von
der Wiederlaage der einmal hundert fünfzig tausend
Gulden auf ihre Lebenszeit continuirt und gleichfalls
jährlich mit 5 vom 100 ihro richtig abgeführet werden.

Wo anbey höchstderoselben ihre Kleider, Kleinodien, und was hiervon zu deren Einrichtung specifi-
ciret ist, auch all jenes, so höchstselbe während Ehe
an Schankungen sowohl von ihrem durchleuchtigsten
Herrn Gemahl, als in andere Weege überkommen hat,
angehörig, jedoch dergestallten, dass in jenem Falle,
da eines oder mehrere Kinder von dieser Ehe vorhanden, die durchleuchtigste zur weiteren Ehe schreittende
Frau Wittwe schuldig und gehalten seyn solle, diesen
ihren, in erster Ehe erworbenen einen oder mehreren
Kindern die Hälfte von ihren obbemeldten Brautschatz
und übrigen ganzen Vermögen auszuzeigen, und vor

1795 ihrer angetrettenen weiteren Vermählung auszuweissen; würde nun aber

(Art. 8.) Zum achten dem ohnvermeidlichen Willen Gottes nach erfolgen, dass die durchleuchtigste Prinzessin Braut vor Sr. Ch. Drlt. dero künftigen Herrn Gemahl aus diesem zeitlichen Leben zu dem ewigen abgefordert würden, so bleiben die zusammen erzeigte Kinder, da deren einige, wie von göttlicher Güte gewünschet und gehoffet wird, vorhanden sind, samt der ganzen mütterlichen Verlassenschaft in ihro Ch. Drlt. als Herrn Vatters Gewalt und Handen.

Falls aber zur selbigen Zeit keine Kinder am Leben, solle alsdann alles obangeführte von der durchleuchtigsten Prinzessin Frauen Maria Leopoldina entweder eingebrachte, oder nachher erlangte, so viel davon in ihro Ch. Drlt. gewahrsam gekommen, der durchleuchtigsten Prinzessin nächsten Erben vätterlicher Linie, oder wem dieselbe es sonst durch Testament oder andern letzten Willen gönnen oder verschaffen werden, binnen Jahr und Tage nach ihrem seligen Ableben ausgeliefert und zugestellet, auch diesertwegen ein ordentliches inventarium darüber mit gedachter Erben wissen aufgerichtet werden, doch ausgenommen das eingebrachte Heurathsgut deren einmal hundert fünfzig tausend Gulden, davon ihrer Ch. Drlt. zu Pfalzbaiern als überbleibenden Herrn Gemahl die Nutzung gegen genugsame Versicherung des Capitals lebenslang gebühret.

Nach dero ebenmässig zeitlichen Hintritt hingegen fallet solches Heurathsguth gleichergestallten an der durchleuchtigsten Frauen Maria Leopoldina nächste Erben vätterlicher Linie, wenn sie vorerwehnter Massen nicht anderwärtig darüber disponiret hat, zurück.

26.

Traité entre la Prusse et la Bavière pour mettre fin aux différends concernant les limites des provinces prussiennes en Franconie et des Etats de Bavière. Conclu et signé à Ansbach, le 30. Juin 1803.

(v. Aretin's Chronolog. Verzeichniss der Bayerischen Staatsverträge S. 482.)

Nachdem Se. Königl. Maj. von Preussen und Se. Kurf. Durchl. von Pfalz-Bayern schon seit Ihrem beiderseitigen Regierungsantritt den festen Entschluss gefasst; alle bisherige Grenz-Streitigkeiten und sonstige Irrungen so wie alle Vermischungen zwischen den Königl. Provinzen in Franken und den Kurfürstl. Pfalz-Bayerischen Staaten auf eine freundschaftliche Weise abzuthun und auszugleichen, welches in dem gegenwärtigen Augenblicke, wo das Churfürstliche Haus durch Ergreifung seiner fränkischen Indemnitäten in neue Nachbarschafts-Verhältnisse getreten ist, zum Vortheile der beiderseitigen Staatsverwaltungen und zum Wohl der Unterthanen um so nöthiger und dringender ist; so haben sich die beiderseitigen Bevollmächtigten, nämlich der Königl. Staats- Kriegs- und Kabinets-Minister Carl August Freiherr von Hardenberg und der Kurfürstl. Staats- und Conferenz-Minister Maximilian Joseph Freiherr von Montgelas, nach Auswechselung ihrer vorgezeigten, bei den Akten befindlichen Vollmachten, mit Vorbehalt der unmittelbaren Genehmigung, über folgenden verbindlichen neuen Staats-Vergleich vereinigt.

Art. I. Zur Haupt-Grundlage dieses Vergleichs hat man angenommen, durch ihn nicht nur alle bisherigen Irrungen, ohne eine unabsehliche specielle Erörterung derselben, nach allgemeinen Bestimmungen und Grundsätzen mit einem male abzuthun, sondern auch alles dasjenige zu entfernen, was für die Zukunft neue Reibungen und Mishelligkeiten herbeiführen könnte.

1803   Hierzu hat beiden Theilen erforderlich geschienen,
die Grenzen, so weit es dermal möglich ist, im allgemeinen zu concertiren, seiner Zeit aber durch die zur
Vollziehung dieses Landesvergleichs zu ernennenden
gemeinschaftlichen Kommissionen fest zu bestimmen,
mit Rücksicht auf die beiderseitige gemeinschaftliche
Convenienz, das Wohl der Unterthanen möglichst zum
Ziele zu nehmen, wo diese Convenienz es rätblich
macht, streitige oder zu einem künftigen Streit höchst
wahrscheinlich Anlass gebende Districte, nach natürlichen Gränzen abzuscheiden oder gänzlich auszutau-
schen, und alle Gemeinschaft und Vermischung der
Rechte und Besitzungen in den beiderseitigen Gebieten
dergestalt durchaus aufzuheben, dass künftig keinem
Theile innerhalb der Territorial-Grenze des Andern,
Rechte oder Besitzungen zustehen sollen. Territorial-
Objecte sollen gegen Territorial-Objecte, und Domanial-
Objecte gegen Domanial-Objecte ausgetauscht werden.

Art. II. Nicht minder folgt aus dieser Grundlage,
dass sich beyde Theile aller alten, blos petitorischen
Ansprüche, und zwar Seine Majestät aller Ansprüche,
die Sie als Regent der Fränkischen Fürstenthümer an
Bestandtheile der ältern Lande Seiner Kurfürstlichen
Durchlaucht und dero itzigen Indemnitäten, Seine Kurfürstliche Durchlaucht aber aller Ansprüche, die Sie
sowohl wegen ihrer ältern Lande, als der neuen Indemnitäten, an Bestandtheile der Königlichen Provinzen
in Franken haben könnten, feyerlichst und ohne Vorbehalt, wie hiermit beschieht, auf ewige Zeiten begeben. Dieser allgemeine Verzicht soll bey jedem einzelnen Falle die Kraft eines speciellen haben, und es
keinen Unterschied machen, ob diese Ansprüche auf
schon bekannt gewesene oder erst neuerdings aufge-
fundene Urkunden und Beweise gegründet werden wollen.

Art. III. Die Grenze des Bayreuthischen Fürstenthums mit der Obern Pfalz wird, unter Grundlage der
von beiderseitigen Räthen etc. L a n g und v. G r o p e r
abgehaltenen Concertations-Protocolle vom 17. und
21. September, dann 10. 11. und 15. November 1802,
hiermit also bestimmt. Solche fängt bei einem Marksteine an, der das Egerische von dem Ober-Pfälzischen
scheidet, und gehet von solchem in dem Graben hinfür
bis zum Schirndinger Weg, von da bis in den rothen
Furth, den grünen Schacht, dann die Brüder-Teiche,

die Haslohe und den Hassel-Brunnen rechts belassend, **1803**
bis zur Brandmühle, von solcher nach dem Rinnsaale
des Festritz-Baches bis in den heiligen Furth, und
dann mittelst gerader Linie links durch das Holz über
die Schirndinger Wiesen zu einem beiderseits aner-
kannten Markzeichen.· Von diesem Markungszeichen,
den Dornberg rechts belassend, in die Au, dann zu
dem Borkbrunnen. Vom Borkbrunnen links abwärts
bis nach Hinterpreisdorf, von solchem Orte aber, welches im Königlichen Gebiete verbleibt, in gerader Linie,
den Reichswald durchschneidend, nach Reutlas, diesen
Ort mit seiner Flur an Pfalz überlassend. Von Reutlas
oder vielmehr der Flur dieses Dorfes geht die Grenze
an dem durch den Ort kommenden Bach hinab bis an
den Kössein-Bach und nach solchem bis zu dem
Standpunkte, wo sich derselbe mit dem Rösselbach
vereint, geht auch dem Rösselbach nach bis zum
Furth am See, und von solchem nach den Walters-
hofischen Flursteinen bis an die alte Fraischlinie und
den nächst daran stehenden Fraischstein Nr. 4. herab,
und zwar also, dass die ganze Waltershofische Flur
in's Pfälzische fällt. Alles, was sich auf der Pfälzischen
Seite dieser Linie befindet, also der ganze bisher streitige Bezirk, welcher einen Theil des Reichs-Forstes,
Manzenberg, Pfaffenreut, Lengenfeld, nebst den unbestrittenen Orten Grosschlattengrün, Dörflas und Reutlas
enthält, wird einschliessig der Fluren dieser Orte mit
der Landeshoheit an Pfalz überlassen, und insonderheit
gegen die allenfallsige Egerische Ansprüche in der
Gegend bei Manzenberg Gewährschaft zugesichert.

Den Eingeforsteten des Reichswaldes wird ihr Recht
vorbehalten, doch, dass die Einforstungen nach einer
gemeinschaftlichen Convenienz abzutheilen, nach einem
billigen Verhältnisse und so weit es thunlich, mit Rücksicht auf die bestimmte Territorial-Linie und die natürliche Lage, jedem Theile eine bestimmte Anzahl Holz-
berechtigter zu assigniren und nach diesem Verhältnisse
auch die Vortheile des Forsthabers und der übrigen
Forst-Recognitionen zu repartiren sind.

Von dem unweit Waltershof stehenden ältern Fraischstein Nr. 4. geht die weitere Grenze unter Verzicht-
leistung der Pfälzischen Territorial-Ansprüche an den
Grünersberg und von solchem Grünersberge nach der
ältern unstreitigen Vermarkung fort.

Der unnatürliche Einschnitt zwischen dem 14ten und 15ten Marksteine ist durch eine gerade Linie zu beseitigen.

Das Dorf Reichenbach, wo die Grenzen mitten durch liefen, soll nebst seinen Fluren ganz dem Königlichen Fürstenthum Bayreuth zufallen, und da zur Sicherung der Königlichen Forsten von den bisher so überhand genommenen Holzfreveln auch rücksichtlich der unstreitig Pfälzischen Dörfer Nagel, Mühlbühl und Loch eine convenienzmässige Umründung nöthig geschienen; so wurde sich oberpfälzischer Seits auch dahin verstanden, das ganze Dorf Nagel, das Dorf Mühlbühl, dann den Weiler Loch mit folgenden Bedingnissen an das Fürstenthum Bayreuth zu überlassen, dass

a) der dermalige Mautner, dem das Mauthaus und ein dortiger Feldgrund' eigenthümlich zusteht, vollkommen entschädiget und das Mauthaus auf Pfälzischen Grund und Boden und nahe am Dorfe Nagel in der nämlichen Qualität, wie solches dermal bestehet, auf Königliche Kosten wieder erbauet und hergestellet, der Grund hiezu ausgemittelt, und der Acker des Mautners in dem wahren Werthe und mit Rücksicht der ihm verursachten grössern Kosten ersetzet;

b) nicht sowohl der durchfliessende Bach weder auf- noch abwärts fort und fort als Grenze angenommen, sondern abwärts eine die Reichenbachische und Nagelische Fluren verbindende konvenable Grenzlinie durch die Grenz-Kommissarien ausgemittelt werde, aufwärts der Bach aber nur in so weit die Grenzscheidung bilde, bis an denselben rechter Hand die Kurfürstlichen Waldungen anstossen, die sich wieder bis an die ältere Grenz-Linie hinaufziehen und die künftige Scheidung durch sich selbst anbieten;

c) der kleine, jenseits des Baches liegende und in jenseitiges Gebiet fallende länglichte Kurfürstliche Holz-District nach den bei Forsten aufgestellten General-Kompensations-Principien und Anschlägen wieder ersetzt werde, sofern der Hofmarksinhaber zu Fahrenbach solchen käuflich zu übernehmen, nicht gemeint seyn sollte.

Von obigem Standpunkte, wo sich diese neue, bei Nagel zu zeichnende Linie mit der ältern wieder vereint, geht es nach letzterer, welche ohnehin seit

1536 vermarkt ist, wieder fort, bis zum 54ten Mark- **1803**
steine an die Platte, vom 54sten Marksteine aber gerade in den Fuhrweg hinfür bis zum Steinhaufen, wodurch die ganze Platte in das Pfälzische fällt. Vom
Steinhaufen bei der Platte zieht sich die Grenz-Linie
über den Rentschenberg gegen Altenreut im Brandenburgischen, den sogenannten Birkenrangen und die
ganze Kirmseeser Flur im Pfälzischen belassend. Unweit des Grünhofer Weihers, wo gedachte Kirmseeser
Flur die Grenze zu bilden aufhört und das Plösser
Gemeindholz anfängt, wird die künftige Grenze dergestalt ausgezeichnet und festgesetzt, dass solche von
obigem Standpunkte, an den Grünhofer Weiher auf
dem von Kirmsees nach Kirchenlaibach führenden Fahrt-
weg, bis dieser die Linie der Kirchenlaibacher Flursteine erreicht, dann nach Auszeige dieser rechts sich
hinumziehenden Flursteine bis zur Flur des Edelhofes
von Windischenlaibach, solchen nebst dem Dorfe in's
Königliche Gebiet hinausschliessend, an der Rainung
von Nairitz hinum bis an jene der Hofmarkt Kottlitz
und dann der Rainung dieser letztern nach, wie solche bisher sich unstreitig ausgezeichnet, mit Belassung
des Dorfes Frankenberg im Königlichen Gebiete bis an
das untere Eck, und von solchem in gerader Richtung
bis an den sogenannten Korbes fortlaufen und sich mit
der ältern Grenz-Linie wieder verbinden soll. Hierdurch fallen also für die Zukunft die Preussischen Orte
Zeulenreut, Kirchenlaibach, Speichersdorf, Nairitz,
Rammlesreuth und die Holzmühle ins Oberpfälzische
Gebiet. Der übrige Theil des Amtes Neustadt am
Culm, so wie dasselbe durch die unstreitigen Oberpfälzischen Orte sich enclavirt befindet, wird als Aus-
tausch-Object ebenfalls gänzlich an Pfalz abgetreten.
Die unbedeutenden Differenzien bei der Kreusner
Wiese oder Rothmühle, bei dem öden Weiher, dann
dem Sorghofe, sind nach dem Antrage des Concer-
tations-Protokolls abzuthun. Den zwar unstreitigen,
aber einen unnatürlichen Einschnitt bildenden oberfäl-
zischen Territorial District beim Forsthause am Sand,
überlässt die Pfalz mit der Landesherrlichkeit an das
Fürstenthum Bayreuth, und begibt sich auch des Ter-
ritorial-Anspruches an das Ruspenholz, so dass solches
gänzlich nach der Brandenburgischer Seits behaupte-
ten alten Grenze in Königliches Gebiet fällt; Troschen-

1789 reuth hingegen verbleibt nicht nur mit seiner ganzen Flurmarkung im Oberpfälzischen Gebiete, sondern es ist zugleich derjenige Verbindungs-Punkt auszumitteln, mittels welchem gedachte Troschenreuthische Flur sich mit jener des Dorfs Neuhof verbindet, und gilt sodann die Neuhofische Flur-Markung als Pfälzische Grenze bis zu jenem Punkte, wo hinter gedachtem Neuhof ein Bach entspringt, welcher in seinem Laufe fort und fort, bis solcher sich mit dem Pegnitz-Flusse vereint, als natürliche Scheidung gelten soll. Durch diese angenommene Grenzlinie fallen die bisher unstreitig Pfälzisch gewesenen Territorial-Orte Bräunersdorf, Langenreuth, Arnoldsreuth, Grössmannsreuth, dann die Hirschschale, ferner die streitigen Orte Schmellahof und Kraimoos ins Königliche, die Dörfer Neuhof, Heimbronn jenseits des Baches, Lobensteig aber nebst dem streitig gemachten Dorfe Reisach ins Pfälzische Gebiet. Von obigem Standpunkte, wo sich der Neuhofer Bach mit der Pegnitz vereint, macht die Pegnitz selbst bis zum Hammerschrott die Grenze. Von da zieht sich die Grenze, das unstreitige Dorf Pfaffenhofen und Hofhaus oder Hofbau links belassend, gegen das Rohrloch, so, dass Hoefen und Euchenstrut nebst Fluren im Königlichen Gebiete verbleiben, hingegen die Fluren von Viehahofen in das Oberpfälzische gemarkt werden.

Bei Homersdorf, Bernhof, Ober-Achtel und Utling wird die ältere von der Obern Pfalz behauptete Grenz-Linie, die von den Siebenbuchen über die Rossstauden auf den Sattelbogen führt, und wodurch von selbst die zu obigen Dörfern gehörigen Flurgründe eingemarkt werden, angenommen.

Um auch die noch übrigen Gränzberührungs-Punkte des oberpfälzischen Landgerichts Hollenberg mit dem Fürstenthum Bayreuth gänzlich zu bestimmen, wurde festgesetzt, dass diessfalls die über diesen District verfasste Eisenmannische Karte gemeinsam zum Grunde gelegt und die Grenze auf folgende Art ausgezeichnet seyn soll:

Bei dem sogenannten Multerholz verbleibt es bei der Oberpfälzischen Prätensionslinie, beim sogenannten Geisacker aber, dann bei der Prinzengrube soll diejenige gelten, wie solche bisher Preussischer Seits aufgestellet worden.

Bei der Kautzenleiten wird der mehr natürliche **1803** Oberpfälzische Gang bis in den Fahrweg, so von Körbeldorf nach Pegnitz führt, angenommen. Die eckige und winklichte Grenze, wo von dem Körbeldorfer oder Pegnitzer Wege abgewichen wird, und wo bald darauf die Irrung beim Pfaffensteig und auf dem Sattel eintritt, wird dadurch gänzlich beseitigt, dass für die Zukunft von obigem Wege bis zu dem im Jahr siebzehnhundert sechs und neunzig cumulativ gesetzten Marksteine, und zwar ohne Rücksicht auf dies - oder jenseitige Unterthans - Gründe, eine gerade Linie als Scheidung hiemit angenommen wird.

Es soll nicht minder am Pegnitzer Wege diejenige gerade Linie, welche Brandenburgischer Seits als Grenze behauptet wird, in solcher Art angenommen seyn, hingegen aus gleicher Rücksicht die zwei unbedeutenden Aecker beim Steinberg ins Oberpfälzische Gebiet fallen.

Bei der Gegend, welche gemeinhin Hallpfitzen genannt wird, sollen anfänglich der Hohensteiner Weg, der weiter unten der Buchauische Leichenweg genannt wird, ein Wasser - Graben, ein nach Buchenbach führender Grenzsteig, endlich ein Feld - und Fuhrweg, welcher die Gestalt einer grossen Wasser - Furche annimmt, die künftige Grenze machen.

Bei der Stuhlwiesen wird der Brandenburgische Gang, am Bittlacher Wege aber der Oberpfälzische, der sich durch eben diesen Weg und einen in der hohen Leiten stehenden Markstein natürlich auszeichnet, als künftige Scheidung angenommen.

Bei dem Eichig und Haag bietet die Qualität der anstossenden Zugehörungen selbst die Abgrenzung dar, und es sollen das Bayreuthische Holz Eichig, dann die Kotzenhammer - Gründe rechts, das Leubser Gemeindholz Haag aber und die sogenannte Rinnen links verbleiben.

Vom Kotzen - Weiher anfangend, wird der Fichtenohe - Bach bis über den obern Höllweiher als natürliche Markung angenommen, der sich allda darstellende Winkel durch den von Trokau nach Lindenhard führenden Weg abgeschnitten, und gelten sofort die allda anfangenden Privatmarksteine zugleich als Grenzsteine, von denen letztern sich die Scheidungs - Linie weiter neben dem Schnepfenweiher in den Heringbach herüm-

1803 zieht, beim Rinnsall dieses Baches bis zum Gradlischen
Weiher verbleibt, und dann zwischen dem Heringbolz
und Hinterkleebachischen Feldern dergestalt bis in die
Nürnberger Strasse und in solcher bis zu den 3 Mark-
steinen bei Vorderkleebach fortlauft, dass die ganze
Hinterkleebachische Flur rechts verbleibt.

Sollten sich rücksichtlich dieser Hollenbergischen
Grenze noch einige Zweifel ergeben, so sind solche
durch das Ermessen der Kommissarien, unter Grund-
legung des diesfalls näher bestimmenden Concertations-
Protokolls vom 11. November, dann des Eisenmanni-
schen Plans, zu heben.

Das Dorf Wamberg bleibt im Oberpfälzischen Gebiete, und wird diesfalls Königlich-Preussischer Seits
allen Ansprüchen entsagt.

. Die künftige Grenz-Linie zwischen dem Königlichen Amte Burgthann, dann den Kurfürstlichen Aemtern zu Haimburg und Neumarkt wird auf folgende
Art festgesetzt. und bestimmt:

Von dem ausserhalb Gspannberg stehenden Marksteine, welcher Nürnberg, Ansbach und die Obere-
Pfalz scheidet, geht die unstreitige Linie mitten durch
gedachtes Dorf. hindurch, bis zu einem Standpunkt
ausser dem Dorfe, wo sich rechts ein Feldweg von
dem Haslacher Fuhrweg scheidet. Nach bisherigen
Grundsätzen und zu Vermeidung künftiger Irrungen
werden Kur-Bayerischer Seits die fünf jenseits der
Linie liegenden Unterthanen und so auch der Preussische Flur-Antheil, gegen Anschlag der Dominialien,
übernommen.

Die Scheidung der Gspannberger Flur von jener
des Dorfes Grub, soll als Grenze dienen bis zu den
drei, das Gruber Gemeind-Holz unweit des Haupten-
baches abscheidenden Marksteinen und in gerader Linie
von solcher fort auf die Gruberhöhe, wo vor Zeit ein
Markbaum gestanden, von da die Gruber Flur, dann
das Holz Sommerhau rechts belassend, nach Linien,
wie sich die Eigenthums-Rechte der dies- oder jen-
seitigen Ortschaften scheiden, zwischen Unter- und
Ober-Voggenhof hindurch, welch letzterer ganz mit
seiner Flur, so weit solche zusammenhängt, an das
Fürstenthum Ansbach überlassen wird, bis zu einer
alldort stehenden jungen Mark-Eiche, von solcher rechts
abweichend, und die Gründe von Unter-Voggenhof

sowohl, als jene des nächstliegenden Döllberges ins 1803 Oberpfälzische Gebiet schliessend, bis an die Bucher Hutweide.

Das Dorf Buch fällt ganz in das Kurfürstliche Gebiet, und soll die Territorial-Linie von dem Eschlsdorfer Wege durch die Hafner-Wiesen bis zum Siechengraben festgesetzt seyn, dann in so fern der rücksichtlich der Flur-Markungen angenommene Grundsatz ohne besondere Weitläufigkeit und Inconvenienz an Ort und Stelle nicht anwendbar gefunden werden sollte, gleichwohl die rechts verbleibende Bucher und Postbaurische Grundstücke im Gebiete des Fürstenthums Ansbach verbleiben.

Dieser Siechenbach dient sodann fort und fort bis zum Dorfe Kemnath als natürliche Markung, von welchem Dorfe man auch die etwelche Häuser, welche in unstreitigem Ansbachschen Gebiete liegen, Oberpfälzischer Seits übernimmt.

Der Flur dieses Dorfs aber soll so ausgemittelt werden, dass sich solcher unterhalb der Brandmühle wieder an den Bach, der von dem Brandmühl-Weiher fortfliesst, anschliesst und dieser Bach mehrmal zur Grenze dient, bis rechter Hand Pyrrbaumer Wiesen anzugrenzen anfangen.

Da die Berührungs-Punkte der hier als angrenzend eintretenden Kabinets-Herrschaft Pyrrbaum mit den Ansbachischen Landen durchgängig und in jüngern Zeiten vermarkt und versteint und diesfalls gar keine Grenz-Irrungen bekannt sind; so hat es hiebei sein ferneres unabänderliches Verbleiben.

Am Rennsteig, wo die Kabinets-Herrschaft Pyrrbaum zu grenzen wieder aufhört, und das Landgericht Neumarkt wieder eintritt, ist die Grenze, einen unbedeutenden Bezirk von Pirkenlach ausgenommen, unstreitig bis zur Strass-Mühle, wo das Herzogthum Neuburg anstösst, die Grenze geht aber durch das Dorf Pirkenlach selbst, so dass zwei Höfe im Ansbachschen Gebiete verbleiben, welche zwei Höfe nebst Fluren man Königlicher Seits, rücksichtlich der GebietsRechte, ins Kurfürstliche Gebiet überlässt.

Art. IV. Was an dieser Grenzlinie ein Theil dem andern an Gebiete und Landeshoheit einräumt und abtritt, und was an landesherrlichen Einkünften, nament-

1803 lich an Steuern, Konsumtions-Abgaben, Jagd, Jurisdiction, Zöllen, Mauten, Polizey-, Kirchen- und Pfarr-
Gerechtsamen, vermög jener Grenzlinie jedem Theil
zufällt, wird in folle compensirt, und soll nicht angeschlagen oder vergütet werden. Kein Theil aber ist
verbunden, die Steuern und Abgaben nach den Sätzen
des andern Theils fortzubeziehen, sondern er kann
solche nach den Grundsätzen seines ältern Gebietes, und
wie er es räthlich findet, einschätzen und umlegen. Hingegen tritt jeder Theil am ersten Tage des nach Auswechselung der Ratificationen folgenden Monats in den
Genuss aller gutsherrlichen Rechte, Gefälle und sonsti-
ger Domainen-Einkünfte, die innerhalb seiner Territorial-
Linie dem andern bis dahin zustehen. Diese sind nach
den — unten zu bestimmenden Principien anzuschlagen,
gegen, einander abzuziehen, und in so weit sich auf
einer Seite ein Ueberschuss ergiebt, in die allgemeine
Ausgleichungs-Masse zu werfen.

Zu diesem Ende müssen, so wie die Orte und
Grundstücke bey dem Grenz-Zuge übergeben werden,
die Ausgleichungs-Kommissionen auf das schleunigste
die Ertrags-Anschläge aus den Rechnungen fertigen
lassen, und sich aus den Amts-Büchern und Hebe-
Registern Extracte mittheilen, damit jeder Theil auf
den Grund derselben sogleich mit dem Bezuge der
Gefälle anfangen kann.

Müssen durch die neue Grenz-Linie einzelne Grundstücke abgeschnitten werden, die für sich keine gutsherrliche oder Lehen-Abgaben tragen, sondern als
Pertinenzien zu consolidirten Hof- oder Lehen-Gütern
gehören, die innerhalb der andern Linie verbleiben;
so ist, nach Verhältniss des einzelnen Grundstückes
zum Ganzen, die Abgabe des Hauptgutes abzusetzen
und dem abgetrennten einzelnen Grundstücke aufzule-
gen, auch hiernach der Anschlag der Schätzung zu
machen. Ist das Hauptgut handlöhnig oder sonst lehn-
bar, so bleibt es auch das abgetrennte Grundstück dem
neuen Herrn, oder muss sich durch einen verhältnissmä-
ssigen Canon redimiren. Uebrigens gelten in Absicht
auf die in §. III. festgesetzte Territorial-Grenz-Be-
stimmung alle wegen der Besitz-Ergreifung, wegen
des Grenz-Vollzuges, der Ausgleichung, der Zünfte,
Kantons u. s. w. in den nachfolgenden Paragraphen enthaltene Bestimmungen, in so weit nicht in dem gegen-

wärtigen §. ausdrücklich das Gegentheil oder eine Aen-1803
derung verabredet ist.

Art. V. In Ansehung des Fürstenthums Neuburg
wurde nach, dem —— von den beiderseitigen Räthen etc.
Lang und Pflieger abgehaltenen Concertations-Pro-
tokoll vom 21. November 1802 nachstehende Grenz-
Directions-Linie verabredet.

A. Beim Amte Allersberg soll sich beim Strass-
Weiher, wo. die Oberpfälzische Grenz aufhört, die
Neuburgische Grenze, nach der bisherigen Pfälzischen
Behauptung, längs dem Finsterbache nach Harlach
ziehen, dort vom Bache abgehen und auch die Brandenburgischen Häuser daselbst nebst dem ganzen Flur
ins Pfälzische Gebiet scheiden, von dannen wieder am
Finsterbach fort zur Finstermühle sich ziehen, diese
ebenfalls im Pfälzischen belassen, von der Finstermühle
ferner am Bache fort, bis wo sich der Meckenloher
Flur anfängt, welcher nebst dem ganzen Ort Meckenlohe in die Preussische Gebiets-Linie fällt.

Vom Meckenloher Flur soll sich die Grenz-Linie
über den Pfaffenhofer Weg durch das Pfaffenhofer Holz
bis an den Brumbach, sodann am Brumbach fort
bis an das Brücklein ziehen, und dann der alten Grenze
nach bis an den Flur von Hampfarrich gehen, welcher
Flur mit dem ganzen Dorfe auf der Preussischen Seite
bleibt. Am Hampfarricher Flur geht es hinum nach der
Hasenbrucker Mühl, so dass diese nebst den Orten
Ober- und Unter-Birkach, Apelhof und Doggenmühl
Pfälzisch verbleibt. Durch diese hiernach gezogene
Linie werden also alle bisherige streitige Orte:

Harlach, dies- und jenseits des Wassers, Finstermühle, Preussisch Brunnau, Pfälzisch Brunnau, Wag-
nersmühl, Guckenmühl, Kleehof, Eichelburg, Alten-
felden, Faselsberg, Hasenbruck, Ober- und Unter-Birkach, Ein- oder Fischhof, Apelhof, Doggenmühl,
unstreitig Pfälzisch, ganz Meckenlohe und ganz Hampfarrich aber Preussisch; das prätendirte Territorium
über die Kronmühl und Kronhof oberhalb Hampfarrich
an der Hilpoltsteiner Amtsgrenze wird, da es einen sehr
unnatürlichen Einschnitt macht, Brandenburgischer Seits
nachgelassen, und somit dieser Fleck auch an Pfalz
überwiesen.

B. Die Grenze des Amtes Hilpoltstein mit dem
Königlichen Amte Stauf, ist durch die vertragsmässig

T 2

1803 gesetzten Marksteine, welche sich mit Nro. 1 bis 32
von der Stämpfer Wiese anfangend, an den — im
Preussischen verbleibenden Orten Offenbau, Eisölden,
Pyras nach der Pfälzischen Hofmarkt Zell ziehen, wo
der 32ste Stein an der Henkelwiese stehet, gänzlich
unstreitig und berichtiget.

C. Die Grenze des Amtes Heydeck mit dem Königlichen Amte Stauf geht vom 32sten Grenzstein, wo
das Amt Hilpoltstein aufhört, in fortgesetzten numerir-
ten Marksteinen von 33 bis 39 an den Preussischen
Orten Staindl und Alvershausen fort. Sodann fangen
an den Preussischen Orten Dannhausen und Thalmanns-
felden vorbey bis zu den Syburg und Geyrer Hölzern
am Krummensteig, neue unstrittige Marksteine von
Nro. 1 bis 17 an. Vom 17ten Markstein an ist die
bisherige Grenz-Irrung also zu beseitigen, dass Bergen
nebst seinem ganzen Flur nebst dem Schaafhofe beim
Schlosse Geyern, Preussen, Reuth aber nebst seinem
Flur und der — bisher Brandenburgischer Seits ange-
sprochene Flurtheil von Englreut Pfälzisch verbleibt.
Von der sogenannten Rinne geht es wieder in den
alten Grenzen fort, bis auf das Blümleins-Kreuz, wo
der erste Stein mit Eichstett stehet.

In Absicht der Heydeker Grenze gegen das Amt
Roth wird solche in der bisherigen Art, als richtig
angenommen, dass Maukel im Pfälzischen, Mauk aber
im Preussischen verbleibt.

Von Mauk an soll sie in der bisherigen Art im
Furth, hinauf gegen den Steinbühl, dann herunter an
die Bauernbölzer, an den Diebssteig, hinunter an
Wallisau und um Wallisau hinumgehen, so dass Wallisau mit seinem ganzen Flur ins Preussische Gebiet
des Amtes Roth fällt. Längs dem Wallersbach zieht
sich sodann die Grenze an den Rothfluss, wo das Amt
Hilpoltstein wieder anfängt.

D. Betreffend endlich die Grenze des Amtes Mon-
heim mit dem Königlichen Amte Heidenheim soll der
Grenzstein Nro. 1 beim Kronhof so gesetzt werden,
dass er den Kronhof, so wie den ganzen Polsinger
Flur und Ort, im Preussischen Gebiete belässt, wornach
es hinter Polsingen herum in der alten Richtung auf
Hagau, vom Pfälzischen Ort Hagau, mit Ausschluss
des Preussischen Dorfs uud ganzen Flurs Dökingen,
auf die grosse Säule bei Forach, von da zum Mark-

stein beim Auernheimer Thal geht. Vom letzten Stein 1803
im Auernheimer Thal soll sich, mit Abschneidung der
ausserordentlichen unnatürlichen Einbiegung die Grenze
in der möglichst geraden Richtung nach Möhrenberg,
ziehen, so, dass Möhrenberg im Preussischen verbleibt,
hingegen Uhlberghof, Simachhof, Spielberghof, und
Groseich ins Pfälzische fallen. Von Möhrenberg aus,
schliesst sich die Grenze bei der Fuchsmühl, wo nach
der Vetterischen Karte des Ansbachischen Fürstenthums
der punktirte Pappenheimer District anfängt.

Art. VI. In Absicht der Kurfürstlichen Entschädi-
gungs-Lande wird der Status quo zur Zeit der unterzeichneten Pariser Entschädigungs-Convention, nämlich
der dritte Junius Ein Tausend achthundert und zwey,
als Richtschnur der bestehenden Landesgränzen angenommen.

Für den Grenz-Vollzug sind §. X. die erforderlichen Directions-Punkte fest bestimmt.

Uebrigens haben die — sobald als möglich aus-
rückende Grenz-Zugs-Kommissionen, wegen welcher
unten nähere Bestimmung erfolgt, nach dem Inhalte
dieses Vergleichs und nach der unten §. X. näher bezeichneten Directions-Linie, auch die Grenzen gegen
Würzburg und Bamberg etc. etc., dann im ehemaligen
Eichstädtischen Amte Sandsee-Pleinfeld ordnungsmässig
zu berichtigen, und zu bezeichnen, die Punkte, wo
gemeinschaftliche Grenz-Gebiets-Säulen zu errichten,
zu bestimmen, und nach Maasgabe des §. XI. dieses
Vergleichs, alles nöthige wegen Vermessung, Bezeich-
nung und genauer Berichtigung der Grenze zu besorgen, und wo sich wider Verhoffen noch ein fernerer
Anstand ergiebt, selbigen nach Maassgabe ihrer In-
struktion auf der Stelle beizulegen.

Art. VII. Zu einer desto zweckmässigern — der
Staats-Verwaltung und den Unterthanen gleich er-
spriesslichen Ausgleichung und Abschneidung aller Collisionen in die Zukunft, überlässt Brandenburg an das
Kurhaus Pfalz:

I. Das Amt Neustadt am Culm, so wie es bisher
durch die unstreitig pfälzischen Orte Tauritzmühle,
Lettenhof, Röslas, Plössen, Leimershof und Trebenau
vom Königl. Gebiete abgeschnitten und völlig im Pfälzischen enclavirt ist.

II. Das im Bambergschen Gebiete eingeschlossene

1803 Amt Streitberg, mit den Vogtheyen Thüsbronn und Hetzelsdorf, ingleichen mit den Territorial-Distrikten zu Ober- und Unter-Aufsees, deren durch die Huldigung der Besitzer sowohl, als der Unterthanen schon seit 1798 völlig berichtigte Unterwerfung Brandenburgscher Seits gewährt wird.

III. Das Amt Osternohe mit dem enclavirten Gerichte Hohenstadt.

IV. Das — vom Bambergischen und Herzoglich Sächsischen Gebiete eingeschlossene Amt Lauenstein, wozu jedoch die davon getrennte Herrschaft Kaulsdorff nicht gehört, welche mit dem Bergwerke am rothen Berge und allen Territorial- und Domanial-Ansprüchen auf mehrere im Saalfeldschen befindliche Lehen und Besitzungen, Brandenburgisch bleibt.

V. Die ehemalige Vogtey und itzige Rendantur Seibelsdorff, Culmbacher Amtes, nach einem möglichst geraden Durchschnitte von Poppenholz über Feldbuch nach Gösersdorff.

VI. Das Amt Solnhofen, oder den — die Orte Solnhofen, Esslingen und Hochholz mit ihren Orts-Markungen und Forst-Revieren in sich begreifenden District, welcher die Gebiets-Grenze der Grafschaft Pappenheim ausmacht.

VII. Die Orte Prichsenstadt und Kleinlangheim mit ihren Districten, mit Einschluss der Brandenburgschen Besitzungen zu Wiesenbronn, aber mit Ausschliessung des — nach dem neuesten Vergleiche mit Schwarzenberg, zum Schwarzenbergischen Gebiete gehörigen Ortes Stierhöchstadt oder Stierhöfstädt.

VIII. Die — Seiner Königlichen Majestät in den sogenannten Condominat-Orten Mainstockheim, Neuses am Berg, Schernau, Gosmannsdorff, Giebelstadt und Ingelstadt bisher zugestandenen Territorial- und Domanial-Rechte.

IX. Alle übrigen Territorial-Besitzungen jenseits des Mains, namentlich auch die — von Schwarzenberg zu adquirirenden Orte Erlbach und Kaltensontheim, desgleichen den Ort Segnitz.

X. Das Domänen-Gut zu Randersacker.

XI. Das Domänen-Gut zu Frickenhausen.

XII. Das — in der Rothenburger Landwehr eingeschlossene Domänen-Amt Insingen, mit allen sonst im

Rothenburgschen zerstreuten Brandenburgschen Be- 1803
sitzungen.

Art. VIII. Dagegen überlässt das Kurhaus Pfalz
an Brandenburg:

I. Das Bambergsche Amt Enchenreuth, mit Ausschluss des Amts-Orts gleichen Namens, des Land-
sassengutes Bärnau, der Bischofs-Mühle und der
Weiler Brumberg und Büchenreuth.

II. Das Bambergsche Ober-Amt Kupferberg.

III. Das Amt Markt Schorgast.

IV. Den District des Bisthums Bamberg zwischen
der Regnitz und Aurach, dergestalt, dass sich von
Bingarten aus die Grenz-Linie am Creilsheimer District
von Neuhaus und Grub oberhalb Hemhofen in die
vordere Märk nach Reichendorf und Hausen zieht und
diese Orte ganz ins Preussische markt, jedoch mit
Vorbehalt, dass, wenn bei der Lokal-Grenz-Begehung
noch eine richtigere und beyden Theilen gleich vor-
theilhafte Linie gezogen werden könnte, auf solche
zurückgegangen werden solle.

V. Die Bambergischen Orte Oberhöchstädt und
Tragelhöchstädt, welche an die Aisch hin einen unbe-
quemen Einschnitt machen.

VI. Das Würzburgische Amt Markt Bibert.

VII. Das Bambergsche Amt Ober-Schainfeld und
die Würzburgschen Amts Iphofer Unterthanen zu Hüt-
tenheim.

VIII. Die Reichsstadt Weissenburg mit ihren Zu-
gehörden, so weit sie in und an dem Königlichen Gebiete sich befinden.

IX. Die Reichsstadt Dünkelsbühl mit ihren sämmtlichen Unterthanen und Besitzungen.

X. Die Reichsstadt Windsheim.

XI. Die fünf Eichstädtischen Districte: Herrieden,
Ohrenbau, Spalt, Abenberg und Pleinfeld-Sandsee,
jedoch mit Ausnahme des, rechts der schwäbischen Rezat
liegenden Theiles des Pleinfeld-Sandseer Districtes.

XII. Diejenigen Territorial-Puncte, welche zu Fort-
setzung der Königlich-Preussischen Strasse von Eschenau
nach Pegnitz erforderlich sind, namentlich die Oberpfälzischen Territorial-Orte Forth, Lindendorf, Lin-
denmühl, Weidenmühl, Igensdorf, Mitteldorf, Kemma-
ten, Kappel, Almoos, Bezensteiner-Hüll, mit Weiden-
sees, welche sämmtliche Ortschaften, so wie die links

1803 der Strasse liegenden Orte Schöseriz und Weinberg, dann das von Bamberg übergehende Grosenohe, mit ihren Flur-Markungen an Brandenburg überlassen werden.

XIII. Der Territorial-District von Iphofen u. s. w. nach näherer Verabredung.

Art. IX. Da die Pfalzbayerschen Staaten einer unmittelbaren Verbindung· mit den Indemnitäts-Landen bedürfen, so ist festgesetzt worden, dass Pfalz ebenfalls eine gerade Verbindungs-Strasse von Schnaittach aus bis Forchheim anlegen kann. Da, wo diese Strasse die Königliche Landstrasse von Eschenau nach Gräfenberg durchschneidet, welches, so viel vor der Hand zu sehen, zwischen Forth und Büg zutreffen wird, soll ein kleiner Bezirk, nicht über 40 Quadrat-Ruthen gross, als gemeinschaftliches Gebiet constituirt und auf beider Theile Kosten chaussirt, auch mit einer Grenz-Säule versehen werden. Diesen gemeinschaftlich genau zu bestimmenden Bezirk kann jeder Theil ohne Requisition des andern betreten, aber es sollen darauf von Keinem Gebäude errichtet oder überhaupt einseitige Vorkehrungen, am allerwenigsten Sperren, Zölle, Mauten oder Weggelder, angelegt werden. Jedem Theile soll auf diesem Bezirk das Recht zustehen, Delinquenten zu verhaften. Die Untersuchung gegen dieselben muss, wenn das Verbrechen in dem Gebiete des andern Theils geschehen ist, diesem überlassen werden, und der Verbrecher ist, ohne Rücksicht auf das Forum originis, auf blosse Bescheinigung, dass er das Verbrechen begangen habe, sofort zum weitern gerichtlichen Verfahren auszuliefern. Ist aber das Verbrechen auf dem gemeinschaftlichen Bezirke verübt und der Verbrecher auch daselbst verhaftet, so eignet sich die Sache zur gemeinschaftlichen Kognition.

Zu Vermeidung aller Weitläufigkeiten bei einer solchen gemeinschaftlichen Gerichtspflege wird aber festgesetzt, dass alternative, so bald der gemeinschaftliche Bezirk ausgemittelt und bezeichnet seyn wird, ein Jahr lang die Kognition und Entscheidung von Pfalz-Bayern, nachher ein Jahr lang von Brandenburg u. s. f. allein besorgt werden soll, und zwar nach den eigenen Gesetzen und Prozess-Vorschriften eines Jeden, so wie ihn der Turnus treffen wird.

Art. X. Ausser den — im §. VI. enthaltenen Bestimmungen sind zur nähern Direktion des Grenz-Voll-

zuges folgende Territorial-Punkte verabredet worden, 1803
welche die beiderseitige gemeinschaftliche Grenze dergestalt bezeichnen, dass alle in diesem §. aufgeführten
roth unterstrichenen Orte *) Preussisch, die nicht unterstrichenen aber Pfalz-Bayerisch seyn sollen.

Was die Grenze zwischen
1) den Oberpfälzischen und
2) Neuburgischen Landen und den Fürstenthümern
Ansbach und Bayreuth betrift, so ist erstere im §. III.
und letztere im §. V. näher bestimmt.

Von der Sächsischen Grenze an, zwischen dem
Hoefer und Culmbacher Kreise, wird die Grenze durch
die — §. VIII. erwähnten — von Bayern an Preussen übergehenden Bambergischen Aemter bestimmt, so dass die
von Guttenbergischen Güter in das Preussische —
die Voit Rienekischen aber in das Bambergische Gebiet fallen. Die Grenze des Culmbacher Kreises ist
nach der Abtretung von Seibelsdorf unbestritten, und
zieht sich von Hummersdorf an der Amts Stadt
Steinacher Grenze bis Poppenholz, wo sie an Feldbuch
vorbey nach Gösersdorf, welche beyde durch die Cession von Seibelsdorf ins Bambergische fallen, weiter
nach Welsmühle, Schimmendorf, Danndorf,
Schwarzach, über den Mayn herüber nach Thienas,
Wizmannsberg und Friedrichsberg nach Motschen-
bach, Lindenberg geht, mit Einschliessung der
sämmtlichen zusammenhängenden Gräflich
Giechischen Besitzungen zum Preussischen Gebiete, nach Seibersdorf, Kaltenhausen, Buckendorf, mit
Ueberlassung des bisher strittigen Buckendorfer Flurs
an Bayern, weiter nach Krägelstein, Kainach, Filga-
dorf, oder Pilgadorf und Schönfeld. Wenn
beyde letztere Orte nach dem Status quo der Preussischen Landeshoheit unterworfen sind, so bleiben sie
es. Die Grenze geht weiter nach Meuschlitz und
Blankenstein, nach Wonsgehaig, welches ganz an
Bayern übergeht, bis nach Korzendorf, Muthmanns-
reuth und von da nach Hinterkleebach, wo die
§. III. bestimmte oberpfälzische Grenze anfängt.

Was das untere Fürstenthum Bayreuth und das
Fürstenthum Ansbach betrift; so geht die Grenze am

_____

*) Die im Original roth unterstrichenen Orte sind durch ge-
sperrte Schrift ausgezeichnet.

1803 Preussischen Amte B a i e r s d o r f rechts der Regnitz
an der Baiersdorfer unbestrittenen Amts - Grenze fort
nach Atzelsberg, das streitige untere Dorf Marlofstein
fällt ins Bayerische, und 'von da geht die Grenze an
Dormiz vorbey bis an die Schwabach nach Bueg.
Hienach geht die Grenze unterhalb des Nürnbergischen
Gebiets von Gspannberg, das ins Bayerische fällt, bis
zum Strassweiher nach den Bestimmungen des §. III.
und von Strassweiher geht die Neuburgische Grenze
bis Maukel nach der Bestimmung des §. V. Von da
macht die schwäbische Rezat die Grenze bis P l e i n -
f e l d, so dass die Strasse von P l e i n f e l d nach Oel-
lingen ganz in das Preussische Gebiet fällt. Gebers-
dorf, Osdorf, Fügenstall, Ettenstatt und Engelreut
sind Bayerisch. Von da geht die Neuburgische Grenze
weiter bis Dixenhausen, worüber §. V. die nähern Bestimmungen enthält. Von Dixenhausen geht die Eich-
stättische Grenze bis an Süffersheim, wo die Pappen-
heimische Grenze anfängt.

Da Solnhofen an Bayern übergeht, die Grenzbe-
richtigung somit in dieser Gegend wegfällt und oberhalb des Pappenheimischen Gebiets keine gemeinschaftliche Grenze vorkömmt, so fängt letztere erst wieder
bey M ö h r e n b e r g an, von wo die gemeinschaftliche
Neuburgische und Ansbachische Grenze sich bis K r o n -
h o f zieht, welche ebenfalls im §. V. näher bestimmt ist.

Bey der Rothenburger Grenze giebt die Landwehre
nach dem Status quo vom dritten Juny Eintausend achthundert und zwey die Grenze an.

Bey Aub fängt die Grenze zwischen den Fürstenthümern Würzburg und Ansbach an, und zieht sich
ausserhalb W a l d m a n n s h o f e n nach H o l z h a u s e n,
S i m m e r s h o f e n, P f a h l e n h e i m, H e m e r s h e i m,
Gülchsheim, L i p p r i c h h a u s e n nach G n o t t s t a t t
an den Mayn, der bis S i c k e r s h a u s e n in der Art
die Grenze macht, dass Epshausen Bayern verbleibt.
Die weitere Grenze ist durch Separat-Vertrag bestimmt.
Oberhalb des Neustädter Kreises geht sie über S c h o r n -
weisach, T r a g e l h ö c h s t ä t t, S i e g e r i t z h o f,
W e i d e n d o r f, G o t t e s g a b, A l l e r s b a c h und
B i n g a r t e n, wo sodann der weitere Grenzzug nach
den Bestimmungen des §. VIII. fortzusetzen ist.

Bey der — in diesem §. festgesetzten Grenz-Linie
gelten die Bestimmungen des §. IV.

Art. XI. Alsobald nach beiderseits ausgewechsel- 1803
ten Ratificationen ergreift jeder Theil von den ihm
überlassenen Ausgleichungs - Objekten den wirklichen
Besitz, mittelst gemeinschaftlich zu verkündender Mi-
nisterial-Patente und der hierauf jedem Theil freiste-
henden Abordnung von Kommissarien, Huldigungs-
Anstalten und andern erforderlichen beliebigen Massregeln. Sämmtliche Territorial- und Domainen-Abga-
ben werden alsdann vom ersten Tage des auf die Ratifications-Auswechselung folgenden Monats, dem neuen
Territorial-Herrn bezahlt. Damit aber, dieser alsbal-
digen Uebergabe ohnerachtet, jeder Theil gesichert
bleibe, dass der Ertrag der übergebenen Objekte
richtig und unpartheiisch ausgemittelt werde, und die —
einem oder dem andern zu geschehende Vergütung ohne
Verkürzung erfolgen könne; so sind, einschlüsslich der
im §. XVI. näher angegebenen Bestimmungen, folgende
Vorsichts-Maassregeln beliebt worden:

a) Die Kameral- und Forst-Bedienten bleiben ihrem vorigen Herrn, bis die gänzliche Revenüen-Aus-
gleichung hergestellt ist, noch in sofern mit Eid und
Pflichten beigethan, dass sie für die Conservation der
zu einem bestimmten Objekte gehörigen Pertinenzien
und Revenüen zu wachen und für getreue und wahr-
haftige Anschläge, Extrakte und Berichte zu haften
haben.

b) Sollen sogleich bei der Besitznahme dem abtretenden Theile diejenigen Rechnungen im Originale
vorgelegt und die Duplikate, wenn solche vorhanden,
übergeben werden, aus welchen die Anschläge und
Fractionen zu fertigen sind, wodurch die Richtigkeit
der Anschläge zu kontrolliren ist.

c) Ist bei jedem abgetretenen Amté oder Districte
insonderheit eine amtliche Person auszuwählen, welche
für die Verwahrung der Amts-Bücher, Rechnungen
und Akten, und dass damit kein Unterschleif geschehe,
specialiter verantwortlich gemacht wird.

d) Soll kein Beamter über die zu fertigenden Anschläge einseitig von einem Collegio — sondern lediglich von der gemeinschaftlichen Kommission, Instruc-
tionen und Befehle anzunehmen — auch auf Befehl
nirgends, als an diese, dahin einschlagende Akten und
Papiere abzugeben haben, dahingegen

1803 e) jedem Theile freistehen, den Beamten über Gegenstände der Ausgleichung mit Bericht zu vernehmen,
Abschriften zu verlangen, auch eigene Kommissarien
zur Einsicht der Amtsbücher und Original-Akten, wie
auch zu mündlicher Vernehmung der Amts-Personen
und allenfalls nöthig findenden Lokal-Recherchen, ab-
zuordnen.

Art. XII. Unmittelbar nach ausgewechselter Ratification sind gemeinschaftliche Kommissarien zu ernennen, um auf den Grund des gegenwärtigen Vergleiches
die Grenzen zu begehen und zu berichtigen, zuvörderst die Haupt-Punkte zu bezeichnen, wo gemeinschaftliche Territorial-Säulen zu errichten sind, hierüber allenthalben gemeinschaftliche Protokolle aufzunehmen und sodann, unter ihrer Leitung, durch die beiderseitigen Amts-Behörden die Grenzbeschreibung und
Grenz-Risse, auf den Grund dieses Vergleichs und
der Protokolle über die General-Begehung, vornehmen zu lassen und unbedeutende Anstände und Irrungen auf der Stelle abzuthun, hierauf aber die Grenzen allenthalben, wo es erforderlich ist, deutlich zu bezeichnen. Hiezu ist

a) eine eigene Kommission zu bestellen, um nach
Maassgabe des Koncertations-Protokolls vom 17. September vorigen Jahrs und §. III. gegenwärtigen Vergleiches die Grenzen zwischen dem oberen Fürstenthum
Bayreuth und Ansbach und der Obern Pfalz — so, wie
auch zwischen gedachtem oberen Fürstenthum und den
Bambergischen Landen bis zum gemeinschaftlichen
Territorial-Districte auf den beiden Landstrassen herab
zu reguliren und zu bezeichnen.

b) Weitere Kommissionen zu Regulirung und Beschreibung der Grenzen zwischen den Kurbayerischen,
Pfalz-Neuburgischen und Kur-Pfalz-Bayerischen Indemnitäts-Landen und dem Fürstenthum Ansbach und
dem Bayreuthischen Unterland.

Diese Kommissionen sollen die Art der generellen
Grenz-Begehung und der speziellen Grenzbeschreibun-
gen, Vermessungen und Vermarkungen, die Form der
Territorial-Säulen und übrigen Grenz-Zeichen und
alle — auf dieses Geschäft Bezug habende Punkte
genau verabreden, um ganz gleichförmig zu verfahren.
Sie richten sich hiebei nach der — im §. X. beschriebenen generellen Directions-Linie, dergestalt, dass es

bei den — im Koncertations-Protokolle vom 17. September 1803
tember 1802 enthaltenen natürlichen Grenzen der —
von dem Egerischen Markstein bis zum Strassweiher
herab angenommenen Linie, und bei den hierüber in
den §. III. und IV. dieses Vergleiches enthaltenen Bestimmungen sein Bewenden also behält, dass, wenn bei
der Begehung der generellen Directions-Linie noch Punkte
besonders zu berichtigen sind, dieses allenthalben mit
Rücksicht auf die — in diesem Vergleich angenommenen allgemeinen Grundsätze geschehe.

Die ausser mehr gedachter — laut Protokolles
vom 17. September 1802 in §. X. dieses Vergleiches
noch weiter bestimmte Grenz-Linie dient also, wo
nicht bereits Ausnahmen bestimmt sind, oder noch
nothwendig erachtet werden möchten, dergestalt zur
Norm, dass alle Orte, die nach solcher im Gebiete
des einen oder andern Theils liegen, mit ihren ganzen Orts-Markungen zu solchem gehören sollen. Natürliche Grenzen sollen hierunter nichts ändern und
wo sie Orts-Markungen durchschneiden, blos als Di-
rectorial-Linien zu betrachten seyn, die Orts-Markungen aber die Territorial-Grenzen ausmachen. Wenn
ein Ort selbst durch einen Fluss oder Bach als Territorial-Grenze getheilt wird, so soll er demjenigen
Gebiet mit seiner ganzen Markung incorporirt seyn,
zu dem der grössere Theil des Orts bisher gehörte.
Wenn durch diese Bestimmungen auch einiges Gebiet
an der Grenze mehr oder weniger dem einen — oder
andern Theile zugeht, so soll dafür und für die
— auf dergleichen kleinen Gebiets-Theilen haftenden
und zugleich mit übergehenden landesherrlichen Abgaben, Steuern, Konsumtions-Gefälle, Jagd, Policy,
Kirchen-, Pfarr- und Jurisdictions-Gerechtsame weder
Anschlag, noch Vergütung erfolgen. Die nach der
Territorial-Grenze übergehenden Domanial-Nutzungen
sollen aber in eben der Art angeschlagen werden, wie
solches in Absicht auf die Grenz-Linie von dem Egerischen Marksteine bis zum Strassweiher oben in §. IV.
bestimmt ist.

Art. XIII. Auch sogleich nach ausgewechselter Ratification soll ferner niedergesetzt werden, eine gemeinschaftliche Ausgleichungs-Kommission, welcher
obliegt, von den Aemtern über die ausgetauschten Objecte, die Anschläge und Rechnungsfractionen fertigen

1803 zu lassen und solche zu prüfen, sie ordnungsmässig zusammen zu stellen, die Summe des Ganzen, was jeder Theil an Revenüen giebt und empfängt, zu ziehen, und sonach also auch auszumitteln, auf welcher Seite ein Ueberschuss, der dem andern Theile vergütet werden muss, verbleibe.

Diese Kommission tritt in Ansbach zusammen, und sie muss so formirt und instruirt seyn, dass sie allerwenigstens 6 Wochen nach ausgewechselter Ratification ihre Arbeit beginnen kann. Sie verfügt an beiderseitige Aemter. Sobald als möglich, muss das Geschäft geschlossen und die Bilanz gezogen seyn.

Art. XIV. 1) Die Anschläge werden nach dem Ertrage der Objecte, jedoch mit Rücksicht auf die Verschiedenheit der Renten, gefertiget, und die Differenz, die sich bei einer jeden Renten-Gattung ergiebt, wird nach den unten folgenden Bestimmungen zu Kapital erhöht.

2) Jeder Theil übernimmt die — mit den Objecten übergehenden Beamte. Binnen 6 Wochen nach Auswechslung der Ratification muss auf jeder Seite ein Verzeichniss der — an den andern Theil übergehenden Beamten und ihrer rechtmässigen Dienst-Einnahme hergestellt werden, wornach gütlich auszuscheiden ist, welche Beamte zu Verwaltung des übergehenden Objects nothwendig sind. Der sich durch die unnöthigen Beamten ergebende Ueberschuss muss sonach wechselseitig vergütet werden.

3) Wahre liquide Schulden werden von dem Kapital-Ertrage, wie Num. 1) bestimmt worden ist, abgezogen, mit Vorbehaltung einer Evictions-Leistung für unbekannte Schulden auf 5 Jahre, a dato der Auswechslung der Ratification.

4) a) Alle — auf den ausgetauschten Objecten haftende onera perpetua, die aus einem Privat-Titel an dritte physische oder moralische Personen zu entrichten sind, und nicht die Eigenschaft einer allgemeinen Staats-Ausgabe haben, werden von dem Ertrage, mit 33⅓ pro Cent zu Kapital erhöht, abgezogen.

b) Wo ganze Reichsständische Korporationen oder Reichsstädte mit ihrem Gebiete übergehen, da gehen auch die darauf haftenden Reichs- und Kreis-Steuern über. Es kommen jedoch bei der Ausgleichungs-Berechnung nur die ordinairen Reichs- und Kreis-

steuern nach dem Matrikular-Anschlage und so, wie 1806
sie wirklich bezahlt werden, in Abzug. Der Matriku-
lar-Gulden wird wie der Steuer-Gulden angeschlagen.

c) Was insbesondere die Schulden der übergehenden Reichsstädte betrift, so werden diejenigen, welche
nicht auf das Vermögen der einzelnen Mitglieder der
Gemeinde schon wirklich radizirt sind, oder nach ihrer
Beschaffenheit daraus getilgt werden müssen, von dem
gesammten Staats- und Kämmerei-Vermögen einer
solchen Stadt abgezogen. Die auf das Privat-Vermö-
gen schon wirklich radizirte oder dahin geeignete kommen nicht in Abzug. Es versteht sich übrigens, dass
bei der Vergütung dieser und ähnlicher Territorial-
Objecte allzeit auf den geographischen Flächen-In-
halt und die Bevölkerung bei Herstellung der allgemeinen Bilance billige Rücksicht genommen werde.

Mit allen übrigen Objecten, Distchten und Aemtern
geht kein Matrikular-Anschlag über, und wird keine
Staats-Last ausser den Schulden in Anrechnung gebracht, weil jeder Theil dasjenige, was er durch den
Vergleich erhält, als Surrogat dessen, was er abtritt,
zu betrachten hat.

5) Alle Pensionen, welche aus dem Staats-Vermö-
gen geleistet werden, bleiben demjenigen zur Last,
der sie bisher entrichtet hat.

6) Freiwillige Beiträge aus den Landes-Kassen
für Aemter und Behörden kommen nicht in Anschlag,
und werden zurückgezogen.

7) Besitzungen, welche einer Universität, Pfarre,
Schul-, Armen- oder andern bleibenden frommen An-
stalt gehören, sind wechselseitig unter den Tausch-
Objecten nicht begriffen. Privat-Rechte, welche dritte
physische oder moralische Personen allenfalls hierauf
haben können, bleiben vorbehalten.

Alle Besitzungen, welche die Hochstifter, Colle-
giatstifter, Prälaturen, Probsteyen, Klöster und andere
dergleichen säcularisirte oder noch zu säcularisirende
geistliche Corporationen in den beiderseitigen Tausch-
Objecten innen haben, werden nach der ausdrücklichen
Bestimmung des Separat-Vertrages über die geistlichen
Besitzungen, wie die übrigen Staats- und Kammer-
güter angeschlagen, und ohne Abzug vergütet, wogegen jeder Theil die reichsschlussmässige Befriedigung
der Präbendirten und Conventualen übernimmt, die in

1803 den — an den andern Theil übergehenden Objecten sich befinden und zu einer Pension qualificirt sind.

Sollte eine solche geistliche Korporation Besitzungen haben, welche ausserhalb der Austausch-Districte gelegen sind, so können die in den Fränkischen Brandenburgischen Fürstenthümern befindlichen, da sie vermöge des Separat-Vertrages bereits abgetreten sind, nicht mehr angeschlagen werden. Solche, welche in einem alten oder neuen, nicht ausgetauschten Kurbayerschen Territorio liegen, verbleiben Seiner Kurfürstlichen Durchlaucht, und kommen also auch nicht in Anschlag.

Diejenigen endlich, welche in dem Territorio eines dritten liegen, so wie die Activ-Kapitalien, fallen dem Theile zu, der das Haupt-Object erhält, von welchem sie Pertinenz-Stücke sind und kommen in Anschlag. Dieses findet jedoch bei Kapitalien nur in so ferne Statt, als sie liquid sind.

8) Die Ausmittlung der unbeständigen und nicht katastrirten Renten geschieht im zwanzigjährigen Durchschnitt von 1780 bis 1800.

Die Fractions-Berechnungen müssen aber wechselseitig dahin verificirt werden, dass sie nicht mehr enthalten, als was in den zur Austauschung bestimmten Districten wirklich angefallen ist, so dass die Authenticität derselben wirklich garantirt werden kann, und wo ein Durchschnitt von eben so viel Jahren, aus Mangel der Rechnungen etc. nicht zu bewirken steht, da müssen die Kommissarien sich über die Methode einer anderweiten Ausmittelung vereinigen, und ihren vorgesetzten Behörden Anzeige erstatten.

9) Es werden sowohl die Territorial- als Domanial-Revenüen in Anschlag gebracht, wobei jedoch in Absicht auf die Territorial-Revenüen von den — durch die Grenz-Regulirung an einen und den andern Theil fallenden kleinen Gebietstheilen dasjenige statt findet, was oben §. IV. und §. XII. bestimmt ist.

10) Der Ertrag der Steuern und Auflagen, die in diese Kathegorie gehören, soll wechselseitig nach den Katastern, jedoch nicht in Simplo, sondern nach so vielen Simplis, als vor dem Kriege gewöhnlich waren, angesetzt werden, ohne Abzug der Administrations-Kosten und ohne Durchschnitts-Berechnung des wirklichen Ertrages.

Jeder durch die gewöhnlichen Simpla multiplicirte 1808
Steuer-Gulden wird zu 50 in Kapital angeschlagen.

Steuer-Simpla zu ungewöhnlichen Zwecken in Frie-
dens-Zeiten, z. B. bey Kayserkrönungen, werden nicht
angerechnet.

11) Preussischer Seits werden die Servis- und
Fourage-Beiträge nicht angerechnet.

12) Die Umgelds-Abgabe wird nach einer Fraction
von 20 Jahren bestimmt, und nach Abzug der äussern
Perceptions-Kosten wird der Umgelds-Gulden mit 33⅓
zu Kapital angeschlagen.

13) Zölle, Imposten und Mauten stehen einem Jeden
nach dem Umfange seines Zoll-Regals innerhalb seiner
Territorial-Grenzen zu, kommen nicht in Anschlag,
und können nach Befinden zurückgezogen werden.
Brandenburg entsagt seiner Seits der Erhebung des
sogenannten Würzburgischen Gulden-Zolls ausserhalb
seines Territorii, und überlässt solchen ohne allen Anschlag an Pfalz-Bayern, wogegen dieses eben so wenig
zur Erhebung desselben in dem gegenwärtigen durch
diesen Vergleich bestimmten, als ebenfalls noch zu er-
werbenden künftigen Brandenburgischen — so wie in
dem Schwarzenbergschen Territorio, nach der — wegen
des letztern verabredeten Grenze, berechtigt seyn soll.

Weg- und Brückengeld kommen gar nicht in Auf-
rechnung.

14) Preussischer Seits wird der Ertrag der — wegen der Brod-Verpflegung des Militärs erhöhten Ein-
gangs-Zölle und des erhöhten Taback-Imposts nicht
in Anschlag gebracht. Dagegen darf aber auch Pfalz-
Bayern dergleichen ausserordentliche militärische Ver-
pflegungs-Beiträge oder Extra-Steuern nicht aufrechnen.

15) Stempel, Kollateral-Steuern, Gerichtsgebühren
sind wechselseitig nicht anzuschlagen. Desgleichen die
Nachsteuern, da sie ohnedem soviel möglich einge-
schränkt, oder ganz aufgehoben werden sollen.

16) Die beständigen und Natural-Domainen-Gefälle
werden nach den Grund- und Gefäll-Büchern und den
richtigen Hebe-Registern, mithin nach der wahren
Schuldigkeit, ohne Abzug der Nachlässe angesetzt,
und mit 40 zu Kapital erhöht.

Die Lokal-Preise sind nach 20jährigem Durchschnitt nach dem Martini-Preise des bisherigen Re-

1803 zeptur-Ortes auf den Grund obrigkeitlicher Beglaubigungen zu reguliren.

17) Die unbeständigen Gefälle an Geld und Naturalien werden nach 20jährigem Durchschnitte dergestalt ausgemittelt, dass bei den Naturalien vorläufig die verschiedenen Local-Preise nach dem oben bemerkten Durchschnitte für jede Localität berechnet, und mit 25 zu Kapital erhöhet werden.

18) Bei den Zehnten wird wegen des üblichen Feldbaues in 3 Fluren eine 12jährige Fraction zum Grunde gelegt.

Der Preis der Naturalien wird wie oben berechnet, und mit 25 zu Kapital erhöht.

19) Der Werth der Forsteyen ist nach der Morgenzahl in einem gleichheitlich zu bestimmenden Maasse, und zwar im Bausch und Bogen jeder Morgen zu 360 Rheinländischen Quadrat-Ruthen Magdeburgischen Maasses, zu 40 Fl. rheinisch an Kapital anzurechnen.

Dagegen dürfen aber weder onera perpetua, noch die Einforstungen, in der Regel in Abzug gebracht werden.

Wenn jedoch im Ganzen, besonders durch die Einforstungen, welche einem jeden Theile angezeigt werden müssen, ein beträchtlicher Schaden für den andern Theil entstehen würde, so soll ihm eine billige Vergütung dafür geleistet werden.

Dergleichen Einforstungen sind nach den Territorial-Grenzen abzutheilen.

20) Die Jagd-Einkünfte und Wildpretts-Entschädigungs-Gelder gehen ohne Anschlag über.

21) Von den beiderseitig unmittelbaren Domanial-Besitzungen werden

a) sämmtliche Gebäude, die zu einem öffentlichen Zweck bestimmt sind, nicht angeschlagen. Hingegen

b) solche Gebäude, welche nicht zu einem öffentlichen Zwecke bestimmt sind, werden nach einer gemeinschaftlichen Schätzung in Anschlag gebracht, und darnach entweder übernommen oder dem abtretenden Theil zu seiner Veräusserung binnen zwey Jahren, von der Ratifications-Auswechselung an, überlassen.

c) Alle übrige Domanial-Besitzungen mit ihren Gebäuden, z. B. Meyereien, Schäfereien, Brauereyen, Weinbergshöfe, einzelne Grundstücke, sollen nach dem Ertrage, mit Zugrundlegung eines zwanzigjährigen

Durchschnitts, dergestalt in Anschlag gebracht werden, dass nach der Bestimmung Num. 1. dieses §. der bey der Ausgleichung sich ergebende Ueberschuss mit 25 zu Capital erhöht werde.

d) Bergwerke kommen wechselseitig nicht in Anschlag, jedoch soll der Werth derselben durch Kommissarien näher geprüft, und bei Abschliessung des Geschäftes einer weitern Ministerial-Unterhandlung ausgesetzt bleiben, ob und welche Vergütung dafür zu leisten sey.

e) Gutsherrliche Nutzungen an Frohnen, Scharwerken etc. wenn für diese schon ein Geld-Surrogat regulirt ist, sind zu Kapital mit 40 zu erhöhen, wenn sie aber in natura geleistet werden, so sind sie nach dem mässigsten Redemtions-Fusse, der in der Gegend angenommen ist, anzuschlagen und mit 25 zu Kapital zu erhöhen.

f) Die zur Zeit der Ueberweisung vorhandene disponible Natural-Bestände bleiben jedem Theil zu seiner Disposition.

Art. XV. Die zerstreuten Besitzungen, die Seine Königliche Majestät innerhalb Seiner Kurfürstlichen Durchlaucht ältern Landen und itzigen Indemnitäten besitzt, desgleichen die zerstreuten Besitzungen, welche Seiner Kurfürstlichen Durchlaucht schon vor der Entschädigung in den Königlich-Fränkischen Provinzen zugestanden, werden nach Maassgabe des vorstehenden §. angeschlagen und in die allgemeine Masse geworfen. Eben so machen die — vermöge der §. VII. und VIII. wechselseitig übergehenden Objecte, so wie diejenigen gutsherrlichen Nutzungen, die in Gemässheit des §. II. durch die Grenz-Regulierung wechselseitig übergehen, Gegenstände dieser Ausgleichung aus, und werden nach den Grundsätzen des §. XIV. angeschlagen.

Art. XVI. Ergiebt sich nun nach allen diesen gemachten Anschlägen bei endlicher Bilancirung derselben, auf welchen Theil etwa ein Ueberschuss der Revenüen fällt, so muss derjenige, der einen Ueberschuss zu vergüten hat, in so weit er von den ersten drei Jahren, vom erlangten Besitzt an gerechnet, herrührt, den andern, sobald sich der Ueberschuss bestimmen lässt, solchen in halbjährigen Fristen aus seinen Haupt-Kassen baar und ohne Unkosten ausbezahlen und am Ende des dritten Jahrs entweder so viel von den ac-

1803 quirirten Tausch-Objecten zurückgeben, oder solche anderweite Territorial-Objecte darbieten, deren Ertrag genau der Summe des Ueberschusses gleich kommt. Diese neue Territorial-Objecte, welche Seiner Königlichen Majestät angeboten werden können, müssen in Franken und die für Seine Kurfürstliche Durchlaucht auch in Franken oder Schwaben liegen und mit den schon bestehenden Besitzungen eines jeden Theils einen Zusammenhang bilden.

Damit aber jeder Theil in aller Form gesichert bleibe, sowohl dass binnen der ersten drei Jahre der ausgemittelte Ueberschuss richtig bezahlt, als auch, dass mit Umlauf des dritten Jahres der Ueberschuss, falls dessen Fortbezahlung nicht freiwillig vorgezogen werden sollte, durch Aquivalente und convenable Territorial-Objecte ersetzt werde, so sollen bis dahin jedem Theil die abgetretenen Tausch-Objecte generaliter verpfändet bleiben.

Auf den Fall, dass sich an Territorial-Objecten bei der zu ziehenden Schluss-Balance ein Verlust an deren Ertrage für Pfalz-Bayern ergebe, wird Königlich-Preussischer Seits, mit Rücksicht auf die — §. XIV. am Ende Nr. 4. getroffenen Bestimmungen, in so ferne dieser Verlust nicht durch Ueberweisung anderer — Seiner Kurfürstlichen Durchlaucht gelegener Territorial-Gegenstände vergütet werden kann, die Verbindlichkeit übernommen, so viel als erforderlich ist, um jenen Ertrags-Ausfall zu decken, an den Grenzen der Kurfürstlichen Lande, jedoch übrigens nach eigener Wahl, von den Bambergschen Aemtern Mt. Schorgast, Kupferberg und Enchenreuth, wie auch von dem Districte zwischen der Regnitz und Aurach an Pfalzbayern zurückzugeben, weshalb sämmtliche Beamte, in Rücksicht dieses letzten Vorbehalts, in Kurfürstlichen Pflichten verbleiben, jedoch der Königlichen freien Disposition über jene Beamte unbeschadet.

Art. XVII. Die Patronate und andere geistliche Gerechtsame, welche Brandenburg bisher in den Alt- und Neu-Pfälzischen Landen, und diejenigen, welche Pfalz, Würzburg, Bamberg und die 3 Reichsstädte Weissenburg, Windsheim und Dinkelsbühl in dem Königlichen Gebiete in Franken hatten, gehen wechselseitig ohne Anschlag und Ersatz an den Territorial-Herrn, nach Maasgabe der neuen Gebiets-Grenze, über. Den Predigern, Gotteshäusern und frommen Stiftungen eines 1803 Gebiets, wenn sie Besoldungs-Stücke, Zehnten, Gefälle oder Güter, desgleichen Kapitalien im andern Gebiete besitzen, bleiben solche unverkümmert, es wäre denn, dass ein Theil die — zu einer andern Kirche haftende Besoldungen und Abgaben auf ein anderes Tausch-Object assigniren und sich als ein Onus perpetuum in Abzug bringen lassen wollte. Die Kapitalien in fremdem Gebiete kann jede Pfarre, Kirche oder Stiftung künden und zurück ziehen, worin sie den andern Theil unterstützen muss. Derjenige, dem die Last, Kirche, Pfarr- und Schulhaus zu bauen und zu unterhalten, als Gutsherrn, Zehntherrn, Patronen, oder sonst aus einer Stiftung, bisher obgelegen, hat solches, wenn ihm Gutsherrschaft, Zehnten, Patronat oder die sonstige Stiftung noch zukommt, auch ferner zu leisten oder sich mit dem neuen Territorial-Herrn abzufinden.

Art. XVIII. Alle Dominia directa gehen wechselseitig sowohl über Ritter- als Kanzlei-Lehen ohne Anschlag und Ersatz, nach der durch Separat-Vertrag bestmmten Lehns-Linie, an einander über.

Alle Lehen, die nicht heimfällig sind und keinen Kanon geben, auch alle Lehens-Kanones und Ritterpferds-Abträge, da durch solche das Dominium directum redimirt wird, gehen ohne Anschlag über. Wenn die — unter die Lehenherrlichkeit des andern Theils übergehende Vasallen bisher nach mildern Bestimmungen behandelt wurden; so ist darauf in vorkommenden Fällen von ihren neuen Lehenhöfen Rücksicht zu nehmen.

Die Vasallen werden durch Patente des einen Theils ihrer Pflicht entlassen und durch Patente des andern zur neuen Belehnung, jedoch auf diesen Fall ohne alle Kosten, aufgefordert.

Die Lehn-Akten, Lehn-Bücher oder Extrakte derselben werden getreulich wechselseitig mitgetheilt.

Dominia utilia, die etwa in einem Theile des Gebietes des andern liegen, werden angeschlagen und ausgetauscht. Gemeine Amts- Bauern- und Zinns-Lehen gehen wie dergleichen Allodial-Güter durch Tausch über, und werden nach Maasgabe des §. XIV. angeschlagen. Von dem Tage der geschehenen Auswechselung der beiderseitigen Ratifikationen des Separat-

1803 Vertrages vom zwei und zwanzigsten November Ein
tausend achthundert und zwei, wegen Ueberweisung
der Lehen, werden die durch solchen wechselseitig zu
überlassende Dominia directa als dem neuen Lehnsherrn
zuständig, angesehen, und von eben diesem Zeitpunkte
an hängen alle lehenherrliche Konsense zur Verpfändung,
Verkaufung, Alienationen und sonstigen Dispositionen
des Lehens, lediglich von dem neuen Lehnsherrn ab,
und dürfen nach erfolgter Unterschrift dieses Vergleiches ohne Einwilligung des neuen Lehnsherrn nicht
ertheilt werden.

Art. XIX. Den Privat-Rechten der Dritten, den
Befugnissen der Kämmereyen und Gemeinden, ihren
Waldrechten und dergleichen, kann durch diesen Vergleich, wie sich von selbst versteht, nichts präjudicirt
werden. In sofern jedoch durch diesen Vergleich,
aus Staats-Rücksichten, nothwendige und den beiderseitigen Unterthanen allgemein wohlthätige Bestimmungen und Erhebungs-Normen, in Absicht auf die Nachsteuer, Zunft-Verband und andere Staats-Verhältnisse
und Einrichtungen, ausdrücklich festgesetzt werden,
müssen sich auch die Städte und Insassen hiernach
unweigerlich achten.

Art. XX. Meister, die für ihre Person unter Preussische Landeshoheit kommen, deren Innung und Zunftlade aber im Alt- und Neupfälzischen verbleibt, behalten auf ihre Lebenszeit die Freiheit, ferner in das
Alt- und Neupfälzische Gebiet zu arbeiten, müssen
sich aber, in sofern sie nun ihre Arbeit auch in das
Königliche Gebiet erweitert haben, den Zunft-Anstalten des Königlichen Gebietes unterwerfen und sich in
die Königlichen Zünfte, jedoch unentgeltlich, aufnehmen lassen. Gleiches gilt auch umgekehrt von den
Meistern, die für ihre Person unter Pfalz-Bayerische
Landeshoheit kommen, deren Zunftlade aber im Preussischen bleibt.

Art. XXI. Den Unterthanen der Ansbach-Bayreuthischen und Kurfürstlich Pfalz-Bayerischen Staaten wird vollkommene Freizügigkeit bedungen. Es
dürfen daher bei dem Vollzuge dieses Landes-Vergleichs,
Abzugs- oder Abfahrtgeld, Abschoss und Nachsteuer
nicht angeschlagen, noch vergütet werden. Diese Freizügigkeit nimmt mit der Ueberweisung der beiderseitigen Tausch-Objecte ihren Anfang. Sie erstreckt sich

auf Abzugsgeld und Abschoss, und auf alle Vermögens- 1803
Importationen, sowohl zwischen beiderseitigen immediaten Besitzungen und Gerichtsbarkeiten, als auch auf
die Besitzungen der Städte und Mediat-Corporationen.
Wenn Ritterguts-Besitzer auf den Grund bisheriger
Nachsteuer-Erhebungs-Befugniss diese ferner üben
wollen, so verstehet es sich von selbst, dass diese Erhebungen gegen sie in allen Fällen, wo Vermögen in
ihren Gerichts-Bezirk übergeht, retorquirt werden. Dergleichen Privat-Berechtigte sollen in ein Verzeichniss
gebracht und dem andern Theile soll solches communicirt, auch von dem Gouvernement möglichst dahin gewirkt werden, dass die obige — für beiderseitige Unterthanen wohlthätige Bestimmung allgemeine Anwendung finde, und die allenfallsigen Privat-Berechtigten
solcher untergeordnet werden.

Art. XXII. Der Kanton richtet sich nach der Territorial-Grenze. Solche Kantonisten und Einrangirte,
die als Einländer aus Orten und Districten eingestellt
wurden, die an den andern Theil übergehen, müssen
entlassen und dem neuen Landesherrn zugestellt werden.

Dieses erstreckt sich nicht auf Deserteurs und freiwillige Kapitulanten, welchen letztern jedoch der Abschied nach Ablauf der Kapitulation ertheilt werden muss.

Art. XXIII. Allen einzelnen Personen sowohl, als
den Gemeinden, bleibt die bisherige Freiheit ihrer Religions-Uebung. Wegen der Religion soll Niemand
von allgemeinen Rechten und Prärogativen der übrigen
Unterthanen, Bürger oder Staats-Diener im mindesten
ausgeschlossen werden. Das — zum Gebrauch einer
bestimmten Kirchen-Genossenschaft, bisher ausschliesslich angewendete Pfarr- und Kirchen-Vermögen soll
derselben nicht entrissen, oder ihr eine Theilung mit
andern Religions-Verwandten zugemuthet werden.

Art. XXIV. Jeder Theil verbindet sich, alle weltliche Diener und Beamte, die nach dem §. XIV. Num. 2.)
übernommen werden müssen, ohne Verkürzung ihres
dermaligen rechtmässigen Einkommens, auf ihren Posten zu belassen, oder sie wenigstens auf keine andere,
als gleich ansehnliche und gleich erträgliche zu versetzen,
oder sie zu entschädigen, bei entstehenden Beschwerden aber ohne Urtel und Recht keinen zu entsetzen.
Es steht in der Wahl aller Beamten und weltlichen
Diener, die Forst-Bedienten mit eingeschlossen, ob

1803 sie in die Dienste des neuen Territorial-Herrn mit
übertreten, oder von dem bisherigen Gebiets-Herrn
eine anderweite — ihren Verhältnissen angemessene
Anstellung nachsuchen wollen. Auf alle Fälle 'aber,
wenn sie auch mit übergehen, bleibt ihnen für ihre
Person lebenslänglich die Freiheit, ohne Nachsteuer
wieder in das andere Land zurück zu kehren, und die
— ihnen anfallenden Erb- und Kaufgelder ohne Abzug
zu beziehen. Auch sollen ihre Kinder in dem vorigen
Lande aller Schulstipendien und Stiftungen theilhaftig
bleiben können, und ihnen frei stehen, ob sie sich als
Landeskinder bei dem vorigen — oder dem neuen
Gebiets-Herrn zu Aemtern und Diensten melden wollen.

Die Geistlichen und Schullehrer gehen zwar mit
den ausgetauschten Orten in das neue Gebiet über,
doch bleiben ihnen und ihren Kindern dieselben Vortheile ausbedungen.

Auch haben sie vollkommenen Anspruch, von dem
vorigen Gebiets-Herrn noch weiter befördert und vocirt
zu werden.

Alle Zoll-, Maut- und Accise-Bediente kommen
dahin, wohin die Stationen übergehen oder verlegt werden.

Art. XXV. Die Kammer-Amts-Registraturen sollen nach vollendeter Kameral-Ausgleichung und mit
Beobachtung der Bestimmungen des §. XI., die Justiz-
Amts-Registraturen ohne Bedingung, die Amts-Spor-
tel-Kassen, die gerichtlichen Deposita, die Vormund-
schaftsgelder und Rechnungen sogleich bey der Besitznahme getreulich überliefert werden.

Die in den Depositoriis vorfindliche Königliche
und Kurfürstliche Staats-Papiere können in gleichem
Werthe ausgewechselt, die Realisirung der übrig bleibenden aber nur nach den bestimmten Zeitfristen verlangt
werden, wo die Einlösung solcher Obligationen festgesetzt worden.

Alle archivalische Erwerb-Urkunden und Documente, die auf die abgetretenen Districte Bezug haben,
in den Archiven, alle laufende Kollegial-Acten, sind
sich wechselseitig auszuhändigen, oder, wo die Aushändigung im Ganzen nicht thunlich ist, Extracte und
Abschriften zu jeder Zeit willig und schleunig abzugeben.

Art. XXVI. Bey der Instanz, wo eine Rechtssache
einmal anhängig ist, soll sie schleunig abgeurtheilt, sodann aber, wenn sie einen Beklagten oder ein Klag-

Object aus den abgetretenen Orten und Districten be- 1808
trift, der Berufung an die höhere Instanz des neuen
Landesherrn statt gegeben werden. Von dessen Gerichten ist auch die Execution der Urtheile nachzusu-
chen, die ohne Berufung an die weitere neue Instanz
in die Rechts-Kraft erwachsen. Die Urtheile der
obersten verfassungsmässigen Gerichts-Instanz hat der
neue Richter des Beklagten oder der Sache, ohne
Eingelenke, zu exequiren.

Art. XXVII. Beide kontrahirende Theile wollen zur
Beförderung des wechselseitigen Kommerzes und einer
freien Handels-Kommunikation, sich freundschaftlich
die Hand bieten, auch zu dem Ende insbesondere die
Anlegung von Kanälen und Chausseen gemeinschaftlich
befördern.

Beide Theile versprechen dem Abflössen des Holzes
aus ihren oberländischen Forsten auf den in den Mayn
fliessenden Bächen, so wie auf dem Mayn selbst, nichts
in den Weg zu legen, und eben so die Schifffahrt auf
dem Mayn für die beiderseitigen Lande und deren Einwohner, unter keinerlei Vorwand, zu erschweren.

Gleich nach dem Abschlusse dieses Vergleiches
sollen von beiden Seiten die Vorbereitungen zu einem
baldmöglichst abzuschliessenden Kommerz-Traktat gemacht und die dahin zielenden Unterhandlungen sodann
eröfnet werden.

Vorläufig wird festgesetzt, dass kein Theil neue
Zölle am Mayn anlegen, noch sonst Einrichtungen
treffen solle, die dem gegenseitigen Zollrechte und
Interesse nachtheilig wären.

Für Fürstengut, namentlich für alle Güter und
Naturalien, die von Landesherrlichen Magazinen selbst
exportirt oder auf landesherrliche Kosten und Rechnung zu- oder abgeführt werden, wird beiderseitige
Zollfreiheit auf dem Mayn bedungen. Es muss jedoch
bei dergleichen Transporten die Qualität landesherr-
licher Güter durch Attestationen des auswärtigen Departements oder der zunächst untergeordneten Landes-
Behörden nachgewiesen werden.

Wenn aber dergleichen Naturalien an einen Dritten
verkauft sind; so kann der dritte Käufer die Zoll-
Freiheit nicht prätendiren, noch der verkaufende Theil
ihm solche als Vortheile und Bedingung des Verkaufs
zugestehen.

1803   Allen Ausflüchten und Einwendungen, die gegen
diesen Vergleich gemacht werden könnten, wird hiermit von beiden Theilen feierlichst entsagt. Insonderheit
sollen gegen den ausdrücklichen Inhalt dieses Vertrags
oder dessen natürliche Folgerungen die ältern Verträge und Urkunden nicht angeführt werden können
und keine Kraft haben, sondern sie sollen nur als erste
Erwerbe-Urkunden und Besitz-Titel und als geschicht-
liche Subsidien und Erklärungs-Mittel nach einmal be-
richtigter Grenze ferner in Betracht kommen. Sollte
über die Deutung dieses Vertrages jemals Zweifel oder
Streit entstehen; so ist derselbe nach dem natürlichsten
und billigsten Sinn mit Zuhülfnehmung der Vergleichs-
Akten gemeinschaftlich zu erklären und dabei von dem
Grundsatze auszugehen, dass kein Theil einen Vortheil
verlange, den er nicht auch im umgekehrten Falle
dem andern zugesteht oder zugestehen würde, dass keine
Ausnahmen von festen Grundsätzen und Regeln verlangt
werden, und dass die Anwendbarkeit der aufgestellten
Grundsätze immer gleichseitig seyn muss. Irrungen
und Anstände, die sich während dem Vollzuge des
Grenz-Berichtigungs- und Ausgleichungs-Geschäfts
selbst hervorthun sollten, sind von den gemeinschaftlichen Kommissionen mit äusserster Anstrengung in
Güte zu heben und bei geringfügigen Gegenständen
sich nicht aufzuhalten.

Können sie sich nicht vereinigen, so ist die Sache
den beiderseitigen Ministerien in einem gemeinschaftlich
verfassten und unterzeichneten Status causae zur Entscheidung vorzulegen. Alle Beamten und Kollegien
sollen sich sowohl persönlich, als in ihren schriftlichen
Verhandlungen, freundschaftlich, nachbarlich und an-
ständig begegnen, kein Kollegium soll sich einer un-
freundlichen und anzüglichen Schreibart weder selbst
bedienen, noch solche den Aemtern gestatten.

Endlich soll sich, sobald eine Sache streitig geworden, in keinem Falle, weder das Amt, noch das
Kollegium, und ohne dass Gefahr des Verzugs obwal-
tete, alsogleich exekutive behaupten, sondern die Kollegien sollen zuvor versuchen, zu Vermeidung einseitiger
Insinuationen und Darstellungen, den statum causae et
controversiae gemeinschaftlich aufzusetzen, und solchen
sodann an die beiderseitigen Ministerien zur Entscheidung oder Vermittelung einsenden.

Ueber gegenwärtigen Vergleich selbst soll unver-**1808** züglich die unmittelbare Genehmigung Seiner König- lichen Majestät und Seiner Kurfürstlichen Durchlaucht nachgesucht, und binnen Sechs Wochen, vom Tage der Unterzeichnung an gerechnet, beigebracht werden.

Zur Urkunde dessen haben beiderseitige Bevoll- mächtigte diese Vertrags-Urkunde, nachdem sie gleich- lautend doppelt ausgefertiget worden, eigenhändig un- terschrieben, besiegelt und gegen einander ausgeweeh- selt. So geschehen Ansbach, den dreissigsten Junii Eintausend Achthundert und Drei.

(L. S.)   CARL AUGUST v. HARDENBERG.

(L. S.)   MAX. JOSEPH Freih. v. MONTGELAS.

27.

Traité d'Alliance conclu entre Sa Maj. l'Empereur des Français et Roi d'Ita- lie et Son Altesse Sérénissime Electo- rale Bavaro-Palatine.   *Würzbourg, le 23. Septembre 1805.*

(Extrait.)

Art. 5. Le Général commandant les troupes Bavaro- Palatines sera subordonné en tout ce qui concerne la conduite Générale de la guerre, et l'ensemble des opérations, au Général en chef de l'armée française; mais en tout ce qui regarde l'administration intérieure, le service et la discipline, les troupes bavaroises n'au- ront d'ordres à recevoir que de leurs propres chefs.

Les troupes bavaroises ne seront employées en nul autre pays qu'en Allemagne; elles seront aussi autant que possible, réunies en un seul corps et sur le même point.

Aux postes détachés, et dans les lieux où les troupes des deux armées se trouveront ensemble en garnison, le commandement sera toujours dévolu, ainsi qu'il est d'usage dans tous les services, au plus ancien officier de brevet.

Tout ce qui sera pris sur l'ennemi, comme dra- peaux, canons, sera partagé en proportion du nombre

1805 des troupes des deux armées qui auront coopéré aux dites prises.

Les troupes Bavaro-Palatines seront toujours comprises dans les conventions qui auront lieu concernant l'échange des prisonniers de guerre.

Art. 6. Les contributions en argent, ainsi que les trophées conquis sur l'ennemi, seront partagées entre les armées combinées, aussitôt qu'elles se trouveront sur le territoire ennemi.

Le Général en chef de l'armée française aura soin que les troupes Bavaro-Palatines soient comprises dans les réquisitions qui auront lieu en pain, viande et fourrage aux dépens de l'ennemi commun.

Art. 7. En cas de succès Sa Maj. l'Empereur et Roi s'engage à ne prétendre à aucune augmentation de territoire au delà du Rhin; elle promet au contraire d'employer toute son influence à ce que le territoire bavarois soit aggrandi et arrondi convenablement.

28.

Convention secréte entre la Russie et la Prusse, signée à Pòtsdam par les Plénipotentiaires de ces deux Puissances, le 3. Novembre 1805.

((Manso) Geschichte des Preussischen Staats. Th. II. S. 90.)

Stipulation 1. Der König von Preussen übernimmt die bewaffnete Vermittelung zwischen den Kriegführenden Mächten auf der Unterlage der Bedingungen des Lüneviller Friedens.

Stipul. 2. Der Vertrag von Lüneville bleibt unverändert. Der König von Sardinien wird durch eins von vier vorgeschlagenen Etablissements entschädigt. Unabhängigkeit Deutschlands, Hollands, der Schweiz und Neapels. Die Lombardische Krone wird von der französischen getrennt. Russland verlässt Corfu. Frankreich soll gegen die Pforte versprechen, wegen ihrer Allianz mit Russland sich nicht zu rächen.

Stipul. 3. Sendung eines vertrauten Unterhändlers mit diesen Anträgen an Napoleon.

Stipul. 4. Russland will zufrieden seyn, wenn Na- 1805
poleon diese Bedingungen annimmt und den Kaiser
von Frankreich und den König der Lombardei anerkennen.

Stipul. 5. Waffenstillstand sogleich nach Annahme
dieser Bedingungen. Position der verschiedenen Heere
bis zum Definitivfrieden.

Stipul. 6. Der Zweck ist: Europa ein neues System
zu geben; daher nöthiges Einverständniss über die
aufgestellten Bedingungen.

Stipul. 7. Vier Wochen nach Abreise des Unterhändlers muss die Unterhandlung beendigt seyn, indess die Preussischen Truppen ihre Stellungen ein-
nehmen.

Stipul. 8. Im Falle der Nichtannahme der Anträge
tritt Preussen mit 180,000 Mann und mehr, wo nöthig,
in's Feld. Es versichert gleichfalls den Beitritt der
seinen Schutz anerkennenden Staaten.

Stipul. 9. Preussen stipulirt sich auf den Fall des
Krieges: a) englische Subsidien für sich, Sachsen und
Hessen, vom Tage der Verletzung des Preussischen
Gebiets an, und vier Monate für die Kosten für die
Mobilmachung; ausserdem ein Arrondissement; b) Ver-
proviantirung aus den Russischen Staaten; c) beim
Frieden eine sichere Gränze, durch Acquisitionen oder
durch Tausch, im Verhältniss zu Preussens Anstren-
gungen.

Stipul. 10. Concertirung eines Operationsplans und
Bestimmung eines Centralpunkts, von wo aus die grossen Operationen geleitet werden sollen.

Stipul. 11. Genaues Einverständniss zwischen den
beiden Mächten und Mittheilung aller Propositionen,
die ihnen von Frankreich gemacht würden.

Stipul. 12. Ratifikation an demselben Tage der
Unterzeichnung und Vollziehung aller Artikel, die nicht
eventuell sind.

29.

Bases préliminaires d'une nouvelle constitution pour l'Allemagne septentrionale sous la dénomination: conféderation septentrionale de l'Empire, communiquées au Comte de Goertz, Ministre de la Saxe électorale par le Comte de Haugwitz, Ministre des affaires étrangères de la Prusse, en date du 21. Août 1806.

(Die Regierung Friedrich Augusts, Königs von Sachsen, nach den Quellen dargestellt von Pölitz. Th. I. Leipz. 1830. S. 277 u. f.)

Art. 1. Zweck des Bundes: Sicherheit von Aussen und im Innern. Die drei vorzüglichsten Glieder sind Preussen,, Sachsen und Hessen.

Art. 2. Preussen nimmt die Würde eines Kaisers von Norddeutschland an, Sachsen und Hessen die Königswürde.

Art. 3. Die übrigen Mitglieder sind: a) Dänemark wegen Holstein; b) Schweden wegen Pommern; c) Sachsen-Weimar, Sachsen-Gotha, Sachsen-Meiningen, Sachsen-Coburg, Sachsen-Hildburghausen; d) Braunschweig; e) Mecklenburg-Schwerin und Mecklenburg-Strelitz; f) Oldenburg; g) der Fürst von Fulda; h) die Reichsstädte Hamburg, Bremen und Lübeck.

Art. 4. Den Titel „Grossherzog” nehmen an: die älteste herzoglich Sächsische Linie, der Herzog von Braunschweig, die älteste herzoglich Mecklenburgische Linie, der Herzog von Oldenburg. Der Fürst von Oranien-Fulda wird Herzog.

Art. 5. Das Berliner Kabinet ladet in seinem Namen und im Namen der beiden Mitpaciscenten (der Kurfürsten von Sachsen und Hessen) sämmtliche Stände zum 15ten Oktober zu einem Kongress nach Dessau ein, um unter Preussens Vorsitz eine förmliche Verfassungs-Urkunde zu entwerfen. Vorläufig werden als Hauptpunkte derselben aufgestellt:

Art. 6. Preussen, Sachsen und Hessen haben das 1806 Directorium des Bundes. Alle Anträge werden an das Directorium und von diesem zur Dictatur gebracht. Ueber die Stimmenzahl der drei paciscirenden Höfe wird man sich vergleichen.

Art. 7. Sämmtliche Bundeslande werden in d r e i K r e i s e getheilt: den Brandenburgischen, Sächsischen und Hessischen. Der B r a n d e n b u r g i s c h e K r e i s umschliesst, ausser den eigenen Preussischen Provinzen, Mecklenburg, Schwedisch - Pommern, Holstein, Oldenburg und Fürstenthum Lübeck, Braunschweig, Hamburg, Bremen und Lübeck. Der Preussischen Landeshoheit wird der südliche Theil der fürstlich - und gräflich - Reussischen Länder unterworfen.

Art. 8. Der S ä c h s i s c h e Kreis begreift, ausser den eigenen Chursächsischen Besitzungen, sämmtliche Sächsische Herzogthümer, die Länder des Hauses Anhalt, die Grafschaft Henneberg. Der nördliche Theil der gräflich Reussischen Länder und die Grafschaft Schwarzburg werden der Sächsischen Landeshoheit unterworfen.

Art. 9. Der H e s s i s c h e Kreis enthält, ausser den eigenen Landen, das Fürstenthum Fulda und die zugleich unter Hessische Landeshoheit kommende Grafschaften Waldeck, Lippe-Detmold, Lippe-Schaumburg, die Grafschaft Schlitz, Pyrmont, Röttberg und Rheda.

Art. 10. Alle Reichsritterschaftliche Besitzungen werden von den Landesherren, in deren Ländern sie liegen, mediatisirt.

Art. 11. Die Besitzungen der deutschen Ritterorden fallen den Landesherren, in deren Gebieten sie liegen, als Eigenthum zu. Die Präbendirten werden pensionirt; auch wird ein Pensionsfond für die verdienten Männer aus den Einkünften gebildet.

Art. 12. Die Reichsstädte sind der höchsten Gerichtsbarkeit des Bundes und der oberherrlichen Aufsicht eben so unterworfen, wie vorher der des Kaisers und Reichs. Sie sind allezeit neutral und conscriptionsfrei, bezahlen aber dafür Charitativ-Subsidien.

Art. 13. Dem Oberhaupte des Bundes stehen alle Vorrechte des deutschen Kaisers in den ständischen Ländern zu. Im Falle der Minderjährigkeit des Regenten üben Sachsen und Hessen abwechselnd die Rechte des Bundesoberhaupts aus.

1806   Art. 14. Bei einem auswärtigen Angriffe sind sämmtliche Stände die ganze Masse ihrer Mittel dem Bunde schuldig. Sie dürfen keine Verbindungen mit andern Staaten eingehen, welche dem Bunde gefährlich werden können. Die regulaire und gewöhnliche Militairmacht des Bundes ist 240,000 Mann. Dazu stellen:

a) Preussen mit Mecklenburg und Braunschweig   165,000 Mann.

b) Sachsen mit den Herzoglichen Häusern und Anhalt   35,000 —

c) Hessen und Fulda   22,000 —

d) Dänemark und Oldenburg   12,000 —

e) Schweden   6,000 —

Summa   240,000 Mann.

Art. 15. Die Fürsten, welche in Absicht der Stellung der festgesetzten Militairmacht sich mit einander vereinigen, treffen ein güttliches Abkommen unter sich.

Art. 16. Der Kongress wird die Mittel bestimmen, die säumigen Stände zur Erfüllung ihrer übernommenen Verpflichtungen executorisch anzuhalten.

Art. 17. Die Militairmacht jedes Kreises steht unter dem Commando des Standes, von welchem der Kreis den Namen führt. In Kriegszeiten steht das ganze Bundesheer unter den Befehlen des Bundes-Oberhaupts. Die ganze Militair-Einrichtung wird auf dem Bundeskongresse durch die von Preussen, Sachsen und Hessen beauftragten Militairpersonen näher bestimmt.

Art. 18. Die Polizei- und Justizverfassung soll, ohne unnütze Beschränkung der bereits bestehenden Anstalten, in den einzelnen Ländern eingerichtet werden.

Art. 19. Die Ausführung der Kongressbeschlüsse über allgemeine Polizeigegenstände wird jedem Landesherrn im Einzelnen und jedem Kreisdirektor im Ganzen überlassen.

Art. 20. Es soll ein nordisches höchstes Bundestribunal errichtet werden, mit dem Sitze in einer der drei Hansestädte.

Art. 21. Bestimmungen in Betreff der Klagen gegen die Regenten bei dem Bundesgerichte und des Recurses von diesem an den Bundeskongress.

Art. 22. Die Execution der Urtheile, so wie die Regulirung des ständischen Schuldenwesens werden

nach den Aufträgen des Bundesgerichts, von den Kreis- 1806
direktoren geführt und vollzogen.

Art. 23. Streitigkeiten der Stände unter sich sollen durch Compromisssprüche entschieden werden. Dem Congresse wird die Sache vorgelegt; der Beklagte wählt zwei Gesandte als Compromissrichter; der Kläger fügt den dritten hinzu. Diese drei entscheiden pro arbitrio boni viri, und wenn sie sich nicht vereinigen können, durch einen vom Congress gewählten Obmann. Die Ausfertigung des Spruchs geschieht im Namen des Congresses. Appellation findet nicht Statt.

Art. 24. Gleich nach Auswechselung der Ratifikationen, die noch vor dem letzten August 1806 Statt finden soll, ist diese Vereinbarung von den drei paciscirenden Höfen den Kaiserhöfen zu Wien, Paris und St. Petersburg bekannt zu machen, so wie den im Art. 3. genannten Bundesständen, mit der im Art. 5 festgesetzten Einladung zum Beitritt und zur Versammelung des Congresses abschriftlich mitzutheilen *).

30.

Traité d'Alliance entre la Prusse et la Hesse électorale, signé à Berlin le ....Août 1806.

(Pölitz Regierung Friedrich Augusts, Königs von Sachsen. Th. I. Leipz. 1830. S. 281 u. f.).

Art. 1. Zwischen Sr. Königl. Maj. und Sr. Churfürstl. Durchl. von Hessen besteht von nun an und auf immer eine feste unauflössliche Allianz, deren Hauptzweck die gegenseitige förmliche Garantie der sämmtlichen Staaten und Besitzungen beider Souveraine seyn wird, ohne Ausnahme und so wie selbige sich gegenwärtig in ihrem Besitze befinden. Da aber die Erhaltung des Ruhestandes und der Sicherheit im nördlichen Deutschlande beiden hohen Contrahenten vorzüglich am Herzen

---

*) Vers la fin du mois de Septembre 1806 le Danemarck, Oldenbourg, Mecklenbourg et les villes hanséatiques ont déclaré leur refus pour leur accession à cette confédération projetée par la Prusse.

Note de l'Editeur de ce Recueil.

1806 liegt; so versprechen sieh dieselben im Besondern,
darauf ihre Aufmerksamkeit zu richten, auch in diesem
Falle, sich nicht nur gegenseitig von jeder den besagten Ruhestand drohenden Gefahr zu benachrichtigen
und zu deren Abwendung mit aller Offenheit und im
engsten Vertrauen zu concertiren, sondern auch, sobald die anzuwendenden Vorstellungs- und Unterhand-
lungs-Mittel dagegen unwirksam bleiben sollten, ihre
Macht nach einem zur Vertheidigung des nördlichen
Deutschlands abzuschliessenden Plane, und wo es die
Umstände erheischen, in ihrem ganzen Umfange auf-
treten zu lassen, selbige auch nie anders, als in ge-
nauestem Einverständnisse, nach erreichter Absicht,
zurückzuziehen. Höchstdieselben verbinden sich zugleich und überhaupt, ihr und ihrer Staaten und Unterthanen Wohl und Vortheil gegenseitig, soviel immer
in ihren Kräften stehen wird, zu befördern und zu
vermehren und einer des andern Nutzen stets als seinen eignen zu betrachten.

Art. 2. Unter dem nördlichen Deutschlande
verstehen beide Theile sämmtliche Länder Deutschlands,
die innerhalb der Linie, „von der böhmisch-sächsischen
Gränze an, längs der südlich-sächsischen Gränze,
Bayreuth, die fürstlich-Sächsischen Länder, die chur-
hessischen Länder, Fulda mit einbegriffen; ferner längs
der Oberhessischen, Paderbornischen, Minden-Ravens-
bergischen, Münster'schen und Märkischen Gränze, bis
an die äusserste Preussisch-Holländische Gränze" begriffen sind, mit allen dahinter liegenden deutschen
Ländern bis an die Ost- und Nordsee.

Art. 3. Sr. Churfürstliche Durchlaucht von Sachsen
werden sofort von beiden Theilen eingeladen werden,
der gegenwärtigen Vereinigung in gleicher Absicht,
durch Abschliessung eines gleichmässigen Traktats, oder
wie Sie es sonst gut finden werden, beizutreten.

Art. 4. Demnächst werden die durch gegenwärtigen
Allianztraktat und die unter ihnen bestehende Erbver-
brüderung vereinigten Höfe durch Bevollmächtigte in
Berlin zusammentreten, um gemeinschaftlich für das
nördliche Deutschland einen föderativen Bund, unter
Preussischen Schutz, zur Verstärkung der politischen,
so wie der militairischen Kräfte, auch, soviel es immer
hiernach geschehen kann, zur Erhaltung der innern
Ordnung und bis jetzt bestandenen innern Verfassung

jedes Landes und dessen Vertheidigung zu verabreden 1806
und festzusetzen. Zu dieser Conföderation des nördlichen Deutschlands sollen hierauf alle Stände desselben
eingeladen werden, namentlich: die Fürstlich-Sächsischen Häuser; die Herzoglich-Mecklenburgischen Häuser; die Anhaltischen Häuser; Braunschweig; Fulda;
Oldenburg; die drei Hansestädte; Holstein; Schwedisch-
Pommern, insofern die gegenwärtigen Irrungen zwischen Preussen und Schweden bis dahin beseitigt seyn
werden. Obgleich dabei, da das föderative System
im Norden nur auf Veranlassung und als nothwendige
Folge des südlichen eingerichtet wird, die Trennung
von dem nun wirklich aufgelöseten Reichsverbande mit
allem Fuge zum Grunde gelegt werden kann; so behalten sich doch die hohen Contrahenten vor, sich
über die möglichste Annäherung an die Formen der
Reichsverfassung, insofern sie auf die gegenwärtigen
Zeitumstände und auf die Absicht einer wirksamen Vertheidigung noch passen dürfte, desgleichen über die
etwa dienlich erachtete Annahme höherer Titel und
Würden, bei der obgedachten Zusammentretung, näher
zu berathen.

Unterz. Graf v. Haugwitz. Baron Steitz v. Eschen.

(La ratification de ce Traité de la part de l'Electeur
de Hesse (Guillaume I.) n'a pas eu lieu.)

31.

Déclaration de guerre de la Russie contre la Suède du 10. Février 1808,

(Portfolio T. II. Nro. 16. 1836.)

Indigné à juste titre de la violence que l'Angleterre a commise à l'égard du roi de Danemarck, l'Empereur de Russie, fidèle à son caractère et au système
de sollicitude non interrompue pour les intérêts de son
empire, a fait notifier au roi de la Grande-Bretagne
qu'il ne peut rester insensible à l'agression si injuste et
si inouïe que vient d'éprouver un souverain auquel il
se trouve uni par les liens du sang et de l'amitié, et
qui est le plus ancien allié de la Russie. Sa Majesté
Impériale a informé le roi de Suède de sa détermina-

1808 tion par une note du 24. Septembre passé, remise à l'ambassadeur suédois près de sa cour. Un des articles du traité conclu en 1783, entre l'impératrice Catherine et le roi Gustave III, ainsi qu'une des stipulations du traité de 1800, conclu entre l'empereur Paul et le roi de Suède actuel contiennent l'engagement réciproque de soutenir le principe que la Baltique est une mer close, de se garantir mutuellement la protection des côtes de cette mer contre toute espèce d'hostilités, de violences ou de vexations, et d'employer à cet effet tous les moyens qui sont au pouvoir des parties contractantes.

Sa Majesté Impériale, se référant à ces traités, s'est crue non seulement autorisée, mais encore obligée à invoquer le roi de Suède pour coopérer avec elle contre l'Angleterre. — Sa Majesté Suédoise n'a pas désavoué l'obligation découlant des traités susdits, mais a refusé toute coopération jusqu'à ce que les Français se fussent éloignés des côtes de l'Allemagne, et jusqu'à ce que les ports de ce pays fussent ouverts aux vaisseaux anglais. Mais la question consistait d'abord à arrêter les agressions que l'Angleterre avait commencées, et qui troublaient le repos de l'Europe. L'Empereur avait demandé au Roi de Suède une coopération basée sur les traités, tandis que Sa Majesté Suédoise répond par une proposition de remettre à une autre époque l'exécution des traités, et paraît s'occuper seulement du soin d'ouvrir les ports de l'Allemagne à l'Angleterre, ou, en d'autres termes, prétend rendre service à cette même Angleterre contre laquelle il s'agit de recourir, au contraire, *à des mesures défensives*. Il serait difficile, de la part du roi de Suède, de montrer plus de partialité envers la Grande-Bretagne. Sa Majesté Impériale a fait remettre, le 16. novembre, une seconde note, par laquelle on informe Sa Majesté Suédoise de la rupture entre la Russie et l'Angleterre; cette note resta deux mois sans réponse, et celle qu'on y fit, le 7. Janvier, n'avait d'autre but que les communications suédoises précédentes.

L'Empereur ne regrette point, toutefois, la modération qu'il a montrée; il aime, au contraire, à se rappeler qu'il a employé tous les moyens possibles pour ramener Sa Majesté Suédoise au seul système de poli-

tique conforme à l'intérêt de ses Etats; *mais Sa Ma-* 1808
jesté Impériale doit à la fin à son peuple et à la
sécurité de son empire, lois suprémes pour un sou-
verain, de ne plus laisser dans l'indécision la que-
stion de la coopération de la Suède.

Informée que le cabinet de Saint-James, s'efforçant
d'amener le Danemarck dans son alliance, le menace
de faire occuper la Zélande par les troupes suédoises,
et d'assurer la possession de la Norwége au Roi de
Suède; assurée, de plus, que Sa Majesté Suédoise,
tout en ne répondant pas à la note de la Russie, négo-
ciait en même temps un traité secret à Londres, —
Sa Majesté Impériale se convainquit que les intérêts
de son empire souffriraient si elle permettait à son
voisin le roi de Suède, au commencement d'une guerre
entre la Russie et l'Angleterre, de déguiser ses sentimens connus en faveur de cette dernière puissance sous
le masque d'une prétendue neutralité. Sa Majesté Impériale ne saurait donc admettre la continuation des
relations actuelles entre la Suède et la Russie; elle ne
peut consentir à une pareille neutralité.

Les intentions de Sa Majesté Suédoise n'étant plus
douteuses, il ne reste plus à Sa Majesté Impériale qu'à
recourir à l'usage de ces moyens *que la Providence*
a placés en son pouvoir, — dans le seul but de
protéger la sécurité de ses Etats; et elle a trouvé
convenable de notifier ses intentions au Roi de Suède,
ainsi qu'à toute l'Europe.

S'étant ainsi acquittée des devoirs que lui impose
l'intérêt de ses Etats, Sa Majesté Impériale est prête
à changer les mesures qu'elle est au moment de prendre
en simples mesures de précaution, si le Roi de Suède
se joint sans délai au Danemarck et à la Russie, pour
fermer la Baltique à l'Angleterre jusqu'à la conclusion
d'une paix maritime. L'Empereur invite le Roi son
beau-frère, au nom des sentimens d'une réelle amitié,
et pour la dernière fois, de ne plus hésiter à remplir
ses obligations, et d'embrasser le seul système de politique convenable aux intérêts des puissances du Nord.

La Suède, qu'a-t-elle gagné depuis que son Roi
s'est attaché à l'Angleterre?

Rien ne pouvait être plus pénible pour Sa Majesté
Impériale que de voir éclater une rupture entre la
Suède et la Russie; mais Sa Majesté Suédoise possède

1808 encore les moyens de prévenir cet événement, en se décidant pour un système qui peut seul préserver l'union et l'harmonie parfaite entre les deux Etats.

32.

Mémorandum concernant la Hollande, adressé aux Monarques alliés contre la France par le cabinet de St. James.

As the splendid successes in Saxony render it probable that the french army may shortly be compelled to retire behind the Rhine, the British Government are desirous of inviting the attention of their Allier to the importance of directing their early efforts to the expulsion of the enemy from Holland.

From the best information they have been able to procuro, the people of Holland are ripe for revolt, so soon as the allied armies shall be in a situation to protect their first movements.

The general feeling of the nation it is stated inclines them to recur to their ancient institutions, with some changes, especially calculated to give more vigour to the executive power. And as the British government are also assured, they with one voice call for the restoration of the Orange Family.

In order to be prepared to aid such a effort from hence, authority has been give to the Prince of Orange to levy in the North of Germany a small corps (2000 infantry) of Dutsch, amongst the prisoners and deserters. They are to be enrolled under his Serene Highness auspices and to bear the name of the family. It is proposed to attach this corps to the force in british pay now serving with the Prince royal's army, till the moment shall arrive for detaching and giving more extension to it.

In addition to this commencement of an army, 20,000 stand of arms are embarked and held in constant readiness in the downs, to be landed at the shortest notice in Holland whenever required.

This arrangement has been confidently, notified to those persons, in the interior of Holland, who are in communication with this country.

As the allied powers will probably be desirous, in 1813 looking to the restoration of Holland to be informed of the views entertained by the British Government on this important subject, there can be no hesitation in stating them in a general manner and with as much precision as can be adopted with respect to an arrangement, which must in a great-measure take its colour from the other stipulations, to be made upon a general peace.

The Rhine being specified in the secret article to the defensive Treaties lately concluded by the Allies, as the boundary to be required from France, it has afforded the British Government great satisfaction to have recived official assurances that they do not consider themselves, as thereby precluded from proposing and insisting upon those arrangements which may be necessary to the general system of Europe in modification of that outline.

In point of fact the Rhine never was insisted upon even by France as a boundary to Holland, whilst that State was suffered to retain even the semblance of independence.

If the object is now to retablish Holland in a situation both as to territory and frontier to sustain it's independence, the British Government submit to the consideration of the Allies, that, if this is the object, the territories of the United provinces as they stood in the year 1792, cannot possibly admit of the smallest reduction.

If things can be restored on the side of the low countries to a State, similar to that in which they stood at that period, when one of the great military powers of Germany was interposed as a protection between France and Holland, the British Government will not feel it necessary to press for any departure from the ancient arrangement of limits — but if the course of events should be such as to render this highly desired object unattainable, and the frontier of France should still remain in contact with that of Holland, they feel it essential that Antwerp, with such other extension of territory as may be necessary to give to the united provinces an adaquate military frontier.

They do not feel that it can be necessary to enter more minutely at the present moment into the de-

1813 tails of such an arrangement; they confine themselves to the statement of the general principle, short of which they do not conceive that Holland can be placed in any reasonable state of security.

After the various communications, which have taken place with the Allies on this subject, it is unnecessary to urge at any length the extreme importance it is to the interests of the Continent that Holland should be wrested from France. If on no other point of view that as the natural centre of the money-transactions of Europe, all independent nations are interested in its being again raised to the rank of a free and independent State. But if the necessity of narrowing the hostile frontier of France towards Germany is considered: it becomes still of more vital consequence, especially to the northern States, that this country, full of resources, strongly covered with defences, and opening numerous débouchés, by which a french army may at once penetrate into the heart of Germany, should be wrested from France.

It also deserves the most sérious consideration (a view of this great question, in which all the continental powers are equally interested) that unless a material reduction can be effected in the extent of coast which France now occupies, and in her means of her naval equipement; England will be obliged to turn all her attention and resources to the increase of her marine, and will comparatively unequal to assist the continent in any future struggle to which it may be exposed, either with troops or money.

In doing justice to the principles which throughout this long and ardous contest have invariably actuated this country, the Powers of the Continent will no doubt feel interested in upholding the strength and influence of a nation, which has so perseveringly devoted all it's faculties to reestablish on a firm and lasting basis the independe of other nations.

The immediate object of this Memorandum is to point the active and early efforts of the Allies to the recovery of Holland. Whenever matters may be ripe for entering more fully upon it's future settlement the British Government will be prepared to recur to those principles, which where laid down in a dispatch of Lord Cathcart, with respect to the colonies conquered

from Holland since 1803, which dispatch has already 1813
been communicated to the Allies, with a sincere disposition on their part liberally to strengthen Holland, in
proportion as that important nation of Europe can be
rendered secure by adequate arrangements against the
power of France.

33.

*Articles separés et secrets du Traité de Paris du 30. Mai 1814 *).*

La disposition à faire des territoires auxquels Sa
Maj. très-chrétienne renonce par l'article 3 du Traité
patent et les rapports, desquels doit resulter un système
d'équilibre réel et durable en Europe, seront reglés
au Congrès sur les bases arrétées par les Puissances
Alliées *entre Elles*, et d'après les dispositions générales
contenues dans les articles suivans.

L'établissement d'un juste Equilibre en Europe
exigeant que la Hollande soit constituée dans les proportions qui la mettent à même de soutenir son indépendance par ses propres moyens, les pays compris
entre la mer, les frontières de la France, telles qu'elles
se trouvent réglées par le présent Traité, et la Meuse,
seront réunis à toute perpétuité à la Hollande.

Les Frontières sur la rive droite de la Meuse
seront reglées selon les convenances militaires de la
Hollande et de ses voisins.

La liberté de navigation sur l'Escaut sera établie
sur le même principe qui a reglé la navigation du
Rhin dans l'article 5 du présent Traité.

Les pays allemands sur la rive gauche du Rhin,
qui avoient été réunis à la France depuis 1792, serviront à l'aggrandissement de la Hollande et à des
compensations pour la Prusse et autres Etats allemands.

---

*) Voy. ce Recueil Supplém. T. VI. (Nouv. Recueil T. II.)
Nro. 1. p. 1 et suiv.

34.

Protocole de la Conférence des Plénipotentiaires de la Grande-Bretagne, de l'Autriche, de la Russie et de la Prusse, du 14. Juin 1814.

(Le Royaume des Pays-Bas sous le rapport de son origine, de son développement et de sa crise actuelle, par le Baron de Keverberg. T. III. La Haye, 1834. Pièces justificatives Nro. V.).

Les mesures à prendre pour effectuer la réunion de la Belgique à la Hollande, et celles relatives à la remise du gouvernement provisoire au Prince d'Orange sont mises en déliberation.

Les principes des quels partent les Puissances, relativement à la réunion de la Belgique à la Hollande sont les suivans :

1o. Cette réunion s'est décidée en vertu des principes politiques adoptés par elles pour l'établissement d'un état d'équilibre en Europe; elles mettent ces principes en exécution en vertu de leur droit de conquête de la Belgique.

2do. Animées d'un esprit de libéralité, et desirant assurer le repos de l'Europe par le bien-être réciproque des parties qui la composent les Puissances désirent consulter également les intérêts particuliers de la Hollande et de la Belgique, pour opérer l'amalgame le plus parfait entre les deux Pays.

3o. Les Puissances croyent trouver les moyens d'atteindre ce but en adoptant pour base de la réunion les points de vûe mis en avant par Lord Clancarty et agréés par le Prince souverain de la Hollande.

Les Puissances inviteront en conséquence le Prince d'Orange à donner sa sanction formelle aux conditions de la réunion des deux Pays. Il désignera ensuite une personne chargée du gouvernement provisoire de la Belgique. Le gouverneur-général entrera dans les fonctions du gouverneur actuel autrichien, et il administrera ce pays au nom des Puissances alliées jusqu'à la réunion définitive et formelle, qui ne pourra avoir lieu qu'à l'époque des arrangemens généraux de l'Europe.

Le Prince d'Orange n'en sera pas moins invité à 1814 procéder dans les voies les plus libérales et dirigées dans un esprit de conciliation, pour préparer et opérer l'amalgame des deux pays sur les bases adoptées par les Puissances. Les demandes des Puissances à la charge de la Hollande et de la Belgique seront l'objet d'une transaction particulière avec le Prince d'Orange, à laquelle l'Angleterre prêtera sa médiation. La négociation relative à cet objet aura également lieu à Vienne.

Vù et approuvé, etc.

Paris, le 21. Juin 1814.

NESSELRODE, METTERNICH, HARDENBERG, CASTLEREAGH.

35.

Protocole sur la tradition de la Principauté d'Aschaffenbourg à la Bavière. Aschaffenbourg, le 26. Juin 1814.

Se. Majestät der Kaiser von Oestreich, König von Ungarn und Böhmen, von der Absicht geleitet, den unterm 3ten Juni 1814 mit Sr. Majestät dem Könige von Baiern abgeschlossenen Vertrag in Erfüllung bringen zu lassen, in dessen Gemässheit das Sr. Kaiserl. K. A. Majestät zu Allerhöchst ihrer freien Disposition überlassene Fürstenthum Aschaffenburg an die Krone Baiern übergeben werden solle, haben zu allerhöchst ihrem Kaiserl. Königl. bevollmächtigten Commissaire Se. Exzell. den K. K. wirklichen Geheimenrath, ausserordentlichen Gesandten und bevollmächtigten Minister an den grossherzogl. hessischen und herzogl. und fürstl. Nassauischen Höfen, wie auch Grosskreuz des königl. Ungarischen St. Stephanordens, Herrn Joh. Aloys Joseph Freih. von Hügel allergnädigst zu ernennen geruhet.

In Gemässheit dieses Kaiserl. allerhöchsten Auftrags haben sich Se. Exzellenz der K. K. bevollmächtigte Herr Commissarius mit dem von Sr. Maj. dem König von Baiern ernannten Herrn Feldmarschall, wirklichen Geheimenrath, Ritter des Königl. Baierischen Hausordens vom heil. Hubert, Grosskreuz des Militair-

1814 Maximilian - Joseph - Ordens, des Civilverdienstordens
der Baierischen Krone, des K. K. Oesterreich. St.
Leopold-, des Kaiserl. Russ. St. Andreas-, Alexander-
Newsky- und des St. Georgen-, dann des K. Preuss.
schwarzen Adlerordens, Kommandeur des K. K. Oestreich.
Marie - Theresien - Ordens, Gross - Offizier der Königl.
Französ. Ehrenlegion, Karl Philipp Fürsten von Wrede
Fürstl. Gnaden bereits in Frankfurt in freundschaftliches
Einvernehmen gesetzt, und nachdem die Vollmachten
gegenseitig ausgewechselt, vidimirte Copien aber zu
den Akten genommen, und anher registrirt worden
sind, haben Se. Exzellenz der K. K. wirkliche Herr
Geheimerath Herr Freih. von Hügel die Erklärung ab-
gegeben:

„dass dem allerhöchsten Befehle Sr. Maj. des Kaisers
„von Oestreich zufolge, Sr. Majest. dem Könige von
„Baiern in der Person allerhöchst ihres bevollmäch-
„tigten Commissairs übergeben worden sey, und an-
„durch wirkl. übergeben werde,"

das Fürstenthum Aschaffenburg, wie solches von dem
letzten Herrn Grossherzoge von Frankfurt besessen
worden ist; alles dieses jedoch unter nachfolgenden
Bedingungen, wie sie von Seiten der Uebergabs - Commission beigefügt, und von der Uebernahms - Commission ausdrücklich anerkannt, und in Gemässheit vorliegender Verträge zugestanden und verabredet worden sind.

1mo. Die landesherrlichen Schlösser werden in dem
Zustande, in dem sie sich befinden, übergeben, mit
Vorbehalt desjenigen, was als Privat - Eigenthum dem
vormaligen Herrn Grossherzog angehörte, mit Vorbehalt der Ansprüche, welche an den Sammlungen der
Kupferstiche und an der Bibliothek nach den vorliegenden testamentarischen und andern Anordnungen von
dem ehemaligen mainzischen Kurstaat gemacht werden
können; und mit Ausnahme des in Aschaffenburg befindlichen Reichs - und Erzkanzlerischen Archivs, dessen
ungehinderter Abführung nach Frankfurt in das Gebäude des General - Gouvernements nach vorderwamer
Ausscheidung dessen, was zu dem Fürstenthum Aschaffenburg privative zugehörig, durch eine gemeinschaftliche Kommission wird bestimmt werden.

Bis zu dieser Ausscheidung und Abführung werden
Se. Maj. der König das bisherige Lokale und die von
dem Uebergabs - Commissaire zu versiegelnden Gewölbe

ohne Störung einräumen, und sehen der Bestimmung **1814**
der hohen verbündeten Mächte vertrauensvoll entgegen.

2tens. Die Krone Baiern hat vom 1ten Julius des
laufenden Jahres anzufangen, die Einkünfte des Fürstenthums Aschaffenburg zu beziehen, bis zu welchem
Tage diese Einkünfte Sr. K. K. Apostol. Maj. verrechnet
werden müssen. Wegen der Rückstände, die bis zum
1ten Juli nicht eingegangen sind, werden die beiderseitigen Regierungen sich über eine Abfindungs-Summe
einverstehen. Die Berechnung dieser Rückstände hingegen soll binnen 3 Monaten gefertigt, und zur Verification derselben den von dem Uebergabs-Commissaire
hierzu ernannten Commissaire die Einsicht der Original-
Akten, Rechnungen und Liquidationen mit den Rech-
nern freistehen.

3tens. Die Kaiserl. Oestreich. Administration hat die
Befugniss, durch 3 Monate vom Tage der Uebergabe
anzurechnen, die Aerarialvorräthe und Magazine entweder von der Königl. Baier. Regierung ablösen zu
lassen, oder, wenn man sich hierüber nicht einverstehen
sollte, sie frei von allen Abgaben jedoch auf eigne
Kosten abzuführen.

Bei den Staats- und Landesherrlichen Domainen
wird, wo ein fundus instructus eingeführt, und wirklich
noch unter der letzten Regierung vorhanden war, so
viel an Natural-Producten zurück bleiben, als zum
fundus instructus und der Bewirthschaftung bis zur
neuen Erndte nothwendig ist. Dasselbe gilt von den
Bergwerken und Salinen in Bezug auf den fundus
instructus und die zu deren weitern Betriebe erforder-
liche Gegenstände.

4tens. Ein gleicher Termin ist zur Abfuhr der allenfalls in Aschaffenburg befindlichen Artillerie, Munition
und Kriegseffekten, wenn diesfalls nicht eine andere
Ausgleichung statt hat.

5tens. Die auf dem Fürstenthume Aschaffenburg
speziell hypothezirten Staatsschulden gehen an die Krone
Baiern über.

6tens. Die Krone Baiern übernimmt jene Staats-
beamten, welche zur innern Verwaltung des Fürstenthums Aschaffenburg gehören, in soweit diese Beamte
in Königl. Baier. Staatsdiensten verbleiben wollen, so
wie die von der innern Verwaltung des Fürstenthums
herrührenden Pensionen.

1814 7tens. Denjenigen Individuen, welche aus dem Fürstenthum Aschaffenburg auswandern wollen, sind für
sie selbst und für ihre Familien sechs Jahre zu Veräusserung ihrer Güter und Fahrnisse eingeraumet; sie
können während dieser Zeit den dafür gelösten Betrag
ohne Abzug in das Ausland abführen.

8tens. Se. K. K. Majest. haben die Verbindlichkeit
übernommen, vom 3ten Juni 1814 an gerechnet, binnen Jahresfrist die aus dem Fürstenthum Aschaffenburg
gebürtigen noch in Allerhöchst ihrem Dienst stehenden
Militair-Individuen in ihre Heimath zu entlassen. Jedoch soll es auch Offizieren und Soldaten frei stehen,
in Kaiserl. K. Diensten zu verbleiben, und sie sollen
deswegen weder in Hinsicht ihres Vermögens noch
ihrer im Lande bleibenden Familien einen Schaden
oder Nachtheil erleiden.

Ueber alles dieses, was nach dem vorstehenden
Inhalte verhandelt und von beiden Theilen anerkannt
worden, ist das gegenwärtige Protokoll in fünf Exemplarien gefertigt, und von den wechselseitigen Herrn
Commissarien unterzeichnet worden. Geschehen Aschaffenburg im Schlosse den 26ten Juni 1814.

Fürst von WREDE,   Freiherr von HÜGEL,
Königl. Baier. Uebernahms-   Kaiserl. Oestr. Uebergabs-
Commissaire.   Commissaire.

36.

Protocole séparé d'une conférence te- nue par les Plénipotentiaires de l'Au- triche, de Russie, de la Grande-Bre- tagne et de Prusse, à Vienne le 22. Septembre 1814.

(La France telle qu'on l'a faite, par M. Kératry.
Paris. 2de édit. 1821. p. 184—187.)

La discussion s'est établie sur la pièce relative
aux *formes* du *Congrès*, qui doit être remise aux
Plénipotentiaires de *France* et d'*Espagne*; les ministres réunis l'ont approuvée, après y avoir fait quelques changemens.

Ils ont même observé, à la lecture de cette pièce 1814 que c'est uniquement *pour ne point donner ombrage,* et *ne point choquer la cour de France,* qu'ils n'ont pas donné tous les développemens nécessaires à l'article 3, qui parle de *l'initiative que les quatre cabinets devront prendre.* Il leur a paru, doublement par cette raison, nécessaire de fixer d'une manière bien précise *entre eux,* le mode de discussion qu'ils veulent établir à cet égard, et la différence entre la délibération des *quatre* [1]) et celle des *six* [2]) Puissances, et ils ont arrêté pour cet effet,

1⁰. Que les *quatre* Puissances seules peuvent convenir entre elles sur la distribution des pouvoirs [3]) devenus disponibles par la dernière guerre et la paix de Paris, mais que les *deux* autres doivent être admises après, pour énoncer leurs avis et faire, si elles le jugent à propos, leurs objections, qui seront pour lors discutées avec elles;

2⁰. Que, pour ne pas s'écarter de cette ligne, les Plénipotentiaires des *quatre* puissances n'entreront en conférence avec les *deux* autres sur cet objet, *qu'à mesure qu'ils auront terminé entièrement,* et jusqu'à un *parfait accord entre eux,* chacun des trois points de la distribution territoriale du duché de *Varsovie,* de l'*Allemagne,* et de l'*Italie.*

3⁰. Que, pour se ménager tout le temps nécessaire pour ces discussions préalables, ces Plénipotentiaires tâcheront de s'occuper, en attendant l'ouverture du Congrès avec les deux autres, des questions d'une autre nature, où *tous les six* ont le plein droit d'entrer comme partie principale dans la discussion.

Ces trois principes ont été motivés, durant la conférence de la manière suivante.

La disposition sur les provinces conquises appartient, par sa nature même, aux Puissances dont les efforts en ont fait la conquête. Ce principe a été consacré par le traité de Paris lui-même et la cour de

---

1) Oestreich, Russland, Grossbritannien, Preussen.
2) Frankreich, Spanien und die vier vorhin genannten. Auf Schweden und Portugal, die am Ende ebenfalls zur Unterzeichnung der Schluss-Acte des Congresses zugelassen wurden, ward hier noch nicht Rücksicht genommen.
3) Wird heissen müssen: pays oder provinces. Das letzte Wort wird unten gebraucht, und weiter steht territoires.

1814 France y a préalablement consenti; car l'article 1er secret du traité de Paris dit, de la manière la plus précise, „que la disposition à faire des territoires sera „réglée au Congrès sur les bases arrêtées par les Puis „sances alliées entre elles." Les termes „arrêtées" et „*arrêtées entre elles*", expriment clairement qu'il ne s'agit point ici ni de simples dispositions, ni de discus sion ou la France prendrait part. Il n'est pas dit non plus où et comment ces bases doivent être arrêtées, et ce serait une interprétation entièrement arbitraire et injuste, si l'on voulait soutenir qu'on n'avait entendu par là que le contenu du traité déjà existant entre les alliées.

Mais la *France* ayant passée sous un Gouverne ment légitime, les quatre Puissances alliées n'entendent pas vouloir éloigner ni elle, ni l'*Espagne*, de toute discussion sur la distribution des territoires, en autant que ces Puissances y ont un intérêt particulier, ou bien qu'elle regarde l'intérêt de toute l'Europe, ainsi qu'elles en auraient éloigné la France, si la paix avait été conclue avec Napoléon.

Ainsi, des trois nuances qu'on aurait pu établir à l'égard de ce point, de n'y être point admis du tout, *de n'y être admis que lorsque les autres parties sont déjà d'accord entre elles*, de reconnaître d'avance tout ce que les autres arrêtaient la seconde est evi demment celle à laquelle la France a droit de préten dre, mais à laquelle elle doit se borner.

Il y aurait d'ailleurs un inconvénient extrême à en agir autrement. Si la France n'est admise que lors que les quatre Puissances sont déjà d'accord entre el les, elle n'en fera pas moins toutes les objections qu' elle croira convenable pour sa propre sûreté et pour l'intérêt général de l'Europe; mais elle n'en fera pas d'autres. Si elle assiste à la première discussion, elle prendra parti pour ou contre chaque question, qu'elle soit liée à ses propres intérêts ou non; elle favorisera ou contrariera tel ou tel Prince d'après des vues par ticulières, et les petits Princes d'Allemagne seront in vités par là à recommencer *tout ce manège d'intri gues* et de *cabales* qui, en grande partie, a causé le malheur des dernières années.

C'est pourquoi il est de la dernière importance de

n'entrer en conférence avec les Plénipotentiaires fran- 1814
çais que lorsque cet objet sera entièrement terminé.
  Approuvé: METTERNICH. HARDENBERG.
  HUMBOLDT. NESSELRODE.

I agree to the proposal contained in the annexed
protocol for the conduct of business, conceiving the
four powers as the parents and projectors of the treaty
of Paris to be the parties the best entitled and the
most qualified to propose the arrangements necessarily
arising out of them.

I consider however the arrangements when so
brought forward to be open to free and liberal discussion with the other two powers as friendly and not
hostile parties.

With respect to the expression, „terminé entièrement et jusqu'à un parfait accord", I wish to be understood as desirous of making every suitable concession of my own sentiments to those of my colleagues,
for the purpose of unanimity; but that I cannot consent to be absolutely bound by a majority, and must
reserve to myself to make such avowal of my dissent,
if such should unfortunatily occur, as the circumstances may appear to me to call for on the part of my
court.
  Signed: Castlereagh.
Vienna, 1814, Sept. 23.
  Vu et approuvé: METTERNICH. NESSELRODE.
  HARDENBERG. HUMBOLDT.

37.
Note du Prince de la Tour et Taxis remise au Congrès de Vienne pour la conservation des droits de poste appartenans à sa maison en Allemagne.

Il importe éssentiellement à la Maison de la Tour
et Tassis que son existence lui soit assurée par les
Puissances du premier ordre. Il est également éssen-
tiel que dans les circonstances actuelles du moment,
les Postes n'éprouvent ni interruption, ni entraves ni

1814 changemens; la chose publique et l'interêt général en souffrirait indubitablement.

Le Prince de la Tour croit donc pouvoir et devoir demander que l'administration de ses Postes soit maintenue dans le *Status quo* actuel, jusqu'à ce qu'on puisse s'occuper de l'organisation intérieure des Postes en Allemagne, et qu'eventuellement son droit de propriété aux Postes lui soit garanti, de manière que les états qui dans la suite voudraient ou pourraient s'emparer de l'administration des Postes, seraient tenus à accorder à la Maison de la Tour une indemnité plenière et à sa convenance.

38.

Extrait de la correspondance particulière confidentielle de Lord Castlereagh avec l'Empereur Alexandre. Vienne, 12. Octobre — .... Nov. 1814.

(v, Gagern Mein Antheil an der Politik. II. Bd. Stuttg. 1826. Beilagen.)

I.

Lettre adressée à l'Empereur Alexandre par Lord Castlereagh, en date de Vienne, le 14. Octobre 1814.

— — — — Mon désir est de donner à l'expression de mes sentimens à cette occasion un caractère aussi peu officiel que possible. Je voudrois parler à Votre Majesté comme un individu à qui les circonstances ont donné une part sécondaire à la grande entreprise, qui sous la direction suprème de Votre Majesté à été conduite à la veille de son accomplissement. Ayant accompagné le quartier général de Votre Majesté et suivi ses pas à travers une grande partie des difficultés et les incertitudes des combats, je me crois autorisé à souhaiter avec une sollicitude particulière, que la conclusion de l'ouvrage réponde à son charactère général et que Votre Majesté employe son influence et son exemple, pour inspirer dans ces grandes conjonctures aux cabinets de l'Europe cet esprit de conciliation, de 1814 modération et de générosité, qui seule peut assurer à l'Europe le repos pour lequel Votre Majesté a combattu, et à Elle-même la gloire qui doit entourer son nom.

Cependant je ne puis pas assez séparer mon individu de la sphère politique dans laquelle je suis placé, pour faire oublier à Votre Majesté, que c'est le Ministre du Prince-Régent d'Angleterre qui lui parle.

Permettez moi, Sire, en partant de ce point de vue, d'observer que la Grande Bretagne à l'exception de ce rapport permanent, qui subsiste entre les intérêts britanniques et l'intérêt général de l'Europe, est la Puissance dont les intérêts particuliers souffriroient le moins d'une résolution quelconque, que Votre Majesté pourroit prendre relativement à la Pologne, et que par conséquent, si je m'explique fortement sur cette question, mon opinion peut ne pas être juste, mais sur aucune question Européenne l'avis que je donnerais comme Organe du Gouvernement britannique, ne sauroit être aux yeux de Votre Majesté plus impartial qu'il ne l'est sur celle-ci.

Je dois même supplier Votre Majesté, lorsqu'Elle me trouvera jusqu'à un certain point en opposition à Ses vues sur le Duché de Varsovie, de ne pas croire que je verrais avec répugnance et même que je ne verrais pas avec satisfaction accroître à Votre Majesté un aggrandissement libéral et considérable sur Ses frontières polonaises. Mes objections ne portent que sur l'étendue et la forme de cet aggrandissement. Votre Majesté peut recevoir un gage très ample de la reconnaissance de l'Europe, sans exiger de Ses Alliés et de Ses Voisins un arrangement incompatible avec leur independance politique.

— — — Votre Majesté ne peut pas méconnaitre à quel point le sort et l'intérêt futur de l'Europe seront dans toute apparence affectés par l'issue de ce Congrès; et combien le jugement que l'on prononcera sur le caractère de cette grande entreprise, tiennent à l'esprit et à la forme dans laquelle elle sera terminée. Voilà une gloire digne de l'ambition de Votre Majesté!

Je n'hésite pas à exprimer à Votre Majesté, que c'est exclusivement l'esprit dans lequel Elle traitera ces questions relativement liées à Son propre Empire, qui

1814 décidera si le présent Congrès doit faire le bonheur du
monde, ou présenter seulement une scène de discorde
et d'intrigue et une lutte ignoble pour acquérir du
pouvoir aux dépens des principes.

J'insisterois avec moins d'empressement sur ces
considérations si je n'étois pas persuadé qu'il y a une
route par laquelle Votre Majesté pourroit combiner Ses
intentions bienfaisantes vis à vis de Ses sujets Polonais
avec ce que Ses Alliés et l'Europe demandent. Ils ne
désirent pas que les Polonais soient humiliés ou privés
d'un système d'administration doux, conciliant et conforme à leurs besoins. Ils ne désirent pas non plus
que Votre Majesté prenne des arrangemens qui restrein-
droient Son autorité souveraine sur Ses propres Provinces. Tout ce qu'ils désirent c'est que pour le maintien
de la paix Votre Majesté procède graduellement à
l'amélioration du système d'administration de Pologne,
et qu'à moins être décidé pour le retablissement entier
et l'indépendance complète, Vous évitiez une mesure,
qui sous un titre plus éminent (Roi) repandroit l'alarme
en Russie et dans les Pays voisins, et qui tout en
flattant l'ambition d'un petit nombre d'individus des
grandes familles, conférerait dans le fait moins de liberté et de prospérité réelle, qu'un changement plus
mesuré et plus modeste dans le système administratif
du pays.

II.

Memorandum annexée à la Lettre précédente.

Les conditions du Traité du 27. Juin 1813 conclu
à Reichenbach étoient les suivantes: la première *la
dissolution* du Duché de Varsovie, et *de partager
les provinces qui le forment,* entre l'Autriche, la
Prusse et la Russie d'après les arrangemens à prendre
par ces trois Puissances, sans aucune intervention du
gouvernement français. Quoique tels sont les arrangemens garantis par des Traités solemnels, qui se rapportent au Duché de Varsovie, il ne parait pas moins
que Sa Majesté l'Empereur de Russie se croit de droit
de disposer de la totalité du Duché de Varsovie, avec
toutes les forteresses, par la raison que ses troupes
ont occupé ce Duché les premières; que cependant
à titre de grace et de faveur il ass'gne à la Prusse la

ville et le territoire de **Dantzig**, avec le district néces- 1803
saire pour joindre l'ancienne **Prusse** aux autres Possessions Prussiennes.   L'Autriche et la Prusse sont
convenus par le Traité du 9. Septembre, à réaliser
l'arrangement à l'amiable entre les trois Cours.

Sa Majesté impériale de Russie ne devroit pas
moins considérer, jusqu'à quel point il est conforme à
son devoir moral, de s'embarquer dans une expérience
qui doit exciter de l'alarme et du mécontentement parmi
ses voisins et de la fermentation politique dans ses
propres états.   Si l'Empereur avait l'intention de retablir
toute la Pologne, l'Autriche et la Prusse y préteraient
volontairement les mains et en seraient satisfaits.   Le
Congrès ne peut pas avancer, si l'Empereur de Russie
ne change pas ses déterminations.

III.
Réponse de l'Empereur Alexandre.

Vienne, le 30. Octobre 1814.

J'ai tardé jusqu'à présent, Mylord, à Vous répondre, parceque j'ai voulu auparavant péser mûrement la
force de chacun des arguments que Vous cherchez à
opposer aux déterminations que j'ai prises.

Les détails et les raisonnements contenus dans la
réponse au Memorandum serviront, je me flatte, à Vous
calmer sur le sinistre avenir que Vous voulez présager
pour les Puissances auxquelles me lie tout ce que l'a-
mitié et la confiance ont de plus indissoluble.   Je compte
de leur part sur un retour parfait.   Quand de pareils
élements existent on ne doit pas craindre, quelque
soient les brandons de discorde qu'on cherchera à jetter parmi eux, qu'il ne resulte du Congrès un état de
choses honorable pour chacun et tranquillisant pour tous.

Quant à ce qui concerne les soins que je dois à
mes propres sujets, et mes devoirs envers eux c'est
à moi à les connaitre, et il n'y a que la droiture de
vos motifs qui ont pu me faire revenir sur les premières impressions qu'à produites en moi la lecture de ce
passage de votre lettre.

Du reste ma réponse et ma confiance dans cette
occasion, Vous prouvent, Mylord, que mes sentiments
sincères pour Vous n'ont pas changé.

ALEXANDRE.

IV.

Mémorandum annexé à la Réponse de l'Empereur Alexandre.

— — — L'auteur du Mémoire veut prouver que l'Empereur s'écarte de ses premiers principes; qu'il méconnoit la foi des Traités; qu'il ménace la sureté de ses Voisins.

Les stipulations du Traité du 27. Juin 1813 ont été *purement eventuelles*, si bien que ni l'Autriche ni la Prusse n'eussent atteint cet étonnant accroissement de puissance, de territoire, d'influence et de considération, si la poursuite de la guerre n'avait amené d'autres conquêtes plus considérables. Dès lors les premières stipulations n'étaient plus applicables aux résultats et devoient suivre d'autres proportions. Les Puissances alliées ont si bien senti la vérité de ce fait que dans le Traité du 2. Septembre il n'est plus question d'autre chose sinon d'un arrangement amiable entre les trois cours de Russie, de l'Autriche et de Prusse sur le sort futur du duché de Varsovie.

— — — — — — —

Ramenons la question au Duché de Varsovie et de ses forteresses. C'est en vain que l'auteur du Mémorandum s'écrie que dans cette réunion les Capitales de l'Autriche et de Prusse sont ménacées; sans aucun moyen de défense. C'est en vain qu'il offre une peinture animée des entreprises de ces Polonais inquiets et remuants appellés à se rallier autour de l'étendard Royal, renouvellant les scènes du passé, conspirant contre leur voisin, enlevant ainsi à tous les coeurs chaque espoir de tranquillité et de bonheur pour l'avenir. Il suffit de jeter un coup d'oeil sur la carte, pour se convaincre que ces dangers sont imaginaires que la défense naturelle se trouve du côté de l'Autriche, la défense artificielle par les places de guerre du côté de la Prusse; que le Duché au contraire formant une pointe avancée, serait pris entre les armées d'Autriche et de Prusse, et les opérations continuant sur les provinces ultérieures, tout ce qui se trouverait au delà du Bug, du Niemen serait occupé de fait et n'aurait de resource que dans deux ou trois forteresses. Ainsi en portant les choses à l'extrême, le danger serait toujours plus grand pour la Russie que pour l'Autriche ou la Prusse, 1814 qui ne manqueraient pas de faire cause commune. Mais admettons l'hypothèse d'une entreprise sur Vienne, de cette capitale que l'Auteur du Mémorandum croit principalement ménacée de quelque point que l'attaque partit, elle prêterait le flanc et le dos aux débouchés des Carpathes. Cette chaine de montagnes est à l'égard du Duché ce que sont les montagnes de la Bohème à l'égard de la Saxe. Or deux rassemblemens de troupes faits en Transilvanie et en Hongrie couperaient de ses communications toute armée qui se serait portée sur Lemberg ou qui du Palatinat de Cracovie voudrait agir sur la Moravie. Revenons aux forteresses. Cracovie munie d'un mauvais château, ne peut plus être mise en ligne de compte, depuis que perdant son principal faubourg, son rayon et la rive droite de la Vistule, l'établissement d'une tête de pont est impossible. Restent Thorn, Modelin, Zamosc, car Sierock est à peine une place d'armes. La Prusse conservant Dantzig et Graudenz, il est de justice que Thorn reste au Duché: Si Modlin est entre les mains d'une autre Puissance, la navigation a cessé pour la Russie sur le Bug, la Narew etc. Si Zamosc est entre les mains de l'Autriche, le Palatinat de Lublin n'est pas tenable. Cependant, disons-le, ce n'est pas la raison militaire qui a motivé de si vives clameurs: c'est la question de la restauration du nom de Royaume de Pologne.

L'auteur a eu soin de produire à cet égard l'article sécret de l'acte de 1797, qui stipule que les trois cours copartageantes n'inséreraient plus dans leur intitulé la denomination ou designation cumulative du Royaume de Pologne. Pour que cet article demeurait obligatoire, il aurait fallu que les choses fussent restées dans la même situation. Mais lorsque l'Autriche et la Prusse ont contribué comme alliées de la France à depouiller la Russie de la plus grande partie des provinces Polonaises; quand elle a été obligée de les conquérir lorsque la conquête du Duché de Varsovie devient aujourd'hui une compensation pour d'énormes sacrifices — il s'agit effectivement d'un nouveau partage et dans ce cas les stipulations qui ont accompagné celui de 1797 n'existent plus. Vouloir méconnaitre en ceci le droit public, c'est chercher gratuitement à compliquer es affaires et à multiplier les difficultés. Supposons

1814 ce nom de Royaume de Pologne rétabli et une partie du Duché de Varsovie réunie à la Russie, admettons à cet égard les conjectures les plus étendues de l'auteur du Mémorandum, quels sont les dangers qui en resulteraient pour l'Autriche et la Prusse? Aucun, puisque l'Empereur offre à l'une et à l'autre de ces Puissances la garantie la plus formelle des parties de Pologne qui demeurent sous leur sceptre. Aucun, puisque cette restitution devant'être contraire suivant l'Auteur du Mémorandum, au système de l'Autriche, de la Prusse, de la France et du Ministère Britannique sa moindre tentation réunirait toutes ces Puissances, aux quelles la Turquie se joindrait, d'abondance contre la Russie isolée et abandonnée à ses seules forces. Cet aveu est sans doute un des premiers de ce genre, fait eh Diplomatie; mais il est digne de la pureté des intentions de l'Empereur. Ce n'est plus d'un peu plus ou d'un peu moins de surface, ce n'est pas de quelques places fortes que se compose d'ailleurs l'équilibre général: c'est de la partie d'intérêts qui ont une tendance commune au moment du danger. Rien ne prouve autant que cette remarque que s'il se présente une solution d'équilibre, ce n'est point assurément en faveur de la Russie.

V.

Seconde Lettre de Lord Castlereagh à l'Empereur Alexandre.

— — Persuadé que Votre Majesté interprétera favorablement les démarches que j'ai faites je me sens bien soulagé en pensant que la pièce que je dois prendre en considération (le Mémorandum Russe) n'exprime pas les propres idées de Votre Majesté Impériale mais celles de la personne qui du côté de Votre Majesté a plaidé la cause des mesures, contre lesquelles j'ai osé me prononcer.

VI.

Mémorandum anglais annexé à la seconde Lettre de Lord Castlereagh.

Examinons dans quelles circonstances et dans quel but les Traités du 27. Juin et du 9. Septembre 1818 sont été conclus, et déterminons avec un peu plus d'exactitude que l'Auteur (du Mémorandum russe) n'en a mis dans cette recherche, ce qui serait arrivé, pour annuller leurs stipulations ou pour abandonner à l'une des parties contractantes, nommément à la Russie, les droits des deux autres sans leur consentement formel.

Le Traité du 27. Juin était celui, sur la foi duquel l'Autriche encore en paix avec la France s'engagea à prendre part à la guerre, dans le cas que sa médiation ne put pas emmener la paix sur des principes établis entre Elle et les Alliés. En se décidant à combattre au risque de son existence, l'Autriche demanda deux conditions, l'une et l'autre d'une grande importance morale pour ses intérêts et pour sa sureté militaire, l'une relative à la réstitution de ses provinces illyriennes, l'autre à une part du Duché de Varsovie formé en partie de pays récemment détachés de son propre territoire.

En considérant l'état de la campagne à l'époque du Septembre 1813 conçoit-on un motif raisonnable, qui ait pu engager l'Autriche, à abandonner gratuitement par un nouveau Traité signé dans ce mois, des droits auxquels par des raisons évidentes elle attachait un grand prix au mois de Juin? Le 9. Septembre, jour d'où ce document est daté, les Alliés avaient remporté des avantages considérables devant Berlin, en Silésie et à Culm; mais ils étaient encore resserrés dans les défilés de la Bohème, Bonaparte était en force à Dresde et le sort de la campagne incertain.

L'auteur du Mémorandum nous informe que relativement à l'article de 1797 la première guerre ou même ce qu'il appelle un changement de circonstances, a pu dissoudre tout ce qu'il y avait de plus solemnel dans la garantie établie par cet article. La chance de son raisonnement est que la guerre détruit la garantie, qu'une guerre heureuse justifie la demande d'une compensation additionelle et d'un nouveau partage; et par conséquent celle aussi d'incorporer ultérieurement dans la nouvelle monarchie sous le sceptre Russe les provinces polonaises adjacentes; en supposant cet arrangement assuré par une garantie qu'on offre à l'Autriche et à la Prusse.

Le sang froid avec lequel on se livre à la contemplation de ces progrès, et la facilité avec laquelle

1814 on croit satisfaire aux prétentions des Puissances voisines, en étendant le principe du partage audelà des limites de la Pologne; ne sont pas certainement bien calculés à dissiper les inquiétudes pour l'avenir, si jamais un systême semblable pouvait malheureusement être gouté. Mais on va plus loin, et malheureusement jusqu'à soutenir, qu'en supposant même que les Traités fussent encore obligatoires, l'arrangement projeté par la Russie relativement au Duché de Varsovie, én remplirait amplement et libéralement les stipulations.

On ne finirait pas si on voulait relever toutes les représentations inexactes qui abondent dans chaque page de la pièce à laquelle nous répondons; ou protester suffisamment contre les efforts que fait l'auteur, pour couvrir la faiblesse de ses argumens par des tentatives, dépeignant une discussion franche, mais respectueuse des mesures d'état de grande importance comme une insinuation contre la personne sacrée de son Souverain.

VII.

Déclaration finale de l'Empereur Alexandre.

— — Mylord, ayant pris connaissance — — j'espère, Mylord, que cet envoi fera la clôture de cette correspondance particulière, Vous priant de faire passer vos papiers d'office par la voie habituelle.

ALEXANDRE.

(A cette lettre se trouva annexé un nouveau Mémorandum russe.)

33.

Déclaration du ci-devant Roi de Suede Gustave IV présentée aux Puissances européennes rassemblées au Congrès de Vienne. En date du mois de Novembre 1814.

(Mémorial du Colonel Gustafsson. Leipzig, 1829. p. 63 et suiv.)

Fort de mes droits, ainsi que des devoirs sacrés qui m'ont été imposés, j'ai été aussi fier d'observer les premiers, que scrupuleux à remplir les derniers. Ayant 1814 été victime de la révolution de mil huit cent neuf, où la nation suèdoise crut devoir sacrifier son roi à ses intérêts politiques, mon acte d'abdication en fut une suite. Comme prisonnier, je l'ai écrit et signé de ma main, en déclarant que cet acte était libre et volontaire; mais vû cet état des choses, je me fais à-présent un devoir de réitérer cette déclaration. Incapable de tergiverser sur mes droits, je ne me suis jamais laissé forcer à signer un acte contraire à mes principes et à ma manière de penser.

Je déclare, de même, que je n'ai jamais abdiqué au nom de mon fils, ce que des bruits répandus dans le public ont voulu faire croire. Je n'y avois aucun droit, donc je n'aurais pu agir ainsi sans me déshonorer; mais j'espère que mon fils Gustave, au jour de sa majorité, saura se prononcer d'une manière digne de lui, de son père et de la nation suèdoise qui l'a exclu du trône.

Fait et signé par moi au mois de novembre, l'an de notre seigneur Jésus-Christ, la mil-huit-cent-quatorzième.

(Signé) GUSTAVE-ADOLPHE, duc de
Holstein-Eutin.

40.

Lettre de M. le Prince de Metter-
nich, comme président de la réunion
des plénipotentiaires des huit Puis-
sances qui ont signé le traité de Pa-
ris du 30. *Mai* 1814, *à Mr. le mar-*
quis de St. Marsan, ministre d'é-
tat et plénipotentiaire de S. M. le Roi
de Sardaigne; datée de Vienne le
17. *Novembre* 1814.

Par suite d'une délibération du 13 de ce mois entre M. M. les plénipotentiaires des Puissances qui ont signé le traité de Paris, je me trouve réquis, comme président de cette réunion, de Vous communiquer, M.

1814 le Marquis, un Extrait de Protocole concernant le sort du ci-devant Etat de Gênes et les droits qui résultent à cet égard du Traité de Paris en faveur de Sa Majesté le Roi de Sardaigne.

Je m'acquitte de cette communication en transmettant à V. E. l'Extrait de Protocole ci-joint, et je La prie d'agréer l'assurance de la considération la plus distinguée avec laquelle j'ai l'honneur d'être,

M. le Marquis, ·

d. V. E. etc.

Vienne, le 17. Novembre 1814.

Le Prince de METTERNICH.

Annexe à la précédente Lettre.

Extrait du Protocole de la Séance du 13. Novembre 1814.

Messieurs les Plénipotentiaires des Puissances qui ont signé le Traité de Paris du 30. Mai 1814, ont pris en déliberation le paragraphe de l'article 2 séparé et secret dudit Traité dont la stipulation, concernant le sort des départemens formés de l'ancien Etat de Gênes, porte dans les termes suivans:

„Que le Roi de Sardaigne recevra un accroisse„ment de territoire par l'Etat de Gênes."

Que „le port de Gênes restera port libre; les „Puissances se réservant de prendre à ce sujet des „arrangemens avec le Roi de Sardaigne."

Sur quoi, M. M. les Plénipotentiaires ont arrêté d'inviter Monsieur le Prince de Metternich, premier plénipotentiaire d'Autriche, président de la réunion des dits plénipotentiaires, à donner à M. le marquis de St. Marsan, ministre d'Etat de Sa Majesté le Roi de Sardaigne, communication officielle de l'Article ci-dessus transcrit.

Voulant, en conséquence, déterminer l'accomplissement de cette stipulation d'une manière qui concille les droits résultans du Traité de Paris en faveur de Sa Majesté le Roi de Sardaigne avec les droits et avantages à réserver en faveur de Gênes, M. M. les Plénipotentiaires ont arrêté que M. le Prince Metternich serait chargé, en sa qualité ci-dessus rappelée, d'inviter M. le Marquis de St. Marsan à entrer, à l'intervention de trois Commissaires de dites Puissances, savoir:

M. le Baron de Wessenberg, M. le Comte de Noail. 1814
les et Mylord Clancarty, en rapport avec le Député de
Gênes, Marquis de Brignoles, et de concerter, sous
cette intervention, un projet propre à établir à la fois
la réunion des Gênes avec les Etats de Sa Majesté le
Roi de Sardaigne et la déclaration du port libre de
Gênes sur des bases solides et libérales conformes aux
vues générales des Puissances et à l'intérêt réciproque
des Etats de Sa Majesté le Roi de Sardaigne et de
celui de Gênes.

Pour extrait conforme.

Signé : Le Prince de METTERNICH.

41.

Billet adressé au Prince de Metternich par le Prince de Hardenberg. En date de Vienne, le 3. Décembre 1814.

(Minerva Bd. 101. 1817. S. 139 u. f.)

Wien, am 3. December 1814. Morgens.

Sie sagten gestern Abend unter andern, mein theurer Fürst, dass wir alles, was wir gewollt, von Russland hätten erhalten können, wenn Preussen ganz im Einverständniss mit Oesterreich und England gehandelt hätte; dass uns die Nachwelt nie verzeihen würde, diese Gelegenheit, Russland auf angemessene Grenzen zu beschränken, versäumt zu haben, indem wir ganz Europa für uns gehabt haben würden.

Diese Behauptung glaube ich widerlegen zu können und zu müssen. Bedenken Sie:

1) dass im Grunde Preussen immer die nämliche Sprache geführt hat, als Oesterreich. Dieses hat sich, so viel ich weiss, nicht mit mehr Festigkeit und Bestimmtheit erklärt als wir; es hat niemals recht deutlich erklärt, worauf es fest halten würde. England hat sich bestimmter ausgesprochen, aber ohne Erfolg.

2) Welches ist denn der Territorial-Gegenstand, welchen wir hätten verlangen können, ohne in Widerspruch mit uns selbst zu gerathen? Krakau und Zamosc mit ihren Umgebungen, Thorn und die Wartha. Seit geraumer Zeit haben wir weiter nichts verlangt als

1814 dieses. Eine weiter ausgedehnte Forderung, z. B. die
Weichsel und der Narew würde uns eine militärische
Grenze gegeben haben; aber konnten wir jetzt davon
sprechen, nachdem wir schon viel mehr nachgegeben
hatten? Zu Reichenbach, zu Prag, zu Töplitz, hätten
wir uns diese bedingen müssen. Wir können nicht
sagen, dass, indem wir den politischen Planen des
Kaisers beitraten, wir das Recht behalten hätten, unsere Forderungen zu erweitern. Diese Plane würden
dadurch gänzlich vereitelt worden seyn, und überdem
hege ich die innige Ueberzeugung, dass sie für uns
vortheilhaft und beruhigend sind.

3) Der Territorial-Gegenstand, auf welchem wir
also höchstens, wir mochten eine Sprache führen, welche wir wollten, hätten bestehen können, wäre für Preussen Thorn, und der schmale Landstrich zwischen der
Prosna und der Wartha gewesen, welcher höchstens
448,000 Einwohner enthält, und das haben wir bis
jetzt gethan. Würde damit die unsichere und gefähr-
liche Lage Preussens, ohne zugleich ganz Sachsen
zu erhalten, im Wesentlichen geändert worden seyn.

4) Angenommen endlich, dass wir uns in einer
starken und festen Sprache vereinigt hätten, die zuletzt
doch nicht anders als drohend hätte seyn können,
würden wir nicht damit wenigstens jene Uneinigkeit,
jene Kälte herbei geführt haben, welche wir so sehr
fürchten müssen, welche alles Gute, das wir beabsich-
tigen, verhindern, so viel Gefahren verursachen würde?
Ruhe, Sicherheit und die Gründung einer festen Ordnung der Dinge, das ist für den Augenblick unser er-
stes und dringendstes Bedürfniss. Nur Eintracht kann
uns dazu verhelfen, und diejenigen im Zaume halten,
welche gern im Trüben fischen möchten.

Machen Sie Mittel ausfindig, theurer Fürst; die
Lage der Dinge, worin wir uns unglückli-
cher Weise befinden, zu Ende zu bringen.
Retten Sie Preussen aus seinem gegenwärtigen Zustande. Es kann nicht aus diesem schreck-
lichen Kampfe, worin es so grosse und edle Anstrengungen gemacht hat, und zwar ganz allein, in einem
beschämenden Zustande von Schwäche hervorgehen,
und zusehen, wie sich alle, alle vergrössern, abrun-
den, Sicherheit gewinnen, und zwar grossentheils durch
seine Anstrengungen. Man kann ihm doch mit irgend

einem Schatten von Recht nicht zumuthen, dass es ganz 1814 allein so schmerzliche Opfer bringe, bloss zur Satisfaction der andern! Eher müsste es von neuem Alles aufs Spiel setzen!

Ihr erhabener Monarch, theurer Fürst, ist die Geradheit, die Aufrichtigkeit, die Gerechtigkeit selbst. An Ihn appellire ich. Legen Sie Ihm diese Betrachtungen und das, was ich Ihnen gestern gab, vor, und antworten Sie mir bald!

„Fleuch Zwietracht, fleuch von unsern Gauen!
                 Weiche
Du Ungeheuer mit dem Schlangenhaar!
Es horste auf derselben Rieseneiche
Der Doppeladler und der schwarze Aar!
Es sey fortan im ganzen Teutschen Reiche
Ein Wort, ein Sinn, geführt von jenem Paar!
Und wo der Teutschen Sprache Laute tönen
Erblühe nur ein Reich des Kräftigen und Schönen!"

Ich habe mich nicht enthalten können, dieses, was ich von Ungefähr gefunden, hieher zu setzen. Möchte es das Motto unserer Teutschen Verfassung und, für das Wohl von ganz Europa, von Oesterreich und Preussen seyn!

Ganz der Ihrige,

                               H.

42.

Bref par lequel S. S. Pie VII accorde à S. M. le Roi de Sardaigne les fruits des biens Ecclésiastiques du Piémont pour pourvoir aux besoins des personnes Ecclésiastiques. En date de Rome le 6. Décembre 1814.

Pius Papa VII.

Carissime in Christo Fili Noster Salutem et Apostolicam Benedictionem.

Ex parte Majestatis Tuae expositum Nobis nuper fuit, Te Divina favente gratia, ad Tuos continentales Status tandem aliquando reversum illud in primis co-

1814   Datum Romae apud Sanctam Mariam Maiorem
sub annulo Piscatoris die sexta decembris millesimo
octingentesimo decimo quarto, Pontificatus Nostri anno
decimo quinto.

R. CARD. BRASCHIUS DE HONESTIS.

43.

Petition au nom des habitans des Principautés d'Ansbach et Baireut adressée au Congrès de Vienne. En date du 9. Décembre 1814.

(Deutscher Beobachter. Hamburg 1815. v. 13. Januar.
Nro. 7.).

Die Gerechtigkeit und Grossmuth der erhabenen
Beherrscher Europas erfüllt uns, die unterzeichneten
Repräsentanten eines nicht unbeträchtlichen Theils von
Teutschland, mit der süssen Hoffnung der erlauchten
Versammlung dieser Monarchen, in unserm und unserer Bürger Namen, die innigsten, von der ersten und
heiligsten aller Bürgerpflichten erzeugten, Wünsche
und Bitten ehrerbietigst darlegen zu dürfen.

Dringend und mit jedem Tage lauter fordern uns
unsere Mitbürger auf, die Anhänglichkeit und unerschütterliche Treue, welche in den fränkischen Fürstenthümern, für den theuersten und geliebten ersten
Landesvater, für ihren verehrungswürdigen König Friedrich Wilhelm und dessen erlauchtes Regentenhaus, unabänderlich fortlebt, vor dem hohen Congress zu Wien
feierlich auszusprechen. Wir legen nur einige an uns
von einer Anzahl unserer besten Mitbürger gerichtete
Adressen bei, und bemerken zugleich, dass Unterschriften zu Tausenden beigefügt werden könnten, wenn wir
nicht auch so schon im Vertrauen auf die edelmüthigen und gerechten Gesinnungen der hohen verbündeten Mächte, welche sogar die Urheber unsers seit Jahren erlittenen Ungemachs grossmüthig und schonend
entlassen haben, die Erfüllung unserer Wünsche, für
unsern allgemein verehrten Landesvater erwarteten.

Nahmlos und qualvoll waren die Leiden der Bewohner Ansbachs und Baireuths in den Jahren des neu

beendigten Kampfes, und unbeschreiblich die Lasten, **1814**
die sie zu tragen hatten. Nichts aber gleicht ihrem
Schmerz, und ihren Bekümmernissen über die wie es
scheint, auch jetzt noch nicht zurückgenommene Trennung von ihrem innigst geliebten vormaligen Landesfürsten. Unser von allen Ansbachern und Baireuthern
als Regent verehrter, und als Vater des Volkes gelieb-
ter König, bewahrte uns die angestammten Tugenden,
Sittlichkeit, Biedersinn, Ehrfurcht gegen Gott und die
Gesetze, Tapferkeit und Anhänglichkeit an das Vaterland. Durch eine weise und gewissenhafte Leitung
aller Verwaltungszweige brachte er Ackerbau, Handel
und Gewerbe zu der Stufe der Vollkommenheit, die
unser Glück begründete, und die in den letztern ver-
hängnissvollen acht Jahren die Kraft erzeugte, dass
unser Vaterland den Leiden und Lasten, die von äusseren Leiden herbeigeführt wurden, nicht gänzlich
unterlag. Jeder redliche Ansbacher und Baireuther
verehrt seine Weisheit, Gerechtigkeit und unermüdete
Gütigkeit für das Landeswohl, und alle erblicken in
ihm die Eigenschaften, welche unentbehrlich sind, die
dem Vaterlande geschlagenen Wunden wiederum zu
heilen. Mit ächtteutscher Redlichkeit erfüllte er als
teutscher Fürst alle Verpflichtungen gegen das Vaterland, dem mehrere Andere schon nicht mehr angehör-
ten. Ganz Europa kennt sein standhaftes Festhalten
an das von ihm gegebene Versprechen, kennt seine
Wahrheit- und Gerechtigkeitsliebe. Ueberzeugt von
seinen väterlichen Gesinnungen für uns und für die
Wiederherstellung des Reichs, traten unsere bewaffne-
ten Brüder willig in die Reihen der verbündeten Heere,
als tapfere Mitkämpfer für die heilige und gerechte
Sache, als Theilnehmer zur Erreichung jenes grossen
Zweckes und als Lösegeld für sich und die Ihrigen.
Hocherhoben sind die Herzen aller Vaterlands-
freunde, als ihnen die Versicherung gegeben wurde,
dass sie zu ihrem ehemaligen geliebten Landesfürsten
zurückkehren würden. Welch' hartes und trauriges
Loos wäre aber das unsrige, wenn nach allen Anstrengungen und Aufopferungen, und für das vergossene
Blut unserer Väter, Söhne und Brüder uns nicht einmal der Trost zu Theil werden sollte, unserm geliebten Landesvater wieder anzugehören.
Fussfällig bitten wir die erhabenen Monarchen,

1814 um die Erhörung der gerechtesten und heissesten Wünsche, mit denen wir das inbrünstige Flehen um den Segen des Allerhöchsten für die edlen und grossmüthigen Beherrscher verbinden, die sich als Wohlthäter der Völker zu dem schönsten Bunde vereinigt haben.

Baireuth den 9. December 1814.

44.

Billet adressé au Prince de Metternich par le Prince de Hardenberg. En date de Vienne, le 11. Décembre 1814.

(Minerva Bd. 101. 1817. S. 315 u. f.)

Wien, am 11. Dec. 1814.

Mein Fürst! Das Schreiben, womit Ew. Fürstliche Gnaden mich gestern beehrt haben, enthält in Beziehung auf Sachsen Vorschläge, die so unerwartet sind, mit allen bisher Statt gefundenen, sowohl mündlichen als schriftlichen Erklärungen, hauptsächlich mit dem officiellen Schreiben, welches Sie, mein Fürst, unterm 22. Oct. mit der Bemerkung, dass es auf Autorisation Sr. Kaiserl. und Königl. Apostol. Majestät geschehe, an mich erliessen, und mit dem Schreiben, welches Lord Castlereagh an demselben Tage von Ihnen empfing, in so geradem Widerspruche stehen; Vorschläge, welche den Ideen, die Sie gegen mich bis auf den letzten Augenblick geltend machten, und welche nur dahin abzweckten, einen Kern von Sachsen für seinen bisherigen Souverän zu erhalten, als ein Mittel, das Ganze zur allgemeinen Zufriedenheit in Ordnung zu bringen, so ganz entgegen sind; Vorschläge endlich, welche mit den Freundschafts-Versicherungen, die Ihr allergnädigster Herr dem Meinigen zu geben beliebt (se plait), so unvereinbar sind, dass ich mich in der Nothwendigkeit sehe, von Sr. Majestät bestimmte Befehle einzuholen, ehe ich mit Ew. Fürstl. Gnaden mich in irgend eine weitere Erklärung einlassen kann.

Unterdessen muss ich bemerken, dass in den, Ihrem Schreiben, mein Fürst, beigefügten Tableaux wesentliche Irrthümer enthalten sind. Es ist mir also von

Wichtigkeit, Ew. Fürstl. Gnaden nicht einen Augen- 1814
blick in dem Gedanken zu lassen, als wären die in diesen Tableaux enthaltenen Vorschläge von der Art, dass
es unmöglich wäre, etwas darauf zu antworten. Ich
bitte Ew. Fürstl. Gnaden, wenn Sie es für angemessen halten, gefälligst, so bald als möglich, jemand zu
ernennen, um sich über diesen Gegenstand mit dem
Herrn Staatsrath Hofmann zu besprechen, welchen
ich mit diesem Geschäft beauftragt habe.

Haben Sie übrigens die Gewogenheit, mir die beiden Charten zurückzuschicken, welche ich Ihnen mitgetheilt habe, eine von dem grössten Theile Teutsch-
lands, die andere von Schlesien; so wie den Original-
brief des Lords Castlereagh an mich über die sächsische Angelegenheit, welchen ich die Ehre hatte, Ew.
Fürstl. Gnaden mitzutheilen. Er ist, wenn ich nicht
irre vom 11. October. Ich habe diese Stücke dringend nöthig.

Empfangen Sie, mein Fürst, die Versicherung
meiner hohen Achtung.

Fürst HARDENBERG.

45.

Note des Plénipotentiaires du Prince souverain des Pays-Bas adressée aux Plénipotentiaires de l'Autriche, de la Grande-Bretagne, de Russie et de Prusse. En date de Vienne, le 24. Décembre 1814.

Quelques objets majeurs, qui occupaient ou divi-
saient les premières Puissances de l'Europe, paroissent
approcher de leur arrangement. Les discussions se
sont établies sur les Départemens à la rive droite de
la Meuse et la rive gauche du Rhin. Elles concernent
les intérêts directs des Pays-Bas et la mission qui
nous est confiée.

Car les articles secrets du traité de paix de Paris
portent:

Art. 3. *Que les frontières sur la rive droite de
la Meuse seront reglés selon les convenances militaires de la Hollande et de ses voisins.*

1814   et Art. 4. *Les pays Allemands sur la rive gauche du Rhin, qui avaient été réunis à la France depuis 1792 serviront à l'agrandissement de la Hollande et à des compensations pour la Prusse et autres Etats Allemands.*

Les hautes Puissances alliées étaient guidées par la considération énoncée dans ce même article 3.

L'établissement d'un juste équilibre en Europe exigeant que la Hollande soit constituée dans les proportions qui la mettent à même de soutenir son indépendance par ses propres moyens.

Rien sans doute n'aura changé l'opinion de ces Monarques, et ne peut avoir changé leur volonté. L'assiduité de Son Altesse Royale à satisfaire aux devoirs de Souverain — l'ordre rétabli en Hollande et préparé en Belgique — la formation d'une armée considérable, des traités conclus ou entamés avec d'autres Etats pour fournir aux besoins des places fortes; — les relations de bon voisinage soigneusement cultivées avec les grandes Puissances — tout prouve, que le noble but sera rempli, et que la tranquillité de l'Europe sera maintenue de ce côté là, et par ces mêmes moyens.

Il s'agira moins d'ajouter au revenu de l'Etat d'étendre vaguement ses limites — que de les choisir — de trouver cette convenance militaire, de satisfaire le juste amour-propre et l'attente de ces peuples; — d'unir, ce qui était uni par les moeurs, la langue, la réligion, les besoins mutuels, les liaisons des fabriques, et enfin par les voeux qui en sont le résultat naturel et nécessaire.

On était convenu à Chaumont d'une ligne qui destinait aux Provinces-unies la majeure partie du Département de la Roer en embrassant Cologne et Aix-la-Chapelle.

Depuis cette époque d'autres circonstances sont survenues et nous ne citerons que les cessions (des cessions précieuses) faites à la France qui mériteront sans doute toute l'attention de Votre Excellence.

Cependant sur le choix final de ces provinces et leur partage, pour parvenir à l'agrandissement prévu par les articles secrets, il y aura indubitablement des raisons pour et contre, et le moment de les développer n'est peut-être pas venu, ou l'initiative ne nous appartient pas. Mais nous ne concevons pas, que ces

questions puissent être séparées, et nous demandons 1814
qu'elles soient traitées simultanément; car les sus-dits
articles secrets placent *cette convenance, cet agrandissement* en première ligne.

Les soussignés, en abordant ainsi la question, en
se référant à ce qui est stipulé, en demandant l'exécution de ces traités, qui les concernent de si près,
rempliront sans aucun doute les vues de leur Souverain,
s'ils prouvent, dans le cours des négociations, de la
déférence aux vues sages et motivées de Sa Majesté
Prussienne; enfin s'ils cherchent et parviennent à établir
le plus parfait accord entre ces deux Etats.

Nous ne devons envisager que nos devoirs, et
nous voulons y satisfaire, mais nous croyons frayer
notre chemin en demandant les conseils éclairés, l'intervention et les ouvertures confidentielles de Votre
Excellence; et, avant tout, le puissant appui, la bienveillance continuée de l'Auguste Monarque qu'Elle représente, pour S. A. R. le Prince, notre Souverain.

Nous saisissons cette occasion avec empressement,
d'assurer Votre Excellence de notre grande confiance
et de notre plus haute considération.

V i e n n e, ce 24. (28.) Dec. 1814.

Le baron de Spaen.   Le baron de Gagern.

46.

*Lettre du Prince de Talleyrand à
Lord Castlereagh, dans laquelle il
demande que le Royaume de Naples
soit rendu à son légitime Souverain.
En date de Vienne, le 13. Décemb. 1814.*

Mylord!

Vous m'avez invité à Vous faire connaître de quelle
manière je conçois que l'affaire de Naples doit être
réglée au Congrès; car, pour ce qui est de la nécessité de l'y régler, c'est un point sur lequel il ne saurait y avoir un seul moment d'incertitude dans un esprit tel que le Vôtre; ce serait à jamais un sujet de reproche, et je dirai même un éternel sujet de honte,
si le droit de souveraineté sur un ancien et beau royaume,

1814 comme celui de Naples étant contesté, l'Europe, réunie pour la première fois et pour la dernière peut-être en Congrès général, laissait indécise une question de cette nature et consacrant, en quelque sorte, l'usurpation par son silence, donnait lieu de penser que l'unique source du droit est' la force. Je n'ai point non plus à établir vis à vis de Votre Excellence, les droits de Ferdinand IV, l'Angleterre n'a jamais cessé de les reconnaitre. Dans la guerre où il a perdu Naples, Elle était son Alliée. Elle l'a toujours été depuis; Elle l'est encore. Jamais Elle n'a reconnu le titre que prend celui qui gouverne à Naples, ni les droits que ce titre suppose. Ainsi pour concourir à assurer ceux du Roi Ferdinand, l'Angleterre n'a qu'une chose bien simple à faire, qui est de déclarer en Congrès ce qu'Elle a toujours reconnu, que Ferdinand IV est le légitime Souverain du Royaume de Naples.

Peutêtre que l'Angleterre, jusqu'ici l'alliée de Ferdinand IV, voudra l'être encore. Peutêtre croira-t-Elle sa gloire même intéressée à l'assister, si besoin est, de ses forces pour rentrer en possession du Royaume dont il aura été reconnu Souverain; mais ce n'est point une obligation qui puisse découler d'une reconnaissance pure et simple des droits de ce Prince, car la reconnaissance d'un droit n'emporte naturellement d'autre obligation que celle de ne rien faire qui lui soit contraire et de n'appuyer aucune prétention qui lui soit opposée. Elle n'emporte point celle de combattre pour sa défense.

Il se peut que je me fasse illusion; mais il me parait infiniment probable qu'une déclaration franche et unanime des Puissances de l'Europe et la certitude qu'aurait celui qui gouverne à Naples de n'être soutenu par personne, rendrait inutile l'emploi de la force; mais si le contraire arrivait, ceux-là seuls seraient les alliés nécessaires du Roi Ferdinand qui jugeraient à propos de lui prêter leur appui.

Craindrait-on que dans ce cas la guerre ne s'étendit hors des limites du Royaume de Naples, et que la tranquillité de l'Italie ne fut de nouveau troublée? Craindrait-on que des troupes étrangères ne traversassent l'Italie? On obvierait facilement à ces craintes en stipulant que le Royaume de Naples ne pourrait être attaqué par le continent italien. L'Autriche pa-

rait s'être engagée. envers celui qui gouverne à Na- 1814
ples, à le garantir de toute attaque de ce côté; et si,
comme on l'assure, elle ne s'est engagée qu'à cela
(car comment supposer que l'Empereur d'Autriche ait
garanti contre les droits d'un Prince à la fois son Oncle et son beau-père, la possession du Royaume qu'il
a perdu en faisant cause commune avec l'Autriche?).
Elle ne peut être embarassée de concilier avec la justice et avec les sentimens naturels, les engagemens
que des circonstances extraordinaires lui ont fait prendre.

Il me semble donc que l'on peut satisfaire en
même tems à tous les devoirs, à tous les intérêts et
à toutes les convenances, par un article tel que le
suivant.

„L'Europe réunie en Congrès reconnait S. M. Ferdinand IV comme Roi de Naples. Toutes les Puissances s'engagent à ne favoriser et à n'appuyer directement ni indirectement aucune prétention opposée aux
droits qui lui appartiennent à ce titre; mais les troupes que les Puissances étrangères à l'Italie et alliées
à Sa dite Majesté feraient marcher, pour cette cause,
ne pourront traverser l'Italie."

Je me persuade, Mylord, que Votre Excellence
est suffisamment autorisée pour souscrire à une telle
clause, et qu'Elle n'a pas besoin d'une autorisation plus
spéciale. Si toutefois Elle en jugeoit autrement, je l'in-
viterois à demander cette autorisation sans délai, ainsi
qu'Elle a bien voulu me promettre.

Agréez etc. etc.

Le Prince de TALLEYRAND.

47.

Lettre du Prince de Talleyrand au Prince de Metternich, concernant l'affaire de la Saxe, en date de Vienne, le 19. Décembre 1814.

Mon Prince!

Je me suis empressé de remplir les intentions de
S. M. J. et R. A. exprimées de la Lettre que Votre
Alt. m'a fait l'honneur de m'écrire, et j'ai porté à la
connaissance de S. M. Chrétienne la note confidentielle

1814 que Vous avez adressée le 10 de ce mois à M. le
Chancelier d'Etat, Prince de Hardenberg, et que
Vous m'avez officiellement communiquée.

Il me suffit pour répondre de la satisfaction que
causeront au Roi les déterminations annoncées par cette
note, de les comparer aux ordres que S. M. a donnés
à Ses Ambassadeurs au Congrès.

La France n'avait à y porter aucune vue d'ambition ou d'intérêt personnel. Replacée dans ses antiques
limites, elle ne songeait plus à les étendre, semblable
à la mer, qui ne franchit ses rivages, que quand les
tempêtes l'ont soulevée; ses armées chargées de gloire
n'aspirent plus à de nouvelles conquêtes. Delivrée de
cette oppression, dont elle avait été bien moins l'instrument que la victime, heureuse d'avoir recouvré ses
Princes légitimes et avec eux le repos qu'elle poûvait
craindre d'avoir perdu pour toujours, elle n'avait point
de reclamations à faire, point de prétentions qu'elle
voulut former. Elle n'en a élevé, elle n'en élevera
aucune. Mais il lui restait à désirer que l'oeuvre de
la restauration s'accomplit pour toute l'Europe, comme
pour elle que partout et pour jamais l'esprit de révolution cessàt, que tout droit légitime fut rendu sacré,
et que toute ambition ou entreprise injuste trouvât et
sa condamnation et un perpétuel obstacle dans une
reconnaissance explicite et dans une garantie formelle
de ces mêmes principes, dont la révolution n'a été
qu'un long et funeste oubli. Ce désir de la France
doit être celui de tout Etat Européen, qui ne s'aveugle
pas à lui-même. Sans un tel ordre de choses nul ne
peut se croire un seul moment certain de son avenir.

Jamais bùt plus noble ne fut offert aux Gouvernemens d'Europe; jamais résultat ne fut si nécessaire,
et jamais on ne put tant espérer de l'obtenir qu'à
l'époque où la Chretiennité toute entière était, pour
la première fois, appellée à former un Congrès. Peut-
ètre l'aurait on déja complettement obtenu, si, comme
le Roi l'avait espéré, le Congrès, d'abord réuni, eût,
en posant les principes, fixé le but et tracé la seule
route qui pùt y conduire.

Sans doute alors, on n'aurait pas vu des Puissances se faire un prétexte pour détruire, de ce qui
ne peut avoir que la conservation pour fin. Certes,
quand le Traité du 30 Mars a voulu que le dernier

résultat des opérations du Congrès fut un *équilibre* 1814 *réel et durable*, il n'a pas entendu sacrifier à cet équilibre les droits qu'il devait garantir. Il n'a pas entendu confondre dans une seule et même masse tous les territoires et tous les peuples, pour les diviser ensuite selon de certaines proportions; il a voulu que toute Dynastie légitime ou fut conservée ou rétablie, que tout droit légitime fut respecté, et que les territoires vacans, c'est à dire sans Souverains, fussent distribués conformément au principe de l'équilibre politique, ou, ce qui est la même chose, aux principes conservateurs des droits de chacun et du repos de tous. Ce serait d'ailleurs une erreur bien étrange, que de considérer comme élémens uniques de l'équilibre ces quantités que les Arithmeticiens politiques dénombrent. „Athènes, dit Montesquieu, eut dans son sein les mêmes forces et, pendant qu'elle domina avec tant de gloire, et pendant qu'elle servit avec tant de honte. Elle avait vingt mille citoyens, lorsqu'elle défendit les Grecs contre les Perses, qu'elle disputa l'empire à Lacédémone et qu'elle attaqua la Sicile; elle en avait vingt mille, lorsque Demetrius de Phalère les dénombra, comme dans un marché on compte les esclaves." L'équilibre ne sera donc qu'un vain mot, si l'on fait abstraction, non de cette force éphémère et trompeuse que les passions produisent, mais de la véritable force morale, qui consiste dans la vertu, or dans les rapports de peuple à peuple la vertu première est la justice.

Pénétré de ces principes, le Roi a préscrit, comme règle invariable, à Ses Ambassadeurs, de chercher, avant tout, ce qui est juste; de ne s'en écarter dans aucun cas et pour quelque considération que ce puisse être, de ne souscrire, de n'acquiescer à rien de ce qui y serait contraire, et, dans l'ordre des combinaisons légitimes, de s'attacher par préférence à celles qui pensent le plus efficacement concourir à l'établissement et au maintien d'un véritable équilibre.

De toutes les questions, qui devaient être traitées au Congrès, le Roi aurait considéré comme la première, la plus grande, la plus éminemment Européenne, comme hors de comparaison avec toute autre, celle de Pologne, s'il lui eut été possible d'espérer, autant qu'il le désirait, qu'un peuple si digne de l'intérêt de tous les autres par son ancienneté, sa valeur, les services

1814 qu'il rendit autrefois à l'Europe, et par son infortune, pût être rendu à son antique et complette indépendance. Le partage qui le raya du nombre des nations fut le prélude, en partie la cause et peut-être jusqu'à un certain point, l'excuse des bouleversemens auxquels l'Europe a été en proie. Mais lorsque la force des circonstances l'emportant, même sur les plus nobles et plus généreuses dispositions des Souverains auxquels les Provinces autrefois Polonaises sont soumises, eut reduit la question de Pologne à n'être qu'une simple affaire de partage et de limites, que les trois Puissances intéressées discutaient entr'elles et à laquelle leurs traités antérieurs avaient rendu la France étrangère, it ne restait à celle-ci, après avoir offert, ainsi qu'elle l'a fait, d'appuyer les prétentions les plus équitables, que de désirer que Vous fussiez satisfaits et de l'être elle-même, si Vous l'étiez. La question de Pologne n'a pu avoir alors, non seulement pour la France, mais pour l'Europe, et en elle-même, cette prééminence qu'elle aurait eue dans la supposition ci-dessùs, et la question de la Saxe est devenue la plus importante et la première de toutes parcequ'il n'y en a aucune autre aujourd'hui, où les deux principes de la légitimité et de l'équilibre soient compromis à la fois et à un aussi haut dégré qu'ils le sont par la disposition qu'on a prétendu faire de ce Royaume.

Pour reconnaitre cette disposition comme légitime, il faudrait tenir pour vrai: que les Rois peuvent être jugés; qu'ils peuvent l'être par celui qui veut et peut s'emparer de leurs possessions; qu'ils peuvent être condamnés, sans avoir été entendus, sans avoir pu se défendre; que dans leur condamnation sont nécessairement enveloppées leurs familles et leurs peuples; que la confiscation que les nations éclairées ont bannie de leurs Codes doit être au dix-neuvième siècle consacré par le droit général de l'Europe, la confiscation d'un Royaume étant sans doute moins odieuse que celle d'une simple chaumière; que les peuples n'ont aucuns droits distincts de ceux de leurs Souverains et peuvent être assimilés au bétail d'une métairie; que la souveraineté se perde et s'acquiert par le seul fait de conquête; que les nations d'Europe ne sont pas unies entr'-elles par d'autres liens moraux que ceux qui les unissent aux insulaires de l'océan austral; quelles ne vivent

entr'elles que sous la loi de pure nature, et que ce 1814
qu'on nomme le droit public de l'Europe n'existe'pas,
attendu que, quoique les sociétés civiles par toute la
terre soient entièrement ou en partie gouvernées par
des coutumes qui sont pour elles des lois, les coutumes qui se sont établies entre les nations de l'Europe et qu'elles ont universellement, constamment
et réciproquement observées depuis trois siècles ne sont
point une loi pour elles ; en un mot, que tout est légitime à qui est le plus 'fort. Mais l'Europe, à qui
ces doctrines ont causé tant de maux, à qui elles ont
couté tant de larmes et de sang n'a que trop acheté
ce droit de les détester et de les maudire. Elles inspirent une égale horreur à Vienne, à St. Petersbourg,
à Londres, à Paris, à Madrid et à Lisbonne.

La disposition que l'on a prétendu faire du Royaume
de Saxe, pernicieuse comme exemple, le serait encore
par son influence sur l'équilibre général de l'Europe,
équilibre qui consiste dans un rapport entre les forces
d'aggression et les forces de résistance réciproques des
divers corps politiques; elle le blesserait de deux manières, l'une et l'autre très graves:

1) en créant contre la Bohème une force d'aggression très grande, et en ménaçant ainsi la sûreté
de l'Autriche entière; car la force particulière de résistance de la Bohème devrait être proportionnellement
accrue et ne pourrait l'être qu'aux dépens de la force
générale de la résistance de la Monarchie Autrichienne.
Or la sûreté de l'Autriche importe trop à l'Europe,
pour ne pas exciter la sollicitude particulière du Roi.

2) En créant au sein du Corps Germanique et
pour un de ses membres, une force d'aggression, hors
de proportion avec les forces de résistance de tous les
autres, ce qui, mettant ceux-ci dans un péril toujours imminent et les forçant à chercher des appuis
au déhors, rendrait nulle la résistance que, dans le système général de l'équilibre Européen, le corps entier
doit offrir et qu'il ne peut avoir que par l'union intime
de ses membres. La France peut dire avec vérité
comme l'Autriche, qu'elle ne nourrit contre la Prusse
aucun sentiment de jalousie ou d'animosité, et que
c'est précisément parcequ'elle lui porte un véritable intérèt, qu'elle ne peut souhaiter de la voir obtenir des
avantages apparens qui, acquis par l'injustice et dan-

1814 gereux pour l'Europe, lui deviendraient à elle-même tôt ou tard funestes. Que la Prusse acquière tous ceux qu'elle peut légitiment obtenir, non seulement la France ne s'y opposera pas, mais elle sera la première à y applaudir. Qu'il ne soit plus question de ce que le Roi de Prusse cédera de la Saxe au Roi de Saxe, ce qui est un renversement de toute idée de justice et de raison. Mais si l'on demande ce que le Roi de Saxe cédera au Roi de Prusse, et si, pour rendre plus complettement à la Prusse une existence égale à celle qu'elle avait en 1805, des cessions de Saxe sont nécessaires, le Roi de France sera le premier à engager ce Prince à faire celles que peuvent permettre l'intérêt de l'Autriche et l'intérêt de l'Allemagne, lesquels forment en ce point l'intérêt général de l'Europe. Votre Altesse me semble en avoir indiqué la juste mesure dans les tableaux qui étaient joints à Sa note.

Sa Maj. très Chrétienne a invariablement décidé, à ne pas sanctionner, même par son silence, l'exécution des projets formés contre le Roi et le Royaume de Saxe; mais aimant à croire que ces projets sont le fruit de quelque erreur ou illusion qu'un examen plus attentif fera disparaitre, pleine de la confiance dans la droiture personnelle et les sentimens de S. M. le Roi de Prusse, qui a aussi connu le malheur, sachant que tout ce que l'influence de S. M. l'Empereur de toutes les Russies peut faire et tout ce qu'on est en droit d'attendre de toutes les nobles qualités qui le distinguent, persuadée enfin, qu'il ne faut jamais désespérer d'une cause juste, n'a point désespéré de celle de la Saxe. Elle en désespérera bien moins encore, en apprenant que S. M. l'Empereur d'Autriche, par une détermination digne de lui en a pris hautement la défense et déclaré qu'il ne l'abandonnerait jamais.

Agréez, mon Prince, l'assurance de ma haute considération.

Le Prince de TALLEYRAND.

48.

Lettre adressée à Lord Castlereagh par le Prince de Talleyrand. En date de Vienne, le 2....Décembre 1814.

Mylord!

Quoique Votre Excellence ait lu chez moi la lettre que j'écrivis le 19 de ce mois à M. le Prince de Metternich, je ne me crois pas dispensé de Vous en remettre officiellement la Copie que j'ai l'honneur de Vous adresser, car il m'a été enjoint de Vous communiquer ainsi tout ce que l'Ambassade de Sa Maj. très chrétienne ferait de son côté, pour obtenir l'accomplissement des voeux communs de la France et de l'Angleterre. Dans une négociation où leurs intérêts étant les mêmes et se confondent avec l'intérêt de l'Europe, Sa Maj. a regardé comme impossible que leurs voeux ne fussent pas aussi les mêmes. Pour être d'accord sur le moyen, comme sur le but, il suffit que celui-ci soit clairement et distinctement marqué, puis qu'alors il devient évident qu'il n'y a pas deux moyens de l'atteindre.

Le grand et dernier but auquel l'Europe doit tendre et le seul que la France se propose,. est de finir la révolution et d'établir ainsi une véritable paix. La révolution a été une lutte entre des principes opposés. Finir la révolution, c'est terminer cette lutte, ce qui ne peut se faire que par le triomphe complet des principes pour la défense des quels l'Europe s'est armée. La lutte exista d'abord entre les principes appellés républicains et les principes monarchiques. L'invincible nature des choses ayant fait triompher ces derniers, la lutte s'établit entre les Dynasties révolutionaires et les Dynasties légitimes. Celles-ci l'ont emporté, mais non pas complettement encore. Les Dynasties révolutionaires ont disparu, hors une. Les Dynasties légitimes ont été rétablies; mais l'une d'elles est ménacée. La révolution n'est donc pas encore finie. Que faut-il pour qu'elle finisse? Que le principe de la légitimité triomphe sans restriction, *que le Roi et le Royaume de Saxe soient conservés et que le Royaume de Naples soit rendu à son légitime Souverain.*

1814   Sans cela la révolution subsisterait; la lutte ne
serait pas terminée; le Traité de Paris et les travaux
du Congrès n'auraient fait que la suspendre. Il y
aurait une trève, mais non pas de paix véritable.

Agréez etc. etc.

Le Prince de TALLEYRAND.

49.

Traité sécret d'alliance defensive con-
clû à Vienne le 3. Janvier 1815, entre
l'Autriche, la Grande-Bretagne et la
France contre la Russie et la Prusse.

Au nom de la très sainte et indivisible Trinité.

Sa Majesté le Roi du Royaume-uni de la *Grande-*
Bretagne et *d'Irlande,* Sa Majesté l'Empereur *d'Au-*
triche, Roi de Hongrie et de Bohême, et Sa Majesté
le Roi de *France* et de Navarre, étant convaincus que
les Puissances, qui ont à compléter les dispositions du
traité de Paris, doivent être maintenus dans un état
de sécurité et d'indépendance parfaite, pour pouvoir fidèlement et dignement s'acquitter d'un si important devoir, régardant, en conséquence, comme nécessaire,
à cause de prétentions récemment manifestées, de
pourvoir aux moyens de repousser toute agression à
laquelle leurs propres possessions ou celles de l'un
d'eux pourraient se trouver exposées, en haine des propositions qu'ils auraient cru de leur devoir de faire et
de soutenir d'un commun accord, par principe de justice et d'équité; et n'ayant pas moins à coeur de compléter les dispositions du traité de Paris, de la manière la plus conforme, qu'il sera possible, à son véritable but et esprit; ont, à ces fins, résolu de faire
entre eux une convention solennelle, et de conclure
une alliance défensive.

En conséquence, Sa Majesté le Roi du Royaume-
uni de la Grande-Bretagne et d'Irlande a, à cet effet,
nommé pour son Plénipotentiaire, le très honorable
Robert Stewart, Vicomte de *Castlereagh,* etc. etc. etc.

Sa Majesté l'Empereur d'Autriche, Roi de Hongrie
et de Bohême, Monsieur Clément Wenceslas Lothaire

Prince de *Metternich*-Winneburg-Ochsenhausen, etc. 1815
etc. etc.

Et Sa Majesté le Roi de France et de Navarre,
Monsieur Charles-Maurice de *Talleyrand*-Périgrod,
Prince de Talleyrand, etc. etc. etc.

Lesquels, après avoir échangé leurs Pléinpouvoirs,
trouvés en bonne et due forme, sont convenus des articles suivans.

Art. 1. Les hautes Parties contractantes s'engagent
réciproquement, et chacune d'Elles envers les autres,
à agir de concert avec le plus parfait désintéressement
et la plus complète bonne foi, pour faire qu'en exécution du traité de Paris, les arrangemens, qui doivent
en compléter les dispositions, soient effectués de la manière la plus conforme qu'il sera possible au véritable
esprit de ce traité.

Si par suite et en haine des propositions qu'Elles auront faites et soutenues d'un commun accord, les
possessions d'aucune d'Elles étaient attaquées, alors et
dans ce cas, Elles s'engagent et s'obligent à se tenir
pour attaquées toutes trois, à faire cause commune
entr' Elles et à s'assister mutuellement pour repousser
une telle agression avec toutes les forces ci-après
spécifiées.

Art. 2. Si, par le motif exprimé ci-dessus, et pouvant seul amener le cas de la présente alliance, l'une
des hautes Parties contractantes se trouvait menacée
par une ou plusieures Puissances, les deux autres Parties devront, par une intervention amicale, s'efforcer,
autant qu'il sera en Elles, de prévenir l'agression.

Art. 3. Dans le cas, où leurs efforts pour y parvenir, seraient inefficaces [1]), les hautes Parties contractantes promettent de venir immédiatement au secours de la Puissance attaquée, chacune d'Elles avec
un corps de cent cinquante mille hommes.

Art. 4. Chaque corps auxiliaire sera respectivement
composé de cent-vingt mille hommes d'infanterie, et
de trente mille hommes de cavalerie, avec un train
d'artillerie et de munitions, proportionné au nombre des
troupes.

Le corps auxiliaire, pour contribuer de la manière
la plus efficace à la défense de la Puissance attaquée

---

1) „insuffisans", selon une autre version.

1815 ou menacée, devra être prêt à entrer en campagne
dans le délai de six semaines ou plus tard après que
la réquisition en aura été faite.

Art. 5. La situation des pays qui pourraient devenir le théâtre de la guerre, ou d'autres circonstances,
pouvant faire que l'Angleterre éprouve des difficultés
à fournir dans le terme fixé, le secours stipulé en troupes Anglaises, et à le maintenir sur le pied de guerre,
Sa Majesté Britannique se réserve le droit de fournir
son contingent à la Puissance requérante en troupes
étrangères, à la solde de l'Angleterre, ou de payer
annuellement à la dite Puissance une somme d'argent,
calculée à raison de vingt livres Sterling par chaque
soldat d'infanterie, et de trente livres Sterling par cavalerie, jusqu'à ce que le secours stipulé soit complété.

Le mode, d'après lequel la Grande-Bretagne fournira son secours, sera déterminé à l'amiable, pour
chaque cas particulier, entre Sa Majesté Britannique
et la Puissance menacée, aussitôt que la réquisition
aura eu lieu.

Art. 6. Les hautes parties contractantes s'engagent, pour le cas où la guerre surviendrait, à convenir à l'amiable du systême de coopération le mieux approprié à la nature ainsi qu'à l'objet de la guerre, et
à régler de la sorte les plans de campagne, ce qui
concerne le commandement, par rapport auquel toutes
facilités seront données, les lignes d'opérations des corps
qui seront respectivement employés, les marches de ces
corps et leurs approvisionnemens en vivres et en four-
rages.

Art. 7. S'il est reconnu, que les secours stipulés
ne sont pas proportionnés à ce que les circonstances
exigent, les hautes Parties contractantes se réservent
de convenir entr'Elles, dans le plus bref délai, d'un
nouvel arrangement, qui fixe le secours additionnel qu'il
sera jugé nécessaire de fournir.

Art. 8. Les hautes Parties contractantes se promettent l'une à l'autre que, si celles qui auront fourni
les secours stipulés ci-dessus, se trouvent, à raison de
ce, engagées dans une guerre directe avec la Puissance
contre laquelle ils auront été fournis, la partie requérante et les parties requises et étant entrées dans la
guerre comme auxiliaires, ne feront la paix que d'un
commun consentement.

Art. 9. Les engagemens contractés par le présent **1815** traité ne préjudicieront en rien à ceux que les hautes Parties contractantes ou aucune d'Elles, peuvent avoir, et ne pourront empêcher ceux qu'il leur plairait de former avec d'autres Puissances, en tant toutefois qu'ils ne sont et ne seront point contraires à la fin de la présente Alliance.

Art. 10. Les hautes Parties contractantes, nayant aucune vue d'agrandissement, et n'étant animées que du seul désir de se protéger mutuellement dans l'exercice de leurs droits et dans l'accomplissement de leurs devoirs comme Etats indépendants, s'engagent pour le cas où, ce qu'à Dieu ne plaise, la guerre viendrait à éclater, à considérer le traité de Paris, comme ayant force, pour régler à la paix la nature, l'étendue et les frontières de leurs possessions respectives.

Art. 11. Elles conviennent, en outre, de régler tous les autres objets d'un commun accord, adhérant autant que les circonstances pourront le permettre aux principes et aux dispositions du traité de Paris susmentionné.

Art. 12. Les hautes Parties contractantes se réservent, par la présente convention, le droit d'inviter toute autre Puissance à accéder à ce traité, dans tel tems et sous telles conditions qui seront convenues entre Elles.

Art. 13. Sa Majesté le Roi du Royaume-uni de la Grande-Bretagne et d'Irlande n'ayant sur le continent de l'Europe aucune possession qui puisse être attaquée dans le cas de guerre, auquel le présent traité se rapporte, les hautes Parties contractantes conviennent, que le dit cas de guerre survenant, si les territoires de S. M. le Roi de Hanovre ou les territoires de S. A. le Prince souverain des Provinces-unies, y compris ceux qui se trouvent actuellement soumis à son administration, étaient attaqués, Elles seront obligées d'agir, pour repousser cette agression, comme si elle avait lieu contre leurs propres territoires.

Art. 14. La présente convention sera ratifiée, et les ratifications en seront échangées à Vienne dans le délai de six semaines ou plutôt, si faire se peut. En foi de quoi les plénipotentiaires respectifs l'ont signée, et y ont apposé le cachet de leurs armes.

1815   Fait à Vienne, le trois Janvier, l'an de grâce
mil-huit-cent-quinze.

(Suivent les signatures.)

(L. S.)   CASTLEREAGH.
(L. S.)   Le Prince de METTERNICH.
(L. S.)   Le Prince de TALLEYRAND.

Article séparé et secret.

Les Hautes Parties contractantes conviennent spécialement, par le présent article, d'inviter le Roi de
Bavière, le Roi de Hanovre et le Prince Souverain
des Provinces-Unies à accéder au Traité de ce jour,
sous des conditions raisonnables, pour ce qui sera
relatif à la quotité des secours à fournir par chacun
d'eux; les Hautes Parties contractantes s'engageant
de leur côté à ce que les clauses respectives des traités,
en faveur de la Bavière, du Hanovre et de la Hollande
reçoivent leur plein et entier effet.

Il est entendu cependant que dans le cas où l'une
des Puissances ci-dessus désignées refuserait son accession, après avoir été invitée à la donner, comme il
est dit ci-dessus, cette Puissance sera considérée
comme ayant perdu tout droit aux avantages auxquels
Elle aurait pu prétendre en vertu des stipulations de
la convention de ce jour.

Le présent article séparé et secret aura la même
force et valeur que s'il était inséré mot à mot à la
convention de ce jour; il sera ratifié et les ratifications
en seront échangées en même tems.

En foi de quoi les Plénipotentiaires respectifs l'ont
signé et y ont apposé le cachet de leurs armes. Fait
à Vienne, le trois Janvier mil-huit-cent-quinze.

(Suivent les signatures.)

Remarques de M. Klüber sur le Traité.
précédent.

Dieser Triple-Allianz-Vertrag, welcher mitten im Lauf der
Verhandlungen des Congresses, sogar am Ort desselben, geschlossen
ward, soll zunächst durch eine mündliche Aeusserung des Fürsten
Hardenberg veranlasst worden seyn. In einer Sitzung des wegen
der polnischen und sächsischen Frage auf dem Congress bestandenen
Comité's, wo gegen die russisch-preussischen Absichten Schwierigkeiten erregt wurden, soll jener erste preussische Bevollmächtigte
mit einiger Heftigkeit erklärt haben, Preussen werde seine Rechte

wohl zu vertheidigen wissen. Durch diese sehr bestimmte Aeusse- **1815**
rung unangenehm berührt und die Möglichkeit eines Bruchs ahnend,
soll Lord Castlereagh sich bewogen gefunden haben, den Bevollmächtigten Oestreichs und Frankreichs eine Defensiv-Triple-Allianz
vorzuschlagen.

Bestätigt ward durch diesen Vertrag die Richtigkeit der auf
dem Congress ziemlich allgemein und gleichzeitig sich verbreitenden
Muthmassung, dass ein politisches Missverhältniss eingetreten sey,
zwischen Oestreich, England und Frankreich auf der einen, Russland und Preussen auf der andern Seite. Anfangs ward darauf
geschlossen, theils aus den kundbaren Rüstungen Oestreichs nicht
nur, sondern auch Russlands (eine zahlreiche russische Armee stand
kampfgerüstet in Polen) und Preussens, theils aus dem gegenseitigen persönlichen Benehmen der in Wien anwesenden Monarchen
Oestreichs, Russlands und Preussens.

Durch einen Zusatzartikel war Geheimhaltung des Vertrags festgesetzt. Diese Clausel ward streng befolgt, auch nachdem der in dem Separat-Artikel erwähnte Beitritt dreier Souveraine,
wozu noch Sardinien kam, erfolgt war und vier Generale (Rad-
jewsky und Langenau für Oestreich, Ricard für Frankreich, Feldmarschall Wrede für Baiern) einen Operations-Plan für den Fall
verabredet hatten, wenn russische Heere in Mähren und nach Wien
vordringen würden. Treu ward das Geheimniss von den Verbündeten und an den ihnen beigetretenen Höfen bewahrt, aber bald
ward es verrathen durch ein Ereigniss der seltsamsten Art.

Als Napoleon am 20. März 1815 von Elba aus nach Paris
zurückgekehrt war, fiel hier das für den König von Frankreich
bestimmte Exemplar vorstehender Triple-Allianz in seine Hände.
Herr von Jaucourt, Minister der auswärtigen Angelegenheiten,
hatte in der Eile, womit er dem an demselben Tag aus der Haupt-
stadt nach Gent geflüchteten Ludwig XVIII. gefolgt war, dasselbe
in der Canzlei seines Departements zurückgelassen. Napoleon
säumte nicht, eine beglaubigte Abschrift desselben dem auf dem
wiener Congress anwesenden Kaiser Alexander zu senden, in
der Absicht, dadurch Saamen der Zwietracht unter die verbündeten
Mächte zu streuen.

So unerwartet auch die Kunde von einem solchen Vertrag für
die Monarchen von Russland und Preussen seyn musste, der
auf dem Congress zu Wien geschlossen ward, als sie daselbst mit
dem österreichischen Monarchen gastlich unter einem Dach wohnten,
so erfolgte doch die von Napoleon beabsichtigte Wirkung nicht.
Die neue gemeinsame Gefahr hatte jene beiden Mächte mit
den Urhebern der Triple-Allianz auf das Neue und inniger als je
vereinigt.

Man vergl. Fleury de Chaboullon, mémoire pour servir
à l'histoire de la vie privée, du retour et du règne de Napoléon
en 1815, T. I. (Londres, 1820. 8.), p. 339. Auch vergl. man
oben, Bd. VII. S. 77 f. und Klüber's Uebersicht der diplomati-
schen Verhandlungen des wiener Congresses, Abth. 3, S. 547.
Koch et Schoell histoire abrégée des traités, T. XI, p. 56.
Histoire du congrès de Vienne (von Flassan), T. Ier (Paris
1829. 8.), p. 150.

1815   Bald nach dem Abschluss dieses Allianzvertrags, am 1. Februar, erschien zu Wien der erste Feldherr Grossbritanniens, Herzog
von Wellington, und der erste Staatsmann dieser Macht, bis dahin
an der Spitze der brittischen Congress-Gesandtschaft, Lord Castlereagh, machte ihm Platz, um nach London zurückzukehren, wo
die Sitzungen des Parlaments eröffnet werden sollten; er verliess
Wien am 15. Februar 1815.

50.

Déclaration des Plénipotentiaires de Russie, concernant l'établissement d'un Systéme féderatif pour les Etats allemands, adressée au Comte de Winzingerode, Plénipotentiaire du Roi de Würtemberg. En date de Vienne, le 31. Janvier 1815.

Les Puissances qui ont stipulé le Traité de Paris,
ont reconnu le principe de la reconstruction du corps
germanique. Elles ont donné par cet acte une nouvelle sanction aux principes que la Russie et la Prusse
ont annoncés conjointement à toute l'Europe par la
proclamation de Kalisch du $\frac{13}{25}$. Mars 1813. Ce résultat si décisif pour la tranquillité de l'Europe doit être
considéré, comme le fruit le plus précieux des efforts
de la grande alliance, comme l'objet des voeux constans de l'Allemagne et de la sollicitude la plus active
des Puissances intéressées à l'affermissement de son
indépendance.

Quelque soit d'ailleurs la multiplicité des combinaisons et des intérêts, qui occupent actuellement le
Congrès de Vienne, on ne saurait pas encore renoncer à l'espoir de poser les *bases d'un système fédéral entre les états allemands*, fondé sur des institutions propres à rallier les intérêts de toutes les classes,
lequel, sans préjudice des droits de chacun d'eux, ga-
rantisse par une cohésion salutaire, l'existence politique
de la confédération, et assure le maintien de son indépendance au moyen de son attitude militaire.

Pour atteindre promptement ce double but, il semble important de faire *concourir à la confection du*

pacte fédéral la totalité des états allemands, et de 1815 bannir toute divergence qui serait le prélude d'une scission funeste.

D'après cette considération, on ne saurait, pour le moment, donner suite aux idées consignées dans le mémoire auquel cet écrit sert de réponse.

Elles paroissent n'être susceptibles de développement et d'application que pour les cas, où une malheureuse incohérence de vues politiques se manifesterait entre les Puissances réunies au congrès de Vienne, et deviendrait absolument inconciliable; elles ne pourraient être prises en considération que lorsqu'on se verroit dans la nécessité d'employer la force, pour mettre dans un accord permanent ces vues avec les véritables intérêts de l'Europe.

Mais attendu qu'il y a tout lieu d'espérer de réunir tous les suffrages pour cette réconstitution salutaire, en n'employant pour cet effet que le seul ascendant de la persévérance, avec laquelle on travaille à subordonner toute considération particulière aux principes d'équité et de libéralité; attendu que l'on nourrit l'espoir de voir participer aux avantages, qui résulteront du nouvel ordre de choses, tous les états de l'Allemagne; on croit devoir réitérer l'assurance positive, que l'on mettra en oeuvre l'*intervention* la plus efficace, à l'effet de consommer la confection de l'acte fédératif, et de réaliser le système militaire destiné à protéger l'indépendance de l'Allemagne.

Vienne, le 31. Janvier 1815.

51.

Note des Plénipotentiaires du Prince souverain des Pays-Bas, en réponse à la note leur adressée par le Plénipotentiaire de la Grande-Bretagne, dans laquelle le Prince des Pays-Bas avait été invité d'accéder au Traité d'alliance defensive, conclu le 3. Janvier 1815 entre la Grande-Bretagne, l'Autriche et la France. En date de Vienne, le 2. Février 1815.

Les Plénipotentiaires de Son Altesse Royale le Prince souverain des Provinces-Unies des Pays-Bas ont reçu la communication de S. M. Britannique en date du 31. du moi passé, sur un traité d'alliance défensive conclu le 3. du même mois entre Leurs Majestés le Roi de la Grande-Bretagne, l'Empereur d'Autriche et le Roi de France; et l'invitation d'y accéder.

Leurs Excellences les ministres britanniques sont déjà informées par d'autres correspondances des intentions de S. A. R. Le premier devoir de ses plénipotentiaires est de les remercier du soin, qu'ils ont pris, de mettre à couvert les intérêts de S. A. R., et de pourvoir avec sagesse à toutes les chances de brouillerie ou de paix.

Son Altesse Royale, *sans oublier ce qu'elle doit à d'autres Puissances ses amies*, se persuade, que rien ne consolidera davantage la paix et ses arrangements définitifs, que le maintien de l'indépendance du droit public et des principes développés par la paix de Paris. *Elle se flatte, que le sens de ce Traité d'alliance n'aura pas d'adversaire.*

Les soussignés sont également pourvus de pleinpouvoirs, et prêts à entrer en négociation immédiate; puis à signer les actes d'accession, qu'ils se hâteront de porter à la connoissance et ratification de S. A. R.

Une circonstance cependant mérite qu'elle soit préalablement recommandée à l'attention de Leurs Excellen-

ces les ministres britanniques, et à celles des autres **1815**
cours alliées. La maison ducale de Nassau sous tous
les rapports se trouve dans la plus grande intimité et
alliance naturelle avec S. A. R. Ses troupes en partie
occupent les places fortes des Pays-Bas, et le reste
seroit sans doute disposé de les joindre. Convient-il
d'inviter Leurs Altesses Sérénissimes le duc et le Prince
de Nassau, d'accéder sur le champ; ou semble-t-il
préférable de stipuler pour eux par un article secret
et additionnel la faculté de cette accession quand on
le jugera à propos? Les soussignées saisissent etc.

Vienne, 2. Févr. 1815.

Le baron de SPAEN.   Le baron de GAGERN.

52.

*Note circulaire adressée au Congrès
de Vienne par Lord Castlereagh, relativement aux affaires de Pologne,
en date du 12. Janvier 1815, et Réponses des Plénipotentiaires de Russie,
de Prusse et d'Autriche, du 19 et 30
Janvier et du 21. Février 1815.*

En désirant que la présente Note relative aux affaires de *Pologne* soit insérée au Protocole le Soussigné, principal secrétaire d'Etat de S. M. Britannique
pour le département des affaires étrangères, et Son
plénipotentiaire au Congrès de Vienne, n'a pas le projet de faire renaître des difficultés, ni d'arrêter la marche des arrangemens dont on s'occupe.

Il a seulement pour objet de se prévaloir de cette
occasion, pour y consigner, d'après l'ordre positif qu'il
en a reçu de sa Cour, l'opinion, du Gouvernement Britannique sur une question qui pour l'Europe est de la
plus haute importance.

Dans le cours des discussions qui se suivent à
Vienne, le Soussigné a eu occasion de s'opposer plusieurs fois avec force, au nom de sa Cour, pour des
motifs qu'il n'est pas nécéssaire en ce moment de déduire, au rétablissement d'un Royaume de Pologne;

1815 en union avec la Russie, et comme devant faire partie de cet Empire.

Le voeu que sa Cour a constamment manifesté, a été *de voir en Pologne un Etat indépendant, plus ou moins considérable en étendue, qui serait régi par une Dynastie distincte et formerait une Puissance intermédiaire entre les trois grandes Monarchies.* Si le Soussigné n'a pas eu l'ordre d'insister sur une semblable mesure, le seul motif qui ait pu retenir a été la crainte de faire naître parmi les Polonais des espérances qui auraient pu devenir ensuite une cause de mécontentement, puisque d'ailleurs tant d'obstacles paraissent s'opposer à cet arrangement.

L'Empereur de *Russie*, ainsi qu'il a été déclaré, persistant d'une manière invariable dans son projet d'ériger en Royaume, *pour faire partie de son Empire,* la portion du Grand-Duché de Varsovie qui doit lui revenir, ainsi que le tout ou partie des provinces Polonaises qui appartiennent déjà à S. M. Impériale; et Leurs Majestés l'Empereur d'Autriche et le Roi de Prusse, qui sont le plus immédiatement intéressés dans cet arrangement, ayant cessé de s'y opposer, il ne reste plus au Soussigné, qui néanmoins ne peut se départir de ses premières représentations sur ce sujet, qu'à former sincèrement le voeu, qu'il ne résulte, pour la tranquillité du Nord, et l'équilibre général de l'Europe, aucun des maux que cette mesure peut faire craindre, et qu'il est de son pénible devoir d'envisager.

Mais afin d'obvier autant que possible aux *funestes conséquences* qui peuvent en résulter, il est d'une haute importance *d'établir la tranquillité publique, dans toute l'étendue du territoire qui composait anciennement le Royaume de Pologne,* sur quelques *bases solides* et *libérales* qui soient *conformes à l'intérêt général*, et d'y introduire, quelque soit d'ailleurs la différence des institutions politiques qui s'y trouvent actuellement établies, un *système d'Administration* dont les formes soient à la fois *conciliantes* et *en rapport avec le génie de ce peuple.*

L'expérience à prouvé que ce n'est pas en cherchant à anéantir les usages et les coutumes des Polonais, que l'on peut espérer d'assurer le bonheur de cette Nation, et la paix de cette partie importante de l'Europe. On a tenté vainement de leur faire oublier,

par des institutions étrangères à leurs habitudes et à 1815
leurs opinions, l'existence dont ils jouissent comme
peuple, et même leur langage national. Ces essais
suivis avec trop de persévérence, ont été assez souvent
répétés, et reconnus comme infructueux. Ils n'ont
servi qu'à faire naître le mécontentement et le sentiment pénible de la dégradation de ce pays, et ne produiront jamais d'autres effets que d'exciter des soulève-
mens, et de ramener la pensée sur des malheurs passés.

D'après ces motifs, et pour se joindre cordialement
à l'unanimité des sentimens que le Soussigné a eu la satisfaction de voir partagés par les divers Cabinets, il désire
avec ardeur, que les augustes Monarques auxquels ont
été confiées les destinées de la Nation Polonaise, puissent être aménes, avant de quitter Vienne, à s'engager les uns envers les autres de *traiter comme Polonais* la partie de ce peuple qui pourra se trouver placée
sous leur domination respective, quelques soient d'ailleurs les institutions politiques qu'il leur plaira d'y créer.

La connaissance d'une telle détermination, en ho-
norant ces souverains, tendra plus que tout autre chose
à leur concilier l'affection de leurs sujets Polonais;
et de semblables moyens paraissent être les plus directs et les moins dangereux pour les disposer à vivre
tranquilles et satisfaits sous leurs Gouvernemens respectifs.

Si ce résultat peut être heureusement obtenu, l'objet que S. A. R. le Prince Régent a le plus à coeur,
savoir le bonheur de ce peuple, se trouvera accompli;
et il ne lui restera plus qu'à souhaiter que *l'indépendance de l'Europe n'ait à courir aucun des dangers
que l'on peut si justement appréhender* pour elle,
de la réunion de la puissante monarchie de Pologne à
l'Empire de *Russie*, plus puissante encore, s'il arrivait
que les forces militaires de ces deux Etats se trou-
vassent, par la suite des tems, entre les mains d'un
prince ambitieux et guerrier.

Vienne, le 12. Janvier 1815.

Signé: CASTLEREAGH.

*Réponse à la précédente Note circulaire de Lord
Castlereagh; présentée par M. M. les Plénipotentiaires Russes.*

La Note remise par M. le vicomte de Castlereagh,
secrétaire d'état de S. M. B., insérée au protocole

1815 des conférences et qui a trait aux arrangemens des affaires de *Pologne* a été portée à la connaissance de S. M. l'Empereur de Russie.

Le Soussigné, après avoir pris à cet égard les ordres de son auguste maître, se fait un devoir de communiquer la réponse suivante et prie également ses Collègues de la faire insérer dans le protocole.

La justice et la liberalité des principes consignés dans la Note anglaise, ont fait éprouver à S. M. Impériale la plus vive satisfaction. Elle s'est plû à y reconnaître les sentimens généreux qui caractérisent la Nation Anglaise et donnent la juste mesure des vues grandes et éclairées de son Gouvernement.

Leur conformité avec ses propres intentions, et surtout les développemens que le Plénipotentiaire de S. M. Britannique a donnés dans cet écrit à des maximes politiques, en les appliquant à la négociation actuelle ont été envisagés par S. M. Impériale comme très propres à favoriser les mesures conciliatrices proposées par elle à ses Alliés, dans l'unique but de contribuer à l'amélioration du sort des Polonais, autant que le désir de protéger leur nationalité peut se concilier avec le maintien d'un juste équilibre entre les Puissances de l'Europe, qu'une nouvelle répartition de forces doit désormais établir.

A cette considération se joignent celles non moins importantes qui démontrent l'impossibilité de faire renaître, dans l'ensemble de ses combinaisons primitives, cet ancien système politique de l'Europe dont l'indépendance de la Pologne faisait partie.

La réunion de ces motifs a dû nécessairement *borner* la sullicitude de S. M. I. en faveur de la Nation Polonaise au seul désir de procurer aux Polonais, sujets respectifs des trois parties contractantes, un mode d'existence qui satisfasse leurs voeux légitimes, et qui leur assure tous les avantages compatibles avec les convenances particulières de chacun des Etats sous la souveraineté desquels ils se trouvent placés.

Tel est l'esprit de modération qui a dicté toutes les transactions réglémentaires que S. M. I. a jugé nécessaires de proposer à ses augustes Alliés, en favorisant et en appuyant, par la coopération la plus amicale, l'accomplissement des mesures tendantes à améliorer le sort des Polonais, et par cela même à cimenter

leur attachement pour les dominations respectives aux- **1815**
quelles ils sont affiliés, l'Empereur croit avoir prouvé
toute la droiture et la loyauté de ses sentimens. S. M.
envisage ce ralliement des Polonais à leurs Gouvernemens et à leurs Souverains, moyenant une équitable
conciliation de leurs intérêts les plus chers, comme
l'unique garantie des rapports permanens qu'il est si
essentiel de consolider entre les trois Etats tant pour
la sécurité réciproque de leurs possessions que pour le
repos de l'Europe entière.

L'ambition d'un Souverain légitime ne peut tendre
qu'à assurer le bonheur des Peuples que la providence
lui a confiés et qui ne peuvent prospérer que sous
l'égide d'une parfaite sécurité et par une attitude calme
sans être agressive. Nulle force peut mieux garantir
le repos universel de l'Europe et les vues pacifiques
des Etats les uns à l'égard des autres que cette puissance de cohésion qui dérive de l'attachement d'un
Peuple pour sa terre natale, et du sentiment de la
félicité.

Tels sont les liens par lesquels S. M. Impériale
désire attacher à son Empire les Polonais placés sous
son gouvernement. Tels sont aussi les voeux qu'Elle
forme pour voir les mêmes résultats se réaliser dans
les états des Souverains ses Alliés, dont Elle apprécie
les vues éclairées et les intentions généreuses.

En conséquence S. M. se plait à croire que le
système conciliatoire et adapté aux circonstances, qu'Elle
a suivi dans la présente négociation suffit pour bannir
toute inquiétude et pour en faire disparaître jusqu'au
moindre prétexte, si toutefois la réunion d'une partie
de la Nation polonaise à son Empire, par des *liens
constitutionels*, avait pu y donner lieu.

Mais indépendamment même des considérations qui
résultent des principes sur lesquels vont se fonder les
relations entre les parties contractantes, l'Empereur en
appele avec confiance à sa conduite passée pour répondre à tout soupçon qui se perd dans le vague des
combinaisons futures. Il est dans la ferme persuasion
que le seul aperçu de ce qu'il a entrepris et achevé à
la tête de son Peuple, dans la vue de rétablir et de
consolider l'indépendance des Etats Européens, présente
la garantie la plus rassurante du maintien de ce système
d'équilibre qui, placé désormais sous la sauvegarde des

1815 Puissances du premier ordre et à l'abri de toute prépondérance, aura acquis par la politique loyale de la
Russie, les moyens de résister, s'il le faut, à la force
même qui aura le plus contribué à l'établir.

D'ailleurs, S. M. Impériale s'applaudit de la conformité d'intentions et de sentimens manifestés en cette
occasion par S. A. R. le Prince Regent d'Angleterre,
ainsi que de l'esprit de conciliation dont le vicomte de
Castlereagh est constamment animé. Elle se plait à
en tirer le plus heureux présage pour l'issue des négociations actuelles.

Vienne, le 19. Janvier 1815.

Signé: RASOUMOFFSKY. NESSELRODE.

Réponse à la Note de Lord Castlereagh; présentée
par MM. les Plénipotentiaires Autrichiens.

Sa Majesté Impériale et Royale Apostolique ayant
pris connaissance des déclarations relatives aux affaires
de *Pologne* des 12 et 19 janvier dernier, déposées au
protocole des conférences par Mrs. les Plénipotentiaires
d'Angleterre et de Russie, a ordonné à ses Plénipotentiaires de déposer également au protocole la déclaration
suivante.

La marche que l'Empereur a suivie dans les importantes négociations qui viennent de fixer le sort du
Duché de Varsovie, ne peut avoir laissé de doute aux
Puissances que non seulement le rétablissement d'un
Royaume de Pologne, indépendant et rendu à un
gouvernement national Polonais, eût complètement satisfait aux voeux de S. M. Impériale, mais qu'Elle n'eût
pas même regretté de plus grands sacrifices pour arriver
à la restauration salutaire de cet ancien ordre de choses.

Il suffit sans doute de ce fait pour prouver que
l'Empereur est éloigné d'entrevoir, dans ce qui se rapporte à la Nationalité Polonaise, un motif de jalousie
ou d'inquiétude pour la généralité de son Empire.
Dans aucun tems, l'Autriche n'avoit vu dans une Pologne libre et indépendante une Puissance rivale et
ennemie, et les principes qui avoient guidé les augustes
Prédécesseurs de l'Empereur et S. M. Impériale Elle-
même, jusqu'aux époques des partages de 1773 et
1797, n'ont été abandonnés que par un concours de
circonstances impérieuses et indépendantes de la volonté
des souverains de l'Autriche.

Jaloux dès lors d'accomplir fidèlement ces nouveaux **1815**
engagemens, et lié par des stipulations expresses au
système du partage, l'Empereur ne dévia, en aucune
manière, des principes adoptés par les trois Cours.
S. M. Impériale ne pouvant régler les formes de son
gouvernement sur un ordre de choses abrogé, borna
ses soins à veiller au bonheur de ses sujets Polonais.
L'état de culture et de prospérité de la Gallicie, com-
paré à ce qu'Elle étoit avant sa réunion à l'Autriche,
à ce qu'elle étoit même avant le règne de l'Empereur,
prouve que ces soins n'ont pas été vains.

L'Empereur ayant de nouveau, dans le cours des
présentes négociations, subordonné ses voeux en faveur
de l'indépendance de la Pologne, aux grandes considérations qui ont porté les Puissances à sanctionner la
réunion de la majeure partie du ci-devant Duché de
Varsovie à l'Empire russe, S. M. Impériale n'en partage
pas moins les vues libérales de l'Empereur Alexandre
en faveur des institutions nationales que S. M. Impériale
a résolu d'accorder aux peuples Polonais.

S. M. l'Empereur et Roi ne cessera, de son côté,
de veiller au bien-être de ses sujets Polonois avec
cette sollicitude paternelle qu'il a vouée avec une justice également distributive aux peuples de différentes
souches que la providence à soumis à sa domination.

S. M. Impériale est convaincue que les premiers
garans du repos et de la force des Etats se trouvent
dans le bonheur des peuples, et que ce bonheur est
inséparable des justes égards que les Gouvernemens
portent à la nationalité et aux habitudes de leurs admi-
nistrés.

L'Empereur croit enfin ne pouvoir mieux manifester combien, dans la question qui se présente, ses
intentions sont conformes à ces principes, qu'en char-
geant ses Plénipotentiaires soussignés de déclarer que
S. M. Impériale et Royale Apostolique est à tous égards
d'accord avec les points de vue qui ont dicté la déclaration par laquelle Lord Castlereagh exprime les sentimens de sa Cour au sujet du sort futur des peuples
Polonois, ainsi qu'avec la réponse qui d'ordre de S. M.
Impériale de toutes les Russies, a été faite à cette déclaration, par Note du 19. Janvier dernier.

Vienne, le 21. Février 1815.

Signé: METTERNICH. WESSENBERG.

1815 *Réponse à la Note de Lord Castlereagh; présentée par M. le premier Plénipotentiaire de la Prusse.*

Le Soussigné ayant pris les ordres du Roi Son auguste maître sur la note de S. E. Mylord Castlereagh concernant les arrangemens des affaires de *Pologne*, s'empresse de témoigner à S. E. que les principes qui y sont développés sur la manière d'administrer les Provinces Polonoises placées sous la domination des différentes Puissanses sont entièrement conformes aux sentimens de S. M.

Assurer la tranquillité de ces Provinces par un mode d'administration adapté aux habitudes et au génie de leurs habitans, c'est là réellement l'établir sur la base solide et libérale d'un intérêt commun. C'est en agissant ainsi qu'on montre aux Peuples que leur existence nationale peut rester libre de toute atteinte, quelque soit le système politique auquel le sort les a liés; qu'on leur apprend à ne pas confondre des idées qui, lorsqu'elles ne sont pas sagement séparées, ne cessent de faire naître, dans le repos même de la vie privée, des voeux et des espérances vagues de changemens futurs; qu'on rattache fortement les sujets de nations différentes à un même gouvernement et qu'on les réunisse dans une même famille.

Guidée par ces maximes que S. M. Prussienne partage entièrement avec S. M. l'Empereur de Russie et S. A. R. le Prince-Régent d'Angleterre, Elle aura constamment à coeur de procurer à Ses sujets Polonois de nation, tous les avantages qui pourront former un objet de leurs voeux légitimes et qui seront compatibles avec les rapports de sa monarchie, et le premier but de chaque Etat de former un ensemble solide des différentes parties qui le composent.

Le Soussigné éprouve une vive satisfaction d'avoir pu exposer, au nom de sa Cour, à S. E. Mylord Castlereagh des principes aussi conformes à ceux du gouvernement Britannique. Il le prie de vouloir bien, du consentement de ses collègues, faire insérer également la Note présente au premier Protocole des Conférences et a l'honneur etc.

Vienne, 30. Janvier 1815.

Signé: HARDENBERG.

53.

Projet d'une Déclaration finale des huit Puissances signataires de l'Acte du Congrès de Vienne. Vraisemblablement du mois de Février 1815.

(Attribué à M. Fred. de Gentz.)

Les Puissances de l'Europe s'étaient réunies au Congrès de Vienne pour complèter et consolider les arrangemens, dont le traité de Paris avait établi les bases: la tàche de ce Congrès était difficile et compliquée. Il s'agissait de refaire ce que vingt années de désordre avaient détruit, de reconstruire l'édifice politique avec les vastes décombres, dont uh bouleversement affreux avait couvert le sol de l'Europe, de relever et de fortifier des Etats nécessaires au système général, qui s'étaient entièrement écroulés sous le poids de leurs infortunes, de rendre à d'autres leurs justes dimensions, de disposer d'une quantité de territoires engloutis dans le gouffre d'une domination monstrueuse, et que la chùte de cette domination avait laissé vacans, d'empêcher enfin, par une sage répartition des forces entre les principaux corps politiques, la funeste prépondérance d'un seul, et le retour des dangers, dont l'exemple venait d'effrayer et d'instruire le monde.

Ce grand travail est terminé; des obstacles nombreux et puissans se trouvent surmontés; les questions épineuses déterminées, des prétentions contradictoires applanies; des problèmes intéressans, ou définitivement résolus, ou rapprochés de leur dénouement.

Si le Congrès n'a pas rempli ce qu'il y avoit d'exagéré dans l'attente des contemporains, s'il n'a pas pu répondre à tous les voeux, remédier à tous les besoins, guerir tous les maux, qui pèsent sur les nations et sur les individus, s'il n'a pas pu enfin réaliser cette perfection idéale de l'ordre social après laquelle les esprits éclairés et les âmes bienveillantes de tous les siècles ont soupiré envain, — il a fait au moins ce que sa mission directe lui enjoignoit, ce que les bornes de sa durée, l'étendue et la variété de ses objets, et

1815 les circonstances difficiles dans lesquelles il était placé, lui permettaient de faire.

Il a réglé des intérêts, dont le choc pouvait précipiter l'Europe dans de nouvelles convulsions, par des arrangemens propres à satisfaire toutes les parties; — il a compensé les inconvéniens inevitables par des avantages évidens; et, sourd à toute autre voix que celle de l'humanité fatiguée et souffrante, il a sacrifié au désir d'assurer la paix, l'éclat passager que des procédés moins concilians auraient pu jetter sur sa marche.

Les Souverains, en sortant de ce congrès pénétrés de l'importance d'un moment, avec lequel va commencer une nouvelle époque dans l'histoire du monde, reconnaissent que le premier de leurs devoirs est de conserver et d'affermir cette paix, achetée par tant de généreux efforts, par tant de douloureux sacrifices, par le dévouement héroïque de leurs sujets, et par les exploits à jamais mémorables de leurs braves armées. Ils en sentent la nécessité impérieuse pour se livrer de nouveau à ces occupations salutaires, que les dangers et les orages des tems passés ne les ont que trop souvent forcés de suspendre. Assurer le bonheur de leurs peuples, rétablir tous les genres d'industrie utiles, protéger tous les arts qui enrichissent et embellissent les pays, perfectionner l'administration, la législation, la culture physique et morale dans toutes ses branches; voilà ce qui doit constituer désormais le grand objet de leurs travaux, de leurs sollicitudes et de leur ambition.

Ils sont plus que jamais convaincus, que le vrai fondement de la sûreté et de la force des Etats se trouve dans la sagesse des Gouvernemens, dans la bonté des lois, dans l'amour et fidélité des peuples; que les engagemens les plus positifs, les traités les plus solemnels, les combinaisons les plus savantes de l'art diplomatique, ne sont que des ressources inpuissantes; si la justice et la modération ne dirigent pas les conseils des cabinets; et que la meilleure garantie de la tranquillité générale est la volonté ferme de chaque puissance de respecter les droits de ses voisins, et la résolution bien prononcée de toutes, de faire cause commune contre celle qui, méconnaissant ce principe, franchirait les bornes que lui prescrit un système politique revêtu de la sanction universelle.

Les Souverains, en se séparant aujourd'hui, suffisamment unis par le souvenir de leurs malheurs pas- **1815** sés, et par le sentiment commun de leur intérêt su- prême, n'ont formé qu'un seul engagement, simple et sacré, celui de subordonner toute autre considération au maintien inviolable de la paix, et d'étouffer dès sa naissance, par des démarches communes et bien con- certées, ou, si cette arme pacifique venait a manquer, par la réunion sincère de tous les moyens que la Pro- vidence leur a confiés, tout projet qui tendrait à bou- leverser l'ordre établi, et à provoquer de nouveau les désordres et les calamités de la guerre.

Que les Nations de l'Europe s'en reposent sur cet engagement solemnel! Que la sécurité, la confiance, l'espérance et avec elles le travail paisible, le progrès d'industrie, la prospérité publique et particulière re- naissent partout! Que de sombres inquiétudes sur l'avenir ne reveillent et ne rapellent pas sans cesse les maux, dont les souverains voudraient à jamais éloi- gner le retour, et effacer jusqu'à la dernière trace! Que les sentimens religieux, le respect pour les auto- rités établies, la soumission aux lois et l'horreur de tout ce qui peut troubler l'ordre public, redeviennent les liens indissolubles de la société civile et politique! Que des rapports fraternels, mutuellement utiles et bien- faisans, se rétablissent entre tous les pays! Que toute rivalité, autre que celle qu'inspire le noble désir d'é- galer ou de surpasser des voisins dans les vertus qui honorent, dans les arts qui élèvent, dans les talens qui ornent l'espèce humaine, disparoisse de l'Europe pacifiée!

Et qu'hommage soit enfin rendu à ce principe éternel, qu'il n'est pour les peuples comme pour les individus, de bonheur véritable que dans la prosperité de tous.

Remarques de M. Klüber sur la pièce précédente.

Als Verfasser dieses Entwurfs einer Schluss- oder Nachrede (Selbst-Parentation) des Congresses, nannte man den k. k. öst- reichischen Herrn Hofrath von Gentz.

Weder dieser noch ein ähnlicher Entwurf ward genehmigt. Warum dieser nicht? darüber waren die Meinungen getheilt. Einem Congress gezieme nicht, meinten Einige, im Kanzelton zu dem Publicum zu sprechen; Andere, selbst sich zu loben; noch

1815 Andere, eingedenk des debebamus esse virgines, durch Selbstge-
ständnisse die eigenen Schwächen zu verrathen oder einzuräumen;
wieder Andere, Unterlassungsfehler durch unhaltbare Gründe zu
entschuldigen; Manche, den Souverainen Lection öffentlich zu geben, oder ihnen eine Busspredigt zu halten.

An Leichenrednern äusserte Einer, werde es auch dieser Staats-
versammlung nicht fehlen, und Sittenlehre zu predigen (damals
bestand die Acte der heiligen Allianz noch nicht), müsse man den
dazu Berufenen und Jedem für sich selbst überlassen; wenigstens
verfehle es, aus politischem Mund, die ihm gebührende Wirkung.

Sogar ward die Muthmassung gewagt, dieser Entwurf sey zur
Annahme und Bekanntmachung nie bestimmt gewesen. Unter solcher Hülle in den höchsten und hohen Regionen vertraulich in
Umlauf gesetzt, habe man damit in einem Zeitpunct, wo (in der
ersten Hälfte des Februars 1815) die Zeit der Auflösung des Congresses auch nur muthmasslich nicht zu bestimmen gewesen sey,
nur auf die Acta und Agenda sanft aufmerksam machen, gleichsam
eine Congress-Bilanz ziehen, und die Nutzanwendung dem Nach-
denken der geneigten Leser anheim geben wollen.

Wie dem Allen auch seyn mag, gewiss ist, dass in der Ge-
burtzeit d i e s e s Aufsatzes, sowohl die Polnische als auch die
Sächsische Frage, woran fast Alles stockte, noch nicht beseitigt,
dass Napoleon von Elba noch nicht losgebrochen, dass folglich die
grosse Allianz wider ihn noch nicht zu Stande gebracht, dass die
Schlussacte des wiener Congresses zwar grossentheils vorbereitet,
aber weit noch nicht vollendet, und die teutsche Bundes-Acte
förmlich noch nicht in Arbeit genommen war.

Indess liefert die angeführte Verschiedenheit der Urtheile einen
practischen Beitrag zu der Conjectural-Politik, und zugleich den
Beweis, wie mannigfaltiger Deutung in das Allgemeine gehende
politische Erklärungen fähig sind; gewiss desto mannigfaltigerer,
je reicher sie sind an Worten und Phrasen.

Das Siegel der Wahrheit ist einfach; ihre Sprache, je kürzer,
desto eindringender und edler. Nur der Kurzsichtigkeit oder dem
Eigendünkel gilt der Wahn, durch Weitschweifigkeit, Wortschwall,
Phraseologie und zierliche oder gezierte Perioden, werde am
sichersten verborgen, was man im Hinterhalt behalten möchte.
Am geschwindesten wird es so dem Scharfblick verrathen; am
wenigsten, in sinnschwerer Kürze.

54.

Actes concernant les affaires de la Saxe au Congrès de Vienne. 8. Mars — 27. Mai 1815.

*Extrait du Protocole de la Séance des Plénipoten-
tiaires des cinq Puissances du 6. Mars 1815.*

M. le Prince de *Metternich* ouvre la séance. Il
expose que S. M. le *Roi* de *Saxe* étant arrivé à Pres-

bourg, les cinq Puissances qui ont intervenu aux arran- 1815
gemens relatifs à la Saxe, ne voudront sans doute pas
différer de faire connoître à S. M. Saxonne les *condi-*
tions qui concernent *le sort futur de ce Royaume*
et d'employer leurs bons offices auprès du Roi, afin
de disposer S. M. à consentir aux cessions et aux arrangemens pris à cet égard entre les Puissances.

Mrs. les Plénipotentiaires ayant délibéré sur la manière la plus convenable de remplir l'objet de cette communication, se sont arrêtés au *mode suivant,* comme
étant celui qui se recommandoit le plus particulièrement
par les égards dûs à S. M. le Roi de Saxe, savoir:

Que le Prince de Metternich seroit invité à se
rendre près la personne du Roi et à lui faire, tant au
nom des cinq Puissances qu'au nom de sa Cour, la
communication officielle des articles qui se rapportent
au Royaume de Saxe, et que S. M. seroit *invitée à*
consentir aux dites conditions, moyennant un *acte*
formel d'adhésion, pour entrer ensuite avec les Ministres de S. M. le Roi de Prusse, et sous la médiation
de l'Autriche, dans les arrangemens relatifs à l'évacuation des parties du Royaume, noncomprises dans les
stipulations de cession.

M. le Prince de Metternich ayant, sous la réserve
de prendre les ordres de l'Empereur, accepté la commission qui vient de lui être déférée, Mrs. les Plénipotentiaires ont déterminé les Articles qui doivent faire
partie de cette communication, ainsi qu'ils sont indiqués dans la pièce ci-jointe lesquels Articles certifiés
seroient joints à un *Extrait du présent protocole,*
muni de la signature de Mrs. les Plénipotentiaires. Sur
quoi, ils ont arrêté de se rassembler demain pour signer le dit Extrait de protocole, tenant lieu de pouvoirs
pour Mr. le Prince de Metternich.

Annexe au Protocole.

Les Soussignés s'étant réunis pour faire le choix
des articles arrêtés par la Commission des cinq Puissances, qui devront être communiqués à S. M. le *Roi*
de *Saxe*, ont désigné, pour cet effet, les articles
suivans:

Article 6, Cessions territoriales de la Saxe.
— 7, Garantie des dites cessions.
— 8, Archives, dettes, etc.

On a eu soin en même tems d'ajouter la correction concernant le *Cercle de Neustadt* qui se trouve dans le protocole du 13. Février, à l'art. 6, renfermant les cessions de la Saxe.

Vienne le 6. Mars 1815.

Signé: HUMBOLDT. WESSENBERG.

Séance du 7. Mars 1815.

M. le Prince de *Metternich* ouvre la séance et déclare qu'ayant porté à la connoissance de l'Empereur la proposition qui lui avoit été faite, dans la séance d'hier, de se charger de la communication à faire à S. M. le *Roi de Saxe*, S. M. Impériale a trouvé que le but de cette commission paroissoit éxiger que *plusieurs* Plénipotentiaires en fussent chargés.

Mrs. les Plénipotentiaires ayant délibéré, il a été convenu que Lord *Wellington*, au nom d'Angleterre, et M. le Prince de *Talleyrand*, au nom de la France, se réuniroient à M. le Prince de *Metternich*, pour remplir conjointement la communication à faire à S. M. le Roi de Saxe, laquelle sera effectuée par un *Extrait* du *protocole* rédigé dans le sens convenu dans le protocole d'hier.

Sur quoi, Mrs. les Plénipotentiaires ont arrêté de se rassembler demain pour signer l'Extrait du protocole tenant lieu de pouvoirs. Il a été signé et se trouve joint ici.

Signé: RASOUMOFFSKY. HUMBOLDT. METTERNICH. WELLINGTON. TALLEYRAND. HARDENBERG. WESSENBERG. CAPODISTRIAS.

Annexe.

Extrait du Protocole.

des conférences de Mrs. les Plénipotentiaires d'Autriche, de Russie, de France, de la Grande-Bretagne 1815 et de Prusse.

Séance du 7. Mars 1815.

Présens: Mrs. le prince de Metternich.
le Comte de Rasoumoffsky.
le Prince de Talleyrand.
le Duc de Wellington.
le Prince de Hardenberg.
le Baron de Wessenberg.
le Comte Capodistrias.
le Baron de Humboldt.

Mrs. les Plénipotentiaires ont pris en considération que Sa Majesté le Roi de Saxe étant arrivée à Presbourg, il était dans les conséquences des résolutions arrêtées dans les conférences précédentes, que les cinq Puissances qui ont intervenu aux arrangemens relatifs à la *Saxe*, ne différassent pas de faire connaître à Sa Majesté Saxonne les conditions qui concernent le sort futur de ce royaume, et d'employer leurs bons offices auprès du Roi, afin de disposer S. M. à consentir aux cessions et aux arrangemens pris à cet égard entre les Puissances.

Mrs. les Plénipotentiaires ayant délibéré sur la manière la plus convenable de remplir l'objet de cette communication, se sont arrêtés au mode suivant, comme étant celui qui se recommandait plus particulièrement par les égards dûs à S. M. le Roi de Saxe, savoir:

Que M. le Prince de Metternich au nom de S. M. Impériale et Royale Apostolique, Mr. le Prince de Talleyrand au nom de S. M. le Roi de France, et Mr. le Duc de Wellington au nom de S. M. de la Grande-Bretagne et d'Irlande, seraient-priés de se rendre près la personne du Roi et de lui faire tant au nom des cinq Puissances, qu'au nom de leurs cours respectives, la communication officielle des articles qui se rapportent au Royaume de Saxe, et que S. M. serait invitée à consentir aux dites conditions, moyennant un acte formel d'adhésion, pour entrer ensuite avec les Ministres du Roi de Prusse, et sous la médiation de l'Autriche, dans les arrangemens relatifs à l'évacuation des parties du royaume non comprises dans les stipulations de cession.

Mrs. le Prince de Metternich, le Prince de Tal-

1815 leyrand et le Duc de Wellington ayant accepté cette commission, Mrs. les Plénipotentiaires ont [déterminé les articles qui doivent faire partie de cette communication. Ces articles sont indiqués et transcrits dans l'expédition certifiée jointe au présent extrait de protocole lequel tient lieu de pouvoirs à Mrs. les Plénipotentiaires ci-dessus denommés.

Vienne, le 7. Mars 1815.
Pour copie certifiée conforme,
'Signé: N. WACKEN, conseiller aulique,
(Suivent les Articles adoptés dans les séances 6, 7 et 8 et joints aux protocoles de ces séances.)

Séance du 12. Mars 1815.

Présens: Mrs. le Comte de Rasoumoffsky.
le Prince de Metternich.
le Prince de Talleyrand.
le Duc de Wellington.
le Prince de Hardenberg.
le Baron de Humboldt.
le Comte de Capodistrias.
le Baron de Wessenberg.

M. le Prince de Metternich, tant en son nom qu'en celui de M. le Prince de Talleyrand et de M. le Duc de Wellington, expose la manière dont ils se sont acquittés envers le *Roi* de *Saxe* de la communication convenue dans la dernière séance du 7 de ce mois.

Arrivés à Presbourg ils se sont rendus ensemble chez le Roi et lui ont rémis l'Extrait du protocole du 7 avec les Points et Articles concernant le Royaume de Saxe, en invitant S. M. à y donner son adhésion.

S. M. le Roi de Saxe, en recevant cette communication, s'est borné à donner pour première réponse que l'objet étant de grande importance, il devait y réfléchir.

Le Roi a ensuite fait inviter chacun des trois Plénipotentiaires à des audiences séparées. Ceux-ci ayant tenu un langage absolument uniforme, ont renouvelé leurs instances près de S. M. Saxonne pour qu'Elle ne différât pas de donner son acte d'adhésion, seul moyen de faire cesser l'occupation provisoire du Royaume de Saxe.

Ces trois audiences particulières s'étant passées sans que le Roi eût donné une réponse cathégorique

Mrs. les Plénipotentiaires en ont réitéré la demande **1815**
dans une conférence à laquelle ils invitèrent M. le comte
d'Einsiedel. Ensuite de cette démarche, S. M. Saxonne
leur a donné heure pour une audience commune, après
laquelle M. le comte d'Einsiedel leur a remis une Note
signée par lui. Cette Note en date de Presbourg le
11. Mars, est annexée au présent protocole *sub Lit.* T.

　　Messieurs les Plénipotentiaires ayant pris connoissance de son contenu, y ont fait sur le champ la Réponse ci-jointe Lit. U.

　　Après la délibération qui a suivi cet exposé, Mrs.
les Plénipotentiaires sont convenus unanimément que
S. M. le Roi de Saxe méconnaît entièrement la situation
dans laquelle il se trouve envers les Puissances, en
pensant, ainsi que l'insinue la Note du comte d'Einsiedel,
que, rendu à sa liberté, il peut attaquer la validité
des dispositions irrévocablement arrêtés par Elles sur
la Saxe, et entamer une nouvelle négociation par un
Plénipotentiaire de sa part.

　　Ils conviennent en conséquence de nouveau que la
partie de la Saxe qui est destinée à rester sous la
domination de S. M. le Roi de Saxe, ne pourra lui
être remise que lorsque S. M. aura donné son adhésion
pleine et entière aux articles qui lui ont été soumis à
Presbourg; qu'il ne peut être question de négociation
avec un Plénipotentiaire de sa part avant que cette
condition n'ait été remplie, et que la négociation pour
laquelle la Cour d'Autriche a promis sa médiation, ne
peut avoir lieu que pour les arrangemens accessoires
spécifiés dans les articles 8, 9 et 10, et que sur les
bases fixées par ces mêmes dispositions.

　　Le manque de consentement de la part de S. M.
le Roi de Saxe ne pouvant arrêter une marche exigée
impéricusement par les droits respectifs des Puissances
et par le besoin qu'éprouve l'Europe de voir assûrer sa
tranquillité par le passage des différens pays sous les
Gouvernemens auxquels ils sont destinés, il a été arrêté:

　　1º. Qu'il sera procédé incessamment à la séparation
des parties de la Saxe qui passent sous la domination
Prussienne, de celles qui restent à S. M. Saxonne.

　　2º. Que S. M. le Roi de Prusse prendra définitivement possession de la partie de la Saxe qui lui a été
cédée par les arrangemens actuels. Et

　　3º. Que celle qui reste à S. M. Saxonne, demeurera

1815 en attendant soumise au Gouvernement provisoire de
S. M. Prussienne.

Messieurs les Plénipotentiaires ayant examiné ensuite plus en détail la Note du comte d'Einsiedel, ont
trouvé que, pour justifier la conduite du Roi, on s'y
est permis des réticences et des assertions contraires
à la vérité des faits. Il y est dit:

„Qu'il n'avait point dépendu de S. M. Saxonne, ni
„lors du commencement de la grande lutte, ni pendant
„son progrès, d'accéder à la cause des Alliés, quelque
„sincère qu'en fut son désir manifesté d'une manière,
„non équivoque, et en donner lieu par la demande
„formelle adressée aux souverains coalisés."

Il est cependant de notoriété générale que, si le
Roi de Saxe a été forcé d'entrer dans une alliance
aussi contraire à tous ses devoirs et à tous ses intérêts,
il y a persisté de sa propre volonté, ayant été sommé
de la manière la plus généreuse et la plus amicale de
l'abandonner dans un tems où il était libre de sa personne, et où la Russie et la Prusse possédaient la plus
grande partie de la Saxe; qu'il n'y a pas persisté seulement, mais qu'il y est, pour ainsi dire, rentré de
nouveau en quittant de propos délibéré l'asyle que la
sagesse bienveillante d'une des Puissances alliées, neutre
alors, lui avait préparé; que ce retour vers l'ennemi
le plus cruel du pays auquel tant de considérations
auraient dû l'attacher également, ne saurait être nommé
forcé, puisque la Puissance qui protégait alors sa neutralité, lui avait garanti en même tems ses Etats; qu'il
mit par cette conduite une forteresse importante entre
les mains de l'ennemi, et prolongea pour le malheur
de ses propres Etats, de l'Allemagne et de l'Europe,
la lutte la plus désastreuse; et qu'il n'offrit de s'allier
aux Puissances victorieuses qu'au moment où ses Etats
étaient conquis et lui-même fait prisonnier.

Les Puissances ne pouvant pas d'après cet exposé
succinct, dans lequel on ne s'est arreté qu'aux faits les
plus marquans, en passant sous silence tous les autres,
permettre qu'une justification du Roi de Saxe jette un
faux jour sur leurs actions et leurs intentions, il a été
résolu de faire rédiger une Réponse à cette Note, dans
laquelle la conduite politique de S. M. Saxonne sera
exposée d'après toute la vérité des faits et des transac-

tions, pour empêcher que l'opinion de l'Europe ne soit 1815 égarée.

Sur quoi la séance a été lévée.

Extrait des Protocoles de la Séance du 28. Mars 1815.

Mrs. les Plénipotentiaires ont pris connaissance d'une *lettre* que S. M. le *Roi* de *Saxe* a écrite le 20. Mars à S. M. l'Empereur d'Autriche, et par laquelle, en annonçant l'*intention d'adhérer aux conditions* qui ont été proposées par l'extrait du protocole du 7. Mars, il témoigne le désir de prendre sa détermination *définitive en présence de quelques-uns de ses fidèles serviteurs* et de *personnes* qui jouissent en Saxe de la *confiance publique.*

Sur quoi il a été résolu que S. M. l'Empereur d'Autriche serait priée de vouloir bien, en continuation de ses bons offices, écrire au Roi Frédéric-Auguste pour l'engager à *donner formellement et le plutôt possible cette détermination,* et pour rappeler en même tems à S. M. Saxonne les *deux conditions inséparables de son adhésion,* savoir: 1º) que le Roi *délierait incessamment du serment de fidélité* envers sa personne et sa dynastie, les habitans des provinces et districts qui passent sous la domination de S. M. le Roi de Prusse; en même tems qu'il donnerait l'acte de renonciation au Duché de Varsovie, et qu'il déliérait également les habitans du dit Duché du serment de fidélité envers sa personne et sa dynastie. 2º) Que le Roi *accédera au traité du 25. Mars* et aux mêmes engagemens que prennent les autres Souverains et Etats de l'Allemagne *contre Napoléon Bonaparte.*

M. le Prince de Metternich a déclaré que son auguste Maître écrirait avec instance à S. M. le Roi de Saxe, pour qu'il ne diffère pas de donner son adhésion formelle de la manière qui vient d'être proposée.

Signé: Rasoumoffsky. Cte. Nesselrode. Clancarty. Talleyrand. Capodistrias. Hardenberg. Humboldt. Wessenberg. Metternich. De St. Marsan.

1815   *Séance du 31. Mars 1815.*

Présens: Mrs. le Prince de Metternich, le Comte de
Rasoumoffsky, le Comte de Nesselrode,
le Comte de Capodistrias, le Prince de
Talleyrand, Lord Clancarty, le Baron
de Humboldt, le Baron de Wessenberg.

Mrs. les Plénipotentiaires sont convenus, pour
presser la détermination définitive de S. M. le *Roi* de
Saxe, de faire à son Ministre le comte de Schulenbourg, la communication contenue dans l'Extrait du
protocole ci-joint *sub. Litt.* GG.

A n n e x e
appartenant au présent Protocole.
GG.
Extrait du Protocole

de la séance du 31. Mars 1815; communiqué au
Ministre de S. M. le *Roi de Saxe*.

Mrs. les Plénipotentiaires d'Autriche, de Russie,
de la Grande-Bretagne, de Prusse et de France qui
ont intervenu dans les transactions relatives au *royaume
de Saxe* ont pris de nouveau en considération les communications qui ont eu lieu à ce sujet avec S: M le
Roi Frédéric-Auguste et de commun accord ils se sont
réunis sur les points suivans:

1°. Que d'après les Traités existans entre les
Puissances, et les transactions faites par Elles pour
en déterminer l'exécution, il ne saurait plus y avoir
lieu à une négociation ultérieure sur les Cessions à faire
par S. M. le Roi de Saxe à S. M. le Roi de Prusse,
qu'en conséquence S. M. le Roi Frédéric-Auguste devait être invitée, de la manière la plus pressante, à
donner purement et simplement son adhésion aux Articles qui ont été communiqués à Sa dite Majesté par
l'Extrait du Protocole du 7. mars courant.

2°. Que l'état provisoire ne pouvant plus être prolongé, S. M. le Roi de Saxe devait être invitée à donner cette Déclaration d'adhésion dans le tems le plus
court possible.

3°. Que Sa dite Majesté rentrerait dans la possession de ses états sous la double condition qu'Elle
déliât 1°. les habitans des provinces et districts qui passent sous la domination de S. M. le Roi de Prusse,

ainsi que les habitans du Duché de Varsovie, de leur **1815** serment, et qu'Elle en déliât également ceux des.dits habitans et sujets qui font partie de l'armée Saxonne; 2°. au surplus, qu'Elle laccédât aux mesures prises par les Puissances contre Napoléon Buonaparte et se réunît, à cet effet, à l'Alliance renouvelée le 25 de ce mois.

4°. Qu'en conséquence M. le comte de Schulenbourg dont les pouvoirs ont été produits à la Commission de vérification, sera prié de se rendre demain 1er de ce mois à la Conférence de Mrs. les Plénipotentiaires et que ce Ministre sera invité à porter la Déclaration que renferme le présent Extrait de protocole, à la connaissance de son Maitre, afin que Sa Majesté prenne et fasse connaitre à ce sujet Sa determination définitive.

• (Suivent les Signatures.)

Note du plénipotentiaire de. S. M. le Roi de Saxe du 6. Avril 1815.

Le soussigné Plénipotentiaire de S. M. le *Roi* de *Saxe* au Congrès s'empresse de faire connaître à LL. AA. et EE. Messieurs les Plénipotentiaires d'Autriche, de Russie, de la Grande-Bretagne, de Prusse et de France, les sentimens du Roi son maître, à l'égard du contenu du protocole du 31 du mois passé.

S. M. n'a pu qu'éprouver une surprise douloureuse, en voyant, par la dite communication, que la masse des sacrifices que l'on demande d'Elle n'était pas accompli, quand Mrs. les Plénipotentiaires d'Autriche, de France et d'Angleterre portèrent le protocole du 7. mars à sa connaissance.

Il n'était fait dans ce protocole aucune mention du *Duché* de *Varsovie*, et on exige aujourd'hui de Sa Majesté qu'Elle en délie les sujets de leur serment vis-à-vis d'Elle. Il semble qu'une question d'un tel poids, où il s'agit de la perte ou de la conservation de près de quatre millions de sujets devoués, le Roi serait autorisé à la prendre en mûre considération et de n'énoncer ses intentions, à cet égard, qu'après des délibérations dont la durée pourrait être analogue à l'importance de l'objet.

Mais S. M. pénétrée du prix du tems dans les circonstances actuelles, et désirant prouver à l'Europe que

1815 tout délai dans les déterminations qui n'est pas d'une nécessité absolue, ne peut lui être imputé, s'est décidée à faire mettre la question relative à ses sujets du Duché de Varsovie dans la réponse qu'Elle a ordonné au Soussigné de faire à LL. AA. et EE. Messieurs les Plénipotentiaires des cinq Puissances.

Le contenu des protocoles du 5 et 31 mars paraît indiquer quatre divisions principales, dans lesquelles il sera convenable de développer successivement les intentions de Sa Majesté.

A. Le Roi est disposé à donner *son adhésion* aux *Cessions territoriales* que l'on exige de lui en *Saxe*, à *condition*

1º. Que l'*évacuation* de la partie de la Saxe qui reste au Roi soit exécutée par S. M. Prussienne, conformément à l'art. 13 du protocole communiqué au Roi à Presbourg par les Plénipotentiaires d'Autriche, de France et de l'Angleterre;

2º. Que dans la répartition des *dettes* et *autres charges,* on admettra pour base la proportion combinée de la population, de l'étendue territoriale et des revenus qui servent de garantie et de sureté aux dettes mentionnées.

3º. Que S. M. Prussienne qui obtiendrait avec la partie à acquérir toutes les *Salines,* consentira de céder à la Saxe, d'après la proportion approximative de la population qui resterait au Roi, trois cinquièmes du produit annuel des sels exploités, contre le prix de leur fabrication;

4º. Que les principes établis par l'art. 10 du protocole annexé à celui du 7. mars, par rapport à la navigation de l'Elbe, soient appliqués au flottage sur les canaux nommés *Flossgräben,* et *autres rivières* qui approvisionnent en bois de chauffage les villes de Dresde et de Leipsick;

5º. Que les *communautés, corporations* et *établissemens religieux* et d'*instructions* conservent leurs propriétés et redevances sous les deux dominations respectives, sans que l'administration et les revenus à percevoir puissent être molestés ni d'une part ni de l'autre;

6º. L'article 33 du même protocole fait mention des avantages que les cinq Puissances accordent à la

maison *Schönbourg.* Ces avantages se divisent en deux 1815
points essentiellement distincts:

Le premier assure à cette maison les droits qui
résulteraient de ses rapports futurs avec la ligue Germanique. S. M. est disposée à cet égard à lui procurer tous les avantages qui sont compatibles avec la
souveraineté que le Roi exerce sur les biens de la maison de Schönbourg.

Le second lui garantit les prérogatives que le recès du 4. Mai 1740 lui avait assurés. S. M. croit devoir à sa dignité d'observer qu'après qu'Elle et Ses
prédécesseurs ont pendant 75 années religieusement
observé leur engagement en général, et celui-ci en
particulier, Elle peut s'attendre de l'amitié des Puissances étrangères à ce qu'Elles n'interviendront pas entre Elles et Ses sujets, les Princes et les Comtes de
Schönbourg.

B. Sa Majesté le Roi de Saxe est disposée à *délier de leur serment ses sujets Saxons* dans la partie à ceder à la Prusse, ainsi que les *soldats* de son
armée natifs de ces provinces, après l'évacuation de
la partie de la Saxe destinée à rester sous sa domination, et aussitôt que S. M. sera rentrée dans Ses états
et qu'Elle en aura repris l'administration. S. M. donne
cependant à considérer, si cette mesure, relative à
l'armée n'aurait pas des inconveniens réels pour le but
général et s'il ne vaudrait pas mieux de la différer
jusqu'à l'époque de la paix.

C. Sa Majesté est également disposée à *délier de
leur serment* Ses *sujets* du *Duché* de *Varsovie* à
l'époque indiquée pour le dégagement du serment des
sujets Saxons, en obtenant la *garantie:*

1º. de ce que S. M. sera *dégagée* de *toute obligation* ou responsabilité à l'égard des *dettes* contractées à l'avantage du Duché;

2º. du *remboursement* des *avances* que les caisses
Saxonnes ont faites à celles du Duché.

D. Quant à *l'accession* de S. M. à l'*Alliance* du
25. Mars, le Roi, empressé de renouveler les rapports
les plus intimes avec les cinq Puissances, se déclare-
rait dès aujourd'hui à cet égard, si LL. AA. et EE.
Messieurs les Plénipotentiaires avaient jugé convenable
de lui en communiquer le contenu.

Enfin le Roi réclame des sentimens de justice des

1815 cinq Puissances, qu'en cas que des engagemens futurs dussent mettre des *élémens* d'*indemnité* à la disposition des Alliés, Elles lui assurent des dédommagemens proportionnés aux pertes que S. M. éprouverait en ce moment.

Telles sont les *modifications* auxquelles S. M attache son cosentement aux cessions qu'on exige d'Elle. Elles ne sont dictées que par le coeur d'un Souverain qui a gouverné son peuple paternellement pendant près d'un demi siècle, et qui ne voudra jamais employer la dernière partie de sa vie à exercer sur lui un régime dur et fiscal. Le Roi ne se résoudra point à faire pèser sur les sujets qui lui resteraient des charges disproportionnées à leur facultés, ni à les voir dans une dépendance étrangère pour les premiers besoins de la vie.

Le Roi s'attend de l'équité des cinq Puissances signataires à ce qu'elles envisageront ces considérations sous le même point de vue. Il attend avec une confidence illimitée l'effet de la *médiation* que S. M. l'Empereur d'Autriche lui a offerte avec tant de bienveillance, et il invoque particulièrement l'intervention puissante de S. M. Impériale à l'égard des modifications que le Soussigné vient d'exposer en Son nom.

La *force* des circonstances et la *prépondérance* que les cinq Puissances exercent en manifestant leur commun accord, obligent S. M. à *renoncer à son bon droit* et à *plusieurs millions* de *ses fidèles sujets*. La considération de soustraire ses sujets Saxons et ceux du Duché de Varsovie à un état d'incertitude prolongé, à concouru à La décider. Peut-être eût Elle dans l'espoir de voir céder les Puissances à l'évidence de ses représentations et à les voir admettre, à cet égard des adoucissemens, cherché de prolonger d'avantage les négociations, si des incidens imprévus n'avaient de nouveau porté le trouble en Europe.

Sa Majesté croyant maintenant qu'Elle se devait à Elle-même de ne pas prolonger son indécision, Elle s'est déterminée aux immenses sacrifices qu'Elle vient de déclarer être disposée à porter.

Si malgré la facilité de la part du Roi dans toutes les questions essentielles, l'arrangement intentionné devait être retardé par des difficultés qui se rencontreraient dans les questions à l'accomplissement desquelles le Roi attache son adhésion, S. M. ne redouterait pas

d'en appeler au jugement de l'Europe et à celui de la
postérité. Elle supporterait les circonstances qui en
résulteraient pour sa maison avec la fermeté et la ré-
signation qu'Elle a manifestées jusqu'ici, dans le cours
de son adversité, et Elle a la confiance en son peuple
Saxon et en celui du Duché de Varsovie, que ce ne
serait pas à leur légitime Souverain qu'ils imputeraient
les inconveniens inséparables d'un état provisoire prolongé.

Le Soussigné a l'honneur d'offrir à LL. AA. et
EE. Messieurs les Plénipotentiaires d'Autriche, de Russie, de la Grande-Bretagne, de Prusse et de France,
l'expression de sa plus haute considération.

Vienne, le 6. Avril 1815.

Signé: SCHULENBURG.

Declaration,
accompagnant la Note précédente.

Le soussigné Plénipotentiaire de S. M. le *Roi* de
Saxe au Congrès est chargé de porter à la connaissance de LL. AA. et EE. Messieurs les Plénipotentiaires d'Autriche, de Russie, de la Grande-Bretagne,
de Prusse et de France les *Points suivans*, auxquels
S. M. attache une haute importance, et pour lesquels
Elle réclame la *médiation* de S. M. l'Empereur d'Autriche.

Le Roi désire:

1º. Que la Prusse concourre, pour la part qui lui sera
cédée de la Saxe, aux apanages fondés sur la totalité
des revenus du Royaume, aux pensions civiles et militaires d'après l'état subsistant dans ce moment, et aux
pensions de retraite des fonctionnaires et officiers qui
en suite des cessions projettées seraient nécessairement
réformés;

2º. Que l'on transmette à S. M. le Roi de Saxe
le droit et la faculté d'approprier, à l'avantage de la
Saxe, les arrérages des contributions qui ont été maintenus ou frappés nouvellement pendant l'administration
provisoire Russe et Prussienne; lesquels fonds pourraient être employés à solder les arrérages des pensions et traitemens accumulés jusqu'à cette époque;

3º. Que S. M. Prussienne conserve aux Provinces
Saxonnes qui passeraient sous sa domination, leurs privilèges, constitutions et autres avantages qui leur ont

1815 été assurés sous le règne de S. M. le Roi de Saxe et de ses prédécesseurs;

4°. Que l'on continue d'accorder à l'Université de Leipsick et aux écoles de Grimma et de Meissen les rentes et benefices que l'école de Schulpforte leur passait de ses fonds;

5°. Que les prétentions du Roi aux arrérages de la liste civile du Duché de Varsovie, soient reconnus et qu'il soit fixé des termes pour le payement.

Le Soussigné en transmettant les Points ci-dessùs, qui seront considérés comme un annexe à la Note de la même date, portant la déclaration du Roi son Maître, a l'honneur d'être etc.

Vienne, le 6. Avril 1815.

Signé: SCHULENBURG.

Réponse de la Prusse à la Note du Ministre de Saxe, en date du 10. Avril 1815.

Les Soussignés Plénipotentiaires de Prusse ayant mis sous les yeux du Roi leur auguste Maître, la Note de M. le Comte de Schulenbourg, Plénipotentiaire de S. M. le Roi de Saxe, du 6 du courant, se voient dans le cas de faire sur son contenu la déclaration suivante qu'ils prient Mrs. les Plénipotentiaires des quatre autres Puissances de vouloir insérer au Protocole des séances du Congrès.

S. M. le Roi de Saxe, en attachant des conditions à Son adhésion aux cessions territoriales qui Lui ont été proposées ne s'est point tenue à sa séparation qui avait été faite dans les protocoles des Plénipotentiaires des cinq Puissances entre les Articles proposés à S. M. à Presbourg, et les points qui d'après l'article 9 doivent être discutés par des Plénipotentiaires Prussiens et Saxons sous la médiation de l'Autriche. La Note confond au contraire entièrement ces deux négociations et anticipe sur plusieurs dispositions qui, d'après l'intention des Puissances, devraient être réservées à une négociation séparée, sans pouvoir néanmoins les embarasser tous à la fois.

Il est clair qu'un mode pareil ne saurait convenir ni aux intérêts des parties contractantes, ni à ceux de la Saxe. Un arrangement sur la juste repartition des droits, des dettes et des charges, sur les rapports des sujets, sur le commerce et la navigation et sur tous

les autres points qui sont une suite nécessaire des cessions territoriales, forme trop un ensemble pour qu'on
puisse en détacher quelques points et les discuter isolément. C'est une masse de négociations que des modifications réciproques peuvent seules faire réussir à la
satisfaction commune et où ces modifications sont fa-
cilitées par la diversité même des points qu'on y traite.

Il est évident que vouloir aborder toutes ces questions, avant l'adhésion définitive aux cessions, prolon-
gerait contre les propres intérêts du Roi et contre le
voeu bienveillant des Puissances, l'état provisoire qu'il
est important de faire cesser le plutôt possible, et les
soussignés Plénipotentiaires ne font pas difficulté en
outre d'avouer qu'ils ne se voient pas munis des con-
naissances locales suffisantes pour discuter ces questions
qui exigent de grands détails. Ils doivent donc insister
sur leur demande de laisser subsister la séparation qui
a été établie.

Les sentimens connus de S. M. le Roi de Prusse,
sa promesse formelle donnée dans les Articles signés
par ses Plénipotentiaires de traiter ces objets sur les
principes les plus libéraux, et la médiation de S. M.
l'Empereur d'Autriche, offrent une garantie plus que
suffisante à Sa Majesté Saxonne, que ces différens points
seront réglés avec la plus grande équité; et l'on ne
demande certainement rien qui puisse être au détriment
du Roi de Saxe en remettant cette négociation au moment où la Prusse se sera désaisie de l'avantage que
la possession provisoire pouvait lui donner.

C'est par ces raisons que les soussignés Plénipotentiaires ne se voient point en état de se déclarer à
présent sur la plupart des conditions exprimées dans la
Note du 6. Avril quoiqu'il y en ait qui leur paraissent
si naturelles et si justes qu'ils les auraient proposées
eux-mèmes, d'autres qu'ils pourraient adopter à de
petites modifications près, et d'autres enfin où ils pre-
voyent au moins, qu'on parviendrait à s'entendre mutuellement.

Comme il y a cependant parmi ces conditions deux
auxquelles S. M. le Roi de Saxe attache avec raison
une très grande importance, les Soussignés ont l'ordre
de s'expliquer en particulier sur celles-ci. Elles regardent les *sels* et les *dettes*.

Il serait imposible certainement que la Prusse four-

1815 nisse les trois cinquièmes du produit des *sels* exploités contre le prix de leur fabrication, ainsi que le demande la Note Saxonne. Ce serait là priver le Roi de la presque totalité des revenus des salines et paraliser la fabrication, et il est évident qu'un pareil arrangement ne serait rien moins qu'équitable. Mais S. M. Prussienne est prête à faire fournir aux sujets Saxons la quantité dont, d'après les évaluations à faire, ils pourront avoir besoin, contre un prix plus modique que celui auquel les sels se vendent à d'autres acheteurs et que les Plénipotentiaires fixeraient conjointement avec les autres articles dont il est fait mention plus haut. Les Soussignés sont autorisés à en faire dès-à-présent la promesse formelle.

La répartition des *dettes* communes du Royaume et de celles des provinces qui passent seulement en partie sous la domination Prussienne a été basée dans l'art. 8 sur le *principe* de la *population*, puisque dans d'aussi grandes masses, les diversités de richesse plus ou moins grande se compensent naturellement, et qu'en reste S. M. Saxonne continue à posséder les villes les plus riches et les plus peuplées.

La Note du comte de Schulenbourg propose la proportion combinée de la population, de l'etendue territoriale et du revenus qui servent de sureté ou de garantie aux dettes. L'étendue territoriale ne peut pas être mise en ligne de compte, puisqu'elle ne décide ni de la population ni de la richesse. La circonstance que les objets servant de garantie aux dettes appartiennent à tel ou tel district, dépend aussi infiniment du hazard et de simples localités peuvent faire que des dettes supportées par un état entier, soient hypothéquées exclusivement sur les domaines d'une ou de deux provinces.

Quoique, par ces raisons, S. M. le Roi de Prusse ne puisse adopter le principe proposé par la Note, il a néanmoins, pour prouver à S. M. Saxonne son désir vif et sincère d'en venir promptement à un accommodement équitable, ordonné aux Soussignés de déclarer que Sa Majesté consent à ce que la répartition des dettes se fasse d'une manière plus favorable pour la Saxe que ne le serait la base de la population seule. S. M. en prend l'engagement formel par la présente déclaration. Et Elle se flatte que S. M. le Roi de Saxe se convaincra que les mêmes raisons alléguées ci-dessus 1815 l'empêchent de fixer davantage jusqu'à présent ce qu'Elle pourra faire à cet égard. On ne saurait exiger de la Prusse une concession plus précise sur un point isolé d'une négociation qui en offrira beaucoup à des compensations réciproques, et sur laquelle on manque en ce moment de données nécessaires.

Les Soussignés désirent que ces explications puissent suffir pour engager S. M. le Roi de Saxe à donner son adhésion aux conditions proposées; ils réitèrent encore une fois au nom du Roi, leur auguste maître, qu'on apportera de la part de la Prusse la plus grande équité et le plus grand désir de soulager les pays dont une partie passe sous sa domination, dans la négociation qui sera entamée incessamment après cette adhésion. Mais il serait impossible de prendre d'autres engagemens que ceux renfermés dans la présente déclaration sur des points isolés, avant que d'entrer formellement et avec pleine connaissance de cause dans l'ensemble de la négociation.

Sa Majesté doit insister que le Roi de Saxe *délie incessamment* ceux des sujets Saxons qui passeront sous la domination Prussienne, les individus à l'armée qui se trouvent dans ce cas, et les habitans du Duché de Varsovie, *de leurs sermens.* Vouloir remettre cet acte qui est une suite immédiate des cessions mêmes; serait prolonger d'autant l'incertitude, l'état provisoire et tous les inconvéniens qui naissent de l'une et de l'autre. S. M. le Roi de Prusse s'engage formellement à faire évacuer par ses troupes les provinces et districts de la Saxe que conserve S. M. Saxonne quinze jours après que le consentement sera donné. L'acte de délier les sujets de leur serment, fait une partie de ce consentement. Le Roi de Saxe ne saurait entretenir des doutes sur la certitude de l'évacuation au terme stipulé, quel motif aurait-il donc pour différer cet acte, et le Gouvernement Prussien n'est-il pas beaucoup plus fondé à retarder l'évacuation aussi longtems que l'adhésion aux cessions n'a pas été rendue efficace par cette déclaration adressée à ses nouveaux sujets?

Sa Majesté le Roi de Saxe réclame encore la *médiation* de S. M. l'Empereur d'Autriche, pour quelques points particuliers consignés dans une Note additionnelle. Mais comme la médiation de S. M. Impériale aura pre-

1815 mièrement lieu lorsque l'adhésion aux cessions territoriales sera donnée, les Soussignés croyent pouvoir se dispenser de s'expliquer à présent sur ces points.

A Vienne le 10. Avril 1815.

Signé: Le Prince de HARDENBERG. HUMBOLDT.

Réponse de la Russie,
à la Note du Ministre de S. M. le Roi de *Saxe*, relativement au Duché de *Varsovie*.

Le Soussigné premier Plénipotentiaire de S. M. l'Empereur de toutes les *Russies* ayant porté à la connaissance de son auguste Maitre le contenu des Notes remises à la conférence, au nom de S. M. le Roi de Saxe, est autorisé à faire insérer au Protocole la réponse suivante.

S. M. le Roi de Saxe ayant été invitée à délier les habitans du Duché de *Varsovie* de leur serment de fidélité, par suite de son accession à l'arrangement qui embrasse le sort de ce pays ainsi que celui de la Saxe, ce monarque a attaché à son consentement sur ce point des conditions qu'il importe d'analyser avec quelque détail pour pouvoir en déduire les motifs qui les font envisager soit comme devant être restreintes et expliquées soit comme étant inadmissibles.

1°. La Note saxonne établit première clause „que „les *prétentions* du *Roi* aux arrérages de la liste ci„vile du Duché de *Varsovie* soient reconnus et qu'il „soit fixé des termes pour leur payement."

Pour prouver combien cette réclamation est peu fondée, il suffira de considérer que le Duché de Varsovie a été réduit à l'état d'épuisement absolu où il se trouve aujourd'hui, par l'énormité des sacrifices qui lui furent imposés sous le Gouvernement de S. M. le Roi de Saxe et qui étaient hors de toute proportion avec la population et les ressources. Ces efforts exigés pour une cause étrangère à la Pologne, n'empêcherent pas que le pays qui s'y était prêté ne fût envisagé comme premier objet de cession à l'époque où des revers eurent démontré l'inutilité de tant de sacrifices.

Si donc une administration aussi onéreuse à ce pays, et aussi peu intéressée à son bien-être, l'a mis dans l'impossibilité d'acquitter la somme affectée à la liste civile, on ne saurait admettre la validité d'une ré-

clamation par laquelle on semble vouloir faire abstrac- 1815
tion du passé, ainsi que du droit de conquête acquis
sur ce pays par la force d'armes légitimes et auquel
les propriétés du domaine sont soumises, comme le
reste du pays conquis. Or le domaine étant l'unique
caution de ces arrérages occasionnés par une administration ruineuse pour le Duché, on doit en conclure que
les principes du droit public se joignent ici aux motifs
d'humanité pour réjeter une prétention, à laquelle les
plaies profondes d'un pays épuisé pourraient seules
servir de réponse.

2⁰. La Note en question pose en principe „que
„S. M. sera dégagée de toute obligation ou respon-
„sabilité, à l'égard des *dettes* contractées à l'avantage
„du Duché."

Ce principe est de nature, à être admis en général, sauf les développemens qu'il exige, afin de donner
plus de précision aux stipulations qui doivent en dériver. En attendant, toutes les obligations resultant de
la *convention* de *Bayonne* sont annullées par le fait
de la transaction conclue avec la Prusse. La communication de cet acte ne laissera rien à desirer à cet
égard, et il pourra être donné une déclaration formelle
qui annulle toute responsabilité résultante pour le Roi
de Saxe dans la convention de Boyonne.

3⁰. „S. M. le Roi de Saxe réclame les *avances*
„que les caisses saxonnes ont faites à celles du Duché."

Les avances de cette nature ont été faites pour
les armemens, fournitures et autres prestations imposées au Duché. Ces objets doivent être bonifiés par
la France. Un article additionnel du traité de Paris
statue l'établissement d'une Commission de liquidation. La balance en faveur du Duché s'annonce pour
une somme considérable; et l'on a l'obligation formelle
de faire concourir la Saxe à l'actif résultant de cette
liquidation pour la somme qu'elle prouvera avoir directement versée dans les caisses du Duché.

En dernier lieu S. M. Saxonne témoigne qu'Elle
„ne procédera à l'accomplissement de l'acte qu'on lui
„demande, qu'après avoir été *remise* au préalable *en
„possession de ses états.*"

On ne saurait concilier cette clause qui porte l'em-
preinte de la méfiance avec les motifs d'utilité générale
que S. M. allègue, comme ayant déterminé sa prompte

1815 accession à l'arrangement proposé. En effet l'urgence de faire cesser les inconvéniens inséparables d'une prolongation indéfinie de l'état provisoire, est trop évidemment démontrée; et S. M. Elle-même a trop hautement protesté de ses intentions bienfaisantes à cet égard, ainsi que du désir qui l'anime de participer à l'affermissement de la tranquillité en Europe, pour qu'il soit permis d'élever aucun doute sur son empressement à amener un résultat aussi salutaire.

Mais indépendamment même de ces considérations, on ne saurait admettre une restriction qui intervertit l'ordre naturel des stipulations arrêtées. Il est clair que S. M. en déliant de leur serment les habitans du Duché de Varsovie, ne fait que remplir une des conditions expresses, au moyen des quelles Elle rentre en possession des états qui lui sont assurés. Elle ne saurait donc, sous aucun prétexte, subordonner cet acte strictement exigé à celui de sa réintégration qui en suppose de fait l'accomplissement préalable.

Après avoir consulté les principes du droit et les témoignages de faits incontestables pour discuter ces différens objets sur lesquels portait la Note remise par le Plénipotentiaire de S. M. le Roi de Saxe, le Soussigné croit devoir rappeler ici, encore une fois, la nécessité de subordonner toute considération partielle, au but éminemment important de faire cesser sans retard et par le fait toute incertitude ultérieure dans les pays dont le sort a été irrevocablement décidé.

Vienne, le $\frac{\text{29. Mars}}{\text{10. Avril}}$ 1815.

Signé: RASOUMOFFSKY.

Réponse de Mrs. les Plénipotentiaires des cinq Puissances aux deux Notes présentées par M. le Plénipotentiaire de S. M. le *Roi* de *Saxe* sous la date du 6. Avril 1815.

Les Plénipotentiaires de *Russie*, d'*Autriche*, de la *Grande-Bretagne*, de *France* et de *Prusse* ayant pris en considération les deux Notes présentées en date du 30 du mois dernier *) par M. le comte de Schulen-

---

*) La Note en question n'est pas datée du 30. Mars, mais du 6. Avril. Cette erreur de rédaction se trouve relevée dans la Note du Plénipotentiaire Saxon en date du 20. Avril, laquelle est annexée ci-après au Protocole du 20. Avril. *Remarque de l'éditeur.*

bourg, Plénipotentiaire de S. M. le *Roi* de *Saxe*, sont 1815
convenus d'y faire la réponse suivante qu'ils invitent
M. le comte de Schulenbourg de porter à la connaissance du Roi son maître.

1º. Les Puissances nommées ci-dessus voyent
avec une vive satisfaction que S. M. le Roi de Saxe
donne son *Adhésion aux Cessions* qui lui avaient été
proposées et qu'il est prêt également à délier de leurs
sermens les habitans du Duché de Varsovie. Les Soussignés en acceptant cette déclaration, se croient en devoir d'analyser les *Modifications* que S. M. y attaohe,
et désirent qu'Elle veuille se convaincre que leurs Cours,
animées du plus vif désir de concilier avec une équité
parfaite tous les divers intérêts, ne partent, en insistant
sur la nécessité de terminer promtement la présente
transaction, d'un autre point de vue que celui de contribuer au rétablissement de la tranquillité générale,
en fixant tous les rapports politiques qui restent encore
en suspens et en faisant disparaître partout l'incertitude
de l'état provisoire.

2º. Elles n'ont pu sous ce rapport apprendre qu'avec
beaucoup de peine que le Roi de Saxe veut faire
*dépendre l'acte de délier de leur serment ses anciens
sujets de sa réintégration* dans ses états. Un parail
délai annoncérait une méfiance funeste. S. M. le Roi
de Prusse s'est engagée à faire évacuer par ses troupes
les provinces de la Saxe qui ne passent point sous sa
domination quinze jours après que l'adhésion aux cessions territoriales aura été donnée. Il ne peut exister
aucun doute sur l'exécution de cette promesse. Les
cinq Puissances ayant garanti d'un côté les cessions à
faire, et de l'autre l'évacuation qui doit en être la suite,
renouvellent cette garantie à Sa Majesté Saxonne, mais
Elles ont en même tems le droit de demander que son
adhésion soit complète et absolue. Il est clair que le
dégagement des sujets de leur serment faisant partie
du consentement aux cessions dont la réintégration de
S. M. Saxonne ne peut être elle-même qu'une conséquence, il doit la précéder et les Puissances ne peuvent
qu'insister à ce que S. M. le Roi de Saxe renonce à
une condition qu'Elles ne sauraient admettre.

3º. En examinant les *Conditions* particulières énoncées dans les deux Notes, les soussignés Plénipotentiaires ne disconviennent guères de la justice de plu-

1815 sieurs d'entre elles, mais ils doivent observer que dans celles qui regardent les cessions de la Saxe et qui sont les 2, 3, 4 et 5 *sub Litt.* A. de la Note principale et les quatre premières de la Note additionnelle, on a confondu les Articles proposés à S. M. à Presbourg avec les Points qui doivent former l'objet d'une négociation séparée entre des Plénipotentiaires Prussiens et Saxons sous la médiation de l'Autriche. Il est néanmoins important de ne pas changer en ceci la marche adoptée et proposée par les Puissances, puisqu'il serait également impossible de détacher des points isolés d'une négociation qui évidemment forme un ensemble et offre par là des modifications réciproques et d'aborder dès à présent toutes les questions à la fois. Les soussignés Plénipotentiaires doivent en conséquence réserver aux négociations futures la discussion de cette partie de la Note principale et plus encore celle du contenu de l'additionnelle pour laquelle S. M. le Roi réclame seulement la médiation de la cour de Vienne qui n'aura lieu que lorsque l'acte principal, l'Adhésion, sera consommée. Les Puissances se flattent que S. M. Saxonne trouvera une garantie suffisante pour ces arrangemens subséquens dans la médiation de l'Autriche et dans la promesse de régler tous les objets dont il est question ici sur les principes les plus libéraux, à laquelle la Prusse restera strictement fidèle en apportant dans cette négociation la plus grande équité et le plus vif désir de soulager le pays.

4º. S. M. Prussienne désirant cependant de faciliter l'accommodement final autorise les Plénipotentiaires à s'expliquer dès à présent sur les deux points les plus importans que renferme la Note, les *Salines* et les *Dettes.*

S. M. promet de fournir au Gouvernement Saxon, à un prix plus modique qui sera fixé par la négociation future, la quantité de Sel qui répond au besoin de ses états.

Quant aux Dettes, il serait impossible d'acquiescer au principe énoncé dans la Note, puisque l'étendue territoriale ne décide pas elle seule ni de la population ni de la richesse. Mais S. M. Prussienne s'engage formellement à régler la distribution des dettes sur un principe plus favorable à la Saxe que ne l'est celui de la population prise isolément.

5°. Des trois Conditions de la Note qui regardent 1815
le *Duché* de *Varsovie*, celle de dégager le Roi de
toute obligation à l'égard des *dettes* contractées à
l'avantage du Duché, ne présente point de difficulté
en général, mais exige plus de développement pour
donner la précision nécessaire aux stipulations qui doivent en dériver. En attendant toute obligation qui
pourrait résulter pour S. M. Saxonne de la *Convention*
de *Bayonne*, est entièrement annullée par les derniers
engagemens conclus entre la Russie et la Prusse sur
cet objet.

La demande de la restitution des *avances* faites
par les caisses Saxonnes à celles du Duché, rentre
dans la masse des réclamations que le Duché forme
contre la France, et pour lesquelles un article additionnel du Traité de Paris statue l'établissement d'une
Commission de liquidation. Les Puissances prennent
l'engagement formel de faire concourir la Saxe à l'actif
résultant de cette liquidation pour les sommes qu'elle
prouvera avoir directement versé dans les caisses du
Duché.

Si ces deux conditions n'ont eu besoin que d'être
restreintes ou expliquées, la troisième relative aux
Arrérages de la *liste civile* a été reconnue inadmissible. Les arrérages n'existeraient pas, sans les sacrifices immenses et inutiles qui ont été imposés au pays,
et si ce dernier pouvait être envisagé comme chargé
de cette dette, il en aurait été délibéré, d'après les
principes du droit public, par la manière même dont
il est passé sous une autre dénomination.

6°. L'empressement de S. M. le Roi de Saxe de
renouveler les rapports les plus intimes avec les cinq
Puissances par son *accession à l'alliance* du 25. Mars,
a trop de prix à leurs yeux pour qu'Elles ne hâtent
de lui communiquer le Traité qui vient d'être conclu.
En y accédant S. M. Saxonne participera à tous les
avantages qui pourront être le résultat de la guerre,
et les Soussignés ne hâteraient pas à faire ici mention
aussi d'agrandissemens territoriaux, si la présente guerre,
destinée à rétablir et à maintenir la tranquillité générale,
admettait la supposition de nouvelles acquisitions.

Les Soussignés, en répondant ainsi au contenu
des deux Notes de M. le comte de Schulenbourg, ont
indiqué en même tems les modifications qui sont les

1815 seules auxquelles on puisse se prêter. Les Puissances
au nom desquelles ils agissent, croieraient manquer à
ce qu'Elles doivent et à l'utilité générale et aux intérêts
du Roi de Saxe lui-même, si Elles ne réitéraient point
que ce n'est que par une adhésion prompte et complète
que S. M. peut obvier aux graves inconvéniens qui
seraient une suite immanquable d'une prolongation in-
finie de l'état provisoire, et que ce n'est qu'ainsi que
le Roi peut, en renouvelant tous ses rapports avec
Elles, prouver d'une manière efficace sa disposition
d'appuyer les mesures qu'Elles dirigent contre les nouvelles tentatives de troubler le repos de l'Europe.
L'accord unanime avec lequel Elles agissent et dont la
Note du 30. Mars fait mention, prouvera à S. M. le
Roi que leurs déterminations sont fondées sur des principes et des motifs de droit et de convenance qui ne
leur permettent point de les révoquer ou de les changer.

Signe: WESSENBERG. HUMBOLDT. HARDENBERG.
NESSELRODE. RASOUMOFFSKY. TALLEYRAND.
CLANCARTY. CAPODISTRIAS.

Vienne, le 14. Avril 1815.

*Note du Plénipotentiaire du Roi de Saxe adressée
aux Plénipotentiaires des cinq Puissances, en date
du 14. Avril 1815.*

Le Soussigné etc. a transmis à son auguste Souverain la Note que Leurs Altesses et Excellences Mrs.
les Plénipotentiaires d'Autriche, de Russie, de la Grande-
Bretagne, de Prusse et de France lui ont adressée
le 14 de ce mois et il s'empresse de leur communiquer
ce que le Roi a trouvé bon de lui prescrire par rapport aux objets dont il est question.

Leurs Alt. et Excell. ont développé dans cette
Note leur réponse à celle du Soussigné du 6. Avril et
non du 30. Mars dernier, comme le porte une erreur
de date, en six Points principaux qui embrassent la
plus grande partie des questions sur lesquelles on est
en discussion. Le Roi a ordonné au Soussigné d'y
repliquer par les observations suivantes.

Ad 1er Sa Maj. n'a fait déclarer être disposée à
donner son adhésion aux cessions territoriales qu'on
lui demande que sous les conditions et modifications
qui ont été transmises à Mrs. les Plénipotentiaires des

cinq Puissances. Ce principe a été expressément énoncé 1815 dans la Note du soussigné du 6. Avril, et il se trouve répété dans le dernier paragraphe de la même pièce.

Ad 2. Il a été extrèmement sensible au Roi de voir considérer comme un effet de méfiance son offre de délier de leurs sermens ceux de ses sujets qui passeraient sous une autre domination après que Sa Majesté serait rentrée dans les Etats et en aurait repris l'administration. Le Soussigné est chargé de protester formellement contre cette interprétation. Le dégagement des sujets ne fait pas partie de l'adhésion, mais il en est une conséquence, tout comme la réintégration de Sa Majesté. Il est de la dignité du Roi comme de celle des Puissances alliées, que ces actes aient lieu simultanément, c'est à dire que Sa Majesté délie ses sujets cédés à l'instant où Elle en aura repris l'administration. En s'écartant de ce principe on intervertirait un ordre de choses consacré par l'usage dans toutes les transactions politiques. C'est dans ce sens que S. Majesté accepte la garantie renouvelée de l'évacuation dans les termes de l'art. 13 du protocole communiqué le 7. Mars. D'ailleurs le Soussigné est autorisé à proposer une modification qui, en maintenant le principe énoncé, mettra en évidence la confiance du Roi dans les intentions des cinq Puissances.

En attendant, le Roi ne saurait se dispenser de renouveler, de la manière la plus pressante la demande contenue dans la note de son Ministre du Cabinet, le Comte d'Einsiedel, du 11. Mars dernier, qu'il soit enjoint au Gouvernement provisoire en Saxe, de suspendre toutes les mesures qui auraient rapport à la séparation des provinces et districts de la Saxe à céder, nommément des archives et d'autres objets mentionnés dans le huitième des Articles communiqués avec l'extrait du protocole du 7. Mars dernier, parceque ces mesures ne peuvent être que la conséquence d'une cession consentie et ratifiée et que cette époque arrivée il ne peut y être procédé légalement que par des Commissaires nommés *ad hoc* des deux parts, et nullement par des personnes que le Gouvernement provisoire en aurait chargé seul. Le soussigné est chargé de déclarer que Sa Majesté ne saurait reconnaître comme valides des mesures contraires au principe qui vient d'être énoncé.

1815   Ad 3 et 4. Le Roi a reconnu avec satisfaction,
que Mrs. les Plénipotentiaires des cinq Puissances après
avoir examiné les conditions énoncées dans la Nòte du
soussigné du 6. Avril, conviennent de la justice de plusieurs d'entre elles. L'intention de Sa Majesté n'est
pas, comme le veut faire supposer la Note du 14 du
courant, de confondre tous ces articles avec la négociation principale. Elle sait que plusieurs d'entre eux,
concernant des questions administratives, ne sont pas
susceptibles d'être coulés à fond dans un arrangement
préliminaire. Mais tout comme il a été posé des principes généraux dans les Articles communiqués au Roi
par le protocole du 7. Mars, et qu'on en a établi d'autres dans la Note du 14. Avril, Sa Majesté peut attendre et réclame de la justice des cinq Puissances l'admission de semblables principes sur des points auxquels
ses devoirs envers ses sujets et sa conscience lui pres-
crivent d'attacher la plus haute importance. En conséquence le soussigné a reçu ordre d'insister sur l'établissement de pareils principes par rapport aux *Conditions* suivantes *de l'adhésion du Roi* à la cession
d'une partie de la Saxe.

A) Sa Majesté Prussienne offre de fournir le *sel*
nécessaire aux besoins du royaume de Saxe, à un prix
plus modique. Le Roi de Saxe ne prétend cependant
qu'à concourir pour les trois cinquièmes au produit des
salines Saxonnes et demande que Sa Majesté Prussienne
autorise les Plénipotentiaires à énoncer d'une manière
précise tant ce point que le privilège suivant lequel le
prix pourra être réglé entre les deux Gouvernemens.

B) Quant aux *dettes* de la *Saxe*, Sa Majesté Prussienne a jugé inadmissible par la raison alléguée dans
la note du 14. Avril, le principe énoncé dans celle du
Soussigné du 6, et Elle a pris en échange l'engagement de régler la distribution des dettes sur un principe
plus favorable à la Saxe que ne l'est celui de la population prise isolément. Sa Majesté Saxonne accepte
cette déclaration, et Elle convient que l'étendue territoriale ne décide pas seule ni de la population, ni de
la richesse. Aussi n'a-t-Elle pas formé la demande
que la répartition des dettes se reglàt uniquement sur
l'étendue territoriale, mais qu'elle eût pour base la
proportion combinée de l'aréal, de la population et du
revenu, et comme la population et la richesse sont des

choses accidentelles et susceptibles de beaucoup de di- 1815
minution à mesure que les habitans se trouvent génés
dans leurs moyens de subsister, le Roi doit insister
sur l'adoption de la base proposée de sa part.

Dans tous les tems on a été tellement pénétré de
la justice de cette triple combinaison qu'elle a servi
de base à tous les arrangemens financiers dérivant du
traité de Lunéville, et la question est tellement importante, tant pour les sujets qui resteraient à S. M. le
Roi de Saxe que pour ceux qui passeraient sous la
domination de Sa Majesté le Roi de Prusse, qu'il paraît
être un devoir sacré pour les deux Souverains et leurs
Ministres de statuer à cet égard préliminairement en
principe, qui puisse ne pas nuire au crédit de l'Etat.

C) Sa Majesté le Roi de Saxe insiste également
sur l'application du dixième des Articles communiqués
par le protocole du 7. Mars, concernant la *navigation*
de l'*Elbe*, aux *canaux* nommés *Flossgraeben* et aux
rivières, par lesquelles les villes de Dresde et de Leipsick
sont approvisionnées en bois de flottage, et comme
l'art. 9 promet que les intérêts des sujets respectifs
seront réglés sur les principes les plus libéraux particulièrement par rapport à la libre importation et exportation des denrées, nommément des bleds, bois et
sels, il en résulte que la demande en question implique
naturellement la même conséquence.

D) Le Roi attend de la justice et même de la
religion de Sa Majesté Prussienne qu'Elle voudra faire
prononcer par ses Plénipotentiaires le principe réclamé
par le cinquième point, lettre A de la Note du soussigné du 6. Avril, relativement aux *communautés*, *corporations* et *établissements religieux* et d'*instruction*, etc.

Ad 5. Si le Roi de Saxe est disposé à délier ses
sujets du Duché de *Varsovie* de leur serment, il est
de toute justice, que Sa Majesté soit *dégagée* de toute
obligation et responsabilité, à l'egard des *dettes* contractées à l'avantage du *Duché*. Aussi a-t-Elle vu
avec satisfaction, dans la Note du 11. Avril, que les
cinq Puissances sont d'accord là-dessus. Cependant
comme il ne s'agit pas seulement des dettes qui résultent
de la *Convention* de *Bayonne*, mais qu'il y en a encore d'autres, par exemple celles qui dérivent de l'*emprunt* de *Paris*, contracté par le Duché et hypothéqué

1815 sur la moitié des salines de Wieliczka, le Soussigné a
ordre d'insister sur une déclaration des cinq Puissances
portant pour le Roi une *libération générale* de *toute
dette* contractée pour le Duché, tout comme sur l'adoption du principe que les *avances* faites au Duché par
les caisses Saxonnes devront être acquittées parcequ'elles
n'ont rien de commun avec les réclamations de ce pays
à la charge de la France, et ne peuvent par conséquent
pas entrer dans cette masse.

Quant aux prétentions du Roi à l'*arriéré* de la
liste civile qui lui a été allouée comme Duc de Varsovie, Sa Majesté, sans admettre les argumens allégués
dans la Note du 14. Avril pour les invalider, est disposée à ajourner les discussions ultérieures sur cette
question jusqu'après la conclusion de l'arrangement préliminaire.

Le Roi, après avoir pris connaissance du traité
du 25 Mars dernier, déclare être disposé à se réunir
à cette alliance.

Sa Majesté accepte en même tems l'engagement
prononcé par Mrs. les Plénipotentiaires des cinq Puissances, de La faire participer aux avantages qui pourront résulter de la guerre, et Elle observe à cette occasion qu'Elle n'a pas demandé des agrandissemens,
fruits d'une guerre de conquête, mais des dédommagemens proportionnées à ses pertes en cas que les arrangemens futurs missent des élémens d'indemnité à
la disposition des alliées. Le Roi a ordonné au Soussigné de réclamer itérativement en son nom une pareille
assurance de la part des cinq Puissances.

En terminant le Soussigné s'acquitte encore de
l'ordre de son Souverain de répéter ce qui a déjà été
exprimé dans les observations relatives aux 3e et 4e
points de la Note du 14. Avril, savoir que Sa Majesté
Saxonne est fort éloignée de vouloir confondre les principes d'un arrangement politique relatif aux cessions
territoriales qu'on éxige d'Elle avec ceux de la négociation séparée et subséquente entre la Saxe et la
Prusse, sous la médiation de l'Autriche. Mais Elle attache son adhésion aux cessions en question à l'établissement des principes généraux sur les questions
administratives. Le Roi doit pouvoir garantir aux sujets qui lui resteraient, de n'être pas menacés de tomber en une condition pire que ceux qu'il serait dans la

nécessité de céder à Sa Majesté Prussienne; cette con-1815
dition sera constamment le guide de Sa Majesté, et ni
sa conscience ni son honneur ne Lui permettront de
s'en écarter.

Le Soussigné a l'honneur etc.

Vienne, le 20. Avril 1815.

Signé: SCHULENBURG.

Séance du Congrès du 20. Avril 1815.

Présens: Mrs. le Comte de Rasoumoffsky, le Prince de
    Metternich, le Prince de Talleyrand,
    Lord Clancarty, le Comte de Capo-
    distrias, le Baron de Wessenberg, le
    Prince de Hardenberg, le Comte de
    Nesselrode, le Baron de Humboldt.

M. le Prince de Metternich ouvre la séance, en
mettant sous les yeux de Mrs. les Plénipotentiaires un
Mémoire que le Comte de Schulenburg vient de remettre de la part de S. M. le *Roi de Saxe*, pour servir de réponse à la communication que Mrs. les Plénipotentiaires de Russie, d'Autriche, de la Grande-Bretagne, de France et de Prusse ont faite au Ministre
Saxon, sous la date du 14 de ce mois. Il a été fait
lecture de ce mémoire qui est joint au présent Protocole.

Mrs. les Plénipotentiaires ont pris en considération
l'avantage et la convenance qu'il y aurait à règler simultanément:

1º. L'*adhésion* de S. M. le *Roi* de *Saxe aux
cessions* et *conditions* préalables à sa réintégration
dans le royaume de Saxe conformément au protocole
du 7. Mars dernier.

2º. La déclaration par laquelle S. M. le Roi de
Saxe *délierait du serment les habitans* des provinces et districts cédés à S. M. Prussienne, de même
que les habitans du Duché de Varsovie.

3º. L'*accession* de S. M. le Roi de Saxe au traité
d'*alliance* du 25. Mars dernier.

Mrs. les Plénipotentiaires pensent que le moyen
à la fois le plus expéditif et le plus convenable de
remplir ces trois objets, serait de faire à ce sujet un
Traité entre les cinq Puissances, savoir l'Autriche, la
Russie, la France, la Grande-Bretagne et la Prusse
d'une part, et S. M. le Roi de Saxe de l'autre part,

1815 lequel traité renfermerait les cessions et conditions en même tems qu'un second acte réglerait la forme et la date, où le déliément du serment serait publié, et enfin qu'un 3e acte libellerait l'accession du Roi à l'alliance du 25. Mars 1815.

En conséquence M. le Prince de Metternich s'est chargé de faire demain au Ministre du Roi les propositions de cette triple transaction.

Lord Clancarty a rappelé que dans les derniers jours du mois de mars, la conférence s'est occupée d'un projet d'office à remettre à M. le Comte de Löwenhielm, Plénipotentiaire de Suède, afin de porter la Cour de Stockholm à *accomplir les engagemens du traité de Kiel*, nommément pour la *cession* de la *Poméranie Suédoise.*

En suite d'ordres qui viennent de lui parvenir de sa Cour, M. le Plénipotentiaire Britannique demande que la *rédaction définitive de cet office* soit arrêtée, et que la communication en soit faite à M. le Comte de Löwenhielm.

Après quelques éclaircissemens, M. le premier Plénipotentiaire de Russie s'est engagé à prendre les ordres de S. M. l'Empereur de Russie, pour être à même de donner son opinion sur cet objet dans une prochaine séance.

Signé: WESSENBERG. CLANCARTY. HUMBOLDT. TALLEYRAND. NESSELRODE. CAPODISTRIAS. HARDENBERG. RASOUMOFFSKY. METTERNICH.

Séance du 27. Avril 1815.

Présens: Mrs. le Prince de Metternich, le Comte de Rasoumoffsky, le Comte de Nesselrode, le Prince de Talleyrand, Lord Clancarty, le Prince de Hardenberg, le Baron de Humboldt, le Comte de Capodistrias, le Baron de Wessenberg.

M. le Prince de Metternich informe que, conformément au protocole du 20. Avril, il s'était acquitté le lendemain de la communication dont on était convenu à l'égard du Comte de Schulenburg; que ce Ministre ayant rendu compte au *Roi Frédéric Auguste* de la proposition de régler par des transactions simultanées et immédiates les trois objets, 1º. de l'adhésien aux cessions; 2º. du déliement du serment tant des sujets

saxons qui passent sous la domination prussienne que 1815.
des habitans du Duché de Varsovie; et 3°. de l'accession du Roi au traité d'alliance du 25. Mars dernier;
S. M. le *Roi* de *Saxe* l'a chargé de faire connaître
qu'il se réfère au Mémoire du 20. Avril (*sub Litt.* SS.)
relativement à la demande de délier du serment les
sujets saxons et varsoviens; qu'il veut avoir la certitude
de l'acceptation de la proposition contenue dans ledit
Mémoire, avant que de munir son Ministre d'un nouveau
plein-pouvoir; qu'enfin il désire connaître, soit par un
office soit par la communication des protocoles, quelles
sont les modifications que l'on veut apporter aux articles
concernant les sels et les dettes, ainsi que les facilités
que l'on promet pour les autres articles.

Mrs. les Plénipotentiaires ont arrêté de faire à
l'ouverture de S. M. le *Roi* de *Saxe* la *réponse verbale*
suivante:

„Toutes les assurances ayant été données et même
toutes les facilités ayant été promises, la partie principale ayant déclaré être prête à négocier sur des modifications dont elle a admis le principe, et les Puissances
étant convenues que le seul mode propre à amener un
résultat prompt et conforme à leurs intentions, dirigées
sur le rétablissement de la tranquillité, se trouvait dans
une négociation directe, les cinq Cours ont résolu de
déclarer à M. le Plénipotentiaire de Saxe que, si le
Roi son maître persistait dans son refus d'adhérer à la
demande qui lui est faite, elles se verront obligées de
remplir envers la Prusse et la Russie les stipulations
qui les concernent relativement au Roi de Saxe, tandis
que celles qui aujourd'hui sont faites ou proposées en
faveur de Sa Majesté Saxonne, seraient regardées par
les dites Cours comme éventuelles."

Les affaires du Congrès approchant de leur terme,
il a été en outre convenu que M. le Plénipotentiaire de
Saxe serait invité à faire connaître à la conférence la
détermination du Roi son maître *dans un délai qui
ne pourra être de plus de cinq jours;* lequel terme
expiré, les Puissances prendront une résolution définitive.

*Note de M. le Plénipotentiaire de S. M. le Roi de
Saxe, du 1. Mai 1815.*

Le soussigné Plénipotentiaire de S. M. le *Roi* de
Saxe au Congrès, n'a pas tardé à rendre compte à

1815 son Souverain de ce dont LL. AA. et EE. Messieurs les Plénipotentiaires des cinq Puissances sont convenus dans la séance du 27. Avril dernier, relativement à sa Note du 19, d'après la communication qui lui en a été faite le 29 par S. A. M. le Prince de Metternich, il vient d'être mis en état de s'expliquer là-dessus sans délai.

Le Roi a cru voir dans la fixation d'un *terme des cinq jours* pour se déclarer sur les formes proposées pour la continuation des négociations, relatives à son adhésion aux cessions territoriales demandées, un reproche indirect, comme si S. M. cherchait à faire traîner les choses en longueur; reproche qui lui serait d'autant plus sensible que, malgré la haute importance de l'objet, Elle n'a pas différé de répondre avec franchise et précision dans l'espace de peu de jours aux ouvertures qui lui ont été faites; de sorte que le délai que la conclusion de ces arrangemens a éprouvé ne saurait lui être attribué. Il importe au Roi d'arriver promptement à une conclusion conforme à ses justes demandes et réciproquement satisfaisante. Dans cette vue Elle a nommé pour l'assistance du Soussigné, et sur ses instances, un second Plénipotentiaire dans la personne de son Chambellan et Conseiller de Cour et de Justice M. de Globig.

Maintenant et pour prouver aux cinq Puissances toute la déférence possible pour leur désir, le Roi vient de faire transmettre à ses deux Plénipotentiaires des *pouvoirs* en forme, par lesquels ils sont spécialement autorisés à traiter simultanément sur les conditions de l'adhésion de S. M. aux cessions territoriales et sur son accession au traité d'alliance du 25. Mars dernier.

En s'empressant d'en informer LL. AA. et EE. Messieurs les Plénipotentiaires des cinq Puissances, le Soussigné a l'honneur de leur renouveler l'assurance de sa plus haute considération.

Vienne, le 1er de Mai 1815.

Signé: SCHULENBURG.

Séance du 1er Mai 1815.

Présens: Mrs. le Prince de Metternich, le Comte de Rasoumoffsky, le Comte de Nesselrode, le Prince de Hardenberg, le Comte Capodistrias, le Baron de Humboldt, le

Prince de Talleyrand, le Comte de 1815
Clancarty, le Baron de Wessenberg.

M. le Prince de Metternich met sous les yeux de
Mrs. les Plénipotentiaires une *Note* en date de ce jour,
du Plénipotentiaire de S. M. le *Roi* de *Saxe*, Comte
de Schulenburg, qu'il dépose au présent protocole
sub Litt. WW.

Cet office porte que S. M. le *Roi* de *Saxe*, informée par Son Plénipotentiaire du contenu de la réponse verbale arrêtée par Mrs. les Plénipotentiaires des
cinq Puissances dans leur séance du 27. Avril, a fait
transmettre à ses deux Plénipotentiaires, savoir au Comte
de Schulenburg et au chambellan et conseiller de
Cour et de Justice de Globig, que S. M. a adjoint à
son premier Plénipotentiaire, des *pouvoirs* en forme,
par lesquels ils sont spécialement *autorisés à traiter
simultanément sur les conditions de l'adhésion du
Roi* aux cessions territoriales et sur son *accession au*
traité d'alliance du 25. Mars dernier.

En conséquence de cette information, ont été
nommés de la part de S. M. le Roi de Prusse M. le
Baron de Humboldt, et de la part de S. M. l'Empereur
de Russie M. le Comte de Capodistrias, comme Plénipotentiaires de leurs cours pour procéder conjointement avec ceux de S. M. le Roi de Saxe et sous l'intervention d'un Plénipotentiaire d'Autriche, savoir M.
le Baron de Wessenberg, à la *rédaction des actes*
respectifs d'adhésion, de déliement du serment et d'accession au Traité d'Alliance du 25. Mars dernier.

Séance du 18. Mai 1815.

Présens: Mrs. le Comte de Rasoumoffsky, le Comte
de Nesselrode, le Comte de Capodistrias, le Prince de Metternich, le Baron de Wessenberg, le Prince de Hardenberg, le Baron de Humboldt, le
Prince de Talleyrand, le Comte de Clancarty, le Comte de Schulenburg, le
Chambellan Baron de Globig.

Les Articles, discutés dans la négociation des Commissaires de S. M. le *Roi* de *Saxe* avec les Commissaires nommés par les cinq Puissances, ont été mis
sous les yeux des Plénipotentiaires.

1815   Lecture faite des dits Articles, Mrs. les Plénipotentiaires des cinq Puissances et ceux de S. M. le Roi
de Saxe ont arrêté et paraphé vingt cinq Articles
qui doivent faire partie du *Traité* avec S. M. le Roi
de Saxe.

Dans le nombre des articles proposés il en étoit
un ci-joint *sub Litt.* CCC., relatif aux droits de *succession éventuelle* de la *branche Ernestine de Saxe*
sur les possessions de la branche *Albertine*; et Mrs.
les Plénipotentiaires sont convenus de l'omettre, attendu
qu'il concernoit les droits d'un tiers qui n'a pas été
entendu. La seule clause finale de cet article portant
réserve des titres a été transportée à l'article 4.

Il y avoit de plus un Article ci-joint *sub* **DDD**,
au sujet de la maison de *Schoenbourg* qui avoit été
compris *sub Nr.* 33 dans la communication faite à Presbourg. Mrs. les Plénipotentiaires de Saxe ayant proposé que cet objet fût réglé par forme de Déclaration
au lieu d'en faire une clause du traité, Mrs. les Plénipotentiaires des cinq Puissances ont ajourné la question de cette modification.

Mrs. les Plénipotentiaires ont ensuite passé à l'examen des Projets d'Articles qui devroient entrer dans le
Traité d'accession de S. M. le *Roi de Saxe à l'alliance*
du 25. Mars 1815 tels qu'ils sont présentés dans le projet de Mrs. les Plénipotentiaires Saxons deposé sub **EEE**.

Les Plénipotentiaires des cinq Puissances et ceux
de S. M. le Roi de Saxe sont tombés d'accord sur les
cinq Articles ainsi que sur le préambule. Quant à un
6e Article, par lequel Mrs. les *Commissaires saxons*
demandent que le Roi leur maître *participe à tous
les avantages de la guerre*, les Plénipotentiaires des
Cours alliées ont répondu qu'ils ne le trouvoient point
admissible, puisqu'aucune des autres Puissances accé-
dantes n'avait obtenu une pareille promesse, et que la
nature de la guerre actuelle ne permettoit guerres de
s'attendre à des avantages tels qu'ils avoient été deman-
dés; que, par ce motif, leurs Cours devaient se borner à la promesse énoncée dans la Note du 14. Avril
adressée de la part des Plénipotentiaires des cinq Puissances à M. le comte de Schulenburg.

Finalement il a été réglé, par l'Extrait de protocole ci-joint *sub Litt.* FFF, de quelle manière il est
pourvu à la remise des *actes de déliement de serment*

et de ceux de *ratification*, ainsi qu'à la *restitution* 1815 du *territoire* du Royaume qui n'est pas compris dans les cessions.

Signé: HUMBOLDT. TALLEYRAND. NESSELRODE. SCHULENBURG. METTERNICH. CLANCARTY. GLOBIG. HARDENBERG. RASOUMOFFSFKY. CAPODISTRIAS.

Annexes au présent Protocole.

CCC.

Article 22.

Les droits de *succession éventuelle* de la *branche Ernestine de Saxe* sur les possessions de la branche *Albertine* sont conservés et reconnus par les hautes parties contractantes, conformément à la situation où celles-ci se trouvent aujourd'hui, d'après les stipulations du présent traité. Les droits de la maison Albertine sur les possessions de la maison Ernestine restent intacts comme jusqu'ici et S. M. le Roi de Saxe se réserve relativement et en vertu de ces droits, de continuer à porter le titre de Landgrave de Thuringe et de Comte de Henneberg.

DDD.

Article.

Les hautes parties contractantes en réservant expressément à la maison des Princes de *Schoenburg* les droits qui résulteront de ses rapports futurs avec la ligue Germanique, lui confirment, par rapport à ses possessions dans le Royaume de Saxe, toutes les prérogatives que la maison Royale de Saxe a reconnus dans le récès du 4. Mai 1740, conclu entr'Elle et la maison de Schoenburg.

FFF.

Extrait de Protocole.

Séance du 18. Mai 1815.

Mrs. les Plénipotentiaires de Russie, d'Autriche, de France, de la Grande-Bretagne et de Prusse ayant demandé que dans le moment où les ratifications du traité conclu sous la date de ce jour entre Leurs Majestés l'Empereur de Russie, l'Empereur d'Autriche, le Roi de Prusse et Sa Majesté le Roi de Saxe seront

1815 échangées, il fût remis en même tems par Mrs. les
Plénipotentiaires Saxons, 1°. aux Plénipotentiaires de
S. M. le Roi de *Prusse* l'*Acte* par lequel S. M. le *Roi*
de *Saxe délie du serment* de fidélité les sujets, de
quelque condition qu'ils soient, des Provinces et districts
cedés par S. M. le Roi de Saxe à S. M. le Roi de
Prusse; 2°. aux Plénipotentiaires de *Russie*, d'*Autriche*,
et de *Prusse* un Acte (en triple expédition) par lequel
S. M. le *Roi* de *Saxe* renonce pour lui, ses héritiers
et successeurs, *au Duché de Varsovie* et *délie du
serment* de fidelité les sujets, de quelque condition
qu'ils soient, du Duché de Varsovie; et S. M. le Roi
de Saxe ayant consenti à la remise simultanée des
instrumens de ratification de sa part et des actes de
déliement du serment de fidélité, sous les modifications
suivantes :

1°. Qu'en échange de l'Acte de déliement il soit
délivré aux Plénipotentiaires du Roi de Saxe l'*ordre*
au Gouvernement provisoire Prussien à Dresde, de
faire *évacuer les Provinces* qui sont restituées au Roi,
dans le terme convenu par l'article 5 du Traité, et de
remettre l'administration dans les mains de S. M. ou de
ses fondés de pouvoirs, à la même époque;

2°. Qu'immédiatement après cet échange, les *deux
Actes soient envoyés* par *deux courriers* Prussien et
Saxon voyageant ensemble à Dresde pour y être échangés
incessamment entre le Gouvernement provisoire Prussien
et les Commissaires de S. M. le Roi de Saxe:

3°. Le Gouvernement provisoire et les Commissaires
Saxons *publieront* le surlendemain de l'arrivée des
courriers, chacun de son côté, l'un le contenu du
Traité tel qu'il sera convenu ici, entre les plénipotentiaires respectifs, de le publier; et l'autre, outre le
traité, l'Acte de déliement des sujets des Provinces
cédées.

Mrs. les Plénipotentiaires de Russie, d'Autriche,
de France, de la Grande-Bretagne et de Prusse, déclarent qu'ils acceptent l'engagement pris par S. M. le
Roi, et adhèrent aux modifications mentionnées dans
les paragraphes ci-dessus *sub Nr.* 1, 2 et 3; qu'en
même tems ils *garantissent* à Sa dite Majesté le Roi
de Saxe que la *restitution* de la partie de Ses états

qui reste sous Sa domination, sera effectuée dans le 1815 terme de 15 jours, conformément à l'art. cinq du traité.

Signé: HARDENBERG. RASOUMOFFSKY. METTER-
NICH. SCHULENBURG. GLOBIG. CAPO-
DISTRIAS. WESSENBERG. HUMBOLDT.
CLANCARTY.

Séance du 20. Mai 1815, à deux heures après midi.

Présens: Mrs. le Comte de Rasoumoffsky, le Comte de Capodistrias, le Prince de Metternich, le Baron de Wessenberg, le Prince de Hardenberg, le Baron de Humboldt, le Prince de Talleyrand, le Comte de Schulenburg, le Chambellan de Globig.

La présente séance de signature n'ayant d'autre objet que de signer le *Traité* avec la *Saxe* dont les articles ont été paraphés dans la séance du 18 du mois; ledit traité fait en triple savoir: entre la Russie et la Saxe, la Prusse et la Saxe, l'Autriche et la Saxe, a été muni de la signature des Plénipotentiaires respectifs.

Sur quoi ils sont convenus de se réunir le 22 pour procéder à l'échange des ratifications.

Signé: HUMBOLDT. RASOUMOFFSKY. SCHULENBURG.
HARDENBERG. TALLEYRAND. DE GLOBIG.
WESSENBERG. CAPODISTRIAS.

Séance du 22. Mai 1815.

Présens: Mrs. le Comte de Rasoumoffsky, le Comte de Capodistrias, le Prince de Metternich, le Baron de Wessenberg, le Prince de Hardenberg, le Baron de Humboldt, le Prince de Talleyrand, le Comte de Schulenburg, le Chambellan de Globig.

Les actes de *ratifications des Traité* entre l'*Autriche* et la *Saxe*, la *Russie* et la *Saxe*, la *Prusse* et la *Saxe*, ont été échangées, après verification, entre les Commissaires respectifs.

Ce *Traité* *) est consigné au présent protocole *sub Litt.* GGG.

----

*) Ce Traité se trouvé inséré au présent Recueil, Supplém. T. VI. (Nouv. Rec. T. II.) p. 772.

1815   Dans le même tems il a été *délivré:*

1º. Par Mrs. les Plénipotentiaires Saxons à Mrs. les Plénipotentiaires Prussiens l'*Acte* de *déliement de serment* des sujets des districts çédés de la Saxe; cet acte sous cachet avec une copie vidimée, en échange duquel Mrs. les Plénipotentiaires Prussiens ont remis à ceux de S. M. le Roi de Saxe des *Lettres* closes accompagnées d'une copie, portant l'*ordre* au Gouvernement provisoire Prussien de la Saxe, de faire *évacuer* le territoire non-cédé de la Saxe dans le terme convenu du 15 jours.

2º. L'Acte de *déliement du serment* des habitans du *Duché* de *Varsovie*, en forme patente et en triple expédition, dont un éxemplaire aux Plénipotentiaires de Russie, le second à ceux d'Autriche, et le troisième à ceux de Prusse.

3º. Au surplus il a été remis par Mrs. les Plénipotentiaires de Russie, d'Autriche, de la France, de la Grande-Bretagne et de Prusse à Mrs. les Plénipotentiaires Saxons, un Extrait de procès-verbal en date du 18 de ce mois portant *garantie* de la *restitution* de la partie du Royaume de Saxe non-cédée dans le terme de quinze jours stipulé par le traité.

Signé: HARDENBERG. TALLEYRAND. SCHULENBURG. DE GLOBIG. HUMBOLDT. WESSENBERG. CAPODISTRIAS. RASOUMOFFSKY.

Séance du 27. Mai 1815.

Présens: Mrs. le Prince de Metternich, le Prince de Talleyrand, le Comte de Rasoumoffsky, le Comte de Clancarty, le Prince de Hardenberg, le Comte de Nesselrode, le Baron de Humboldt, le Comte de Capodistrias, le Baron de Wessenberg.

M. le Prince de Metternich ouvre la séance en mettant sous les yeux de Mrs. les Plénipotentiaires la *Déclaration* *) que Mrs. les Plénipotentiaires de S. M. le *Roi de Saxe* ont donnée, pour tenir lieu de l'Article renfermant la concession faite en faveur de la maison de *Schoenbourg*, lequel article formait le 33e de ceux qui avaient été communiqués à S. M. Saxonne à Pres-

---

*) Voy. ce Recueil Supplém. T. VI. (Nouv. Rec. T. II.) p. 284.

bourg. Cette Déclaration qui est du 18. Mai, date du 1815
Traité avec la Saxe, est consignée au présent protocole *sub Litt.* HHH.

Mrs. les Plénipotentiaires arrêtent que, cette Déclaration remplissant l'objet de l'article qui avait été proposé, sera censée faire partie du Traité du 18. Mai
entre S. M. le Roi et LL. MM. l'Empereur d'Autriche,
l'Empereur de Russie et le Roi de Prusse.

55.
Note du Prince de Metternich adres-sée au Prince de Talleyrand, en date du 18. Mars 1815.

Le Soussigné a reçu l'ordre de faire part à Son
Altesse le Prince de Talleyrand, que Leurs Majestés
l'Empereur de toutes les Russies, le Roi de la Grande-
Bretagne et le Roi de Prusse sont convenus avec Sa
Majesté Impériale et Royale Apostolique, que les Vallées de la *Valteline*, de *Chiavenna* et de *Bormio*,
qui jusqu'à présent ont formé partie du Royaume d'I-
talie sous la dénomination du département de l'Adda
doivent être réunies aux Etats de Sa Majesté Impériale et Royale Apostolique en Italie. Comme cependant
ces territoires ont été placés dans les négociations par-
ticulieres entre la Cour de Vienne et celle des Tuileries, parmi les objets qui pourraient servir d'échange
ou de compensation dans les arrangemens d'Italie, et
nommément dans ceux qui concernent l'établissement
futur de Sa Majesté l'Infante Marie Louise d'Espagne
et de son fils, le Soussigné est autorisé à donner à
ce sujet la déclaration la plus précise, que la réunion
définitive desdits territoires, qui dans ce moment est
devenue une mesure de nécessité prescrite par les circonstances les plus impérieuses, ne dérogera en rien
aux arrangemens prévus, et qu'ils n'en sont pas moins
mis en ligne de compte dans l'évaluation des objets
qui devront servir de compensation pour l'établissement
réclamé par l'Infante Marie Louise. Le Soussigné prie
S. A. M. le Prince de Talleyrand d'agréer les assurances de sa haute considération.

Vienne, le 18. Mars 1815.

Signé: **Metternich.**

56.
Séance du Congrès de Vienne pour le renouvellement du Traité de Chaumont, du 25. Mars 1815.

Présens: Mrs. le Prince de Metternich.
le Comte de Rasoumoffsky.
le Comte de Nesselrode.
le Duc de Wellington.
le Prince de Hardenberg.
le Baron de Humboldt.
le Baron de Wessenberg.

Note. Le Prince de *Talleyrand* n'est pas intervenu dans la présente Conférence.

Mrs. les Plénipotentiaires de Russie, d'Autriche, de la Grande-Bretagne et de Prusse, dénommés ci-à côté, ayant reconnu que la *rentrée de Napoléon Bonaparte* à main armée en France, et les provocations à la rébellion dont il a accompagné ses premières démarches, sont dirigées contre l'ordre des choses établi en France et en Europe tant par le traité de Paris du 30. Mai 1814 que par les arrangemens arrêtés au présent Congrès pour compléter les dispositions du dit traité; et la délibération de Mrs. les Plénipotentiaires s'étant portée sur les mesures d'intérêt général dont il importe de convenir le plutôt possible, ils se sont réunis dans la présente conférence sur les points suivans:

Que les *quatre Puissances* ci-dessus rappelées ayant déjà eu pour but, lors de la conclusion du traité de Chaumont du 1. Mars 1814, „de déterminer les „moyens de maintenir contre toute atteinte l'ordre des „choses à résulter de la pacification de la France", les dites Puissances se trouvent de nouveau appelées à revenir aux mêmes moyens et à rassurer les liens qui les unissent, afin d'en assurer d'autant mieux l'exécution.

En conséquence, Mrs. les Plénipotentiaires sont convenus, pour première mesure, de *renouveler les engagemens du traité de Chaumont*, tant pour le maintien de l'ordre des choses en général, déterminé par le traité de Paris, que pour la défense de leurs états respectifs et de ceux de leurs Alliés; et que, pour

rester dans les conséquences du système du dit traité 1815
de Chaumont, celui-ci serait, renouvelé entre les mêmes
parties contractantes.

D'après cette considération, Mrs. les Plénipotentiaires ont discuté un *projet* de *Traité*, et ils sont
tombé d'accord sur les clauses que renferme la pièce
ci-jointe sous la lettre X.

Le projet du Traité a été en conséquence muni
du paraphé de Messieurs les Plénipotentiaires.

Il fut également approuvé et paraphé *l'Article
séparé* et *additionel* ci-joint *sub* Y.

A l'égard de cet article Mrs. les Plénipotentiaires
sont convenus de le tenir *secret* pendant un certain
tems, pour éviter des complications nuisibles au but
commun.

Au surplus, il a été tenu note d'une *Réserve* relative aux *Subsides* et la dite note jointe au présent
protocole a été de même munie de la signature de
Mrs. les Plénipotentiaires, *sub Lit.* Z.

Signé: Metternich. Wellington. Humboldt.
Rasoumoffsky. Nesselrode. Wessenberg.

Annexes au Protocole.

X.

*Traité entre l'Autriche, la Grande-Bretagne, la
Prusse et la Russie, contre l'invasion en France de
Napoléon Bonaparte; signé à Vienne le
25. Mars 1815.*

(Ce Traité se trouve déjà inséré au présent Recueil.
Voy. Supplém. T. VI. (Nouv. Rec. T. II.) p. 112.)

Y.

*Article secret additionnel et séparé appartenant au
Traité ci-dessus mentionné.*

(Voy. Ibid. p. 116.)

Z.

Note, contenant une Réserve relative aux Subsides.

Les Plénipotentiaires des trois cours d'*Autriche*,
de *Russie* et de *Prusse*, en signant un traité qui
détermine les mesures les plus efficaces à prendre pour
s'opposer aux funestes conséquences que l'*invasion* de
Bonaparte pourrait entraîner, déclarent qu'ils ont reçu

1815 l'ordre d'appeler l'attention particulière du *Gouvernement Britannique* sur l'objet de *Subsides* que son Plénipotentiaire ne s'est pas trouvé fondé à régler en même tems.

L'état auquel sont réduites les finances de leurs Cours après une guerre aussi longue et onéreuse, ne saurait leur permettre de vouer au but qu'il s'agit aujourd'hui d'atteindre des effets aussi étendus que son importance et l'urgence des circonstances semblent exiger, sans l'espoir que l'Angleterre, envisageant sous le même point de vue le danger dont l'Europe est menacée, ne contribue de tous ses moyens à faire cesser les embarras pécuniaires qui pourraient entraver leurs mesures.

Ne pouvant cependant qu'apprécier les considérations, par lesquelles S. E. Mr. le Duc de Wellington a conseillé de ne point insérer dans le traité même un Article relatif à cet objet, Mrs. les Plénipotentiaires proposent de le régler par une *Convention particulière*, et ce n'est que lorsque l'affaire des *Subsides* sera ainsi arrangée que leurs augustes Maîtres se verront dans la possibilité de remplir les conditions du traité dans toute l'étendue si nécessaire pour en atteindre l'objet.

Vû et approuvé.

Signé: METTERNICH. HARDENBERG. RASOUMOFFSKY. NESSELRODE. WESSENBERG. HUMBOLDT.

57.

Office, adressé par Mrs. les Plénipotentiaires de Russie, d'Autriche, de la Grande-Bretagne et de la Prusse, à Mr. le Prince de Talleyrand, premier Plénipotentiaire de France à Vienne, le 27. Mars 1815.

Les Soussignés ont l'honneur de communiquer à S. A. M. le Prince de Talleyrand un Traité qu'ils viennent de conclure, dans le but de consacrer, par un acte solennel, les décisions que leurs augustes Souverains ont jugé à propos de prendre à la suite de l'in- 1815 vasion de Bonaparte en France.

Cet engagement prouvera à S. M. Très - Chrétienne leur invariable résolution de combattre de tous leurs moyens l'ennemi qui vient de troubler de nouveau la tranquillité de la France et de l'Europe.

Ils sont chargés d'inviter le Roi à vouloir bien adhérer à ce Traité et prient en conséquence M. le Prince de Talleyrand de faire immédiatement parvenir à Sa Majesté cette communication.

(Suivent les signatures, dans l'ordre alphabétique des noms des Plénipotentiaires des quatre Puissances).

58.

Actes concernant les arrangemens territoriaux entre l'Autriche et la Bavière. 3. Avril — 10. Juin 1815.

Extrait des Protocoles tenus, au Congrès de Vienne, par les Plénipotentiaires des cinq Puissances, de l'Autriche, de la France, de la Grande-Bretagne, de la Prusse et de la Russie.

Séance du 3. Avril 1815.

Présens: Mrs. le Prince de Metternich, le Prince de Hardenberg, le Prince de Talleyrand, le Comte de Rasoumoffsky, le Comte de Nesselrode, le Comte de Capodistrias, Lord Clancarty, le Baron de Humboldt, le Baron de Wessenberg.

Mrs. les Plénipotentiaires ont pris en considération le *plan* des *arrangemens territoriaux* qui concernent S. M. le Roi de *Bavière,* et il leur a paru pouvoir réunir tant le consentiment réciproque de l'Autriche et de la Bavière, que l'assentiment des autres Puissances intéressées.

Quant au point de *Hanau* qui fait partie de ces arrangemens, Mrs. les Plénipotentiaires sont convenus d'y attacher les conditions suivantes:

1815   „La ville et forteresse de Hanau est cédée à S. M.
„le Roi de *Bavière*, et S. M. s'engage à la maintenir
„en état de défense."

Il a été de même convenu entre les Plénipotentiaires que

„La *grande route de Francfort à Leipsick* qui
„traverse le pays de Hanau, restera *libre au com-*
„*merce;* rien ne sera changé à l'égard du *transit* des
„*marchandises* sur cette route, et *aucun nouveau*
„*droit* n'y sera établi, excepté ceux que pourrait exiger
„la réparation des chemins."

Signé: METTERNICH. HARDENBERG. TALLEYRAND.
RASOUMOFFSKY. CLANCARTY. NESSELRODE.
CAPODISTRIAS. HUMBOLDT. WESSENBERG.

Séance du 4. Avril 1815.

Présens: Mrs. le Prince de Metternich, le Comte de
Rasoumoffsky, le Comte de Nesselrode,
le Comte de Capodistrias, Lord Clancarty, le Prince de Hardenberg, le
Prince de Talleyrand, le Baron de Humboldt, le Baron de Wessenberg, le Prince
de Wréde.

Mrs. les Plénipotentiaires d'Autriche présentent un
tableau de *Cessions* que *la Cour de Vienne* demande
de la cour de *Munich*, ainsi que des *Compensations*
propres à indemniser S. M. le Roi de *Bavière*.

Ce tableau est déposé au présent protocole *sub
Litt.* KK.

Signé: METTERNICH. RASOUMOFFSKY. CLANCARTY.
NESSELRODE. CAPODISTRIAS. WESSENBERG.
HARDENBERG. HUMBOLDT. TALLEYRAND.
WRÉDE.

Annexe.

KK.

Tableau de cessions et de Compensations,
proposé par l'Autriche.

Cessions de la Bavière.

	Sujets directs.	Sujets média-tisés.
A. L'Innviertel	125,670	
B. Partie du Hausruck	92,390	

C. Bailliage de Vils	794	
D. La partie méridionale de Salz-		
bourg: 1⁰. le Porgau . . .	31,153	
2⁰. le Lungau . . .	12,911	
3⁰. le Zillerthal . .	18,033	
4⁰. le Brixenthal . .	6,515	
5⁰. la majeure partie		
du Pjnzgau . .	26,500	
Total	313,966	

Compensations.

1⁰. La ville de *Hanau* avec les districts de Bücherthal, Geln-hausen, Biber, Schlüchtern, Alten-gronau, Schwarzenfels, Lohrhaup-ten, Brandenstein, d'après la déli-mitation faite par le Gouvernement de Francfort. 46,000

2⁰. La principauté de *Fulde*, les districts de Hammelbourg, Brückenau et Saalmunster, d'après la délimitation précitée . . . .

3⁰. Du royaume de *Wür-temberg*:

A. la partie du bailliage de Nördlingen cédée en 1810 par la Bavière . . . 4,686

B. la partie du cercle de Re-zat cédée en 1810, des bailliages de Dünkelsbühl, Feuchtwangen, Creils-heim, Uffenheim, Gera-bronn et Rothenbourg . 32,963

C. le bailliage de Möckmuhl 3,262

D. le grand bailliage de Mergentheim 15,000

E. Wangen, Leutkirch, Is-ny etc. 10,000   65,911

F. Des possessions de la maison d'Oettingen . . 14,000

G. le bailliage de Hohenlo-he-Kirchberg 4,053   18,345

	Sujets directs.	Sujets média-tisés.
4°. Du grand - duché de *Hesse-Darmstadt* (voy. l'annexe A.) au midi du Mein dans les ci-devant possessions de Mayence, du Palatinat, des Etats de l'Empire ou de Hanau	64,669	60,626

5°. Du grand-duché de *Bade* (voy. l'annexe B.)
A. le cercle de Mein et Tauber 95,382
B. Du cercle de Necker . 39,280
　　　　　　　　　　　 ————
　　　　　　　　　　　 134,662

Dans ce nombre se trouvent sujets directs, à peu près . .	36,000	
sujets médiatisés		98,662
6°. La principauté d'Isenbourg		43,000
7°. Le bailliage de Redwitz .	3,000	
Totaux	236,461	220,688
En comptant les médiatisés pour la moitié	110,316	
Total	346,777	

A.

Hesse-Darmstadt céderait à la
Bavière.

	sujets directs.	sujets média-tisés.
Les bailliages d'Alzenau . .	5,970	
Steinheim . .	6,935	
Seligenstadt .	6,590	
Babenhausen .	4,944	
Schafheim . .	3,788	
Driburg . .	4,608	
Umstadt . .	8,955	
Habitzheim .		3,087
Otzberg . .	2,128	
Breuberg . .		10,457
Fränkisch Grumbach . .		1,311
König		1,514
Laudenbach		694
Heubach		8,505
Miltenberg		8,094

	Sujets directs.	Sujets médiatisés.	**1815**
Umpfenbach		197	
Amorbach		7,092	
Erbach		3,390	
Michelstadt		2,729	
Fürstenau		3,469	
Reichenberg . . . , .		4,078	
Fürst . . .	7,354		
Schönberg		5,031	
Abendsb. et Greifsw.	134		
Birkenau . . .	971		
Waldmichelberg .	5,578		
Freienstein et Rothenberg		6,023	
Hirschhorn . .	4,075		
Wimpfen . . .	2,639		
Totaux	64,669	60,626	

B.

Bade céderait à la Bavière.

A. Le cercle de Mein et Tauber comprenant:

1°. Les bailliages de Osterburken	10,773
2°. Boxberg	16,444
3°. Gerlachsheim	10,356
4°. Tauber-Bischofsheim .	15,152
5°. La ville et le bailliage de Wertheim	9,770
6°. 2d. bailliage de Wertheim	10,137
7°. Le bailliage de Walldüren	10,683
8°. — — de Buchen . .	12,067
	95,382

B. Du cercle du Neckar:

les bailliages de Lohrbach . .	7,435
Zwingenberg .	1,686
Eberbach . .	4,377
Mosbach . .	5,652
Billigheim . .	1,866
Neudenau . .	1,519
Sinsheim . .	4,322
Neckarels . .	12,423
	39,280
Total	134,662

Séance du 5. Avril 1815.

Présens: Mrs. le Prince Metternich, le Baron de Humboldt, le Baron de Wessenberg, le Prince de Hardenberg, le Comte de Rasoumoffsky, le Comte de Nesselrode, le Comte de Capodistrias, Lord Clancarty, le Maréchal Prince de Wréde.

M. le Maréchal Prince de *Wréde*, Plénipotentiaire de S. M. le Roi de *Bavière*, présente, en réponse au Projet proposé par Mrs. les Plénipotentiaires d'Autriche dans la séance d'hier, un *Contre-projet* accompagné de tableau pour régler les arrangemens territoriaux de la Bavière, tant dans leurs rapports avec l'*Autriche* qu'avec les *autres* Puissances et Etats intéressés.

Ce Mémoire, ainsi que les Pièces qui l'accompagnent, sont consignés au présent protocole *sub Litt.* LL.

Lecture ayant été faite de ce Mémoire et des Pièces à l'appui, Mrs. les Plénipotentiaires d'*Autriche* ont déclaré les prendre *ad referendum*, se réservant d'y répondre dans la prochaine séance.

Signé: METTERNICH. RASOUMOFFSKY. CLANCARTY. NESSELRODE. CAPODISTRIAS. WESSENBERG. HUMBOLDT. TALLEYRAND. WRÉDE.

A n n e x e.

LL.

Mémoire bavarois,

adressé à LL. AA. et EE. Mrs. les Ministres plénipotentiaires d'*Angleterre*, de *France*, de *Prusse*, de *Russie*.

Les arrangemens territoriaux discutés hier en conférence devant être repris aujourd'hui, le Soussigné s'empresse de mettre préalablement sous les yeux de Leurs Altesses et Leurs Excellences le *Mémorandum* ci-joint, afin de les mettre à même de juger, avec une parfaite connaissance de cette affaire. Un coup d'oeil suffira pour convaincre LL. AA. et LL. EE. que les propositions faites hier ne sont pas de nature à servir de compensations pour les grandes cessions territoriales que l'on demande à sa cour.

Le Soussigné a l'honneur d'offrir etc.

Signé: Le Maréchal Prince de WRÉDE.

Extrait
du *Mémorandum* ci - dessus mentionné.

Cessions demandées à la Bavière 313,966   **Cessions que la Bavière est prête à faire** 297,105 âmes.

Compensations réclamées par la Bavière.

Le *Wurtemberg* céderait à la Bavière:
1⁰. en Sujets directs 93,250
2⁰. en Sujets médiatisés . 47,249
lesquels évalués au tiers équivalent à 15,749
                          110,909

Badé céderait à la Bavière:
le cercle du Mein et Tauber et
celui du Necker,
1⁰. en Sujets directs . . . 86,526
2⁰. en Sujets médiatisés 107,654,
lesquels évalués au tiers pour 35,885
                          122,411

La Bavière aurait de plus la tête de pont près de Mannheim, avec un rayon d'une lieue à l'entour.

La *Hesse* grand-ducale céderait à la Bavière:
1⁰. en Sujets directs . . . 64,669
2⁰. en Sujets médiatisés 60,626,
lesquels évalués au tiers font 20,626
                          84,878

Total des cessions   318,288
habitans.

Il est expressément entendu que les *médiatisés* ne pourront être portés en ligne de compte que tout au plus pour $\frac{1}{3}$.

Il est encore à observer que, dans les pays à céder à l'Autriche, la Bavière perd un revenu net des domaines de passé 400,000 Florins, tandis que dans les pays de Fulde tous les domaines ont été aliénés, et que dans les différents Médiatisés il n'en existe pas du tout.

Compensations.

habitans.

La population des districts disponibles se monte à 588,700

1815 dont il faut déduire   habitans.

    1°. le total des cessions . . . 318,288

    2°. le dédommagement à donner
       au Grand-Duc de Hesse-
       Darmstadt

    a) pour le Duché de Westphalie 138,000
    b) pour la compensation de Hanau   46,000

                 Total 502,288

        Restent encore disponibles 86,412

Séance du 10. Avril 1815.

Présens: Mrs. le Prince de Metternich, le Prince de
      Hardenberg, le Comte Rasoumoffsky,
      le Prince de Talleyrand, le Comte de
      Nesselrode, le Comte de Capodistrias,
      Lord Clancarty, le Baron de Humboldt,
      le Baron de Wessenberg.

M. le Prince de Metternich ouvre la séance.

Les *arrangemens territoriaux* offerts à la *Bavière*
sur les bases dont on était convenu dans la séance du
4 de ce mois, n'ayant pas été acceptés par S. M. le
Roi de Bavière, M. le premier Plénipotentiaire d'*Au-*
triche communique les *dernières propositions d'échange*
que S. M. l'Empereur est décidé à faire au gouvernement Bavarois.

Le tableau ci-joint *sub* NN. indique sommairement
en quoi consistent les propositions d'échange et de
compensations.

Il en résulte que l'Autriche se borne à demander
à la Bavière la cession de l'Innviertel, moins un district
d'à-peu-près 4000 ames, la partie du Hausruckviertel,
et quelques bailliages du pays de Salzbourg, la totalité
des cessions demandées ne s'élevant qu'à 288,854 habitans, et qu'en échange de ces cessions l'Autriche
offre de procurer à la Bavière des districts qui sont
en contiguité avec ses états et qui forment ensemble
une population de 471,154 habitans.

On est convenu que M. le comte de Nesselrode
et M. le baron de Wessenberg se rendraient dans la
journée de demain près de M. le Maréchal de Wréde
pour lui faire communication des dites propositions, en

lui déclarant qu'on ne pouvait aller plus loin dans les 1815 offres de compensations pour les rétrocessions demandées.

Signé: METTERNICH. RASOUMOFFSKY. CLANCARTY. CAPODISTRIAS. WESSENBERG. NESSELRODE. HUMBOLDT. HARDENBERG.

Annexes au présent Protocole.

NN.

Proposition d'un arrangement d'échange entre l'Autriche et la Bavière.

L'Autriche demande à la Bavière:

la cession 1º. de l'Innviertel, moins un district d'à-peu-près 4000 ames . .	121,670
2º. la partie de Hausruckviertel .	92,390
3º. le bailliage de Vils . . .	794
4º. du pays de Salzbourg, les bailliages de Rastadt, St. Michel, Tamsweg, St. Johann, Taxenbach, Zell, Mittersill, Matrey, et le Zillerthal, dont la population monte à	74,000
Total des réclamations de l'Autriche	288,854

Compensations que l'Autriche promet de procurer à la Bavière.

A. de Bade	137,344
B. de Darmstadt	125,340
C. de Wurtemberg	95,549
D. la ville de Hanau avec les districts de Bücherthal, Gelnhausen, Bieber, Schlüchtern, Altengronau, Schwarzenfels, Lohrhaupten, Brandenstein	46,000
E. de l'Autriche le bailliage de Redtwitz	3,000
F. la principauté d'Isenbourg	43,000
G. de Fulde	20,000
H. la réversibilité du Palatinat qui est ou sera sous la domination de Bade.	
Total de compensations	471,154

Séance des Plénipotentiaires des cinq Puissances, du 13. Avril 1815.

Mrs. les Plénipotentiaires d'Autriche ayant présenté et exposé les *différens arrangemens* qui, en suite de

1815 ceux avec la *Bavière*, doivent avoir lieu avec la cour
de *Würtemberg*, avec l'Electeur de *Hesse* et les
Grandducs de *Bade* et de *Darmstadt*, il a été décidé
que Mrs. le Comte de Nesselrode, le Baron de Humboldt et le Baron de Wessenberg seraient autorisés à
négocier avec les différentes cours en prenant pour
base les dits projets.

*Séance des Plénipotentiaires des cinq Puissances,
du 23. Avril 1815.*

En suite de pourparlers ultérieurs qui ont eu lieu
avec M. le Maréchal Prince de Wrède, M. le premier
Plénipotentiaire d'Autriche présente les Articles renfermant les *arrangemens territoriaux* du *Royaume* de
Bavière, desquels on est convenu pour régler tant les
rétrocessions à faire à l'Autriche de la part de la
Bavière que les équivalens à assigner en échange à la
couronne de Bavière.

Avant de procéder à la discussion des Articles,
M. le Plénipotentiaire d'*Autriche* croit devoir faire
précéder l'observation suivante:

Comme les arrangemens territoriaux dont il s'agit
ne peuvent être entièrement accomplis qu'au moyen
d'*autres reviremens* de *territoire* qu'il reste *à régler
avec plusieurs Souverains de l'Allemagne*, en vertu
des droits acquis aux hauts Alliés par les traités de
Francfort, il est entendu que la désignation des équivalens assignés à S. M. le Roi de Bavière, quoique
réciproquement obligatoire entre les cinq Cours et celle
de Munich, n'est cependant à considérer que comme
éventuelle à l'égard de ces autres Princes de l'Allemagne, *jusqu'à ce que ceux-ci ayent donné leur
adhésion* aux reviremens de territoire qui font partie
du présent arrangement.

A la lecture de cette observation, M. le Maréchal
Prince de *Wréde* a témoigné que le paragraphe ci-
dessus, par lequel il est énoncé que les arrangemens
arrêtés ne sont qu'éventuels à l'égard des Princes avec
lesquels il s'agit de négocier pour obtenir d'eux la
cession des territoires qui y sont compris, ne lui pa-
raissait pas assez clair. Il s'en est suivi une explication
de la part de M. le Prince de Metternich, pour prouver
que cette réserve avait été jugée nécessaire, puisqu'aucun revirement territorial ne pourait avoir lieu

avant que les négociations avec les autres Princes ne 1815 fussent terminées.

M. le Maréchal Prince de *Wréde* s'est déclaré satisfait de cette interprétation, en répétant néanmoins que l'arrangement territorial tel qu'il se trouve stipulé, n'avait été demandé par la Cour de Munich que comme une compensation de la rétrocession que cette Puissance se voyait dans le cas de faire à l'Autriche des provinces auxquelles S. M. le Roi de Bavière attachait une valeur qui de tout tems l'avait porté à en désirer préférablement la conservation.

Après ces observations préalables, Mrs. les Plénipotentiaires ont procédé à la lecture des Articles.

L'article qui indique les *rétrocessions* que S. M. le Roi de *Bavière* fait à S. M. l'Empereur d'*Autriche*, est admis. Il est paraphé et consigné au présent protocole sous le Nr. 48.

L'article qui désigne les *pays* qui passeront sous la domination de S. M. le Roi de *Bavière* est admis, *sous la réserve de l'adhésion des Souverains directement intéressés*, de laquelle il a été fait mention ci-dessus. Cet article est paraphé et joint ici sous le Nr. 49.

L'article qui assure l'*état de possession* de l'Autriche et de la Bavière résultant de ces arrangemens, est adopté et paraphé sous le Nr. 50.

L'article par lequel sont maintenus les stipulations des articles 4 et 5 du traité de Teschen, relatif à la *navigation de l'Inn,* est approuvé et paraphé sous le Nr. 51.

L'article concernant les *dettes* est approuvé et paraphé sous le Nr. 52.

L'art. 53 par lequel il est assuré des facilités au *Commerce* entre le *Tyrol* et le *Vorarlberg*, est admis et paraphé.

Par l'article 54 toute *vente* de *domaines,* faite après la signature du présent arrangement, est déclarée nulle.

La restitution des *archives* et *documens* relatifs aux pays cédés et échangés est assurée par l'art. 55, qui a été approuvé et paraphé.

L'article 56 qui confirme l'abolition du *droit d'aubaine* entre l'Autriche et la Bavière, est admis et paraphé.

1815   L'article relatif au *retour* des *militaires* dans les pays dont ils sont natifs, est admis et paraphé sous le Nr. 57.

Par l'art. 58 l'assurance de laisser jouir les *particuliers* et les *établissemens publics* de leurs *propriétés* situées en Autriche est stipulée pour les Bavarois, et réciproquement pour les Autrichiens en Bavière. Il est accordé six ans pour émigrer et exporter la valeur des biens.

L'art. 59 renfermant une reserve en faveur des *acquéreurs* des *domaines* dans la principauté de *Fulde* et dans le *Hanau*, est approuvé et paraphé.

L'*Autriche*, la *Russie* et la *Prusse garantissent* à S. M. le Roi de *Bavière* la possession de ses Etats. L'art. 60 contenant cette garantie, est admis et paraphé.

Le *terme* pour l'*entrée en possession* est fixé par l'art. 61, qui est admis et paraphé.

Par l'art. 62 il est pourvu à la *sustentation* du *Prince Primat* et des *Employés* du ci-devant *Grand-duché* de *Francfort*.

Relativement à la *rente viagère* du *Prince Primat* fixée dans cet article à 100 mille florins par an, M. le Maréchal Prince de Wréde a observé que, comme la couronne de Bavière serait chargée d'une partie de cette rente, à raison des territoires du ci-devant Grand-Duché de Francfort qui passe sous la domination bavaroise, il ne peut, d'après ses instructions, prendre d'engagement que pour autant que cette rente annuelle n'irait pas au-de là de 80 mille florins. M. le Plénipotentiaire a néanmoins ajouté qu'il était persuadé que S. M. le Roi de Bavière serait portée à regarder comme convenable de faire pour le Prince Primat un traitement correspondant à celui que le recès de 1803 avait assuré aux premiers dignitaires ecclésiastiques du ci-devant Empire germanique; et qu'ainsi, il ne doutait pas que le Roi n'accueillît favorablement la proposition de faire payer sa quote-part sur la proportion de 100 mille florins par an.

Par un *article séparé* et *secret* l'*Autriche*, la *Russie* et la *Prusse garantissent* à S. M. le Roi de Bavière la *réversion* des parties de l'ancien *Palatinat*, qui sont et tomberont encore sous la domination du Grand-Duc de *Bade*, a défaut d'héritier mâle.

La conservation des droits du *Prince Eugène* 1815 est assurée par un *article séparé* et *secret* rédigé en trois paragraphes.

Par l'art. 65, S. M. le Roi de *Prusse* renonce à tout droit sur la Principauté d'*Ansbach* et de *Bayreuth*, et S. M. le Roi de *Bavière renonce* à tout droit sur le *Duché* de *Berg*.

Séance (dernière) des Plénipotentiaires des cinq Puissances, du 10. *Juin* 1815.

Voy. ce Recueil Supplém. T. VI. (Nouv. Recueil T. II.) Nro. 43. p. 458.

59.

Lettre du Duc de Vicence, Ministre des relations extérieures de Napoléon dans les cent jours, adressée au Comte de Montgelas, Ministre des relations extérieures en Bavière, en date de Paris, le 16. Avril 1815.

Paris, le 16. Avril 1815.

Monsieur le Comte,

Vous connaitrez maintenant, par les journaux, le contenu des lettres, qui auraient du parvenir à Votre Excellence par des courriers français, encore retenus sur les bords du Rhin. L'établissement d'une sorte de blocus, qui rompt toutes les communications de la France avec les Gouvernemens étrangèrs, n'a laissé à l'Empereur d'autre moyen d'annoncer aux Souverains et à leurs Ministres les sentimens, dont il est animé, que le secours d'une publicité qui puisse franchir tous les obstacles et passer à travers toutes les barrières.

Quelque soit la voie, par laquelle sont transmises les assurances pacifiques de l'Empereur, ces assurances ont l'expression de la verité. Indépendamment de ces communications d'office, adressées à tous les cabinets, j'avois eu l'honneur, de vous écrire, M. le Comte, une lettre particulière, que l'on n'a pas non plus trouvé jour à vous faire parvenir.

1815   Votre Excellence sera sans doute aujourd'hui bien informée de l'Etat intérieur de la France: Elle saura que, d'une extrémité à l'autre de son territoire, il règne un accord complet dans les voeux et dans les opinions; tout est calme; il n'est plus un seul point, où le pouvoir Royal ait un défenseur, et la Ville de Marseille égarée un moment, s'est réunie d'elle même à la cause nationale. Toutes les forces matérielles et morales de la nation sont dans la main de l'Empereur, et ces forces sont immenses, par l'exaltation des esprits et l'unanimité de tous les intérêts.

Assuré de ces grands moyens, l'Empereur n'a qu'un désir, c'est de n'être pas obligé d'en faire usage. Il serait douloureux pour lui d'avoir jamais à compter dans les rangs ennemis, des peuples dont il ne peut que vouloir le bonheur et la prospérité.

Si la France, portant ses limites jusqu'au sein de l'Allemagne, a pu faire trop vivement sentir aux Etats germaniques le poids de son influence, la France, renfermée dans ses anciennes frontières, non seulement ne peut plus être pour eux un objet d'inquiétude, mais ne doit au contraire que leur offrir un contrepoids nécessaire au maintien de l'équilibre général.

Aucune idée d'extension n'entre plus dans l'esprit de l'Empereur. La haute raison de S. M. l'a ramenée à des voies de modération, dans lesquelles il existera pour elle une plus légitime grandeur que dans toute son ancienne domination. Les états, dont la politique de la France a dû dans tous les tems embrasser la cause, sont naturellement ceux, que S. M. met le plus de prix à voir se réplacer dans leur véritable système; les sentimens personnels et les liens de famille de nos Souverains établissent d'ailleurs un rapport de plus entre nos deux pays, et le rétablissement d'une parfaite intelligence entre eux, comme avec tous les autres gouvernemens, ne peut qu'être conforme à nos communs intérêts.

Personne plus que vous, Monsieur le comte, n'est en état de bien juger la véritable situation des choses, et Votre Excellence saura trop bien l'apprécier, pour ne pas concourir à calmer des passions, dont la violence semble ménacer encore de nouveau le repos de l'Europe.

Je saisis etc.   .   LE DUC DE VICENCE.

· 60. ·
*Convention conclue entre la Sardaigne
et la Grande-Bretagne pour mettre la
Ville de Gênes et ses fortifications en
état de défense.   En date de Turin,
le 22. Mai 1815.*

(Traités publics de la Royale Maison de Savoye.
T. IV. p. 71.)

Le Comte de Vallaise Ministre et Premier Secrétaire d'Etat de S. M. pour les affaires étrangères etc.
etc. etc., et Monsieur William Hill, Envoyé Extraordinaire et Ministre Plénipotentiaire de Sa Majesté Britannique, également pénétrés de la nécessité de mettre
la Ville de Gênes et les fortifications qui en dépendent
dans l'état le plus respectable, et de l'avantage qu'il y
auroit à commencer sans retard les travaux nécessaires
pour atteindre à ce but, ont convenu de ce qui suit.

Le projet discuté et arrêté à Gênes en présence
de Mylord Bentinck et du Lieutenant Général Comte
Des-Geneys, signé par le Colonel Cattinelli, et par le
Comte de Saluces, tel qu'il est ici annexé est approuvé
par Sa Majesté le Roi de Sardaigne, et devra être
exécuté selon la division des trois époques convenues.
Une Commission composée du Colonel Cattinelli et du
Major de Saluces est établie pour la direction des travaux
arrêtés.   Tous les Ingénieurs Anglois et Piémontois
sont mis aux ordres de la Commission.   Messieurs Cattinelli et de Saluces ont l'entière responsabilité de l'exécution des ouvrages convenus; tout changement quoique
de peu de conséquence ne pourra avoir lieu que d'après
une décision du Gouverneur de Gênes, et du Général
Commandant les troupes Britanniques, aux quels la
Commission en référera.

Toute altération essentielle au système adopté, doit
être soumise par ces derniers Officiers à l'approbation
du Gouvernement de Sa Majesté le Roi de Sardaigne.
Un Comité composé d'un Officier Piémontais qui sera
nommé par Sa Majesté et du Major Temple, dirigera
sous les ordres de la Commission la partie économique,
et en sera responsable.

1815   Les travaux compris dans la première époque com-
menceront sans retard, et aussitôt qu'on aura pourvu
au rassemblement des ouvriers et des outils nécessaires.

Monsieur Hill, convaincu de l'utilité dont l'exécution de ce projet doit être à la cause commune, et
connoissant l'impossibilité où seroit Sa Majesté Sarde
de fournir aux frais de ces ouvrages, a arrangé avec
Lord Bentinck que l'avance des fonds pour les travaux
fut faite par la caisse militaire Britannique de Gênes,
en attendant les résolutions du Cabinet de Londres,
au quel on s'est adressé pour obtenir que Sa Majesté
Britannique par une suite de sa bienveillance envers
Sa Majesté Sarde, se charge en propre des frais dont
il s'agit.

La réponse de Londres devant arriver avant la
fin des ouvrages compris dans la première époque, il
sera libre à Sa Majesté le Roi de Sardaigne de désister
les travaux en remboursant la somme employée, si
l'Angleterre ne consentoit pas à fournir à la dépense,
et si l'état des finances du Piémont ne permettoit pas
de la continuer à charge de restitution.

Turin, le 22. Mai 1815.

Le Comte DE VALLAISE.   WILLIAM HILL.

61.
Article séparé au Traité conclû à Vienne le 31. Mai 1815 entre la Prusse et le Nassau). En date de Vienne, le 31. Mai 1815.*

En concluant le Traité principal entre S. M. le
Roi de Prusse et LL. AA. les Ducs et Princes de
Nassau, les soussignés Plénipotentiaires ont encore ar-
rêté la convention éventuelle suivante:

Dans le cas où S. M. le Roi de Prusse, par suite
des arrangemens territoriaux qui vont être arrêtés avec
la Hesse-électorale, trouvoit moyen d'acquérir *le comté
inférieur de Katzenelnbogen* avec *le parage de
Hesse-Rothenbourg* qui y est enclavé, S. M. s'engage

---

*) Voy. ce Recueil Supplém. T. VI. (Nouv. R. T. II.) Nrs. 38.

à céder à LL. AA. les ducs et princes de Nassau ledit **1815** comté, avec les propriétés de l'électeur de Hesse qui y sont situées, et avec les droits de parage et les possessions de Hesse-Rothenbourg.

Par contre LL. AA. s'engagent à abandonner à S. M. la *partie de la principauté* de *Siegen* et des *bailliages* de *Burbach* et de *Neunkirchen*, qui leur revient en vertu du traité principal, ainsi que le *bailliage* nassovien *d'Alzbach*, avec tous les droits et toutes les propriétés de la maison ducale dans ce district. Toutes les dispositions du traité principal sont applicables à cette cession éventuelle.

Cette convention particulière aura la même force obligatoire que le traité principal, et les ratifications en seront échangées dans l'espace de quatre semaines.

En foi de quoi les soussignés plénipotentiaires ont signé le présent article séparé, et l'ont fait munir de leurs sceaux.

Fait à Vienne le 31, Mai 1815.

(L. S.)   Le Prince de HARDENBERG.
(L. S.)   ERNEST-FRANÇOIS-LOUIS,
          Marschall de Bieberstein.

62.

Convention entre l'Autriche et la Sardaigne pour régler tout ce qui a rapport aux objets militaires à l'occasion de la guerre contre la France. En date de Vienne, le 1. Juin 1815.

Sa Majesté l'Empereur d'Autriche et Sa Majesté le Roi de Sardaigne etc. etc. voulant régler tout ce qui peut avoir rapport aux objets militaires dans le cas d'une guerre contre la France prévu par le Traité d'Alliance du neuf avril dernier, ont nommé à cet effet savoir:

Sa Majesté l'Empereur d'Autriche le Sieur Jean Philippe Baron de Wessenberg, Chambellan et conseiller intime de Sa dite Majesté, et son Plénipotentiaire au Congrès.

Et Sa Majesté le Roi de Sardaigne le Sieur Dom

1815 Antoine Marie Philippe Asinari de Saint-Marsan, Général-Major, Ministre d'Etat, et Premier Secrétaire de la Guerre et son Plénipotentiaire au Congrès.

Les quels après avoir reconnu leurs pleins pouvoirs sont convenus des Articles suivans.

I. Sa Majesté le Roi de Sardaigne s'engage à faire pourvoir à la nourriture des troupes de Sa Majesté Impériale et Royale Apostolique qui traverseront ses Etats.

Il sera convenu d'une indemnité pour les transports.

Si les chances de la guerre obligeaient les troupes Impériales à prendre des positions dans les Etats Sardes pour leur défense, les Hautes Parties contractantes régleront par une convention particulière la proportion dans laquelle leurs Etats respectifs auront à concourir à leur entretien, ainsi que la manière dont cet entretien devra s'effectuer.

Si de commun accord il était jugé convenable de faire cantonner des troupes de Sa Majesté Impériale et Royale Apostolique dans les Etats de Sa Majesté le Roi de Sardaigne, il sera pourvu à leur entretien des magasins impériaux, et le Gouvernement Sarde ne fournira dans ce cas que le logement et le foin.

Les troupes Sardes qui traversent les Etats de Sa Majesté Impériale et Royale Apostolique ou qui y cantonneront, y seront traitées tout-à-fait sur le même pied que les troupes Autrichiennes dans les Etats Sardes.

Des Commissaires seront nommés de part et d'autre pour régler tout ce qui a rapport à l'exécution du présent Article et nommément aux routes d'étape, aux hôpitaux, trasports et autres branches de l'administration militaire. Ces Commissaires fixeront la qualité et quantité des rations, et tâcheront de prévenir par des réglemens sévères tout abus à cet égard.

II. Le contingent que Sa Majesté le Roi de Sardaigne doit fournir en vertu du Traité d'Alliance du neuf Avril dernier, sera placé sous les ordres du Général en Chef d'armée Autrichienne en Italie. Il sera toute fois commandé par ses propres Généraux, sera séparé le moins possible et employé de préférence à portée des Etats de Sa Majesté à la défense des quels il serait rappelé en cas qu'ils fussent menacés par des chances de la guerre. Tout ce qui tient à l'administration et à l'économie militaire du dit Contingent,

dépendra uniquement des Généraux et Autorités de Sa 1815
Majesté le Roi de Sardaigne.

III. Les troupes de Sa Majesté le Roi de Sardaigne qui feront partie de l'armée Autrichienne, seront
traitées en pays ennemi d'après les mêmes réglemens
que les troupes de Sa Majesté Impériale et Royale.

IV. Les Hautes Parties contractantes sont convenues que les fortifications de la Ville d'Alexandrie, qui
ne font point partie de celles de la citadelle, seront
démolies.

L'organisation de l'armée de Sa Majesté le Roi
de Sardaigne n'étant point encore terminée, Sa Majesté
consent à ce que pendant la durée de la présente
guerre, la garnison de la citadelle d'Alexandrie soit
composée de troupes Impériales et Piémontaises, et
pour donner une marque de sa pleine confiance à Sa
Majesté l'Empereur, Elle nommera pour le même tems
un Général Autrichien Gouverneur de la citadelle.

V. La présente Convention sera ratifiée, et les
ratifications échangées à Turin dans le terme de quinze
jours ou plustôt si faire se peut.

Fait à Vienne, le premier juin mil huit cent quinze.

Le Baron WESSENBERG.   Le Marquis DE SAINT-MARSAN.

(*Cette Convention n'a pas été ratifiée par les Souverains respectifs dans les formes ordinaires, mais
attendu l'urgence simplement revêtue de l'approbation des Ministres des affaires étrangères.*)

63.
Conférence des Plénipotentiaires d'Autriche, de la Grande-Bretagne, de France, de Prusse et de Russie, pour prendre une détermination relativement aux sept Isles Joniennes. Vienne, le 4. Juin 1815.

Protocole de cette Conférence.

M. le Plénipotentiaire de S. M. *Britannique* a
ouvert la séance en appelant l'attention de Mrs. les

1815 Plénipotentiaires sur la détermination à prendre relativement aux sept Iles Joniennes.

Il a exposé que le Gouvernement Britannique ayant occupé, lui seul, six des dites Iles et la septième au nom des Alliés, il a toujours eu à se louer des intentions et du bon esprit que les habitans de ces Iles ont témoignés; que par ce motif le Gouvernement britannique a fait aux dits habitans la promesse de s'occuper avec intérêt de leur sort; que le moment étant venu de remplir cette promesse, il propose d'y pourvoir en *plaçant les sept Iles sous la protection de S. M. l'Empereur d'Autriche*, et en assurant en même tems aux dits habitans la *garantie* de leurs libertés et de leur commerce. En conséquence M. le comte de Clancarty propose d'arrêter un article, et il consigne à cet effet une notice joint au présent protocole *sub Litt.* NNN.

Mrs. les Plénipotentiaires d'*Autriche* déclarent que la possession des dites Iles étant liée avec la tranquillité de l'Italie, et avec les autres intérêts du golfe adriatique et des provinces ci-devant vénitiennes *leur Cour se chargerait de la protection* des Iles et leur *garantirait* le maintien de leurs lois et privilèges.

Mrs. les Plénipotentiaires de *Russie* observent que S. M. l'Empereur de toutes les Russies ne désirant apporter dans cette transaction que l'intention de faire jouir les habitans desdites Iles du sort le plus avantageux et le plus approprié à leur situation, il croit devoir seconder le voeu que les habitans ont manifesté de *rester sous la protection* de la *Grande-Bretagne*.

M. le Comte de *Clancarty* réplique que les instructions de sa Cour *ne lui permettent pas* d'entrer dans la *continuation de l'état actuel* des choses dans les Iles Joniennes, et que le moment semble venu de ne pas différer de prononcer sur le sort desdites Iles.

Mrs. les Plénipotentiaires de *Russie* observent que M. le comte de *Capodistrias* ayant été chargé de discuter cet objet avec Mrs. les Plénipotentiaires britanniques et se trouvant présentement absent, ils ne peuvent pas régler définitivement cette affaire, et ils proposent que la *conclusion en soit remise* jusqu'au moment où l'on sera réuni au Quartier-général.

M. le comte de *Clancarty*, est revenu sur l'importance de terminer cette affaire en même tems que les autres transactions du Congrès, attendu que les habitans ont compté que la fin du Congrès serait l'épo- 1815 que de la cessation de l'occupation provisoire et militaire des Iles. Mais puisque Mrs. les Plénipotentiaires *russes* ne sont pas autorisés à conclure, M. le Plénipotentiaire *britannique* déclare qu'il n'entend pas laisser considérer les six de ces Isles, dont la Grande-Bretagne a seule la possession, comme étant à la disposition des *Alliées.* En conséquence la question a été *ajournée* au tems où les Plénipotentiaires se retrouveront réunis au Quartier-général.

Signé: METTERNICH. HUMBOLDT. TALLEYRAND. HARDENBERG. RASOUMOFFSKY. CLANCARTY.

64.
Convention concernant des arrangemens territoriaux entre l'Autriche et la Prusse. Signée à Vienne le 12. Juin 1815.

(Extrait.)

Sont cedés à S. M. l'Empereur d'Autriche:

1°. Sur la rive *gauche* du Rhin, le département du Mont-Tonnère (à l'exception d'un district de 140,000 habitans renfermant les villes de Worms et Frankenthal, et le bourg d'Oppenheim, et destiné au grandduc de Darmstadt); et de plus une partie du département de la Sarre dont on conviendroit encore;

2°. Sur la rive *droite* du Rhin,

a) une partie du département de Fulde, savoir les baillages et parcelles nommément exceptées à l'art. 40 de l'acte, où le reste de ce département est cédé à la Prusse;

b) dans le département de Francfort, le village d'Ober-Erlenbach, la moitié de Nieder-Ursel appartenant au comte des Solms-Roedelheim, et les terres de la commanderie de l'ordre Teutonique à Francfort;

c) dans le duché de Nassau la terre de Johannisberg qui avoit ci-devant appartenu à la principauté de Fulde;

d) La principauté d'Isenbourg, savoir les possessions du prince d'Isenbourg-Birstein, celles des branches des comtes d'Isenbourg-Büdingen, Wächtersbach et

1815 Meerholz, et de la branche apanagée de Philippseich, avec la seigneurie de Heusenstamm et le village d'Eppartshausen, dont la première appartient au comte de Schoenborn et l'autre au baron de Groschlag, l'un et l'autre depuis 1806 sous la souveraineté du prince d'Isenbourg.

e) Le comté de Hohengeroldseck appartenant au prince de la Leyen.

Remarques d'un Publiciste allemand sur la convention précédente:

Von den Besitzungen und Gerechtsamen, welche durch vorstehende Stipulationen der Krone Oestreich zugetheilt wurden,

I) behielt Oestreich für sich, mit Souverainetät und Eigenthum:

Das Teutschordens-Haus in der Freien Stadt Frankfurt, nebst den dazu gehörenden Gütern, Gefällen und Gerechtsamen, und den Johanniterhof in der genannten Stadt, nebst dem dazu gehörenden Flaschenhof in deren Gebiet.

II) An Andere cedirte Oestreich:

1) an Baiern, die aus dem ehemaligen Departement Fulda theils ihm zugetheilten, theils von ihm eingetauschten Besitzungen, und die in den Departementen der Saar und des Donnersbergs erhaltenen Bezirke, alle namentlich angegeben in dem Recès-général der Frankfurter Territorial-Commission vom 20. Juli 1819, Art. 2;

2) an Baden, die Staatshoheit über die, erst auf dem wiener Congress in standesherrliche Unterordnung versetzte Grafschaft Hohen-Geroldseck des Fürsten von der Leyen, in dem angef. Recès-général, Art. 8;

3) an das Grossherzogthum Hessen, das Eigenthum der Salinen von Kreuznach, ferner, mit Souverainetät und Eigenthum den Kreis Alzei, mit Ausnahme des Cantons Kirchheim-Boland, Cantone Pfeddersheim und Worms, Stadt und Gebiet von Mainz, nebst Cassel und Kostheim, in dem angef. Recès-général, Art. 19, in Folge des von Oestreich und Preussen mit dem G. H. Hessen geschlossenen Vertrags vom 10. Juni 1815, Art. 3.

4) an den Prinzen Leopold von Sachsen-Coburg, die Domaine Holzkirchen, unter bairischer Hoheit, durch eine Schenkungsurkunde vom 9. November 1816;

5) an den Fürsten von Metternich, für ihn und seine directen (nicht auch Adoptiv-) Nachkommen, nach Abgang des Mannstammes auch der weiblichen, nach Erstgeburtrecht, die Domaine (vormalige Fuldaische Propstei) Johannisberg im Rheingau, unter nassauischer Hoheit, doch mit Vorbehalt des Rückfalls an Oestreich und, als Recognitions-Canon, des Weinzehnten, durch Schenkungsurkunde vom 1. August 1816.

6) Die Souverainetät über das, erst auf dem wiener Congress (Art. 52 der Schlussacte) in standesherrliche Unterordnung versetzte Fürstenthum Isenburg, trat Oestreich an das Grossherzogthum Hessen ab, in dem Recès-général der Frankfurter Territorial-Commission vom 20. Juli 1819, Art. 19.

65.

Convention entre les Commissaires d'Autriche et de Sardaigne, sur l'entretien des troupes Autrichiennes de passage dans les Etats du Roi de Sardaigne, en exécution de la Convention du premier juin. En date du 14. Juin 1815.

Sua Eccellenza il signor Conte di Vallesa Ministro e Primo Segretario di Stato di Sua Maestà il Re di Sardegna per gli affari esteri, e Sua Eccellenza il signor Barone di Frimont Generale in capo dell'armata Imperiale in Italia, volendo determinare i mezzi di esecuzione dell'articolo primo della Convenzione firmata a Vienna il primo giugno 1815 dal signor D. Antonio Maria Filippo Asinari, Marchese di S. Marzano, Generale Maggiore, Ministro di Stato, Primo Segretario di Guerra e Plenipotenziario di Sua Maestà il Re di Sardegna al Congresso, e dal signor Gioan Filippo, Barone di Wessenberg, Ciambellano e Consigliere intimo di Sua Maestà l'Imperatore d'Austria, e suo Plenipotenziario al Congresso, hanno incaricato di codest'oggetto, cioè Sua Eccellenza il signor Conte di Vallesa, il Marchese di S. Thomas, Consigliere di Finanze di Sua Maestà, e Sua Eccellenza il signor Generale Barone di Frimont, il Conte di Fiquelmont, Generale Maggiore, Aiutante Generale dell'Armata d'Italia.

I quali hanno convenuto de'seguenti articoli, cioè:

I. Il paragrafo primo dell'articolo primo della Convenzione firmata a Vienna il primo giugno 1815, avendo stabilito, che Sua Maestà il Re di Sardegna s'impegni a far somministrare le sussistenze alle Truppe di Sua Maestà Imperiale Reale Apostolica, le quali attraverseranno li suoi Stati, tutte le truppe Imperiali e Reali, che entreranno negli Stati di Sua Maestà il Re, godranno delle disposizioni di questo paragrafo, pendente tutto il tempo, che sarà per durare la loro marcia.

II. Queste disposizioni cesseranno di essere loro applicabili nel caso, in cui esse fossero per prendere

1815 delle postazioni negli Stati di Sua Maestà il Re di Sardegna, ed a contare da quel giorno, in cui la loro marcia sarà sospesa, esse saranno considerate come Truppe stazionate, conforme alle stipulazioni degli articoli seguenti.

III. Le Truppe di Sua Maestà Imperiale Reale Apostolica transitanti per gli Stati di Sua Maestà il Re di Sardegna, dovranno nelle loro marcie battere quelle strade, stabilir quelle tappe e goder di quei periodici soggiorni, quali sono indicati nel prospetto, dato e firmato d'accordo fra le parti.

IV. Le sussistenze da somministrarsi alle Truppe, di cui negli articoli precedenti, consistono unicamente nelle razioni, sia di pane, carne, od altri commestibili per gli Uffiziali e soldati, che di fieno, avena per i cavalli, tali quali esse sono descritte nei prospetti annessi al presente sotto il No. 1, dichiarando, che in quei giorni, ne' quali le Truppe sovracitate faranno una doppia marcia, esse godranno di una doppia distribuzione.

V. Affine di determinare la distribuzione delle razioni di qualsivoglia specie in un modo preciso, ed atto a prevenire ogni arbitrio, si dovranno rispettivamente da entrambe le parti riempire le formalità seguenti, cioè:

1. Il giorno precedente l'ingresso d'una Colonna Austriaca negli Stati di Sua Maestà il Re di Sardegna, ed anche alcuni giorni prima, se ciò sarà possibile, un Uffiziale Austriaco significherà ufficialmente all'Uffiziale del Soldo Sardo di postazione alla prima tappa la forza tanto in nomini, che in cavalli, della Colonna di cui si tratta: codesta comunicazione consisterà in una copia dello stato di rassegna debitamente vidimato, e firmato.

2. Degli Uffiziali Austriaci saranno collocati lungo le strade di tappa nelle prime stazioni Piemontesi, affine di quivi ricevere le Truppe ed i trasporti, che entreranno negli Stati di Sua Maestà il Re di Sardegna, e di servire, dove il bisogno lo richiederà, d'intermediarii fra codeste Truppe e le Autorità Sarde: nel caso, in cui questi Uffiziali venissero a trovarsi isolati e separati dai depositi Imperiali stabiliti per le somministranze delle razioni, l'Amministrazione Sarda s'impegna a far loro per proprio conto simili somministranze, secondo la competenza del loro grado, ed in conformità dei regolamenti fissati per gli Uffiziali di transito.

3. L'Amministrazione Sarda collocherà a suo pia- 1815 cimento, ed affine di regolarizzare il servizio degli Uffiziali del Soldo sopra 'le strade di tappa.

4. Ogni domanda per somministranza di razioni dovrà essere fondata sopra l'ordine di marcia (*feuille de route*) il qual ordine dovrà essere presentato agli Uffiziali del Soldo Sardi, e questi, dopo averlo riconosciuto rilascieranno per gli oggetti richiesti un mandato.

VI. Il paragrafo primo della convenzione di Vienna avendo stabilito che nella parte concernente i trasporti si sarebbe convenuto di un equitativo risarcimento da pagarsi dall'Amministrazione di Sua Maestà Imperiale Reale Apostolica, la natura istessa di codesto servizio esigendo che sia collettivamente provvisto ai diversi rami ne' quali esso si suddivide, ed il presente articolo avendo per conseguenza ad abbracciare il complesso del servizio di trasporto, di cui, a termini della Convenzione di Vienna, una porzione soltanto dovrebbe ricadere à carico del Governo Sardo in concorrenza con l'Amministrazione Imperiale, le Parti contrattanti fissano sopra quest'oggetto le massime seguenti, cioè:

1. I mezzi di trasporto sono divisi in due classi distinte, cioè: 1. Quella che appartiene al quotidiano servizio dei militari isolati, ed al servizio delle Truppe per il trasporto quotidiano degli effetti o commestibili dai magazzini principali o subalterni fino al luogo della consumazione. 2. Quella che riflette i convogli che seguitano l'armata per il primo stabilimento e susseguente conservazione dei magazzini e deposite di ogni specie, tanto principali che sussidiarii.

2. Il servizio della prima classe debb'essere a carico dell'Amministrazione Sarda, e questa, mediante il risarcimento fissato nel prospetto qui unito sotto il No. III, s'impegna a somministrare alle Truppe Imperiali tutti i mezzi di trasporto relativi a codesta classe, i quali mezzi consisteranno *inclusive* nell'autorizzazione di procedere a requisizioni nelle Comuni ogniqualvolta l'urgenza de' bisogni non permettesse di ricorrere a mezzi meno pronti ed efficaci.

3. Il servizio della seconda classe debb'essere interamente a carico dell'Amministrazione Imperiale, e siccome questo servizio può sempre essere anticipatamente previsto, egli e convenuto che s'avrà a fare per via d'impresa, o con altri mezzi non coattivi, impegnandosi

1815 il Governo Sardo a fare con il concorso della sua autorità tutte le facilitazioni possibili all'Amministrazione Imperiale, senza però che in alcun caso esso sia mai tenuto di contribuirvi in denaro.

4. I mezzi di trasporto per via di requisizione nelle Comuni non potranno mai protrarsi oltre l'estensione di una tappa ordinaria, e tosto che si sarà giunto al termine di una tappa, dovrà il loro uso intendersi cessato.

5. I mezzi di trasporto per i militari isolati, i quali vanno a riunirsi ai loro corpi, oppure si avviano per una destinazione qualunque, non possono mai oltrepassare il numero di un carro per ogni cinquantina d'uomini.

6. Ogni requisizione de' mezzi di trasporto dovrà essere fondata sovra i termini dell'ordine di marcia (*feuille de route*), il quale ordine indicherà la quantità e qualità de' trasporti necessarii: venendo codesta quantità o qualità a cangiarsi sia in aumento, che in diminuzione per le sopraggiunte malattie, o per altre cagioni impensate, sarà dovere degli Uffiziali Austriaci di rettificare l'ordine di marcia, e l'Uffiziale del Soldo Sardo dovrà conformarsi alla seguita rettificazione: l'ordine di marcia indicherà sempre la distinzione fra quei trasporti, i quali, secondo la tariffa di risarcimento, vogliono essere pagati immantinenti, e quelli, i quali s'hanno a rilasciare contro una semplice quitanza.

L'ordine di marcia citato al paragrafo precedente dovrà essere esibito all'Uffiziale dell'Amministrazione Sarda, il quale, dopo averlo riconosciuto, rilascierà per l'oggetto, che si richiede, un mandato.

8. Codesti mandati debitamente quitanzati dagl'individui che se ne prevalgono, vidimati dall'Uffiziale Austriaco, o, nell'assenza di questi, dall'Autorità locale, saranno spediti dai somministranti all'Uffiziale del Soldo di cui essi portano la firma: quest'ultimo li trasmetterà senza ritardo all'Amministrazione generale di Torino, affinchè ogni mese se ne possa regolare il conto.

Codesto conto verrà trasmesso per la verificazione al Comando generale militare in Milano, ed il risarcimento che ne risulterà, sarà riscosso dal Governo di Sua Maestà Sarda entro quello spazio di tempo che fisseranno i due Governi: il prezzo del risarcimento è pagabile in monete sonanti di corso e non altrimenti.

VII. Il servizio dipendente dallo stabilimento delle poste dei cavalli non sarà mai, sotto qualunque pre-

testo, considerato come un mezzo di trasporto per la 1815
marcia delle Truppe, o per altri oggetti di militare
servizio. Gl'individui che se ne vorranno prevalere,
dovranno in conseguenza pagare immantinenti, e secondo la tariffa vigente negli Stati di Sua Maestà il
Re di Sardegna.

VIII. Il paragrafo 2 della convenzione di Vienna
avendo previsto il caso in cui le Truppe Imperiali
avessero a prendere delle posizioni negli Stati Sardi
per la loro difesa, ed ayendo stabilito, che in tal caso
verrebbe determinato fino a qual punto Sua Maestà
Sarda dovrebbe concorrere al loro mantenimento, egli
è convenuto, che codesto concorso non si estenderà
oltre alla somministranza dell'alloggio e del fieno, siccome sarà detto qui appresso riguardo alle Truppe di
postazione.

Però i Comandanti delle Truppe Imperiali potranno
nei casi d'urgenza, e mancando ogni altro mezzo,
richiedere dall'Amministrazione Sarda la somministranza
degli oggetti necessarii al loro mantenimento mediante
pagamento ai prezzi correnti: quest'articolo diverrebbe
allora un oggetto di contabilità fra i due Governi, e
dovrebbero essere prese delle disposizioni d'accordo
affine di regolarizzare il modo di simili somministranze,
ed affine di garantire il pagamento, il quale dovrà
sempre effettuarsi entro il più breve spazio di tempo.

Se gli eventi della guerra facessero sì, che le
Truppe Imperiali, in cambio di essere di semplice
postazione, dovessero formare degli accampamenti, il
Governo di Sua Maestà il Re di Sardegna s'impegna
a somministrare loro la paglia e la legna necessaria
all'accampamento, secondo i regolamenti vigenti per le
Truppe della stessa Maestà Sarda.

IX. A termini del paragrafo 3 della convenzione di
Vienna, le somministranze da farsi alle Truppe Imperiali
di postazione negli Stati di Sua Maestà il Re di Sardegna limitandosi all'alloggio ed al fieno, egli è espres-
samente convenuto, che, quanto al fieno, si avrà a
seguire la regola di distribuzione prescritta nel prospetto
annesso al presente sotto al No. II: e che quanto all'
alloggio, questa espressione comprende semplicemente
il tetto, la legna, le candele e la paglia per dormire,
e ciò tutto nelle quantità prescritte ne' regolamenti

1815 dell'Armata Sarda, e dichiarando, che l'abitante non è obbligato a fare somministranze di veruna sorte.

X. L'Amministrazione Sarda s'impegna a mettere a disposizione dell'Amministrazione Imperiale un edifizio ne' contorni di Torino, ed un altro nei contorni di Casale, affinchè l'Amministrazione Imperiale possa quivi stabilire degli Ospedali militari, cioè ne' contorni di Torino un Ospedale capace di mille letti, e ne' contorni di Casale un Ospedale di cinque in sei cento letti. La provvista di questi letti e di ogni altro oggetto relativo allo stabilimento ed alla manutenzione degli Ospedali, di cui si tratta, rimane interamente a carico dell'Amministrazione Imperiale, l'Amministrazione Sarda avendo semplicemente a somministrare dal canto suo la legna, la paglia e le candele, secondo i regolamenti citati all'articolo precedente.

Nel caso, in cui gli eventi della guerra guerreggiata sul luogo del luogo, o in vicinanza degli Stati di Sua Maestà Sarda, esigessero imperiosamente lo stabilimento istantaneo di un nuovo Ospedale, il Governo Sardo s'impegna a far somministrare per via di requisizione tutto quanto sarebbe necessario a simile stabilimento, fino all'epoca, in cui la Direzione Generale degli Ospedali Austriaci avrà potuto prendere le misure necessarie per provvederlo e mantenerlo a proprie spese ed alle condizioni qui sovra espresse, il che dovrà precisamente effettuarsi nello spazio di quindici giorni.

XI. Se avvenisse, che dei Militari Imperiali isolati cadessero ammalati ad una considerevole distanza dagli Ospedali stabiliti in conformità degli articoli precedenti, l'Amministrazione Sarda s'impegna a far ricevere questi Militari negli Ospedali civili più vicini, e ciò mediante l'indennizzazione di un mezzo fiorino effettivo al giorno per ogni uomo, da pagarsi dall'Amministrazione Imperiale. Il conto relativo a codesta indennizzazione sarà regolato e saldato ogni mese dal Comando Generale Militare in Milano. I certificati d'ingresso e di uscita, che formeranno gli elementi di codesto conto, dovranno essere firmati dagli Amministratori dell'Ospedale, e dall'Autorità locale.

XII. L'Amministrazione Sarda s'impegna parimenti a somministrare all'Amministrazione Imperiale nelle Città descritte al prospetto annesso al presente un edifizio

atto a stabilirvi dei magazzini per effetti e per com- 1815
mestibili.

XIII. Volendo l'Amministrazione Imperiale intro-
durre negli Stati di Sua Maestà il Re di Sardegna de'
bestiami per la consumazione delle sue Truppe, egli è
convenuto:

1. Che codesto bestiame non potrà mai sotto verun
pretesto essere tratto da altre Provincie se non dalle
Provincie Italiane.

2. Che le introduzioni di bestiami si eseguiranno soltanto per i punti, di Voghera, Novara ed Arona; i
bestiami da introdursi andranno soggetti, tanto alla
frontiera, quanto in tutti que' luoghi, in cui l'Amministrazione Sarda lo giudicherà conveniente, alla visita
dei veterinarii a quest'oggetto destinati, la qual visita
dovrà seguire alla presenza ed in contraaddittorio del
conduttore de' bestiami medesimi; i veterinarii predetti
non permetteranno l'introduzione, salvo dopo essersi
accertati della sanità degl'individui, e nella permissione
s'inchiuderà il certificato di sanità indicativo del numero degl'individui non soggetti ad eccezioni.

Da quanto sovra ne deriva, che il bestiame ricon-
nosciuto, di comune accordo fra i veterinarii ed il conduttore, per essere affetto da un morbo sospettato
contagioso, sarà ucciso e sepolto con la precauzione
d'incidere in più luoghi la pelle. Le autorità locali,
che si troveranno presenti, rilascieranno un certificato,
da cui risulti delle mentovate circostanze di fatto.

3. Che le medesime disposizioni saranno applicabili a quel bestiame, che venisse introdotto per acqua.

XIV. Affine di prevenire ogni inconveniente, ed
ogni altercazione nelle quotidiane transazioni che potessero aver luogo fra dei Militari Imperiali, e dei Sudditi di Sua Maestà il Re di Sardegna, relativamente
al corso ed alla valuta delle monete, che i primi fossero per spendere, le parti stipulanti hanno adottato,
ed adottano, come regola unica ed esclusiva in questa
materia, la tariffa annessa al presente *).

---

*) Ce tarif comprenait l'écu des Couronnes de Flandre, qui
   était calculé à 5 fr. et 72; le tahler de convention à 5 fr. et
   16, et la pièce de 20 carantans à 86. La moitié, et le
   quart de chacune des pièces en proportion.

1815   XV. Affine di procedere di comune accordo all' esecuzione degli articoli contenuti nella presente Convenzione l'Amministrazione Sarda entrerà in corrispondenza col Comando generale in Milano, ed un Commissario Imperiale stabilito a Torino andrà di concerto coll'Uffiziale dell'Amministrazione Sarda a quest'oggetto delegato, per risolvere senza ritardo gli oggetti imprevisti e di lieve importanza, oppure per riferirne sopra gli altri oggetti alle Amministrazioni superiori rispettive.

XVI. Tutti gli articoli della presente Convenzione s'intendono fra loro reciproci e correlativi, e non saranno altrimenti obbligatorii per l'una delle parti stipulanti, salvo in quanto che l'altra delle parti manterrà, in ciò che la riflette i suoi impegni.

XVII. Sarà facoltativo alle parti stipulanti di fare stampare la presente Convenzione nelle due lingue Italiana e Tedesca, e di farla distribuire alle Autorità Amministrative e Militari, le quali presteranno alle copie stampate dalle Stamperie de' rispettivi Governi la medesima fede che all'Originale.

XVIII. La presente Convenzione dovrà essere munita dell'approvazione, cioè, per parte dell'Amministrazione Sarda di Sua Eccellenza il signor conte di Vallesa, Ministro e Primo Segretario di Stato per gli affari esteri, e per parte dell'Amministrazione Imperiale, di Sua Eccellenza il signor Barone di Frimont, Generale in capo dell'Armata d'Italia.

Fatto a Torino il 14 giugno 1815.

ALESSANDRO Marchese di SAINT THOMAS.	Conte FIQUELMONT Generale Maggiore, ed Aiutante Maggiore.
Visto ed approvato. Torino il 14 giugno 1815.	*Visto ed approvato le presenti Convenzioni. Milano il 16 giugno 1815.*
Il Ministro e Primo Segretario di Stato per gli affari esteri	Il Generale in capo dell' Armata d'Italia
Il Conte DI VALLESA.	FRIMONT.

Titres annexés à la Convention du 14. *Juin* 1815.

I.

Stato delle Razioni di Foraggio, pane e Viveri, assegnate agli Uffiziali superiori.

Generali *)	Pane	Foraggio	Viveri
Generale di Cavalleria e Generale d'Artiglieria	14	35	6
Luogotenente Maresciallo	18	21	6
Maggior Generale	14	16	6
Colonnello Aiutante Generale	9	11	6
Luogotenente Colonnello Aiutante Generale	6	10	6
Maggior Aiutante Generale	6	10	6
Quartier mastro Generale			
Generale Secondo, suo grado	"	"	"
Colonnello	10	4	6
Luogotenente Colonnello	8	12	6
Maggiore	6	10	6
Capitano	6	8	6
Fanteria			
Colonnello Comandante il Reggimento	9	10	6
Luogotenente Colonnello	6	8	6
Maggiore Primo Maggiore Secondo	6	8	6
Capitano	3	3	3
Cavalleria			
Colonnello Comandante	9	12	6
Luogotenente Colonnello	8	8	6
Maggiore Primo Maggiore Secondo	6	9	6
Capitano	3	6	3

*) Ce tableau a été extrait du tableau général annexé à la Convention. Les rations des Officiers inférieurs au grade de Capitaine sont en proportion de leur grade.

Artiglieria

	Pane	Foraggio	Viveri
Colonnello Comandante	9	12	6
Luogotenente Colonnello	6	10	6
Maggiore	6	10	6
Capitano	3	6	3

Corpo del Genio

Colonnello	12	12	6
Luogotenente Colonnello	10	10	6
Maggiore	8	8	6
Capitano	6	6	6

Treno dei carri di provianda

Colonnello	9	10	6
Luogotenente Colonnello	6	8	6
Maggiore	6	8	6
Capitano	3	5	3

II.

Composizione della Razione per le Truppe Austriache.

Pane	Pfd.	1.⁵⁄₄ di Vienna sono oncie	31	⁵⁄₄	di Piem.
Carne	id.	½ . . . . . id.	9	⁶⁄₁₀₀	
Riso	id.	¼ . . . . . id.	4	½	
		In rimpiazzamento di riso si distribuiscono oncie 6 farina o legumi.			
Sale		⁹⁄₁₆ d'oncie.			
Candele	¹⁄₁₅₀	de Pfund, ovvero una candela per uomini . . .	25	„	Id.
Olio	¹⁄₅₀₀	de Pfund.			
Fieno a	8	Pfund per i cavalli degli Uffiziali di Fanteria.			
	12	Pfund per cavalli da tiro.			
		NB. *In tempo di guerra tutte le razioni sono indistintamente, cioè*			
Fieno di	10	Pfund . . . . lib.	15	„	Id.
Biada	⅛	Metzen . . . . a cop.	2	⁵⁄₄	Id.
Paglia	3	Pfund . . . . lib.	4	½	Id.
	12	Pfund per i letti.			

DE S. THOMAS.   FIQUELMONT.

III.

Stabilimento per i carri da somministrarsi pel servizio delle Truppe di S. M. I. e R. di passaggio negli Stati di S. M. il Re di Sardegna.

Per ogni carro verranno bonificate al paese dalla Cassa Imperiale Militare le somme infra espresse.

Per un carro a 4 cavalli col carico di 145 rubbi, ossiano centinaia Viennesi 21. $\frac{1}{2}$, lire 7. 10. di Milano, ossiano 2. fni. 18. $\frac{6}{15}$ *Kreuzers* di Vienna; per uno a 3 cavalli, che dovranno carricare 108. 314 rubbi, ossiano centinaia 16. $\frac{1}{8}$ di Vienna, lire 5. 12. $\frac{1}{2}$ di Milano oppure 1. f. 43. $\frac{44}{52}$ *K.* Viennesi; per uno a 2 cavalli, col carico di rubbi 72. $\frac{1}{2}$, ossiano centinaia 10. $\frac{3}{4}$ di Vienna, lire 4 di Milano, oppure 1. f. 13. $\frac{11}{15}$ *K.* Viennesi; per uno a un cavallo, col carico di rubbi 36. $\frac{1}{4}$, ossiano centinaia 5. $\frac{5}{8}$ di Vienna, lire 2 di Milano, oppure 36. $\frac{48}{52}$ *K.* Viennesi, per due leghe Tedesche, ossiano 10 miglia Italiane, ossiano 6. $\frac{2}{5}$ miglia di Piemonte.

Nel caso che venissero presi solamente i cavalli co'fornimenti e senza carro, verrà sempre compensata, a norma del numero dei medesimi, la stessa bonificazione fissata nel qui antecedente articolo.

Per un paio di manzi forniti con o senza carro, saranno sempre bonificate sole lire 3 di Milano, oppure 55. $\frac{5}{13}$ *K.* Viennesi; e per un cavallo a sella lire 2 Milanesi, ovvero 36. $\frac{12}{15}$ *K.* di Vienna per ogni due leghe, ossiano 10 miglia Italiane, ossiano 6. $\frac{2}{5}$ miglia di Piemonte: questa bonificazione non verrrà però sull'istante pagata, ma bensi solo qui tata, poichè essa savà poi all'atto della computazione, che a suo tempo si farà col Paese pagata.

Queste quitanze verranno come le altre messe a stampa in lingua Tedesca ed Italiana, ed i Reggimenti, Corpi ed Individui Militari potranno fra pochi giorni presentarsi all'Imperiale Regio Uffizio di Spedizione del Cesareo Regio Comando Generale dell'armata d'Italia, onde otterne da esso una competente quantità per loro uso.

I signori Generali, Uffiziali *stabili*, Superiori e subalterni, come pure i bassi ufficiali così detti *prima-planisti*, che sono ordinati di fare dei viaggi in ser-

1815 vigio Sovrano, e così anche quelli individui che vengono dai loro rispettivi Reggimenti spediti straordinariamente in servigio, fuori delle marcie ordinarie delle truppe, sempre però muniti di un foglio di marcia legale, dovranno prontamente pagare ogni volta l'importo dei cavalli del paese al provveditore; tutti i signori Generali ed Uffiziali pagheranno indistintamente 15 *K*., ed i bassi uffiziali *primaplanisti* in vece soli 10 *K*, per lega Tedesca, cioè per 5 miglia Italiane, ossian 3. ⅕ miglia di Piemonte; il foglio di marcia designerà sempre, se i cavalli debbono somministrarsi mediante pagamento, o mediante contenta.

Tutti i carri del paese, che veranno adoperati per traspotare generi erariali di provianda, montore, armature, attrezzi d'artiglieria, denari, ammulati, convalescenti, ed altri trasporti di truppe, saranno, durante il loro viaggio, totalmente esenti da ogni pedaggio e gabella: sono parimente liberi ed esenti dai suddetti pedaggi e gabelle tutti i signori Generali ed Uffiziali d'ogni rango, senza distinzione, non meno che i *primaplanisti*, sino a tante che essi sono sul piede di guerra; questa esenzione s'estende non solamente quando essi viaggiano coi cavalli del paese, ma anche se viaggiano coi proprii cavalli.

DE S. THOMAS.   FIQUELMONT.

66.

Bref, par lequel S. S. Pie VII. accorde au Roi de Sardaigne l'aliénation de biens ecclésiastiques pour faire face aux dépenses de la guerre contre la France. En date du Rome, le 11. Août 1815.

Pius PP. VII.

Carissime in Christo Fili noster, salutem et apostolicam benedictionem.

Cum in postremo inopinata rerum perturbatione asilum in fidelissima Ianuensi Urbe quaerere coacti fuimus,..nedum in omni tribulatione nostra consolabantur

Nos splendidissima et assidua devotionis et observan- 1815
tiae testimonia quibus Religiosissimi illi ex omni ordine
Cives Nos honestarunt, verum etiam magnam cepimus
voluptatem in piissimis sapientissimisque Maiestatis Tuae
animi sensibus, ardentique zelo Catholico Principe di-
gnissimo, quo omni contentione manus adiutrices sata-
gis Ecclesiae praebere, ut acerbissima mala, quae in
tuam etiam Ditionem adversus Sanctissimam Religionem, legesque Ecclesiasticas calamitas temporum intu-
lit, sanentur vel potius tollantur: verum novi in tui
Regni tuitionem belli sustinendi sollicitudo et cura
impedimento tibi erat, quominus ea omnia statim prae-
stares, quae praestare tamen voluisses, Teque eo adi-
gebat, ut serio cogitares an aliqua foret ratio securi-
tatis finium tuorum procurandae, quae non modo Italiae salus, sed et Religionis tranquillitas continebatur.
Porro qui pro tui regiminis restauratione, pro tuorum
militum copiis in pristinum revocandis, augendisque,
pro reparandis arcibus, proque alendis tuis, aeque ac
potentissimorum Principum foederatorum in Pedemontana Dominatione exercitibus necessario requirebantur
sumptus, tot tantique erant, ut liquido constaret iis
faciendis minime suffecturas tum Regii Aerarii vires
iam exhausti, tum vectigalia extraordinaria, quae diffi-
cillima hac aetate imponi potuere, tum demum deman-
datam iam venditionem reliquae partis illorum bonorum,
quae similes ob caussas Sanctae Memoriae Pius VI
Praedecessor noster distrahi permisit. Cum ergo nullam aliam videres patere viam ad ingentia belli onera
ferenda, illius scilicet belli, quod non modo erat iustis-
simum, sed plane necessarium, eo, vel invitus deve-
nisti, ut nonnulla ex Ecclesiasticis bonis Regio Fisco
antea addictis et adhuc invenditis alienandi veniam a nobis implorares. Eodem autem tempore ob pietatis,
iustitiaeque sensus, quos actionum tuarum duces habes
perpetuos, expresse declarasti, Te simul ac pro tempore et copia licuerit, pia loca, religiososque Ordines,
ad quos bona distrahenda pertinent, indemnes reddi-
turum, non potuimus quidem, quin acerbo gravique
animi dolore afficeremur ex novis iacturis, quas immi-
nere videbamus bonis Deo sacris, bonis videlicet, quae
ad ipsum cultum, aut ad animarum salutem, seu ad
Ministros et pauperes sustentandos sunt destinata, quae
sane iacturae longe funestiores Ecclesiae accidere de-

1815 bent, praesertim post execrandam sacrilegamqne spoliationem quam Ecclesia anteactis temporibus in Pedemontana ditione Tua perpessa est. Nos nihilominus pro certo habentes Te absque urgenti necessitate haudquaquam ad hoc extremum devenisse remedium, quod in felici Dominatione tua moram allaturum foret plenae, Regularium Ordinum restaurationi, quos Maiestas Tua probe noscit, Ecclesiae et civili societati maxime prodesse, ed illud etiam prae oculis habentes, imploratam veniam ad tam praeclarum finem referri Regalem Familiam de re catholica optime meritam in avita Sede servandi, simulque Italiam a nova hostium incursione, Ecclesiamque a novis aerumnis tuendi; votis Tuis quantum cum Domino possumus benigne annuere volentes, eidem Maiestati Tuae ex sacris bonis, quibuscumque stabilibus adhuc non alienatis (illis exceptis quae de patronatus familiarum iure) portionem valoris centies centena millia librarum monetae Pedemontanae segregandi atque vendendi, pecuniamque inde perceptam ad praemissorum effectum dumtaxat libere et licite erogandi plenam et amplam licentiam et facultatem de Apostolicae Potestatis plenitudine, quod rescripto nostro Ianuae dato die octava maii huius anni promisimus, Apostolicis his literis in forma Brevis tribuimus et impertimur; cum hac tamen expressa lege et conditione, ut quo citius pro temporum circumstantiis fieri poterit, atque ad summum intra quinquennium proximum, ab hac die computandum, totidem montium loca constituas, quot requirentur pro Ecclesiarum aliarumque piarum institutionum redintegratione pro respectiva bonorum huiusmodi divenditorum rata ipsis facienda, ac etiam ut tam in separationibus quam in venditionibus exequendis tribus Ecclesiasticis viris perspectae probitatis et fidei, quorum nominationem Maiestati Tuae permittimus, et quorum alter sit charactere episcopali insignitus, vel saltem indignitate Ecclesiastica constitutus, utaris; qui cum totidem Regiis Administris Tuis, probitate pariter et fide conspicuis, pro bonorum delectu et segregatione, itemque pro caeteris rebus, quae in praesenti concessione continentur diligentissime caveant, ut Ecclesiae patrimonium minori quo possit fieri detrimento afficiatur. Nos interim spes recreat ac reficit, secundum ea quae cum essemus coram ex Te ipso audivimus, hanc nostram indulgentiam in providendo

de Nostrae potestatis plenitudine urgentibus Principa- 1815
tus Tui necessitatibus compensandam fore illarum legum abrogatione, quae fidelium facultatem coercent imi-
tandi piam Maiorum in Ecclesiae commodum liberalita-
tem; eo vel magis quod post tantam rerum omnium
spoliationem, quam per temporum perversitatem non ita
pridem Ecclesia pertulit, coloratae earum legum feren-
darum causae cessavere. Decernentes ipsas praesentes
litteras firmas, validas et efficaces existere, et fore,
suosque plenarios et integros effectus sortiri, et obtinere, ac ab omnibus, ad quos spectat et spectabit,
quomodolibet in futurum inviolabiliter observari; sicque
in praemissis per quoscumque Iudices ordinarios et delegatos, etiam causarum Palatii Apostolici Auditores,
et Sedis Apostolicae Nuncios, ac Sacrae Romanae
Ecclesiae Cardinales, etiam de latere Legatos, sublata
eis et eorum cuilibet quavis aliter iudicandi et interpretandi facultate et auctoritate, iudicari et definiri debere ac irritum et inane, si secus super his a quoquam
quavis auctoritate, scienter vel ignoranter contigerit
attentari: non obstantibus felicis recordationis Pauli II
et aliorum Pontificum Praedecessorum nostrorum de
rebus Ecclesiasticis non alienandis, nec non Benedicti
XIV Praedecessoris itidem nostri super divisione mate-
riarum, aliisque Apostolicis, ac in universalibus, provincialibusque et synodalibus Conciliis editis generalibus vel specialibus Constitutionibus et Ordinationibus,
nec non Ecclesiarum, Monasteriorum, Conventuum,
Beneficiorum, Ordinum Regularium et quarumcumque
piarum Institutionum etiam iuramento, confirmatione
Apostolica, vel quavis firmitate alia roboratis, statutis,
et consuetudinibus, privilegiis quoque, indultis et litteris Apostolicis in contrarium praemissorum quomodolibet concessis, confirmatis et innovatis; quibus omnibus
et singulis, etiamsi pro sufficienti illorum derogatione
de illis eorumque totis tenoribus specialis, specifica,
expressa et individua, ac de verbo ad verbum, non
autem per clausulas generales idem importantes, mentio, seu quaevis alia expressio habenda aut aliqua exquisita forma ad hoc servanda foret, tenores huiusmodi
ac si de verbo ad verbum nihil penitus ommisso, et forma
in illis tradita observata exprimerentur, et insererentur
praesentibus pro plene et sufficienter expressis et insertis habentes, illis alias in suo robore permansuris,

Gg 2

1815 ad praemissorum effectum hac vice dumtaxat specialiter et expresse derogamus, caeterisque contrariis quibuscumque. Caeterum Tibi, carissime in Christo Fili noster, notum esse volumus, desiderium et spem nunc maxime nobis adfulgentem fore, ut leges illae tandem abrogentur, quae piis religiosisque operibus noviter instituendis adversantur.

Datum Romae apud Sanctam Mariam Maiorem, sub annulo Piscatoris, die undecima augusti 1815, Pontificatus nostri anno decimo sexto.

Pro Domino Cardinali Braschio De Honestis.

G. Bernius Substitutus.

67.

Acte de remission à la Sardaigne de la partie de la Savoie conservée à la France par le Traité de Paris du 30. Mai 1814, et rendue à la Sardaigne par celui du 20. Novembre 1815. En date de Chambery le 15. Décemb. 1815.

Le quinze décembre mil huit cent quinze, les soussignés Commissaires nommés, savoir: Monsieur le Chevalier Louis Provana de Collegno Premier Officier de la Secrétairerie d'Etat pour les affaires étrangères de Sa Majesté Sarde, par son Excellence Monsieur le Comte de Vallaise Ministre et Premier Secrétaire d'Etat pour les affaires étrangères de Sa dite Majesté pour recevoir la remise de la partie de la Savoie conservée à la France par le Traité de Paris du 30. Mai 1814, à l'exception de la Commune de Saint Julien, et Monsieur le Baron Steffanini Général Major et Brigadier des Armées de Sa Majesté Impériale et Royale Apostolique, Chevalier de l'Ordre de Marie Thérèse, par Son Excellence le Général Baron de Frimont Commandant en chef les Troupes Autrichiennes en France, pour faire au Commissaire de Sa Majesté Sarde la remise sus-énoncée, s'étant réunis, après avoir échangé leurs pleins pouvoirs, lesquels ont été trouvés en bonne et due forme, ont convenu des articles suivans.

I. Par le présent Acte Monsieur le Général Baron **1815** Steffanini en sa qualité de Commissaire de Sa Majesté Impériale Royale Apostolique fait au nom des Puissances Alliées à Monsieur le Chevalier Louis Provana de Collegno en sa qualité de Commissaire de Sa Majesté Sarde, la remise de la partie de la Savoie conservée à la France par le Traité de Paris du 30. Mai 1814, en exceptant de la dite remise la Commune de Saint Julien.

II. De son côté Monsieur le Chevalier Louis Provana de Collegno, en acceptant par le présent Acte au nom de son Souverain la remise de la partie de la Savoie conservée à la France par le Traité de Paris du 30. Mai 1814, à l'exception de la Commune de Saint Julien, et pour entrer dans le sens du contenu dans les articles 4 et 5 du Protocole des conférences tenues à Paris le 3. Novembre 1815, fait les déclarations suivantes.

1. Sa Majesté le Roi de Sardaigne accéde à la disposition du dit Protocole qui étend la neutralité de la Suisse au territoire qui se trouve au nord d'une ligne à tirer depuis Ugine y compris cette Ville au midi du Lac d'Annecy, par Faverges jusqu'à Lescheraines, et de là au Lac du Bourget jusqu'au Rhône de la même manière qu'elle a été étendue aux provinces de Chablais et de Faucigny par l'article 92 de l'Acte final du Congrès de Vienne.

2. Sa dite Majesté, pour manifester aux Cabinets des Cours réunies, combien Elle est portée à satisfaire les désirs de leurs Cours en acceptant leurs bons offices, est disposée à nommer des Commissaires pour entrer en négociation avec ceux qui seraient à ce désignés, par le Canton de Genève, pour ce qui concerne l'échange des Communes de Chêne, Thônes et quelques autres nécessaires pour désenclaver le territoire Suisse de Jussy, contre la rétrocession de la part du Canton de Genève, du territoire situé entre la route d'Evian et le Lac qui avait été cédé par Sa Majesté Sarde par l'Acte du 29. Mars 1815.

3. Sa dite Majesté par suite de ses sentimens énoncés au paragraphe précédent envers Ses Hauts Alliés s'engage également en acceptant leurs bons offices à charger ses dits Commissaires d'entrer en négociation pour ce qui concerne le reculement de ses lignes de Douanes

1815 au moins d'une lieue de la frontière Suisse, et en déhors de Voiron, de Salève et des Monts de Sion et de Vuache.

III. En vertu du présent Acte, le Gouvernement de la partie de la Savoie conservée à la France par le Traité du 30. Mai 1814, à l'exception de la Commune de Saint Julien, est remis à Sa Majesté le Roi de Sardaigne, et ses troupes occuperont immédiatement la partie sus-indiquée, qui sera, au fur et à mesure de leur arrivée, évacuée par les troupes de Sa Majesté Impériale Royale Apostolique.

En foi de quoi les dits Commissaires ont signé le présent Acte, et y ont apposé le cachet de leurs armes.

Fait à Chambéry les jour, mois, et an que dessus.

PROVANA DE COLLEGNO.   STEFFANINI.

68.

Convention entre le Roi de Prusse, l'Electeur de Hesse et le Landgrave de Hesse-Rotenbourg, d. d. Cassel, le 4. Mars 1816 *).

S. Hochfürstl. Durchl. dem Herrn Landgrafen von Hessen-Rotenburg ist im Tractate zwischen Preussen und Kurhessen vom 16. Oct. 1815 für die abgetretene Niedergrafschaft Katzenellnbogen, die Herrschaft Plesse einschlüssig des Klosters Höckelheim, und das Amt Neuengleichen, eine vollständige Entschädigung innerhalb der Kurhessischen Staaten zugesichert worden.

Da bei der Ausmittelung und Ueberweisung der hiezu geeigneten Objecte mehrere Schwierigkeiten zu besorgen sind; so ist in Berathung gezogen worden, in welcher andern Art diese Entschädigung zur Zufriedenheit sowol Sr. Königl. Hoheit des Kurfürsten, als Sr. Durchl. des Herrn Landgrafen festgesetzt werden möge, und Se. Majestät der König von Preussen haben zur Erleichterung des Geschäfts hierin ihre vermittelnde Mitwirkung eintreten lassen.

---

*) Voy. Recueil Supplém. T. VII. (Nouv. Rec. T. III.) p. 331 et 408.

Zu diesem Ende haben S. Majestät der König von 1816.
Preussen zu Dero Bevollmächtigten ernannt:
   den Herrn Präsidenten Conrad Siegmund Carl
   von Haenlein, Ihren ausserordentlichen Gesandten
   und Minister an den Hessischen und Nassauischen
   Höfen, Ritter des Königl. Preussisch. rothen Adler-
   Ordens und des eisernen Kreuzes, wie auch des
   Kurhessischen Ordens vom goldnen Löwen;
S. Königl. Hoheit der Kurfürst von Hessen:
   den Geheimen Regierungsrath Herrn Johannes
   Hassenpflug zu Cassel;
S. Hochfürstl. Durchl. der Herr Landgraf von Hessen-
   Rotenburg:
   den Herrn Geheimenrath Carl Wilhelm Goessel
   zu Rotenburg,
welche unter der vorbehaltnen allseitigen Ratification,
wie nachstehet, überein gekommen sind.
   Art. 1. Der Herr Landgraf von Hessen-Rotenburg,
Hochfürstl. Durchl., entsagen auf die Entschädigungen,
welche Ihnen der zwischen Preussen und Kurhessen
am 16. October 1815 geschlossene Vertrag, für die
abgetretene Niedergrafschaft Katzenellnbogen, die Herrschaft Plesse mit Einschluss des Klosters Höckelheim
und das Amt Neuengleichen, zugesichert, und cediren
die Ihnen dieserhalb zustehenden Rechte an S. Königl.
Hoheit den Kurfürsten.
   Art. 2. Dagegen erhalten S. Durchlaucht eine zu-
sammenhängende Besitzung unter Preussischer Souverainetät, deren reine Revenüen, wenn die Hessen-
Rotenburgschen Abtretungen, nach der vorläufigen Fest-
setzung bei der tractatenmässigen Liquidation sich auf
Sechszig Tausend Reichsthaler, sage 60,000 Rthlr. be-
währen werden, die Summe von Funfzig Tausend Reichsthaler, sage 50,000 Rthlr. erreichen, oder nachdem
sich die Liquidationssumme vermehrt oder vermindert,
nach diesem Verhältniss mehr oder weniger betragen
sollen.
   Art. 3. Diese Besitzung erhalten des Landgrafen
Durchlaucht als Allodium mit unbeschränkter Befugniss,
darüber nach Gefallen zu disponiren.
   Art. 4. Sie hat alle Eigenschaften, die der Allodial-
Herrschaft von Zwanzig Tausend Reichsthaler, sage
20,000 Rthlr. reiner Revenüen ankleben sollen, welche
die Krone Preussen dem Landgrafen zugesichert hat,

1816 und der Kurfürst Königl. Hoheit wollen sich mit Preussen zu verständigen suchen, dass diese Besitzung mit obgedachter Allodial-Herrschaft von Zwanzig Tausend Reichsthalern, sage 20,000 Rthlr. Revenüen ein Contiguum bilde.

Art. 5. Diese Besitzung wird in freier Uebereinkunft mit dem Herrn Landgrafen gewählt. Vorläufig ist das Augenmerk auf die Herrschaft Ratibor in Schlesien gerichtet, welche in Verbindung mit der Königl. Domäne Rauden jenes Contiguum schicklich bilden und den Revenüenbetrag zur Zufriedenheit des Herrn Landgrafen Durchlaucht inclus. der Königl. Preuss. Seits zu gewährenden Zwanzig Tausend Reichsthaler, sage 20,000 Rthlr. reiner Einkünfte erreichen dürfte. Des Kurfürsten Königl. Hoheit verpflichten sich, nach vorgängiger in Art. 2. festgesetzter Liquidation zur Erwerbung dieser Besitzung eine Million Reichsthaler, sage 1,000000 Rthlr. in der Voraussetzung anzuwenden, dass ihre auf Ratibor und andern Gütern in den Preuss. Staaten haftenden circa Sechshundert Tausend Reichsthaler, sage 600,000 Rthlr. betragenden Capitalien mit billiger Rücksicht auf. die hiervon rückständigen Zinsen dabey an Zahlungs Statt angenommen, und dass, was alsdann noch zu berichtigen bleibt, zur einen Hälfte in baarem Gelde und zur andern in Preuss. oder andern guten Staatspapieren nach dem Nominal-Werthe, bezahlt werde.

Art. 6. Des Herrn Landgrafen Durchlaucht machen sich verbindlich, die Herrschaft Ratibor und Rauden unverzüglich durch Commissarien besichtigen zu lassen, und auch selbst in Augenschein zu nehmen, und sich, wo möglich, bis zum 1. May d. J. zu erklären, ob Sie dieses Object zur Entschädigung annehmbar finden, oder durch welche erhebliche Gründe Sie sich dessen Annahme zu verbitten veranlasst finden.

Art. 7. Im Fall der Annehmlichkeit der Herrschaft Ratibor werden des Kurfürsten Königl. Hoheit mittelbar oder unmittelbar die nöthige Uebereinkunft wegen deren Erwerbung bis zum 1. July l. J. einzuleiten und zu bewirken suchen, um des Herrn Landgrafen Durchl. bis zu diesem Termin in den Besitz der zugesicherten Revenüensumme zu setzen. Bey der Ausführung dieses Geschäfts wird sich beiderseits die Königl. Preuss. Vermittelung bedungen und vorbehalten, und Preussen 1816 verspricht, diese Vermittelung zu übernehmen.

Art. 8. Im Fall der Nichtannehmlichkeit der Herrschaft Ratibor, und wenn mit dem Herrn Landgrafen nicht in Absicht auf eine andere Besitzung in den Preuss. Staaten übereingekommen wird, versteht es sich von selbst, dass S. Königl. Hoheit der Kurfürst nicht an die angebotene Summe von einer Million Thaler weiter gebunden, dass aber auch des Herrn Landgrafen Durchlaucht alsdann berechtigt sind, in Entstehung einer allenfallsigen andern gütlichen Uebereinkunft, auf die vertragsmässige Entschädigung unter Königl. Preuss. Vermittelung zurückzukommen.

Art. 9. Preussen übernimmt die Garantie, dass so wenig das Kurhaus als der Landgraf von Hessen - Rotenburg von Seiten des letztern Onkels C a r l C o n - s t a n t i n wegen des gegenwärtigen Uebereinkommens einige Anfechtung erfahren solle; es mögen die Ereig- nisse kommen, wie sie wollen.

So geschehen Cassel den 4. März 1816.

(L. S.)   v. HAENLEIN.   (L. S.)   HASSENPFLUG.
            (L. S.)   GOESSEL.

69.
Traité entre la Sardaigne, la Confédération Suisse, et le Canton de Genève. En date du 16. Mars 1816.

Au nom de la Très - Sainte et Indivisible Trinité.

Sa Majesté le Roi de Sardaigne, en considération du vif intérèt que les Puissances Signataires du Traité de Paris du 30. Mai 1814 avoient témoigné pour que le Canton de Genève obtint quelques facilités, soit dans le but de désenclaver une partie de ses possessions, soit quant à ses communications avec la Suisse, ayant consenti par le Protocole du Congrès de Vienne du 29. Mars 1815, à mettre à la disposition de ces mêmes Puissances une partie de la Savoie y désignée, pour être réunie à Genève; et afin de donner à ce Canton une marque particulière de sa bienveillance, ayant également consenti aux stipulations contenues dans les articles 5

1816 et 6 du dit Protocole; les quatre Grandes Puissances
Alliées ayant ensuite arrêté dans le Protocole signé par
leurs Ministres Plénipotentiaires, à Paris le 3. Novembre, que la partie de la Savoie occupée par la France
seroit restituée à Sa Majesté, sauf la Commune de
Saint Julien qui seroit cédée à Genève; et s'étant en
outre engagées à interposer leurs bons offices pour
disposer Sa Majesté à céder au Canton de Genève,
Chêne, Thones, et quelques autres Communes nécessaires pour désenclaver le territoire Suisse de Jussy,
contre la rétrocession des Communes du litoral situées
entre la route d'Evian et le lac; comme aussi pour que
la ligne des douanes fut éloignée au moins d'une lieue
de la frontière Suisse, et audelà des montagnes indiquées au dit Protocole;

Enfin, ces mêmes Protocoles ayant arrêté les mesures générales qui étendent à une partie de la Savoie
les avantages de la neutralité perpétuelle de la Suisse:

Sa Majesté le Roi de Sardaigne, d'une part, voulant donner à ses Augustes Alliés de nouvelles preuves
de ses sentimens envers eux, à la Confédération Suisse
en général, et au Canton de Genève en particulier,
des témoignages de ses dispositions amicales;

Et d'autre part, Son Excellence le Bourguemestre
Président et le Conseil d'Etat du Canton de Zurich,
Directoire Fédéral, au nom de la Confédération Suisse,
empressés de resserrer avec Sa dite Majesté les liens
et les rapports qui sont dans les intérèts des deux
Etats, et de consolider les rélations de bon voisinage
qui les unissent, ont résolu de nommer des Plénipotentiaires pour régler, soit les objets relatifs à la délimitation du territoire cédé par le Protocole du 29. Mars,
(sur lesquels objets des conférences avoient déjà eu lieu
à Chêne), soit les arrangemens relatifs aux nouvelles
cessions, et à l'éloignement des douanes; comme aussi
ce qui concerne la neutralité de certaines parties de
la Savoie, les dispositions de transit et de commerce,
et enfin tout ce qui peut intéresser réciproquement les
deux Etats, et pourvoir à leurs convenances mutuelles.

A ces fins, ils ont nommé, savoir:

Sa Majesté le Roi de Sardaigne, Messieurs le
Chevalier Louis de Montiglio, Avocat fiscal général de

Sa Majesté au Sénat de Savoie, et le Chevalier Louis 1816
Provana de Collegno, Conseiller de Sa Majesté et Commissaire général des confins de ses Etats;

Et la Confédération Suisse et le Canton de Genève, Monsieur le Conseiller d'Etat Charles Pictet de
Rochemont;

Lesquels, après avoir échangé leurs pleins pouvoirs,
annexés au présent Traité, et les avoir trouvés en bonne
et due forme, prenant pour base de leur travail le principe de la convenance réciproque, et des avantages
respectifs d'administration des deux Gouvernemens; désirant que Sa Majesté ait un Chef-lieu commodément
situé pour les Communes restantes de la Province de
Carouge, et qu'Elle conserve, sur son propre territoire
des communications faciles entre la Basse-Savoie et
le Chablais, sont convenus de ce qui suit:

I. Le territoire cédé par Sa Majesté le Roi de
Sardaigne, pour être réuni au Canton de Genève, soit
en vertu des actes du Congrès de Vienne du 29. Mars
1815, soit en vertu des dispositions du Protocole des
Puissances Alliées du 3. Novembre suivant, et du
Traité de ce jour, est limité, par le Rhône, à partir
de l'ancienne frontière près de Saint Georges, jusqu'aux confins de l'ancien territoire Genevois, à l'ouest
d'Aire-la-Ville; de là, par une ligne suivant ce même
ancien territoire jusqu'à la rivière de La Laire; remontant cette rivière jusqu'au chemin qui, de la Perrière
tend à Soral; suivant ce chemin jusqu'au dit Soral, lequel restera, ainsi que le chemin, en entier sur Genève; puis par une ligne droite tirée sur l'angle saillant de la Commune de Bernex, à l'ouest de Norcier.
De cet angle, la limite se dirigera, par la ligne la plus
courte, à l'angle méridional de la Commune de Bernex
sur l'Aire, laissant Norcier et Thurens sur Savoie. De
ce point, elle prendra la ligne la plus courte pour atteindre la Commune de Compesières; suivra le confin
de cette Commune, à l'est de Saint Julien, jusqu'au
ruisseau de l'Arande, qui coule entre Ternier et Bar-
donex; remontera ce ruisseau jusqu'à la grande route
d'Annecy à Carouge; suivra cette route jusqu'à l'embranchement du chemin qui mène directement à Col-
longe, à 155 toises de Savoie avant d'arriver à la croix
de Roson; atteindra, par ce chemin, le ruisseau qui

1816 descend du village d'Archamp; suivra ce ruisseau jusqu'à son confluent avec celui qui descend du hameau de la Combe, au-delà d'Evordes, en laissant néanmoins toutes les maisons dudit Evordes sur Genève; puis, du ruisseau de la Combe, prendra la route qui se dirige sous Bossey, sous Crevin, et au-dessus de Veirier. De l'intersection de cette route, à l'est et près de Veirier, avec celle qui, de Carouge tend à Etrembières, la limite sera marquée par la ligne la plus courte pour arriver à l'Arve, à deux toises au-dessus de la prise d'eau du bief du moulin de Sierne. De là, elle suivra le thalweg de cette rivière jusque vis-à-vis de l'embouchure du Foron; remontera le Foron jusqu'au-delà de Cormières, au point qui sera indiqué par la ligne la plus courte tirée de la jonction de la route de Carra, avec le chemin qui, du nord de Puplinge, tend au nord de Ville-la-grand; suivra ladite ligne, et ce dernier chemin vers l'est, en le donnant à Genève; puis la route qui remonte parallélement au Foron, jusqu'à l'endroit où elle se trouve en contact avec le territoire de Jussy. De ce point, la ligne reprendra l'ancienne limite, jusqu'à sa rencontre avec le chemin tendant de Gy à Foncenex, et suivra ledit chemin vers le nord, jusqu'à la sortie du village de Gy, laissant ledit chemin sur Genève. La limite se dirigera ensuite en ligne droite sur le village de Veigy, de manière à laisser toutes les maisons du village sur Savoie; puis en ligne droite au point où l'Hermance coupe la grande route du Simplon. Elle suivra enfin l'Hermance jusqu'au lac, lequel bornera le nouveau territoire au nord-ouest: bien entendu que la propriété du lac, jusqu'au milieu de sa largeur, à partir d'Hermance jusqu'à Vesenaz, est acquise au Canton de Genève, et qu'il en sera de même des portions du cours du Rhône qui, ayant fait jusqu'ici frontière entre les deux Etats, appartenoient à Sa Majesté; que tous les chemins indiqués comme formant la ligne frontière dans la délimitation ci-dessus, appartiendront à Sa Majesté, sauf les exceptions indiquées; et que tous les enclos fermés de murs ou de haies, attenans aux maisons des villages et hameaux qui se trouveroient placés près de la nouvelle frontière, appartiendront à l'Etat dans lequel est situé le village ou hameau: la ligne marquant les confins des Etats ne pourra être rapprochée à plus de deux toises des mai-

sons ou des enclos y attenans, et fermés de murs ou **1816**
de haies. Quant aux rivières et ruisseaux qui, d'après
les changemens de limites résultans du Traité de ce
jour, déterminent la nouvelle frontière, le milieu de
leur cours servira de limite, en exceptant le Foron,
lequel appartiendra en entier à Sa Majesté, et dont le
passage ne sera assugetti à aucun droit.

II. Les Puissances contractantes renoncent à tous
droits de Souveraineté et autres qui peuvent leur appartenir, dans les pays réciproquement cédés; notamment Sa Majesté au territoire situé entre la route d'Evian,
le lac, et la rivière d'Hermance; la Confédération Suisse
et le Canton de Genève, à la portion de la Commune
de Saint Julien où le chef-lieu est situé: le tout conformément à la délimitation fixée par l'article précédent.

Tous les titres, terriers et documens, concernant
les pays cédés, seront remis de part et d'autre, le
plutôt que faire se pourra.

III. Pour entrer dans le sens du Protocole du
3. Novembre, relativement aux douanes, en conciliant
néanmoins, autant qu'il est possible, ses dispositions
avec les intérêts de Sa Majesté, la ligne des douanes,
dans le voisinage de Genève et du lac, passera à
partir du Rhône, par Cologny, Valeiry, Cheney, le
Luiset, le Chable, le Sapey, le Vieson, Etrambières,
Annemasse, Ville-la-grand, le long du cours du Foron
jusqu'à Machilly, puis Douvaine, et Colongette, jusqu'au lac, et le long du lac jusqu'à Meillerie, pour
reprendre ensuite et continuer la frontière actuelle par
le poste le plus voisin de Saint Gingoulph; bien entendu, que, dans la ligne déterminée, il sera libre à
Sa Majesté de faire les changemens et les dispositions
qui lui conviendront le mieux, pour le nombre et le
placement de ses bureaux. Aucun service ne pourra
être fait, ni sur le lac, ni dans la zône qui sépare du territoire de Genève la ligne ci-dessus indiquée: il sera néan-
moins.loisible en tout tems aux Autorités administratives
de Sa Majesté, de prendre les mesures qu'elles jugeront
convenables contre les dépôts et le stationnement des
marchandises dans la dite zône, afin d'empêcher toute
contrebande qui pourroit en résulter. Le Gouvernement de Genève, de son côté, voulant seconder les
vues de Sa Majesté à cet égard, prendra les précau-

1816 „lá neutralité de la Suisse de la même manière que „si elles appartenoient à celle-ci;"

Ces diverses déclarations, et stipulations, que la Suisse reconnoit et accepte, et auxquelles, Sa Majesté accède de la manière la plus formelle, feront règle entre les deux Etats.

VIII. Les communications commerciales entre les Provinces de Savoie, au travers de l'Etat de Genève, seront libres en tout tems, sauf les mesures de police, auxquelles les sujets de Sa Majesté seront astreints comme les Genevois eux-mêmes.

IX. Il sera libre en tout tems, aux sujets de Sa Majesté réunis au Canton de Genève, de vendre les propriétés par eux possédées dans le dit Canton, et de se retirer dans tel pays qu'il leur plaira de choisir.

X. Les droits acquis aux sujets de Sa Majesté, en vertu des lois en vigueur jusqu'au moment de la remise du territoire, seront respectés par la nouvelle législation; et les actes et contracts passés, ainsi que les jugemens rendus d'après les dites lois, ne pourront être attaqués que par les voies ouvertes en vertu de ces mêmes lois, sauf ce qui concerne la compétence et les formes de procédure établies pour les Tribunaux Genevois.

XI. Les dispositions des Protocoles de Vienne du 29. Mars 1815, en faveur du pays cédé par Sa Majesté pour être réuni à l'Etat de Genève, seront communes au territoire dont le dit Etat acquiert la propriété conformément au Protocole du 3. Novembre suivant, et à la délimitation fixée par le Traité de ce jour.

XII. Sur tous les objets auxquels il a été pourvu par le Protocole de Vienne du 29. Mars 1815, les lois éventuelles de la Constitution de Genève ne seront pas applicables.

Et attendu que le dit Protocole a arrêté, article troisième paragraphe premier "que la Religion Catho- „lique sera maintenue et protégée de la même manière „qu'elle l'est maintenant dans toutes les Communes „cédées par Sa Majesté le Roi de Sardaigne, et qui „seront réunies au Canton de Genève," il est convenu que les lois et usages en vigueur au 29. Mars 1815, relativement à la Religion Catholique dans tout le ter- ritoire cédé, seront maintenus, sauf qu'il en soi reglé autrement par l'autorité du Saint Siège.

quement, jouiront sur les terres de Sa Majesté des **1816**
mêmes exemptions, et seront assujetties aux mêmes
formalités. Les frais des marques apposées aux marchandises, ne pourront dépasser le coût réel des plombs,
ou autres matières y employées.

VII. Le Protocole du Congrès de Vienne du 29
mars 1815, accepté par l'acte de la Diète de la Confédération Suisse, en date du 12. Août suivant, ayant
stipulé comme une des conditions de la cession du territoire en faveur du Canton de Genève:

"Que les Provinces du Chablais et du Faucigny,
"et tout le territoire au nord d'Ugine appartenant à
"Sa Majesté, feroient partie de la neutralité de la
"Suisse, garantie par toutes les Puissances, ainsi qu'il
"est expliqué à l'article premier du dit Protocole;"

Le Directoire Fédéral ayant déclaré par sa note
officielle du premier novembre au ministre de Sa Majesté,

"Que la Confédération Suisse a accepté les actes
"du Congrès de Vienne du 29. Mars, dans leur entier,
"selon leur teneur littérale, et sans aucune réserve;
"en sorte que la différence de mots qui peut se trouver
"entre l'Acte susdit de la Diète, et le Protocole du
"Congrès, ne doit nullement être envisagée comme
"une restriction ou comme une déviation du sens précis
"de ce dernier;"

Et la même note officielle ayant ajouté:

"De ces explications il résulte, que la Suisse ne
"fait, au sujet de l'admission des provinces de Chablais,
"de Faucigny, et du territoire au nord d'Ugine, dans
"son système de neutralité, aucune distinction ou ré-
"serve qui tende à affoiblir ou modifier les dispositions
"énoncées dans les Actes du Congrès de Vienne du
"29. Mars;"

Le Traité de Paris du 20. Novembre 1815, ayant
étendu de la même manière cette neutralité de la Suisse
à une autre partie du territoire de Sa Majesté; et enfin
l'acte du même jour *portant reconnoissance et garantie
de la neutralité perpétuelle de la Suisse et de l'in-
violabilité de son territoire*, contenant l'article suivant:

"Les Puissances reconnoissent et garantissent éga-
"lement la neutralité des parties de la Savoie désignées
"par l'Acte du Congrès de Vienne du 29. Mars 1815,
"et par le Traité de ce jour, comme devant jouir de

1816 tions des Constitutions générales, auroient besoin de concessions du Roi pour conserver cette jouissance, seront traités, à cet égard, comme les sujets de Sa Majesté, sauf les droits des tiers.

XVI. Tous droits d'aubaine, de détraction, et autres de même nature, relatifs aux successions, qui se trouveroient en vigueur dans les Etats de Sa Majesté à l'égard des Cantons Suisses, et réciproquement, seront abolis, a dater du jour de l'échange des ratifications du présent Traité.

XVII. Les propriétaires Suisses de biens-fonds situés à une distance moindre de deux milles de Piémont des frontières fixées par le présent Traité, et dont les titres sont antérieurs au 3. Novembre 1815, ne seront point inquiétés, à raison des dispositions contenues à cet égard dans les Constitutions générales de Sa Majesté, à la charge par eux de se conformer aux dites Constitutions, en cas de transmission de ces biens, autrement que par voie de succession.

XVIII. A dater du premier avril prochain, les contributions des territoires respectivement cédés, appartiendront à l'Etat qui doit entrer en possession. Le compte en sera réglé et soldé dans le mois qui suivra la remise des territoires, déduction faite des frais d'administration jusqu'à la dite remise.

XIX. Les dettes qui, aux termes des articles 21, 26 et 30 du Traité de Paris du 30. Mai 1814, et du Traité du 20. Novembre 1815, se trouvent à la charge du Gouvernement de Sa Majesté, dans le territoire cédé à Genève par le présent Traité seront à la charge du Gouvernement Genèvois, à dater du premier avril.

XX. Sa Majesté nommera deux Commissaires pour régler et terminer dans le plus bréf délai, avec deux Commissaires nommés par le Canton de Genève, la liquidation des dettes actives et passives qui concernent, soit l'ancien Département du Léman, soit les rapports qui ont existé entre les deux Etats.

Le Gouvernement Français sera invité à intervenir dans cette liquidation pour les intérêts collectifs dudit ancien Département. Les titres, régistres et autres pièces des anciennes Autorités administratives et judiciaires, et des différentes Régies dudit Département, déposés à Genève, et qui concernent les habitans et les Communes du territoire de Sa Majesté, seront restitués aux deux Commissaires Royaux; et quant aux 1816 pièces qui intéressent tout le Département, ou l'ancien Arrondissement de la Sous-Préfecture de Genève, Sa Majesté consent que, après qu'il en aura été dressé inventaire, elles restent pendant cinq ans, à dater de ce jour, dans ladite ville, sous la garde et la responsabilité de deux dépositaires, nommés l'un par Sa Majesté, et l'autre par le Gouvernement de Genève.

A l'expiration de ce terme, les deux Gouvernemens aviseront de concert à la convenance de continuer, de modifier, ou de supprimer cet établissement.

Les sujets de Sa Majesté auront un libre accès à ces dépôts, et les expéditions par eux demandées, ou qu'il y auroit lieu à produire par devant les Tribunaux et autres Autorités du Roi, ne pourront être délivrées et certifiées conformes que par le Dépositaire Royal, lequel en percevra les droits pour le compte de Sa Majesté.

XXI. L'établissement des bureaux de douanes sur la nouvelle ligne entrainant des dépenses pour le Roi, et la délimitation fixée par l'article premier exigeant la construction ou l'amélioration sur plusieurs points, de la route de communication entre la Basse-Savoie et le Chablais, une somme de cent mille livres de Piémont sera mise par le Canton de Genève à la disposition de Sa Majesté. Cette somme sera payable à Saint Julien dans les six mois qui suivront la signature du présent Traité.

XXII. Deux Commissaires seront immédiatement nommés, l'un par Sa Majesté le Roi de Sardaigne, et l'autre par la Confédération Suisse et le Canton de Genève, pour procéder à l'exécution de la délimitation ci-dessus, de manière qu'elle soit achevée avant l'échange des ratifications.

Les Commissaires dresseront un procès verbal de leurs opérations, et y joindront un plan topographique, par eux signé, de la délimitation totale, avec l'indication des Communes. Lesdites pièces faites à triple original, seront annexées au présent Traité.

XXIII. Les dispositions des anciens Traités, et notamment de celui du 3. Juin 1754, auxquelles il n'est pas expressement dérogé par le présent Traité, sont confirmées.

XXIV. Le présent Traité sera ratifié par Sa Ma-

1816 jesté, et par la Confédération Suisse et le Canton de Genève, et les ratifications en seront échangées dans le délai de trois mois, ou plutôt, si faire se peut.

Aussitôt après l'échange des ratifications, la remise des territoires aura lieu réciproquement.

En foi de quoi les Plénipotentiaires ont signé, et apposé le cachet de leurs armes.

Fait à Turin, le seize du mois de mars de l'an de grâce mil huit cent seize.

MONTIGLIO.   PROVANA DE COLLEGNO.
C. PICTET DE ROCHEMONT, Conseiller d'Etat.

Ratifié par le Roi de Sardaigne, et par le Directoire Fédéral le 15. Juin de la même année.

70.

Déclaration du Plénipotentiaire de la Confédération Suisse et du Canton de Genève sur la dotation du Curé de l'Eglise Catholique de Genève. En date du 16. Mars 1816.

Le Protocole du Congrès de Vienne du 29. Mars 1815 ayant décrété que le Curé de l'Eglise Catholique existante a Genève serait logé et doté convenablement, je soussigné, Envoyé Extraordinaire et Plénipotentiaire de la Confédération Suisse, et du Canton de Genève, dans le but de déterminer l'exécution des dispositions dudit Protocole, déclare que le traitement annuel du dit Curé a été fixé à cinq mille francs de France y compris ses Vicaires et son logement.

Je m'engage au nom et sous promesse de ratification du Gouvernement de Genève, à ce que cette somme de cinq mille francs soit à l'avenir le *minimum* du traitement du Curé de Genève, et ne puisse être réduite sous aucun prétexte.

Donné à Turin le seize du mois de mars de l'an de grâce mil huit cent seize.

C. PICTET DE ROCHEMONT, Conseiller d'Etat.

Ratifiée par le Canton de Genève le 27. Avril de la même année.

71.

*Traité de paix entre la Sardaigne,
et le Dey d'Alger, avec un Article
additionnel. En date du 3. Avril 1816.*

Au nom de Dieu Tout-Puissant.

Traité de paix entre Sa Majesté Victor Emmanuel Roi de Sardaigne, de Cypre et de Jérusalem,
Duc de Savoie et de Gênes, Prince de Piémont etc.
etc. etc., et Son Altesse Sérénissime Omar Bacha, Dey
et Gouverneur de la Cité Guerrière et du Royaume d'Alger; fait et conclu par le Très-Honorable Edouard
Baron Exmouth, Chevalier Commandeur du Très-Honorable Ordre Militaire du Bain, Amiral de l'Escadre
Bleue de la Flotte de Sa Majesté Britannique, et Commandant en Chef les vaisseaux et bâtimens de S. M.
dans la Méditerranée; étant dûment autorisé par Son
Altesse Royale le Prince Régent, au nom et de la
part de Sa Majesté le Roi du Royaume-Uni de la
Grande-Bretagne et d'Irlande, et par Sa Majesté le
Roi de Sardaigne.

I. Son Altesse Royale le Prince Régent désirant,
dans le vrai esprit d'Amitié, d'interposer ses bons offices entre son ancien Allié Sa Majesté le Roi de Sardaigne et Son Altesse le Dey d'Alger, à l'objet de
mettre un terme aux calamités d'une longue guerre,
il est par le présent convenu et conclu entre ledit
Edouard Baron Exmouth et Son Altesse le Dey d'Alger, que dès aujourd'hui il y aura paix et amitié solide et inviolable entre Sa Majesté le Roi de Sardaigne
et Son Altesse le Dey d'Alger, et Leurs sujets et Etats
respectifs; et que dorénavant le Pavillon et le commerce
de Sa Majesté le Roi de Sardaigne seront respectés
par Son Altesse le Dey, et par ses sujets, de la même
manière que ceux de la Grande-Bretagne.

II. A dater de la signature du présent Traité, il
y aura libre communication et correspondance commerciale entre les deux Nations, sous des conditions
réciproques; mais étant nécessaire que tous les bâtimens qui passent des côtes de Barbarie dans les Etats
de Sa Majesté Sarde soient assujettis à une quarantaine,

1816 les Ports suivans, où des Lazarets sont établis, sont désignés pour l'admission des bâtimens venant d'Alger, et sont:

     Pour le Continent,
          Gênes et La Spezia.
     Pour le Royaume de Sardaigne,
          Cagliari,
          San Pietro,
          Alghero et La Maddalena.

Il est de plus convenu qu'un Consul Général de Sa Majesté le Roi de Sardaigne sera reçu à Alger sur le même pied, et traité avec le même respect que les Consuls des autres Nations Européennes, pour le règlement des affaires commerciales, et qu'il lui sera permis, dans sa propre maison, le libre exercice de sa Religion, soit pour lui et ses domestiques, soit pour les autres.

III. Etant très-nécessaire d'empêcher que l'on ne fasse un mauvais usage des priviléges accordés par ce Traité au Pavillon et au Commerce Sarde, Sa Majesté le Roi de Sardaigne s'engage à prendre les mesures les plus efficaces pour prévenir un tel abus, en n'accordant les passeports qu'à Ses seuls sujets, avec le sceau et la signature du Secrétaire d'Etat, lesquels passeports ne seront étendus, ni ne serviront d'instrument pour donner protection aux sujets d'aucun autre Etat; et tout bâtiment marchand appartenant à ses Etats sera muni d'un de ces passeports.

Fait par triple original dans la Cité Guerrière d'Alger à la présence de Dieu Tout-Puissant, le 3. Avril, l'an de Jesus-Christ 1816, et l'année de l'Hégire 1231, le quatrième jour de la Lune Jumed Awoll.

     Sceau du Dey.

                 EXMOUTH,
     Amiral et Comandant en Chef dans la Méditerranée, autorisé à agir comme Médiateur par S. A. R. le Prince Régent d'Angleterre et S. M. le Roi de Sardaigne.

Article additionnel.

Lord Exmouth s'engage, de la part de Sa Majesté le Roi de Sardaigne, à payer la somme de cinq cent piastres d'Espagne pour, chaque esclave Sarde 1816 qui se trouve actuellement dans le Royaume d'Alger (y compris les Génois et les habitans de Monaco); ces esclaves doivent être immédiatement embarqués sur un bâtiment de guerre Anglois pour Gênes, lequel bâtiment apportera à son retour l'argent de la rançon de tous les esclaves susdits pour le premier juin prochain: un Consul Général de Sa Majesté Sarde sera envoyé aussitôt qu'il sera possible, et, en attendant, le Consul Britannique en fera les fonctions.

Fait à Alger le 3. Avril 1816.

Sceau du Dey.

EXMOUTH,
Amiral Commandant en Chef, etc. etc. etc.

72.

Traité de paix entre la Sardaigne, et le Dey de Tunis. Signé à Tunis, le 17. Avril 1816.

Au Nom de Dieu Tout-Puissant.

Traité de paix entre S. M. Victor Emmanuel Roi de Sardaigne, de Cypre, et de Jérusalem, Duc de Savoie et de Gênes, Prince de Piémont etc. etc etc. et S. A. S. Mamhoud Bacha Chef Dey de Tunis, la Cité bien gardée et le séjour de la félicité; fait et conclu par le Très-Honorable Edouard Baron Exmouth, Chevalier Grand-Croix du Très-Honorable Ordre Militaire du Bain, Amiral de l'Escadre Bleue de la Flotte de Sa Majesté Britannique, et Commandant en Chef les Bâtimens et Vaisseaux de S. M. dans la Méditerranée; étant dûment autorisé par Son Altesse Royale le Prince Régent agissant au nom et de la part de Sa Majesté le Roi du Royaume-Uni de la Grande-Bretagne et d'Irlande, et par Sa Majesté le Roi de Sardaigne.

I. Son Altesse Royale le Prince Régent désirant, dans le vrai esprit d'amitié, d'interposer ses bons offices entre son ancien Allié Sa Majesté le Roi de Sardaigne et S. A. le Dey de Tunis, afin de mettre un terme aux calamités produites par un état constant de guerre, il est

1816 convenu et conclu par le présent, entre le susdit Edouard
Baron Exmouth et S. A. le Dey de Tunis, qu'à partir de ce jour il y aura paix et amitié solide et inviolable entre S. M. le Roi de Sardaigne et S. A. le Dey
de Tunis, leurs sujets et Etats respectifs; et que dorénavant le Pavillon, les sujets et le commerce de S. M.
le Roi de Sardaigne seront respectés par S. A. le Dey
et ses sujets comme ceux de la Grande-Bretagne, et
que la Sardaigne jouira à l'avenir de tous les Traités
et avantages dont jouit maintenant la Grande-Bretagne,
et de la même manière.

II. A commencer de la signature du présent Traité,
une libre communication et correspondance commerciale, sera ouverte entre les deux Nations sous des conditions réciproques; mais étant nécessaire que tous les
bâtimens qui passent des Côtes de Barbarie à celles de
Sardaigne fassent leur quarantaine avant que de se
rendre dans d'autres Ports de ce Royaume, les Ports
suivans (où des Lazarets sont établis), sont désignés
à cet effet, pour tous les bâtimens venant de Tunis;
c'est-à-dire:

 Sur le Continent,
  Gênes et La Spezia.
 Dans l'île de Sardaigne,
  Cagliari,
  S. Pietro,
  Alghero et La Maddalena.

Et pareillement les Vaisseaux Sardes se soumettront aux règlemens de la quarantaine à Tunis de la
même manière que ceux des autres Nations.

Et il a de plus été convenu, qu'un Consul Général de la part de S. M. le Roi de Sardaigne sera reçu
à Tunis sur le même pied, et traité avec le même respect que le Consul Britannique, pour régler les affaires commerciales, et qu'il lui sera accordé dans sa
maison le libre exercice de sa Religion, ainsi qu'à ses
domestiques et aux autres personnes qui le désireraient.

III. Etant très essentiel d'empêcher que l'on ne
fasse un mauvais usage des privilèges accordés par ce
Traité au Pavillon et au commerce Sarde, S. M. le
Roi de Sardaigne s'engage par le présent à prendre
les mesures les plus efficaces pour prévenir toute sorte
d'abus, en n'accordant des passeports qu'à ses propres
sujets sous le sceau et la signature du Secrétaire d'Etat,

lesquels ne seront point étendus, et dont on ne fera 1816
point usage pour accorder protection aux sujets de
toute autre Puissance; et tout Bâtiment ou Vaisseau
marchand appartenant à ses Etats sera muni d'un de
ces Passeports.

IV. S. A. le Dey consent à ce que les Bâtimens
Sardes soient admis à la pêche aux bancs de corail
sur les côtes, sur le même pied des autres Nations Européennes; mais si S. A. le Dey venait à affermer la
pêche du corail à quelque individu, il est convenu par
le présent que le droit qui serait payé à S. A. le Dey,
sera payé à l'individu à qui elle a été accordée.

V. Si S. M. le Roi de Sardaigne désirait de charger le Consul Britannique des fonctions de son Agent,
S. A. le Dey de Tunis consent à cet arrangement, jusqu'à ce qu'un Consul soit envoyé de Sardaigne, ce qui
devra avoir lieu dans l'espace de six mois.

VI. Dans le cas où quelque contestation s'élevât
entre S. M. le Roi de Sardaigne et S. A. le Dey de
Tunis, S. M. le Roi de la Grande-Bretagne sera
prête en tous tems à interposer ses bons offices pour
un arrangement, et pour obtenir une juste réparation
à la Partie offensée; et s'il était refusée, Elle abandonnerait la Partie refusante aux représailles qu'Elle se serait justement attirées.

Fait à double au Palais du Bardo près Tunis, à
la présence de Dieu Tout-Puissant, le 17. Avril, l'an
de Jésus-Christ mil huit cent seize, et de l'année de
l'Hégire 1231, le 18 de la Lune Jumed Awoll.

Sceau du Dey.

EXMOUTH,

Amiral Commandant en Chef les Bâtimens
et Vaisseaux de S. M. Britannique dans
la Méditerranée, autorisé à agir comme
Médiateur par S. A. R. le Prince Régent
d'Angleterre, et S. M. le Roi de Sardaigne.

73.

Déclaration du Dey de Tunis, de mettre fin à l'esclavage des chrêtiens, datée du 17. Avril 1816.

Déclaration de S. A. Mahmoud Bacha Chef Dey de Tunis, la Cité bien gardée et le Séjour de la Félicité; faite et conclue avec le Très-Honorable Edouard Baron Exmouth, Chevalier Grand-Croix du Très-Honorable Ordre Militaire du Bain, Amiral de l'Escadre Bleue de la Flotte de S. M. Britannique, et Commandant en Chef les Vaisseaux et Bâtimens de S. M. dans la Méditerranée.

En considération du vif intérêt manifesté par S. A. R. le Prince Régent d'Angleterre pour mettre fin à l'esclavage des Chrétiens, S. A. le Dey de Tunis, en gage de son désir sincère de maintenir inviolables ses relations amicales avec la Grande-Bretagne, et pour manifester ses dispositions amiables et son grand respect avec les Puissances d'Europe (avec toutes lesquelles il désire d'établir la paix), déclare, que dans le cas d'une guerre future avec quelqu'une des Puissances Européennes (ce qu'à Dieu ne plaise), aucun des prisonniers faits soit d'un côté, soit de l'autre, ne sera mis en esclavage, mais qu'ils seront tous traités avec toute l'humanité comme prisonniers de guerre, jusqu'à ce qu'ils soient régulièrement échangés selon la coûtume Européenne en pareils cas, et qu'à la fin des hostilités ils seront rendus à leurs pays respectifs sans aucune rançon.

Fait à double dans le Palais du Bardo près Tunis, en présence de Dieu Tout-Puissant, le 17. Avril, l'an de Jésus-Christ 1816, et de l'Hégire 1231, le dixneuvième jour de la Lune Jumed Awoll.

Sceau du Dey.

EXMOUTH,
Amiral, et Commandant en Chef la Flotte de Sa Majesté Britannique dans la Méditerranée, etc. etc.

74.

Traité de paix entre la Sardaigne, et le Bey de Tripoli; avec un Article additionnel. Signé à Tripoli le 29. Avril 1816.

Au Nom de Dieu Tout-Puissant.

Traité de paix entre S. M. Victor Emmanuel Roi de Sardaigne, de Cypre et de Jérusalem, Duc de Savoie et de Gènes, Prince de Piémont etc. etc. etc., et S. A. Sidi Jusef Caramanli, Bacha et Bay de la Régence de Tripoli, et de ses dépendances en Barbarie; fait et conclu par le Très-Honorable Edouard Baron Exmouth, Chevalier Grand-Croix du Très-Honorable Ordre Militaire du Bain, Amiral de l'Escadre Bleue de la Flotte de S. M. Britannique, et Commandant en Chef les Bâtimens et Vaisseaux de S. M. dans la Méditerranée; étant dûment autorisé par S. A. R. le Prince Régent, agissant au nom et de la part de S. M. le Roi du Royaume-Uni de la Grande-Bretagne et d'Irlande, et par S. M. le Roi de Sardaigne.

I. Son Altesse Royale le Prince Régent désirant, dans le vrai esprit d'amitié, d'interposer ses bons offices entre Son ancien Allié Sa Majesté le Roi de Sardaigne et Son Altesse le Bey de Tripoli, à l'effet de mettre fin aux malheurs produits par un état constant de guerre; il est par le présent convenu et conclu entre ledit Edouard Baron Exmouth et Son Altesse le Bey de Tripoli, que dès aujourd'hui il y aura une paix et amitié solide et inviolable entre Sa Majesté le Roi de Sardaigne et Son Altesse le Bey de Tripoli, et leurs sujets et Etats respectifs; que dorénavant le Pavillon, les sujets et le commerce de Sa Majesté le Roi de Sardaigne seront respectés par Son Altesse le Bey et ses sujets, de la même manière que ceux de la Grande-Bretagne, et que la Sardaigne jouira à l'avenir, et de la même manière, de tous les Traités et avantages dont jouit maintenant la Grande-Bretagne.

II. A dater de la signature du présent Traité une ibre communication et correspondance commerciale sera

1815 ouverte entre les deux Nations sous des conditions réciproques; mais étant nécessaire que tous les Bàtimens qui passent des Côtes de Barbarie à celles de Sardaigne, fassent leur quarantaine avant que de se rendre en d'autres Ports de ce Royaume, les Ports suivans (où des lazarets sont établis) sont désignés à cet effet pour tous les Bàtimens venant de Tripoli, c'est-à-dire:

Sur le Continent,
Gènes et La Spezia,
Dans l'île de Sardaigne,
Cagliari,
S. Pietro,
Alghero et La Maddalena.

Et de la même manière les Bàtimens Sardes venant à Tripoli se soumettront, comme les Batimens des autres Nations, aux règlemens de quarantaine du Port. Il est de plus convenu, qu'un Consul général sera reçu à Tripoli de la part de Sa Majesté le Roi de Sardaigne sur le même pied, et traité avec le même respect que le Consul Britannique, pour le règlement des affaires commerciales, et qu'il lui sera permis d'arborer le Pavillon national sur la maison Consulaire, en jouissant du libre exercice de sa Religion, ainsi que ses domestiques et les autres personnes qui le désireraient.

III. Etant très-essentiel de prévenir que l'on ne fasse un mauvais usage des priviléges accordés par ce Traité au Pavillon et au Commerce de la Sardaigne, Sa Majesté le Roi de Sardaigne s'engage par le présent à prendre les mesures les plus efficaces pour empêcher de tels abus, en n'accordant des passeports qu'à Ses propres sujets, sous le sceau et la signature du Secrétaire d'Etat, et pour qu'on n'en délivre point, et qu'on ne s'en serve point pour accorder protection aux sujets d'aucun autre Etat. Tout Bàtiment ou Vaisseau appartenant à Ses domaines sera muni d'un de ces passeports.

IV. Aucun Bàtiment de guerre ou armateur de l'une des deux Puissances ne pourra mouiller en vue de quelque Port que ce soit, appartenant aux Etats de l'autre, afin de se saisir de quelque ennemi, ni ne pourra assaillir ou prendre aucun Vaisseau ennemi sous la portée du canon de la côte de la Puissance amie, ni attaquer un Bàtiment ou Vaisseau quelconque qui soit à l'ancre dans une Baie sous la portée du canon, quoiqu'il n'y ait aucune batterie ou canon pour la 1816 défendre.

Fait à double au Palais de Tripoli, à la présence de Dieu Tout-Puissant le 29. Avril, l'an de Jésus-Christ 1816, et l'année de l'Hégire 1231, le 30 de la Lune Jumed Awoll.

Sceau du Bey.

EXMOUTH,
Amiral et Commandant en Chef dans la
Méditerranée, autorisé à agir comme
Médiateur, par S. A. R. le Prince Régent
d'Angleterre et par Sa Majesté le Roi
de Sardaigne.
HANMER WARRINGTON C. G. B.

Article additionnel.

Lord Exmouth promet au nom du Roi de Sardaigne que, dès qu'on établira un Consul, la somme de quatre mille écus d'Espagne sera payée comme présent consulaire à S. A. le Bey de Tripoli, et que la même somme de quatre mille écus d'Espagne sera payée toutes les fois qu'on nommera un autre Consul.

Fait au Palais de Tripoli le 29. Avril 1816, et en l'année de l'Hégire 1231.

Sceau du Bey.

EXMOUTH,
Amiral, et Commandant en Chef
dans la Méditerranée.
HANMER WARRINGTON C. G. B.

75.

Déclaration du Bey de Tripoli, de mettre fin à l'esclavage des chrétiens, datée du 29. Avril 1816.

Déclaration de S. A. Sidi Jusef Caramanli, Bacha et Bey de la Régence de Tripoli, et ses dépendances etc.

Cette Déclaration est de la même teneur que celle du Dey de Tunis (Nro. 73.)

76.

Procès verbal de limites entre le Duché de Savoie et le Canton de Genève, en exécution du Traité de Turin du 16 Mars 1816. En date du 15. Juin 1816.

Le cinq du mois de juin mil huit cent seize.

Nous soussignés nommés Commissaires pour la Délimitation du territoire, en exécution de l'article XXII du Traité de Turin du 16. Mars dernier, savoir, par Sa Majesté le Roi de Sardaigne, le Chevalier Louis Provana de Collegno, Conseiller de S. M., Commissaire Général des confins de ses Etats; et pour la Confédération Suisse et le Canton de Genève, le Conseiller d'Etat Charles Pictet de Rochemont; après nous être réunis à Lancy près de Genève, y avoir échangé nos pleins pouvoirs, annexés au présent Procès verbal, et les avoir trouvés en bonne et due forme, nous étant munis des plans Topographiques extraits des Mappes, pour les portions de territoire où la nouvelle limite doit passer, nous avons entrepris la reconnaissance générale de la ligne de démarcation, en portant particulièrement notre attention sur les endroits où cette ligne n'est point marquée par des limites naturelles, ou par l'ancienne délimitation qui doit subsister.

L'examen des points, par lesquels la ligne nouvelle doit passer, ainsi que des questions à résoudre pour déterminer la direction de cette ligne, sur toute la nouvelle frontière, à partir de la Laire, jusqu'au Lac, nous a occupés sans relâche dans les jours non fériés du 5 au 15. Juin inclusivement. Nous avons d'abord reconnu, que l'ancienne délimitation des territoires sur la rive gauche de la Laire (laquelle délimitation était marquée par 25 bornes en roche qui ont été enlevées) devait être rétablie, en plaçant les bornes aux mêmes points où elles étaient, conformément au Traité de 1754, et ce d'après le Verbal du dit Traité, et les anciennes mappes; mais comme cette partie n'entrait pas dans la mission qui nous est confiée, nous n'avons pas dû nous occuper de l'exécution de ce replacement des bornes.

nous avons dirigé la ligne frontière sur l'angle saillant **1816**
septentrional de l'enclos d'Hutins attenant à Thurens
vers l'Aire; mais pour marquer le passage de la ligne
au travers de la plaine de Norcier, nous avons placé,
sur cette ligne droite, la borne 51, à l'endroit où la
dite ligne coupe le chemin tendant de Norcier à Lully.
Mettant ensuite le poteau no. 52 au nord de la haye à l'angle saillant septentrional de l'enclos d'hutins susmentionné,
nous avons placé le no. 53 à l'angle méridional de la Commune de Bernex sur l'Aire; puis tirant la ligne la plus
courte pour atteindre la Commune de Compesière,
nous avons marqué l'emplacement du no. 54, au point
où cette ligne droite coupe le chemin de Saint Julien
à Certoux, et les no. 55 et 56 sur cette même ligne
droite, des deux côtés de la route tendant de Saint
Julien à Genève. Enfin nous avons fixé le no. 57 à
l'angle de la Commune de Compesière le plus voisin
du dit chemin de Saint Julien à Genève.

Aidés des mappes des deux Communes de Saint
Julien et Compesière, ainsi que des indicateurs de ces
deux Communes nous avons fixé la ligne des confins
qui les sépare, à partir du no. 57 jusqu'au ruisseau
de l'Arande, par les poteaux 58, 59, 60, 61, 62, 63, 64, 65,
66, 67, 68 et 69. Cette dernière borne, placée au bord de
l'Arande et à l'angle des pâturages de la Commune de Saint
Julien a pour borne correspondante le no. 69 (bis) fixée
vis-à-vis sur la rive gauche du ruisseau, dont le Thalweg
fait limite entre les Etats.

Remontant le cours du dit ruisseau jusqu'à la
grande route tendant d'Annecy à Carouge, nous avons
déterminé l'emplacement du no. 70 sur le parapet d'a-
val du pont de l'Arande, au dessus du milieu du ruisseau, et de manière à laisser la route sur Savoie.

Nous avons placé le no. 71 sur le bord occidental
de la grande route vis-à-vis de la haye septentrionale
du chemin indiqué au Traité, et qui mène directement
à Collonges, et le no. 72 à l'embranchement du dit
chemin, lequel reste sur Savoie; le no. 73 au bord occidental du ruisseau venant d'Archamp, et sur le côté
septentrional du même chemin, et le no. 73 (bis) vis-
à-vis du premier, sur la rive droite du ruisseau dont
le Thalweg fait limite.

Reconnaissant ensuite les enclos attenans aux maisons du hameau d'Evordes, nous nous sommes assu-

1816 cordée ne porterait pas préjudice au propriétaire voisin
en entamant inutilement sa pièce.

La borne no. 36 a été fixée à l'angle saillant méridional du même enclos; le no. 37 à l'angle remontant
de la haye contigue du même enclos, avec la haye
de l'enclos suivant; le no. 38 à l'angle saillant méridional de ce dernier enclos; le no. 39 à l'angle rentrant
de la haye contigue avec la haye de l'enclos suivant;
le no. 40 à l'angle saillant méridional de ce dernier
enclos; le no. 41 à l'angle rentrant de la haye contigue
avec celle qui joint le chemin tendant de Songy à
Soral; le no. 42 dans la haye occidentale du dit chemin
de Songy, lequel reste sur Savoye; le no. 43 à l'entrée
du village et du même côté du chemin; le no. 44 sur
le bord méridional du chemin tendant de Soral à
Theyrier et près de l'embranchement de ces deux
chemins; le no. 45 vis-à-vis du numéro précédent, et
sur l'autre bord du chemin.

Nous avons placé le no. 46 à l'angle aigu et méridional, que forme la haye du chemin tendant à Theyrier (lequel chemin reste sur Savoye) avec une haye
formant clôture et se dirigeant au nord-ouest.

Prenant, de ce point, la ligne droite tirée sur
l'angle saillant de la commune de Bernex à l'ouest de
Norcier, nous avons déterminé l'emplacement de la
borne 47, à l'endroit où cette ligne droite coupe le
chemin de dévestiture qui suit le fond du vallon; puis
de la borne 48, sur la même ligne droite, au haut
des vignes de Soral; et enfin du no. 49, au point marqué par une croix sur un bloc de granit, et désignant
au dessus de l'étang nommé *Dresson*, l'angle méridional de la Commune de Bernex.

De ce point, nous avons reconnu que la ligne tendant
à l'nagle méridional de la Commune de Bernex sur la
rive droite de l'Aire, devait être brisée, parce que les
enclos de Norcier et de Thurens, attenants aux maisons de ces deux villages, l'exigeaient; mais pour nous
conformer à l'expression du Traité, qui désigne la
ligne la plus courte, nous avons dû briser cette ligne
le moins possible, c'est à dire, qu'après avoir déterminé l'emplacement de la borne 50 à l'angle saillant,
nord-ouest de l'enclos de Norcier le plus septentrional,
et attenant à une maison, laquelle borne est dans la
haye d'un chemin de dévestiture tendant vers le nord;

nous avons dirigé la ligne frontière sur l'angle saillant 1816
septentrional de l'enclos d'Hutins attenant à Thurens
vers l'Aire; mais pour marquer le passage de la ligne
au travers de la plaine de Norcier, nous avons placé,
sur cette ligne droite, la borne 51, à l'endroit où la
dite ligne coupe le chemin tendant de Norcier à Lully.
Mettant ensuite le poteau no. 52 au nord de la haye à l'angle saillant septentrional de l'enclos d'hutins susmentionné,
nous avons placé le no. 53 à l'angle méridional de la Commune de Bernex sur l'Aire; puis tirant la ligne la plus
courte pour atteindre la Commune de Compesière,
nous avons marqué l'emplacement du no. 54, au point
où cette ligne droite coupe le chemin de Saint Julien
à Certoux, et les no. 55 et 56 sur cette même ligne
droite, des deux côtés de la route tendant de Saint
Julien à Genève. Enfin nous avons fixé le no. 57 à
l'angle de la Commune de Compesière le plus voisin
du dit chemin de Saint Julien à Genève.

Aidés des mappes des deux Communes de Saint
Julien et Compesière, ainsi que des indicateurs de ces
deux Communes nous avons fixé la ligne des confins
qui les sépare, à partir du no. 57 jusqu'au ruisseau
de l'Arande, par les poteaux 58, 59, 60, 61, 62, 63, 64, 65,
66, 67, 68 et 69. Cette dernière borne, placée au bord de
l'Arande et à l'angle des pâturages de la Commune de Saint
Julien a pour borne correspondante le no. 69 (bis) fixée
vis-à-vis sur la rive gauche du ruisseau, dont le Thalweg
fait limite entre les Etats.

Remontant le cours du dit ruisseau jusqu'à la
grande route tendant d'Annecy à Carouge, nous avons
déterminé l'emplacement du no. 70 sur le parapet d'a-
val du pont de l'Arande, au dessus du milieu du ruisseau, et de manière à laisser la route sur Savoie.

Nous avons placé le no. 71 sur le bord occidental
de la grande route vis-à-vis de la haye septentrionale
du chemin indiqué au Traité, et qui mène directement
à Collonges, et le no. 72 à l'embranchement du dit
chemin, lequel reste sur Savoie; le no. 73 au bord occidental du ruisseau venant d'Archamp, et sur le côté
septentrional du même chemin, et le no. 73 (bis) vis-
à-vis du premier, sur la rive droite du ruisseau dont
le Thalweg fait limite.

Reconnaissant ensuite les enclos attenans aux maisons du hameau d'Evordes, nous nous sommes assu-

1816 rés, en faisant le tour, que la pièce située au midi de la maison principale du hameau (laquelle maison est sur la gauche du ruisseau) était entourée de hayes, et attendu que le dit du ruisseau qui la traverse fait partie de cet enclos fermé de hayes, attenant à la maison susdite, lequel s'étend des deux côtés du ruisseau, nous avons placé les poteaux 74 et 74 (bis) sur la rive gauche et la rive droite du ruisseau dans la haye du chemin, au bord de l'enclos du côté du sud - ouest, et laissant ledit chemin sur Savoie; le no. 75 à l'angle le plus proche qui forme la haye de l'enclos au bord du chemin là où celui - ci se dirige vers Colonges; le no. 76 à l'angle saillant de la haye d'enclos; le no. 77 à l'angle rentrant, le no. 78 à l'angle saillant méridional de la pièce, au bord d'un chemin tendant de Colonges à Troinex; le no. 79 à l'angle saillant oriental de la pièce, à la croisée du même chemin avec celui qui tend de la Combe à Troinex. Revenant ensuite vers Evordes par ce dernier chemin, nous avons placé le no. 80 au bord méridional dudit chemin, sur le prolongement de la haye de clôture du pré attenant à la maison située sur la droite du ruisseau; le no. 81 à l'angle saillant oriental dudit pré, le no. 82 à l'angle septentrional de la pièce là où la haye arrive au ruisseau, et le no. 82 (bis) sur le bord opposé du dit ruisseau venant d'Archamp. Descendant le long de ce ruisseau qui forme limite, jusqu'à l'endroit où il se joint au ruisseau venant de la Combe, lequel fait également limite, puis remontant ce dernier ruisseau jusqu'à l'endroit où il croise le chemin venant d'Evordes, nous avons placé le no. 83 sur la rive droite du ruisseau, au bord septentrional du chemin, lequel reste sur Savoye, puis le no. 83 (bis) sur la rive gauche du même ruisseau, et vis-à-vis du no. correspondant.

Prenant ensuite la route qui se dirige sous Bossey et sous Crevin, et qui marque la limite, en restant sur Savoie, nous avons placé la borne no. 84 à l'embranchement du premier chemin qui descend vers Troinex; le no. 85 sur la rive droite d'un ruisseau qui coupe la route frontière, et à l'embranchement d'un second chemin qui descend à Troinex; le no. 86 à l'embranchement d'un chemin près de Veirier qui se détache de la route pour traverser le village; enfin le no. 87 au point d'intersection de cette route à l'est et

méridional. Considérant que cette prise d'eau existait 1816
déjà sur les mappes anciennes, que l'autre bras du
Foron fait un détour considérable, au lieu que le bras
de la prise d'eau suît une ligne droite qui est à peu
près dans le prolongement du cours supérieur; que
pendant les basses eaux la totalité du ruisseau passe
dans le bras septentrional, et que l'ancien lit reste à
sec, qu'aux termes du Traité c'est le cours du Foron,
et non pas seulement le lit du Foron qui doit appartenir à S. M., nous avons placé ledit no. 103 auprès de
l'angle N O de l'usine sus-mentionnée, et sur la droite
du cours du ruisseau, de manière que le bâtiment qui
couvre le ruisseau, reste en entier sur Savoie, sans
qu'il y ait lieu néanmoins à appliquer ici la latitude
des deux toises; puis le no. 104 vis-à-vis de l'angle
nord-est de l'île, sur la même rive.

Nous avons fixé l'emplacement du no. 105 auprès
du pont de la Martinière, proche d'Ambilly, et sur le
bord septentrional du dit chemin; du no. 106 prés du
pont dit du *moulin,* et au midi de la route nommée
le *chemin des Princes;* du no. 107 au bord oriental
du chemin entre Carraz et Cormières et près du Foron,
toujours sur la rive droite; et enfin de la borne 108,
sur la même rive, près de l'endroit où une haye de
clôture d'un verger de Ville-la-Grand joint le Foron,
et où ce ruisseau se rapproche le plus de la jonction
de la route de Carraz, avec le chemin qui du nord
de Puplinge tend au nord de Ville-la-Grand.

Pour fixer le point où devait être placée la borne
no. 109, nous avons pris les termes du Traité, et estimé, que le véritable point de la jonction des deux
chemins était à l'intersection des deux lignes droites
suivant le milieu des deux chemins; mais comme le
chemin de Puplinge à Ville-la-Grand doit être sur
Genève, et que d'ailleurs la borne ne peut être placée
au milieu du chemin, nous avons déterminé son emplacement dans la haye du côté du Foron, et sur le
prolongement de la ligne droite qui suivrait le milieu
du chemin de Carraz.

En nous rapprochant de Ville-la-Grand par le
chemin qui reste sur Genève, nous avons reconnu le
premier enclos du mur attenant à une maison et au
chemin, et nous avons fixé l'emplacement de la borne
110 au bord méridional du chemin à l'angle du dit

1816 tersection de la ligne droite susmentionnée avec la direction nouvelle, le no. 90 à deux toises de Savoie du premier de six petits arbres rangés en ligne sur le bord de la berge ou talus du pré; le no. 91 à deux toises du quatrième de ces petits arbres; le no. 92 à une toise seulement du cinquième arbre; le no. 93 au delà du chemin de dépouille qui descend de Sierne, et dans la haye du jardin dont le niveau est plus élevé que ce chemin.

Nous avons déterminé l'emplacement des no. 94, 95 et 96 à trois toises de la berge ou escarpement de l'Arve; savoir; no. 94 près d'un grand fresne qui est dans la haye, le no. 95 vis-à-vis d'un peuplier isolé, et le no. 96 vis-à-vis d'un gros bloc de pierre calcaire. Enfin, voulant donner tout l'espace nécessaire pour établir commodément le tournant à l'entrée du pont, s'il doit se construire, nous avons fixé l'emplacement de la borne 97 à quatre toises du point au bord de l'Arve, déterminé par le Traité, et à l'angle droit avec le cours de la rivière.

Nous étant transportés sur la rive gauche de l'Arve, à l'endroit où le ruisseau du Foron se jette dans cette rivière, nous avons déterminé sur la rive droite du dit ruisseau, auprès de l'Arve, l'emplacement de la borne no. 98. Remontant le long du Foron, nous avons placé le no. 99 au bord méridional du chemin tendant de Vilette à Vernas, à l'endroit où il traverse le ruisseau, et sur la rive droite de celui-ci. Nous avons placé le poteau 100 près du pont de bois qui communique de Fossaz à Vernaz, et au nord du chemin qui arrive au dit pont sur la rive droite du Foron. Le no. 101 au midi du chemin vers le pont de maçonnerie de Thones, sur la rive droite du dit Foron. Le no. 102 auprès du pont de Moillecule, sur le même ruisseau, même rive, au bord du chemin du côté du nord; avant de déterminer l'emplacement du poteau no. 103, nous avons examiné le cours du Foron, en le remontant jusqu'au point où il se sépare en deux bras, et forme une île. Nous avons observé que le bras septentrional est une prise d'eau qui fait mouvoir une usine ou battoir d'écorces situé dans l'île, au confluent des deux bras et recouvrant le bras septentrional; laquelle usine appartenant (ainsi que l'île) au propriétaire de la maison principale, située au midi du bras méridional. Considérant que cette prise d'eau existait 1816 déjà sur les mappes anciennes, que l'autre bras du Foron fait un détour considérable, au lieu que le bras de la prise d'eau suit une ligne droite qui est à peu près dans le prolongement du cours supérieur; que pendant les basses eaux la totalité du ruisseau passe dans le bras septentrional, et que l'ancien lit reste à sec, qu'aux termes du Traité c'est le cours du Foron, et non pas seulement le lit du Foron qui doit apparâtenir à S. M., nous avons placé ledit no. 103 auprès de l'angle N O de l'usine sus-mentionnée, et sur la droite du cours du ruisseau, de manière que le bâtiment qui couvre le ruisseau, reste en entier sur Savoie, sans qu'il y ait lieu néanmoins à appliquer ici la latitude des deux toises; puis le no. 104 vis-à-vis de l'angle nord-est de l'île, sur la même rive.

Nous avons fixé l'emplacement du no. 105 auprès du pont de la Martinière, proche d'Ambilly, et sur le bord septentrional du dit chemin; du no. 106 près du pont dit du *moulin,* et au midi de la route nommée le *chemin des Princes;* du no. 107 au bord oriental du chemin entre Carraz et Cormières et près du Foron, toujours sur la rive droite; et enfin de la borne 108, sur la même rive, près de l'endroit où une haye de clôture d'un verger de Ville-la-Grand joint le Foron, et où ce ruisseau se rapproche le plus de la jonction de la route de Carraz, avec le chemin qui du nord de Puplinge tend au nord de Ville-la-Grand.

Pour fixer le point où devait être placée la borne no. 109, nous avons pris les termes du Traité, et estimé, que le véritable point de la jonction des deux chemins était à l'intersection des deux lignes droites suivant le milieu des deux chemins; mais comme le chemin de Puplinge à Ville-la-Grand doit être sur Genève, et que d'ailleurs la borne ne peut être placée au milieu du chemin, nous avons déterminé son emplacement dans la haye du côté du Foron, et sur le prolongement de la ligne droite qui suivrait le milieu du chemin de Carraz.

En nous rapprochant de Ville-la-Grand par le chemin qui reste sur Genève, nous avons reconnu le premier enclos du mur attenant à une maison et au chemin, et nous avons fixé l'emplacement de la borne 110 au bord méridional du chemin à l'angle du dit

1816 enclos. Voulant laisser au mur de cet enclos, que le chemin côtoye une partie de la latitude des deux toises que le Traité accorde, et autant que la circonstance locale le permettait; le dit chemin n'étant plus d'ailleurs, à partir de ce point, d'une utilité réelle à Genève, puisque la route à laquelle il aboutit, à l'extrémité du mur, appartient à la Savoie, nous avons jugé, qu'à partir de la borne 100 le chemin devait rester sur le même territoire que le mur d'enclos, et nous avons en conséquence placé le no. 111 vis-à-vis de la borne 110 et de l'autre côté du chemin.

Nous avons ensuite placé le poteau 112 à la jonction des deux hayes du chemin que nous suivions et de la route qui remonte parallélement au Foron, laquelle route reste sur Savoie et fait limite entre les Etats; le no. 113 sur le bord occidental de ladite route, là où aboutit un chemin venant de Presinge dans le lieu dit le Grand Carraz; nous n'avons pu accorder la latitude des deux toises aux maisons situées immédiatement sur la route, puisque cette route appartient à S. M., et comme une des maisons du dit lieu qui se trouve à l'est de la route devait nécessairement rester sur Savoie, nous avons placé le poteau 114 vis-à-vis de ladite maison, et à la croisée du chemin qui vient du petit Carraz.

Suivant la même route, nous avons placé le no. 115 sur le bord septentrional du chemin, à l'endroit de la rencontre de deux chemins venant du petit Carraz et de la Louvière; le no. 116 sur le même côté de la route, au lieu dit Bel-Air et sur le prolongement de la face nord d'une maison isolée qui est sur Savoie; le no. 117 sur le même côté de la route et là où aboutit un chemin tendant de Jussy à Juvigny; le no. 118 du même côté de la route, à la croisée d'un chemin tendant de Jussy à Paconinge; enfin le no. 119 à la place qu'occupait le no. 175 de l'ancienne délimitation du Traité de 1754.

Comme le Traité du 16. Mars arrêté qu'à partir de ce point, la ligne reprendra l'ancienne limite jusqu'à sa rencontre avec le chemin tendant de Gy à Foncenex, et comme les 87 bornes de roche qui existaient ont disparu, nous avons arrêté, que de nouvelles bornes en même nombre seraient placées dans les même endroits, mais qu'elles porteront les numéros de la nouvelle série, laquelle se trouve en sens inverse de 1816 l'ancienne; et pour prévenir la confusion qui pourrait naître sur l'incertitude des nouveaux numéros qui correspondent aux anciens, nous avons fixé cette correspondance des numéros par le tableau ci-après.

savoir:

anciens numéros	nouveaux	anciens numéros	nouveaux
175	119	131	163
174	120	130	164
173	121	129	165
172	122	128	166
171	123	127	167
170	124	126	168
169	125	125	169
168	126	124	170
167	127	123	171
166	128	122	172
165	129	121	173
164	130	120	174
163	131	119	175
162	132	118	176
161	133	117	177
160	134	116	178
159	135	115	179
158	136	114	180
157	137	113	181
156	138	112	182
155	139	111	183
154	140	110	184
153	141	109	185
152	142	108	186
151	143	107	187
150	144	106	188
149	145	105	189
148	146	104	190
147	147	103	191
146	148	102	192
145	149	101	193
144	150	100	194
143	151	99	195
142	152	98	196
141	153	97	197
140	154	96	198
139	155	95	199
138	156	94	200
137	157	93	201
136	158	92	202
135	159	91	203
134	160	90	204
133	161	89	205
132	162		

1816   En plaçant le no. 205 au point où il était auparavant le no. 89, c'est à dire au bord méridional du
chemin dit de la Grand-Gouille, à l'endroit de la jonction avec le chemin tendant de Foncenex à Gy, et sur
le prolongement de la haye orientale de ce dernier
chemin, nous avons donné celui-ci à Genève.

Nous avons ensuite procédé à l'examen de l'enclos
attenant à la maison la plus septentrionale du hameau
de Gy, lequel enclos est cotoyé par le chemin tendant
de Gy à Foncenex. Vis-à-vis de l'extrémité nord-
est du dit enclos, et dans la haye orientale du chemin tendant à Foncenex, nous avons placé le no. 206,
pour que ledit chemin appartienne à Genève, entre ce
point et le village de Gy.

Pour déterminer la limite entre le no. 206 et le
point le plus méridional du village de Veigy Foncenex,
nous nous sommes transportés à ce dernier endroit,
et après avoir déterminé le point le plus saillant vers
le sud, à l'angle d'un enclos que nous désignerons ci-
après, nous avons placé le poteau 207 sur la ligne
droite, entre les deux points extrèmes de Gy et Veigy,
et sur le bord oriental du second chemin que l'on
trouve sur cette ligne, et tendant de la partie occidentale de Gy à Foncenex; le 208 sur la même ligne
droite à son intersection avec un chemin tendant de
Gy à Veigy, et sur le bord oriental de celui-ci; le
no. 209 sur la même ligne droite, et sur une éminence,
au lieu dit les *Grands Champs.*

Nous avons placé le poteau 210 au point désigné
ci-dessus comme le plus méridional de Veigy, c'est-
à-dire à l'angle sud-est de l'enclos attenant à la première maison, et au bord septentrional du chemin tendant de Veigy à Meinier, puis le poteau 211 à l'angle
sud-est du même enclos, à la rencontre du chemin
susdit et de celui qui tend de Veigy à Genève. Nous
n'avons point jugé devoir appliquer aux deux points
extrèmes de Gy et Veigy la latitude de deux toises
que le Traité accordait en dehors des enclos pour
l'avantage des propriétaires; parcequ'il en aurait résulté
dans le premier cas, un morcellement de la pièce voi-
sine, sans profit pour le propriétaire de l'enclos; et
dans le second cas, que la communication entre Veigy
et Corzier qui appartient à Genève sur tous les autres
points, aurait été interceptée.

Nous nous sommes ensuite occupés d'établir la ligne 1816 droite entre le point de la borne 211 et le point où le ruisseau d'Hermance coupe la grande route du Simplon.

Nous avons fixé ce dernier point au milieu du parapet d'amont du pont sur l'Hermance.

Nous avons ensuite placé le poteau 212 sur la ligne droite tirée entre les deux points susdits, et à l'intersection de cette ligne avec le chemin tendant de Veigy à la grande route du Simplon, sur le bord méridional du dit chemin ; la borne 213 sur la même ligne droite, et à son intersection avec une haye séparant des prairies, laquelle haye tend du nord au sud.

Nous avons affecté le no. 214 au point sus-mentionné au milieu du parapet d'amont du pont sur l'Hermance.

Nous avons placé le poteau 215 au bord de l'Hermance, sur la rive droite immédiatement au dessous de la culée du dit pont, le no. 215 (bis) sur la rive gauche du ruisseau, et vis-à-vis du numéro correspondant, le no. 216 sur la rive droite du ruisseau au bord méridional du chemin tendant d'Hermance à Genève, et le no. 216 (bis) sur l'autre rive, et vis-à-vis ; le no. 217 au milieu du parapet d'amont sur le pont de l'Hermance et le chemin qui tend d'Hermance à Doveine. Le no. 218 sur la rive droite du ruisseau et au nord du chemin tendant d'Hermance à Cusy ; no. 218 (bis) sur l'autre rive vis-à-vis ; enfin nous avons placé les no. 219 et 219 (bis) sur la rive droite et la rive gauche de l'Hermance près de son embouchure dans le lac.

Ayant fait dresser, d'après les mappes, un plan topographique de la délimitation telle qu'elle est arrêtée dans le présent Procès verbal, avec l'indication des Communes, pour donner une parfaite connaissance des lieux et de l'emplacement des bornes avec leurs numéros, nous avons fait faire trois originaux du dit plan topographique, et les avons poraphés, signés et scellés pour être joints aux trois originaux du Traité. En foi de quoi nous avons signé à triple original le présent Procès verbal, et y avons apposé le cachet de nos armes à Lancy près Genève, le quinze juin mil huit cent seize.

PROVANA DE COLLEGNO.
CHARLES PICTET DE ROCHEMONT
Conseiller d'Etat.

77.

Bref par lequel S. S. Pie VII permet qu'on se serve des revenus des Abbayes de Staffarda et Casanova pour former le douaire de la Reine de Sardaigne Marie Thérèse. En date de Rome le 17. Juin 1816.

Pius P. P. VII.

Carissime in Christo fili noster salutem, et Apo-stolicam benedictionem. Summa religio, singularis pie-tas, explorata erga Nos et Apostolicam Sedem Regiae Majestatis Tuae devotio, Pontificium tibi, carissime in Christo fili noster, animum ita obstrinxerunt, ut obla-tas votis tuis obsequendi occasiones libentissimo sem-per animo cum possumus suscepturi simus. Constans haec nostra tecum semper agendi ratio firmior merito, alacriorque fit, cum quae, a nobis optas commodo et emolumento futura sunt carissimae in Christo filiae nostrae Mariae Theresiae Sardiniae Reginae Illustri Spectan-tissimaequae Coniugi Tuae, cuius eximias dotes et Christianas virtutes tanto cum paternae charitatis affectu recordari et admirari solemus. Utinam supremus re-rum omnium arbiter nostras, vestras, publicas denique preces exaudiat, filio Vos augens, quem regni succes-sorem et nobilissimi Sabaudici generis, cuius tanta extant in Ecclesiam merita, propagatorem habeatis, sed cum arcana Dei consilia nos lateant, et futuri re-rum eventus incerti sint, de congruo censu Regiae Coniugi Tuae, si tibi superstes fuerit, constituendo sapientissime, amantissimeque cogitasti. Cum autem ob gravissimas praeteritorum temporum calamitates tibi presto non sit unde huiusmodi censum ex integro pares, ut hunc redditibus et proventibus Commendae Staffardae et Abbatiae Sanctae Mariae, quae dicitur *di Casanova* explere tibi liceat a nobis enixe petis. Petis autem, angenti animo, atque invitissimo, dolens, atque declarans sola Te necessitate adactum esse ad poscendum ut bonorum Ecclesiae fructus Divino cultui

destinatos, et quos augere potius, quam imminuere cu- **1816**
peres, in alium usum, auctoritate nostra, convertere possis.
Nos de praesenti rerum tuarum statu bene conscii, deque tuo in Ecclesiam animo certi, morem hac in re
tibi gerere aequissimum iudicavimus. Concedimus itaque ut ad explendum pro carissima in Christo filia
nostra Regina Conjuge Tua, de quo nunc agitur, patrimonium, integros Commendae Staffardae redditus ad-
hibere valeas, ex fructibus autem Abbatiae Sanctae
Mariae quae dicitur *di Casanova* eam partem quae
superest, cum eiusdem Abbatiae oneribus satisfactum
est. His tamen conditionibus, hoc tibi indulgemus;
primum, ut cum memoratarum Commendae et Abbatiae
redditibus fundi statim emendi sint, qui Reginae vidui-
tati pro dignitate substentandae inserviant, qua ratione
horum fundorum fructus crescent eadem reddituum
Commendae et Abbatiae perceptio minuatur, atque ita
reditus iidem ad pristinum, sacrumque usum paulatim
revocentur. Secundum, ut fundi reddilibus Commendae et Abbatiae, de quibus sermo est empti postquam
finis, ob quem empti sunt, cessaverit, iisdem Commendae et Abbatiae adiudicentur, earumque proprii habean-
tur. Has conditiones, quas ultro nobis proposuisti Tibi
qui bonorum Ecclesiae quantum fieri potest conservan-
dorum studio nobiscum flagras, ex omni parte accep-
tissimos fore non dubitamus. Indulgentiis autem hisce
Nostris Te ad religionem impensius colendam, foven-
damque magis magisque pietatem inflammatum iri pro
certo habentes Apostolicam, carissime in Christo Fili
Noster, benedictionem Tibi, Regiaeque Familiae Tuae
amantissime impertimur.

Datum Romae apud Sanctam Mariam Maiorem
sub annulo Piscatoris die decima septima iunii millesimo
octingentesimo decimosexto, Pontificatus Nostri anno
decimo septimo.

DOMINICUS TESTA.

78.

Acte de Confirmation de la Décla-
ration des Puissances signée à Paris
le 20. Novembre 1815 pour la recon-
naissance et garantie de la neutralité
perpetuelle de la Suisse et pour l'in-
violabilité de son territoire *), de la*
part de la Cour de Vienne. Daté de
Vienne, le 10. Août 1816.

Recognitionem perpetuae neutralitatis foederatae
Helvetiae ac inviolabilitatis ejus territorii, prout in
praesenti copia instrumenti una cum annexo protocolli
extractu continetur, a Plenipotentiariis Austriae, Borus-
siae, Galliae, Lusitaniae, Magnae Britanniae ac Rus-
siae, Lutetiae Parisorum vigesima novembris anno millesimo octingentesimo decimo quinto sancitam fuisse, au-
tographa mea signatura appressoque sigillo confirmatur.

Viennae, die decima augusti, anno millesimo octingentesimo decimo sexto.

Sacrae Caesareae Regiaeque Apostolicae Majestatis
   Minister Status, Conferentiarum et rerum cum
   exteris gerendarum.

Princeps a METTERNICH.

79.

Bref par lequel S. S. Pie VII declare
irrevocables les aliénations des biens
Ecclésiastiques faites dans le Pié-
mont, et le Duché de Gênes sous le
Gouvernement Français. En date de
Rome, le 20. Décembre 1816.

Pius P. P. VII.

Carissime in Christo fili noster salutem et Apostolicam Benedictionem. Datis ad Nos die xxviii novem-

---

*) Voy. Recueil Supplém. T. VIII. (Nouv. Recueil T. IV.) p. 186.

bris litteris, in quibus et pietas tua, et reverentia erga 1816 Apostolicam Sedem tot nobis iam argumentis probatae mirifice elucent, exposuisti nobis, necesse omnino esse, ut alienationes bonorum ad Ecclesiam pertinentium in Ditionibus tuis peractae, cum praeteriti Gubernii parerent Dominationi, a foederatis Principibus 'sancitae, ratae, et firmae declararentur, auctoritate tua addidisti, quod cum bona praedicta a primis eorum emptoribus magna ex parte divendita atque ex iis plura ad alias atque alias manus tot annorum spatio transierint, invidiam, dissensiones, litigia concitari necesse esset non sine publicae etiam tranquillitatis perturbatione, si ea bona ad pristinam essent conditionem revocanda. Hisce praemissis adjungit Maiestas Tua minime eam in bonis in Ducatu Sabaudiae, et Comitatu Niciensi positis esse sollicitam, si quidem cum ad Provincias etiam illas, utpote Galliarum territorio tum temporis adiunctas, Conventio inter Sanctam Sedem, et Gubernium Gallicanum anno MDCCCI inita pertineret, circa praedicta bona provisum Apostolica Auctoritate fuisse non ignorat articulo eius Conventionis decimo tertio; sed quoniam Conventio illa Pedemontanae Provinciae et Genuensi Ditioni, quae Gallicano territorio minime iuncta tunc fuerant, nullo modo suffragari potest, contra vero venditionum contractus in illis etiam Provinciis peractos a Te omnino esse sustinendos, Teque palam profiteris ad ius, potestatemque Tuam minime pertinere de huiusmodi rebus quicquam decernere, petiisti propterea studiose, ac reverenter a Nobis, ut ad eripiendam Maiestatem Tuam ab iis angustiis Auctoritate Nostra provideamus. Dolenda sane est adversa haec temporum ratio, et misera Ecclesiae conditio, cui quidem omni ex parte tanta adversantur impedimenta, ne quod suum est, quodque ereptum ei fuit superiorum impetu tempestatum, nec pacatis rebus repetere pro iure suo, ac recuperare possit; at quoniam ita comparata sunt omnia, nec aliam videre possumus rationem a Maiestate Tua, a magno subditorum eius numero, ab universo denique Regno, multa mala, et gravia pericula propulsandi, et Ecclesiam ipsam et Religionem ab invidia, in quam adduci posset, vindicandi, iustam legitimamque habere nos causam iudicamus, ut suprema, qua in Ecclesia Dei fungimur potestate, in Tuum, atque in istius Regni Tui auxilium veniamus, neque vero ad id

1816 Nos non etiam impellit tum eximium Religionis studium, quo praestas, tum praecipue quod tanta cum virtutis, pietatisque Tuae laude profiteris, scilicet sine Pontificiae Nostrae Auctoritatis assensu nullum Tibi esse ius, proptereaque non posse bonorum Ecclesiae alienationes, prout a Te petitur, confirmare, quod quidem testimonium a Te veritati, et Successoris Beati Petri potestati redditum commendari a nobis mirifice meretur, nostrumque in Maiestatem Tuam studium intensius, propensioremque mirum in modum efficit voluntatem. Nos igitur Tuis quantum cum Domino possumus, votis annuere volentes huiusmodi supplicationibus inclinati, ea omnia, quae articulo decimo tertio Conventionis inter Nos et Gallicanum Gubernium anno MDCCCI initiae circa bona Ecclesiae alienata declaravimus *), gravissimarum causarum intuitu, quae a Te Nobis expositae et superius a nobis recensitae sunt, ad Pedemontanam et Genuensem Provincias Auctoritate Apostolica tenore praesentium extendimus et perinde haberi volumus, ac si initio circa has quoque Provincias fuissent a nobis declarata. Dum tamen haec gravissimis hisce causis moti, atque ad asserendam publicam Ditionum Tuarum tranquillitatem felicitatemque decernimus, probe intelligit Maiestas Tua non posse omnino Ecclesiae causam, et temporalia eius iura negligere, imo ex parte Nostra teneri ad rationes eius quomodo possumus protegendas, ita, ut Ecclesiis, Monasteriis, et piis locis, ad quae bona, de quibus agitur, pertinebant, qua meliori fieri valeat ratione provideatur. Id autem omni cura ac studio praestandum fore, non confidimus modo, verum etiam certos, ac securos Maiestatis Tuae aequitas, ac pietas Nos reddit, in qua propterea conquiescere Nos tutissime posse iudicamus. Decernentes has praesentes literas firmas, validas, et efficaces existere, et fore, omnibusque, et singulis in praecitatis literis contentis plenissime suffragari; sicque in praemissis per quos-

---

*) Convention entre S. S. Pie VII et le Gouvernement Français du 15. Juillet 1801.

Art XIII. Sanctitas Sua pro pacis bono felicique Religionis restitutione, declarat eos qui bona Ecclesiae alienata acquisiverunt molestiam nullam habituros, neque a Se, neque a Romanis Pontificibus Successoribus suis, ac consequenter proprietas eorumdem bonorum, reditus et iura illis inhaerentia, immutabilia penes ipsos erunt atque ab ipsis causam habentes.

cumque Judices ordinarios, et Delegatos, etiam Cau- 1816
sarum Palatii Apostolici Auditores, ac Sacrae Romanae
Ecclesiae Cardinales etiam de Latere Legatos, Vice-
Legatos, et Sedis Apostolicae Nuncios, sublata eis et
eorum cuilibet quavis aliter iudicandi, et interpretandi
facultate, et auctoritate, iudicari et definiri debere,
ac irritum et inane, si secus super his a quocumque
quavis auctoritate scienter vel ignoranter contigerit attentari. Non obstantibus Apostolicis, ac in Universalibus
Provincialibusque et Synodalibus Conciliis editis generalibus, vel specialibus constitutionibus, et ordinationibus, nec non Ecclesiarum, Monasteriorum, ac locorum
piorum, ad quae, seu quas bona praedicta alienata
pertinebant, etiam iuramento, confirmatione Apostolica,
vel quavis firmitate alia roboratis, statutis et consuetudinibus, privilegiis quoque, Indultis, et Literis Apostolicis in contrarium praemissorum quomodolibet concessis, confirmatis, et innovatis, quibus omnibus et
singulis illorum tenore praesentibus, pro plene, et
sufficienter expressis, ac de verbo ad verbum, insertis
habentes, illis alias in suo robore permansuris, ad
praemissorum effectum hac vice dumtaxat specialiter,
et expresse derogamus, caeterisque contrariis quibuscumque. Datum Romae apud Sanctum Petrum sub
Annulo Piscatoris die xx decembris MDCCCXVI, Pontificatus Nostri anno decimo septimo.

Pro D. Cardinali Braschio de Honestis G. Bernius
Substitutus.

80.

Convention entre le Roi de Sardaigne,
et le Duc de Modène pour l'abolition
du droit d'Aubaine. Signée à Turin
le 18. Janvier 1817.

Sua Maestà il Re di Sardegna, e Sua Altezza
Reale il Duca di Modena, volendo che i loro sudditi
risentano il vantaggio degli stretti vincoli di sangue,
che avventurosamente legano le due Famiglie Sovrane
col vedere vieppiù consolidate ed aumentate le relazioni
di parentela, d'amicizia, e di commercio che già sussi-
stono fra gli abitanti dei due Dominii, hanno determi-

1817 nato di devenire ad una Convenzione, colla quale, abolito fra i due Stati ogni diritto d'Albinaggio, venga colle opportune analoghe disposizioni ad assicurarsi reciprocamente la piena e libera contrattazione, il possesso ed il godimento dei beni e diritti spettanti ai sudditi dell'uno ne'Dominii dell'altro Governo.

Hanno perciò nominati per loro Ministri Plenipotenziarii, cioè Sua Maestà il Re di Sardegna

Il Cavaliere Luigi Montiglio suo Avvocato Fiscale Generale presso il Real Senato di Savoia.

E Sua Altezza Reale il Duca di Modena

Il Conte Paolo Forni suo Consigliere di Stato e Ciambellano; i quali dopo aver cambiato le loro plenipotenze, ed avendole trovate in debita forma hanno convenuto e convengono di quanto segue:

I. Sarà in virtù del presente Trattato abolito fra i due Stati ogni diritto d'Albinaggio, di detrazione, e qualunque altro fosse contrario alla libertà delle successioni e disposizioni reciproche; e gli eredi e legatarii godranno in amendue i Dominii dello stesso trattamento, che si userebbe ai proprii e naturali sudditi; ben inteso, che soggiaceranno alle stesse leggi e condizioni a questi imposte.

II. Siccome le leggi dello Stato Estense contengono la proibizione agli stranieri di acquistare in quel Dominio beni stabili anche per compra, cessione ecc., salvo per quei forestieri sudditi di Principi, coi quali vige convenzione o consuetudine di reciprocamente acquistare e succedere; si dichiara, che non essendo vietati ai sudditi del detto Stato gli acquisti per atti tra vivi ne'Dominii di Sua Maestà il Re di Sardegna, salvo la locale ristretta eccezione portata dalli §§. 6 e 7 titolo ultimo delle Generali Costituzioni, che sono in vigore in Piemonte relativamente ai detti acquisti tra vivi, debbano li sudditi di Sua Maestà nel Dominio Estense considerarsi compresi per reciprocità di trattamento non nella regola, ma nella limitazione della sopra indicata legge proibitiva, e quindi esenti anche per questo capo da ogni diritto d'Albinaggio, e qualunque altro pesante in quello Stato sopra i forestieri considerati come tali; e che la presente disposizione come dichiarativa debba estendersi anche ai casi passati non giudicati nè transatti.

III. I contratti, i testamenti, ed ogni altro atto 1817
o disposizione sì tra vivi, che di ultima volontà, i quali
sieno rivestiti delle formalità e condizioni richieste per
la loro validità nel luogo dove saranno stati fatti,
avranno egualmente il loro effetto nello Stato dell'altra
Parte contrattante, quando anche si richiedessero in
questo Stato, per detti atti o disposizioni, formalità o
regole maggiori o differenti.

IV. Gli atti pubblici, o sentenze importanti ipoteca in uno dei due Dominii, importeranno parimenti
l'ipoteca sui beni stabili, o riputati a guisa d'essi spettanti al debitore nell' altro Dominio, secondo che detti
beni ne saranno suscettibili dietro le leggi dello Stato,
in cui saranno posti, e ferme stanti le regole e pratiche giudiziarie in esso vigenti per la conservazione
e realizzazione delle ipoteche, talchè l'effetto sia, che
l'atto o giudicato di ragione eseguibile, quantunque
emanato nell'altro Dominio abbia lo stesso vigore anche
per le azioni reali e possessorie come se fosse posto
in essere in quello dove sono situati i beni.

V. Per facilitare le esecuzioni delle sentenze, ed
ordinanze di giustizia resta convenuto, che potranno
quelle concedersi nei casi e secondo i modi di ragione
sovra semplici requisitorie passate tra i rispettivi Tribunali Supremi.

VI. S'intenderà abolito l'obbligo della cauzione
iudicatum solvi, e potranno i sudditi dell'un Dominio presentarsi e stare in giudizio davanti ai Tribunali
dell'altro, come se fossero sudditi naturali dello Stato,
e pienamente soggetti alla giurisdizione del Tribunale
ove penderà la causa.

VII. Sarà la presente Convenzione ratificata al
più presto possibile dai rispettivi Sovrani e publicata
in amendue i Dominii, ed avrà il suo pieno ed intiero
effetto dal giorno immediatamente successivo a quello
in cui verrà eseguito il cambio delle ratifiche.

In fede del che i rispettivi Plenipotenziarii si sono
sottoscritti e vi hanno apposto il sigillo delle loro armi.

Torino, li 18 gennaio 1817.

MONTIGLIO.   FORNI.

*Ratifiée par le Roi de Sardaigne le 22. Janvier,
et par le Duc de Modène le 27. Janvier 1817.*

81.

Convention entre le Roi de Sardaigne et le Duc de Modène pour l'extradition réciproque des malfaiteurs. Signée à Turin le 5. Février 1817.

Sua Maestà il Re di Sardegna, e Sua Altezza Reale il Duca di Modena convinti che la facilità, che hanno i delinquenti di uno Stato di rifugiarsi in altro Stato confinante, produce per lo più la loro impunità, e la conseguente maggior frequenza dei delitti, volendo provvedere ad un oggetto tanto importante alla pubblica tranquillità, ed al reciproco vantaggio dei due Stati, sonosi determinati di conchiudere una Convenzione per l'arresto ne'rispettivi Dominii, e vicendevole consegna dei condannati, e de' delinquenti, nei modi, e nei casi che verrebbero di buon accordo stabiliti;

Hanno perciò nominati per loro Ministri Plenipotenziarii, cioè:

Sua Maestà il Re di Sardegna, il Signor Cavaliere Luigi Montiglio, suo Avvocato Fiscale Generale presso il Real Senato di Savoia; e

Sua Altezza Reale il Duca di Modena, il Signor Conte Paolo Forni, suo Consigliere di Stato, e Ciambellano.

I quali dopo di essersi comunicate le loro rispettive plenipotenze, ed avendole trovate in debita forma, hanno convenuto, e convengono ne' seguenti articoli.

I. Gli imputati d'un delitto, il di cui titolo giusta le leggi del luogo ove sarà commesso, o in difetto giusta la ragione comune importi una pena non minore della galera, o altra corrispondente corporale grave, e così pure i condannati al detto genere di pena, non saranno nè tollerati, nè assicurati in verun dei due Dominii, e dovranno arrestarsi, indi consegnarsi al Governo richiedente ogni qual volta siano soggetti al medesimo o per causa del commesso delitto, o per origine, o per domicilio.

Agli effetti della presente Convenzione s'intenderà suddito d'origine chiunque sarà nato in uno dei Dominii

contraenti, e, legittimamente, domiciliato, chiunque vi 1817
avrà dimorato per un decennio non interrotto.

II. Quàlora poi il delinquente appartenga per titolo
d'origine, od anche soltanto di legittimo domicilio al
Governo requisito, e non sia in questo secondo caso
suddito d'origine del Governo richiedente; non avrà
luogo la di lui consegna al Governo che ne avrà fatta
la ricerca, ma sarà dal primo condannato a seconda
delle leggi del luogo del commesso delitto, ed in difetto di quelle del diritto comune; purchè la pena non
sia mai più grave di quella prescritta per simile delitto
dalle leggi del Governo, a cui appartiene il delinquente.

A tal fine, dal Giudice, nella di cui giurisdizione
sarà seguito il delitto, si rimetteranno a quello del
luogo, ove il reo è ditenuto, gli atti assunti, onde
possa il processo essere condotto a termine giusta i
regolamenti ivi vigenti.

La sentenza poi dovrà essere comunicata dall'uno
all'altro Governo.

Qualora per altro si trattasse di un fatto atroce,
e gravemente perturbante la pubblica tranquillità, commesso in uno dei due Stati in complicità tra suddíti di
amendue i Governi, si consegneranno i rei al Giudice
del luogo del delitto all'effetto dei confronti, e degli
esami necessarii alla compita prova del medesimo, previi
gli opportuni concerti da prendersi tra i rispettivi Giudici processanti, e si restituiranno poi per essere giudicati nello Stato richiesto.

III. I delinquenti che avessero commesso nello
Stato requisito un delitto importante pena maggiore,
ed anche eguale a quella pell'incorso della quale venissero richiesti, non si consegneranno se non dopo che
abbiano scontata la pena del delitto commesso nello
Stato requisito.

IV. L'arresto, e la consegna dei malfattori si
richiederanno, quanto ai Comandanti, mediante la presentazione della sentenza, e rispetto ai semplici imputati basterà la sola asserzione del titolo del delitto per
parte degli Uffiziali del Dominio richiedente.

Dovranno nel tempo stesso consegnarsi le copie
dei processi che si fossero compilati prima della consegna del reo, per le quali si corrisponderà la sola
mercede della scrittura, e in un coi processi si rimetteranno le armi, il danaro, ed ogni altra cosa che vi

Kk 2

1817 abbia relazione, e servir possa di prova al delitto medesimo.

V. Le robe tanto furtive, che non furtive, le quali nel corso della procedura si riconosceranno appartenere a terze persone, dovranno, dopo che se ne sarà fatto l'uso opportuno nel processo, restituirsi ai proprietarii senza spesa, tuttavolta che avendo fatto constare delle loro ragioni per mezzo di legittime prove avanti il Giudice della causa, o avanti il Giudice competente del luogo di loro abitazione, abbiano su di ciò riportato favorevole decreto.

Delle robe proprie de'malfattori, e che appresso di essi si troveranno, si disporrà secondo le leggi del Dominio ove sarà fatta l'esecuzione della condanna.

VI. Il Governo, che giusta la presente convenzione sarà nel caso di essere legittimamente richiesto della consegna di un qualche condannato o delinquente, non potrà fargli grazia, nè concedergli salvo-condotto, od impunità, eccettuati quei salvo-condotti, che si accordano per la prova di altri delitti secondo le regole, e pratiche criminali, i quali però non meno che quelli che fossero altrimenti accordati ai suddetti rei, dovranno essere ritirati, e di nessun valore venendo i medesimi dall'altro Governo giustamente reclamati.

Quando la consegna non avrà luogo per essere il reo in uno dei casi contemplati dall'articolo 2 non potrà concedersegli grazia nè impunità, se non se d'intelligenza, e coll'adesione dell'altro Governo.

VII. Venendo l'una delle Parti contraenti a richiedere l'altra per la consegna d'individui non sudditi, nè domiciliati, rei di delitti commessi fuori dei rispettivi Stati, pei quali sia luogo a procedere nello Stato richiedente, si riservano i Governi di accordare o non tale consegna, avuta considerazione ai Concordati vigenti con altri Dominii ed alla qualità e circostanza del delitto.

VIII. La spesa per il mantenimento dei rei dal punto del loro arresto sino a quello della loro consegna, sarà a carico del Governo richiedente, e si regolerà sullo stesso piede fissato per gli altri ditenuti nello Stato richiesto, salvo quelle maggiori spese che la qualità e circostanza delle persone o altri motivi esigessero, le quali non meno che le occorse per le copie dei processi saranno rimborsate di sei in sei mesi a

norma delle tabelle, che verranno sul particolare esibite, 1817
e si compenseranno tra i due Governi.

IX. Qualunque persona dei rispettivi Stati, che
scientemente desse albergo, aiuto, o favore agli imputati o condannati per un delitto importante una delle
pene indicate all'articolo primo, incorrerà le pene imposte dalle leggi nel luogo della ricettazione ai fautori,
o ricettatori dei banditi, salvo le eccezioni stabilite
dalle stesse leggi per le persone congiunte di sangue
secondo i gradi dell'attinenza, e le circostanze de'casi.

X. La forza pubblica accorsa o spedita in traccia
dei delinquenti dovrà arrestarsi ai confini dei due Stati,
e non potrà fargli inseguire entro il Dominio dell'altro
Governo, se non se da una o da due persone al più,
munite di foglio d'ordine sino al luogo più vicino per
farne richiesta alle Magistrature civili e militari che ivi
si trovano, le quali dovranno prestarsi subito con ogni
mezzo onde scoprire l'individuo inseguito e farlo indilatamente arrestare.

La consegna poi dei malfattori dovrà farsi ai confini dei due Stati, premessi gli opportuni concerti tra
i due Governi.

XI. Succedendo talvolta che alcuno dei suddetti
malviventi, e facinorosi, li quali fuggono da uno Stato
passino al servizio militare di un altro colla mira di
sottrarsi dagli effetti del presente Concordato, si conviene, che anche in simili casi abbiano ad essere consegnati al Governo, che ne farà la ricerca, ed affine
poi di prevenire qualunque difficoltà potesse insorgere
per l'ingaggio, montura, alimenti, e stipendii prestati
dal Corpo militare dove fossero arruolati, si stabilisce,
che a titolo d'indennizzazione di tutte le spese suddette debbasi nell'atto della consegna di caduno di tali
rei sborsare la somma di lire cento nuove di Piemonte
ossia Italiane.

XII. Sarà obbligo dei Giusdicenti dei rispettivi
Dominii, specialmente di quelli posti in vizinanza dei
confini l'invigilare sulle persone oziose, e vagabonde,
od estere, e di prendere sul particolare gli opportuni
concerti, onde nei singoli casi sia data esecuzione alle
leggi vegliant su questa materia.

Similmente i Giudici e i Tribunali dell'uno e dell'
altro territorio nella giurisdizione dei quali si trovassero imputati, o condannati, ai quali s'estende la presente

1817 Convenzione, dovranno praticare le diligenze possibili, ed agire di piena intelligenza per fargli arrestare, e prestarsi vicendevolmente all'immediato sfogo delle rispettive requisitorie per' gli esami dei testimonii, ed altre verificazioni ed indagini che potessero occorrere pel buon servizio della giustizia punitiva, ed alla più spedita e piena istruzione dei processi pendenti presso i giudici, e Tribunali suddetti.

XIII. La presente Convenzione sarà pubblicata in amendue i Dominii subito che sia seguito il cambio delle ratifiche, e sarà in osservanza, anche per i delitti anteriori alla medesima, trascorso il termine di quindici giorni dal dì in cui verrà eseguito il cambio suddetto.

Essa avrà forza per anni cinque, passati i quali s'avrà per rinnovata di quinquennio in quinquennio fino a dichiarazione in contrario di uno del due Governi.

In fede del che i rispettivi Plenipotenziarii hanno segnato la presente e vi hanno apposto il sigillo delle loro armi.

Torino, il 3 del mese di febbraio 1817.

MONTIGLIO.   FORNI.

Ratifiée par le 'Roi de Sardaigne le 8, et par le Duc de Modène le 10. Février de la même année.

82.

Convention entre le Roi de Sardaigne et le Duc de Modène pour l'extradition reciproque des déserteurs. Signée à Turin, le 3. Février 1817.

Sua Maestà il Re di Sardegna e Sua Altezza Reale il Duca di Modena, volendo prevenire e reprimere il delitto della diserzione nelle truppe de'rispettivi Stati, con adottare di buon accordo le misure che sono le più proprie ad un tale scopo e nello stesso tempo le più analoghe ai rapporti di buon vicinato, e di amichevole corrispondenza che uniscono i due Dominii.

I sottoscritti loro Ministri Plenipotenziarii, cioè:

Per Sua Maestà il Re di Sardegna, il Cavaliere Luigi Montiglio, suo Avvocato Fiscale Generale nel Real Senato di Savoia,

E per Sua Altezza Reale il. Duca di Modena, il 1817 Conte Paolo Forni, suo Consigliere di Stato e Ciambellano,

A mente degli ordini ricevuti dalle loro Corti rispettive, hanno convenuto e convengono di quanto segue:

I. Tutti i militari sì di Fanteria, che di Cavalleria, Artiglieria, Treno, e di qualunque altro corpo delle truppe sì di terra, che di mare di Sua Maestà Sarda, e così pure qualunque individuo delle truppe Modenesi, che disertando dal servizio della Potenza cui appartengono si rifugiassero ne' Stati dell' altra, dovranno essere immediatamente arrestati anche senza speciale inchiesta ecc., e restituiti con le armi cavalli, equipaggio, ed ogni cosa che avranno seco loro asportato nella diserzione.

II. L'arresto e la consegna avrà luogo ancorchè il disertore si fosse già arruolato nelle truppe dell'altra Potenza.

Ove però il disertore fosse suddito del Principe, nello Stato del quale si rifugiasse, non avrà luogo la consegna della di lui persona, ma soltanto delle armi, cavalli, ed effetti da lui asportati.

Quando l'individuo arrestato fosse disertore dell' armata di un altro Sovrano col quale vi esistesse un eguale cartello, dovrà rimettersi allo Stato che avrà abbandonato in ultimo luogo.

III. Sarà poi sempre salva la vita di quei disertori, che venissero consegnati, quando però non fossero condannati in pena di morte per altro delitto.

IV. Se il disertore dopo la sua evasione avesse commesso un delitto nel paese in cui si è rifugiato, o presovi parte, dovrassi ciò non ostante restituire a quello dei due Governi cui appartiene. Questo Governo, dopo che il disertore avrà scontata la pena della diserzione, dovrà nuovamente rimetterlo all'altro dove avrà delinquito, qualora il delitto sia tale a dar luogo alla consegna, a termini del Concordato di questo giorno relativo all'arresto e reciproca consegna de' malfattori.

V. Tutte le Autorità civili e militari, e soprattutto i Comandanti verso le frontiere, saranno tenuti d'invigilare attentamente sui disertori delle rispettive truppe, che s'introducessero nella loro giurisdizione, e di prendere colla maggior celerità gli opportuni concerti a questo fine, e specialmente acciò i militari non

1817 muniti di passaporti o foglio di rotta in regola non trovino asilo negli Stati dell'altra Parte contraente, e sienvi immediatamente arrestati.

VI. Ogni distaccamento spedito ad inseguire un disertore dovrà fermarsi alla frontiera, e non potrà mandare entro i confini dello Stato vicino, che una persona o due al più munite di foglio d'ordine sino al luogo più prossimo per farne richiesta alle Autorità civili e militari.

Subito seguito poi l'arresto d'un disertore se ne darà avviso al Comandante del posto più vicino nell'altro Dominio, indicando il Corpo cui quello appartiene, il giorno del di lui arresto, e gli effetti di cui sarà stato trovato in possesso, acciò quel Comandante possa spedire alla frontiera un distaccamento per prenderlo e darne ricevuta.

VII. Il mantenimento dei disertori e de' cavalli sarà corrisposto secondo i regolamenti che sono in vigore ne'rispettivi Dominii per le proprie truppe, e l'ammontare, non meno che il premio fissato nell'articolo seguente ne saranno pagati ogni sei mesi secondo le tabelle che verranno sul particolare esibite, e si compenseranno tra i due Governi.

VIII. Quelli che arrestano, o denunziano un disertore ricevono un premio di lire venti, nuove di Piemonte, ossia Italiane per un soldato di fanteria, e lire trenta per un soldato di cavalleria col cavallo.

IX. Ogni individuo di un Governo che indurrà in qualunque modo un soldato dell'altro a disertare sarà castigato con due mesi d'arresto, ed una multa di lire cinquanta suddette a favore del Corpo cui apparterrà il disertore, senza pregiudizio di quell'aumento di pena cui potessero dar luogo le circostanze aggravandi del delitto.

Similmente quelli che daranno scientemente ricetto a un disertore, incorreranno la pena d'un mese di carcere, ed in tempo di guerra, quell'altra più grave, che le circostanze del delitto potranno meritare.

X. Resta vietato ai sudditi rispettivi di comprare dai disertori delle truppe dell'altra Potenza vestiario, cavalli, armi, e qualunque altra parte del loro equipaggio.

Questi effetti dovunque vengano trovati saranno sempre considerati come rubati, e restituiti al Corpo cui apparterrà il disertore.

I trasgressori a questo articolo saranno inoltre 1817 puniti con una multa di cento lire suddette a favore del detto Corpo quando per la qualità degli effetti rubati o altrimenti sia dimostrato che fosse loro nota la provenienza degli effetti.

XI. Tutte le disposizioni del presente Concordato sono comuni anche ai giovani compresi nella leva militare, i quali per sottrarvisi si rifugiassero dagli Stati dell'una in quelli dell'altra Parte contraente, ma per un giusto reciproco riguardo particolare ai due Governi si conviene, che non vengano i detti giovani consegnati, sottoposti a veruna pena afflittiva.

XII. La presente Convenzione sarà pubblicata in amendue i Dominii, subito che sarà seguito il cambio delle ratifiche, e sarà in osservanza quindici giorni dopo tale cambio.

Essa avrà forza per anni cinque, e s'intenderà senz'altro rinnovata di quinquennio in quinquennio fino a dichiarazione contraria di uno dei due Governi.

In fede del che i rispettivi Ministri Plenipotenziarii hanno segnata la presente e appostovi il sigillo delle loro armi.

Torino, il 3 febbrajo 1817.

  MONTIGLIO.   FORNI.

Ratifiée par le Roi de Sardaigne le 8, *et par le Duc de Modène le* 10. *Février de la même année.*

83.

Traité entre S. M. le Roi de Sardaigne, et S. M. l'Archiduchesse Marie Louise Duchesse de Parme et de Plaisance, pour l'abolition du droit d'Aubaine. Signé à Turin, le 3. *Juillet* 1817.

Sua Maestà il Re di Sardegna, e Sua Maestà l'Arciduchessa Maria Luigia d'Austria, Duchessa di Parma e di Piacenza ecc., volendo che i Loro sudditi risentano il vantaggio degli stretti vincoli di sangue, che avventurosamente legano de due famiglie Sovrane, col vedere vieppiù consolidate ed aumentate le relazioni di parentela, d'amicizia, e di commercio, che già sus-

1817 sistono fra gli abitanti dei due Dominii, hanno determinato di devenire ad una Convenzione, colla quale,
abolito fra i due Stati ogni diritto d'Albinaggio, venga
colle opportune analoghe disposizioni ad assicurarsi reciprocamente la piena e libera contrattazione, il possesso ed il godimento dei beni e diritti spettanti ai
sudditi dell'uno nei Dominii dell'altro Governo.

Hanno perciò nominati per Loro Ministri Plenipotenziarii cioè:

Sua Maestà il Re di Sardegna, Sua Eccellenza
il Conte Alessandro di Vallesa, Cavaliere del Supremo
Ordine della Santissima Annunziata, Gran-Croce di
quello de' Santi Maurizio e Lazzaro, Gran-Croce dell'
Ordine Reale di Santo Stefano di Ungheria, Maggiore
Generale nelle Regie Armate, Ministro e Primo Segretario di Stato per gli affari esteri;

E Sua Maestà l'Arciduchessa Maria Luigia d'Austria, Duchessa di Parma e di Piacenza ecc., Sua Altezza il Principe di Starhemberg, Cavaliere dell'Ordine
del Toson d'Oro, Cavaliere Gran-Croce dell'Ordine
Costantiniano di Parma, Ciambellano e Consigliere
intimo di Sua Maestà Imperiale Reale Apostolica, suo
Inviato straordinario, e Ministro Plenipotenziario presso
di Sua Maestà; i quali dopo aver cambiato le loro
plenipotenze, ed avendole trovate in debita forma,
hanno convenuto e convengono di quanto segue.

I. Sarà in virtù del presente Trattato abolito fra
i due Stati ogni diritto d'Albinaggio, di detrazione,
e qualunque altro fosse contrario alla libertà delle successioni e disposizioni reciproche; e gli eredi e legatarii godranno in amendue i Dominii dello stesso trattamento, che si userebbe ai proprii e naturali sudditi;
ben inteso che soggiaceranno alle stesse leggi e condizioni a questi imposte.

II. I contratti, i testamenti ed ogni altro atto o
disposizione sì tra vivi, che di ultima volontà, i quali
sieno rivestiti delle formalità, e condizioni richieste per
la loro validità nel luogo dove saranno stati fatti, avranno
egualmente il loro effetto nello Stato dell'altra Parte
contrattante, quando anche si richiedessero in questo
Stato, per detti atti o disposizioni, formalità o regole
maggiori o differenti.

III. Gli atti pubblici, o sentenze importanti ipoteca
in uno dei due Dominii, importeranno parimenti l'ipo-

teca sui beni stabili, o riputati a guisa d'essi spettanti 1817
al debitore nell'altro Dominio, secondo che detti beni
saranno suscettibili dietro le leggi dello Stato in cui
saranno posti, e ferme stanti le regole e pratiche giudiziarie in esso vigenti per la conservazione e realizzazione delle ipoteche, talchè l'effetto sia, che l'atto,
o giudicato di ragione eseguibile, quantunque emanato
nell'altro Dominio, abbia lo stesso vigore anche per le
azioni reali e possessorie come se fosse posto in essere
in quello dove sono situati i beni.

IV. Per facilitare le esecuzioni delle sentenze ed
ordinanze di giustizia, resta convenuto, che potranno
quelle concedersi nei casi e secondo i modi di ragione
sovra semplici requisitorie passate fra i rispettivi Tribunali Supremi.

V. S'intenderà abolito l'obbligo della cauzione *iudicatum solvi*, e potranno i sudditi dell'un Dominio
presentarsi e stare in giudizio davanti ai Tribunali dell'
altro, come se fossero sudditi naturali dello Stato, e
pienamente soggetti alla giurisdizione del Tribunale
ove penderà la causa.

VI. Sarà la presente Convenzione ratificata al più
presto possibile dai rispettivi Sovrani, e pubblicata
in amendue i Dominii, e avrà il suo pieno ed intiero effetto dal giorno immediatamente successivo a quello
in cui verrà eseguito il cambio delle ratifiche.

In fede del che i rispettivi Plenipotenziarii si sono
sottoscritti, e vi hanno apposto il sigillo delle loro armi.
Torino, li 3 luglio 1817.

Il Conte di Vallesa.

Louis Prince de Starhemberg.

*Ratifié par S. M. la Duchesse de Parme le 5, et
par S. M. le Roi de Sardaigne le 8. Juillet 1817.*

84.

*Convention entre le Roi de Sardaigne
et l'Archiduchesse Marie Louise Duchesse de Parme et de Plaisance pour
l'extradition réciproque des malfaiteurs. Signée à Turin, le 3. Juill. 1817.*

Sua Maestà il Re di Sardegna e Sua Maestà l'Arciduchessa Maria Luigia d'Austria Duchessa di Parma e

1817 di Piacenza ecc. convinti, che la facilità che hanno i delinquenti di uno Stato di rifugiarsi in altro Stato confinante, produce per lo più la loro impunità, e la conseguente maggior frequenza de' delitti, volendo provvedere ad un oggetto tanto importante alla pubblica tranquillità, ed al reciproco vantaggio dei due Stati, sonosi determinati di conchiudere una Convenzione per l'arresto ne' rispettivi Dominii, e vicendevole consegna dei condannati e de' delinquenti, nei modi e nei casi che verrebbero di buon accordo stabiliti.

Hanno perciò nominati per loro Ministri Plenipotenziarii,

Per Sua Maestà il Re di Sardegna,

Sua Eccellenza il Conte Alessandro di Vallesa, Cavaliere ecc. (*comme ci-dessus*).

E per Sua Maestà l'Arciduchessa Maria Luigia d'Austria, Duchessa di Parma e di Piacenza ecc.

Sua Altezza il Principe Luigi di Starhemberg, Cavaliere ecc. (*comme ci-dessus*).

I quali, dopo di essersi comunicate de loro plenipotenze rispettive, ed avendole trovate in debita forma, hanno convenuto e convengono ne' seguenti articoli:

I. Gl'imputati di un delitto, il di cui titolo, giusta le leggi del luogo ove sarà commesso, o in difetto giusta la ragione comune, importi una pena non minore della galera, o altra corrispondente corporale grave, e così pure i condannati al detto genere di pena, non saranno nè tollerati nè assicurati in veruno dei due Dominii, e dovranno arrestarsi, indi consegnarsi al Governo richiedente ogni qual volta siano soggetti al medesimo, o per causa del commesso delitto, o per origine, o per domicilio.

Agli effetti della presente Convenzione s'intenderà suddito di origine chiunque sarà nato in uno de' Dominii contraenti, e legittimamente domiciliato chiunque vi avrà dimorato per un decennio non interrotto.

II. Qualora poi il delinquente appartenga per titolo d'origine, od anche soltanto di legittimo domicilio al Governo requisito, e non sia in questo secondo caso suddito d'origine del Governo richiedente, non avrà luogo la di lui consegna al Governo, che ne avrà fatto la ricerca, ma sarà dal primo condannato a seconda delle leggi del luogo del commesso delitto, ed in difetto di quelle, del diritto comune, purchè la pena non sia mai più grave di quella prescritta per simile delitto 1817 dalle leggi del Governo, a cui appartiene il delinquente.

A tal fine, dal Giudice, nella di cui giurisdizione sarà seguito il delitto, si rimetteranno a quello del luogo, ove il reo è ditenuto, gli atti assunti, onde possa il processo essere condotto a termine, giusta i Regolamenti ivi vigenti. La sentenza poi dovrà essere comunicata dall' uno all' altro Governo.

Qualora per altro si trattasse di un fatto atroce, e gravemente perturbante la pubblica tranquillità, commesso in uno dei due Stati in complicità tra sudditi di amendue i Governi, si consegneranno i rei al Giudice del luogo del delitto all' effetto dei confronti, e degli esami necessarii alla compita prova del medesimo, previi gli opportuni concerti da prendersi tra i rispettivi Giudici processanti, e si restituiranno poi per essere giudicati nello Stato richiesto.

III. I delinquenti che avessero commesso nello Stato requisito un delitto importante pena maggiore, ed anche eguale a quella pell'incorso della quale venissero richiesti, non si consegneranno, se non dopo che abbiano scontata la pena del delitto commesso nello Stato requisito.

IV. L' arresto e la consegna dei malfattori si richiederanno, quanto ai condannati, mediante la presentazione della sentenza, e rispetto ai semplici imputati basterà la sola asserzione del titolo del delitto per parte degli Uffiziali del Dominio richiedente. Dovranno nel tempo stesso consegnarsi le copie dei processi che si fossero compilati prima della consegna del reo, per le quali si corrisponderà la sola mercede della scrittura, e in un coi processi si rimetteranno le armi, il danaro ed ogni altra cosa che vi abbia relazione, e servir possa di prova al delitto medesimo.

V. Le robe tanto furtive che non furtive, le quali nel corso della procedura si riconosceranno appartenere a terze persone, dovranno, dopo che se ne sarà fatto l'uso opportuno nel processo, restituirsi ai proprietarii senza spesa, tuttavolta che avendo fatto costare delle loro ragioni per mezzo di legittime prove avanti il Giudice della causa, o avanti il Giudice competente del luogo di loro abitazione, abbiano su di ciò riportato favorevole decreto.

Delle robe proprie de' malfattori, e che appresso

1817 di essi si troveranno, si disporrà secondo le leggi del Dominio ove sarà fatta l'esecuzione della condanna.

VI. Il Governo, che giusta la presente Convenzione sarà nel caso di essere legittimamente richiesto della consegna di un qualche condannato, o delinquente, non potrà fargli grazia, nè concedergli salvo condotto, od impunità, eccettuati quei salvo-condotti, che si accordano per la prova di altri delitti secondo le regole, e pratiche criminali; i quali però, non meno che quelli che fossero altrimenti accordati ai suddetti rei, dovranno essere ritirati, e di nessun valore, venendo i medesimi dall'altro Governo giustamente riclamati.

Quando la consegna non avrà luogo per essere il reo in uno dei casi contemplati dall'articolo secondo, non potrà concedersegli grazia nè impunità, se non se d'intelligenza, e coll'adesione dell'altro Governo.

VII. Venendo l'una delle Parti contraenti a richiedere l'altra per la consegna d'individui non sudditi nè domiciliati, rei di delitti commessi fuori de' rispettivi Stati, pei quali sia luogo a procedere nello Stato richiedente, si riservano i Governi di accordare o non tale consegna, avuta considerazione ai Concordati vigenti con altri Dominii, ed alla qualità e circostanza del delitto.

VIII. La spesa per il mantenimento dei rei dal punto del loro arresto sino a quello della loro consegna, sarà a carico del Governo richiedente; e si regolerà sullo stesso piede fissato per gli altri detenuti nello Stato richiesto, salvo quelle maggiori spese, che la qualità e circostanze delle persone o altri motivi esigessero, le quali, non meno che le occorse per le copie dei processi, saranno rimborsate di sei in sei mesi, a norma delle tabelle che verranno sul particolare esibite, e si compenseranno tra i due Governi.

IX. Qualunque persona dei rispettivi Stati, che scientemente desse albergo, aiuto, o favore agli imputati o condannati per un delitto importante una delle pene indicate all'articolo primo, incorrerà le pene imposte dalle leggi nel luogo della ricettazione ai fautori, o ricettatori dei banditi, salvo le eccezioni stabilite dalle stesse leggi per le persone congiunte di sangue secondo i gradi dell'attinenza e le circostanze dei casi.

X. La forza pubblica accorsa, o spedita in traccia dei delinquenti, dovrà arrestarsi ai confini dei due Stati, e non potrà fargli inseguire entro il Dominio dell'altro

Governo, se non se da una o da due persone al più, 1817
munite di foglio d'ordine sino al luogo più vicino per
farne richiesta alle Magistrature civili e militari che ivi
si trovano, le quali dovranno prestarsi subito con ogni
mezzo onde scoprire l'individuo inseguito, e farlo indilatamente arrestare.

La consegna poi dei malfattori dovrà farsi ai confini dei due Stati, premessi gli opportuni concerti tra
i due Governi.

XI. Succedendo talvolta, che alcuno dei suddetti
malviventi e facinorosi, li quali fuggendo da uno Stato
passino al servizio militare di un altro, colla mira di
sottrarsi dagli effetti del presente Concordato, si conviene, che anche in simili casi abbiano ad essere consegnati al Governo che ne farà la ricerca, ed affine
poi di prevenire qualunque difficoltà potesse insorgere
per l'ingaggio, montura, alimenti e stipendi prestati
dal Corpo militare dove fossero arruolati, si stabilisce,
che a titolo d'indennizzazione di tutte le spese suddette,
debbasi nell'atto della consegna di caduno di tali rei
sborsare la somma di lire cento nuove di Piemonte,
ossia Italiane.

XII. Sarà obbligo dei Giusdicenti de' rispettivi
Dominii, specialmente di quelli posti in vicinanza dei
confini, l'invigilare sulle persone oziose e vagabonde,
od estere, e di prendere sul particolare gli opportuni
concerti, onde nei singoli casi sia data esecuzione alle
leggi veglianti su questa materia.

Similmente i Giudici ed i Tribunali dell'uno e dell'
altro territorio, nella giurisdizione de' quali si trovassero
imputati, o condannati, ai quali s'estende la presente
Convenzione, dovranno praticare le diligenze possibili,
ed agire di piena intelligenza per farli arrestare, e
prestarsi vicendevolmente all'immediato sfogo delle rispettive requisitorie per gli esami dei testimonii, ed
altre verificazioni ed indagini che potessero occorrere
pel buon servizio della giustizia punitiva, ed alla più
spedita e piena istruzione dei processi pendenti presso
i Giudici e Tribunali suddetti.

XIII. La presente Convenzione sarà pubblicata in
amendue i Dominii subito che sia seguito il cambio
delle ratifiche, e sarà in osservanza anche per i delitti
anteriori alla medesima, trascorso il termine di quindici
giorni dal dì in cui verrà eseguito il cambio suddetto.

1817   Essa avrà forza per anni cinque, passati i quali
s'avrà per rinnovata di quinquennio in quinquennio fino
a dichiarazione in contrario di uno dei due Governi.

In fede del che i rispettivi Plenipotenziarii hanno
segnato la presente, e vi hanno apposto il sigillo delle
loro armi.

. Torino li tre luglio 1817.

Il Conte DI VALLESA.

LOUIS PRINCE DE STARHEMBERG.

*Ratifiée par ¡S. M. la Duchesse de Parme le 5,
et par S. M. le Roi de Sardaigne le 8. Juillet 1817.*

85.

*Convention entre le Roi de Sardaigne,
et l'Archiduchesse Marie Louise, Duchesse de Parme et de Plaisance, pour
l'extradition réciproque des déserteurs. Signée à Turin le 3. Juill. 1817.*

Sua Maestà il Re di Sardegna e Sua Maestà l'Arciduchessa Maria Luigia d'Austria Duchessa di Parma
e di Piacenza ecc. volendo prevenire e reprimere il
delitto della diserzione nelle Truppe de' rispettivi Stati,
con adottare di buon accordo le misure che sono le
più proprie ad un tale scopo, e nello stesso tempo le
più analoghe ai rapporti di buon vicinato, e di amichevole corrispondenza che uniscono i due Dominii;

Hanno perciò nominati per loro Ministri Plenipotenziarii, cioè:

Per Sua Maestà il Re di Sardegna,

. Sua Eccellenza il Conte Alessandro di Vallesa,
Cavaliere del Supremo Ordine della Santissima Annunziata (*comme ci-dessus.*)

E per Sua Maestà l'Arciduchessa Maria Luigia
d'Austria, Duchessa di Parma e di Piacenza ecc., i

Sua Altezza il Principe Luigi di Starhemberg, Cavaliere dell'Ordine del Toson d'Oro (*comme ci-dessus*).

I quali dopo di essersi comunicate le loro plenipotenze, ed avendole trovate in debita forma, hanno
convenuto e convengono di quanto segue

I. Tutti i militari sì di Fanteria che di Cavalle- 1817
ria, Artiglieria, Treno e di qualunque altro corpo delle
Truppe sì di terra che di mare, di Sua Maestà Sarda,
e così pure qualunque individuo delle Truppe Parmi-
giane, che disertando dal servizio della Potenza cui
appartengono, si rifugiassero ne' Stati dell'altra, dovranno essere immediatamente arrestati, anche senza
speciale inchiesta, e restituiti con le armi, cavalli, equipaggio, ed ogni cosa che avranno seco loro asportata
nella diserzione.

II. L'arresto e la consegna avrà luogo ancorchè
il disertore si fosse già arruolato nelle Truppe dell'
altra Potenza.

Ove però il disertore fosse suddito del Principe,
nello Stato del quale si rifugiasse, non avrà luogo la
consegna della di lui persona, ma soltanto delle armi,
cavalli ed effetti da lui asportati.

Quando l'individuo arrestato fosse disertore dell'
armata di un altro Sovrano, col quale vi esistesse un
eguale cartello, dovrà rimettersi allo Stato che avrà
abbandonato in ultimo luogo.

III. Sarà poi sempre salva la vita di quei disertori che venissero consegnati, quando però non fossero
condannati in pena di morte per altro delitto.

IV. Se il disertore fosse reo di un delitto importante la pena di morte o di galera perpetua nel paese
in cui si è rifugiato, non avrà luogo la di lui consegna;
se però fosse reo o complice di delitto importante pena
minore delle sovra divisate dovrassi ciò non ostante
restituire a quello dei due Governi cui appartiene.
Questo Governo, dopo che il disertore avrà scontata la
pena della diserzione, dovrà nuovamente rimetterlo
all'altro dove avrà delinquito, qualora il delitto sia tale
a dar luogo alla consegna, a termini del Concordato
di questo giorno relativo all' arresto e reciproca consegna de' malfattori.

V. Tutte le Autorità civili e militari, e soprattutto
i Comandanti verso le frontiere, saranno tenuti ad invigilare attentamente sui disertori dalle rispettive Truppe,
che s'introducessero nella loro giurisdizione, e di
prendere colla maggior celerità gli opportuni concerti
a questo fine, e specialmente acciò i militari non muniti di passaporti o foglio di rotta in regola, non tro-

1817 vino asilo negli Stati dell'altra Parte contraente, e sienvi immediatamente arrestati.

VI. Ogni distaccamento spedito ad inseguire un disertore, dovrà fermarsi alla frontiera, e non potrà mandare entro i confini dello Stato vicino che una persona o due al più munite di foglio d'ordine sino al luogo più prossimo, per farne richiesta alle Autorità civili e militari.

Subito seguito poi l'arresto d'un disertore, se ne darà avviso, al Comandante del posto più vicino nell'altro Dominio, indicando il Corpo cui quello appartiene, il giorno del di lui arresto, e gli effetti di cui sarà stato trovato in possesso, acciò quel Comandante possa spedire alla frontiera un distaccamento per prenderlo e darne ricevuta.

VII. Il mantenimento dei disertori e dei cavalli sarà corrisposto secondo i Regolamenti che sono in vigore ne' rispettivi Dominii per le proprie Truppe, e l'ammontare, non meno che il premio fissato nell'articolo seguente, ne saranno pagati ogni sei mesi secondo le tabelle che verranno sul particolare esibite, e si compenseranno fra i due Governi.

VIII. Quelli che arrestano, o denunziano un disertore, ricevono un premio di lire venti nuove di Piemonte', ossia Italiane, per un soldato di fanteria, e lire trenta per un soldato di cavalleria col cavallo.

IX. Ogni individuo di un Governo che indurrà in qualunque modo un soldato dell'altro a disertare, sarà castigato con due mesi d'arresto, ed una multa di lire cinquanta suddette a favore del Corpo cui apparterrà il disertore, senza pregiudizio di quell'aumento di pena, cui potessero dar luogo le circostanze aggravanti del delitto.

Similmente quelli, che daranno scientemente ricetto a un disertore, incorreranno la pena di un mese di carcere, ed in tempo di guerra, quell'altra più grave, che le circostanze del delitto potranno meritare.

X. Resta vietato ai sudditi rispettivi di comprare dai disertori delle Truppe dell'altra Potenza, vestiario, cavalli, armi e qualunque altra parte del loro equipaggio.

Questi effetti, dovunque vengano trovati, saranno sempre considerati come cose rubate, e restituite al Corpo cui apparterrà il disertore.

I trasgressori a questo articolo saranno inoltre puniti 1817
con una multa di cento lire suddette a favore dèl detto
Corpo, quando per la qualità degli effetti rubati, o
altrimenti sia dimostrato, che fosse loro nota la pro-
vegnenza degli effetti.

XI. Tutte le disposizioni del presente Concordato
sono comuni anche ai giovani compresi nella leva militare, i quali per sottrarvisi si rifugiassero dagli Stati
dell'una in quelli dell'altra Parte contraente, ma per
un giusto reciproco riguardo particolare ai due Governi si conviene, che non vengano i detti giovani consegnati sottoposti a veruna pena afflittiva.

XII. La presente Convenzione sarà pubblicata in
amendue i Dominii subito che sarà seguito il cambio
delle ratifiche, e sarà in osservanza quindici giorni
dopo tale cambio.

Essa avrà forza per anni cinque, e s'intenderà
senz'altro rinnovata di quinquennio in quinquennio fino
a dichiarazione contraria di uno dei due Governi.

In fede del che i rispettivi Ministri Plenipotenziarii
hanno segnata la presente, e appostovi il sigillo delle
loro armi.

Torino li 3 luglio 1817.

Il Conte DI VALLESA.

LOUIS PRINCE DE STARHEMBERG.

*Ratifiée par S. M. la Duchesse de Parme le 5, et
par S. M. le Roi de Sardaigne le 8. Juillet 1817.*

86.

Bulle, par laquelle S. S. Pie VII approuve la circonscription des Diocèses des Etats du Roi de Sardaigne, avec érection de Archevêchés et de Evêchés. En date de Rome, le 17. Juillet 1817.

In Nomine Domini. Amen.

Cunctis ubique sit notum, quod anno a Nativitate
Domini nostri Iesu Christi MDCCCXVII, die vero secunda
mensis Augusti, Pontificatus autem Sanctissimi Domini
nostri Domini Pii Papae septimi, anno eius decimo

1817 octavo. Ego Officialis deputatus infrascriptus vidi, et
legi quasdam litteras Apostolicas sub plumbo, ut mo-
ris est, expeditas, tenoris sequentis, videlicet:

Pius Episcopus, servus servorum Dei, ad perpetuam rei memoriam, Beati Petri Apostolorum Principis,
cui Unigenitus Dei Filius pascendas tradidit oves suas,
licet immeriti, tenentes locum, proptereaque Ecclesiarum omnium spirituali gubernio cum vicaria ipsius Iesu
Christi potestate debentes incumbere, ad munus nostrum
pertinere agnoscimus, Dioeceses per orbem erigere, dividere vel abolere, prout commissi Nobis Dominici
Gregis utilitas poscere, aut inspecta temporum et cir-
cumstantiarum ratione, ad magnum aliquod bonum assequendum, vel ad gravius aliquod ab Ecclesia Dei
malum propulsandum respective necessarium esse indi-
cemus; haec Nos prae oculis semper habuimus quandocumque auctoritatem hac in re nostram exercere
Officii nostri ratio postulavit, atque inter procellas ipsas,
et multiplicium difficultatum scopulos, in quibus hucusque versati fuimus animarum Christifidelium saluti per
diversa loca eo meliori modo providere studuimus, quo
conditio temporum passa est, et quo iis omnibus, quorum habenda ratio erat, mature perpensis, de venera-
bilium etiam fratrum Nostrorum Sanctae Romanae Ecclesiae Cardinalium Consilio, duximus expedire. Porro
inter cetera a Nobis ob extraordinariarum rerum exi-
gentiam antea constituta, Dioecesum Pedemontanae
Provinciae nova recensetur circumscriptio facta per
Nostras sub plumbo literas datas kalendis iunii anno
Domini millesimo octingentesimo tertio, et pro executione, commissas bonae memoriae Ioanni Baptistae,
dum viveret, Sanctae Romanae Ecclesiae Presbytero
Cardinali Caprara nuncupato Archiepiscopo Mediolanensi tunc Nostro, et huius Sanctae Sedis de latere
Legato apud gubernium Gallicanum, cuius armis oc-
cupata dicta Provincia Pedemontana eidem eo tempore
parebat. Quarum quidem literarum vigore ab eodem
Ioanne Baptista Cardinali per sua decreta diebus vigesima tertia ianuarii, et decima septima iulii mensium
anni millesimi octingentesimi quinti plenariae executioni
demandatarum, sancitum auctoritate Nostra fuit, ut
praevia suppressione, extinctione ac perpetua annullatione Episcopalium Ecclesiarum Segusinae, Pinaroliensis, Fossanensis, Albensis, Dertonensis, Bobiensis, Bu-

gellensis, Augustanae, simulque Casalensis, quae sub- 1817
inde, praevia itidem suppressione Sedis Episcopalis
Alexandrinae, illius loco in pristinum Episcopalis· Ecclesiae statum fuit restituta, pariterque Abbatiarum nullius Dioecesis existentium Sancti Benigni de Fructuaria,
Sancti Michaelis de Clusa, Sanctorum Victoris et Con-
stantii, Sancti Mauri, et de Caramagna, respective
nuncupatarum una cum·illarum Capitulis Cathedralibus
et Abbatialibus, nec non Seminariis puerorum Ecclesiasticis, salvis ceteroquin, et integris manentibus omnibus, ac singulis cuiusvis generis, et ubicumque existentibus bonis, reditibus, et proventibus ad supradictas
Ecclesias Episcopales, et Abbatiales, illarumque Capitula, Cleros, Fabricas ac Seminaria respective spectantibus, Civitates Episcopales, et Abbatiales sic suppres-
sae una cum suis Dioecesanis territoriis, Ecclesiis Parochialibus, et Collegiatis, Monasteriis, Clero et Populo
Universo superextantibus Metropolitanae Taurinensi, et
Episcopalibus eius suffraganeis Aquensi, Astensi, Casalensi, Eporediensi, Montis Regalis, Vercellensi, et
Salutiarum Ecclesiis in quantitate magis respective opportuna unirentur, atque incorporarentur·, pariterque
quaecumque bona, reditus, et proventus ad antedictas
suppressas Ecclesias Episcopales, et Abbatiales, illarumque Capitula, Cleros, Fabricas, et Seminaria pridem pertinentia, proviso tamen ipsarum iam Cathedralium decenti manutentioni, itemque·iam Dignitatum et
Canonicorum, aliarumque Ecclesiasticarum congruae
substentationi, enunciatis Metropolitanae ac septem
Episcopalibus Ecclesiis, illarumque Capitulis, Cleris,
Fabricis, et Seminariis, inspecta prius cuiuslibet necessitate, atque utilitate appropriarentur, et applicarentur,
prout in memoratis literis, et decretis plenius continetur.   Quae quidem circumscriptio, modo, et forma
praemissis, Apostolica Nostra auctoritate, integrum
effectum iam sortita in pleno suo robore perseverat.
    Quoniam vero carissimus in Christo filius noster
Victorius Emmanuel, Sardiniae Rex illustris, idemque
Sabaudiae, Montisferrati, ac Genuae Dux, et Pedemontii Princeps pro eximia sua religione, ac pietate
vehementer cupiens id ipsum quod Nos quoque continuo
optabamus, Christifidelibus videlicet temporali eius dominationi subiectis uberiora comparare spiritualia subsidia summo studio a nobis petiit per dilectum filium

1817 Comitem Iosephum Barbaroux, ab eodem Victorio Emmanuele extraordinaria apud Nos, atque hanc Sanctam
Sedem missione decoratum, ut non modo novem antea
suppressas, verum etiam decimam Episcopales Sedes
in eadem Pedemontana Provincia de novo erigeremus,
et institueremus, utque perspectis omnium et singulorum locorum distantiis, positionibus ac circumstantiis,
novos in unaquaque tam actu existente, quam in praesentiarum erigenda Dioecesi diversos a veteribus fines
statueremus, qui, et singulorum Antistitum, et respectivorum Dioecesanorum commodo, ac utilitati magis ad-
commodati. Ad haec autem, aliaque omnia ea quae in
nostris hisce literis continentur rite, atque e maiori
Ecclesiae utilitate peragenda de pluribus cum praefato
Victorio Emmanuele Rege conferenda Consilia fuerunt;
quod cum pro rei gravitate plurium mensium spatio
actum sit, concordibus tandem animis ex utraque parte
de singulis conventum est, quae ad totum hoc negotium feliciter conficiendum pertinerent. Quum igitur
pro Nostri Apostolatus munere nihil magis optemus,
nihilque maiori studio curandum existimemus, quam
ut animabus Christi sanguine redemptis abundantiora
salutis aeternae subsidia, afflante Spiritus Sancti aura,
comparare studeamus, quumque tam piis votis, et
postulationibus spectatissimi Regis, quem illustrioribus
Nostrae benevolentiae testimoniis prosequi semper ex-
optamus, quique summa cum laude suae pietatis, ac
religionis impensissima officia in subditorum suorum
spirituale solatium haud passus est desiderari, libentis-
sime annuere decrevimus, exquisitis prius consensibus
omnium interesse habentium, ac de consilio nonnullo-
rum ex venerabilibus fratribus Nostris Sanctae Romanae
Ecclesiae Cardinalium, quibus totum hoc negotium
commisimus discutiendum, ex certa scientia, ac matura
deliberatione Nostri, deque Apostolicae potestatis plenitudine firmis ut antea manentibus praedictis Sedibus
Metropolitana Taurinensi, et Episcopalibus Aquensi,
Astensi, Casalensi, Eporediensi, Montis Regalis, Vercellensi, et Salutiarum, quarum Dioecesibus novi am-
bitus, ut infra, constituentur ad maiorem omnipotentis
De gloriam, et Catholicae Religionis incrementum,
decem infrascriptas Civitates, ac Sedes Episcopales,
ac totidem Ecclesias Cathedrales cum respectivis Capitulis utraque Praebenda Theologali, et Poenitentiariae

gaudentibus, ac Seminariis, videlicet Albensem sub 1817
titulo Sancti Laurentii Martyris, cuius Capitulum · ex
quinque Dignitatibus, ac tresdecim Canonicis efformabitur; Augustanam sub titulo Beatae Mariae Virginis,
et Sancti Grati, cuius Capitulum constabit ex duabus
Dignitatibus, et novem Canonicis; Bugellensem sub
titulo Sanctae Mariae Maioris cum Capitulo efformato
a quatuor Dignitatibus, et quindecim Canonicis; Bobiensem sub titulo Beatae Mariae Virginis, et Sancti
Petri Apostolorum Principis, cum suo Capitulo duabus
Dignitatibus, et Decem Canonicis constante; Fossanensem sub titulo Beatae Mariae Virginis, et Sancti Iuve-
nalis Episcopi, cuius Capitulum conflabit unica Dignitas
cum novem Canonicis; Pinaroliensem sub titulo Sancti
Donati, cum suo Capitulo a tribus Dignitatibus et novem Canonicis efformando; Segusinam sub titulo Sancti
Iusti, cuius Capitulum constabit duabus Dignitatibus,
atque undecim Canonicis; Dertonensem sub titulo Beatae
Mariae Virginis in Coelum Assumptae, cum suo Capitulo a quatuor Dignitatibus, ac novem Canonicis efformato; Alexandrinam vero, quam Nos in Ecclesia de-
centis, atque amplae structurae pridem spectante fratribus Ordinis Sancti Dominici Praedicatorum, habito
etiam Generalium Superiorum ipsius ordinis consensu,
praevia status Regularis huiusmodi suppressione, et
annullatione, Cathedralem cum ei adnexis aedibus Ecclesiam sub antiquae destructae Cathedralis titulo Sancti
Petri Principis Apostolorum designamus, cuius Capitulum quatuor Dignitatibus, et decem constabit Canonicis; ac demum Cuneensem in insigni collegiata, simulque Parochiali Ecclesiae Beatae Mariae Virginis
Del Bosco nuncupata elegantis structurae, aris mar-
moreis, plurimaque suppellectili, non modo ad sacra
peragenda, sed etiam ad Pontificalia exercenda, prout
aliae supradictae novem Cathedrales Ecclesiae, sufficienter instructa, et Capitulo tribus Dignitatibus, ac
quindecim Canonicis constante, quam similiter, praevia
qualitatis Collegialis suppressione, et extinctione, ad
Cathedralis Ecclesiae gradum ducimus evehendam sub
eodem titulo Beatae Mariae Virginis, cum Cathedrali
Capitulo ab ipsis tribus Dignitatibus, ac quindecim
Canonicis, Theologali, et Poenitentiariae, iuxta sacro-
rum Canonum praescriptionem, erigendis, Praebendis
comprehensis, efformando in Civitate item Episcopali

1817 Cuneensi Provinciae huius nominis capite, quae, sicut accepimus, inter praecipuas Pedemontii urbes numerata, duodecim circiter mille ob sufficientem amplitudinem aedificiorum, splendorem et decorem familiarum, continet habitatores, pluribus honoribus, ac privilegiis a Sabaudiae Ducibus aucta fuit, ac nonnulla habet Regularium Coenobia, nec non Hospitalia conservatoria, et laicorum sodalitates, perpetuo origimus, et constituimus. Ut autem spirituali regimini omnium et singulorum Christifidelium in antedicta Pedemontana Provincia degentium commoda, atque utili methodo iam a Nobis ex authenticis tabulis, ac documentis opportune cognito, atque probato consulamus, praesentem Metropolitanae Taurinensis, et Episcopalium Aquensis, Astensis, Casalensis, Eporediensis, Montis Regalis, Salutiarum, et Vercellensis Dioecesum integrum respective statum, atque ambitum; quem hic pro expresse, ac distincte enunciatum haberi volumus ad effectum de illis libere, ut infra disponendi, perpetuo similiter cassamus, extinguimus et annullamus. Hac itaque peracta cassatione, extinctione et annullatione, Nos ex pari scientia et matura deliberatione Nostri, deque Apostolicae potestatis plenitudine, Metropolitanae Taurinensi, et cuilibet ex Episcopalibus tam antea existentibus, quam in praesentiarum de novo erectis Ecclesiis, loca inferius distinctim recensenda, cum suis Parochialibus, Collegiatis, et aliis Ecclesiis, Beneficiis, Monasteriis, et locis piis pro earum respective Dioeceseon circuitu, ac finibus, modo, et forma, prout sequitur, nempe.

Taurinensi Metropolitanae Ecclesiae urbes, oppida, et loca vulgo respective nuncupata: Ayrali, Ajrasca, Ala, Alpignano, Altezzano, Andezeno, Aramengo, Arignano, Avigliana, Avuglione, Balangero, Baldissero, Balme, Baratonia, e Varisella, Barbania, Bejnasco, Berzano, Bonzo, Borgaro Torinese, Bra, Brandizzo, Buzzano, Buzzolino, Butigliera d'Asti, Butigliera Uriola, Caffasse, Camagna, Cambiano, Candiolo, Canischio, Cantoyra, Caramagna, Carignano, Carmagnola, Casalborgone, Casalgrasso, Casanova, Caselle, Casellette, Castagneto, Castagnole, Castelnuovo, Castiglione, Cavallerleone, Cavoretto, Cavour, Cercenasco, Ceres, Chialamberto, Chiaves, Chieri, Cinzano, Ciriè, Coazze Santa Maria del Pino, Colle di San Gioanni, Collegno, Cordova, Corio, Corgnè, Cumiana, Druent, Faule,

Favria, Fiano, Forno di Gros Cavallo, Forno di Rivara, 1817
Front, Garzigliana, Gassino, Germagnano, Giaveno, Gissola, Givoletto, Grangia di Noli, Gros Cavallo, Grosso,
Grugliasco, La Loggia, Lanzo, Lavriano, Lemie, Levone, Leyni, Lombriasco, Marenne, Marentino, Marmorito, Mathi, Mezzenile, Mombello, Monastero, Monasterolo di Lanzo, Monasterolo di Savigliano, Moncalieri, Moncucco, Mordrone, Montaldo, Moretta,
Moriondo, Murello, Nichelino, Nolle, None, Oglianico, Oliva, Orbassano, Osasio, Pancalieri, Passerano, Pavarolo, Pecetto, Pertusio, Pessinetto, Pianezza, Piazzo, Pino Torinese, Piobesi, Piscina, Piossasco, Poirino, Polonghera, Pratiglione, Prato Scorzano, Primeglio, Quazzolo, Racconigi, Reano, Revigliasco, Riva di Chieri, Rivalba, Rivalta, Rivara, Rivarossa, Rivoli, Robbassomero, Rocca di Corio, Salazza, San Colombano, Sanfrè, Sangano, S. Giacomo
dell' indiritto, S. Maurizio, S. Mauro, S. Ponzio, S. Raffaele, S. Salvadore, S. Sebastiano, S. Maria Maddalena,
S. Egidio, Santena, Savigliano, Scalenghe, Schierano,
Sciolze, Settimo Torinese, Sommariva del Bosco,
Stupiniggi, Ternavasio, Trana, Traves, Truffarello,
Usseglio, Val della Torre, Valgioia, Valle, Valperga,
Vauda di Front, Vauda S. Maurizio, Vauda superiore,
Venaria, Vergnano, Vernone, Vigone, Villafranca di
Piemonte, Villanova di Mathi, Villar Basse, Villastellone, Vinovo, Virle, Viù, Volpiano, Volvera.

Aquensi Ecclesiae, praeter ipsam Aquensem Episcopalem Civitatem cum Paroeciis suburbanis, urbes,
oppida, et loca vulgo respective nuncupata: Alice, Alba
Martina, Belforte, Bergamasco, Bistagno, Brovida e
Niusa, Bruno, Bubbio, Cagna e Lodisio, Cairo, Calamandrana, Campoferro, Canelli, Carcare, Caretto,
Cartosio, Casaleggio, Carpenetto, Cassinasco, Cassine,
Cassinelle, Castelferro, Castelletto d'Erro, Castelletto
Molina, Castelnuovo Belbo, Castelnuovo Bolmida, Castel Rocchero, Castel Vero, Cavatore, Cessole, Corticelle, Cremolino, Dego, Denice, Fontanile, Giusvalla,
Grognardo, Incisa, Lerma, Loazzolo, Malvicino, Maranzana, Masone, Melazzo, Merano, Mioglia, Moasca,
Mollare, Mombaldone, Mombaruzzo, Monastero, Montabone, Montaldo, Montaldo detto volgarmente Montaldo
di Spigno, Montechiaro, Mombello, Mornese, Morzasco,
Nizza, Olmo, Orsara, Ovada, Pareto, Perletto, Piana,

1817 Ponti, Ponzone, Prasco, Quaranti, Ricaldone, Rivalta, Robboaro, Rocca Grimalda, Roccaverano, Rocchetta Palafea, Rossiglione inferiore, Rossiglione superiore, Sassello, Sezzè, San Giorgio, Santa Giulia, S. Marzano, S. Pietro d'Olba, Spigno, Strevi, Tagliolo, Terzo, Tiglietto, Trisobbio, Turpino, Vaglio, Vesime, Vizone.

Astensi Ecclesiae, praeter ipsam Astensem Episcopalem Civitatem cum Paroeciis suburbanis, urbes, oppida, et loca vulgo respective nuncupata: Agliano, Albugnano, Annone, Azano, Bagnasco, Baldichieri, Belvedere, Calianetto, Calosso, Camerano, Cantarana, Capriglio, Casabianca, Casasco, Castagnole di Monferrato, Castellalferro, Castellero, Castelnuovo di Calcea, Castelvero, Castiglione, Cellarengo, Celle, Ceretto, Cerro, Chiusano, Cinaglio, Cisterna, Corsiglione, Cortandone, Cortanze, Cortanzone, Cossombrato, Costigliole, Cunico, Dusino, Ferrere, Frinco, Isola, Isolabella, Maretto, Masio, Migliandolo, Mombarone, Mombercelli, Monale, Mondonio, Mongardino, Montafia, Montaldo Scarampi, Montechiaro, Montegresso, Montemarso, Piea, Pino, Piovà, Portacomaro, Pralormo, Quarto, Quattordio, Redabue, Refrancore, Revigliasco, Revignano, Roatto, Rocca d'Arazzo, Rocchetta del Tanaro, S. Damiano, S. Martino, S. Marzanotto, S. Michele, S. Paolo della Valle, Scursolengo, Serravalle, Sessanto, Settime, Soglio, Solbrito, Tigliole, Vaglierano, Valfenera, Valgorera, Valgorzano, Valle d'Andona, Varigliè, Viale, Viarigi, Vigliano, Villafranca, Villanuova, Villa S. Secondo, Vinchio.

Albensi Ecclesiae, praeter ipsam Albensem Episcopalem Civitatem cum Paroeciis suburbanis, urbes, oppida, et loca vulgo respective nuncupata: Albaretto, Arguello, Baldissero, Barolo, Benevello, Bergolo, Borgomale, Bosia, Bossolasco, Camo e Valdivilla, Canale, Carpellazzo, Castagnito, Castagnole delle Lanze, Castellinalto, Castelletto d'Ussone, Castiglion Tinella, Castiglion Falletto, Castino, Ceresole, Ceretto, Cherasco, Cissone, Coazzolo, Corneliano, Cortemiglia, Cossano, Cravanzana, Diano, Feisoglio, Grinzane, Gorzegno, Gorino, Gottasecca, Govone, Guarenne, Lequio d'Alba, Levice, Magliano, Mango, Monchiero, Monforte, Montelupo, Montaldo Roero, Montà, Monteu Roero, Monticelli, Morra, Narzole, Neive, Neviglie, Niella di Belbo, Novello, Perno e Castelletto,

Pessolo, Piobesi, Pocapaglia, Polenzo, Priocca, Roc- 1817
chetta Belbo, Rodello, Rodi, Rodino, Roreto, S. Benedetto, Scaletta, Serralunga, Serravalle, S. Giovanni
di Sarmassa, Sinio, Somano, Sommariva Perno, S.
Stefano Belbo, S. Stefano Rœro, Santa Vittoria,
Torre di Bormida, Torre d'Uzzone, Trezzo, Veglia,
Verduno, Vezza.

Cuneensi Ecclesiae, praeter ipsam Cuneensem Epi-
copalem Civitatem, cum Paroeciis suburbanis, urbes,
oppida, et loca vulgo respective nuncupata: Aisone,
Andorno, Argentera, Bagni di Vinadio, Bernezzo,
Berzesio, Borgo S. Dalmazzo, Boves, Caraglio, Ca-
stelmagno, Castelletto Stura, Cervasca superiore, Cervasca inferiore, e Vignolo, Demonte, Entraques, Fe-
stiona, Gajola, Limone, Majola, Montanera, Monte-
male, Monterosso, Passatore, Pietra Porzio, Ponte
Bernardo, Pradleves, Ritana, Roaschia, Robilante,
Roccavione, Roccasparvera, Ronchi, Sambucco, S.
Benigno, S. Pietro di Monterosso, Trucchi, Valdieri,
Valgrana, Valloria, Vernante, Vinadio.

Fossanensi Ecclesiae, praeter ipsam Fossanensem
Episcopalem Civitatem, cum Paroeciis suburbanis, urbes, oppida et loca vulgo respective nuncupata: Cen-
tallo, Cervere, Gerbe, Genolla, le Maddalene, Leval-
diggi, Murazzo, Salmore, Villafalletto, Vottignasco.

Eporediensi Ecclesiae, praeter ipsam Eporediensem
Episcopalem Civitatem cum Paroeciis suburbanis, ur-
bes, oppida, et loca vulgo respective nuncupata: Agliè,
Albiano, Alice inferiore, Alice superiore, Alpette, An-
drate, Azeglio, Bajo, Bajro, Baldissero, Banchette,
Barone, Bollengo, Borgiallo, Borgofranco, Borgo Ma-
sino, Boschetto di Chivasso, Boschi di S. Martino,
Bosco nero, Brozzo, Burolo, Caluso, Campiglia,
Campo, Candia, Caravino, Carema, Carone, Castel-
lamonte, Ceresole, Chiaverano, Chivasso, Ciccogno,
Cintano e Sale, Colloretto di Parella, Cossano, Cu-
ceglio, Druzacco, Felletto, Foglizzo, Frassinetto, In-
gria, Issiglio, Lezzolo, Locana, Lombardore, Loranzè,
Lugnaco, Lusigliè, Maglione, Mandria, Mercenasco,
Masino, Mazzè, Montanaro, Muriaglio, Noasca, No-
maglio, Orio, Ozegna, Palazzo, Parella, Pavone,
Pecco, Perosa, Piverone, Pont, Priacco, Quagliuzzo,
Quazzolo, Quincinetto, Ribordone, Rivarolo, Rodallo,
Romano, Ronco, Rondizzone, Roeglio, Salto, Samone,

1817 San Benigno, S. Martino, S. Giorgio, S. Giusto, Scarmagno, Settimo Rottaro, Settimo Vittone, Strambinello, Strambino, Sparone, Succinto, Tavagnasco, Tina, Torre di Bayro, Traversella, Trauselle, Valle Chiusella Valpraco, Verolengo, Vestignè, Vialfrè Vidracco, Villareggia, Villata, Vische, Vistrorio, Vico.

Montis Regalis Ecclesiae, praeter ipsam Montis Regalensem Episcopalem, Civitatem cum Paroeciis suburbanis, urbes, oppida et loca vulgo respective nuncupata: Bagnasco, Bardinetto, Bastia, Battifollo, Belvedere, Bene, Bejnette, Biestro, Bonvicino, Bormida, Briaglia, Calissano, Camerana, Carrù, Castagnaretta, Castellino, Castelnuovo, Cengio, Ceva, Chiusa, Cigliè, Clavesana, Cossaglia, Cosseria, Dogliani, Farigliano, Fontane, Frabosa soprana, Frabosa sottana, Garessio, Igliano, Isola di Bene, Lequio, Lesegno, Lisio, Magliano, Mallere, Malpotremo, Margarita, Marsaglia, Massimino, Millesimo, Moline, Mombarcaro, Mombasilio, Monastero di Vasco, Monasterolo, Monesiglio, Montaldo, Montefreddo, Montezemolo, Morozzo, Murazzano, Murialdo, Niella di Tanaro, Nuceto, Ormea, Ossiglia, Pallare, Pamparato, Paroldo, Perlo, Peveragno, Pianfei, Pievetta, Piozzo, Plodio, Pra Roburento, Prea, Priero, Priola, Prunetto, Roasio, Roburento, Rocca Cigliè, Rocca de' Baldi, Roccaforte, Roccavignale, Rocchetta Cencio, S. Albano, Sale, Saliceto, S. Biagio, Scagnello, Serra Frabosa, Serra Pamparato, S. Michele, Spinetta, Torre, Torricella, Trinità, Val di Casotto, Val di Pesio, Vetrie, Vico, Villanuova, Viola.

Pinaroliensi Ecclesiae, praeter ipsam Pinaroliensem Episcopalem Civitatem cum Paroeciis, suburbanis, urbes, oppida et loca, vulgo respective nuncupata: Abbadia, Angrogna, Bibiana, Bobbio, Baudenasca, Bourset, Bricherasio, Buriasco, Campiglione, Cantalupa, seu Monastero, Château du Bois, Chabrans, Faeto, Fenestrelle, Fenile, Frosasco, Grandubbione, Inverso Pinasca, La Ruà, La Valle, Luserna, Lusernetta, Macello, Mean, Mentoules, Miradol, Osasco, Perousa, Perrero, Pinasca, Pomareto, Porte, Pourières, Prales, Pramolo, Rodoretto, Roletto, Riva, Rorà, S. Bartolommeo, S. Germano, S. Giovanni di Luserna, S. Martino, S. Pietro di Lemina, S. Secondo,

Tagliaretto, Talucco, Torre, Torrine, Traverse, Vil-
larè, Villa Luserna, Villar, Perousa, Usseaux.

Salutiensi Ecclesiae, praeter ipsam Salutionsem
Episcopalem Civitatem cum Paroeciis suburbanis, urbes, oppida, et loca vulgo respective nuncupata: Ac-
ceglio, Albareto, Alma, Bagnolo, Barge, Becetto,
Bellino, Brondello, Brosasco, Busca, Canosio, Cardè,
Cartignano, Castellaro, Castelletto, Castel Delfino,
Celle, Celle di Bellino, Cervignasco, Chiapera, Chia-
nale, Costigliole, Crisolo, Dronero, Envie, Elva, Fa-
molasco, Frassino, Gambasca, Gilba, Isasca, La-
gnasco, La Manta, Lemma, Lottolo, Marmora, Mar-
tiniana, Melle, Morra, Moschières, Oncino, Ostana,
Paesana, Pagliero, Pagno, Paglieres, Piasco, Ponte,
Prazzo, Pratavecchia, Preit, Revello, Riffredo, Robella,
Rocchetta, Roccabruna, Rore, Rossano, Ruffia, San
Front, S. Antonio di Dronero, Scarnafiggi, San Da-
miano, S. Michele, S. Peyre, Staffarda, Stroppo,
Tarantasca, Tetti di Dronero, Torre di S. Giorgio,
Ussolo, Valmala, Verzuolo, Venasca, Villar di S. Peyre,
Villar S. Costanzo, Villanovetta, Villanova Solaro.

Segusinae Ecclesiae, praeter ipsam Segusinam
Episcopalem Civitatem cum Paroeciis suburbanis, urbes, oppida, et loca vulgo respective nuncupata: Almese, Arnauds, Bardonnèche, Beaulard, Borgone,
Bousson, Brussolo, Bussolino, Celle, Cesane, Chaumont, Château Beaulard, Chianoc, Chiavrie, Chiusa,
Condove, Deserts, Exilles, Fenile e Solomiac, Fer-
riera Foresto, Frassinere, Giaglione, Gravere, Matie,
Meana, Melezet, Millaures, Mocchie, Moncenisio, No-
valesa, Novaretto, Oulx, Rivera, Rochemolle, Rub-
biana, Salbertrand, S. Ambrogio, S. Antonino, S. Gio-
rio, S. Restitut, Sauze d'Oulx, Sauze de Cesana, Sq-
voulx, Thures, Vajes, Venaux, Villar d'Almese, Villar
Focchiardo.

Vercellensi Ecclesiae praeter ipsam Vercellensem
Civitatem, cum Paroeciis suburbanis, urbes, oppida,
et loca vulgo respective nuncupata: Ailloche, Albano,
Apertole, Arborio, Ariotta, Azigliano, Ballocco, Bastia,
Biandrate, Bianzè, Bolgaro, Borgo d'Ales, Bornate,
Brusnengo, Buronzo, Bussanengo, Candia, Caprile,
Caresana, Carezzano Blot, Carpenetto, Casal Bel-
trame, Casa del Bosco, Casaleggio, Casalrosso, Ca-
sanova, Cascine di S. Giacomo, Cascine di Strada,

1817 Castelletto, Castelnovetto, Celpenchio, Cigliano, Colombara, Collobiano, Costanzano, Cozzo, Crescentino, Crevacuore, Crova, Dezana, Flecchia, Fontahetto, Formigliano, Gargarengo, Gattinara, Ghislarengo, Gifflenga, Gregio, Guardabossone, Gorrino, Lamporo, Landino, Langosco, Larizati, Lenta, Lerio, Lignana, Livorno, Lozzolo, Lucedio, Messerano, Moncrivello, Montarolo, Montonaro, Motta de' Conti, Oldengo, Oldenico, Palazzolo, Pallestro, Pertengo, Pezzana, Pianceri, Piane di Serravalle, Pobbietto, Postua, Prarolo, Quinto, Recetto, Rivi, Roascenda, Robbio, Rongio, Ronsecco, Roasio, Salasco, Saletta, Sali, Saluggia, S. Antonino, San Genuario, S. Germano, S. Giacomo, S. Grisante, S. Nazzaro, Santhià, Selve, Serravalle, Sostegno, Stroppiana, Torazzo, Torrione, Tricero, Trino, Tronzano, Venaria, Vettignate, Viancino, Vico lungo, Villa, Villar Boid, Vintebio.

Alexandrinae Ecclesiae, praeter ipsam Alexandrinam Episcopalem Civitatem cum Paroeciis suburbanis, urbes, oppida, et loca vulgo respective nuncupata: Bassignana, Borgorato, Bosco, Cantalupo, Capriata, Carentino, Casal Bagliano, Casal Cermelli, Castel Ceriolo, Cascina Grossa, Castellazzo, Castel Spina, Frascaro, Felizzano, Fregarolo, Gamalero, Lobbi, Monte, Monte Castello, Mugarone, Oviglio, Pasturana, Pavone, Pecetto, Pietra Marazzi, Piovera, Portanova, Predosa, Quargento, Quattro Cascine, Retorto, Rivarone, S. Giuliano, Solero, Santa Maria di Mandrogne, Spinetta, S. Rocco di Gamalero, Tassarolo, Varengo, Villa del Foro.

Bugellensi Ecclesiae, praeter ipsam Episcopalem Bugellensem Civitatem cum Paroeciis suburbanis, urbes, oppida, et loca vulgo respective nuncupata: Andorno, Arro, Bena, Bioglio, Boriana, Bugliana, Cacciorna, Calabiana, Camandona, Cambursano, Campiglia, Candelo, Carisio, Casapinta, Castellengo, Cavaglià, Ceresito, Cerretto, Cerrione, Chiavazza, Coggiola, Cossato, Cossilla, Croce di Mosso, Donato, Dorzano, Gaglianico, Graglia, Lessona, Magnano, Magnanevolo, Massazza, Miagliano, Mongrando, Monte Asinaro, Mortigliengo, Mosso, Mottalciata, Muzzano, Nebbione, Netro, Occhieppo superiore, Occhieppo inferiore, Pettinengo, Piatto, Piè di Cavallo, Pollone, Pondrano, Portula, Pralungo, Prato di Coggiola, Prato di Tri-

vero, Quaregna, Riale di Mosso, Ronco, Ropolo, 1817
Sagliano, Sala, Saluzzola, S. Damiano, Sandigliano,
Selve, Sereno *seu* S. Giuseppe, Soprana, Sordevolo,
Strona, Tavigliano, Ternengo, Tolegno, Torrazzo,
Trivero, Valansengo, Valdengo, Valle di Mosso, Valle
di S. Nicolao, Veglio, Vergnasco, Verrone, Vigelio,
Vigliana, Villanuova, Viverone, Zimone, Zubiena,
Zumaglia.

Casalensi Ecclesiae, praeter ipsam Casalensem
Episcopalem Civitatem cum Paroeciis suburbanis, urbes,
oppida, et loca vulgo respective nuncupata: Alfiano,
Altavilla, Balzola, Borgo di S. Martino, Bozzole, Bros-
solo, Brusasco, Brusaschetto, Cagliano, Camagna,
Cantavenna, Camino, Cardona, Casalino, Casorzo,
Castellazzo, Castelletto Merli, Castelletto Scazzoso,
Castellino, Castel S. Pietro, Cavagnolo, Cella, Cere-
seto, Cerina, Cicengo, Cocconato, Cocconito, Colca-
vagno, Collegna, Coniolo, Conzano, Corteranzo, Cor-
tiglione, Cuccaro, Fabiano, Forneglio, Frassinetto,
Fubine, Gabiano, Gazzo, Giarole, Grana, Grazzano,
Guazzolo, Illengo, Isolengo, Lazzarone, Lu, Lusello,
Marcorengo, Mirabello, Mombello, Moncalvo, Monce-
stino, Montaldo, Montallero, Mortemagno, Monteu di
Po, Montiglio, Morano, Moranzengo, Marzingo, Oc-
cimiano, Oddalengo grande, Oddalengo piccolo, Oli-
vola, Ottiglio, Ozzano, Penango, Pianceretto, Piaz-
zano, Pomaro, Ponte Stura, Ponzano, Popolo, Poz-
zengo, Quarti, Rinco, Rioglio, Robella, Rocca delle
Donne, Roncaglia, Ronzone, Rosignano, Rosingo,
Sala, Salabue, Sanico, Sant'Antonio della Serra, Sant'
Aurelio, S. Desiderio, S. Germano, S. Giorgio, S. Sal-
vadore, Scandaluzza, Serralunga, Servotto di Verrua,
Slonghello, Sorina, Terranova, Terruggia, Ticinetto,
Tongo, Tonengo, Torcello, Treville, Tuffo, Valle
Stura, Valmacca, Varengo, Verrua, Vignale, Villadeati,
Villamiroglio, Villanuova, Zanco.

Augustanae Ecclesiae, praeter ipsam Augustanam
Episcopalem, Civitatem cum Paroeciis suburbanis, ur-
bes, oppida, et loca vulgo respective nuncupata: Ai-
meville, Allein, Anthey, Arnas, Arvier, Avise, Ayas,
Bard, Biona, Brisogne, Brusson, Challand, Chambave,
Chamoix, Champ de Pratz, Champorcher, Châtillon,
Chaverlod, Chezalet, Cogne, Courmayeur, Derbe, Die-
motz, Donaz, Doves, Emarese, Fenis, Fontanamora,

1817 Frouble, Gignod, Gressan, Gressone, Hone, Introd, Jovensan, Issime, Issogne, La Maddalena, La Sale, La Thuile, Lillianes, Montjovet, Morgex, Nuz, Ollomont, Oyam, Perlo, Pollein, Pontboset, Ponthey, Pont Saint Martin, Pont Saint Didié, Quart, Remet, Roysan, Saint Barthelemi, Saint Christophe, Saint Dénis, Saint Germain, Saint Marcel, Saint Nicolas, Saint'Oyan, Saint Pierre, Saint Rémy, Saint Vincent, Sarre, Torgnon, Valgrisanche, Valpelline, Valsazanche, Valtournance, Verrage, Verres, Villeneuva.

Bobiensi Ecclesiae, praeter ipsam Bobiensem Episcopalem Civitatem cum Paroeciis suburbanis, urbes, oppida, et loca, vulgo respective nuncupata: Alpepiana, Ascona, Borsonasca, Brugnelli, Cabanne, Calice, Canale, Caregli, Carisetto, Casalporrino, Casanova, Casasco, Cerignale, Colli, Drusco, Fabbrica, Lazzarello, Meconico, Montarzolo, Monteforte, Orezzoli, Ottone, Otton soprano, Priosa, Ressoaglio, Romagnese, Rossi, Rovegno, Rovezzano, Ruino, S. Albano, S. Stefano, Santa Maria d'Allegrezza, Suburbana, Torrio, Trebecco, Valverde, Zerba.

Dertonensi Ecclesiae, praeter ipsam Dertonensem Episcopalem Civitatem cum Paroeciis suburbanis, urbes, oppida, et loca, vulgo respective nuncupata: Agneto, Albera, Alpe, Alzano, Arona, Argine, Arequata, Avolasca, Bagnaro, Barbianello, Bassaluzzo, Baselica Steffanora, Bastida, Bogli, Bognassi, Borghetto, Borgo Adorno, Borlasca, Bornasco, Brignano, Brogni, Bruggi, Cabella, Calcababbio, Caldirola, Calvignano, Cambiò, Campazzi, Campoferro, Canetto, Canevino, Cantalupo, Carbonara, Carezzano maggiore, Garezzano superiore, Carisasca, Carrega, Cartasegna, Casalnoceta, Casasco, Casalisma, Casci, Cassano Spinola, Castagnara, Castagnole, Castana, Casteggio, Castel de'ratti, Castellar Guidobono, Castellar Ponzano, Castelletto Adorno, Castelletto al Po, Castelnuovo Scrivia, Cecima, Cegno, Cella, Celli e Montate, Cenurato, Cerreto, Cerreto de'ratti, Cervesina, Cigognola, Codevilla, Colleri, Corana, Cornale, Corneliasca, Corvino, Cosola, Costa, Croce de'Fieschi, Cuquello, Cusano, Daglio, Dernice, Donelasco, Dova, Fabbrica, Foro rotondo, Francavilla, Fresonara, Garofani, Garbagna, Gavazzana, Genestrelle, Gerrala, Gerolo, Godiasco, Golferenza, Gorreto, Gremiaco, Gros-

dona, Gruppo, Guazzora, Languazzano, Lemmi, Lirie, 1817
Livelli, Lunassi, Luzzano, Majrano, Malvino, Marmas-
sano, Medassino, Merlassino, Mezzana Biglia, Mezzanino, Mezzana Robattone, Molino de'Torti, Molo, Mom-
bisaggio, Momperone, Mondondone, Mondoncino, Mon-
teale, Montacuto, Montaldeo, Montalto, Montebello,
Monteborre, Montecalvo, Montecapraro, Montegioco,
Montemarsino, Montemartino, Montesegale, Montesoro,
Montù Beccaria, Mormorola, Mornice, Muriasco, Naz-
zano, Negruzzo, Nenno, Nivione, Nove, Oliva, Ora-
mala, Oriolo, Paderno, Pagliaro, Pallavicino, Pallen-
zona, Pancarana, Parpanese, Passalacqua, Pej, Per-
letto, Persi, Piazzo, Pietrafraccia, Pietravina, Pisa-
rolo, Pizzale, Pizzo Corno, Ponte Curone, Porana,
Portalbera, Pozzol Formigaro, Pozzolo del Gruppo,
Prarolo, Pregola, Rea, Restegazzi, Returbido, Rida-
valle, Rivalta, Rivanazzano, Robecco, Rocca de'Giorgi,
Rocca del Grue, Roccaforte, Roccasusella, Rocchetta,
Rotta de'Torti, Rovescala, Sant'Agata, Sagliano, S.
Alberto, Sale, Sale Santa Maria, Salogne, Sangugnano,
S. Antonino, Sardigliano, Sarezzano, Sarizzola di
Scrivia, Sarizzola Vescovato, Sasso, Savignone, S.
Biagio, S. Cipriano, Santa Cristina di Stefanago, S.
Damiano, Semino, Serravalle, S. Eusebio, S. Gauden-
zio, S. Giovanni di Piumesana, Santa Giuletta, Sil-
vano Adorno inferiore, Silvano Adorno superiore, Sil-
vano Pietra, Santa Margarita, Santa Maria Primorago,
S. Martino de'Bagozzi, San Martino di Roccaforte,
S. Nazzaro di Montaro, Sorli, Soriasco, Spineto, S.
Ponzo, S. Sebastiano, Staghiglione, Stazzano, Stra-
della, S. Zaccaria, Tonno, Torazza Costa, Torre del
Monte, Torre de'Garofoli, Torre mena pace, Torricelle,
Trebiano, Vaccarezza, Val di Nizza, Vargo, Variana,
Varinella, Varzi, Vegni, Verretto, Verrua, Vhò, Vi-
gnole, Viguzzolo, Villa Illibardi, Villa Romagnano,
Villalvernia, Voce mola Voghera, Volpara, Volpedo,
Volpiglino, Zavattarello, Zebedazzi, Zenevreto; itemque Paroecias, et loca nuncupata: Campi Carpineto,
Caselle, Fascia, Fontana, Rossa, Montebruno, Pro-
pata, Rondanina, Torrilia, super quibus tamen nobis,
ac Romanis Pontificibus, successoribus Nostris facultatem semper, et quandocumque, absque ullius consensu ad huius Sedis Apostolicae beneplacitum, de illis
libere disponendi per translationem ad aliam Dioecesin

1817 juxta eiusdem Victorii Emmanuelis Regis votum, ac
desiderium, specialiter, et expresse reservamus, cum
uniuscuiusque respectivo territorio, in perpetuum constituimus, et assignamus.

Ad maiorem itidem Omnipotentis Dei gloriam, et
Catholicae Ecclesiae splendorem, simulque Christifidelium utilitatem, supradictám Episcopalém Ecclesiam
Vercellensem, quae ob multam erectiónis antiquitatem,
constantia famae celebritatem, plurium eius Antistitum
sanctitatem, distinctumque Cleri numerum, ac decorem
aliis merito supereminet, quáeque in sat. ampla prae-
nobili Civitate, ubere, amenoque ornata territorio con-
sistit, praevia illius omnimoda solutione, et exemptione
a quocumque Metropolitico iure, dependentia, ac subiectione Archiepiscopali Ecclesiae Taurinensi, cui ad
praesens suffragatur, de specialis gratiae dono ad
Archiepiscopalis Metropolitanae Ecclesiae sub titulo
Sancti Eusebii primi illius sedis Episcopi et Martiris,
cum sue Capitulo a quatuor Dignitatibus, et vigintiduobus Canonicis efformato, gradum et dignitatem ex-
tollimus, salvo interea, et illaeso manente iure Metropolitico Archiepiscopalis Ecclesiae Taurinensis super antedictis iam existentibus Ecclesiis Episcopalibus Aquensi,
Astensi, Eporediensi, Montis Regalis, et Salutiarum;
reliquas iam pariter vigentes Episcopales Ecclesias Casalensem, et Vercellensem a quovis illius Metropolitico
iure, sublectione, ac dependentia in perpetuam omni-
modo eximimus, ac liberamus. Eidem vero Archiepiscopali Taurinensi Ecclesiae suffraganeas adiungimus novas,
ut supra, a Nobis erectas Episcopales Ecclesias Albensem, Cuneensem, Fossanensem, Pinaroliensem, et Segusinam, illasque similiter Metropolitico iuri Ecclesiae
Archiepiscopalis Taurinensis, Apostolica Auctoritate perpetuo subiicimus, atque supponimus. Alteri autem noviter erectae Archiepiscopali Ecclésiae Vercellensi suffraganeas assignamus Ecclesias Episcopales Alexandrinam, Bugellensem, et Casalensem, quas pariter Vercellensis Archiepiscopi iuri Metropolitico perpetuis futuris
temporibus, simili Auctoritate Nostra Apostolica, subdimus, atque submittimus, reservantes Nobis Vercellensis
Metropolitanae Provinciae fines ampliare, assignando
eidem in suffraganeas ad maius Pastorum, et fidelium
commodum, praefato etiam Victorio Emmanuele Rege
id exoptante: Episcopales Ecclesias Novariensem, et

Viglebanensem. Quod spectat domos, pro decenti, et 1817 commoda cuiuslibet Antistitis noviter erectarum Episco- palium sedium Albensis, Alexandrinae, Augustanae, Bugellensis, Bobiensis, Fossanensis, Pinaroliensis, Se- gusinae, Dertonensis habitatione, illas ipsas eorum uni- cuique libere, ac integre adsignamus, et tradi volumus, quae anno Domini millesimo octingentesimo tertio in respectiva tunc Episcopali Civitate cuilibet Episcopo pro decora eius habitatione pertinebat; pro decenti vero novi futuri Episcopi Cuneensis habitatione, domum il- lam statuimus, et adsignamus, quae sumptibus Univer- sitatis hominum Civitatis Cuneensis comparanda erit ad formam obligationis per publicum instrumentum diei vigesimae octavae iunii proxime praeteriti ab eadem Universitate contractae. Seminariis item puerorum Ec- clesiasticis ad iuventutem Catholica Religione, ac bonis artibus opportune informandam necessariis in qualibet ex praedictis de novo erectis Episcopalibus Civitatibus Albensi, Alexandrina, Augustana, Bugellensi, Bobiensi, Fossanensi, Pinaroliensi, Segusina, et Dertonensi ad formam legum Canonicarum instituendis illa ipsa aedi- ficia libere restituenda decernimus, quae supradicto anno Domini millesimo octingentesimo tertio cuilibet Seminario respective tributa reperiebantur. · · · · · ,

Novo autem futuro Episcopo Cuneensi ex nunc pro tunc onus iniungimus curandi modis omnibus, ut quam primum possit, in eadem Cuneensi Civitate Se- minarium puerorum Ecclesiasticum erigatur; et hoc quidem non longe assequendum speramus eo, vel maxime quia praelaudatus Victorius Emmanuel Rex pro eximia sua religione, ac pietate, summaque Regii sui animi liberalitate sponte paratum se ostendit ad nonnulla ex- hibenda opportuna media, quae ad tale pium opus cito perficiendum conducere posse videbuntur. Ut insuper congruae dotationi uniuscuiusque de novo, ut supra, erectae Sedis Episcopalis, itemque noviter erecti cuius- libet Capituli Cathedralis, nempe Albensis, Alexandrini, Augustani, Bugellensis, Bobiensis, Fossanensis, Pina- roliensis, Dertonensis, et Segusini, opportune providea- tur, omnia, et singula bona, possessiones, reditus, ac proventus, cuiusvis generis, et naturae ubicumque lo- corum existentia, quae anno millesimo octingentesimo tertio tunc existentibus huiusmodi mensis Episcopalibus, et Cathedralibus Capitulis respective spectabant, quaeque

1817 vigore antedictarum literarum Apostolicarum superextantibus Metropolitanae Taurinensi, et Episcopalibus Ecclesiis Aquensi, Astensi, Casalensi, Eporediensi, Montis Regalis, Salutiarum, et Vercellensi, earumque Capitulis Cathedralibus fuerunt respective applicata, et appropriata, praevia ab hisce ultimo dictis mensis, et Capitulis omnimoda seiunctione, dismembratione, et abstractione, cuilibet ex primodictis Episcopalibus mensis, et Capitulis Cathedralibus plenarie, atque integre restitui per praesentes volumus, ac mandamus, ita ut ex nunc, in posterum, perpetuis futuris temporibus Episcopales Ecclesiae Albensis, Alexandrina, Augustana, Bugellensis, Bobiensis, Fossanensis, Pinaroliensis, Dertonensis, et Segusina, illarumque Capitula Cathedralia, iisdem prorsus bonis, possessionibus, reditibus, ac proventibus cuiusvis generis, ac naturae, et ubilibet locorum existentibus libere gaudeant, et potiantur, quae ad ipsas antedicto anno millesimo octingentesimo tertio pertinere compertum fuerit, nisi praefatus Victorius Emmanuel Rex harum Ecclesiarum dotationi alia ratione in utilitatem Ecclesiae, praevia eius Sanctae Sedis approbatione, providere existimaverit. Hoc idem pari methodo servandum erit quoad omnia, et singula bona, possessiones, reditus, et proventus cuiuscumque generis, ac naturae ubicumque existentia, quae ad fabricas Cathedralium, et ad Ecclesiastica puerorum Seminaria supradictorum de novo erectorum Episcopatuum iam spectasse dignoscantur; quaeque pariter ipsis Fabricis, ac Seminariis integre, ac libere vigore praesentium erunt restituenda. Dotatio autem novae Episcopalis mensae Cuneensis efformabitur sequentibus bonis stabilibus, reditibus, ac proventibus a quolibet vinculo, et hypotheca prorsus exemptis in perpetuam proprietatem ipsi mensae libere concedendis, videlicet latifundio cassinae Sancti Benigni nuncupato cum eius adnexis in territorio communis Cuneensis pariter nuncupato a praedicta Universitate hominum Civitatis Cuneensis ad quam spectabat eidem mensae cessa per supramemoratum instrumentum diei vigesimae octavae mensis iunii anni proximi praeteriti, quae quidem Universitas hominum in vim primodicti instrumenti onus in se suscepit spatio duorum proxime insequentium annorum summam praebere librarum triginta millium Pedemontanae monetae in Palatii Episcopalis aedificationem impendendam, ac

propterea, si forsan contingat decenti habitationi Episcopi 1817
alio modo firmiter providere, tunc eadem triginta millium librarum summa eroganda erit in emptionem tot
liberorum bonorum stabilium ipsi mensae perpetuo ap-
plicandorum, atque ulterius bonis, ac reditibus spectantibus ad Confraternitatem sub titulo Sancti Sebastiani
in eadem urbe Cuneensi canonice erectam, quae vigore
publici instrumenti rogati sub decima die mensis iulii
anni proxime superioris, ipsa bona, et reditus libere
cessit ad effectum, ut illa in praedictae mensae Episcopalis liberam proprietatem perpetuo transferantur, ex-
cepta tamen domo Ecclesiae ipsius Confraternitatis ad-
nexa, et ad ultimum universis bonis, ac reditibus pertinentibus ad Ecclesiam Parochialem Beatae Mariae
Virginis *Del Bosco* ad dictam urbem Cuneensem se-
paratim pertinentibus a moderno Paroco per alterum
publicum instrumentum sub memorata decima die mensis
iulii integre, ac libere cessis ad effectum illa perpetuis
futuris temporibus libere itidem applicandi in partialem
dotationem supradictae Episcopalis mensae Cuneensis.
Et quoniam bona spectantia ad supradictam Confraternitatem Sancti Sebastiani gravata reperiuntur onere
celebrationis annuae missarum mille biscentum quatuordecim, idcirco, firmis de cetero remanentibus nonnullis
aliis oneribus iisdem bonis inherentibus, et per pro
tempore existentem Cuneensem Episcopum de more
supportandis, praevia voluntatum respectivorum funda-
torum, seu testatorum commutatione, ac derogatione,
praedictum pro tempore existentem Episcopum Cuneensem ab obligatione celebrationis enunciatarum missarum
eximimus, ac liberamus, eique simul iniungimus, ut in
qualibet hebdomada unam missam lectam ad placitum
antedictae Confraternitatis perpetuis futuris temporibus
celebrare facere teneatur; cumque dilectus filius Ioannes
Baptista Giraudi modernus dictae Parochialis Ecclesiae
Sanctae Mariae *Del Bosco* Parochus, qui primam simul
in eadem antea Collegiata, et modo Cathedrali Ecclesia
usque adhuc obtinuit dignitatem, exercitio curae animarum Parochianorum ipsius Ecclesiae renunciaverit,
ideo supradicto Episcopo iniungimus onus, durante vita
memorati Ioannis Baptistae, deputandi cum congrua
mercedis assignatione idoneum Presbyterum, qui eorumdem Parochianorum animarum curam laudabiliter exer-
ceat; ipso deinde Ioanne Baptista defuncto, et Prioratus

1817 dignitatis, post Pontificalem, maioris, dictae Cathedralis Ecclesiae vacatione secuta, eidem Episcopo Cuneensi pro tempore existenti potestatem facimus dicto·Prioratui, iam de sufficienti dotatione proviso, perpetuum imponendi onus curae animarum Parochianorum·praedictae Cathedralis, ita ut idem Prioratus Curatus, praevio consensu iuxta Tridentini Concilii·praescriptum habendo, ab Apostolica Sede in posterum valeat conferri. Et attento, quod in loco Burgi Sancti Dalmatii nuncupato, pridem intra limites Dioecesis Montis Regalis comprehenso, ac vigore praesentium literarum novae Dioecesi Cuneensi aggregato, Parochialis existit Ecclesia, adnexis aedibus instructa, pertinens ad Monasterium Abbatiam Sancti Dalmatii nuncupatum ordinis Sancti Benedicti a moderno, et pro tempore Montis Regalis Episcopo possessum, utpote illius mensae Episcopali iam antea unitum, et incorporatum, in qua cura animarum Parochianorum per Presbyterum·ab·eodem Episcopo Vicarium Curatum deputatum exercetur, et cuius Parochialitatis intuitu Communitas hominum praefati loci annuum Canonem noningentarum·tresdecim librarum monetae Pedemontanae dicto Montis Regalis Episcopo uti Abbati Sancti Dalmatii solvere tenetur, acceptisque super hac re·precibus moderni Episcopi Montis Regalis, eumdem a quocumque dictae Parochialitatis onere prorsus liberamus, idemque onus in futurum, ac pro tempore existentem Episcopum Cuneensem, qui Parochialem Ecclesiam huiusmodi, et in ea idoneum Vicarium Curatum inibi continuo in portione·aedium abbatialium pro solita eius habitatione adsignata·residentem manutenere, cuique Cuneensi·Episcopo ius tribuimus in posterum exigendi praefatum Canonem annuarum librarum noningentarum tresdecim,·perpetuo transferimus, et commutamus, salvis de cetero, et integris manentibus aliis omnibus, et singulis iuribus, ac proventibus antedicto Montis Regalis Episcopo ratione commendae memoratae Abbatiae quomodolibet legitime competentibus. Quum insuper Nobis laudati Victorii Emmanuelis Regis nomine fuerit expositum, quod antedictae Taurinensis; Aquensis, Astensis, Casalensis, Eporediensis, Montis Regalis, Vercellensis et Salutiarum Ecclesiarum Capitula ob praeteritorum temporum iniquitatem multis eorum respective bonis ita expoliata remanserint, ut statuti antiqui numeri Dignitatum, et

Canonicorum congruae) ac decenti sustentationi provi- 1817
deri nullomodo possit, idcirco ad illorum futuras stabi-
litati, ac manutentioni etiam iuxta ipsius Regis vota,
opportune consulendum, praevia unusculusque prioris
numeri Dignitatum, et Canonicorum reductione, ac
imminutione, ut ex numero perpetuo imposterum eadem
Capitula, nempe Taurinense ex sex Dignitatibus, et
duodecim Canonicis; Astense ex quatuor dignitatibus,
et octodecim Canonicis; Aquense ex aliis Dignitatibus,
et duodecim Canonicis; Casalense ex duabus Dignitatibus, et quatuordecim Canonicis; Eporediense ex quinque Dignitatibus, ac undecim Canonicis; Montis Regalis,
ex quatuor Dignitatibus; et duodecim Canonicis; Ver-
cellense ex quatuor Dignitatibus, et vigintiduobus Canonicis; et Salutiarum ex tribus Dignitatibus, et tresdecim Canonicis, constare, atque integre efformata
manere debeant, Apostolica Nostra Auctoritate, deter-
nimus, ac mandamus. In singulis profecto Metropoli-
tanis, et Cathedralibus tam iam existentibus, quam
noviter erectis Ecclesiis, in quibus animarum respectivorum Parochianorum cura exerceri solet, firma etiam
in posterum debito modo servabitur. Cuilibet vero ex
antedictis pro tempore existentibus Archiepiscopis, et
Episcopis peculiarem tribuimus facultatem, ut inspecto
statu bonorum; ac reditum proprii respectivi Capituli,
et Poenitentiariis, Theologalibusque Praebendis congrue
proviso, alias in posterum, iuxta proventuum quantita-
tem, vel Dignitates, vel Canonicatus unum corpus cum
veteribus efficientes, et simul de consuetis quotidianis
distributionibus participantes, collatis cum Regis consiliis, de novo erigere libere, et licite unusquisque
possit, ac valeat, salvis tamen, et integris manentibus,
vel in suo robore respective restitutis iuribus omnibus,
aut praerogativis, quibus Capitula praedicta ante annum
millesimum octingentesimum tertium legitime potieban-
tur, et quibus hac Nostra Constitutione nominatim
derogatum non fuerit; salvis praeterea, vel restitutis,
ut antea, in quorumlibet beneficiorum ad praefatas
Dioeceses pertinentium collationibus, nisi secus in posterum, mutuo utriusque partis consensu, aliqua in
parte constituatur, tam reservationibus, et affectionibus
Apostolicis, quam iure, vel privilegio eidem carissimo
in Christo filio Nostro Victorio Emmanueli Sardiniae
Regi Illustri, Eiusque Successoribus ad eas Dignitates,

1817 vel Canonicatus praedictarum Cathedralium, aut Colle-
glatarum Ecclesiarum, aliaye beneficia praesentandi, vel
respective nominandi, ad quae ante annum millesimum
octingentesimum tertium ex iure, vel privilegio praedictis, aliove titulo legitime praesentabat, vel nominabat,
salvo denique, vel restitute quovis iurepatronatus quod
tam Ecclesiasticis, quam Laicis personis, familiis, com-
munitatibus, civitatibus, collegiis, aliisque omnibus in
eorůmdem Capitulorum Dignitates vel Canonicatus, aliare
beneficia, ut supra, legitime competebat. Unicuique
insuper ex noviter erectis Capitulis Cathedralibus, et
eorum Dignitates et Canonici capitulariter congregati
pro respectivae Ecclesiae rerum spiritualium, ac tem-
poralium felici directione, onerumque illis incumbentium
supportatione, divinorum officiorum quotidiana recita-
tione, et missarum, sacrarumque functionum celebra-
tione, quaecumque statuta, licita tamen, et honesta,
sacrisque Canonibus, et Constitutionibus Apostolicis
minime repugnantia, praevio ordinarii loci examine, et
approbatione, de novo edere, atque edita reformare,
et in meliorem formam redigere, atque ab iis, ad
quos pro tempore spectabit, sub poenis in contrave-
nientes statuendis, observari facere libere, ac licite
possint, et valeant, eadem Apostolica Auctoritate, licentiam harum tenore impertimur. Quod vero pertinet ad
supradictarum Ecclesiarum tam Archiepiscopalium Taurinensis, et Vercellensis, quam Episcopalium Albensis,
Alexandrinae, Aquensis, Astensis, Augustanae, Bobiensis, Bugellensis, Casalensis, Cuneensis, Dertonensis,
Fossanensis, Eporediensis, Montis Regalis, Pinaroliensis, Salutiarum, ac Segusinae a primaeva etiam erectione
vacantium, canonicam provisionem laudato carissimo in
Christo filio Nostro Victorio Emmanueli Sardiniae Regi
Illustri, ac moderno Sabaudiae, Montisferrati, et Genuae
Duci, ac Pedemontii Principi, illiusque Successoribus
ipsis, et eorum temporali Dominio subditis in integritate
obedientiae Sanctae Sedi persistentibus, ius nominandi
infra tempus a iure praefinitum Nobis, ac Romano
Pontifici pro tempore existenti Ecclesiasticas idoneas
personas in Archiepiscopos, et Episcopos praeficiendas,
prout antea quoque nominare consueverunt, nihil tamen
circa id, quod tam quoad praedictas nominationes, et
canonicam provisionem, quam quoad examen, et con-
secrationem nominatorum ante annum millesimum octin-

gentesimum . tertium servabatur; innorantes, vigore 1817
praesentium, confirmamus, ac de novo insuper perpetuo
concedimus, atque tribuimus. .

Nunc autem ut duorum Monasteriorum ordinis
Sancti Benedicti Abbatiarum nuncupatorum pridem nullius Dioecesis existentium, Sancti Michaelis de Clusa,
et Sancti Benigni de Fructuaria ob illorum antiquitatem, et celebritatem constans memoria servetur, atque
votis etiam praelaudati Victorii Emmanuelis Regis benigne indulgeamus, eadem Monasteria, quae iam antea una cum tribus aliis per primodictas Apostolicas
literas anno millesimo octingentesimo tertio editas,
omnino suppressa, et extincta fuerant, et quorum bona
in vim decreti antedictae bonae memoriae Ioannis
Baptistae Cardinalis anno millesimo octingentesimo quinto
Auctoritate Nostra lati, mensis Archiepiscopali Taurinensi, et Episcopali, Eporediensi fuerant unita, et applicata, firma, atque integra manente suppressione,
status, et qualitatis nullius; eadem Monasteria Sancti
Michaelis de Clusa, et Sancti Benigni de Fructuaria
praefati ordinis Sancti Benedicti Abbatias nuncupatas,
et in commendam ab Apostolica Sede conferri solitas
in antiquis respectivis earum Ecclesiis de novo, absque
tamen ullo separato territorio, et ordinariae iurisdi-
ctionis exercitio, ut idoneis personis Ecclesiasticis a
Nobis, et Romanis Pontificibus successoribus Nostris
modo, et forma, ac terminis iam ante praedictam suppressionem statutis, atque usitatis ad praefati Regis nominationem conferri deinceps valeant, in perpetuum eri-
gimus, et instituimus ac proinde omnia, et singula
bona, proprietates, reditus, et proventus cuilibet ex
praedictis duabus Abbatiis ante memoratam illarum
suppressionem spectantibus, a praedictis Taurinensi et
Eporediensi mensis dividimus, et abstrahimus, atque
unicuique Abbatiae, prorsus integre, ac libere restitui,
et consignari volumus, et mandamus. Et quoniam in
ipsis duabus Abbatiis erecta pridem reperiebantur Seminaria, puerorum Ecclesiastica, quorum redintegra-
tionem, deficiente in posterum ordinarii praesentia,
minime expedire arbitramur, idcirco quaelibet bona,
reditus, et proventus iam hisce Seminariis pertinentes,
aliis Seminariis puerorum Ecclesiasticis illarum Dioece-
sium, quibus dictarum Abbatiarum territoria incorporata
dignoscentur, perpetuo integre, ac libere unimus, ap-

1817 plicamus, et appropriamus, sub lege tamen in Seminariis ipsis alendi, atque educandi tot pueros in locis
antiquum praefatarum Abbatiarum territorium iam efformantium respective natos, quot adiunctis cuiuslibet Semi-
narii reditibus annuatim respondeant; ex quorum quidem
puerorum numero, duo a pro tempore existentibus Sancti
Michaelis de Clusa, et Sancti Benigni de Fructuaria
respectivis Abbatibus Commendatariis erunt successive
nominandi. Demum ut in futuris dictarum noviter
erectarum Episcopalium Ecclesiarum, videlicet Albensis, Alexandrinae, Augustanae, Bobiensis, Bugellensis,
Dertonensis, Fossanensis, Pinaroliensis et Segusinae
provisionibus Apostolicis de more conficiendis eadem
respectiva taxa servetur, quae ante priorem illarum
suppressionem in libris Camerae Apostolicae iam erat
descripta; utque Episcopalis Ecclesia Cuneensis, ac
etiam attenta status immutatione Abbatialium Sancti
Michaelis de Clusa, et Sancti Benigni de Fructuaria
Ecclesiarum nova taxa in ipsius Camerae Apostolicae
libris, modo et forma consuetis, in illarum quoque
Apostolicis provisionibus de more servanda conficiatur,
volumus, atque mandamus.

" Ut autem hac ipsa opportunitate spirituali quoque
regimini, aliorum Christifidelium animis supradicti Regis temporali dominio pariter subiectis, et commorantibus
in quinque locis vulgo nuncupatis Gravellona, Cassolo
vecchio, Cassolo nuovo, Vignarello, et Villanova, intra
limites amplae Novariensis Dioecesis consistentibus, ex-
peditius, atque utilius consulatur, praevia illorum exemptione, ac liberatione a quocumque Novariensis Antistitis ordinario iure, et subiectione; eadem quinque supra
enunciata loca cum suis Parochialibus territoriis, et
aliis Ecclesiis, personis tam Ecclesiasticis, quam Laicis,
et locis piis in illis fortasse existentibus, finitimae Dioecesi Viglebanensi perpetuo unimus, et incorporamus,
ac futuri, et pro tempore existentis Viglebanensis Episcopi iurisdictioni, obedientiae, et auctoritati subiicimus
atque supponimus. Quum vero opportunum, et conveniens Nobis sit visum, praefati quoque Victorii Emmanuelis petitione concurrente, in amplo Sabaudiae Ducatu, in quo olim una Metropolitana, et tres Cathedrales Ecclesiae erectae reperiebantur, quas per Apostolicas nostras literas sub *datum* Romae apud Sanctam
Mariam Maiorem anno incarnationis Dominicae mille-

simo octingentesimo primo, tertio kalendas decembris, 1817
quarum initium qui *Christi Domini vices* suppressimus,
et extinximus, novam deinde in eisdem literis pro
toto Ducatu praedicto Episcopalem Camberiensem Sedem erigentes, dum matura, et diligenti deliberatione
perpenditur, si, et in quo numero aliae Ecclesiae
de novo erigendae a Nobis sint Cathedralem interea
Camberiensem Ecclesiam, cuius Sedes in Principe Du-
catus Urbe constituta est, in Metropolitanam erigere;
hinc Nos ad maiorem Dei omnipotentis gloriam, et
Catholicae Ecclesiae splendorem simulque Christi fidelium utilitatem, supradictam Episcopalem Ecclesiam Camberiensem sub titulo Sancti Francisci Salesii Episcopi,
et Confessoris, cum suo existente Capitulo, praevia
illins omnimoda solutione, et exemptione, a quocumque
Metropolitico iure, dependentia, ad subiectione Archiepiscopali Ecclesiae Lugdunensi, cui ad praesens suffragatur, praestito iam a dilecto in Christo filio Nostro Iosepho
Sanctae Romanae Ecclesiae Presbytero Cardinali Fesch
nuncupato moderno Archiepiscopo consensu, et eiusdem Ecclesiae Capituli consensum ad cautelam supplentes, de speciali dono gratiae, ad Archiepiscopalis
Metropolitanae Ecclesiae gradum, et dignitatem extol-
limus, firmo manente favore praedicti Victorii Emmanuelis eiusque Successorum iure nominationis ad eam
Ecclesiam, prout ei antea competebat. Eidem noviter
erectae Metropolitanae Ecclesiae in suffraganeam interea
assignamus Episcopalem Ecclesiam Augustanam,
quam de novo pariter ut supra, ereximus, quae dum
antiquitus existebat, suffraganea erat Archiepiscopalis
Ecclesiae Tarantasiensis in eodem Dubatu positae,
eamdemque Archiepiscopi Camberiensis iuri Metropolitico perpetuis futuris temporibus, simili auctoritate Nostra Apostolica subdimus, et submittimus, reservantes
Nobis eidem Camberiensi Metropolitanae Ecclesiae illas quoque Cathedrales Ecclesias, quas in Sabaudiae
Ducatu de novo erigere iudicabimus, in suffraganeas
assignare.

Perpendentes praeterea ad maiorem tam Pastorum
quam Fidelium commodum, et utilitatem conducere si
Episcopales Ecclesiae Dertonensis, et Bobiensis de
novo a Nobis, ut supra, erectae Ianuensi potius, ad
quam urbem frequentior, et expeditior esse solet a
civitatibus illis accessus, quam Taurinensi, cui antiqui-

1817 tus subiectae erant, Metropoli subiiciantur; Nicaeensem vero, iisdem de causis, convenientius praefatae Metropolitanae Ianuensi, Ecclesiae, quam Provinciae Aquensi in Provincia subdi posse; hinc Nos, re iam quoad Nicaeensem Dioecesem Aquensi Capitulo, Sede Archiepiscopali vacante, a Nobis significata, et quatenus opus sit, consensu futuri Archiepiscopi supplentes, praefatam Nicaeensem Cathedralem Ecclesiam a quacumque subiectione, et dependentia a Metropolitico iure Archiepiscopi Aquensis de Apostolicae potéstatis plenitudine, subtrahentes, eam una cum supradictis Cathedralibus Ecclesiis Dertonensi, et Bobiensi Archiepiscopi Ianuensis Metropolitico iuri perpetuis futuris temporibus, simili Apostolica Auctoritate, subdimus, atque submittimus.

Quoniam vero Caprariae insula, quae nunc temporali dominio Sardiniae Regis subiecta est ab Adiacensi Civitate, cuius nunc Antistiti subest, quam a Ianuensi urbe, cum qua illius insulae habitatores frequentioris commercii necessitudinem habent, magis distat; Nos praedictam Caprariae insulam cum suis Clero, et populo, habito iam Adiacensis Episcopi consensu, ab eiusdem Dioecesi subtrahimus, et Ianuensi Dioecesi de Apostolica Auctoritate Nostra, unimus, atque incorporamus.

Quocirca, dilecto in Christo filio Nostro, Paulo Iosepho Sanctae Romanae Ecclesiae Presbytero Cardinali Solaro nuncupato, olim Episcopo Augustae Praetoriae, quem executorem praesentium Nostrarum Literarum Apostolicarum eligimus, ac deputamus, ad hoc ut, constito de libera redintegratione antedictorum, omnium bonorum, atque redituum, ipse per se, vel per aliam, seu per alias personam, seu personas in Ecclesiastica dignitate constitutam, seu constitutas ab eo specialiter subdelegandam, vel subdelegandas, pro supra dictarum Archiepiscopalium, et Episcopalium Ecclesiarum nova erectione, nec non Capitulorum numero vel iam superius distinctim enunciato, vel post adcuratam Dignitatum, et Canonicorum actu existentium verificationem, firmiter iuxta illam pro qualibet Ecclesia declarando, ac puerorum Ecclesiasticorum Seminariorum, ac mensarum Episcopalium, et Capitularium respectivis institutionibus, dotationibus; itemque territoriorum unamquamque Archiepiscopalium, et Episcopalium tam

iam existentium, quam noviter erectarum Ecclesiarum 1817
Dioecesim efformantium respectiva adsignatione, novaque
similiter erectione praefatarum duarum Ecclesiarum
Abbatialium, ceterisque aliis in hisce Nostris literis contentis, atque statutis, omnia, et singula, quae necessaria dignoverit gerere, facere, disponere, ac statuere,
omnesque cuiusvis generis quaestiones, ac controversias
super praemissis forsitan exorituras, examinare, iudi-
care, et definire libere, ac licite possit, et valeat, necessarias omnes, et opportunas facultates concedimus,
et impertimur, simulque eidem Paulo Iosepho Cardinali, iniungimus, ut, post completam harum literarum
executionem, actorum omnium authenticum exemplum
infra bimestre ad urbem transmittere teneatur in con-
cistoriales tabulas referendum.

Praesentes autem literas, et in eis contenta quaecumque nullo unquam tempore, etiam ex eo, quod
quicumque in iis interesse habentes, vel habere prae-
tendentes vocati, et auditi non fuerint, ac auditi quoque praemissis non consenserint, de subreptionis, vel
obreptionis, aut nullitatis vitio, seu intentionis Nostrae,
vel quovis alio substantiali, et inexcogitato defectu no-
tari, impugnari, invalidari, in ius, vel controversiam
deduci, aut adversus illas quodcumque iuris, vel facti,
aut gratiae remedium impetrari posse, nec illas sub
quibusvis derogationibus, aut aliis contrariis dispositio-
nibus comprehendi, sed tamquam ad Divini Cultus
augmentum, et ad Christifidelium spirituale regimen
in eorum animarum salutem editas, et emanatas, ab
illis semper excipi, validasque, et efficaces esse, et
fore, suosque plenarios, et integros effectus, sortiri et
obtinere, sicque ab omnibus observari, et ita per
quoscumque Iudices, Ordinarios, vel Delegatos, quavis auctoritate fungentes, sublata eis qualibet aliter
iudicandi, et interpretandi facultate, iudicari, et definiri debere volumus, atque mandamus. Et si secus
super his a quoquam quavis auctoritate scienter, vel
ignoranter contigerit attentari, irritum, et inane decernimus, non obstantibus quibusvis etiam in Provin-
cialibus, vel Generalibus Conciliis editis Constitutionibus et Ordinationibus Apostolicis, ac Nostris, et Can-
cellariae Apostolicae regulis, necnon supradictarum Ecclesiarum, etiam confirmatione Apostolica, vel quavis
firmitate alia roboratis statutis, consuetudinibus, conces-

1817 sionibus, et indultis etiam specifica, et individua mentione dignis, quibus omnibus, et singulis, eorumque totis tenoribus, et formis, etiamsi de illis specialis, specifica, et individua mentio, seu quaevis alia expressio habenda, aut alia aliqua exquisita forma ad hoc servanda foret, illorum tenores praesentibus pro expressis habentes, ad singulorum omnium, et praemissorum effectum, latissime, et plenissime, ac specialiter et expresse derogamus, et derogatum esse intendimus, ceterisque contrariis quibuscumque. Volumus autem, ut praesentium literarum transumptis, etiam impressis, manu tamen alicuius Notarii publici subscriptis, ac sigillo personae in Ecclesiastica Dignitate constitutae munitis, eadem prorsus fides ubique adhibeatur, quae ipsis praesentibus adhiberetur si forent exhibitae, vel ostensae. Nulli ergo omnino hominum liceat hanc paginam Nostrarum circumscriptionis, erectionis, constitutionis, extinctionis, annullationis, assignationis, elevationis, exemptionis, liberationis, subiectionis, suppositionis, reservationis, restitutionis, dismembrationis, impartitionis, unionis, appropriationis, incorporationis, concessionis, facultatis, indulti, mandati, decreti, et voluntatis infringere, vel ei ausu temerario contraire. Si quis autem hoc attentare praesumpserit, indignationem omnipotentis Dei, ac Beatorum Petri, et Pauli Apostolorum Eius se noverit incursurum.

Datum Romae apud Sanctam Mariam Maiorem anno Incarnationis Dominicae millesimo octingentesimo decimo septimo, sexto decimo kalendas augusti Pontificatus Nostri anno decimo octavo. Loco ✂ plumbi.

Super quibus literis Apostolicis praesens transumptum confeci praesentibus DD. Francisco Lavizzari, et Odoardo Landuzzi Test. Subscript. Rocchetta. Concordat cum Originale. Subs. F. Isola Officialis Deput. Coad. Subs. A. Card. Prodatarius.

87.

Loi donnée dans le Royaume des Pays-
Bas, contenant des dispositions pé-
nales pour empêcher et réprimer la
traite des nègres. En date du 20. No-
vembre 1818.

(Journal officiel du Royaume des Pays-Bas, T. XIII.
Nro. 39.)

Nous Guillaume, par la grace de Dieu, Roi des
Pays-Bas, Prince d'Orange-Nassau, Grand-Duc de
Luxembourg, etc. etc.

A tous ceux qui les présentes verront, salut! Savoir fesons:

Ayant pris en considération non seulement que
par Notre Arrêté du 15. Juin 1814, Nous avons mis
en oeuvre des mesures préalables pour réprimer la
traite des nègres, mais encore que, par l'article 8 du
Traité du 13. Août 1814, ainsi que par l'article 1 du
Traité ultérieur du 4. Mai dernier, respectivement conclus avec la Grande-Bretagne, Nous Nous sommes
engagés d'une manière solennelle à reprimer et empêcher efficacement, par des dispositions, pénales ce
commerce si déhonorant pour l'humanité:

A ces causes Notre conseil d'Etat entendu, et de
commun accord avec les Etats-généraux, avons statué
et statuons:

Art. 1. A compter de la publication de la présente
Loi, il ne sera permis à aucun de Nos sujets, et généralement à aucun individu qui se trouverait dans l'é-
tendue de Notre Royaume, de faire la traite des nègres ni de prendre directement ou indirectement part
à ce commerce, soit en armant ou équipant des vaisseaux ou navires à cet effet, ou en participant, au
même effet, dans l'armement d'aucuns bâtimens nationaux ou autres, soit en les frètant ou affrétant sciem-
ment pour cet usage, soit en allant quérir, ou acheter, vendant ou échangeant, et en introduisant ou
fesant introduire ouvertement ou d'une manière clandestine, des nègres comme esclaves dans quelque colonie
ou établissement des Pays-Bas, situé hors de l'Europe,

1817 sionibus, et indultis etiam specifica, et individua mentione dignis, quibus omnibus, et singulis, eorumque totis tenoribus, et formis, etiamsi de illis specialis, specifica, et individua mentio, seu quaevis alia expressio habenda, aut alia aliqua exquisita forma ad hoc servanda foret, illorum tenores praesentibus pro expressis habentes, ad singulorum omnium, et praemissorum effectum, latissime, et plenissime, ac specialiter et expresse derogamus, et derogatum esse intendimus, ceterisque contrariis quibuscumque. Volumus autem, ut praesentium literarum transumptis, etiam impressis, manu tamen alicuius Notarii publici subscriptis, ac sigillo personae in Ecclesiastica Dignitate constitutae munitis, eadem prorsus fides ubique adhibeatur, quae ipsis praesentibus adhiberetur si forent exhibitae, vel ostensae. Nulli ergo omnino hominum liceat hanc paginam Nostrarum circumscriptionis, erectionis, constitutionis, extinctionis, annullationis, assignationis, elevationis, exemptionis, liberationis, subiectionis, suppositionis, reservationis, restitutionis, dismembrationis, impartitionis, unionis, appropriationis, incorporationis, concessionis, facultatis, indulti, mandati, decreti, et voluntatis infringere, vel ei ausu temerario contraire. Si quis autem hoc attentare praesumpserit, indignationem omnipotentis Dei, ac Beatorum Petri, et Pauli Apostolorum Eius se noverit incursurum.

Datum Romae apud Sanctam Mariam Maiorem anno Incarnationis Dominicae millesimo octingentesimo decimo septimo, sexto decimo kalendas augusti Pontificatus Nostri anno decimo octavo. Loco ✠ plumbi.

Super quibus literis Apostolicis praesens transumptum confeci praesentibus DD, FRANCISCO LAVIZZARI, et ODOARDO LANDUZZI Test. Subscript. ROCCHETTA. Concordat cum Originale. Subs. F. ISOLA Officialis Deput. Coad. Subs. A. Card. Prodatarius.

87.

Loi donnée dans le Royaume des Pays-
Bas, contenant des dispositions pénales pour empêcher et réprimer la
traite des nègres. En date du 20. Novembre 1818.

(Journal officiel du Royaume des Pays-Bas, T. XIII.
Nro. 39.)

Nous Guillaume, par la grace de Dieu, Roi des
Pays-Bas, Prince d'Orange-Nassau, Grand-Duc de
Luxembourg, etc. etc.

A tous ceux qui les présentes verront, salut! Savoir fesons:

Ayant pris en considération non seulement que
par Notre Arrêté du 15. Juin 1814, Nous avons mis
en oeuvre des mesures préalables pour réprimer la
traite des nègres, mais encore que, par l'article 8 du
Traité du 13. Août 1814, ainsi que par l'article 1 du
Traité ultérieur du 4. Mai dernier, respectivement conclus avec la Grande-Bretagne, Nous Nous sommes
engagés d'une manière solennelle à reprimer et empêcher efficacement, par des dispositions, pénales ce
commerce si déhonorant pour l'humanité:

A ces causes Notre conseil d'Etat entendu, et de
commun accord avec les Etats-généraux, avons statué
et statuons:

Art. 1. A compter de la publication de la présente
Loi, il ne sera permis à aucun de Nos sujets, et généralement à aucun individu qui se trouverait dans l'é-
tendue de Notre Royaume, de faire la traite des nègres ni de prendre directement ou indirectement part
à ce commerce, soit en armant ou équipant des vaisseaux ou navires à cet effet, ou en participant, au
même effet, dans l'armement d'aucuns bâtimens nationaux ou autres, soit en les frètant ou affrétant sciem-
ment pour cet usage, soit en allant quérir, ou acheter, vendant ou échangeant, et en introduisant ou
fesant introduire ouvertement ou d'une manière clandestine, des nègres comme esclaves dans quelque colonie
ou établissement des Pays-Bas, situé hors de l'Europe,

1818 ou même dans des colonies ou établissemens étrangers, à peine pour les contrevenans et leurs complices, d'une amende de 5000 Florins et en outre de réclusion pour cinq années.

Art. 2. Seront punis des mêmes peines, les Capitaines de navires, pilotes et subrécargues qui auront pris service à bord d'un bâtiment, sâchant qu'il était employé à la traite des nègres, et qui auront ainsi exercé ou favorisé ce commerce illicite, soit pour leur propre compte soit pour compte d'autrui.

Art. 3. Les matelots ou autres gens de l'équipage qui auront eu connaissance que le bâtiment sur lequel ils servent, était destiné à faire ou favoriser la traite des nègres, seront punis d'un emprisonnement de six mois au moins et de deux années au plus. Ceux qui viendront à l'apprendre par la suite, sont dès ce moment quittes et déchargés de leur engagement, et ils seront tenus sous la même peine, de quitter le service dès qu'ils pourront le faire sans danger.

Art. 4. La peine d'emprisonnement mentionnée à l'art. 3 sera de même encourue par tous assureurs, courtiers de navires et autres, qui auront assuré quelque vaisseau ou navire ou qui en auront favorisé l'affrètement en quelque manière que ce soit, sâchant qu'il était destiné à la traite des nègres; en outre leur patente sera sur le champ supprimée, sans qu'il puisse dans la suite leur en être délivré de semblable.

Art. 5. Les dispositions pénales ci-dessus énoncées, ne seront néanmoins nullement applicables dans les cas où des esclaves actuellement existans dans les colonies, ou leurs enfans nés ou à naitre, viendraient à être transportés dans les Indes occidentales, soit d'une colonie des Pays-Bas à une autre ou d'une colonie étrangère à une autre, ou d'une colonie des Pays-Bas à une colonie étrangère, ou d'une colonie étrangère à une colonie des Pays-Bas, ou enfin d'une colonie quelconque dans les Indes occidentales à une autre partie. Déclarons au contraire bien expressement que nul ne pourra en aucune manière être inquiété à ce sujet, attendu que le dit transport n'est point compris dans les prohibitions de la présente loi.

Art. 6. Pareillement les peines comminées par la présente loi ne pourront être rendues applicables à ceux qui auront sauvé et secouru quelque bâtiment chargé

d'esclaves, se trouvant en détresse, ou bien qui auront 1818
reçu à bord des esclaves embarqués sur un tel bâtiment, pourvû qu'à son entrée dans le premier port où
il viendra à relâcher, le Capitaine ou Patron en fasse
déclaration en bonne forme dans les 24 heures.

Mandons et ordonnons que la présente loi soit
insérée au *Journal officiel*, et que Nos Ministres et
autres autorités qu'elle concerne, tiennent strictement
la main à son exécution.

Donné à Bruxelles, le 20. Novembre de l'an 1818,
et de Notre Règne le cinquième.

GUILLAUME.

Par le Roi,
J. G. DE MEY VAN STREEFKERK.

88.

*Convention entre l'Electeur de Hesse
et le Landgrave de Hesse-Rotenbourg,
conclue sous la mediation du Roi de
Prusse en exécution du Traité du 6
Octobre 1815 *).   En date de Cas l,
le 10. Mai 1820.*

Vertrag zwischen Seiner Königlichen Hoheit dem
Kurfürsten von Hessen Wilhelm I. und Sr. Hochfürstlichen Durchlaucht dem Landgrafen von Hessen-Rotenburg, unter Königlich Preussischer Vermittelung,
über die Vollziehung des Vertrags vom 16. October
1815 zwischen der Krone Preussen und Kurhessen,
welchem des Landgrafen von Hessen-Rotenburg Durchlaucht beigetreten sind.

Seine Königliche Hoheit der Kurfürst von Hessen
und Seine Hochfürstliche Durchlaucht der Landgraf
von Hessen-Rotenburg, in der Absicht, die in dem
Vertrage vom 16. Octbr. 1815 zwischen der Krone
Preussen und dem Kurfürstl. Hause Hessen Art. 19
bis 24 festgesetzten, dem Fürstlichen Hause Hessen-
Rotenburg, welches diesem Tractate in einem beson-

---

*) Voy. *Recueil* Supplém. T. VII. (Nouv. Recueil T. III.) Nro. 25.
p. 331 et suiv. et T. VIII. (Nouv. Rec. T. IV.) Nro. 26. p. 154.

1820 deren Vertrage von gleichem dato mit der Krone
Preussen beigetreten ist, zugesicherten, und in einem
nachfolgenden Vertrage vom 4. März 1816 näher bestimmten Entschädigungen, nunmehr schliesslich zu reguliren, haben unter Königl. Preussischer Vermittelung,
in gemeinschaftlicher Uebereinkunft, hierüber einen
endlichen Vertrag zu errichten beschlossen.

Es sind daher, unter vermittelnder Leitung des
von seinem allerhöchsten Gouvernement dazu beauftrag-
ten Königlich Preussischen Herrn Legationsraths und
Rittmeisters, Ritter mehrerer Orden, von Haenlein,
Namens Seiner Königlichen Hoheit des Kurfürsten von
Hessen, der Kurhessische Herr Oberpost-Director und
Geheime Kriegsrath von Starckloff, Commandeur
des Kurhessischen Ordens vom goldenen Löwen, und
Namens Seiner Hochfürstlichen Durchlaucht des Land-
grafen von Hessen-Rotenburg, der Herr Geheime
Rath Goessel, Ritter des Königlich Hannöverschen
Guelphen-Ordens, zusammen getreten, und nach Aus-
wechselung ihrer gegenseitigen Vollmachten, über fol-
genden Vertrag übereingekommen.

Art. 1. Der Vertrag zwischen der Krone Preussen
und Kurhessen vom 16. October 1815, welchem das
Fürstliche Haus Hessen-Rotenburg in einem Vertrage
mit der Krone Preussen von gleichem Tage beigetreten, setzt fest, dass dieses Fürstliche Haus für seine
abgetretenen Besitzungen von Kurhessen mit einem in
den Kurhessischen Staaten gelegenen Domainen-Complex entschädigt werden soll. Die abgetretenen Hessen-
Rotenburgischen Besitzungen, deren Vergütung dem
Kurhause Hessen auf diese Weise obliegt, gewährten,
nach dem, über die wechselseitigen Revenüen-Liquidationen zwischen der Krone Preussen und Kurhessen
abgeschlossenen, Vertrage vom 9. October 1817 eine
jährliche Revenüe von Fünf und Funfzig Tausend Thaler Conventionsgeld in 20 Fl. Fuss.

Zwischen Kurhessen und Hessen-Rotenburg ist,
unter Königlich Preussischer Vermittelung, in einem
weitern Vertrage vom 4ten März 1816 die Uebereinkunft getroffen, dass diese Revenüe, welcher
die Fidei-Commiss-Qualität anklebt, und welche,
nach dem Vertrage vom 16ten October 1815 in den
Kurhessischen Staaten mit allen den hausvertrags-
mässigen Rechten und Vorzügen der übrigen Hes-

sen-Rotenburgischen Stamm-Besitzungen in Hessen 1820 zu gewähren wäre, gegen Remission eines Sechstheils, allodificirt, und dem Hause Hessen-Rotenburg durch eine Mediat-Besitzung unter Königlich Preussischer Souverainetät überwiesen werden soll.

Art. 2. Zu dem Ende und um das Einkommen von Fünf und Vierzig Tausend Achthundert drei und dreissig Thaler 16 Ggr. Conventionsgeld in 20 Fl. Fuss, welches dem Fürstlichen Hause auf diese Weise zu vergüten bleibt, zu decken, haben, unter Königlich Preussischer Vermittelung, Seine Königliche Hoheit der Kurfürst von Hessen, Seiner Durchlaucht dem Landgrafen von Hessen-Rotenburg die Herrschaft Ratibor und die ehemaligen Stifter zu Rauden und Ratibor, nämlich das Cisterzienser-Stift zu Rauden, und das Jungfrauenstift, das Collegiatstift, das Dominicanerstift; das Kreutzprobsteistift zu Ratibor in Oberschlesien, als ein freies Allodium und mit der Befugniss, unter den Lebendigen und von Todeswegen, nach Gefallen darüber zu disponiren, und frei von Schulden, zum Eigenthum angeboten, und Seine Hochfürstliche Durchlaucht der Landgraf haben diese Anerbietung acceptirt.

Art. 3. Wenn gleich es der Natur des Hessen-Rotenburgischen Entschädigungswesens und dem Inhalte der deshalb errichteten früheren Verträge angemessen gewesen wäre, von Seiten Seiner Königlichen Hoheit des Kurfürsten die Acquisition der im Art. 2. benannten Güter besorgen, und solche dem Hause Hessen-Rotenburg als Entschädigung überweisen zu lassen; so ist man doch um eine zweimalige Besitz-Veränderung zu vermeiden und das Geschäft zu vereinfachen, übereingekommen, dass des Landgrafen Durchlaucht sich der Erwerbung dieser Besitzungen unmittelbar unterziehen und Seine Königliche Hoheit der Kurfürst die Mittel hergeben wollen, welche zu Erwerbung derselben von Nöthen sind. Es ist demnach zwischen dem gegenwärtigen Herrn Besitzer der Güter und des Landgrafen von Hessen-Rotenburg Durchlaucht am heutigen Tage ein bündiger Vertrag abgeschlossen worden, wodurch des Landgrafen Durchlaucht das Eigenthum derselben, als ein Allodium und frey von Schulden erworben haben, und

1820 in welchem die Vortheile bestimmt sind, welche der
Herr Verkäufer als Kaufwerth zu empfangen hat.

Art. 4. Diese Mittel, zu deren vollständiger Gewährung Seine Königliche Hoheit der Kurfürst, sich
hierdurch verbindlich machen, sind folgende:

a) eine baare Summe von Zweimalhundert Ein und
Funfzig Tausend Vierhundert Sieben und Achtzig Thaler 14 Ggr. in Hessischer Währung dergestalt, dass
binnen vier Wochen nach der Ratification des gegenwärtigen Vertrags Einmalhundert Tausend Thaler, und
alsdann in drey Terminen, jedesmal nach 2 Monaten
der Rest der Zweimalhundert Ein und Fünfzig Tausend
Vierhundert Sieben und Achtzig Thaler 14 Ggr. in
Cassel baar erlegt, auch die an diesen Terminen nicht
bezahlte Summe mit Fünf vom Hundert verzinset werde;

b) Zweimalhundert Acht und Vierzig Tausend in
folgenden Königlich Preussischen Obligationen:
Einhundert und Funfzig Tausend Thaler in Obligationen vom Anlehen vom 6ten Januar 1817 debitirt
durch Rothschild, Zehntausend Thaler in Wittgensteinischen Preussischen Obligationen, und Acht
und Achtzig Tausend Thaler in Englisch Preussischen Obligationen, nach dem Nominalwerth
mit Zins-Coupons vom Tage der Aushändigung der
Obligationen, welcher der der Ratification dieses
Tractats ist;

c) Siebenmalhundert Sechs und Sechzig Tausend
Einhundert und dreizehn Thaler und 12 Ggr. 6 Hll. in
Privatobligationen, sammt den von einem dazu gehörigen Kapital der Einmalhundert und Fünf Tausend
Thaler rückständigen Zinsen, welche Papiere gleichfalls am Tage der Ratification dieses Vertrags ausgehändigt werden.

Art. 5. Sämmtliche Art. 4. von a bis c benannte baare
Geldsummen und öffentliche und Privat-Obligationen werden einem, besonders hierzu ernannten Bevollmächtigten
Seiner Durchlaucht des Landgrafen von Hessen-Rotenburg eingehändigt, um sich solcher Hessen-Rotenburgischer Seits zum Zweck der Raudner und Ratiborer Güter-Erwerbung bey dem gegenwärtigen Herrn
Besitzer derselben, in Gemässheit des heute mit ihm
abgeschlossenen Vertrags, zu bedienen.

Art. 6. Um die Entschädigung des fürstlich Hessen-
Rotenburgischen Hauses noch mehr zu vervollständigen,

wollen Seine Königliche Hoheit der Kurfürst Seiner Durchlaucht dem Landgrafen von Hessen-Rotenburg noch andere und zwar die nachbenannten Vortheile zuwenden. Seine Königliche Hoheit der Kurfürst bewilligen nämlich in dieser Absicht Seiner Durchlaucht dem Landgrafen

a) die Allodification des Hessen-Rotenburgischen Antheils an der sogenannten Ganerbschaft Treffurt, welche unter Königlich Preussischer Souveränetät im Regierungsbezirk Erfurt liegt, so dass des Landgrafen Durchlaucht, unter den Lebendigen und von Todes wegen, frey darüber zu disponiren befugt sind;

b) Die Löschung einer Schuld von Fünf und Vierzig Tausend Fünfhundert Thaler, womit das Haus Hessen-Rotenburg Seiner Königlichen Hoheit verhaftet ist, sammt den vom 1. July 1819 rückständigen Zinsen und wollen Sie die deshalbige Schuldverschreibung Seiner Durchlaucht dem Landgrafen zurückliefern lassen; dahingegen die bis zum 1. July 1819 rückständigen Zinsen von gedachtem Kapital mit Ein Tausend Einhundert Ein und Siebenzig Thaler 8 Ggr. 15 Hl. in Abzug gebracht werden.

Art. 7. Die einstweilige Rente, welche des Landgrafen Durchlaucht, nach Inhalt des Vertrags vom 22. Januar 1816 von Seiner Königlichen Hoheit dem Kurfürsten zu empfangen haben, cessirt vom 1. July 1819 an.

Art. 8. Da die in gegenwärtigem Vertrage und in dem frühern vom 4. März 1816 ausgesprochenen Allodificirungen lediglich zu Gunsten Seiner Durchlaucht des Landgrafen von Hessen-Rotenburg geschehen sind, so haben auch Ihre Seitenverwandten daran keinen Antheil.

Art. 9. Durch alle in den vorstehenden Artikeln von Seiten des Kurfürsten zu Gunsten des Landgrafen geschehenen Bewilligungen, halten und erklären sich Seine Durchlaucht in Rücksicht aller derjenigen Ansprüche auf das vollständigste für abgefunden, welche Ihnen bisher aus den Verträgen vom 16. Octobr. 1815 und 4. März 1816 aus irgend einem Titel an des Kurfürsten Königliche Hoheit zugestanden haben. Indem Sie daher hierdurch allen und jeden ferneren Ansprüchen aus dem bezeichneten Fundament an des Kurfürsten Königliche Hoheit, auf das feyerlichste entsagen, ent-

1820 binden Sie auch die Krone Preussen von der in dieser Beziehung früher übernommenen Garantie.

Art. 10. Gegenwärtiger Vertrag, welcher von dem vermittelnden und von den gegenseitigen Bevollmächtigten unterschrieben und besiegelt, und dreimal ausgefertigt wird, soll den Allerhöchsten und Höchsten Committenten zur Genehmigung vorgelegt, und die Ratificationen sollen binnen 4 Wochen, oder früher, wenn es seyn kann, ausgewechselt werden.

So geschehen Cassel den zehnten Mai Eintausend Achthundert und zwanzig.

(gez.) Louis von Haenlein.

(L. S.)

Georg Wilh. v. Starckloff. Carl Wilh. Goessel.

(L. S.) (L. S.)

Ratifications-Urkunde des Königs von Preussen in Betreff des Vertrags v. 10. Mai 1820.

Nachdem durch Unsere Vermittelung zwischen Sr. Königl. Hoh. dem Kurfürsten von Hessen und Sr. Durchl. dem Landgrafen von Hessen-Rotenburg, durch die zu diesem Zweck ernannten Bevollmächtigten, nämlich den Legationsrath Ludwig von Hänlein Unserer Seits, den Oberpostdirektor und Geh. Kriegsrath Georg Wilhelm von Starckloff Kurhessischer Seits und den Geheimen Rath Carl Wilhelm Gössel Hessen-Rotenburgischer Seits, ein Vertrag de dato Cassel, den 10. Mai 1820 abgeschlossen worden, der wörtlich also lautet:

(Folgt der Text des Vertrags.)

So haben Wir diesen Vertrag, nach vorheriger Durchsicht und Untersuchung, angenommen, genehmigt, bestätigt und ratificirt, so wie Wir ihn durch die gegenwärtige Urkunde annehmen, genehmigen, bestätigen und ratificiren. Wir geben Unser Königliches Wort für Uns und Unsere Nachfolger, diesen Vertrag in allen seinen Punkten zu erfüllen und aufrecht zu erhalten, auch keine Eingriffe in denselben zu gestatten.

Des zu Urkund haben Wir das gegenwärtige Ratifications-Instrument eigenhändig unterschrieben und Unsere Königl. Insiegel beidrucken lassen.

Gegeben Berlin, den 30. Mai 1820, im 23sten Unserer Regierung. Friedrich Wilhelm.

Ratifications-Urkunde des Kurfürsten von Hes- 1820
sen in Betreff des Vertrags v. 10. *Mai* 1820.

Von Gottes Gnaden Wir Wilhelm I., Kurfürst und
souverainer Landgraf von Hessen etc. etc. Urkunden
und bekennen hiermit:

Dass wegen der in Gemässheit der Conventionen
vom 16. October 1815 und 4. März 1816 Sr. Durchl.
dem Landgrafen von Hessen-Rotenburg bestimmten
Entschädigungen, unter Vermittelung Sr. Königl. Maj.
von Preussen, von den ernannten Bevollmächtigten
nachstehender Definitiv-Vertrag sub dato Cassel den
10. Mai 1820 unterzeichnet worden ist, welcher von
Wort zu Wort also lautet:

(Folgt der Text des Vertrags.)

Nachdem Wir nun vorstehenden Vertrag in allen
seinen Punkten in reifliche Erwägung gezogen haben;
so genehmigen, billigen und ratificiren Wir denselben
hierdurch auf das feierlichste und versprechen, indem
Wir die Uns daraus erwachsenen und zukommenden
Rechte förmlich annehmen, alle Bestimmungen desselben auf das genaueste zu erfüllen und darauf zu halten, dass solchen auch von den Unsrigen pünktlich
nachgelebt werde.

Zu dessen Urkunde haben Wir diese Ratifications-
Urkunde allerhöchsteigenhändig unterzeichnet und mit
Unserm Kurfürstl. Staats-Insiegel bedrucken lassen.

. So geschehen Cassel, den 13. Mai 1820.

WILHELM K.

vdt. v. SCHMERFELD.

89.

Convention entre le Prince électoral
de Hesse et le Landgrave de Hesse-
Rotenbourg pour la cession de Ratibor
et Rauden en Silésie en faveur du der-
nier, d. d. Cassel, le 10. *Mai* 1820.

Seine Hoheit der Kurprinz von Hessen haben
durch die zwischen Ihnen und dem Herrn Fürsten zu
Sayn-Wittgenstein Hochfürstliche Durchlaucht auf den
Grund einer früheren Kaufabrede unterm 1. July 1812

1820 gerichtlich errichtete Kaufpunctation die Herrschaft
Ratibor in Oberschlesien käuflich an Sich gebracht,
und Sich seit der Zeit im Besitze derselben befunden.

Gleichergestalt haben Seine Hoheit der Kurprinz
von Hessen in Gefolge der Königlich Preussischen
Kabinets-Ordre vom 28. November 1811, die ehemaligen Stiftsgüter zu Rauden und Ratibor in Oberschlesien, nämlich:

das Cisterzienser-Stift zu Rauden, das Jungfern-
Stift, das Collegiat-Stift, das Dominicaner-Stift
und das Kreuzprobsteistift zu Ratibor

Käuflich erworben, seit dem 1. July 1812 in Besitz gehabt, und über die endliche Bestimmung des Kaufprei-
ses derselben mit dem Königlich Preussischen Fiscus
unter heutigem Dato einen verbindlichen Vertrag abgeschlossen.

Da nun Seine Königliche Hoheit der Kurfürst
von Hessen, nach Inhalt des am heutigen Tage zwischen Ihnen und des Landgrafen von Hessen-Rotenburg Durchlaucht errichteten und dem gegenwärtigen
Tractat angehefteten Vertrags, Sich der Herrschaft
Ratibor und der eben genannten Stiftsgüter zu Rauden und Ratibor als Entschädigungsmittel zur Befriedigung des Landgrafen aus dem Vertrage zwischen der
Krone Preussen und Kurhessen am 16. October 1815
bedienen wollen, und Seine Hoheit der Kurprinz von
Hessen als Besitzer und Eigenthümer dieser Güter
Ihre Einwilligung dazu gegeben haben, und da ferner
zur Vermeidung einer zweimaligen Besitzveränderung
und zur Vereinfachung des Geschäfts in dem hier angehefteten Vertrage beliebt worden, dass anstatt einer
Erwerbung der Güter von Seiten Seiner Königlichen
Hoheit des Kurfürsten und einer von daher an des
Landgrafen Hochfürstliche Durchlaucht zu vollführen-
den Ueberlieferung derselben, des Landgrafen Durchlaucht diese Güter unmittelbar von Seiner Hoheit dem
Kurprinzen erwerben, und Seine Königliche Hoheit
der Kurfürst die Mittel gewähren wollen, welche die
Acquisition erfordert, so haben Seine Hoheit der Kurprinz von Hessen und Seine Hochfürstliche Durchlaucht des Landgrafen von Hessen-Rotenburg über die
käufliche Ueberlassung gedachter Besitzungen eine Uebereinkunft zu treffen beschlossen und zu dem Ende
in den Personen des Herrn Oberpost-Directors und

Geheimen Kriegsraths von Starckloff und des Herrn 1820 Geheimen Raths Goessel Ihre respectiven Bevollmächtigten ernannt, welche, nach Auswechselung Ihrer Vollmachten, folgenden Vertrag abgeschlossen haben.

Art. 1. Seine Hoheit der Kurprinz von Hessen treten dem zwischen Seiner Königlichen Hoheit dem Kurfürsten von Hessen und Seiner Hochfürstlichen Durchlaucht dem Landgrafen von Hessen-Rotenburg am heutigen Tage aufgerichteten und gegenwärtigem Vertrage angehefteten Tractate vollkommen bey.

Art. 2. Demzufolge überlassen Seine Hoheit der Kurprinz von Hessen an Seine Hochfürstl. Durchlaucht dem Landgrafen von Hessen-Rotenburg die von Ihnen eigenthümlich besessenen Güter in Oberschlesien, nämlich:

die Herrschaft Ratibor und die ehemaligen geistlichen Stifter, das Cistercienserstift Rauden und das Jungfrauenstift, das Collegiatstift, das Dominicanerstift, das Kreutzprobsteystift zu Ratibor,

zum vollkommenen Eigenthum und frey von aller Schuldenlast.

Art. 3. Die im Art. 2. benannten Güter, welche freies Allodium sind, bestehen aus den Schlössern, Gebäuden, Gärten, Pachtgütern, Erbpachtgütern, Mühlen, Zinsen, Zehnten, Waldungen, Jagden, Fischereyen etc. und allen Rechten und Gerechtigkeiten, wie Seine Hoheit der Kurprinz sie gegenwärtig besitzen.

In Hinsicht aller dieser Bestandtheile der Güter und in Hinsicht jedweder Schuldforderung an denselben leisten Seine Hoheit der Kurprinz Seiner Durchlaucht dem Landgrafen die Eviction.

Art. 4. Seine Hoheit der Kurprinz von Hessen machen Sich verbindlich, die Uebergabe dieser Güter an des Landgrafen von Hessen-Rotenburg Durchlaucht, welche hiermit vorläufig symbolisch geschieht, auch wirklich baldmöglichst in der Art zu bewirken, dass Seine Durchlaucht von dem 1. July 1819 an in den Bezug und den Genuss der Revenüen eintreten. Die Realübergabe geschieht durch einen dazu zu ernennenden Kurprinzlichen Kommissär, an den von Hessen-Rotenburg zur Empfangnahme zu bestellenden Kommissär, Herrn Geheimen Rath Goessel.

Art. 5. Die Revenüen-Rückstände bis zu diesem Tractate, desgleichen das in den Waldungen etatsmässig in den letzten drei Jahren abzutreiben gewesene

1820 aber noch nicht gefällte Holz, verbleiben dem bisherigen Herrn Besitzer; das bereits angeschlagene Holz hingegen, welches zum Abtrets-Etat des Jahrs 18$\frac{18}{19}$ gehört und zu Erringung der Forst- und Hütten-Revenüen vom 1. July 1819 ab, bestimmt ist, wird ohne Vergütung überlassen, jedoch dem bisherigen Herrn Besitzer der Schlagerlohn nach den Selbst-Kosten ersetzt.

Art. 6. Sämmtliche zu den Schlössern, Gebäuden, Vorwerken, Hütten u. s. w. gehörige, bewegliche und unbewegliche Haus-, Vieh-, Feld-, Hütten- und Jagd-Inventarien, in sofern solche nicht etwa den jetzigen Bewohnern und Pächtern als Eigenthum oder Plus-Inventar zustehen und denselben verbleiben oder vergütet werden müssen, werden mit Ausnahme der dem General-Director auf dem Schlosse Ratibor in seiner Amtswohnung verbleibenden Mobiliar-Gegenstände, in sofern solche nicht aus den gutsherrlichen Kassen angeschafft worden, ohne allen Ersatz übergeben. Die am 1. July 1819 vorräthig gewesenen Naturalbestände an Roherzen, Kohlen, Roheisen und sonstigen Hüttenbeständen, werden dem vorigen Herrn Besitzer im Selbstkosten-Betrage, desgleichen die Früchte, Holz u. s. w., nach den bey der Ueberlieferung übereinkömmlichen Preisen von dem neuen Herrn Eigenthümer vergütet.

Art. 7. Alle Urkunden, Rechnungen, nach vorheriger Abnahme derselben, Pacht-Erb-Pacht und andere Contracte, sammt den übrigen Litteralien und Karten, welche sich in den Archiven und Reposituren der bisherigen Administration der Güter befinden, lassen Seine Hoheit der Kurprinz an Seine Hochfürstliche Durchlaucht den Landgrafen mit überliefern.

Art. 8. Sämmtliche auf den Gütern befindliche Diener behalten ihre bisherige Stelle mit den damit verbundenen und aus den dortigen Kassen u. s. w. bezahlten Gehalten und Emolumenten, und ist der neue Besitzer verpflichtet, die denselben von dem vorigen geschehenen Zusicherungen zu erfüllen, oder sich mit denselben anderweit abzufinden. Dieses findet ebenfalls bey den auf den Kassen ruhenden Pensionen seine Anwendung.

Art. 9. Lasten und Verbindlichkeiten dieser Güter, welche sich von einem Zeitpunkte vor der Uebergabe herschreiben, leistet der vorige Herr Besitzer, später der neue Herr Eigenthümer.

Art. 10. Da des Landgrafen von Hessen-Rotenburg
Hochfürstliche Durchlaucht Ihre abgetretenen Besitzungen frey und ohne allen Kostenaufwand für den Em-
pfänger haben übergeben lassen; so wollen Seine Hoheit
der Kurprinz von Hessen auch dafür sorgen, daß
Seiner Durchlaucht aus der Besitzveränderung und
Transscription des Besitztitels der Rauden- und Rati-
borschen Güter keine Kosten zuwachsen.

Art. 11. Seine Hoheit der Kurprinz empfangen für
die eigenthümliche Ueberlassung gedachter Besitzungen
an Seine Hochfürstliche Durchlaucht den Landgrafen
von Hessen-Rotenburg alle die Vortheile, welche Seine
Königliche Hoheit der Kurfürst von Hessen in dem
hier beygehefteten Vertrage von heute mit dem Landgrafen von Hessen-Rotenburg Durchlaucht Artikel 4.
von a bis c zu dem Behufe zu gewähren sich verbindlich gemacht haben.

Art. 12. Diese in besagtem Art. 4. von a bis c nam-
haft gemachten Mittel, sie bestehen in Papieren oder
baarem Gelde, wollen Seine Hoheit der Kurprinz dazu
anwenden, um die Krone Preussen aus dem Verkaufe
der ehemaligen geistlichen Stifter zu Rauden und
Ratibor an Hochdieselben gänzlich zu befriedigen und
um sämmtliche Kapitalschulden, Dienst- und Pacht-
Cautionen und sonstigen Forderungen zu tilgen, welche
auf der Herrschaft Ratibor und den Stiftsgütern zu
Ratibor und Rauden haften, damit Seine Hochfürstliche Durchlaucht der Landgraf von Hessen-Rotenburg
solche frey von aller Schuldenlast überkommen mögen.

Art. 13. Seine Hochfürstl. Durchlaucht der Landgraf von Hessen-Rotenburg, welchem nach Art. 5. des
hier angehefteten Vertrags, die, Art. 4. von a bis c
desselben genannten Erwerbungsmittel, bestehend in
baaren Geldsummen und Obligationen von Seiner Königlichen Hoheit dem Kurfürsten von Hessen ausgehändigt werden, überliefern solche sofort Seiner Hoheit
dem Kurprinzen von Hessen.

Art. 14. In dem am heutigen Tage zwischen dem
Königlich Preussischen Fiscus und Seiner Hoheit dem
Kurprinzen von Hessen abgeschlossenen Vertrag über die
Bestimmung der Kaufsumme für die von Seiner Hoheit ac-
quirirten und seit 1812 im Besitze gehabten Raudener und
Ratiborer Stiftsgüter ist von Seiten des Königlichen Fis-
cus nachgegeben worden, daß die daselbst seitge-

1820 setzte Kaufsumme von Fünfmalhundert Tausend Thaler in Preussischen Staatsschuldscheinen nach ihren Nennwerth und Drey und Vierzig Tausend Fünfhundert Thaler in Pfandbriefen, berichtigt werden könne. Da nun die Preussischen Staatsschuldscheine gegenwärtig einen Realwerth von circa 70 Procent haben, folglich obige Kaufsumme von Fünfmalhundert Tausend Thaler in Staatsschuldscheinen und drei und Vierzig Tausend Fünfhundert Reichsthaler Pfandbriefe, mit einer Baarschaft von circa Dreimalhundert Drey und Neunzig Tausend Fünfhundert Thaler Preussisch Courant gedeckt werden kann, von dem baaren Zuschuss aber, welchen Seine Königliche Hoheit der Kurfürst, nach Art. 4. des hier beygehefteten Vertrags bewilligt haben, wenn, nachdem solche Baarschaften zur Abtragung der auf der Herrschaft Ratibor lastenden, sich auf circa Fünfmalhundert Tausend Thaler belaufenden Schulden verwendet worden, nicht so viel übrig bleibt, um damit obige Kaufsumme in Preussischen Staatsschuldscheinen, nach ihrem Nominalwerth, anzuschaffen, Seine Hoheit der Kurprinz von Hessen jedoch die Bewilligung des Königlichen Fiscus, Sich zum Betrage von Fünfmalhundert Tausend Thaler in Preussischen Staatsschuldscheinen nach ihrem Nominalwerthe zu entbinden, nicht unbenutzt zu lassen wünschen, und daher Seine Durchlaucht den Landgrafen von Hessen-Rotenburg ersucht haben, einstweilen an pfandbrieflichen und andern Schulden die Summe von Dreymalhundert Zwey und Zwanzig Tausend Einhundert Acht und Vierzig Thaler 10 Ggr. auf der Herrschaft Ratibor zu behalten und dagegen von den Art. 4 lit. c des beigefügten Vertrags benannten Privatschuldforderungen eine gleiche Summe nebst den darüber sprechenden Schuld- und Hypothekenverschreibungen zu übernehmen, mit dem Erbieten, Seine Durchlaucht nicht nur wegen des Curses der Schlesischen Pfandbriefe, wegen des höhern Zinsfusses der auf den Gütern beizubehaltenden Schuld-Posten und wegen sonst etwaiger Nachtheile schadlos zu halten, sondern auch, wenn sie zur Regierung kommen, diese Schuld- und Hypothekenverschreibungen, gegen Auszahlung der baaren Kapitalsumme, so hoch sich solche, nach Abzug der inmittelst erfolgten Rückzahlung, noch belaufen, wieder zurückzunehmen, so haben Seine Hochfürstliche Durchlaucht

der Landgraf von Hessen-Rotenburg, um Sich Seiner
Hoheit dem Kurprinzen von Hessen gefällig zu bezeigen, hierinn gewilligt, und behalten demnach einstweilen auf der Herrschaft Ratibor an pfandbrieflichen und andern Schulden eine Summe von Dreymalhundert Zwey und Zwanzig Tausend Einhundert
Acht und Vierzig Thaler 10 Ggr., und übernehmen dagegen obige sich eben so hoch belaufende Privatschuldforderungen, unter Vorbehalt der angebotenen und
demnächstigen Wiedereinlösung der überkommenen
Schuld- und Pfand-Verschreibungen.

Art. 15. Gegenwärtiger Vertrag wird von den gegenseitigen Herrn Bevollmächtigten unterschrieben und
besiegelt, zweyfach ausgefertigt und die Ratificationen
werden binnen vier Wochen und eher, wenn es seyn
kann, ausgewechselt.

So geschehen Cassel den Zehnten Mai Eintausend
Achthundert und Zwanzig.

(L. S.) GEORGE WILHELM VON STARCKLOFF.
(L. S.) CARL WILHELM GOESSEL.

(Ratificirt vom Kurprinzen von Hessen zu Kassel am
15. Mai 1820.)

90.

*Convention entre l'Electeur de Hesse
et le Landgrave de Hesse-Rotenbourg,
pour régler les indemnisations stipu-
lées en faveur du dernier dans les
Traités du 16. Octobre 1815 et du
4. Mars 1816. En date de Cassel, le
10. Mai 1820.*

Seine Königliche Hoheit der Kurfürst von Hessen
und Seine Hochfürstliche Durchlaucht der Landgraf
von Hessen-Rotenburg in der Absicht die in dem Vertrage vom 16. October 1815 zwischen der Krone Preussen und dem Kurfürstlichen Hause Hessen Art. 19 bis
24 festgesetzten, dem Fürstlichen Hause Hessen-Rotenburg, welches diesen Tractat in einem besondern
Vertrage von gleichem Dato mit der Krone Preussen

1820 beigetreten ist, zugesicherten, und in einem nachfolgenden Vertrage vom 4. März 1816 näher bestimmten Entschädigungen nunmehr schliesslich zu reguliren, haben unter Königlich Preussischer Vermittelung in gemeinschaftlicher Uebereinkunft hierüber einen endlichen Vertrag zu errichten beschlossen.

Es sind daher unter vermittelnder Leitung des von seinem allerhöchsten Gouvernement dazu beauftragten Königlich Preussischen Herrn Legations-Raths und Rittmeisters Ritter mehrerer Orden von Haenlein, Namens Seiner Königlichen Hoheit des Kurfürsten von Hessen der Kurhessische Herr Ober-Post-Director und geheime Kriegsrath von Starckloff, Commandeur des Kurhessischen Ordens vom goldenen Löwen, und Namens Seiner Hochfürstlichen Durchlaucht des Landgrafen von Hessen-Rotenburg der Herr Geheime-Rath Goessel, Ritter des Königlich Hannöverschen Guelphen-Ordens, zusammen getreten, und nach Auswechselung ihrer gegenseitigen Vollmachten über folgenden Vertrag übereingekommen.

Art. 1. Der Vertrag zwischen der Krone Preussen vom 16. Octob. 1815, welchem das Fürstliche Haus Hessen-Rotenburg in einem Vertrage mit der Krone Preussen von gleichem Tage beigetreten, setzt fest, dass dieses Fürstliche Haus für seine abgetretenen Besitzungen, von Kurhessen mit einem in den Kurhessischen Staaten gelegenen Domainen-Complex entschädigt werden soll. Die abgetretenen Hessen-Rotenburgischen Besitzungen, deren Vergütung dem Kurhause Hessen auf diese Weise obliegt, gewährten, nach dem über die wechselseitigen Revenüen-Liquidationen zwischen der Krone Preussen und Kurhessen abgeschlossenen Vertrage vom 9. October 1817 eine jährliche Revenüe von Fünf und Funfzig Tausend Rthlrn. Conventionsgeld in 20 Fl. Fuss. Zwischen Kurhessen und Hessen-Rotenburg ist, unter Königlich Preussischer Vermittelung in einem weitern Vertrage vom 4. März 1816 die Uebereinkunft getroffen, dass diese Revenüe, welcher die Fideicommissqualität anklebt, und welche nach dem Vertrage vom 16. Octbr. 1815 in den Kurhessischen Staaten mit allen den hausverfassungsmässigen Rechten und Vorzügen der übrigen Hessen-Rotenburgischen Stamm-Besitzungen in Hessen zu gewähren wäre, gegen Remission eines Sechs-

theils, allodificirt und dem Hause Rotenburg durch
eine Mediatbesitzung unter Königlich.Preussischer Souveränetät, überwiesen werden soll.

Art. 2. Zu dem Ende und um das Einkommen
von Fünf und Vierzig Tausend Achthundert Drey und
Dreissig Rthlr. 16 Ggr. Conventionsgeld in 20 Fl. Fuss,
welches dem Fürstlichen Hause auf diese Weise zu
vergüten bleibt, zu decken, haben unter Königlich
Preussischer Vermittelung Seine Königliche Hoheit der
Kurfürst von Hessen Seiner Durchlaucht dem Landgrafen von Hessen - Rotenburg die Herrschaft Ratibor
und die ehemaligen Stifter zu Rauden und Ratibor,
nämlich: das Cisterzienserstift zu Rauden, und das
Jungfrauenstift, das Collegiatstift, das Dominicaner-
stift und das Kreuzprobsteistift zu Ratibor, in Oberschlesien als freies Allodium und mit der Befugniss
unter den Lebendigen und von Todeswegen nach Gefallen darüber zu disponiren, und frey von Schulden,
zum Eigenthum angeboten und Seine Hochfürstliche
Durchlaucht der Landgraf haben diese Anerbietung
acceptirt.

Art. 3. Wenn gleich es der Natur des Hessen-
Rotenburgschen Entschädigungswesens und dem Inhalte
der deshalb errichteten früheren Verträge angemessen
gewesen wäre, von Seiten Seiner Königlichen Hoheit
des Kurfürsten die Acquisition der im Art. 2. benannten
Güter besorgen, und solche dem Hause Hessen-Rotenburg als Entschädigung überweisen zu lassen, so
ist man doch, um eine zweimalige Besitzveränderung
zu vermeiden, und das Geschäft zu vereinfachen, über
eingekommen, dass des Landgrafen Durchlaucht Sich
der Erwerbung dieser Besitzungen unmittelbar unterziehen und Seine Königliche Hoheit der Kurfürst die
Mittel hergeben wollen, welche zu Erwerbung derselben von Nöthen sind.

Es ist demnach zwischen dem gegenwärtigen Herrn
Besitzer der Güter und des Landgrafen von Hessen-
Rotenburg Durchlaucht am heutigen Tage ein bündiger
Vertrag abgeschlossen worden, wodurch des Landgrafen
Durchlaucht das Eigenthum derselben als ein Allodium
und frey von Schulden erworben haben, und in welchem
die Vortheile bestimmt sind, welche der Herr Ver-
käufer als Kaufwerth zu empfangen hat.

Art. 4. Diese Mittel, zu deren vollständigen Ge-

1820 währung Seine Königliche Hoheit der Kurfürst Sich
hierdurch verbindlich machen, sind folgende:

a) eine baare Summe von Zweymalhundert Ein und
Funfzig Tausend Vierhundert Sieben und Achtzig Thaler
14 Ggr. in Hessischer Währung dergestalt, dass binnen
vier Wochen nach der Ratification des gegenwärtigen
Vertrags, Einmalhundert Tausend Thaler und alsdann
in drey Terminen, jedesmal nach zwei Monaten der
Rest der Zweimalhundert Ein und Funfzig Tausend
Vierhundert Sieben und Achtzig Thaler 14 Ggr. in
Cassel baar erlegt, auch die an diesen Terminen nicht
bezahlten Summen mit 5 von 100 verzinset werden,

b) Zweymalhundert Acht und Vierzig Tausend Thaler
in folgenden Königlich Preussischen Obligationen:

Einhundert und Funfzig Tausend Thaler in Obligationen vom Anlehn vom 6. Januar 1817 debitirt durch
Rothschild,

Zehntausend Thaler in Wittgensteinischen Preussi-
schen Obligationen und Acht und Achtzig Tausend
Thaler in Englisch Preussischen Obligationen nach
dem Nominalwerth mit Zins-Coupons vom Tage der
Aushändigung der Obligationen, welcher der der
Ratification dieses Tractats ist.

c) Siebenmalhundert Sechs und Sechzig Tausend
Einhundert und Dreizehn Thaler und 12 Ggr. 6 Hll. in
Privat-Obligationen sammt den von einem dazu gehörigen Kapitale von Einmalhundert Fünf Tausend Thaler rückständigen Zinsen, welche Papiere gleichfalls
am Tage der Ratification dieses Vertrags ausgehändigt werden.

Art. 5. Sämmtliche Art. 4. von a bis c benannte,
baare Geldsummen und öffentliche und Privat-Obligationen werden einem besonders hierzu ernannten Bevollmächtigten Seiner Durchlaucht des Landgrafen von
Hessen-Rotenburg eingehändigt; um sich solcher Hessen-Rotenburgischer Seits zum Zweck der Ratiborer
und Raudener Güter-Erwerbung bey den gegenwärtigen Herrn Besitzer derselben in Gemässheit des
heute mit Ihm abgeschlossenen Vertrags, zu bedienen.

Art. 6. Um die Entschädigung des Fürstlich Hessen-Rotenburgischen Hauses noch mehr zu vervollständigen, wollen Seine Königliche Hoheit der Kurfürst Seiner Durchlaucht dem Landgrafen von Hessen-
Rotenburg noch andere und zwar die nachbenannten

Vortheile zuwenden: Seine Königliche Hoheit der Kur- 1820
fürst bewilligen nämlich in dieser Absicht Seiner Durchlaucht dem Landgrafen:

a) die Allodification des Hessen-Rotenburgischen
Antheils an der sogenannten Ganerbschaft Treffurt,
welche unter Königlich Preussischer Souverainetät im
Regierungsbezirk Erfurt liegt, so dass des Landgrafen Durchlaucht unter den Lebendigen und von Todeswegen frey darüber zu disponiren befugt sind.

b) die Löschung einer Schuld von Fünf und Vierzig Tausend Fünfhundert Thaler, womit das Haus
Hessen-Rotenburg Seiner Königlichen Hoheit verhaftet ist, sammt den vom 1. July 1819 rückständigen
Zinsen, und wollen die deshalbige Schuldverschreibung
Seiner Durchlaucht dem Landgrafen zurückliefern lassen, dahingegen die bis zum 1. July 1819 mit Eilfhun-
dert Ein und Siebzig Thalern 5. Alb. 3 Hll. rückständigen Zinsen von gedachtem Kapital in Abzug gebracht werden.

Art. 7. Die einstweilige Rente, welche des Landgrafen Durchlaucht nach Inhalt des Vertrags vom
22. Januar 1816 von Seiner Königlichen Hoheit dem
Kurfürsten zu empfangen haben, cessirt vom 1. July
1819 an.

Art. 8. Da die in dem gegenwärtigen Vertrage
und in dem frühern vom 4. März 1816 ausgesprochenen Allodificirungen lediglich zu Gunsten seiner Durchlaucht des Landgrafen von Hessen-Rotenburg geschehen sind, so haben auch Ihre Seitenverwandten daran
keinen Antheil.

Art. 9. Durch alle in den vorstehenden Artikeln
von Seiten des Kurfürsten zu Gunsten des Landgrafen
geschehene Bewilligungen halten und erklären Sich
Seine Durchlaucht in Rücksicht aller derjenigen Ansprüche auf das vollständigste für abgefunden, welche
Ihnen bisher aus den Verträgen vom 16. October 1815
und 4. März 1816 aus irgend einem Titel an des Kurfürsten Königliche Hoheit zugestanden haben. Indem
Sie daher hierdurch allen und jeden fernern Ansprüchen aus dem bezeichneten Fundament an des Kurfürsten Königliche Hoheit auf das feierlichste entsagen,
entbinden Sie auch die Krone Preussen von der in
dieser Beziehung früher übernommenen Garantie.

Art. 10. Gegenwärtiger Vertrag, welcher von dem

1820 vermittelnden und von den gegenseitigen Bevollmächtigten unterschrieben und besiegelt und dreimal ausgefertigt wird, soll den Allerhöchsten und höchsten Committenten zur Genehmigung vorgelegt und die Ratificationen sollen binnen vier Wochen oder eher wenn es
seyn kann, ausgewechselt werden.

So geschehen Cassel den zehnten Mai Achtzehn-
hundert Zwanzig.

GEORGE WILH. V. STARCKLOFF.   LOUIS V. HAENLEIN.
(L. S.)   (L. S.)
CARL WILHELM GOESSEL.
(L. S.)

91.

Acte du Prince électoral de Hesse por-
tant son adhésion à deux articles sé-
parés de la convention conclue entre
l'Electeur de Hesse et le Landgrave
de Hesse-Rotenbourg le 10. Mai 1820,
de la même date.

Wir Wilhelm Kurprinz und Landgraf von Hessen,
Erbgrossherzog von Fulda etc. etc.

urkunden und bekennen hiermit, dass in Folge der
zwischen Uns und des Landgrafen von Hessen-Rotenburg Durchlaucht Statt gehabten Verhandlungen wegen
Abtretung des Eigenthums und des Besitzes Unserer
Herrschaft Ratibor und der ehemaligen Stiftsgüter zu
Rauden und Ratibor, in Oberschlesien, an des Landgrafen Durchlaucht von Unserem und dem dazu Fürstlich Rotenburgischer Seits Bevollmächtigten zu dem
dieserhalb abgeschlossenen Vertrage nachstehende Separat-Artikel sub dato Cassel den Zehnten Mai
Eintausend Achthundert und Zwanzig unterzeichnet worden sind, welche von Wort zu Wort also lauten:

(Folgen die beiden weiter unten mitgetheilten Separat-
Artikel.)

Art. 1. Zu dem heutigen Vertrage zwischen Seiner
Königl. Hoheit dem Kurfürsten von Hessen und Sr.
Hochfürstl. Durchlaucht dem Landgrafen von Hessen-

Rotenburg, welchem Seine Hoheit der Kurprinz von Hessen in einem zwischen HöchstIhnen und des Landgrafen Durchlaucht gleichfalls am heutigen Tage abgeschlossenen Tractate beigetreten, sind zwei Separat-Artikel errichtet, deren Abschrift hier angeheftet ist, und welche zum Zweck haben, die in dem Hauptvertrage Art. 4. lit. c. in Summe aufgeführten Privat-Obligationen über Siebenmalhundert Sechs und Sechzig Tausend Einhundert und Dreizehn Thaler 12 Ggr. 6 Hll. speciell zu benennen u. s. w.

Art. 2. Seine Hoheit der Kurprinz von Hessen treten diesen beiden Separat-Artikeln vollkommen bei, und werden die darin benannten Papiere und Documente vertragsmässig verwenden.

Art. 3. Die Schuldverschreibungen über Dreimalhundert Zwei und Zwanzig Tausend Einhundert Acht und Vierzig Thaler 10 Ggr., welche des Landgrafen Durchlaucht nach Art. 14. des Hauptvertrags einstweilen zu übernehmen Sich verbindlich gemacht haben, sind die Privat-Obligationen von Seiner Durchlaucht dem Herrn Fürsten Staats-Kanzler von Hardenberg über Zweimalhundert Siebzehn Tausend Einhundert Acht und Vierzig Thaler 10 Ggr. und von Sr. Excellenz dem Königl. Preussischen Staats-Minister Grafen von Haugnitz über Einmalhundert Fünf Tausend in Art. 1. lit. b. c. der angehefteten Separat-Artikel.

Vorstehende Separat-Artikel 1. 2. 3. werden so angesehen, als wären sie dem heutigen Vertrage zwischen Sr. Hoheit dem Kronprinzen und Sr. Durchlaucht dem Landgrafen von Wort zu Wort einverleibt, haben mit demselben gleiche rechtsgültige Kraft und werden zu dem Ende von den beiderseitigen Kurprinzlichen und Landgräflichen Bevollmächtigten unterzeichnet und besiegelt und gleichzeitig mit dem Vertrage von den höchsten Committenten ratificirt.

So geschehen Cassel den zehnten May 1820.

GEORGE WILH. v. STARCKLOFF.   CARL WILH. GOESSEL.
(L. S.)   (L. S.)

Inhalt der beiden in diesem Vertrage erwähnten Separat-Artikel.

Art. 1. Um die im Art. 4. lit. a. des heutigen Vertrags zwischen Seiner Königl. Hoheit dem Kurfürsten

1820 von Hessen und Sr. Hochfürstlichen Durchl. dem Landgrafen von Hessen-Rotenburg in Summe angegebenen
Privat-Obligationen von Siebenmalhundert Sechs und
Sechzig Tausend Einhundert und Dreizehn Thaler
12 Ggr. 6 Hllr. speciell zu benennen, wird hier bemerkt, dass solche aus folgenden bestehen:

    a) aus einem Deposito bei dem Casselschen Han-
delshause Goldschmidt von Zweimalhundert Sechs
und Zwanzig Tausend Gulden.   Seine Königl. Hoheit
der Kurfürst machen Sich verbindlich, denjenigen Revers zurückzustellen, welchen gedachtes Handelshaus
über das Depositum an die Kurfürstliche Cabinets-Casse
ausgestellt hat, und entsagen allen Ihren Rechten und
Ansprüchen an dieses Depositum und cediren solches
zum Behuf und zu Gunsten des Ratiborer und Raudener
Güter-Erwerbungs-Geschäfts.

    b) Aus einer hypothekarischen Schuld-Forderung
von Zweimalhundert Siebenzehn Tausend Einhundert
Acht und Vierzig Rthlr. 10 Ggr., womit Höchstdenen-
selben des Königl. Preuss. Staats-Canzlers Fürsten
von Hardenberg Durchlaucht verhaftet ist.   Diese
Forderung ist als Hypothek auf die zur Herrschaft
Neuhardenberg gehörenden Güter Tempelberg und
Lietzen mit der Verpflichtung eingetragen, dass davon
fortwährend bis zur gänzlichen Tilgung des Capitals
halbjährig am letzten Juni und letzten December jeden
Jahrs durch das Handelshaus Goldschmidt zu Cassel
jedesmal Fünftausend Fünfhundert Rthlr. bezahlt werden,
welche zu Verzinsung des Capitals mit 4 pro Cent und
der Rest zur successiven Amortisirung des Capitals dienen.

    c) Aus einer ähnlichen hypothekarischen Schuldfor-
derung von Einhundert Fünftausend Rthlr. sammt rückständigen Zinsen, welche Seiner Königl. Hoheit dem
Kurfürst der Königl. Preuss. Staats-Minister Graf von
Haugwitz schuldet, und welche auf dessen Güter
in Schlesien pfandweise eingetragen sind.

    d) Aus einer Schuldverschreibung des Herrn Fürsten
zu Sayn-Wittgenstein Durchlaucht über Dreimalhundert Achtzehntausend Vierhundert und Neun Rthlr.
2 Ggr. 6 Pf.

    Art. 2. Da nach dem zwischen Seiner Königl. Hoheit
dem Kurfürsten und Sr. Durchlaucht dem Landgrafen
zu Rotenburg unterm heutigen Tage abgeschlossenen
Vertrage die darin enthaltene Allodification der Seiner

Durchlaucht zufallenden Entschädigung, lediglich zu 1820 deren Vortheil geschehen ist; so verpflichten Sich des Landgrafen Durchlaucht, dass, wenn dieselben vor Ihrem Herrn Onkel, dem Prinzen Carl, ohne successionsfähige Descendenz zu hinterlassen, versterben, und dieser oder dessen Erben die abgetretenen Revenüen der Niedergrafschaft Catzenelnbogen und Herrschaft Plesse, so wie der Regensburger Rente, in so weit sie Fideicommiss war, in Anspruch nehmen und das Kurfürstl. Haus genöthigt werden sollte, deshalb irgend eine Entschädigung zu gewähren, für Sich und Ihre Erben, diese Entschädigung aus Ihrem Allodial-Vermögen zu leisten.

Vorstehende Separat-Artikel 1 und 2. sollen so angesehen werden, als wären sie dem Hauptvertrage vom heutigen Tage von Wort zu Wort einverleibt und mit demselben gleiche rechtsgültige Kraft haben, zu welchem Ende solche von den Kurhessischen und Hessen-Rotenburgischen Bevollmächtigten gleich dem Hauptvertrage unterzeichnet und besiegelt und von den beiderseitigen allerhöchsten und höchsten Committenten ratificirt werden.

So geschehen Cassel den 10. May 1820.

GEORGE WILH. v. STARCKLOFF. CARL WILH. GOESSEL.

(L. S.)   (L. S.)

Mit dem Original gleichlautend befunden.

Cassel den 10. May 1820.

GEORGE WILH. v. STARCKLOFF. CARL WILH. GOESSEL.

Nachdem Wir nun den Inhalt dieser Separat-Artikel in reifliche Erwägung gezogen; so haben Wir dieselben genehmigt und gebilligt, billigen, genehmigen und bestätigen solche auch hiermit auf das feyerlichste und versprechen dieselben unverbrüchlich zu halten, so wie Wir die Uns daraus erwachsene Rechte förmlichst annehmen.

Dessen zu Urkund haben Wir gegenwärtiges Ratifications-Instrument höchsteigenhändig unterschrieben und Unser Fürstliches Siegel daran hängen lassen.

So geschehen Cassel den Funfzehnten Mai Eintausend Achthundert und Zwanzig.

WILHELM,
Kurprinz und Landgraf zu Hessen etc. etc.
Erbgrossherzog zu Fulda.

92.

Convention entre le Roi de Prusse et le Landgrave de Hesse-Rotenbourg pour la cession de la Principauté de Corvey en faveur du dernier, avec l'accession de l'Electeur de Hesse à cette convention. Signée à Cassel, le 10. Mai 1820.

Nachdem Seine Majestät der König von Preussen geruhet haben, Seiner Durchlaucht dem Landgrafen von Hessen-Rotenburg in dem Art. 13. des zwischen Ihnen aufgerichteten Vertrags vom 16. Octbr. 1815 das Eigenthum und den Besitz einer, unter Allerhöchst-Ihrer Landeshoheit gelegenen Herrschaft von Zwanzig Tausend Rthlr. reinen Revenüen zuzusichern, so sind von Seiten der Krone Preussen die Güter im ehemaligen Stifte Corvey zum Objecte dieser Herrschaft ausersehen. Da indessen die endliche Bestimmung der Corveyschen Güter zu diesem Zweck von der definitiven Auseinandersetzung des Kurhauses Hessen und des Fürstl. Hauses Hessen-Rotenburg abhängig gemacht werden, diese jedoch erst jetzt und zwar mittelst eines Vertrags vom heutigen dato zwischen Kurhessen und Hessen-Rotenburg erfolgt ist, so haben nunmehr die beiderseitigen Allerhöchsten und hohen contrahirenden Theile, um alles dasjenige festzustellen, was auf die fragliche Güter-Uebereignung Bezug hat, und zwar Seine Majestät der König von Preussen Ihren Legationsrath von Haenlein, Ritter mehrerer Orden und Seine Durchlaucht des Landgrafen von Hessen-Rotenburg aber, den Geheimen-Rath Goessel, Ritter des Königlich Hannöverschen Guelphen-Ordens, zu Ihren Bevollmächtigten ernannt, welche, nach Auswechselung ihrer gegenseitigen, überall in Richtigkeit befundenen, Vollmachten, unter Vorbehalt der Ratification Ihrer Allerhöchsten und hohen Machtgeber, über nachstehende Punkte unter Beitritt des Bevollmächtigten Seiner Königlichen Hoheit des Kurfürsten von Hessen, des Herrn Ober-Post-Directors und Geheimen Kriegs-Raths von Starckloff, Comandeur des Kurhessischen Löwen-Ordens, sich vereinigt haben.

1820

Art. 1. Seine Majestät der König von Preussen, Welche Sich in Art. 3. des unterm 16. Octbr. 1815 mit des Landgrafen zu Hessen-Rotenburg Durchlaucht abgeschlossenen Vertrags, verbunden haben, Seiner Durchlaucht eine Herrschaft von 20,000 Rthlr. reiner Revenüen unter Allerhöchst Ihrer Landeshoheit zu gewähren, überlassen Ihnen, zu diesem Ende die, im vormaligen Stifte Corvey noch vorhandenen, in einem dem Art. 3. beigefügten Tableau verzeichneten, Domainen, als eine, unter AllerhöchstIhrer Landeshoheit, als freies Allodium erb- und eigenthümlich zu besitzende Herrschaft.

Art. 2. Seine Durchlaucht der Landgraf nehmen die, durch den Art. 1. geschehene Ueberlassung der, im vormaligen Stifte Corvey noch vorhandenen, in einem, bey dem Art. 3. beigefügten Tableau verzeichneten Domainen, als eine, unter Allerhöchstihrer Landeshoheit als freies Allodium erb- und eigenthümlich zu besitzende Herrschaft hiermit an, und entsagen dagegen, indem Sie hiermit zugleich die im Laufe der Unterhandlungen und insbesondere seit der Anfertigung der quaest. Anschläge von der Behörde geschehenen Zeit- oder Vererbpachtungen einer oder der andern der veranschlagten Realitäten und Nutzungsgegenstände, letztere unter Vorbehalt der, Ihnen zu überweisenden, oder zu verrechnenden Erbstandsgelder, ausdrücklich anerkennen, allen und jeden, aus dem Art. 3. des Vertrags vom 16. Octbr. 1815 Ihnen zustehenden, Ansprüchen an die Krone Preussen auf das feierlichste.

Art. 3. Die erwähnte Herrschaft besteht aus den Schlössern, Gebäuden, Gärten, Pacht- und Erbpachtgütern, Mühlen, Zinsen, Zehnten, Waldungen, Jagden, Fischereyen, Rechten u. s. w. welche das hier angeheftete, von den beiderseitigen Bevollmächtigten mitvollzogene Tableau vom 10. Juny 1817 auf den Grund der Anschläge der Königlichen Regierung zu Minden und in Absicht der Forsten, Jagden und Fischereyen des Königlichen Oberförsters Linnebring in sich begreift, das angeheftete Tableau soll seinem ganzen Inhalte nach dieselbe Kraft haben, als wenn es diesem Vertrage von Wort zu Wort eingerückt wäre.

1820   Art. 4. Die Art. 3. nach ihren Bestandtheilen be-
zeichnete Herrschaft wird mit der Gerichtsbarkeit erster Instanz und allen den Rechten und Vorzügen verliehen, welchen den berechtigtsten Güterbesitzern der
Provinz Westphalen, mit Ausnahme der mediatisirten
Standesherrschaften zustehen.

    Art. 5. Des Landgrafen Durchlaucht erhalten diese
Besitzungen frey von Schulden und als ein Allodium,
worüber Sie sowohl unter den Lebendigen, als von
Todeswegen, nach Gefallen zu disponiren befugt sind.

    Art. 6. Sie werden unverzüglich in den Besitz
dieser Herrschaft gesetzt, und beziehen die Revenüen
derselben vom 1. July des laufenden Jahres an. Da
sie jedoch, nach dem Vertrag vom 16. Octbr. 1815
binnen Jahresfrist zu dem Genuss des versprochenen
jährlichen Einkommens von 20,000 Rthlr. gelangen sollten; so wird Ihnen dieses vom 16. Octbr. 1816 bis
zum ersten July des laufenden Jahres entbehrte Einkommen, sofort in barem Gelde vergütet.

    Art. 7. Sämmtliche Papiere, welche zur Verwal-
tung dieser Güter dienen, und sich in . den dortigen
Registraturen befinden, als Grund- und Hebe-Regi-
ster, Pacht und Erbpachtbriefe, und sonstige Contracte
und Documente u. s. w. werden bei Uebergabe der
Güter mit überliefert.

    Art. 8. Bei der Uebergabe des Guts zu Brenk-
hausen ist, aus irgend einem Missverständniss ein Theil
des Hauses, worin der Pächter wohnt, nicht mit übergeben worden; da nun dieser, nicht bewohnte Theil
des Hauses zur Ruine geworden, und von keinem Werth
für den Königlichen Fiscus ist, so wird Königlich Preussischer Seite nachgegeben, dass dieser Theil des
Hauses dem gegenwärtigen Eigenthümer des Guts
überliefert werde, wogegen sich Letzterer ausdrücklich
verpflichtet, falls jetzt oder künftig irgend ein Dritter
an diesen Theil des Hauses aus einem rechtsgültigen
Titel, Ansprüche erheben sollte, solche allein und ohne
Zuthun der Krone Preussen, beseitigen zu wollen.

    Art. 9. Seine Majestät der König von Preussen
im wohlwollenden Anerkenntnisse der Bereitwilligkeit,
mit welcher der Landgraf von Hessen-Rotenburg zu
den durch den Tractat zwischen Preussen und Kurhessen, zu Gunsten des Erstern geschehenen Gebiets-
abtretungen Ihre Zustimmung ertheilt, und den Ihnen

daran zugestandenen Rechten, Besitzungen und Nutzun- **1820**
gen entsagt haben, nicht minder zu Bezeigung AllerhöchstIhrer Theilnahme an dem Interesse Sr. Durchlaucht, und um alles was von AllerhöchstIhnen abhängt,
beizutragen, um Sr. Durchlaucht für die geschehenen
Entsagungen den vollständigsten Ersatz zu erwirken,
haben Sich dazu geneigt finden lassen, zu den, in den
vorstehenden Artikeln enthaltenen Bewilligungen noch
folgende hinzuzufügen.

Art. 10. Seine Majestät der König von Preussen
legen dem Inbegriffe der, Seiner Durchlaucht dem
Landgrafen, in Folge eines Vertrags vom heutigen
Tage, durch des Kurfürsten von Hessen Königliche
Hoheit überwiesen erhaltenen, Rauden- und Ratibor-
schen Entschädigungsgüter, hiermit den Titel eines
Herzogthums mit allen, den schlesischen Standesherrschaften und zwar den am meisten begünstigsten, als
Oels und Plesse, zustehenden Rechten und Freiheiten
bey. Der Umfang der letztern wird in einer von Seiner Majestät dem Könige Allerhöchstselbst zu vollzie-
henden Verleihungsurkunde, näher bestimmt werden.

Art. 11. Seine Majestät der König von Preussen
versprechen, dass Seiner Durchlaucht dem Landgrafen
von Hessen-Rotenburg die jährliche Rente von 12,500
Rthlr., welche dem Fürstlichen Hause als Entschädigung für seinen, am linken Rheinufer gelegenen, jetzt
der Krone Preussen gehörigen Antheil an der Niedergrafschaft Katzenelnbogen, durch den Regensburger
Reichs-Deputationsschluss vom 25. Feb. 1803 zuerkannt ist, und gegenwärtig an Seine Königliche Hoheit den Kurfürsten von Hessen entrichtet wird, sub-
sidiarisch aber auf der Rheinschifffahrts-Octroikasse
haftet, aus dieser Casse vom 1ten Januar 1819 an des
Landgrafen Durchlaucht bezahlt, und statt nach dem,
im Regensburger Reichs-Deputationsschlusse festgesetzten Fusse von $2\frac{1}{2}$ Procent, welches ein Kapital von
500,000 Rthlr. betragen würde, zu 4 Procent mit einem Capital von 312,500 Rthlr. binnen eines Zeitraums
von 6 Jahren abgelösst werden soll, so dass das Ablösungskapital 6 Jahre hindurch, jährlich mit 52,083 Rthlr.
8 Ggr. abgetragen wird.

Mit dem jährlichen Abtrage dieser Kapitalsumme,
welche zum erstenmal am 1. July 1820 geschieht, vermindert sich die Rente jedesmal um den 6ten Theil,

1820 und es erhält daher der Landgraf im Laufe des Jahres vom 1. July 1820 bis dahin 1821 nur noch eine jährliche Rente von 10,416 Rthlr. 16 Ggr. in dem darauf folgenden Jahre 8333 Rthlr. 8 Ggr. in dem Jahre vom 1. July 1822 bis dahin 1823, 6250 Rthlr. in dem darauf folgenden Jahre 4,166 Rthlr. 16 Ggr. und endlich in dem Jahre vom 1. July 1824 bis dahin 1825 das letzte Sechstel der Rente mit 2,083 Rthlr. 8 Ggr.

Art. 12. Seine Königliche Hoheit der Kurfürst leisten auf jeden Antheil an diesen Ablösungskapital Verzicht und willigen ein, dass solches als freies Allodium, mit der Befugniss, nach Gefallen darüber zu disponiren, an Seine Durchlaucht den Landgrafen übergehe.

Art. 13. Da die Krone Preussen die Ablösung der Rente sowohl, als die jährliche Rente selbst, bis zu ihrer Ablösung garantirt, und für die richtigen Zahlungen der Rheinschifffahrts-Octroi-Casse in beider Hinsicht einsteht, und Sich dafür verbürgt, so hört auch die Verbindlichkeit Seiner Königlichen Hoheit des Kurfürsten, Seiner Durchlaucht dem Landgrafen die Rente zu zahlen, mit dem 1. Januar 1819 auf, und leistet letzterer auf alle, desbalb an Seine Königliche Hoheit den Kurfürsten habende Ansprüche Verzicht.

Art. 14. Seine Königliche Hoheit der Kurfürst und Seine Durchlaucht der Landgraf cediren Ihre Rechte, welche Ihnen nach dem Regensburger Reichs-Deputations-Schlusse in Hinsicht dieser Rente zustehen, an die Krone Preussen. Seine Durchlaucht der Landgraf behalten Sich jedoch die, Ihnen in dem Vertrage mit der Krone Preussen vom 16. Octbr. 1815 Art. 4. zugesagte Verwendung in Ansehung des Rückstandes, vor.

Art. 15. Die in gegenwärtigem Vertrage vorkommenden Allodificirungen geschehen allein zu Gunsten des Landgrafen von Hessen-Rotenburg Durchlaucht und haben die Seitenverwandten desselben keinen Antheil daran.

Art. 16. Seine Königliche Hoheit der Kurfürst von Hessen treten diesem Vertrage in Hinsicht des für Sie daraus hervorgehenden Interesses, bei.

Gegenwärtiger Vertrag wird von den beiderseitigen Bevollmächtigten unterschrieben und besiegelt, den

Allerhöchsten und Höchsten Committenten zur Geneh- **1820**
migung vorgelegt, und die Ratificationen werden binnen vier Wochen, oder eher wenn es seyn kann, ausgewechselt.

So geschehen Cassel den 10.·Mai 1820.

G. W. v. STARCKLOFF. L. v. HAENLEIN. C. W. GOESSEL.
(L. S.)   (L. S.)   (L. S.)

(Die Ratifications-Urkunde des Königs von Preussen
ist Berlin, den 30. Mai 1820 und die des Kurfürsten
von Hessen Cassel, den 13. Mai 1820 datirt.)

93.

Traité de limites entre la France et les Pays-Bas. Signé à Courtray, le 28. Mars 1820.

Extrait.

Le Royaume de France, possédant en entier les
eaux de la Lys, au-dessus du territoire d'Armentières,
accorde le passage par le dit territoire d'Armentières
au nombre de bateaux qui sera jugé nécessaire à l'ex-
ploitation des fermes et fabriques dépendantes de l'ex-
ploitation rurale, et au transport des objets nécessaires
à leur subsistance, pour celles situées sur les bords
de la Lys, comprenant un total de huit habitations,
et qui font partie des communes de Neuve-Eglise et
de Warneton (Royaume des Pays-Bas).

A cet effet les propriétaires ou fermiers desdits
fermes des Communes de Neuve-Eglise et Warneton,
situées sur la rive gauche de la Lys, et qui auront
besoin dudit passage, seront tenus de se pourvoir d'un
acte signé par le préfet du département du Nord, et
par le Gouverneur de la Flandre occidentale.

Lesdits actes, délivrés par le préfet du département du Nord, et par le Gouverneur de la Province
de la Flandre occidentale, indiqueront le temps de la
durée de la permission donnée, la quantité et la nature
des objets dont les bateaux peuvent faire le transport,
et le temps qu'ils pourront séjourner devant lesdites
fermes.

1820   Chaque batelier ou conducteur de bateau devra
être porteur d'un des dits actes ci-dessus, afin que les
douanes françaises puissent permettre le passage, et
chaque bateau sera sujet à la visite desdites douanes
françaises, pour vérifier seulement qu'ils ne portent
que les objets stipulés dans lesdits actes.

La France consent à ce que la Lys appartienne
aux deux Etats, depuis sa sortie du territoire d'Armentières, jusqu'à l'embouchure de la Deule.

D'après cette cession, la Lys devient mitoyenne
depuis sa sortie du territoire d'Armentières, jusqu'au
territoire de Menin, et les charges et profits qui en
résultent demeureront réglés sur les bases ci-après,
se conformant, pour les détails, à ce qui est marqué
dans le procès-verbal de la délimitation de la première
section de la frontière.

1º. Libre navigation, avec les précautions réciproques, pour qu'elle ne favorise pas la fraude sur l'un
ou l'autre Etat.

2º. etc. . . . .

. . . .
Il est convenu que, pour faire cesser dorénavant, et
pour toujours les empêchemens qui peuvent exister
actuellement, et mettent de nouveau des entraves au
libre cours et usage de la rivière de la Semoy, les
administrateurs des eaux et forêts des deux Etats, dans
le ressort desquels se trouve la rivière de la Semoy,
seront chargés de procéder, de concert, d'abord, après
la ratification du présent Traité de limites, à l'enlève-
ment des différens barrages et autres travaux qui pourraient exister, et mettre empêchement au libre cours
de ladite rivière de la Semoy, et de le régler de
manière qu'au milieu du courant du gros volume d'eau
ou du Thalweg, il soit établi, dans la largeur normale
du courant, une ouverture de huit mètres; que le bras
navigable à l'embouchure de la rivière sera rétabli,
comme il se trouvait et devait se trouver, conformément au procès-verbal du 29. Mars 1780; et qu'il ne
sera permis, à l'avenir, d'exécuter aucune jetée ou
autre ouvrage de quelque nature que ce soit, qui
pourrait rétrécir le passage ou entraver le libre usage
de la Semoy, et la largeur du courant établie à huit
mètres, ainsi que cela a été indiqué plus haut, etc., etc.

Dispositions générales. — A l'égard des passages 1820 accordés et mentionnés dans les art. 39, 48, 49, 56 et 58, du présent Traité, il est convenu que chaque habitant, français ou des Pays-Bas, usant des passages accordés, ne pourra pas se dévier de son chemin, ni s'y arrêter, pour charger ou décharger, sous peine d'encourir confiscation des marchandises, et de se voir infliger les autres punitions voulues par les réglemens des douanes et les lois du Royaume qu'il traverse, à moins qu'il n'ait fait à son entrée, une déclaration des objets transportés, et dans ce cas, il demeurera soumis aux lois et ordonnances des douanes, en tout ce qui concerne l'entrée et la sortie des marchandises dans le Royaume qu'il traverse.

Dans le cas de simple passage, aucune déclaration ne pourra être exigée, et il ne sera fait alors aucune opposition pour user des passages accordés.

Si, par l'effet des cessions respectives contenues dans le présent Traité de limites, quelques propriétés se trouvaient morcelées, les propriétaires ou fermiers jouiront de la faculté de transporter les engrais nécessaires, et d'emporter librement et en exemption de tous droits, les récoltes provenant des terrains concédés réciproquement.

Comme pareille faculté à celle qui vient d'être indiquée dans l'article ci-dessus, a été accordée à divers propriétaires ou fermiers, par les Traités antérieurs, ces droits seront maintenus pourvu, toutefois, qu'ils soient reconnus maintenant par des Conventions partielles passées entre les préfets des départemens du Royaume de France, et les Gouverneurs des Provinces du Royaume des Pays-Bas, afin de régler de nouveau ce qui a pu être accordé par les Traités antérieurs.

Les chemins dits *mitoyens* sont à l'usage des deux Etats, sans qu'il soit attenté aux droits de propriété des particuliers, à qui ces chemins mitoyens pourraient appartenir; aucun des deux Royaumes ne peut exercer sur ces chemins d'acte de Souveraineté, si ce n'est ceux nécessaires pour prévenir ou arrêter les délits ou crimes qui nuiraient à la liberté ou sûreté du passage.

Les Gouverneurs des Provinces et préfets des départemens limitrophes veilleront au bon entretien de ces chemins.

94.

Ordonnances royales publiées en France relatives au droit de tonnage à percevoir sur les bâtimens des Etats-Unis, dans les ports de France.
1820 à 1821.

Louis, etc.

Art. 1er. A dater de la publication de la présente Ordonnance, les droits de tonnage qui se perçoivent sur les navires étrangers, à l'entrée des ports de notre royaume situés en Europe, seront remplacés, pour les navires appartenant aux Etats-Unis d'Amérique, par un droit spécial de 90 francs par tonneau, sans préjudice du décime additionnel.

2. Les navires américains qui justifieront être partis des ports de l'Union et directement pour un port de France, avant le 15. Juin dernier, époque à laquelle l'acte du Congrès en date du 15. Mai, a dû être connu dans toute l'Union, ne seront assujétis qu'aux droits de tonnage ordinaires.

3. Les dispositions de la présente Ordonnance ne seront point applicables aux navires de l'Union qui viendront *sur lest* dans les ports de France.

Elles cesseront de droit, si l'acte du congrès du 15. Mai vient à être annulé, et du moment où la connaissance officielle de cette annulation sera parvenue en France.

4. Notre Ministre Secrétaire d'Etat des affaires étrangères et notre Ministre Secrétaire d'Etat des finances sont chargés de l'exécution de la présente Ordonnance, qui sera insérée au Bulletin des lois.

Donné à Paris, en notre château des Tuileries, le 26e jour de juillet de l'an de grâce 1820, et de notre règne le vingt-sixième.

Louis, etc.

Art. 1er. L'article premier de notre Ordonnance du 26. Juillet dernier, par lequel il est établi un droit spécial de 90 francs par tonneau, sans préjudice du décime additionnel, sur les bâtimens appartenant aux

Etats-Unis d'Amérique, ne sera applicable qu'à ceux 1821 desdits bâtimens entrés dans les ports de France postérieurement au 12. Décembre dernier.

2. Le montant des perceptions qui, à raison du droit spécial établi par notre Ordonnance du 26. Juillet, auraient été faites sur des bâtimens des Etats-Unis entrés dans les ports de France avant le 13. Décembre dernier, sera remboursé à qui il appartient, sauf la déduction d'une somme égale au droit de tonnage ordinaire.

3. L'article 2 de notre dite Ordonnance du 26 Juillet dernier est annulé.

4. Notre Ministre Secrétaire d'Etat des affaires étrangères et notre Ministre Secrétaire d'Etat des finances sont chargés de l'exécution de la présente Ordonnance, qui sera insérée au Bulletin des lois.

Donné à Paris, en notre château des Tuileries, le 23. Avril 1821.

95.
Traité conclu entre la Grande-Bretagne et l'Iman de Sana en Arabie. En date du 15. Janvier 1821.

(Recueil des principaux Traités de commerce et de navigation conclus par les Puissances étrangères entre elles depuis la paix de Westphalie, par M. le Comte *d'Hauterive* et M. le Chev. *de Cussy*. Paris, 1834. T. II. p. 336.)

Art. 1. Le Résident anglais pourra avoir à sa charge une garde de trente hommes.

Art. 2. Il sera exempt de toutes les réclamations contraires à son caractère. Il aura la liberté d'aller à cheval partout où il lui plaira, et la libre entrée et sortie pour toutes les portes de Moka, et jouira des mêmes libertés et immunités dont il jouit à Buschir, Bassora, Bagdad et Mascate.

Art. 3. Un terrain sera désigné pour former un cimetière.

Art. 4. Liberté d'agir, à Sana dans les montagnes, dans l'intérieur, de communiquer avec Son Altesse l'Iman,

1821 toutes les fois qu'il jugera nécessaire de le faire: dans cette circonstance une escorte lui sera fournie.

5. Le droit d'ancrage de 400 écus allemands, cessera désormais d'être payé par les navires anglais, ainsi qu'il l'avait été jusqu'alors par tous les bâtimens marchands qui débarquaient des cargaisons. Dorénavant, aucun droit ne sera payé pour cet objet, qu'il y ait ou non débarquement, ni par les bâtimens marchands, ni par les bâtimens de guerre anglais.

6. Tous les sujets anglais, et nommément ceux de Surate, commerçant avec Moka, seront sous la protection du pavillon britannique. Ceux professant l'Islamisme pourront régler leurs affaires d'après la loi mahométane s'ils le desirent: ils seront assistés par une personne que désignera le Résident: leurs différends entre eux, seront réglés par le Résident. Les différends entre les sujets anglais et ceux de l'Iman, seront réglés contradictoirement par le Résident et l'Iman. Tous les Individus dépendant de la factorerie, courtiers et autres inférieurs, seront sous la protection du pavillon anglais, qui pourra les punir et régler les réclamations exercées contre eux.

7. Le droit de sortie qu'acquittera à l'avenir le commerce anglais, sera de 2¼ pour 100, le même que paient les Français, et non plus 3½ p. 100, comme jusqu'ici. Le droit d'importation sera également, comme à l'exportation de 2¼ p. 100.

Cet article est expressément accordé par un Firman séparé de Son Altesse, comme une marque particulière de son amitié pour la nation anglaise.

96.

*Arrêté du Roi des Pays-Bas, portant
défense d'introduire dans les Colonies
du Royaume des nègres amenés des
Colonies étrangères où leur introduction directe d'Afrique est permise.
En date du 16. Avril 1821.*

(Journ. officiel du Royaume des Pays-Bas. T. XVI.
Nro. 1.)

Nous Guillaume, par la grace de Dieu, Roi des
Pays-Bas, Prince d'Orange-Nassau, grand-duc de
Luxembourg, etc. etc.

Considérant que, d'après des avis reçus, il pa-
raîtrait, qu'on introduit de tems en tems dans la Colonie de *Suriname*, des nègres amenés de Colonies
étrangères, où la traite directe des nègres *d'Afrique*,
n'est point encore prohibée, vù le traité du 4. Mai 1818,
conclu entre les Pays-Bas et la Grande-Bretagne;
vù aussi la loi du 20. Novembre 1818; sur les rapports de nos Ministres des affaires étrangères, de la
Justice et pour l'instruction publique, l'industrie nationale et les Colonies, le Conseil d'Etat entendu; avons
statué et statuons:

L'introduction dans les Colonies de Notre Royaume,
et specialement dans la Colonie de *Suriname*, de nègres amenés de Colonies étrangères où il est permis
de les introduire directement *d'Afrique*, est prohibée
sous les peines comminées sur l'importation des marchandises prohibées dans la dite Colonie.

Notre Ministre pour l'instruction publique, l'industrie nationale et les Colonies est chargé de l'exécution du présent arrêté, dont il sera donné connaissance à nos Ministres des affaires étrangères et de la
Justice, ainsi qu'au Conseil d'Etat, et qui sera inséré
au *Journal officiel.*

Bruxelles, le 16. Avril 1821.

GUILLAUME.

Par le Roi

I. G. de MEY VAN STREEFKERK.

97.

Traité entre la Grande-Bretagne et l'Iman de Muscat en Arabie. En date du 10. Septembre 1822.

(**H**ertslet's Collection of the Treaties and conventions at present subsisting between Great-Britain and Foreign Powers. Vol. III. Lond. 1827. p. 265.)

Statement of the Requisitions made to His Highness the Imaum of Muscat, by Captain Moresby of His Majesty's Ship Menai, Commissioner vested with full powers by His Excellency Sir Robert T. Farquhar, Baronet, Governor of the island of Mauritius, etc. etc. etc.

1stly. The Imaum to abolish the foreign slave trade, for ever, in his dominions.

2dly. The Imaum to order the seizure of all such vessels, attempting the foreign slave traffic, and to seize and punish the captain and crew as Pirates.

3dly. The Imaum to punish all persons, serving on board ships dealing in slaves, who do not give information to the Imaum, or his Governors, that they have been slave dealing.

4thly. His Highness to appoint, at such places as His Majesty the King of Great Britain may wish, habitations for the residence of consuls, agents or others, charged with the suppression of the slave trade by English subjects; such consuls, agents or others, are to receive the assistance, on application, of His Highness the Imaum or his Lieutenant Governor or others, for the apprehension and detention of any English subjects who may attempt the traffic.

97.

Traité entre la Grande-Bretagne et l'Iman de Muscat en Arabie. En date du 10. Septembre 1822.

(Hertslet's Collection of the Treaties and conventions at present subsisting between Great-Britain and Foreign Powers. Vol. III. Lond. 1827. p. 265.)

Translation of the answers in Arabic, under the hand and seal of His Highness the Imaum of Muscat, to the requisitions made by Captain Moresby of His Majesty's ship *Menai*, Commissioner, etc. etc. etc.

1st. I did write last season to all my officers, positively prohibiting the sale of slaves to any christian nation, and I will repeat those orders.

2d. I will send orders to all the officers throughout my dominions, that if they find (the owners of) any Arab vessels buying slaves for sale in christian countries, they must take possession of all such vessels and inflict punishment on the commanders, (owners) thereof, even though they be bound for Madagascar.

3d. I will instruct my officers, and publish generally such instructions throughout my dominions, that the crews of any vessels carrying slaves for sale, in christian countries, be enjoined, on their return to the Arab port, to give information to the authority at such port, that he may punish the commanders, and that if they come to be detected in concealing such information, they (the crews) shall themselves suffer punishment.

4th. The authority you require, permitting the settlement of an agent on your part in Zanzibar, and the neighbouring parts, for the purpose of having intelligence and watching the traffic in slaves with christian nations, is granted, and I now give it to Captain Moresby.

1822   *5thly. The Imaum to authorize British crui-*
zers to seize all Arab vessels that may be found
loaded with slaves, after the expiration of four
months from the present date, if bound to any port
out of His Highness's dominions.

6thly. The Imaum, or his Governors, to pro-
vide all Arab vessels with passes (port clearances).
Any vessels found with slaves on board, who have
not such port clearances, to be seized according to
the 5th requisition, by any British cruisers that
may meet them.

FAIRFAX MORESBY,
Captain H. M. S. Menai.

Additional Requisition by Captain Mo-
resby to the Imaum of Muscat.

That it may be understood in the most com-
prehensive manner, where Arab ships are liable
to seizure by His Majesty the King of England's
cruizers, after the expiration of 4 months, the
Imaum to authorize that the King of England's
cruizers, finding Arab ships with slaves on board
to the eastward of a line drawn from Cape Del-
gado, passing 60 miles east of Socotra, on to Diu
Head, forming the western point of the Gulf of
Cambay (unless driven by stress of weather,) shall
be seized and treated by His Majesty's cruizers in
the same manner as if they were under the Eng-
lish flag.

F. MORESBY,
Captain H. M. S. Menai.

5th. The authority you have required, permitting 1822 (to you) after the expiration of four months, the seizure of all vessels laden with slaves bound for christian countries, is hereby granted to captain Moresby.

6th. I will write to my Governors, regarding the statement to be given in writing to all ships departing on a voyage, certifying from what port they have come and whither they are bound, and you may seize every vessel you may fall in with beyond Madagascar, and in the sea of Mauritius, after 4 months from the date of the permission contained in the answer to the 5th requisition above acceded to, and you may carry into me, for my disposal, any ship you may meet even on this side (the Isle of France) provided she have not the written statement required from the Governor of the port whence she sailed.

Signature of the
Imaum   (L. S.)

Reply.

I have permitted Captains of ships of the Government of the English State to seize all Arab vessels loaded with slaves for the foreign market, that shall be found to the eastward of the prescribed line, after the expiration of 4 months from the date of the 5th requisition already agreed to; but ships driven by stress of weather without the said line, must suffer no molestation.

Signature of the
Imaum.   (L. S.)

Proclamation britannique relative au Traité
précédent.

In the Name of *His Majesty George IV. of the United Kingdom of Great Britain and Ireland, King;* — *His Excellency Sir Robert Townsend Farquhar, Bart. Governor and Commander in Chief of the Island of Mauritius and Dependencies, Captain General and Vice Admiral, etc. etc.*

Whereas by a Treaty bearing date the 10th September, 1822, made and executed by and between His

1822 Highness the Imaum of Muscat, at Muscat, of the one part; and Captain Fairfax Moresby, of His Majesty's Ship *Menai*, C. B. vested, for this purpose, with full powers, by His Excellency Sir R. T. Farquhar, Bart, Governor and Commander in Chief of the Island of Mauritius and Dependencies, Captain General, Vice Admiral, etc. etc. etc. of the other part; it was agreed, among other things, that all Traffic in Slaves to foreign countries should cease and be abolished for ever from the dominions and Dependencies] of His said Highness.

This is to declare, that, in conformity to the said Treaty, solemnly made by His said Highness, he has issued orders at Zanzibar, and throughout all the dominions and dependencies of the Imaum of Muscat, on the coasts of Arabia, Africa, etc. etc. to all His officers, to prohibit the sales of slaves to all foreign nations, and also to seize upon any Arab vessels laden with slaves, for the purpose of sale, in any foreign countries, together with their owners, captains, officers and crews, or that may be found transporting slaves to or from Madagascar, or on the seas adjacent; and it is further declared by the said Treaty, that British cruizers have authority to seize all Arab vessels that may be found laden with slaves, to the eastward of a line drawn from the Cape Delgado, passing 60 miles to the eastward of the Island of Socotra, and on to Diu Head, being the western extremity of the Gulf of Cambay; or that may be found carrying slaves to or from Madagascar, or in the seas adjacent; and further, finally, it is by the said Treaty agreed, that all vessels from the ports or harbours of His Highness's dominions or dependencies, shall in future be furnished with a certificate from the local authorities, stating the port they belong to, and the object of their voyage, and declaring that all vessels unprovided with these certificates shall be liable to seizure and confiscation after the 10th January next, in order the more effectually to extirpate the slave traffic, of which all persons will take due notice.

R. T. Farquhar.

Government House,
Port Louis, Mauritius,
Oct. 30th, 1822.

By order,

G. A. Barry,
Chief Secretary to Governm.

98.

Mémoire sur la traite des nègres, présenté au Congrès de Vérone par les Plénipotentiaires de France au mois de Novembre 1822. *)

(Congrès de Vérone par M. de *Chateaubriand.* T. I. 1838. Edit. original. de Leipzig. p. 55.)

Le mémoire dont Sa Grâce le duc de Wellington a donné connaissance au congrès dans la séance du 24. Novembre 1822, a été pris en considération par les ministres plénipotentiaires de Sa Majesté très-chrétienne.

Ils commencent par déclarer que le gouvernement français partage toute la sollicitude du gouvernement britannique pour faire cesser un commerce également réprouvé de Dieu et des hommes. Le nombre des esclaves africains transportés depuis quelques années dans les colonies fut-il moindre que ne le calcule l'Angleterre, il serait toujours beaucoup trop grand. L'accroissement de la souffrance des victimes d'une infâme cupidité inspire une profonde horreur. Les nations chrétiennes ne feront jamais trop d'efforts pour effacer la tache que la traite des nègres a imprimée à leur caractère, et on ne saurait trop louer le zèle que l'Angleterre a mis dans la poursuite de ses desseins bienfaisants.

Mais, si les puissances alliées sont d'accord sur la question morale et religieuse, si elles font des voeux unanimes pour l'abolition de la traite des nègres, cette abolition renferme des questions de fait qui ne sont pas d'une égale simplicité. Les ministres de Sa Majesté très-chrétienne vont les parcourir en suivant le mémoire présenté par S. G. le duc de Wellington.

Toutes les lois des nations civilisées, le Portugal excepté, prohibent aujourd'hui la traite des nègres; il

---

*) Servant en même temps de réponse au Memorandum relativement à la traite des nègres adressé au Congrès de Vérone par le Duc de Wellington au nom de la Grande-Bretagne.

1822 s'ensuit que ce crime, autrefois légal, est devenu un crime illégal, et qu'il est doublement condamné par la nature et par les lois.

Selon le mémoire anglais, cette detestable contrebande d'hommes est surtout exercée sous le pavillon français, soit que ce pavillon flotte sur des vaisseaux appartenant à la France, soit qu'il protège les bâtiments étrangers.

Des pirates peuvent arborer des couleurs respectables; la France ignore si quelques brigands n'ont point emprunté les siennes; ce ne sera jamais qu'à son insu que le déshonneur et le crime trouveront un abri sous le pavillon français.

On a fait observer que les bénéfices de la traite des nègres sont si grands et les pertes si petites que le prix d'assurance en France pour chaque course ne s'élève pas au-delà de 15 pour cent.

Ceci n'est ni un cas particulier à la France, ni un résultat singulier du genre de contravention dont il s'agit: en Angleterre les marchandises les plus sevèrement prohibées sont importées moyennant l'assurance de 25 pour cent. Quand le commerce est parvenu, comme de nos jours, à une précision mathématique, toute contrebande a son tarif, et plus le système prohibitif multiplie les entraves, plus il augmente la fraude en accroissant les profits.

Le mémoire reconnaît que S. M. T. C. a rempli religieusement toutes les stipulations de son traité avec les quatre cours alliées, qu'elle a promulgué une loi contre la traite des nègres, qu'elle a fait croiser ses flottes dans les parages de l'Afrique pour maintenir l'exécution de cette loi; mais le mémoire ajoute que, le public en France ne paraît pas porter le même intérêt à la cause que soutient le gouvernement, que ce public suppose au fond de la question des vues mercantiles et un dessein hostile contre le commerce français. Il se peut que quelques classes commerçantes de la société en France nourrissent des soupçons que toute rivalité d'industrie fait naître; cependant on ne peut croire raisonnablement que le peu de colonies que la guerre a laissé à la France soit un objet de jalousie pour une puissance européenne qui possède des îles florissantes dans toutes les mers, de vastes territoires en Afrique et en Amérique et un continent tout entier en Asie.

Si l'opinion est moins fixée en France qu'en Angle- 1822 terre sur l'objet qui nous occupe, cela tient à des causes qu'il est de notre devoir de développer : un peuple aussi humain, aussi généreux, aussi désintéressé que le peuple français, un peuple toujours prêt à donner l'exemple des sacrifices, mérite qu'on explique ce qui semblerait une anomalie inexplicable dans son caractère.

Le massacre des colons à St.-Domingue et l'incendie de leurs habitations ont d'abord laissé des souvenirs douloureux parmi les familles qui ont perdu parents et fortune dans ces sanglantes révolutions. Il doit être permis de rappeler ces malheurs des blancs, quand le mémoire anglais retrace avec tant de vérité les souffrances des nègres, afin de faire comprendre comment tout ce qui excite la pitié exerce une puissance naturelle sur l'opinion. Il est évident que l'abolition de la traite des nègres eût été moins populaire en Angleterre, si elle eût été précédée de la ruine et du meurtre des Anglais dans les Antilles.

Ensuite, l'abolition de cette traite n'a point été prononcée en France par une loi nationale discutée à la tribune; elle est le résultat de l'article d'un traité par lequel la France a expié ses victoires. Dès lors elle s'est associée dans les idées de la foule à des considérations étrangères: par cela seul qu'on l'a crue imposée, elle a été frappée de cette impopularité qui s'attache aux actes de la force; il en fut arrivé ainsi dans tout pays où il existe un esprit public et un juste orgueil national.

Une motion parlementaire, à jamais honorable pour son auteur, a finalement été couronnée de succès en Angleterre; mais combien d'années ne fut-elle pas repoussée avant d'être convertie en loi, quoique soutenue par l'un des plus grands ministres que l'Angleterre ait produits? Pendant ces longs débats, l'opinion eut le temps de se mûrir et de se fixer; le commerce, qui prévoyait l'événement, prit ses précautions; un nombre de nègres surpassant le besoin des colons fut transporté dans les îles anglaises, et l'on prépara des générations permanentes d'esclaves pour remplacer le vide laissé par la servitude casuelle, lorsqu'elle viendrait à s'abolir.

Rien de tout cela n'a existé pour la France; la fortune et le temps lui ont manqué. La première convention entre la France et l'Angleterre, après la Restau-

1822 ration, avait reconnu la nécessité d'agir avec une prudente lenteur dans une affaire d'une nature si complexe; un article additionnel de cette convention accordait un délai de cinq années pour l'entière abolition de la traite des nègres. La déclaration de Vienne du 8. Février 1815, s'exprimant sur la même matière, porte: que, quelque honorable que soit le but des souverains, ils ne le poursuivront pas sans de justes ménagements pour les intérêts, les habitudes et les privations mêmes de leurs sujets. Un louable et vertueux empressement a fait depuis dépasser ces termes, et a peut-être multiplié les délits, en froissant trop subitement les intérêts.

Le gouvernement français est déterminé à poursuivre sans relâche des hommes engagés dans un négoce barbare: de nombreuses condamnations ont eu lieu, et les tribunaux ont sévi dès qu'on a pu atteindre les coupables. "Il serait affreux, dit le mémoire anglais, que la nécessité de déduire des hommes ne fût que devenue la suite de celle de cacher un trafic proscrit par les lois." Cette démarche trop juste démontre que la loi française a été rigoureusement exécutée, et l'excès des précautions cruelles prises par les fauteurs de la traite pour cacher leurs victimes prouve d'une manière péremptoire la vigilance du gouvernement.

Une loi qui porte à de tels excès pour soustraire le délinquant à l'action même de cette loi pourrait paraître assez forte; néanmoins, la résolution du gouvernement français est de faire augmenter les pénalités légales aussitôt que les esprits seront préparés dans la nation, et par conséquent dans les chambres législatives, à revenir sur le sujet de la traite des nègres. Sous ce rapport, il est fâcheux, mais utile, de faire remarquer que toute insistance étrangère ajoute aux difficultés du gouvernement français, et va contre le but que se proposent les sentiments les plus généreux.

Il reste à dire quelques mots sur les moyens coërcitifs que Sa Grâce le duc de Wellington propose dans son mémoire.

Les ministres plénipotentiaires de Sa Majesté très-chrétienne sont prêts à signer toute déclaration collective des puissances tendante à flétrir un commerce odieux, et à provoquer contre les coupables la vengeance des lois. Mais une declaration qui obligerait tous les gouvernements à appliquer à la traite des négres les 1822 châtiments infligés à la piraterie et qui se transforme- rait en une loi générale du monde civilisé, est une chose qui ne paraît pas aux ministres plénipotentiaires de Sa Majesté très-chrétienne être de la compétence d'une réunion politique. Quand il s'agit d'établir la peine de mort, ce sont, selon la nature des gouverne- ments, les corps judiciaires ou les corps législatifs qui sont appelés à statuer.

Retirer l'usage et la protection du pavillon fran- çais aux individus étrangers qui se serviraient de ce pavillon pour couvrir le commerce des esclaves, rien n'est plus juste: mais la France n'a pas besoin de dé- fendre ce qu'elle n'a jamais permis.

L'engagement de prohiber l'entrée des états des alliés aux produits des colonies appartenant à des puis- sances qui n'auraient pas aboli la traite des nègres, est une résolution qui frapperait uniquement le Portugal; or, le Portugal n'a point de représentant au congrès, et il est de droit, avant de passer outre, de l'entendre dans sa cause.

Les mesures indiquées relativement à la France sont bonnes, mais elles sont toutes matière de lois, et par conséquent elles doivent attendre cette faveur de l'opi- nion qui assure le succès. Le gouvernement de Sa Majesté très-chrétienne prendra conseil de lui-même, quand le temps sera venu; il sera possible qu'il ad- mette l'enregistrement des esclaves, cependant il ne se dissimule pas que cette intervention de l'autorité por- terait une espèce d'atteinte au droit de propriété, droit le plus sacré de tous, et que les lois de la Grande- Bretagne respectent jusque dans ses écarts et ses caprices.

Le mémoire du gouvernement britannique exprime le regret que la France soit la seule des grandes puis- sances maritimes de l'Europe qui n'ait pas pris part au traité conclu avec S. M. B. dans l'objet de conférer à certains bâtiments de chacune des parties contractantes un droit limité de visite et de confiscation sur les vais- seaux engagés dans la traite des negrès.

La charte de Sa Majesté très-chrétienne abolit la confiscation; quant au droit de visite, si le gouverne- ment français pouvait jamais y consentir, il aurait les suites les plus funestes; le caractère national des deux peuples français et anglais s'y oppose; et s'il était be-

1822 soin de preuves à l'appui de cette opinion, il suffirait
de rappeler que, cette année même, en pleine paix,
le sang français a coulé sur les rivages de l'Afrique.
La France reconnait la liberté des mers pour tous les
pavillons étrangers, à quelque puissance légitime qu'ils
appartiennent; elle ne réclame pour elle que l'inde.
pendance qu'elle respecte dans les autres, et qui con.
vient à sa dignité.

99.

*Memorandum sur les pirateries à pro-
pos des colonies espagnoles, présenté
au Congrès de Vérone par le Duc de
Wellington au nom de la Grande-
Bretagne. En date du 24. Nov. 1822.*

(*Chateaubriand* Congrès de Vérone. T. I. édit. orig.
de Leipzig 1838. p. 62 sqq.)

Extrait.

Les relations existantes entre les sujets britanniques et les autres parties du globe ont depuis long-
temps placé Sa Majesté dans la nécessité de reconnaitre
l'existence de fait des gouvernemens formés dans les
différentes provinces de l'Amérique méridionale en autant
qu'il le fallait pour traiter avec eux; que le relâchement
de l'Autorité de l'Espagne, dans toute cette partie du
globe, a donné naissance à une foule de pirates et
flibustiers; qu'il est impossible à l'Angleterre d'extirper
ce mal insupportable sans la coopération des autorités
locales qui occupent les côtes. La nécessité de cette
coopération ne peut que mener à quelque nouvel acte
de reconnaissance de l'existence de fait de l'un ou de
plusieurs de ces gouvernemens de propre création *).

---

*) *L'Autriche* répondit à ce Memorandum anglais: "Que l'Angleterre avait bien fait de défendre ses intérêts commerciaux
contre la piraterie; mais que, quant à l'indépendance des
colonies espagnoles, elle ne la reconnaitrait jamais tant que
Sa Majesté catholique n'aurait pas librement et formellement
renonce aux droits de Souveraineté qu'elle avait jusqu'ici
exercé sur ces provinces." La *Prusse* s'exprima à peu près
de la même façon. Elle fit observer que le moment le moins
propre à la reconnaissance des gouvernemens locaux de l'Amé-

des colonies espagnoles; présenté etc. **605**

Note verbale des Plénipotentiaires de France 1822
au Congrès de Vérone, en réponse au Memo-
randum anglais sur les colonies espagnoles
en Amérique.

Les ministres plénipotentiaires de Sa Majesté très-chrétienne au congrès de Vérone ont examiné avec une sérieuse attention le *memorandum* sur les colonies espagnoles, que Sa Grâce de duc de Wellington a communiqué aux représentants des cours alliées dans la séance du 24. Novembre. Le cabinet des Tuileries souhaite vivement, comme celui de Saint-James, que l'Espagne adopte des mesures propres à rendre au continent de l'Amérique la paix et la prospérité. C'est dans ce désir sincère et dans l'espoir de voir se rétablir l'autorité de Sa Majesté catholique que le gouvernement de Sa Majesté très-chrétienne a aussi refusé les avantages qui lui étaient offerts.

Un motif d'une importance plus générale règle d'ailleurs la conduite de la France à l'égard des gouvernements de fait: elle pense que les principes de justice sur lesquels repose la société ne peuvent être sacrifiés légèrement à des intérêts secondaires, et il lui paraît que ces principes augmentent de gravité lorsqu'il s'agit de reconnaître un ordre de politique virtuellement ennemi de celui qui régit l'Europe; elle pense encore que, dans cette grande question, l'Espagne doit être préalablement consultée comme souveraine de droit de ses colonies. Néanmoins la France avoue avec l'Angleterre que lorsque des troubles se prolongent et que le droit des nations ne peut plus s'exercer pour cause d'impuissance d'une des parties belligérantes, le droit naturel reprend son empire; elle convient qu'il y a des prescriptions inévitables; qu'un gouvernement, après avoir long-temps résisté, est quelquefois obligé de céder à la force des choses, pour mettre fin à beaucoup de maux et pour ne pas priver un Etat des avantages dont d'autres Etats pourraient exclusivement profiter.

---

rique espagnole serait celui où les événemens de la guerre civile prépareraient une crise dans les affaires de l'Espagne. La *Russie* déclara qu'elle ne pourrait prendre aucune détermination qui préjugeât la question de l'indépendance du sud de l'Amérique.

1822   Pour éviter de donner naissance à des rivalités et à
des émulations de commerce qui pourraient entraîner
des gouvernements malgré leur volonté dans des démarches précipitées, une mesure générale, prise en commun par les divers cabinets de l'Europe, serait la chose
la plus désirable. Il serait digne des puissances qui
composent la grande alliance d'examiner un jour s'il
n'y aurait pas moyen de ménager à la fois les intérêts

100.
Convention entre la Grande-Bretagne et l'Espagne concernant le commerce qu'on fait des nègres. Signée à Madrid le 10. Décembre 1822.

(Texte original espagnol.)

*Estado estipulado en el Articulo I. de las in-
strucciones para los buques de guerra Españoles
é Ingleses, empleados en impedir el ilicito comercio de esclavos, "que los buques à cuyo bordo no se
hallaren Esclavos destinados para el Trafico, no
séran detenidos bajo ningun pietexto ó motivo:"
y habiendo acreditado la experiencia, que algunos
buques empleados en dicho ilegal trafico, han desembarcado momentaneamente los esclavos que te-
nian á su bordo, inmediatamente antes de ser visitados por los buques de guerra, logrando por este
medio evadirse de la confiscacion, y continuar impunemente sus ilegitimos procedimientos, contra el
verdadero objeto y espiritu del referido Tratado: —*

*Las Altas Partes Contratantes creen necesa-
rio declarar, como por el presente Articulo decla-
rán, que si constare por una prueba clara é irre-
fragable, que hubiesen sido embarcados uno ó mas
esclavos en cualquier buque con objeto de comercio
ilegitimo, durante el viage particular en que fuere
apresado, en tal caso, y en virtud de esta causa,
segun el verdadero espiritu y sentido de las estipu-
laciones del tratado, el mencionado buque será de-
tenido por los cruceros, y condenado por los Comisionados.*

de l'Espagne ceux de ses colonies et ceux des nations 1823 européennes, en adoptant pour base de la négociation le principe d'une réciprocité généreuse et d'une parfaite égalité. Peut-être trouverait-on, de concert avec Sa Majesté catholique, qu'il n'est pas tout-à-fait impossible, pour le bien commun des gouvernements, de concilier les droits de la legitimeté et les nécessités de la politique.

100.

Convention between Great-Britain and Spain, relating to the Slave Trade. Signed at Madrid, 10th Decembre 1823.

(Texte original anglais.)

Whereas it is stated in Art. I. of the "Instructions entended for the British and Spanish Ships of war, employed to prevent the illicit traffic in slaves", that "ships on board of which no slaves shall be found, intended for purposes of traffic, shall not be detained on any account or pretexte whatever"; and whereas it has been found by experience, that vessels employed in the illegal traffic have put their slaves momentanly on shore, immediately prior to their being visited by ships of war, and that such vessels have thus found means to evade forfeiture, and have been enabled to pursue their unlawful course with impunity, contrary to the true object and spirit of the Treaty above mentioned: —

The High Contracting Parties therefore feel it necessary to declare, and it is hereby declared by them, that if there shall be clear and undeniable proof that a slave or slaves has or have been put on board a vessel for the purpose of illegal traffic, in the particular voyage on which the vessel shall be captured; then, and on that account, according to the true intent and meaning of the stipulations of the Treaty, such vessel shall be detained by the cruizers, and finally condemned by the Commissioners.

1822 *El presente Articulo declaratorio. tendrá la misma fuerza y éfecto que si estuviese inserto á la letra en dicho Tratado, y se considerará como parte del mismo.*

En fé de lo cual, los infrascriptos, autrizados con plenos poderes al efecto, han firmado y sellado el presente Convenio, en Madrid, à 10 de Diciembre, de 1822.

(*L. S.*) EVARISTO SAN MIGUEL.
(*L. S.*) WILLIAM A'COURT.

Article additionnel à la convention précédente.

Las Altas Partes Contratantes estipulan por el presente Articulo, que en caso de ausentarse por enfermedad ú otra causa inevitable, uno ó mas Comisionádos Jueces, y Arbitros, establecidos con arreglo al referido Tratado, ó sea que proceda esta ausencia de permiso dado por su Gobierno, y notificado en debita forma al tribunal de Comision formado en virtud del mencionado Tratado, serán substituidas sus plazas del mismo modo en que, con arregle al XIV [XIII] Articulo del reglamento para las Comisiones Mixtas, se deben suplir las vacantes que ocurran en la Comision por muerte de uno ó mas de dichos Comisionados.

Este Articulo tendrá la misma fuerza y efecto que si estuviese inserto á la letra en dicho Tratado, y se tendrá por parte del mismo.

En fe de lo cual, los infrascriptos, autorizados con plenos poderes al efecto, han firmado y sellado el presente Convenio, en Madrid, á 10 de Diciembre, de 1822.

(*L. S.*) EVARISTO SAN MIGUEL.
(*L. S.*) WILLIAM A'COURT.

This Explanatory Article shall have the same force 1822 and effect, as if it were inserted word for word in the said Treaty, and shall be held to form part of the same.

In witness whereof, the undersigned, furnished with full powers to that effect, have hereunto signed their names and affixed their seals.

Done at Madrid, the 10th day of December, 1822.

(L. S.) WILLIAM A'COURT.
(L. S.) EVARISTO SAN MIGUEL.

Additional Article, between Great Britain and Spain, relative to the Slave Trade. 10th December, 1822.

The High Contracting Parties hereby agree, that in the event of the absence, on account of illness or of any other unavoidable cause, of one or more of the Commissioners Judges and Arbitrators, under the above mentioned, or in the case of their absence in consequence of leave from their Government, duly notified to the Board of Commission sitting under the said Treaty, their posts shall be supplied in the same manner in which, by the Article XIII of the "Regulation," for the Mixed Commissions, those vacancies in the Commission are to be supplied, which may occur by the death of one or more of the Commissioners aforesaid.

This Article shall have the same force and effect as if it had been inserted word for word in the above mentioned Treaty, and shall be held to form part of the same.

In witness whereof, the undersigned, duly furnished with full powers to that effect, have signed the present Additional Article, and have affixed thereunto the seal of their arms.

Done at Madrid, the 10th day of December, 1822.

(L. S.) WILLIAM A'COURT.
(L. S.) EVARISTO SAN MIGUEL.

101.

Articles additionnels au Traité entre la Grande-Bretagne et les Pays-Bas pour la répression du trafic des esclaves. Signés à Bruxelles le 31. Décembre 1822.

Sa Majesté le Roi des Pays-Bas, et Sa Majesté le Roi du Royaume Uni de la Grande-Bretagne et d'Irlande, ayant trouvé à propos de convenir ensemble sur les dispositions suivantes, additionnelles ou explicatives du Traité conclù entre leurs dites Majestés, à la Haye, le 4. Mai, 1818, pour la répression du Trafic des Esclaves, ont nommé à cette fin leurs Plénipotentiaires, *ad hoc*, savoir:

Sa Majesté le Roi du Royaume Uni de la Grande-Bretagne et d'Irlande, le Très Honorable Richard Comte de Clancarty, Vicomte Dunlo, Baron Kilconnel, Baron Trench de Garbally, du Royaume Uni de la Grande-Bretagne et de l'Irlande, Conseiller en Son Conseil Privé de la Grande-Bretagne et de l'Irlande, Membre du Comité du Premier pour les Affaires du Commerce et des Colonies, Son Ambassadeur Extraordinaire et Plénipotentiaire auprès de Sa Majesté le Roi des Pays-Bas, Grand-Duc de Luxembourg, etc.

Et Sa Majesté le Roi des Pays-Bas, le Sieur Anne Willem Carel, Baron de Nagell d'Ampsen, Membre du Corps des Nobles de la Province de Gueldre, Son Chambellan et Ministre d'Etat, ayant le Département des Affaires Etrangères, etc.

Lesquels, après avoir échangé leurs pleins-pouvoirs, trouvés en bonne et due forme, sont convenus des Articles Explicatifs et Additionnels suivans:

Art. I. Comme il a été statué par l'Article I. des Instructions pour les vaisseaux des marines royales de la Grande-Bretagne et des Pays-Bas, employés à prévenir le Trafic d'Esclaves, "que les navires à bord desquels on ne trouvera point d'Esclaves destinés à des objets de commerce, ne seront détenus sous aucune raison ou prétexte quelconques;" et que l'expérience a démontré que les navires employés à ce trafic illégitime

ont débarqué leurs Esclaves immédiatement avant d'avoir **1822**
été visités par des vaisseaux de guerre, et que ces
navires ont ainsi trouvé moyen d'esquiver leur confiscation, et ont pù poursuivre leur procédé illicite avec
impunité, en opposition au bùt et à l'esprit du Traité
prémentionné : —

Les Hautes Parties Contractantes ont, à ces causes, jugé nécessaire de déclarer par les présentes, que
s'il existe des preuves claires et indubitables, que quelques Esclave ou Esclaves ait ou ayant été placé à
bord d'un navire dans l'intention d'un trafic illégal,
pendant le voyage durant lequel le navire sera capturé,
pour lors et de ce chef, conformément à la véritable
intention et au sens des stipulations du Traité, un tel
navire sera détenu par les croizeurs, et finalement
condamné par les commissaires.

II. Les Hautes Parties Contractantes sont convenues, que dans le cas d'absence pour cause de mala-
die ou quelque autre cause inevitable, d'un ou plusieurs
des Commissaires, Juges, et Arbitres du chef du présent Traité, ou en cas d'absence de leur part, en
conséquence d'un congé de leur Gouvernement, dùment
notifié au Conseil de Commission séant en vertu du dit
Traité, leurs places seront remplies de la manière dont,
par l'Article IX. du règlement pour les Commissions
Mixtes, les vacances par cas de mort d'un ou de plusieurs des Commissaires susdits, doivent être remplies
dans les dites Commissions.

Les Articles Explicatifs et Additionnels précités,
seront soumis à la ratification des Souverains respectifs,
et auront la même force et effet que s'ils se trouvaient
insérés mot-à-mot dans le Traité du 4. Mai, 1818, ci-
dessus indiqué, et seront tenus comme en faisant partie.

Les Actes de ratification seront échangés dans
l'espace d'un mois, ou plutòt, si faire se peut.

En foi de quoi, les Plénipotentiaires respectifs ont
signé le present Acte, et y ont apposé le cachet de
leurs armes.

Fait à Bruxelles, le 31. Décembre, de l'an de
Grâce, 1822.

(L. S.)   A. W. C. DE NAGELL.   (L. S.)   CLANCARTY.

102.

Article additionnel au Traité entre la Grande-Bretagne et les Pays-Bas pour la répression du trafic des esclaves. Signé à Bruxelles le 25. Janvier 1823.

Sa Majesté le Roi des Pays-Bas, et Sa Majesté le Roi du Royaume Uni de la Grande-Bretagne et d'Irlande, ayant trouvé à propos de convenir de l'arrangement ultérieur suivant, additionnel au Traité conclù entre leurs dites Majestés, à la Haye, le 4. Mai, 1818, pour la répression du Trafic des Esclaves, et ainsi en addition des Articles Explicatifs et Additionnels conclùs par les Plénipotentiaires de leurs Majestés, le 31. Decembre 1822, ont nommé, autorisé et commis les dits Plénipotentiaires à signer en leurs noms un accord, *ad hoc*, savoir:

Sa Majesté le Roi du Royaume Uni de la Grande-Bretagne et de l'Irlande, le Très Honorable Richard Comte de Clancarty, Vicomte Dunlo, Baron Kilconnel, Baron Trench de Garbally, du Royaume Uni de la Grande Bretagne et de l'Irlande, Conseiller en Son Conseil Privé de la Grande Bretagne et de l'Irlande, Membre du Comité du Premier pour les Affaires de Commerce et des Colonies, Son Ambassadeur Extraordinaire et Plénipotentiaire auprès de Sa Majesté Le Roi des Pays-Bas, Grand Duc de Luxembourg, etc.

Et Sa Majesté le Roi des Pays-Bas, le Sieur Anne Willem Carel, Baron de Nagell d'Ampsen, Membre du Corps des Nobles de la Province de Gueldre, Son Chambellan et Ministre d'Etat ayant le Département des Affaires Etrangères, etc.

Lesquels, après avoir échangé leurs pleins-pouvoirs, trouvés en bonne et due forme, sont convenus de l'Article Additionnel, suivant:

Article additionnel.

Il est également convenu par les présentes, que lorsque d'après des preuves, duement fournies par devant la Cour Mixte, il apparoitra qu'un vaisseau ou na-

vire, sujet à l'examen, aux termes du Traité, ou aux
termes des Articles Explicatifs et Additionnels, et détenu rodant ou naviguant sur, ou proche de la côte
d'Afrique, dans l'Espace d'un degré géographique à l'ouest
d'icelle, et entre le 20 degré de latitude nord de la
ligne equinoctiale et le 20 degré de latitude sud de la
dite Ligne, ou à l'ancre dans une des rivières, bayes,
ou criques, de la dite côte, dans la circonscription des
limites spécialement désignées ci-dessus; ou à l'ancre
en quelque endroit que ce soit, dans la circonscription des dites limites, et lequel vaisseau ou navire offrira dans son appropriation et équipement une ou quelques unes des désignations suivantes:

I. D'avoir ses écoutilles en caillebottis ou treillis,
ouvertes au lieu de les avoir fermées, comme le sont
d'ordinaire celles des navires marchands.

II. D'avoir plus de séparations, ou cloisons à fond
de cale ou sur le pont, qu'il n'en faut à des navires
marchands.

III. D'avoir à bord des ais en reserve déjà appro-
priés où de nature à l'être, pour poser aisément un
second pont mobile ou pont négrier.

IV. D'avoir à bord des chaines, des entraves ou
des menottes.

V. D'avoir à bord une quantité exorbitante d'eau
en barriques ou en cuves, et plus qu'il n'en faudrait pour la consommation de l'équipage d'un navire
marchand.

VI. D'avoir à bord un nombre exorbitant de barriques à eau ou autres vaisseaux à eau, à moins que
le patron ne produit un certificat de la douane de
l'endroit de son départ, constatant l'établissement d'une
caution suffisante par les propriétaires du navire, que
cette quantité surabondante de barriques ou autres vaisseaux ne servirait qu'à recevoir de l'huile de palmier.

VII. D'avoir à bord une plus grande quantité de
baquets à portion que de réquis pour le service de
l'équipage d'un navire marchand.

VIII. D'avoir à bord deux chaudrières de cuivre davantage, ou même une seule d'une dimension
exorbitante, et plus grande que ne l'exigeraient les
besoins de l'équipage d'un navire marchand.

IX. D'avoir à bord une quantité extraordinaire
de ris ou de farinha (fleur de manhioc du Brésil ou

1823 de Cassade) ou de maïs, ou de blé des Indes, excédant la provision raisonnablement réquise pour la consommation de l'équipage, et lorsque ce ris, fleur, maïs, ou blé des Indes, ne se trouverait pas annoncé sur le manifeste, comme faisant partie de la cargaison mercantile.

La preuve de l'une ou de quelques unes de ces indications sera considérée comme évidence, *primâ facie*, de son emploi actuel au Trafic des Esclaves, et à moins d'être réfutée par des preuves satisfaisantes, à fournir par le patron ou les propriétaires, que le vaisseau ou navire avait été légalement employé à un autre usage, au tems de sa détention ou capture, le vaisseau ou navire sera condamné la-dessus et déclaré de bonne prise.

Le présent Article Additionnel sera soumis à la ratification des Souverains respectifs, et aura la même force et effet que s'il se trouvait inséré mot-à-mot dans le Traité du 4. Mai, 1818, ci-dessus mentionné, et sera tenu comme en faisant partie.

Les Actes de ratification seront échangés dans l'espace d'un mois ou plutôt si faire se peut.

En foi de quoi, les Plénipotentiaires respectifs ont signé le présent Acte, et y ont apposé le cachet de leurs armes.

Fait à Bruxelles, le 25. Janvier de l'an de Grace, 1823.

(L. S.) A. W. C. DE NAGELL.   (L. S.) CLANCARTY.

103.

Convention entre l'Espagne et la Grande-Bretagne pour l'accommodement des reclamations anglaises envers l'Espagne. Signée à Madrid, le 12. Mars 1823 *).

(Texte original espagnol.)

Convenio entre Sus Magestades Católica y Británica, para el ajuste amistoso de las quejas, sobre

------

*) Voy. *Recueil* Supplém. T. X. (Nouv. *Recueil* T. VI.) p. 266.

apresamiento de buques y detencion de propiedades **1823**
Británicas, por algunas autoridades Españolas.

Su Magestad el Rey de las Españas, y Su Magestad el Rey del Reyno Unido de la Gran Bretaña é Irlanda, igualmente animados del deseo de alejar todo motivo de desavenencia entre las dos naciones, procediendo á un ajuste amistoso de las quejas que en diferentes epocas han sido dadas al Gobierno Español, sobre apresamiento de buques, y detencion de propiedades pertenecientes á subditos Ingleses, por algunas autoridades Españolas, y otros agravios: han tenido á bien nombrar por sus Plenipotenciarios, para la conclusion de un Convenio especial sobre dicho objeto, á saber: — Su Maegstad Católica, á Don Evaristo San Miguel, Secretario del Despacho de Estado, etc.: Y Su Magestad Británica, al muy Honorable Sir Guillermo à Court, Baronet, del Consejo Privado de Su Magestad Británica, y Su Enviado Extraordinario y Ministro Plenipotenciario cerca de Su Majestad Católica, etc.: — Quienes, despues de haberse comunicado sus respectivos plenos-poderes, han convenido en los siguientes Articulos.

Art. I. Se nombrará una Comision Mixta, Española é Inglesa, compuesta de dos individuos de cada nacion, la cual se reunirá en Londres, dentro de 10 semanas despues de firmado el presente Convenio, ú antes si fuere posible, con el objeto de tomar en consideracion y fallar sumáriamente, conforme á equidad sobre los casos que se la presenten, acreditados en debida forma, de apresamiento ó captura de buques Ingleses, y detencion de propiedades pertenecientes á subditos de Su Magestad Británica, desde la declaration de paz entre España é Inglaterra, de 4 de Julio, de 1808, hasta el dia de la fecha de este Convenio; é igualmente sobre los casos que se sometan á la misma, de apresamiento ó captura de buques Españoles, y detencion de propiedades pertenecientes á subditos de Su Magestad Católica, durante el indicado periodo.

II. Si ocurriese alguna diversidad de opiniones entre los individuos de la Comision referida, y se empatasen los votos, se someterá el caso á la decision del Ministro Plenipotenciario de las Españas en Londres, y de un magistrado de la corte nombrado al

1823 efecto por Su Magestad Británica.   Mas si tambien
se empatasen los votos de estos arbitros, la suerte de-
signará cual de los dos deberá tener voto de prefe-
rencia que decida definitivamente la cuestion.

III. Se pondrá inmediatamente á disposicion de
dichos comisionados una asignacion de 40,000,000 de
reales, inscriptos en el gran libro de la deuda pública,
para pago de las indemnizaciones que determinen los
mismos. Esta cantidad se aumentará, ó disminuirá
como indica el Decreto de las Cortes de 9 de Enero
del presente año *), segun fuere mayor ó menor el

----

*) *Decreto.* Las cortes estraordinarias, usando dela facultad que
se les concede por la constitucion, y habiendo examinado la
propuesta hecha á las mismas por Sua Magestad con motivo
de varias reclamaciones del Gobierno Ingles, han decretado.
    Art. 1. El Decreto de las Cortes de 27 de Enero de 1822,
sobre el comercio de la Isla de Cuba, se hace estensivo á
todas las provincias de ultramar, en el modo que se ha de-
clarado respecto de la espresada isla, por termino de 10 meses,
contados respectivamente en cada punto desde su publicacion,
para todas aquellas naciones con quienes el Gobierno lo estime
conveniente, á cuyo fin queda plenamente autorizado.
    2. Se faculta plenamente al mismo, para que por si, ó por
medio de arbitros nombrados por su parte y por el Gobierno
Británico, resuelva y transija las reclamaciones que este hace,
tanto de las presas que ófrezcan un caracter dudoso por
cualquiera causa, como de las que procedan del bloqueo de
costa - firme, clasificandolas en categorias y contrabalancean-
dolás con las reclamaciones que tuvierem los súbditos Españoles
contra la Gran - Bretana.
    3. La nacion reconoce desde ahora en el gran libro, la
cantidad, mayor ó menor, de 40 milliones de reales, para la
indemnizacion que resulte de la transaccion mencionada; dando
con esto una prueba de la sinceridad y justicia de sus princi-
pios, siempre dirigidos á conservar las relaciones de amistad
con la Gran - Bretana, y á reparar cualquier dano que haya
podido causarse á sus subditos.
    4. El pago de las reclamaciones de los subditos Ingleses de
que habla la Orden de las Cortes, de 27 de Junio, de 1822,
queda á cargo de la tesoreria nacional, previa la liquidacion y
transaccion que previene la misma orden.
    5. Si del exámen prescrito en el Articulo 2. resultare vicio
ó injusticia en la adjudicacion de intereses de productos de
presas, ó culpabilidad en las autoridades, el Gobierno hará
ejecutar las leyes para castigar á estas, y para subsanar á la
nacion de parte del gravámen que habrá de sufrir.
    6. El Gobierno propondrá á las Cortes con la posible bre-
vedad el sistema que convenga adoptar con las provincias de
ultramar, tanto las disidentes, como las que se conservan

número de reclamaciones que se admitan como válidas, 1823 excediendo, en un caso, ó ho llegando, en el otro, al total de la suma depositada.

IV. Las reclamaciones de subditos Españoles que fueren reconocidas como legitimas, serán satisfechas por el Gobierno Británico con inscripciones sobre los fondos públicos de Inglaterra, ó bien en metálico.

V. Luego que los comisionados hayan admitido como válida cualquiera reclamacion, y determinado la cantidad debida al reclamante, asignarán ó transferirán á favor de el, una parte de dichas rentas equivalente á la suma decretada, regulando su valor segun el precio corriente que tengan en Londres dichas rentas, al tiempo de hacer tal asignacion ó traslacion.

VI. No se admitirá reclamacion alguna, que no se presente á la comision dentro de 6 meses contados desde del dia en que esta se junte por primera vez.

VII. Cada Gobierno nombrará una persona para escoger y remitir cualesquiera papeles ó documentos que sea necesario enviar desde España á fin de que la comision referida los tome en consideracion, y para arreglar la traslacion de las rentas, segun sevayan determinando las respectivas asignaciones.

En fé de lo cual, nos, los infrascriptos, Plenipotenciarios de Sus Magestades Católica y Británica, autorizados con nuestros plenos-poderes, firmamos dos originales del presente Convenio, y los sellamos con el sello de nuestras armas, en Madrid, á 12 de Marzo de 1823.

(L. S.) EVARISTO SAN MIGUEL.
(L. S.) WILLIAM á COURT.

---

unidas, y las alteraciones que sean indispensables en las leyes de comercio y de navegacion de Indias, ya sea concretándolas sobre el poder nacional, ó ya sea combinandolas con el de otras potencias maritimas per medio de Tratados.

Madrid, 9 de Enero, de 1823.

JAVIER DE ISTURIZ, *Presidente.*

104.

Articles additionnels à la convention entre la Grande-Bretagne et le Portugal, conclue à Londres le 28. Juillet 1817, concernant l'abolition de la Traite de nègres, signés à Lisbonne le 15. Mars 1823 *).

(Texte original en langue portugaise.)

Sua Magestade el Rey do Reyno Unido da Grande Bretanha e Irlanda, e Sua Magestade el Rey do Reyno Unido de Portugal, Brazil, e Algarves, desejando evitar qualquer obstaculo á fiel execução da Convenção assignada em Londres, pelos seus respectivos Plenipotenciarios, aos 28 de Julho de 1817, para o fim de impedir qualquer commercio illicito de escravatura por parte de seus respectivos subditos; e reconhecendo a necessidade de accrescentar, para esse fim, alguns Artigos á mesma Convenção, nomeáram, para este effeito por seus Plenipotenciarios, á saber: — Sua Magestade el Rey do Reyno Unido da Grande Bretanha e Irlanda, a Eduardo Miguel Ward, Escudeiro, seu Encarregado de Negocios na Corte de Lisboa; e Sua Maegstade el Rey do Reyno Unido de Portugal, Brazil, e Algarves, a Joze Brazilio Rademaker, Official Maior da Secretario de Estado dos Negocios Estrangeiros, etc.: — os quaes, depois de haverem trocado os seus plenos poderes respectivos, que se acháarm em boa e devida forma, conviéram nós Artigos seguintes.

Art. I. Havendo-se estipulado, no primeiro Artigo das Instrucçoes destinados para os navios de guerra Inglezes e Portuguezes, que tivérem a seu cargo o impedir o commercio illicito de escravos, que "os navios a bordo dos quaes se não achárem escrávos destinados para o trafico,' não poderão ser detidos debaixo de nenhum pretexto ou motivo qualquer:" e tendo mostrado a experiencia, que os navios empregados no dito trafico illicito tem momentaneamente desembarcado os escravos que estávam à seu bordo,

---

*) Voy. Recueil Supplém. T. X. (Nouv. Rec. T. VI.) p. 249.

immediatemente antes de serem visitados pelos navios **1823** de guerra, achando assim o meio de evitarem a condemnação, e poderem continuar impunemente sua illegal viagem, em contravenção ao verdadeiro objecto e espirito da Convenção, de 28 de Julho de 1817: as duas Altas Partes Contractantes conhecem a necessidade de declarar, e por este Artigo declaram, que, se houver prova clara e innegavel de ter sido embarcado, a bordo de qualquer navio, algum escravo ou escravos, de um ou outro sexo, destinados ao trafico illicito, na viagem em que o mesmo navio fôr capturado, nesse caso, e por esse motivo, em conformidade do verdadeiro espirito e intenção das estipulações da Convenção acima mencionda, será aquelle navio detido pelos cruzadores, e condemnado a final pelos Commissarios.

II. Não se achando estipulado, na Convenção de 28 de Julho de 1817, o modo de supprir os Commissarios que viarem a faltar por qualquer outra causa que não seja a de morte, que foi o unico cazo providenciado no Artigo XIV. do Regulamento para as Commissões Mixtas, annexo á mesma Convenção; conviéram as duas Altas Partes Contractantes, em que, no cazo de demissao, ou de auzencia por molestia, ou por outro qualquer impedimento inevitavel, de qualquer dos Commissarios Juizes, ou Arbitros; ou no cazo de se auzentarem com licença do seu Governo, (que deverão communicar á Commissão respectiva) os seus logares serão suppridos pela mesma forma e maneira que para ó cazo de morte se acha determinado, no citado Artigo XIV. do referido Regulamento.

Estes Artigos Addciionaes terrão o mesmo vigor e effeito, como se fossem inseridos, palavra por palavra, na mencionada Convenção, e serão considerados como formando parte della: serão ratificados, e as Ratificações trocadas em Lisboa, no termo de 3 mezes, ao mais tardar, depois da data da sua assignatura.

Em fé do que, os abaixo assignados, munidos de plenos-poderes para este fim, assignáram estes Artigos, e os selláram com os sellos de suas armas.

Feito em Lisboa, aos 15 dias do mez de Março, do anno do nascimento de nosso Senhor Jesus Christo, 1823.

(L. S.) JOZE BRAZILIO RADEMAKER.
(L. S.) E. M. WARD.

105.

Lettre Circulaire de S. S. le Pape aux Evéques des Etats de Sa Majesté le Roi de Sardaigne contenant les règles à observer pour l'examen des Ecclésiastiques comme temoins dans les procès civils et criminels pendans aux tribunaux séculiers. Signée à Rome, le 14. Juin 1823.

Avendo Sua Maestà il Re di Sardegna fatto presente a Sua Santità la necessità, che gli Ecclesiastici del Ducato di Genova, e degli altri Stati di Terraferma nelle Cause di competenza della Laica Podestà siano chiamati nei Tribunali Laici tanto in qualità di testimonii, che per emettere il giuramento *de veritate dicenda* innanzi ai medesimi, e ciò pel più spedito corso della giustizia, la stessa Santità Sua, volendo condiscendere alle premurose istanze di Sua Maestà, e togliere insieme qualunque ombra di ostacolo, e ritardo alle procedure de' giudizi, derogando colla Sua Suprema Apostolica Podestà alle Disposizioni Canoniche sulla Ecclesiastica Immunità Personale vigenti, ordina, che tutti gli Arcivescovi e Vescovi del Ducato di Genova, e di tutti gli altri Stati di Terraferma a Sua Maestà Sarda soggetti, debbano uniformarsi a quanto viene in seguito disposto, per l'esame degli Ecclesiastici avanti a Laici Tribunali.

I. Chiamato l'Ecclesiastico a deporre innanzi la Curia Laica in cause Civili e criminali di sua competenza, dovrà questi, prima di prestarsi all'invito, chiedere il permesso all'Ordinario, il quale lo accorderà senza dilazione, colla Legge, che nelle Cause criminali, nell' atto dell'esame, debba constare del permesso dall'Ordinario rilasciato.

II. Gli Ordinari autorizzeranno nello stesso tempo l'Ecclesiastico da esaminarsi a potere emettere avanti il Giudice Laico nelle Cause di sua competenza come sopra sì civili, che criminali, il giuramento *de veritate dicenda tacto pectore more Sacerdotali*, dovendosi nelle Cause criminali premettere tanto dagli Ordinari 1823 nel concedere tale autorizzazione, quanto dagli stessi Esaminandi negli` Atti, la Protesta a forma *del Cap. Praelat. de Homicid. in* 6 a preserva della irregolarità che potrebbero incorrere; ed osservate in simili casi tutte le cautele di rispetto, e di riguardo anche di luogo verso gli esaminandi, segnatamente se costituiti in dignità Ecclesiastica.

III. In caso poi, che sia indispensabile di esaminare un Arcivescovo o un Vescovo, oltre che dovrà questi emettere il giuramento *praepositis Evangeliis*, e non dovrà pel rispetto e riguardo dovuto alla dignità, e carattere essere chiamato nel luogo del giudizio, Sua Santità riserva a se questa autorizzazione, volendo che se ne implori in ciascun caso la speciale facoltà.

Tali sono le Pontificie provvisorie Disposizioni risguardanti l'esame degli Ecclesiastici innanzi ai Tribunali Laici, che la S. Congregazione dell' Immunità, d'ordine di Nostro Signore, partecipa a V. S. colla presente, di cui accuserà la ricevuta alla stessa S. Congregazione, onde strettamente si uniformi alle medesime.

Roma, 14 Giugno 1823.

Di V. S.

Come Fratello.

106.
*Lettre de Louis XVIII, Roi de France adressée à Ferdinand, Roi d'Espagne, vers la fin d'Octobre 1823 *).*

(Congrès de Verone, guerre d'Espagne, par M. de *Chateaubriand.* T. II. p. 154 édit. originale de Leipzig.)

Mon frère etc.

Un des momens les plus heureux de ma vie est celui où j'ai appris que le Ciel avait béni mes armes et que, par les efforts du digne capitaine placé à la tête de mes vaillants soldats, de ce fils de mon choix, l'honneur de ma couronne et l'espoir de la France,

---

*) Le Vicomte de Chateaubriand a été chargé de la redaction de cette lettre royale.

1823 Votre Majesté était rendue à l'amour de ses peuples. La main de la Providence a été visible dans cet évé_nement; et c'est à celui pui protége les rois que nous devons attribuer, avec la plus vive reconnaissance, des succès aussi prompts et aussi éclatants.

Désormais ma tâche est finie, la vôtre commence: vous devez le repos et le bonheur à vos sujets. Si je n'a_vais pas, comme chef de ma maison, le droit de parler à Votre Majesté avec sincérité, ma vieillesse, mon expé_rience et mes longs malheurs, m'en imposeraient encore le devoir. Comme Votre Majesté, j'ai retrouvé mon pouvoir royal après une révolution; à l'exemple de notre aïeul Henri IV, j'ai pardonné à ceux qui avaient pu être égarés dans des temps difficiles, et qui, confiants dans la miséricorde de leur souverain, s'empressaient de ré_parer leurs erreurs. Votre Majesté comprendra le dan_ger qu'il peut y avoir à convaincre des classes entières d'hommes, que rien ne peut effacer le souvenir de leur faiblesse. Les princes chrétiens ne peuvent régner par les proscriptions: c'est par elles que les révolutions se déshonorent, et que les sujets persécutés reviennent, tôt ou tard, chercher un abri sous l'autorité paternelle de leurs souverains legitimes. Je crois donc qu'un décret d'am_nistie serait aussi utile aux intérêts de Votre Majesté qu'à ceux de son royaume.

Votre Majesté a pensé que de longues commotions politiques et l'anarchie des guerres civiles affaiblissent les institutions, en relâchant les liens de la société; elle me parait avoir été pénétrée de cette vérité quand elle m'a écrit sa lettre particulière du 23. Juillet 1822; elle repoussait les systèmes dangereux, ces théories démo_cratiques, ces innovations funestes dont l'Europe a eu tant à souffrir; mais elle voulait chercher dans les an_ciennes institutions de l'Espagne le moyen de conten_ter ses peuples et d'affermir la couronne sur sa tête. Si elle persiste dans ce noble projet, elle verra bientôt toutes les espérances de ses sujets se tourner vers le trône.

Il n'appartient à personne de donner, sur ce point des conseils à Votre Majesté. C'est dans sa sagesse et dans la plénitude de ses droits qu'il lui convient d'en dé_libérer; mais je puis lui diré qu'un arbitraire aveugle, loin d'augmenter la puissance des rois, l'affaiblit; que

si cette puissance n'a point de règles, que si elle ne re- 1823
connaît aucune loi, bientôt elle succombe sous ses propres caprices; l'administration se détruit, la confiance se
retire, le crédit se perd, et les peuples, inquiets et tour-
mentés, se précipitent dans les révolutions. Les souverains de l'Europe, qui se sont sentis menacés sur leur
trône par la révolte militaire de l'Espagne, se croiraient
de nouveau exposés, dans le cas où l'anarchie viendrait
à triompher une seconde fois dans les états de Votre
Majesté.

Si, éloignant d'elle de pénibles souvenirs, Votre Majesté appelle à ses conseils des hommes, prudents et habiles, une noblesse qui est l'appui naturel de son autorité,
un clergé dont la piété et le dévouement lui promettent
tant de sacrifices au bien public; si toutes les classes
d'une nation grande et fidèle bénissent également l'autorité du souverain légitime, l'Europe verra dans le
règne de Votre Majesté la garantie de son repos, et
moi je m'applaudirai d'avoir obtenu un si glorieux résultat de mes sacrifices.

LOUIS.

107.

Articles explicatifs et additionnels conclus entre la Grande-Bretagne et l'Empire de Maroc et signés à Fez le 19. Janvier 1824, pour le renouvellement et la confirmation du Traité subsistant depuis le 14. Juin 1801.

(Texte original anglais.)

The preceding Treaty (signed at Fez, 14th June 1801) was produced before the Supreme Lord of the Believers, Emperor of the Muselms, the Honorable Emperor Mulana Abderahman Ben Mulana Hisham, Ben Mulana Mohamed Benabdala, Ben Mulana Ismael — whom may God protect — on the part of His Majesty the King of Great-Britain, King George IV, by James Sholto Douglas, his Ambassador and his Consul residing at Tangier, for the purpose of renewing and confirming the Treaty of Peace which has so long subsisted between the two governments, as it appears in the present Treaty, consisting of 41 Articles, produced by the said Consul, sealed by our sanctified Lord Mulana Soliman, whom may God have in his glory.

His Majesty the Emperor of the Faithful has been pleased to order, that the said Treaty should be read in his presence, for His Majesty's information, and after having heard the contents of the different articles, one by one, he approves of what his uncle has done for the benefit of the subjects of both nations and confirms the said Treaty, from the 1st Article, wherein it is mentioned, that His Britannic Majesty shall have one or more Consuls in the Empire of Marocco, to Article 41 inclusive, excepting the two articles seven and eight, which have been altered as follows:

Art. VII. All disputes that may arise between Moorish and British subjects, shall be decided by the Governor of the place, the Chief Judge and the British Consul, and in case either of the parties

107.

Articles explicatifs et additionnels conclus entre la Grande-Bretagne et l'Empire de Maroc, et signés à Fez le 19. Janvier 1824, pour le renouvellement et la confirmation du Traité subsistant depuis le 14. Juin 1801.

(Traduction de l'Arabe.)

Gloire à Dieu qui est unique.

A la Cour de Sa Majesté Muley Abrahman, fils de Muley Hicham, fils de Muley Mohamed, fils de Muley Abdallah, fils de Muley Ismaël, descendant de Hichem par Aly, pontife, Prince des croyans et Empereur des Musulmans, s'étant transporté, en qualité d'envoyé de Sa Majesté Georges IV, Roi d'Angleterre, Jacques Sholto Douglas Consul général à Tanger pour faire reconnaître et confirmer au nom de son Souverain le Traité ci-derrière, contenant quarante-et-un articles arrêtés et convenus entre les Anglais et Sa Majesté Muley Soliman (de sainte mémoire), Sa Majesté le Prince des croyans a donné l'ordre qu'il lui soit communiqué, après en avoir pris lecture attentive article par article, et en avoir trouvé le contenu tel qu'il a été stipulé par feu son oncle, convenable et avantageux aux peuples des deux Etats, a confirmé ce dit Traité qui commence, article premier, par ces mots: le Roi d'Angleterre pourra établir un ou plusieurs Consuls à Maroc, et qui finit par ceux-ci: article quarante-et-unième et dernier, ceci est le Traité par lequel la paix a été établie entre l'Empereur de Maroc, etc., et l'a ratifié à l'exception de deux articles, le septième et le huitième auxquels ont été substitués les deux autres ci-après, dont la teneur suit:

Article premier au lieu du septième.

Si des disputes s'élèvent entre un Mahométan et un sujet anglais, quel que soit le plaignant, elles seront jugées en présence du Gouverneur de la place, du Cadi ou juge, et du Consul anglais. Si l'une des deux parties ne veut pas acquiescer au jugement qui aura été rendu, l'affaire sera portée alors devant Sa Majesté l'Empereur.

1824 *disapprove of the decision he is at liberty to appeal to the Emperor.*

Art. VIII. If any dispute arise between Moorish and British Subjects, or those under His Britannic Majesty's protection, and that serious personal injury be experienced by either party, in consequence of such dispute, the Emperor of Marocco alone shall decide the cause. If the English subject be guilty, he shall not be punished with more severity than a Moor would be. If the offender make his escape, no other British subject shall be apprehended in his stead. If the offender escape, before or after condemnation, from fear of punishment, he shall be subject to the same sentence as a Moor would be under similar circumstances. Should any dispute occur in the British Territories, the matter shall be decided according to the laws and customs of England, with liberty to make the customary appeals.

This concluded the two before mentioned Articles.

Ratified by the Emperor of Marocco, at the Imperial Palace at Fez, 18th Jumad the first, 1239 — A. D. 19th January 1824.

JAMES SHOLTO DOUGLAS.

Article deuxième au lieu du huitième.

Si des procès ou tous autres différends s'élèvent entre des sujets anglais ou autres individus sous la protection d'Angleterre, et des Mahométans; dont il puisse résulter des dommages ou de mauvais traitemens aux sujets des deux nations, l'affaire sera portée devant Sa Majesté l'Empereur qui en décidera seul. Si le coupable est Anglais ou sous la protection d'Angleterre, on ne lui fera subir de punition plus forte que celle qu'on infligerait à un Musulman qui aurait maltraité un sujet anglais, ou sous la protection d'Angleterre.

Si le coupable venait à s'échapper, aucun autre Anglais ne sera pris, ni puni à sa place. Lorsqu'on se sera assuré que le hasard, ou sa défense personnelle et non l'intention, a été la cause du délit du prévenu, alors le jugement qui sera rendu contre lui, sera en tout, égal à celui qu'on aurait porté pour un cas semblable contre un Musulman.

S'il s'élève des procès ou tous autres différends, entre des sujets anglais ou des Mahométans qui se trouveraient en Angleterre, et que l'on aura reconnu clairement la culpabilité des uns ou des autres, le coupable sera jugé d'après les lois et les coutumes anglaises qui régissent les Anglais. Mais si une des parties n'acquiesce pas au jugement rendu, l'affaire sera portée devant le Roi d'Angleterre.

Ainsi que dessus, ont été rédigés les deux articles exceptionnels en échange de ceux sus-indiqués que Sa Majesté a ratifiés avec les autres articles du Traité, à l'exception de deux articles supprimés, parce qu'Elle a trouvé qu'ils étaient convenables et avantageux aux sujets des deux puissances et surtout aux Mahométans qui y sont traités avec considération et réciprocité.

A ces causes, l'ordre impérial ci-dessus a été rendu par Sa Majesté que Dieu l'affermisse dans toute sa gloire, sur son siège royal dont l'équité est la base et le soutien, que les nuages de tout embarras et difficultés se dissipent devant les rayons brillans de sa haute équité, et que la munificence et la libéralité forment les fondemens inébranlables de sa grandeur ou de son pouvoir Souverain. Que le Seigneur daigne accorder à Sa Majesté sa protection divine et spéciale.

Fait le 18 de la lune de Jemad second, le l'an de l'Hégire 1239 (fin de janvier 1824 de l'ère chrétienne).

108.

Treaty between Great-Britain and the Netherlands, respecting Territory and commerce in the East-Indies. Signed at London, March 17, 1824.

(Texte original anglais.) *)

In the name of the Most Holy and Undivided Trinity.

His Majesty the King of the United Kingdom of Great Britain and Ireland, and His Majesty the King of the Netherlands, desiring to place upon a footing, mutually beneficial their respective possessions and the commerce of their, subjects in the East Indies, so that the welfare and prosperity of both nations may be promoted, in all time to come, without those differences and jealousies which have, in former times, interrupted the harmony which ought always to subsist between them; and being anxious that all occasions of misunderstanding between their respective agents may be, as much as possible, prevented; and in order to determine certain questions which have occurred in the execution of the Convention made at London, on the 13th of August, 1814, in so far as it respects the possessions of His Netherland Majesty in the East, have nominated their Plenipotentiaries, that is to say: —

His Majesty the King of the United Kingdom of Great Britain and Ireland, the Right Honourable George Canning, a Member of His said Majesty's Most Honourable Privy Council, a Member of Parliament, and His said Majesty's Principal Secretary of State for Foreign Affairs; — And the Right Honourable Charles Watkin Williams Wynn, a Member of His said Majesty's Most Honourable Privy Council, a Member of Parliament, etc. and President of His said Majesty's Board of Commissioners for the Affairs of India: —

*) Voy. Nouv. Recueil T. VI. Partie 2 (Supplém. au Recueil

108.

Traité entre la Grande-Bretagne et les Pays-Bas relativement aux Indes orientales. Signé à Londres le 17. Mars 1824.

(Texte original hollandais.)

In den naam der allerheiligste en onverdeelbare Drieeenigheid.

Zyne Majesteit de Koning van het Vereenigde Koningryk van Groot Britanje en Ierland, en Zyne Majesteit de Koning Der Nederlanden, verlangende hunne respectieve bezittingen en den handel hunner onderdanen in Oost Indië op eenen wederkeerig voordecligen voet te brengen, zoo dat de welvaart en voorspoed der beide natien voortaan ten allen tyde bevorderd kunnen worden zonder die oneenigheden en nayver welke, in vroeger dagen, de goede verstandhouding gestoord hebben die steeds tusschen dezelve behoort te bestaan, en willende, zoo veel mogelyk, alle aanleiding tot misverstand tusschen hunne respectieve agenten vóórkomen, als mede, ten einde zekere punten van verschil te regelen welke zich hebben opgedaan by het ter uitvoer leggen van de Conventie den 13de Augustus, 1814, te London gesloten, voor zoo ver dezelve betrekking heeft tot de bezittingen van Zyne Majesteit den Koning Der Nederlanden in Oost Indië, hebben tot Gevolmagtigden benoemd, te weten: —

Zyne Majesteit de Koning van Groot Britanje, den Heer George Canning, Lid van Zyner Majesteits Geheimen Raad, en van het Parlement, mitsgaders Hoogstdeszelfs eersten Secretaris van Staat voor de Buitenlandsche Zaken; en den Heer Charles Watkin Williams Wynn, Lid van Zyner Majesteits Geheimen Raad, en van het Parlement, mitsgaders President van het Kollegie van Kommissarissen voor de Indische Zaken, etc.

1824 *And His Majesty the King of The Nether-lands, Baron Henry Fagel, etc. Councillor of State, and Ambassador Extraordinary and Plenipoten-tiary of His said Majesty to His Majesty the King of Great Britain; and Anton Reinhard Falck, etc. His said Majesty's Minister of the Department of Public Instruction, National Industry, and Colonies.*

Who, after having mutually communicated their full powers, found in good and due form, have agreed on the following Articles:

Art. 1. The High Contracting Parties engage to admit the subjects of each other to trade with their respective possessions in the Eastern Archi-pelago, and on the continent of India, and in Cey-lon, upon the footing of the most favoured nation; their respective subjects conforming themselves to the local regulations of each settlement.

II. The subjects and vessels of one nation shall not pay, upon importation or exportation, at the ports of the other in the Eastern Seas, any duty at a rate beyond the double of that at which the subjects and vessels of the nation to which the port belongs, are charged.

The duties paid on exports or imports at a Bri-tish port, on the continent of India, or in Ceylon, on Dutch bottoms, shall be arranged so as, in no case, to be charged at more than double the amount of the duties paid by British subjects, and on British bottoms.

In regard to any article upon which no duty is imposed, when imported or exported by the sub-jects, or on the vessels, of the nation to which the port belongs, the duty charged upon the subjects or vessels of the other, shall, in no case, exceed 6 per cent.

III. The High Contracting Parties engage, that no Treaty hereafter made by either, with any native power in the Eastern Seas, shall contain any Article tending, either expressly, or by the imposition of unequal duties, to exclude the trade of the other party from the ports of such native power: and that if, in any Treaty now existing

En Zyne Majesteit, de Koning Der Nederlanden, den Baron Hendrik Fagel, mitsgaders Hoogstdeszelfs Extraordinaris Ambassadeur en Plenipotentiaris aan het Hof van London; — En den Heer Anton Reinhard Falck, en Minister voor het Publieke onderwys, de Nationale Nyverheid, en de Kolonien: —

De welke, na wederzydsche mededeeling van hunne volmagten, die in goeden en behoorlyken vorm bevonden zyn, de volgende Artikelen hebben vastgesteld.

Art. I. De Hooge Contracterende Partyen verbinden zich om in hunne respectieve bezittingen in den Oosterschen Archipel, en op het vaste land van Indië, en op Ceylon, elkanders onderdanen ten handel toetelaten op den voet der meest begunstidge natie; wel verstaande dat de wederzydsche onderdanen zich zullen gedragen overeenkomstig de plaatselyke verordeningen van elke bezitting.

II. De onderdanen en schepen van de eene natie zullen, by den in- en uitvoer in en van de havens der andere in de Oostersche zeeën, geene regten betalen hooger dan ten bedrage van het dubbelde van die, waarmede de onderdanen en schepen der natie aan welke de haven toebehoort, belast zyn.

De regten voor den in- of uitvoer met Nederlandsche bodems, in eene Britsche haven, op het vaste land van Indië, of op Ceylon, betaald wordende zullen in dezer voege worden gewyzigd, dat deswege, in geen geval, meer berekend worde dan het dubbelde der regten door Britsche onderdanen, en voor Britsche bodems, te betalen.

Met betrekking tot die artikelen op welke geen regt gesteld is, wanneer zy worden in- of uitgevoerd door de onderdanen of in de schepen der natie aan welke de haven toebehoort zullen de regten aan de onderdanen der andere opteleggen, in geen geval, meer bedragen dan 6 ten honderd.

III. De Hooge Contracterende Partyen beloven dat geen Tractaat, voortaan door een derzelve met eenigen Staat in de Oostersche zeeën te maken, eenig Artikel behelsen zal, strekkende, het zy regstreeks, het zy door oplegging, van ongelyke regten, om den koophandel der andere Party van de havens van zoodanigen inlandschen Staat uittesluiten, en dat, by

1824 on either part, any Article to that effect has been admitted, such Article shall be abrogated upon the conclusion of the present Treaty.

It is understood that, before the conclusion of the present Treaty, communication has been made by each of the Contracting Parties to the other, of all Treaties, or Engagements subsisting between each of them, respectively, and any native power in the Eastern Seas; and that the like communication shall be made of all such Treaties concluded by them respectively hereafter.

IV. Their Britannic and Netherland Majesties engage to give strict orders, as well to their Civil and Military Authorities, as to their ships of war, to respect the freedom of trade, established by Articles I. II. and III.; and, in no case, to impede a free communication of the natives in the Eastern Archipelago, with the ports of the two Governments, respectively, or of the subjects of the two Governments with the ports belonging to native powers.

V. Their Britannic and Netherland Majesties, in like manner, engage to concur effectually in repressing piracy in those seas: they will not grant either asylum or protection to vessels engaged in piracy, and they will, in no case, permit the ships or merchandise captured by such vessels, to be introduced, deposited, or sold, in any of their possessions.

VI. It is agreed that orders shall be given by the two Governments to their officers and agents in the East, not to form any new settlement on any of the islands in the Eastern seas, without previous authority from their respective Governments in Europe.

VII. The Molucca islands, and especially Amboyna, Banda, Ternate, and their immediate dependencies, are excepted from the operation of the I. II. III. and IV. Articles, until The Netherland Government shall think fit to abandon the monopoly of spices; but if the said Government shall,

aldien in eene der thans aan weerskanten bestaande 1824 overeenkomsten, eenig Artikel met die bedoeling, is opgenomen geworden, zoodanig Artikel, by het sluiten des tegenwoordigen tractaats, buiten effect gesteld worden zal.

Over en weder is verstaan dat, vóór het sluiten van dit Tractaat, door elke der Contracterende Partyen aan de andere mededeeling is gedaan van alle tractaaten of verbindtenissen tusschen dezelve respectievelyk en eenige Inlandsche Regering in de Oostersche zeeën bestaande, en dat gelyke mededeeling geschieden zal van al zoodanige verbindtenissen, in het vervolg, door dezelve respectivelyk aantegaan.

IV. Hunne Groot Britannische en Nederlandsche Majesteiten beloven stellige bevelen te geven, zoo wel aan hunne burgerlyke en militaire bëambten, als aan hunne oorlogschepen, om de vryheid van handel, by Art. I. II. en III. vastgesteld, te eerbiedigen en, in geen geval, hinder toetebrengen aan de gemeenschap der inboorlingen van den Oostersche Archipel met de havens der twee Gouvernementen respectivelyk, noch aan die der wederzydsche onderdanen met de havens toebehorende aan Inlandsche Regeringen.

V. Hunne Groot Britannische en Nederlandsche Majesteiten verbinden zich, in gelyker voege, om krachtdadig bytedragen tot het beteugelen der zeerovery in die zeeën. Zy zullen geene schuilplaats of bescherming verleenen aan vaartuigen met welken zeeroof bedreven wordt, en zullen in geen geval, veroorloven dat schepen of goederen, door zulke vaartuigen buit gemaakt, in eenige van hunne bezittingen ingevoerd, bewaard, of verkocht worden.

VI. Er is overeengekomen dat door beide Gouvernementen aan hunne officieren en agenten in Oost Indië bevel zal worden gegeven om geen nieuw kantoor op een der Oostersche Eilanden opterigten, zonder voorafgaande magtiging van hunne respectieve Gouvernementen in Europa.

VII. Van de toepassing der Artikelen I. II. III. en IV. worden de Moluksche Eilanden, en speciaal Ambon, Banda, en Ternate, met derzelver onmiddelyke onderhoorigheden, uitgezonderd, tot tyd en wyle het Nederlandsch Gouvernement raadzaam oordeelen zal van den alleenhandel in speceryen aftezien; maar zoo dit Gou-

1824 *at any time previous to such abandonment of the monopoly, allow the subjects of any power, other than a native Asiatic power, to carry on any commercial intercourse with the said islands, the subjects of His Britannic Majesty shall be admitted to such intercourse, upon a footing precisely similar.*

VIII. His Netherland Majesty cedes to His Britannic Majesty all His establishments on the continent of India; and renounces all privileges and exemptions enjoyed or claimed in virtue of those establishments.

IX. The factory of Fort Marlborough, and all the English possessions on the island of Sumatra, are hereby ceded to His Netherland Majesty: and His Britannic Majesty further engages that no British settlement shall be formed on that island, nor any Treaty concluded by British authority, with any native Prince, chief, or State therein.

X. The town and fort of Malacca, and its dependencies are hereby ceded to His Britannic Majesty; and His Netherland Majesty engages for himself and his subjects, never to form any establishment on any part of the Peninsula of Malacca, or to conclude any Treaty with any native Prince Chief, or State therein.

XI. His Britannic Majesty withdraws the objections which have been made to the occupation of the island of Billiton and its dependencies, by the agents of The Netherland Government.

XII. His Netherland Majesty withdraws the objections which have been made to the occupation of the island of Singapore; by the subjects of His Britannic Majesty.

His Britannic Majesty, however, engages, that no British establishment shall be made on the Carimon isles, or on the islands of Battam, Bintang, Lingin, or on any of the other islands south of the straights of Singapore, nor any Treaty concluded by British authority with the chiefs of those islands.

vernement immer, vóór zoodanige afschaffing van den 1824
alleenhandel, aan de onderdanen van eenige mogendheid, anders dan een inlandschen Aziatischen Staat,
veroorlooven mogt eenig handelsverkeer met die eilanden
te onderhouden, zullen de onderdanen van Zyne Britsche
Majesteit op een volstrekt gelyken voet tot zoodanig
verkeer worden toegelaten.

VIII. Zyne Majesteit de Koning der Nederlanden
staat aan Zyne Groot Britannische Majesteit af, alle
zyne etablissementen op het vaste land van Indië, en
ziet van alle voorregten en vrystellingen af, welke, ter
zake van deze etablissementen, genoten, of gereclameerd geworden zyn.

IX. De factory van fort Marlborough, en al de
bezittingen van Groot Britanje op het eiland Sumatra,
worden by dezen afgestaan aan Zyne Majesteit den
Koning der Nederlanden, en zyne Groot Britannische
Majesteit beloofd, dat op dat eiland geen Britsch kantoor zal worden opgerigt, noch eenig Tractaat onder
Britsch gezag gesloten met eenigen der inlandsche
vorsten, opperhoofden, of staten op hetzelve gevestigd.

X. De stad en vesting van Malakka met derzelver onderhoorigheden worden by dezen afgestaan aan
Zyne Groot Britannische Majesteit, en Zyne Majesteit
de Koning der Nederlanden belooft, voor zich en voor
zyne onderdanen, nimmer op eenig gedeelte van het
Schiereiland van Malakka een kantoor te zullen oprigten,
of Tractaten te zullen sluiten met eenigen der inlandsche
vorsten, of staten, op dat Schiereiland gevestigd.

XI. Zyne Groot Britannische Majesteit ziet af
van alle vertoogen tegen het bezetten van het eiland
Billiton en deszelfs onderhoorigheden door de agenten
van Het Nederlandsch Gouvernement.

XII. Zyne Majesteit de Koning der Nederlanden
ziet af van alle vertoogen tegen het bezetten van het
eiland Sinkapoer door de onderdanen van Zyne Groot
Britannische Majesteit.

Daarentegen belooft Zyne Groot Britannisch Majesteit dat geen Britsch kantoor zal worden opgerigt op
de Carimons Eilanden, of op de eilanden Battam, Bintang, Lingin, of op eenig der anderen eilanden liggende ten zuiden van straat Sinkapoer, en dat met
derzelver opperhoofden geene Tractaten onder Britsch
gezag gesloten zullen worden.

1824 XIII. *All the colonies, possessions, and establishments which are ceded by the preceding Articles, shall be delivered up to the officers of the respective Sovereigns on the 1st of March, 1825. The fortifications shall remain in the state in which they shall be at the period of the notification of this Treaty in India; but no claim shall be made, on either side, for ordnance, or stores of any description, either left or removed by the ceding Power, nor for any arrears of revenue, or any charge of administration whatever.*

XIV. *All the inhabitants of the territories hereby ceded, shall enjoy for a period of 6 years from the date of the ratification of the present Treaty, the liberty of disposing, as they please of their property, and of transporting themselves, without let or hindrance to any country to which they may wish to remove.*

XV. *The High Contracting Parties agree that none of the territories or establishments mentioned in Articles VIII. IX. X. XI. and XII. shall be at any time, transferred to any other Power. In case of any of the said possessions being abandoned by one of the present Contracting Parties, the right of occupation thereof shall immediately pass to the other.*

XVI. *It is agreed that all accounts and reclamations, arising out of the restoration of Java, and other possessions to the officers of His Netherland Majesty in the East Indies, — as well those which were the subject of a Convention made at Java on the 24th of June, 1817, between the Commissioners of the two nations, as all others, shall be finally and completely closed and satisfied, on the payment of the sum L. 100,000, to be made in London on the part of The Netherlands before the expiration of the year 1825.*

XVII. *The present Treaty shall be ratified, and the ratifications exchanged at London, within 3 months from the date hereof, or sooner if possible. In witness whereof, the resp. Plenipotentiaries*

XIII. Al de Kolonien, bezittingen, en etablisse- **1824**
menten, die, by de vorenstaande Artikelen worden afgestaan, zullen aan de officieren der respectieve Sou-
vereinen overgegeven worden, op den 1sten Maart,
1825. De vestingen zullen blyven in den toestand in
welke zy zich zullen bevinden ten tyde van het bekend
worden des tegenwoordigen Tractaats in Indië, doch
geene vordering zal, noch aan de eene noch aan de
andere zyde, geschieden, ter zake, het zy van geschut
of behoeften van eenigen aard, door de. afstaande,
mogendheid of achtergelaten of medegenomen, het zy
van achterstallige inkomsten, of van lasten van het
bestuur, hoe ook genaamd.

XIV. Al de ingezetenen van de landen by dezen
afgestaan, zullen, gedurende den tyd van 6 jaren, te
rekenen van de ratificatie van het tegenwoordig Tractaat, de vryheid hebben om, naar welgevallen, over
hun eigendom te beschikken, en zich, zonder hinder
of belet, te begeven werwaarts zy zullen goedvinden.

XV. De Hooge Contracterende Partyen komen
overeen, dat geen der landen of etablissementen by
Artikelen VIII. IX. X. XI. en XII vermeld, immer aan
eenige andere mogendheid zal mogen overgedragen
worden. In geval dat eenige dier bezittingen door
eene der thans Contracterende Partyen verlaten wordt,
zullen hare regten tot dezelve onmiddelyk op de andere porty overgaan.

XVI. Er is overeengekomen dat alle rekeningen
of vorderingen voortgesproten uit de teruggave van
Java en andere etablissementen aan de officieren van
Zyne Majesteit den Koning der Nederlanden in Oost
Indië, zoo well die welke het onderwerp hebben uitge-
maakt eener Conventie op Java, den 24. Juni, 1817,
tusschen de kommissarissen der beide natien gesloten,
als alle andere hoe ook genaamd, finaal, en ten
volle afgedaan zullen zyn, behoudens de betaling eener
som van L. 100,000 van den kant der Nederlanden, te
bewerkstelligen in London vóór het einde van het Jaar
1825.

XVII. Het tegenwordige Tractaat zal worden gera-
tificeerd, en de ratificatien zullen worden uitgewisseld
te London binnen 3 maanden na dato dezes, of eer-
der indier mogelyk.

1824 *have signed the same, and affixed thereunto the seals of their arms.*

Done at London, the 17th *day of* March, *in the year of our Lord* 1824.

(*L. S.*) GEORGE CANNING. (*L. S.*) H. FAGEL.
(*L. S.*) C. W. W. WYNN. (*L. S.*) A. R. FALCK.

Notes dont le Traité précédent a été accompagné. Note des Plénipotentiaires de la Grande-Bretagne adressée à ceux des Pays-Bas.

In proceeding to the signature of the Treaty which has been agreed upon, the Plenipotentiaries of His Britannic Majesty have great satisfaction in recording their sense of the friendly and liberal spirit which has been evinced by their Excellencies the Plenipotentiaries of His Netherland Majesty; and their conviction that there is, on both sides, an equal disposition to carry into effect, with sincerity and good faith, the stipulations of the Treaty, in the sense in which they have been negociated.

The differences which gave rise to the present discussion, are such as it is difficult to adjust by formal stipulation: consisting, in great part, of jealousies and suspicions, and arising out of the acts of subordinate agents, they can only be removed by a frank declaration of intention, and a mutual understanding as to principles between the Governments themselves.

The disavowal of the proceedings whereby the execution of the Convention, of August 1814, was retarded, must have satisfied their Excellencies the Netherland Plenipotentiaries, of the scrupulous regard with which England always fulfils her engagements.

The British Plenipotentiaries record, with sincere pleasure, the solemn disavowal, on the part of the Netherland Government, of any design to aim, either at political supremacy, or at commercial monopoly, in the eastern Archipelago. They willingly acknowledge the readiness with which the Netherland Plenipotentiaries have entered into stipulations calculated to promote the most perfect freedom of trade between the

Ten oorkonden dezes hebben de respectieve Ple- 1824
nipotentiarissen deze gete kend en met het zegel huner
wapenen beckrachtigt.

Aldus gedaan te London, den 17. Maart, in het
jaar onzes heeren 1824.

(L. S.) H. FAGEL.   (L. S.) GEORGE CANNING.
(L. S.) A. R. FALCK.   (L. S.) C. W. W. WYNN.

---

subjects of the two crowns, and their respective dependencies, in that part of the world.

The undersigned are authorized to express the
full concurrence of His Britannic Majesty, in the enlightened views of His Majesty the King of The
Netherlands.

Aware of the difficulty of adapting, at once, to
a long established system of monopoly, the principles
of commercial policy which are now laid down, the
undersigned have been authorized to consent to the
exception of the Molucca islands, from the general
stipulation for freedom of trade contained in the Treaty.
They trust, however, that, as the necessity for this
exception is occasioned solely by the difficulty of abro-
gating, at the present moment the monopoly of spices,
its operation will be strictly limited by that necessity.

The British Plenipotentiaries understand the term
Moluccas, as applicable to that cluster of islands, which
has Celebes to the westward, New Guinea to the
eastward, and Timor to the southward; but that these
three islands are not comprehended in the exception:
nor would it have included Ceram, if the situation of
that island, in reference to the two principal spice
isles, Amboyna and Banda, had not required a prohibition of intercourse with it, so long as the monopoly
of spices shall be maintained.

The territorial exchanges which have been thought
expedient for avoiding a collison of interests, render
it incumbent upon the Plenipotentiaries of His Britannic
Majesty to make, and to require some explanations
with respect to the dependents and Allies of England,
in the island from which she is about to withdraw.

A Treaty concluded in the year 1819, by British
Agents, with the King of Acheen is incompatible with
the 3d Article of the present Treaty. The British

1824 Plenipotentiaries therefore undertake, that the Treaty with Acheen shall, as soon as possible, be modified into a simple arrangement for the hospitable reception of British vessels and subjects in the port of Acheen. But as some of the provisions of that Treaty (which has been communicated to the Netherland Plenipotentiaries) will be conducive to the general interests of Europeans established in the Eastern Seas, they trust that the Netherland Government will take measures for securing the benefit of those provisions. And they express their confidence, that no measures, hostile to the King of Acheen, will be adopted by the new possessor of Fort Marlborough.

It is no less the duty of the British Plenipotentiaries to recommend to the friendly and paternal protection of The Netherland Government, the interests of the natives and settlers, subject to the ancient factory of England at Bencoolen.

This appeal is the more necessary, because, so lately as the year 1818, Treaties were made with the native chiefs, by which their situation was much improved. The system of forced cultivation and delivery of pepper was abolished; encouragement was given to the cultivation of rice; the relations between the cultivating classes and the chiefs of the districts were adjusted; the property in the soil was recognized in those chiefs; and all interference in the detailed management of the interior was withdrawn, by removing the European residents from the out-stations, and substituting in their room native officers. All these measures were calculated greatly to promote the interests of the native inhabitants.

In recommending these interests to the care of the Netherland Government, the undersigned request the Plenipotentiaries of His Netherland Majesty to assure their Government, that a corresponding attention will be paid, on the part of the British Authorities, to the inhabitants of Malacca, and the other Netherland settlements which are transferred to Great Britain.

In conclusion, the Plenipotentiaries of His Britannic Majesty congratulate their Excellencies The Netherland Plenipotentiaries, upon the happy termination of their conferences. They feel assured, that, under the arrangement which is now concluded, the commerce

of both nations will flourish; and that the two allies 1824
will preserve inviolate in Asia, no les than in Europe
the friendship which has, from old times, subsisted
between them. The disputes being now ended, which,
during two centuries, have occasionally produced ir-
ritation; there will henceforward be no rivalry between
the English and the Dutch nations in the East, except
for the more effectual establishment of those principles
of liberal policy which both have this day asserted in
the face of the world.

The undersigned; etc.

London, March 17, 1824.

GFORGE CANNING.
C. W. W. WYNN.

Réplique des Plénipotentiaires des Pays-Bas.

Les soussignés, Plénipotentiaires de Sa Majesté le
Roi des Pays-Bas, ont trouvé, dans la Note qui vient de
leur être remise par leurs Excellences Messieurs les
Plénipotentiaires Britanniques, un résumé fidèle des
communications, qui avaient eu lieu à l'époque où des
circonstances indépendantes de la volonté des négo-
ciateurs amenèrent la suspension de leurs conférences.

Appelés à reprendre un travail dont l'achèvement
a toujours été désiré de part et d'autre avec une égale
sincérité, les soussignés n'ont pas tardé à reconnaitre
dans leurs collaborateurs, cet esprit d'équité et de
conciliation, qui facilite l'arrangement des questions
les plus compliquées, et auquel ils ne peuvent rendre
hommage dans un moment plus opportun que celui qui va sanctionner, par la signature d'un Traité
formel, les dispositions adoptées après le plus mûr
examen, comme éminemment utiles pour le maintien
de la bonne intelligence, même entre les agents inférieurs des Puissances Contractantes.

Ce but essentiel, cette tendance principale du
Traité, sont palpables pour tous ceux qui en lisent
avec attention les différens Articles. Ce qui s'y trouve
expressément stipulé, semble devoir suffire pour lever,
d'un commun accord, toute incertitude, qui pourrait
se présenter par la suite. Cependant, comme Messieurs les Plénipotentiaires Britanniques ont cru devoir
entrer dans quelques détails ultérieurs, les soussignés,

1824 qui, de leur côté, sentent l'importance de ne rien donner au hasard, dans une matière aussi intéressante, ne font aucune difficulté de les suivre dans ces détails, et de completter, par le développement succinct de leur manière de voir: la réponse due par eux, à la susdite note de leurs Excellences.

L'Article VII renferme une exception au principe général de la liberté du commerce. La nécessité de cette exception, déjà admise par l'Angleterre dans les conférences de 1820, repose sur l'existence du système rélatif au commerce exclusif des épiceries. Si les délibérations du Gouvernement des Pays-Bas conduisent à l'abandon de ce système, aussitôt le commerce libre reprend ses droits, et tout cet Archipel, qui a été fort justement décrit comme compris entre Celebes, Timor, et la Nouvelle Guinée, est ouvert à toutes les spéculations légitimes sur le pied à établir par les ordonnances locales, et, pour ce qui concerne en particulier les sujets de Sa Majesté Britannique, conformément aux bases consacrées par le Traité pour toutes les possessions Asiatiques des deux Parties Contractantes.

Par contre, aussi long-tems que l'exception, dont il s'agit, reste en vigueur, les navires qui traversent les Moluques, doivent s'abstenir de relâcher, dans d'autres ports que ceux dont la désignation a été officiellement communiquée aux puissances maritimes il y a quelques années; sauf les cas de détresse, pour lesquels il est superflu d'ajouter, qu'ils trouveront, dans tous les endroits où flotte le pavillon des Pays-Bas, les services et les secours dûs à l'humanité souffrante.

Si le Gouvernement de la Grande-Bretagne pense qu'il y a un avantage réel pour lui à ce qu'en se dégageant, d'après les principes consacrés par le Traité qui va être signé, des liaisons que ses agens formèrent il y a quatre ou cinq ans, dans le royaume d'Acheen, il assure, par quelque stipulation nouvelle, l'accueil hospitalier des sujets et vaisseaux Britanniques dans les ports de ce royaume, — les soussignés n'hésitent pas à déclarer que, de leur côté, ils n'y voient aucun inconvénient; et ils croient pouvoir assurer, en même tems, que leur Gouvernement s'appliquera, sans délai, à régulariser ses rapports avec Acheen, de manière que cet Etat sans rien perdre de son indépendance, offre au navigateur et au col rçant cette

constante sécurité, qui semble ne pouvoir y être éta- **1824**
blie, que par l'exercice modéré d'une influence Européenne.

A l'appui des informations contenues dans la dernière note de Messieurs les Plénipotentiaires Britanniques, au sujet de Bencoolen, leurs Excellences ont
communiqué aux soussignés les deux Conventions respectivement signées le 23. Mai et le 4. Juillet de 1818,
d'un côté par le Lieutenant-Gouverneur de cet établissement, et de l'autre par les chefs de quelques
tribus voisines. On leur a aussi fait part d'une dépêche
du Gouverneur-Général en Conseil, datée de Fort
William, le 9. Mai 1823, et d'après laquelle l'administration Britannique a aboli au Fort Marlborough le
monopole du poivre, encouragé la culture du riz, et
placé sur un pied stable et uniforme, les rapports des
différentes classes de natifs, tant entre elles, qu'avec
leur chefs. Or, pour autant que les soussignés ne se
trompent point, en supposant que le but de ces arrangemens a été d'assurer la prospérité agricole de la colonie, et d'écarter les vexations qui résultent souvent
du contact immédiat de la population indigène avec
les autorités subalternes d'une administration étrangère,
ils éprouvent une grande satisfaction à dire, que loin
d'avoir à rédouter des mesures rétroactives, les individus intéressés à l'ordre actuel des choses peuvent,
au contraire, nourrir l'espoir, que le nouveau Gouvernement aura égard à leurs droits acquis, et à leur
bien-être; et, ce que les Soussignés aiment surtout à
garantir, il fera observer les Articles des Conventions
déjà mentionnées, sur la foi desquels les habitans de
Pasummah, Ulu Manna, et d'autres peuplades de l'intérieur ont reconnu l'autorité, ou accepté la protection
de la Compagnie des Indes Britanniques, sauf toutefois la faculté d'y substituer, du plein gré des parties
intéressées, d'autres conditions analogues, si les circonstances venaient à rendre un changement nécessaire.

Quant aux dispositions équitables et bienveillantes
du Gouvernement Britannique envers les habitans de
Malacca, et des autres établissemens Hollandois, cédés
par le Traité, les Plénipotentiaires de Sa Majesté le
Roi des Pays-Bas, en acceptant l'assurance avec une
confiance illimitée; et ce même sentiment les porte à
ne pas insister, pour que les instructions et ordres,

1824 qui seront adressés aux autorités Anglaises dans l'Inde, rélativement à la remise du Fort Marlborough, et de ses dépendances, soyent conçus en des termes tellement clairs, précis, et positifs, qu'on n'y puisse trouver aucun motif d'incertitude, ni aucun prétexte de délai; car ils sont persuadés que Messieurs les Plénipotentiaires Britanniques, après avoir apporté tant de modération et de loyauté à l'accomplissement de leur tâche, sauront veiller à ce que le résultat des travaux communs ne soit pas compromis par égard pour des intérêts subordonnés, et des considérations sécondaires. Ce résultat, Messieurs les Plénipotentiaires Britanniques l'ont décrit eux-mèmes dans leur dernière note, et il ne reste aux soussignés qu'à se féliciter d'y avoir concouru, et à joindre leurs voeux à ceux de leurs Excellences, pour que les agens respectifs dans les possessions Asiatiques, se montrent toujours pénétrés du sentiment des devoirs que deux nations, amies et animées de vùes vraiment libérales, ont à remplir tant l'une à l'égard de l'autre, que vis à vis des indigènes, que le cours des évènemens ou les Traités ont placés sous leur influence.

Les soussignés saisissent avec empressement cette occasion etc.

Londres, le 17. Mars, 1824.

H. FAGEL.   A. R. FALCK.

109.

Traité de commerce et de navigation entre la Grande-Bretagne et la Prusse, signé à Londres le 2. Avril 1824 *).

Texte original français.

Sa Majesté Le Roi du Royaume Uni de la Grande-Bretagne et de l'Irlande, et Sa Majesté Le Roi de Prusse, également animés du désir d'étendre et d'accroitre les rélations commerciales entre leurs États respectifs, et de procurer toutes les facilités et tous les encouragemens possibles à ceux de leurs sujets qui

---

*) Voy. *Recueil* Supplém. T. X. (*Nouv. Recueil* T. VI.) p. 434.

ont part à ces rélations; et persuadés que rien ne 1824
sauroit contribuer davantage à l'accomplissement de
leurs souhaits mutuels à cet égard, que l'abolition ré.
ciproque de toute différence entre les impôts levés
aujourd'hui sur les bâtimens ou les productions de l'un
des deux Etats dans les ports de l'autre, ont nommé
des Plénipotentiaires pour conclure une Convention à
cet effet, savoir: —

Sa Majesté Le Roi du Royaume Uni de la Grande-
Bretagne et de l'Irlande, le Très Honorable George
Canning, Conseiller de Sa dite Majesté en Son Conseil
Privé, Membre du Parlement, et Son Principal Secré-
taire d'Etat ayant le Département des Affaires Etran-
gères; — Et le Très Honorable William Huskisson,
Conseiller de Sa dite Majesté en Son Conseil Privé,
Membre du Parlement, Président du Comité du Conseil
Privé pour les Affaires de Commerce et des Colonies,
et Trésorier de la Marine de Sa dite Majesté: —

Et Sa Majesté Le Roi de Prusse, le Baron de
Werther, Chambellan de Sa dite Majesté, et Son
Envoyé Extraordinaire et Ministre Plénipotentiaire près
Sa Majesté Britannique: — Lesquels, après s'être communiqués réciproquement leurs pleinspouvoirs respectifs,
trouvés en bonne et due forme, ont arrêté et conclu
les Articles suivans:

Art. I. A dater du 1er de Mai de cette année, et
après cette époque, les bâtimens Prussiens qui entreront
dans les ports du Royaume Uni de la Grande-Bretagne
et de l'Irlande, ou qui en sortiront, et les navires
Anglais qui entreront dans les ports de la Prusse, ou
qui en sortiront, ne seront sujets à aucuns droits ou
charges, de quelque nature qu'ils soient, autres ou
plus considérables que ceux qui sont actuellement, ou
pourront, par la suite, être imposés aux navires indigènes à leur entrée dans ces ports, ou à leur sortie.

II. Toutes les productions du sol et de l'industrie
de tous les états soumis à la domination des Hautes
Parties Contractantes, dont l'importation dans les ports
Prussiens, et dans les ports du Royaume Uni, où
l'exportation de ces mêmes ports, est, ou sera permise,
dans les navires indigènes, pourront y être importés,
ou en être exportés, exactement de la même manière,
dans les navires appartenans aux états de l'autre.

III. Tous les objets qui ne sont pas des pro-

1824 ductions du sol et de l'industrie des états soumis à la domination de Sa Majesté Britannique, et qui peuvent légalement être importés du Royaume Uni de la Grande-Bretagne et de l'Irlande dans les ports de la Prusse, sur des vaisseaux Anglais, ne seront soumis qu'aux mêmes droits que payeroient ces mêmes objets, s'ils étoient importés sur des vaisseaux Prussiens. Une exacte réciprocité sera observée dans les ports du Royaume Uni, par rapport aux objets qui ne sont pas des productions du sol et de l'industrie des états de Sa Majesté Prussienne, et qui peuvent être légalement importés dans les ports du Royaume Uni sur des vaisseaux Prussiens.

IV. Toutes les marchandises et objets de commerce, dont l'entrée dans les ports de l'un des deux états, est permise, seront exactement sujets aux mêmes droits, qu'ils soient importés par les navires de l'autre état, ou par les bâtimens nationaux; et il sera accordé pour toutes les marchandises et objets de commerce, dont la sortie des ports des deux états est permise, les mêmes primes, remboursemens de droits, et avantages, que l'exportation s'en fasse par les navires de l'un, ou par ceux de l'autre état.

V. Il ne sera donné, ni directement, ni indirectement, ni par l'un des deux Gouvernemens, ni par aucune compagnie, corporation, ou agent, agissant en son nom, ou sous son autorité, aucune préférence quelconque, pour l'achat d'aucune production du sol ou de l'industrie de l'un des deux états, importée dans le territoire de l'autre, à cause ou en considération de la nationalité du navire qui auroit transporté cette production; l'intention bien positive des deux Hautes Parties Contractantes étant, qu'aucune différence ou distinction quelconque n'ait lieu à cet égard.

VI. La présente Convention sera en vigueur pendant 10 ans, à dater de ce jour, et au delà de ce terme, jusqu'à l'expiration de 12 mois après qu'une des Hautes Parties Contractantes aura annoncé à l'autre son intention de la terminer; chacune des deux Hautes Parties Contractantes se réservant le droit de faire à l'autre une telle déclaration au bout des 10 ans susmentionnés; et il est convenu entre elles, qu'à l'expiration de 12 mois après qu'une telle déclaration d'une des Hautes Parties Contractantes aura été reçue par l'autre, cette Convention, et toutes les stipulations y renfermés, 1824 cesseront d'être obligatoires pour les deux parties.

VII. La présente Convention sera ratifiée, et les ratifications en seront échangées à Londres, dans l'espace d'un mois, ou plûtôt si faire se peut.

En foi de quoi, les Plénipotentiaires respectifs l'ont signé, et y ont apposé le cachet de leurs armes.

Fait à Londres, le 2de Avril, l'an de Grâce, 1824.

(L. S.). WERTHER.   (L. S.) GEORGE CANNING.
                    (L. S.) W. HUSKISSON.

110.

Déclaration de la Suède sur l'abolition de certains droits dont le commerce anglais avait été chargé jusqu'ici dans les ports suédois. En date du 24. Avril 1824.

Le Soussigné Ministre d'Etat et des affaires étrangères de Sa Majesté le Roi de Suède et de Norvège, ayant reçu la Déclaration de Monsieur le Général Bloomfield, Envoyé extraordinaire et Ministre plénipotentiaire de Sa Majesté le Roi du Royaume uni de la Grande-Bretagne et d'Irlande, en date de ce jour, contenant l'assurance d'une parfaite réciprocité, déclare par la présente, en vertu de l'autorisation à lui donnée, au nom et de la part du Roi, son très gracieux Souverain:

Que les bâtimens de commerce anglais arrivant dans les ports ou parages du Royaume de Suède, seront à l'avenir traités sur le même pied que les bâtimens nationaux, pour ce qui concerne les droits de pilotage, de fanaux, de tonnage et en général tous les droits compris sous la dénomination de droits de port dûs à la Couronne (Shepps-umgålder) de quelque nature que ce soit.

Que les bâtimens de commerce anglais seront également assimilés aux bâtimens nationaux par rapport aux droits de sauvetage, sans aucune restriction ou différence.

Et que le commerce suédois, jouissant déjà d'un

1824 avantage reciproque dans les ports de la Grande-Bretagne, les dispositions susmentionnées, en faveur du commerce anglais, seront mises en vigueur dans tous les ports du Royaume de Suède, sans délai et avec tant de promptitude que faire se pourra.

' En foi de quoi, le soussigné a signé la présente Déclaration et y a fait apposer le cachet de. ses armes.

Fait à Stockholm, le 24. Avril, l'an de grâce 1824.

(L. S.)   Laurent Comte d'Engestrom.

111.
Déclaration explicative de la Suède concernant le commerce anglais dans le Royaume de Suède. En date du 24. Avril 1824.

Le soussigné, Ministre d'Etat et des Affaires Etrangères de Sa Majesté le Roi de Suède et de Norvège, ayant reçu la Déclaration de Monsieur le Général Bloomfield, Envoyé Extraordinaire et Ministre Plénipotentiaire de Sa Majesté le Roi du Royaume-Uni de la Grande-Bretagne et d'Irlande, en date de ce jour, contenant l'assurance d'une parfaite réciprocité, déclare par la présente, en vertu de l'autorisation à lui donnée, au nom et de la part du Roi, son très gracieux Souverain: —

Que toutes les productions du sol ou des manufactures du Royaume de la Grande-Bretagne et de ses colonies, dont l'importation en Suède est permise à bord de bâtimens Suédois, d'après les réglemens existans, pourront être importées en Suède par des bâtimens Anglois, venant en droiture des ports de la Grande-Bretagne, sans être soumises à leur entrée, à des droits à la Couronne plus hauts ou autres, que si elles étaient chargées à bord d'un bâtiment Suédois: —

Que toutes les denrées dont l'exportation ne serait point prohibée pourront être exportées des ports du Royaume de Suède, à bord de bâtimens Anglois, pour tel endroit que ce soit, sans être soumises, à leur sortie, à des droits à la Couronne plus hauts ou autres, que si elles étaient chargées à bord d'un bâti-ment Suédois : — **1824**

Mais que les bâtimens de commerce Suédois ne jouissant point de la liberté de visiter les ports des colonies et possessions ultramarines de l'Angleterre, il est entendu, que les immunités ci-dessus désignées ne sont point applicables, dans les ports de Suède, aux marchandises apportées dans des bâtimens appartenans dans les ports de Snède, aux marchandises apportées dans des bâtimens appartenans aux dites colonies et possessions ultramarines, ou dans des bâtimens Anglois proprement dits, venant en droiture des colonies Angloises.

Et finalement, que les stipulations susmentionnées, fondées sur la promesse d'une exacte réciprocité dans les ports de la Grande-Bretagne, en faveur du commerce Suédois, seront mises en vigueur dans les ports du Royaume de Suède, à compter du 1er Juin de la présente année, 1824.

En foi de quoi, le soussigné a signé la présente Déclaration, et y a fait apposer le cachet de ses armes.

Fait à Stockholm, le 24. Avril, l'an de grâce 1824.

(L. S.)   Laurent Comte D'Engestroöm.

112.

Articles additionnels au Traité du 28. Mai 1767 *) conclus entre l'Empereur de Maroc Muley Abderaman, et M. Sourdeau, Consul général chargé d'affaires du Roi de France Louis XVIII, au camp de l'Empereur de Maroc à Wuarga, le 17. Mai 1824.

Le Consul de France, Sourdeau, après avoir remis à Notre Majesté une lettre du Roi Louis dixhuitième et nous avoir présenté le traité de paix qu'il a dit avoir été fait entre nos illustres aïeux (que Dieu sanctifie leurs cendres), et la nation française, nous ayant demandé de marcher sur les traces de ces mêmes ancêtres

---

*) Voy. notre *Recueil* T. L. p. 449.

1824 auxquels nous avons succédé, nous en confirmons les vingt articles ci-contre, dont le premier commence par ces mots: *le présent Traité a pour base*, et le dernier ceux-ci: *si le présent Traité vient à être rompu.* Vu l'amitié que la Nation française porte à notre Cour, et son attention pour ce qui regarde nos affaires, raison qui nous la fait distinguer des autres Puissances et préférer dans notre amitié, nous voulons que tous les officiers chargés d'exécuter nos ordres, aient pour son Consul, ses gens et ceux attachés à lui, toutes sortes d'égards et de considération, et cela à cause de l'estime méritée que nous avons pour sa nation.

De plus nous accordons aux armemens de guerre français, lorsqu'ils ameneront dans nos ports protégés de Dieu, des prises faites au-delà de la portée de nos canons et hors de notre protection, sur des nations chrétiennes avec lesquelles ils seraient en guerre, la faculté entière de les vendre, s'ils le veulent, sans qu'ils en soient empêchés par aucun des officiers exécuteurs de nos ordres, sous la condition de payer les droits de douane voulus par l'usage. *Pareillement*, les armemens de guerre français qui se rendront dans nos ports protégés de Dieu, et qui auront besoin de s'approvisionner en boeufs, poules et autres articles de subsistances, en sus de ce qu'ils chargent ordinairement sans payer de droits, le chargeront; mais ils payeront les droits de douane qui existeront lorsqu'ils opéreront leurs chargemens.

Cet Ordre (fort en Dieu) a été rendu le 18 ramadan très révéré, l'an 1239 (17. Mai 1824).

113.

Ordre du Conseil de S. M. Britannique pour règler les droits à percevoir des bâtimens suédois et de leurs cargaisons dans les ports de la Grande-Bretagne. En date du 25. Mai 1824.

At the Court at Carlton-House, the 25th of May, 1824. Present, the King's most excellent Majesty in council.

Whereas, by an Act, passed in the 4th year of His present Majesty's reign, (Cap. 77.) intituled "An

Act to authorise His Majesty, under certain circum- 1824
stances, to regulate the duties and drawbacks on goods
imported or exported in foreign vessels from Pilotage," etc. His Majesty is authorised, (in certain
cases), by and with the advice of His Privy Council,
or by His Majesty's Order or Orders in Council, to
be published from time to time in the London Gazette,
to permit and authorise the entry into any port or
ports of the United Kingdom of Great Britain and
Ireland, or of any other of His Majesty's dominions,
of any foreign vessels, upon payment of such and the
like duties of tonnage only as are or may be charged
or granted upon or in respect of British vessels; and
whereas satisfactory proof has been laid before His
Majesty and His Privy Council, that goods, wares,
and merchandise, imported into or exported from the
ports of Sweden, are charged with the same duties,
and are allowed the same drawbacks, bounties, or allowances, when imported or exported in British vessels
as are levied or allowed on similar goods, wares, and
merchandise, when imported or exported from Sweden
in Swedish vessels; and that British vessels are charged with no other or higher tonnage duties on their
entrance into the ports of Sweden, than are levied on
Swedish vessels; His Majesty, by virtue of the powers
vested in him by the Acts above recited, and by and
with advice of His Privy Council, is pleased to order,
and it is hereby ordered, that, from and after the 1st
day of June next, Swedish vessels entering the ports
of the United Kingdom of Great Britain and Ireland,
in ballast or laden, or departing from the ports of the
said United Kingdom, together with the cargoes on
board the same, such cargoes consisting of Articles
which may be legally imported or exported, shall not
be subject to any other or higher duties or charges
whatever, than are or shall be levied on British vessels
entering or departing from such ports, or on similar
articles when imported into or exported from such
ports in British vessels; and also that such articles,
when exported from the said ports in Swedish vessels, shall be entitled to the same bounties, drawbacks,
and allowances that are granted on similar articles,
when exported in British vessels:

And the Right Honourable the Lords Commissio-

1824 ners of His Majesty's Treasury are to give the necessary directions herein accordingly.

Jas. Buller.

114.

Ordre du Conseil de S. M. Britannique pour règler les droits à percevoir des bâtimens de Norvège et de leurs cargaisons dans les ports de la Grande-Bretagne. En date du 23. Juin 1824.

At the Court at Carlton-House, the 23d of June, 1824. Present, the King's most excellent Majesty in council.

Whereas, by an Act, passed in the 4th year of His present Majesty's reign, (Cap. 77.) intituled etc. His Majesty is authorised (in certain cases), by and with the advice of His Privy Council, or by His Majesty's Order or Orders in Council, to be published from time to time in the Lodon Gazette, to permit and authorise the entry into any port or ports of the United Kingdom of Great Britain and Ireland, or of any other of His Majesty's dominions, of any foreign vessels, upon payment of such and the like duties of tonnage only as are or may be charged or granted upon or in respect of British vessels; and whereas satisfactory proof has been laid before His Majesty and His Privy Council, that goods, wares, and merchandize, imported into or exported from the ports of Norway, are charged with the same duties, and are allowed the same drawbacks, bounties, or allowances, when imported or exported in British vessel, as are levied or allowed on similar goods, wares, and merchandise, when imported or exported from Norway in Norwegian vessels; and that British vessels are charged with no other or higher tonnage duties on their entrance into the ports of Norway, than are levied on Norwegian vessels; His Majesty by virtue of the powers vested in him by the Acts above recited and by and with the advice of His Privy Council, is pleased to order, and it is hereby ordered, that, from and after the date of this order, Norwegian vessels entering

the ports of the United Kingdom of Great Britain and 1824
Ireland in ballast or laden, or departing from the ports
of the said United Kingdom, together with the cargoes on board the same, such cargoes consisting of
articles which may be legally imported or exported,
shall not be subject to any other or higher duties or
charges whatever, than are or shall be levied on British vessels entering or departing from such ports, or
on similar articles when imported into or exported
from such ports in British vessels; and also that such
articles when exported from the said ports in Norwegian vessels, shall be entitled to the same bounties,
drawbacks, and allowances, that are granted on similar articles when exported in British vessels:

And the Right Honourable the Lords Commissioners of His Majesty's Treasury are to give the necessary directions herein accordingly.

J_{AS}. BULLER.

115
Déclaration de la Suède sur l'aboli-
tion de certains droits auxquels le
commerce anglais avait été soumis
jusqu'ici dans les ports de Norvège.
En date du 16. Juillet 1824.

Le Ministère du Roi, venant d'acquérir la certi-
tude, qu'en vertu d'un ordre de Conseil de Sa Majesté
Britannique, émané le 23. Juin, les bâtimens marchands
Norvégiens ont été mis dans les ports de la Grande-
Bretagne et de l'Irlande, sur un pied de réciprocité
parfaite avec les nationaux, le Soussigné, Secrétaire
d'Etat, remplissant les fonctions de Chancelier de la
Cour de Sa Majesté le Roi de Suède et de Norvège,
à l'honneur de déclarer officiellement à Monsieur le
Général Bloomfield, Envoyé Extraordinaire et Ministre
Plénipotentiaire de Sa Majesté Britannique, en réponse
à sa note en date d'hier; —

Que les bâtimens de commerce Anglois, arrivant
dans les ports du Royaume de Norvège, ou sortant
des dits Ports, ainsi que leurs cargaisons, continueront

1824 comme par le passé, à jouir des avantages accordés aux nations dits priviligiées, de manière qu'ils ne sont point soumis à des droits quelconques, d'entrée ou de sortie, de ports, de fanaux ou de pilotage, etc. plus hauts ou autres que ceux payables par les nationaux;

Que le lieu de départ ou de destination des navires, ainsi que le lieu de production ou de fabrication des marchandises (pourvu que leur importation soit permise en général) n'apporteront en Norvège aucune restriction à la susdite stipulation;

Et que la parité existante entre les bâtimens nationaux, et les vaisseaux de commerce Anglois, s'étend en Norvège, non seulement aux droits payables à la Couronne, mais aussi à ceux appelés *économiques*, payables à des villes et 'des communautés.

Le Soussigné saisit cette occasion pour renouveller à M. le Général Bloomfield, l'assurance déjà donnée, que dans les ports de Norvége, il n'a point été imposé de charge nouvelle quelconque sur le commerce Anglois, et que celui-ci a déjà joui depuis plusieurs années, sans interruption ni restriction des avantages sus-mentionnés.

En priant M. le Général Bloomfield de vouloir bien porter le contenu de cette note à la connoissance de son Gouvernement, le Soussigné le prie en même tems d'agréer, etc.   D. DE SCHULZENHEIM.

116.

*Traité de commerce et de navigation entre le Danemarc et la Grande-Bretagne, conclu à Londres le 16 Juin 1824 *).*

Texte original en langue française.

Sa Majesté le Roi du Royaume-Uni de la Grande-Bretagne et de l'Irlande, et Sa Majesté le Roi de Danemarc, également animés du désir d'étendre et d'accroitre les relations commerciales entre leurs Etats respectifs, et de procurer toutes les facilités et tous les encouragemens possibles à ceux de leurs sujets qui ont part à ces rélations; et persuadés que rien ne

---

*) Voy. ce *Recueil* Supplém. T. X. (*Nouv. Rec.* T. VI.) p. 461.

sauroit contribuer davantage à l'accomplissement de 1824
leurs souhaits, mutuels à cet égard, que l'abolition réciproque de toute différence entre les impôts levés aujourd'hui sur les bâtimens ou les productions de l'un
des deux Etats dans les ports de l'autre, ont nommé
des Plénipotentiaires pour conclure une convention à
cet effet, savoir: —

Sa Majesté le Roi du Royaume-Uni de la Grande-
Bretagne et de l'Irlande, le Très Honorable George
Canning, Conseiller de Sa dite Majesté en Son Con-
seil Privé, Membre du Parlement et Son Principal
Secrétaire d'Etat ayant le Département des Affaires
Etrangères; — et le Très Honorable William Huskis-
son, Conseiller de Sa dite Majesté en Son Conseil Privé,
Membre du Parlement, Président du Comité du Con-
seil Privé pour les Affaires de Commerce et des Co-
lonies et Trésorier de la Marine de Sa dite Majesté: —

Et Sa Majesté le Roi de Danemarc, le Sieur
Charles Emile Comte de Moltke, etc. Conseiller intime
de Conférences de Sa dite Majesté, et Son Envoyé
Extraordinaire près Sa Majesté Britannique: — lesquels,
après s'être communiquées réciproquement leurs pleins-
pouvoirs respectifs, trouvés en bonne et due forme,
ont arrêté et conclu les Articles suivans: »

Art. I. A dater du 1er de Juillet de cette année,
et après cette époque, les bâtimens Danois qui entreront
dans les ports du Royaume-Uni de la Grande-Bretagne
et de l'Irlande, ou qui en sortiront, et les navires
Anglais qui entreront dans les ports du Danemarc,
ou qui en sortiront, ne seront sujets à aucuns droits
ou charges, de quelque nature qu'ils soient, autres
ou plus considérables que ceux qui sont actuellement,
ou pourront, par la suite, être imposés aux navires
indigènes à leur entrée dans ces ports, ou à leur sortie.

II. Toutes les productions du sol et de l'industrie
de tous les Etats soumis à la domination des Hautes
Parties Contractantes, dont l'importation dans les ports
Danois, et dans les ports du Royaume-Uni, ou l'exportation de ces mêmes ports, est, ou sera permise,
dans les navires indigènes, pourront y être importés,
ou en être exportées, exactement de la même manière,
dans les navires appartenans aux Etats de l'autre.

III. Tous les objets qui ne sont pas des productions du sol et de l'industrie des Etats soumis à la

1824 domination de Sa Majesté Britannique, et qui peuvent légalement être importés du Royaume-Uni de la Grande-Bretagne et de l'Irlande dans les ports des Etats de Sa Majesté le Roi de Danemarc, sur des vaisseaux Anglais, ne seront soumis qu'aux mêmes droits que payeroient ces mêmes objets, s'ils étoient importés sur des vaisseaux Danois. Une exacte réciprocité sera observée, à l'égard des vaisseaux Danois, dans les ports du dit Royaume-Uni de la Grande-Bretagne et de l'Irlande, relativement aux objets qui ne sont pas des productions du sol et de l'industrie des Etats de Sa Majesté Danois, et qui peuvent être légalement importés dans les ports du Royaume-Uni sur des vaisseaux Danois.

IV. Toutes les marchandises et objets de commerce, dont l'entrée dans les ports de l'un des deux Etats est permise, seront exactement sujets aux mêmes droits, qu'ils soient importés par les navires de l'autre Etat, ou par les bâtimens nationaux; et il sera accordé pour toutes les marchandises et objets de commerce, dont la sortie des ports des deux Etats est permise, les mêmes primes, remboursemens de droits, et avantages, que l'exportation s'en fasse par les navires de l'un ou par ceux de l'autre Etat.

V. Il ne sera donné, ni directement, ni indirectement, ni par l'un des deux Gouvernemens, ni par aucune compagnie, corporation, ou agent, agissant en son nom, ou sous son autorité, aucune préférence quelconque, pour l'achat d'aucune production du sol ou de l'industrie de l'un des deux Etats, importée dans le territoire de l'autre, à cause ou en considération de la nationalité du navire qui auroit transporté cette production: l'intention bien positive des deux Hautes Parties Contractantes étant, qu'aucune différence ou distinction quelconque n'ait lieu à cet égard.

VI. Les Hautes Parties Contractantes étant tombées d'accord de ne pas comprendre, dans la présente Convention, leurs colonies respectives, y compris, de la part du Danemarc, la Groenlande, l'Islande, et les Isles de Ferroe; il est expressément convenu que le commerce actuellement permis, en conformité des lois existantes, aux sujets et aux vaisseaux de l'une des dites Hautes Parties Contractantes avec les colonies de l'autre, restera sur le même pied que si la présente Convention n'eût pas été conclue.

VII. La présente Convention sera en vigueur pen- 1824 dant 10 ans, à dater de ce jour, et au delà de ce terme, jusqu'à l'expiration de 12 mois après que l'une des Hautes Parties Contractantes aura annoncé à l'autre son intention de la terminer; chacune des Hautes Parties Contractantes se réservant le droit de faire à l'autre une telle déclaration au bout des 10 ans susmentionnés; et il est convenu entre elles, qu'à l'expiration de 12 mois après qu'une telle déclaration de l'une des Hautes Parties Contractantes aura été reçue par l'autre, cette Convention, et toutes les stipulations y renfermées, cesseront d'être obligatoires pour les deux parties.

VIII. La présente Convention sera ratifiée, et les ratifications en seront échangées à Londres, dans l'espace, d'un mois, ou plutôt si faire se peut.

En foi de quoi, les Plénipotentiaires respectifs l'ont signé, et y ont apposé le cachet de leurs armes.

Fait à Londres, le 16. Juin, l'an de Grâce, 1824.

(L. S.) C. E. MOLTKE. (L. S.) GEORGE CANNING.

(L. S.) W. HUSKISSON.

Article séparé.

Les Hautes Parties Contractantes se réservent de s'entendre sur des stipulations additionnelles, à l'effet de faciliter et de donner plus d'extension, même au delà des dispositions de la Convention de ce jour, aux relations commerciales de leurs sujets et états respectifs, sur la base d'avantages réciproques ou équivalens, selon que cela pourra être: — et supposé la signature, par les dites Hautes Parties Contractantes, d'un ou de plusieurs Articles renfermant de pareilles stipulations, il est convenu que tel ou tels Articles qui seraient, par la suite, ainsi conclus, seront considérés comme faisant partie intégrale de la susdite Convention.

Le présent Article séparé aura la même force et valeur que s'il était inséré, mot à mot, dans la Convention de ce jour. Il sera ratifié, et les ratifications en seront échangées en même tems.

En foi de quoi, les Plénipotentiaires respectifs l'ont signé, et y ont apposé le cachet de leurs armes.

Fait à Londres, le 16. Juin, l'an de Grâce, 1824.

(L. S.) C. E. MOLTKE. (L. S.) GEORGE CANNING.

(L. S.) W. HUSKISSON.

1824   *Article additionnel.*

Leurs Majestés Britannique et **Danoise** sont mutuellement convenues, qu'à l'avenir il ne sera levé dans leurs Etats (les colonies de part et d'autre étant exceptées de la Convention de ce jour) aucun droit autre ou plus considérable, sur les effets et la propriété personnelle de leurs sujets respectifs, en les transférant des Etats de leurs dites Majestés réciproquement, (soit en cas d'héritage ou autrement) qu'il ne sera payé dans chaque Etat sur les dites propriétés et effets, en les faisant sortir du pays par les sujets des Etats respectifs.

Le présent Article Additionnel aura la même force et valeur que s'il était inséré, mot à mot, dans la Convention de ce jour. Il sera ratifié, et les ratifications en seront échangées en même tems.

En foi de quoi, les Plénipotentiaires respectifs l'ont signé, et y ont apposé le cachet de leurs armes.

Fait à Londres, le 16. Juin, l'an de Grâce, 1824.

(L. S) C. E. MOLTKE.   (L. S.) GEORGE CANNING.
                         (L. S.) W. HUSKISSON.

117.
Ordre du Conseil de S. M. Britannique pour règler les droits à percevoir des bâtimens danois et de leurs cargaisons dans les ports britanniques. En date du 30. Juin 1824.

At the Court at Carlton-House, the 30th of June 1824. Present, the King's most excellent Majesty in Council.

Whereas, by an act, passed in the 4th year of His present Majesty's reign, His Majesty is authorised, by and with the advice of His privy Council or by His Majesty's order in council, to authorise the importation into, or exportation from the United Kingdom or from any other of His Majesty's dominions, of any goods, wares or merchandise, which may be legally imported or exported in foreign vessels, upon payment of such and the like duties only, and with

the like drawbacks, bounties and allowances, as are 1824
charged, or granted upon similar goods, wares, or
merchandise, when imported or exported in British
vessels, provided always, that before any such order
or orders shall be issued, satisfactory proof shall have
been laid before His Majesty and His Privy Council,
that goods, wares, and merchandise, imported into,
or exported from, the foreign country in whose favour such remission of duties, or such drawbacks,
bounties, or allowances, shall be granted, are charged
with the same duties, and are allowed the same drawbacks, bounties, or allowances, when imported into,
or exported from, such foreign country, in British
vessels, as are levied or allowed on similar goods, wares, and merchandise, when imported or exported in
vessels of such country: and whereas etc. His Majesty is authorised (in certain cases), by and with the
advice of His Privy Council, or by His Majesty's Order or Orders in Council to be published from time
to time in the London Gazette, to permit and authorise the entry into any port or ports of the United
Kingdom of Great Britain and Ireland, or of any
other of His Majesty's dominions, of any foreign vessels, upon payment of such and the like duties of
tonnage only as are or may be charged or granted
upon or in respect of British vessels; and whereas satisfactory proof has been laid before His Majesty and
His Privy Council, that goods, wares, and merchandise, imported into, or exported from, the ports of
Denmark, are charged with the same duties, and
are allowed the same drawbacks, bounties, or allowances,
when imported or exported in British vessels, as are levied
or allowed on similar goods, wares, and merchandise, when
imported or exported from Denmark in Danish vessels;
and that British vessels are charged with no other or
higher tonnage duties on their entrance into the ports
of Denmark, than are levied on Danish vessels; His
Majesty, by virtue of the powers vested in Him
by the Acts above recited, and by and with the advice of His Privy Council, is pleased to order, and it
is hereby ordered, that from and after the 1st day of
July next, Danish vessels entering the ports of the
United Kingdom of Great Britain and Ireland, in ballast or laden, or departing from the ports of the said

1824 United Kingdom, together with the cargoes on board
the same, such cargoes consisting of articles which
may be legally imported or exported, shall not be
subject to any other or higher duties or charges whatever, than are or shall be levied on British vessels
entering or departing from such ports, or on similar articles when imported into, or exported from such ports in
British vessels; and also that such articles, when exported
from the said ports in Danish vessels, shall be entitled to
the same bounties, drawbacks, and allowances, that
are granted on similar articles when exported in British vessels:

And the Right Honourable the Lords Commissioners of His Majesty's Treasury are to give the necessary directions herein accordingly.

JAS. BULLER.

118.
Déclaration du Dey d'Algèr sur le renouvellement de la paix avec la Grande-Bretagne, datées du 26 Juillet 1824 *).

(Traduction officielle de l'original arabe.)

By His Most Serene Highness The Dey of Algiers.

Whereas His Majesty The King of the United
Kingdom of Great Britain and Ireland, has represented
to us his expectation that we would give a more extended interpretation to the Enactments of the 17th
Article of the Treaty, concluded between Great Britain
and Algiers on the 5th of April, 1686, which provides
for the entire safety and freedom of the person and
estate of His said Majesty's Agent and Consul-General
residing in this our City and Kingdom of Algiers:
We are readily disposed to comply with the wishes of
His Britannic Majesty, in proof of our sincere desire
to confirm and establish more lastingly the relations
of peace and harmony which so happily subsist between

---

*) Voy. Recueil Supplém. T. X. (Nouv. Rec. T. VI.) p. 556.

Great Britain and this Kingdom; and we do, there- 1824 fore, heartily promise and declare, and it is hereby agreed and declared;

I. That for the future, and for ever, the British Agent and Consul-General, residing in the City and Kingdom of Algiers, shall be treated at all times with the respect and civility due to his character.

II. That his person and house, or houses, should be inviolable, and if any person injure or insult him, by word or deed, such person shall be severely punished.

III. That he shall have liberty to choose his own interpreters and servants, either Musselmen or others, who are not to pay any tax or contribution whatever.

IV. That he shall have the liberty at all times of hoisting His Majesty's flag, at the top of his house, either in town or country, and in his boat when he passes on the water.

V. That he shall not pay duty for furniture, clothes, baggage, or any other necessaries, which he imports into the City or Territories of Algiers for the use of himself or of his family, and that, if the nature of His Britannic Majesty's Service, or any other motive, require his absence from this Kingdom, neither himself, his servants, baggage, nor effects, shall be stopped or detained, upon any pretence whatsoever, but that he shall have free leave to go and to return as often as he may think it necessary; and finally, that all honours or privileges that are now or may hereafter be granted to the Agent, Consul, or Vice-Consul, of any other Power, shall likewise be granted to His Britannic Majesty's Agent and Consul-General, and to his Vice-Consul.

Confirmed and sealed in the Warlike City and Kingdom of Algiers, in the presence of Almighty God, the 26th day of July, in the year of Jesus Christ 1824, and in the year of the Hegira 1239, and the 29th day of the Moon, Del Cada.

(Signature of the Dey.)   (Seal of the Dey.)

    Witness, R. C. SPENCER,

           Capt. of H. B. M.'s Ship the Naiad.

    H. MC. DONEEL,

H. B. M.'s Agent and Consul-General.

18$\frac{34}{25}$ ne pourront pas vendre, ne paieront aucun droit, ni douane, dans le cas où elles seraient réexpédiées.

8. Les Français pourront transporter d'un bâtiment à un autre les marchandises sans les mettre à terre, et les porter autre part, et ils ne seront tenus pour cela à payer aucun droit.

9. Les marchandises qui auront acquitté le droit de douane pourront être expédiées dans un autre port des Etats de la Régence sans être soumises à aucun droit d'entrée ni de sortie dans l'endroit où elles seront débarquées.

10. La boulangerie française établie dans le Foudouek, aura la faculté, comme anciennement, de fournir de la galette ou biscuit aux bâtimens français et non à d'autres; et, pour jouir de ce droit, elle paiera deux piastres par quintal au fermier du biscuit sans aucune autre redevance.

11. Les censaux juifs ou autres du pays qui sont au service des Français, soit à Tunis, soit dans les ports de la Régence, continueront à jouir de la même protection et aussi des mêmes avantages qui leur sont accordés par les traités précédens pour les affaires de commerce.

12. Il sera loisible au Consul général, chargé d'affaires de France, de choisir et de changer à son gré les drogmans, janissaires, censaux ou écrivains à son service, sans aucune opposition ou restriction quelconques.

13. Dans le cas de guerre entre la France et une autre puissance, les négocians français, qui expédieront ou recevront des marchandises sous des noms étrangers et simulés, jouiront nonobstant des mêmes faveurs et privilèges qui leur sont accordés, mais ils devront en faire la déclaration assermentée par devant le Consul général de France, à laquelle déclaration il sera ajouté foi.

14. En cas de contestation entre un Français et un sujet Tunisien, pour affaire du commerce, il sera nommé par le Consul général de France, des négocians français, et un nombre égal de négocians du pays qui seront choisis par l'Anim ou toute autre autorité désignée par Son Excellence le Dey. Si le demandeur est sujet tunisien, il aura droit de demander au Consul général d'être jugé de cette manière, et si le com-

mission ne peut terminer la contestation pour cause 1824
de dissidence ou de partage égal des opinions, l'affaire
sera portée devant Son Excellence le Dey, pour être
prononcé par lui, d'accord avec le Consul général de
France, conformément à la justice.

15. Les bâtimens français devront à l'avenir être
traités pour les droits d'ancrage et de port, comme
la nation la plus favorisée.

16. En cas de discussions entre les deux Gouvernemens, les deux Puissances renoncent expressément
à toutes représailles sur les particuliers qui, dans aucun cas, ne sauraient être responsables du fait de leur
Gouvernement.

17. Tous les Français indistinctement, résidant
dans le Royaume de Tunis, seront sous la juridiction
du Consul général de France.

Le présent Traité sera ratifié et confirmé par Sa
Majesté l'Empereur de France.

Ainsi arrêté et conclu au palais du Bardo, entre
l'Illustre Pacha-Dey et le Consul général chargé d'affaires de Sa Majesté l'Empereur de France et son Commissaire muni de ses pleins pouvoirs, le 15. Novembre
de l'an 1824, ou le 23 de Rebbiul-Cwel de l'an de
l'Hégire 1240.

(L. S.)   C. Guys.

Paris 31. Juillet 1825, approuvé,

                    Charles.

Le Baron de Damas.

Convention supplémentaire au Traité précédent*).

Le Commandant des grands Commandans, Gouverneur général actuel de Tunis, Son Excellence
le Très Illustre et Très Gracieux Seigneur Hussein
Pacha et l'Empereur de France, ayant désiré rénou-
veler d'un commun accord le Traité qui existait entre
les deux Gouvernemens, et ayant jugé convenable
d'examiner les anciens comptes mentionnés dans l'article cinq des sept articles qui ont été conclûs le 29
du mois de Djemazi-elewel de la présente année 1239,
par l'entremise du Consul général envoyé et muni de
pleins pouvoirs par la Cour de France, et ne voulant

―――――――――

*) Cet article supplémentaire a conservé la date primitive du Traité.

1824   By His Most Serene Highness The Dey of Algiers.
Whereas a Declaration was made and concluded
on the 28th day of August, 1816, by our Predecessor,
His Most Serene Highness Omar Bashaw, with the
Right Honourable Baron Exmouth, by which his
Highness engaged, that in the event of any future
wars with any European Power, not any of the prisoners
should be consigned to slavery, but treated with all
humanity as prisoners of war, until regularly exchanged,
according to European practice; and by which Declaration the practice of condemning Christian prisoners
of war to slavery was formally and for ever renounced;
We do hereby distinctly declare, that we are willing
to abide in the strictest manner by that Declaration,
according to the spirit and literal meaning of the same.
Confirmed and sealed in the Warlike City and
Kingdom of Algiers, in the presence of Almighty God,
the 26th day of July, in the year of Jesus Christ 1824,
and in the year of the Hegira 1239, and the 29th day
of the Moon, Del Cada.
(Signature of the Dey.)   (Seal of the Dey.)
        Witness, R. C. SPENCER,
                Capt. of H. B. M.'s Ship the Naiad.
        II. Mc. DONELL,
H. B. M.'s Agent and Consul - General.

By His Most Serene Highness The Dey of Algiers.
Whereas it has been represented to us that the
British schooner called the *Dandy*, when lying in the
mole of Algiers, on the 10th of January last, was
entered by certain of our subjects, who grievously ill
treated the master of the said schooner: we do hereby
formally assure His Majesty the King of Great Britain
and Ireland, that we will in future adopt effectual
measures to prevent the repetition of such an outrage.
Confirmed and sealed in the Warlike City and
Kingdom of Algiers, in the presence of Almighty God,
the 26th day of July, in the year of Jesus Christ 1824,
and in the year of the Hegira 1239, and the 29th day
of the Moon, Del Cada.
(Signature of the Dey.)   (Seal of the Dey.)
        Witness, R. C. SPENCER,
                Capt. of H. B. M.'s Ship the Naiad.
        H. Mc. DONELL,
H. B. M.'s Agent and Consul - General.

119.

Décret du Roi des Pays-Bas relati-
vement aux droits payables sur les
articles importés par des bâtimens
anglais. En date du 11. Août 1824 *).

Besluit houdende, in afwachting van de sluiting
van een handels-traktaat, voorloopige beschikkin-
gen ten aanzien van de inkomende regten der
goederen, aangebragt met schepen onder engel-
sche vlag.

Wij Willem, bij de Gratie Gods, Koning der Nederlanden, Prins van Oranje-Nassau, Groot-Hertog
van Luxemburg, enz., enz., enz.

Op de voordragt van Onze Ministers van Buitenlandsche Zaken en voor de Nationale Nijverheid en de
Kolonien, en van Onzen Staatsraad, Administrateur
der Directe Belastingen, In-en Uitgaande Regten en
Accijnsen, nopens het te geven gevolg aan de, te Lon-
den, bij de geopende onderhandelingen tot het aangaan
van een, op wederzijdsche belangen gegrond handels-
traktaat, getroffene voorloopige overeenkomsten, in afwachting van de sluiting van gezegd traktaat:

Hebben besloten en besluiten:

Art. I. Alle goederen, welke, na den 14den dezer
loopende maand, uit het vereenigde koningrijk van
Groot-Britannie zullen worden ingebragt met schepen
onder engelsche vlag, zullen voorloopig, ten aanzien
van de inkomende regten, worden beschouwd en behandeld, even als of de invoer ware geschied met Nederlandsche schepen.

Deze voorloopige beschikking zal eerst dan als
eene definitive bepaling worden beschouwd, wanneer
het voorgenomen handels-traktaat zal zijn gesloten.

II. Deze gelijkstelling strekt zich niet uit tot zoodanige goederen, waarvan de invoer onder eigene vlag,
bij de algemeene wet of bij het tarief van regten op
in-, uit-en doorvoer, speciaal is begunstigd.

---

*) Voy. plus bas le Décret du Roi des Pays-Bas, en date du
8. Février 1826.

1824   Onze Ministers, en Onze Staatsraad, Administrateur voornoemd, zijn belast met de uitvoering van het tegenwoordig besluit, waarvan mede afschriften zullen worden gezonden aan Onzen Minister van Financiën, alsmede aan de Algemeene Rekenkamer, en hetwelk in het Staatsblad zal worden geplaatst.

Gegeven te 's Gravenhage, den 11den Augustus des jaars 1824, het 11 van Onze regering.

Van wege den Koning,   WILLEM.

J. G. DE MEIJ. VAN STREEFKERK.

120.

Traité signé au Bardo à Tunis le 15 Novembre 1824, à Paris le 31. Juillet 1825, pour le renouvellement des capitulations et articles de paix et confirmation d'icelles, arrêté et accordé au nom de S. M. le très-excellent, très-puissant et très-invincible Prince Charles X, par la grace de Dieu Empereur de France et Roi de Navarre, par nous Hyacinthe Constantin Guys, Consul-général et chargé d'affaires de l'Empereur et son Commissaire spécial, muni de ses pleins pouvoirs à cet effet, au très-illustre et très-excellent Prince Sidi Hussein, Pacha, Bey, et au Divan du Royaume de Tunis *).

Art. 1. Les Capitulations faites et accordées entre l'empereur de France et le Grand-Seigneur ou leurs

---

*) Ce Traité fut signé le 21. Mai 1824, à Tunis, ainsi que l'article supplémentaire qui le suit. Quelques erreurs à rectifier, ayant fait différer les ratifications, une date nouvelle, celle du 15. Novembre 1824 fut donnée au Traité qui ne fut ratifié à Paris, que le 31. Juillet 1825. L'article supplémentaire et separé du Traité a conservé la date du 24. Mai 1824.

prédécesseurs, ou celles qui seront accordées de nouveau par l'ambassadeur de France, près la Sublime-
Porte, pour la paix et l'union des dits Etats, seront
exactement gardées et observées sans que de part et
d'autre il y soit contrevenu directement ou indirectement.

2. Tous les traités antérieurs et supplémens sont
renouvelés et confirmés par le présent, sauf les changemens et additions mentionnés dans les articles ci-
joints.

3. Les Français établis dans le Royaume de Tunis, continueront à jouir des mêmes privilèges et exemptions qui leur ont été accordés, et à être traités
comme appartenant à la nation la plus favorisée, et
il ne sera accordé suivant les mêmes capitulations et
traités, aucun privilège ni aucun avantage à d'autres
nations qui ne soient également communs à la nation
française, quand bien même ils n'auraient pas été
spécifiés dans lesdites Capitulations ou Traités.

4. Les marchandises qui viendront de France ou
d'autres pays, sous quelque pavillon que ce soit, quand
bien même ce serait de pays ennemis de la Régence,
pourvu qu'elles soient à la consignation d'un négociant
ou de tout autre Français, ne paieront que trois pour
cent de douane sans autre contribution quelconque,
laquelle douane sera acquittée suivant l'usage ordinaire,
jusqu'à l'établissement du nouveau tarif. Et si des
marchandises appartenant à quelqu'un d'une autre nation étaient envoyées à un Français, la douane serait
payée suivant l'usage de la nation à laquelle cet individu appartiendrait.

5. Il ne sera perçu sur l'introduction faite par
les Français du riz, des grains de toute sorte de lé-
gumes secs, que le seul droit d'une piastre et quart
par Caffis, payable au chef de la Rahaba, sans aucune douane.

6. Il a été accordé à la demande du chargé d'affaires de Sa Majesté l'Empereur de France, par les
articles préliminaires, qu'il serait formé un tarif d'évaluation des marchandises pour le paiement de la douane.
Aussitôt que ce tarif aura été définitivement statué et
adopté réciproquement par les Parties intéressées, il
sera joint au présent traité.

7. Suivant les anciens traités toutes les marchandises que les négocians français apporteront et qu'ils

1844 ne pourront pas vendre, ne paieront aucun droit, ni douane, dans le cas où elles seraient réexpédiées.

8. Les Français pourront transporter d'un bâtiment à un autre les marchandises sans les mettre à terre, et les porter autre part, et ils ne seront tenus pour cela à payer aucun droit.

9. Les marchandises qui auront acquitté le droit de douane pourront être expédiées dans un autre port des Etats de la Régence sans être soumises à aucun droit d'entrée ni de sortie dans l'endroit où elles seront débarquées.

10. La boulangerie française établie dans le Fondouek, aura la faculté, comme anciennement, de fournir de la galette ou biscuit aux bâtimens français et non à d'autres; et, pour jouir de ce droit, elle paiera deux piastres par quintal au fermier du biscuit sans aucune autre redevance.

11. Les censaux juifs ou autres du pays qui sont au service des Français, soit à Tunis, soit dans les ports de la Régence, continueront à jouir de la même protection et aussi des mêmes avantages qui leur sont accordés par les traités précédens pour les affaires de commerce.

12. Il sera loisible au Consul général, chargé d'affaires de France, de choisir et de changer à son gré les drogmans, janissaires, censaux ou écrivains à son service, sans aucune opposition ou restriction quelconques.

13. Dans le cas de guerre entre la France et une autre puissance, les négocians français, qui expédieront ou recevront des marchandises sous des noms étrangers et simulés, jouiront nonobstant des mêmes faveurs et privilèges qui leur sont accordés, mais ils devront en faire la déclaration assermentée par devant le Consul général de France, à laquelle déclaration il sera ajouté foi.

14. En cas de contestation entre un Français et un sujet Tunisien, pour affaire du commerce, il sera nommé par le Consul général de France, des négocians français, et un nombre égal de négocians du pays qui seront choisis par l'Anim ou toute autre autorité désignée par Son Excellence le Dey. Si le demandeur est sujet tunisien, il aura droit de demander au Consul général d'être jugé de cette manière, et si la com-

mission ne peut terminer la contestation pour cause
de dissidence ou de partage égal des opinions, l'affaire
sera portée devant Son Excellence le Dey, pour être
prononcé par lui, d'accord avec le Consul général de
France, conformément à la justice.

15. Les bâtimens français devront à l'avenir être
traités pour les droits d'ancrage et de port, comme
la nation la plus favorisée.

16. En cas de discussions entre les deux Gouvernemens, les deux Puissances renoncent expressément
à toutes représailles sur les particuliers qui, dans aucun cas, ne sauraient être responsables du fait de leur
Gouvernement.

17. Tous les Français indistinctement, résidant
dans le Royaume de Tunis, seront sous la juridiction
du Consul général de France.

Le présent Traité sera ratifié et confirmé par Sa
Majesté l'Empereur de France.

Ainsi arrêté et conclu au palais du Bardo, entre
l'Illustre Pacha-Dey et le Consul général chargé d'affaires de Sa Majesté l'Empereur de France et son Commissaire muni de ses pleins pouvoirs, le 15. Novembre
de l'an 1824, ou le 23 de Rebbiul-Cwel de l'an de
l'Hégire 1240.

(L. S.) C. Guys.

Paris 31. Juillet 1825, approuvé,

Charles.

Le Baron de Damas.

Convention supplémentaire au Traité précédent*).

Le Commandant des grands Commandans, Gouverneur général actuel de Tunis, Son Excellence
le Très Illustre et Très Gracieux Seigneur Hussein
Pacha et l'Empereur de France, ayant désiré rénou-
veler d'un commun accord le Traité qui existait entre
les deux Gouvernemens, et ayant jugé convenable
d'examiner les anciens comptes mentionnés dans l'article cinq des sept articles qui ont été conclûs le 29
du mois de Djemazi-elewel de la présente année 1239,
par l'entremise du Consul général envoyé et muni de
pleins pouvoirs par la Cour de France, et ne voulant

---

*) Cet article supplémentaire a conservé la date primitive du Traité.

1824/25 pas que les négocians aient à souffrir des discussions qui peuvent exister entre les deux Gouvernemens, lorsque leurs créances auront été reconnues; nous consentons par la présente Convention à ce qu'on remette aux négocians français nommés Aguillon et Pontus en à-compte de la somme de cent soixante-treize mille piastres qui leur revient du produit de la vente des deux prises *l'Alexandre* et *le Stabrock* qui leur appartenaient, la somme de quatre vingt-un mille piastres qui sont dues à la Régence de Tunis par le Gouvernement français pour la contribution de six années du privilège de la pêche du corail. Mais il est bien entendu que la présente délégation ne portera aucun préjudice à nos prétentions, et ne pourra être considérée comme la réconnaissance d'un débet qui ne peut être que le résultat d'une liquidation définitive des prétentions et des réclamations réciproques; liquidation à laquelle les deux Gouvernemens sont convenus de travailler, s'engageant respectivement à payer le solde qui sera dû a celui des deux qui sera reconnu pour en être le créancier.

Convenu et arrêté au palais du Bardo, et signé par le Consul général et Commissaire de l'Empereur de France, le 23 du mois de Ramazan de l'an de l'Hégire 1239, ou le 21. Mai de l'an 1824 de l'ère chrétienne.

La signature porte :	Le sceau porte:
Hussein,	Le serviteur de Dieu
Gouverneur général	Hussein
de Tunis,	Pacha-Bey.
place de guerre.	

Traduit littéralement sur le texte turc par moi soussigné premier secrétaire-interprète du Roi pour les langues orientales; attaché au ministère des affaires étrangères.

Paris le 10. Juillet 1824.

KIEFFER.

Fait le 10 de chaoual, mois très béni, l'an 1240 1825 (28. Mai 1825).

Et enfin nous ferons pour la Nation française ce que nous ferons pour celle des Nations chrétiennes la mieux accueillie et la plus favorisée de notre Cour.

Approuvé ce dernier paragraphe portant la même date que dessus (traduit à Fez, le 30. Mai 1825, le Vice-Consul faisant fonctions d'interprète).

Signé à l'original.   J. D. DELAPORTE.

123.

Déclarations échangées à Paris, le 8. Mai 1827, entre M. le baron de Damas, ministre des affaires étrangères de France, et M. Camacho, ministre des affaires étrangères du Mexique.

Art. 1er. Il y aura entre la France et les Etats-Unis Mexicains, amitié, bonne intelligence et liberté réciproque de commerce. Leurs habitans pourront respectivement aller avec leurs navires et leurs cargaisons dans tous les ports, toutes les rivières et tous les lieux où les étrangers sont ou seraient admis, y séjourner ou rester sur quelque point que ce soit, y louer et occuper des maisons et magasins pour les besoins de leur négoce, et, en général, les commerçans de chaque état jouiront, sur le territoire de l'autre, d'une protection, d'une liberté et d'une sûreté complètes.

Le droit réciproque qu'établit cet article d'aller dans les ports, rivières et autres lieux des deux pays, ne comprend pas le privilège du commerce d'échelle et de cabotage qui, dans chacun d'eux, pourra être soumis à des règles spéciales.

2. Les habitans du Mexique jouiront dans les différentes possessions de France hors d'Europe, tant sous le rapport du commerce que sous celui de la navigation, de tous les avantages accordés aux autres étrangers, et réciproquement les commerçans ou navigateurs français venant de ces possessions jouiront au Mexique, sous les deux mêmes rapports, de tous les avantages accordés aux commerçans ou navigateurs venant de tout autre pays.

1827   3. Il ne sera point imposé, à l'entrée dans les ports de France des produits du sol ou de l'industrie du Mexique, et il ne sera point imposé, à l'entrée dans les ports des Etats-Unis Mexicains des produits du sol ou de l'industrie de la France, de droits plus élevés, ou autres que ceux qui sont, ou seraient payés par les produits analogues de la nation étrangère la plus favorisée. Le même principe sera observé pour la sortie; aucune prohibition ne sera établie à la sortie ni à l'entrée des produits du sol ou de l'industrie des deux pays dans leur commerce respectif, qui ne s'étende également aux produits analogues des autres contrées.

Il est entendu que la première disposition de cet article ne saurait s'appliquer aux adoucissemens de son tarif d'importation, dont la France croirait convenable de faire jouir les produits d'Haïti, en retour des privilèges qui lui sont réservés à elle-même en Haïti, par l'ordonnance du 17. Avril 1825.

Tous les produits exportés de l'un des deux pays pour l'autre, devront être accompagnés de certificats d'origine délivrés et signés par les officiers compétens des douanes dans le port d'embarquement. Les certificats de chaque navire seront numérotés progressivement et joints avec le sceau de la douane au manifeste; cette dernière pièce sera visée par les Consuls respectifs, et le tout devra être présenté à la douane du port d'entrée. Dans les ports d'embarquement où il n'y aurait point de Consuls, les certificats de la douane, toujours numérotés progressivement et joints au manifeste, suffiront pour constater l'origine, et dans ceux où il n'y aurait ni douanes, ni Consuls, les certificats d'origine seront délivrés et signés, toujours dans les mêmes formes, par les autorités locales.

4. Les droits de tonnage, de phare, de port, de pilotage, de sauvetage et autres charges locales seront, dans les ports du Mexique, pour les navires français, les mêmes absolument que ceux payés dans les mêmes ports, par les navires de la nation la plus favorisée. Ils seront, d'ailleurs, dans tous les ports de France, pour les bâtimens Mexicains, exactement les mêmes que ceux acquittés dans les mêmes ports par les bâtimens de la nation la plus favorisée.

Il est évident que le traitement de la nation la plus favorisée, qui est assuré à la navigation mexicaine

en France par cet article, ne saurait signifier, dans 1827
aucun cas, le traitement des nationaux, dont jouissent
certains peuples, mais seulement en vertu du principe
de la réciprocité, étant d'ailleurs entendu que le jour
où le Mexique voudrait accorder à la navigation française, dans ses ports, le traitement des nationaux, la
sienne jouirait immédiatement en France du même
privilège.

5. Les produits du sol ou de l'industrie de la
France paieront les mêmes droits à l'entrée du Mexique,
soit que l'importation se fasse par navires français,
soit qu'elle ait lieu par navires mexicains. Les produits du sol ou de l'industrie du Mexique paieront les
mêmes droits à l'entrée en France, que l'importation
s'effectue par bâtimens mexicains ou par bâtimens
français. Les produits du sol ou de l'industrie de la
France paieront à leur sortie les mêmes droits, jouiront des mêmes franchises et allocations, soit que l'exportation se fasse par navires mexicains, soit par navires français. Les produits du sol ou de l'industrie
du Mexique exportés pour la France, paieront les mêmes droits, jouiront des mêmes franchises et allocations,
que cette exportation soit effectuée par bâtimens français ou mexicains.

Il est convenu toutefois que, par dérogation mo-
mentanée au principe posé dans cet article et d'après
lequel les pavillons respectifs devraient jouir du traitement des nationaux dans les deux pays, pour les différentes opérations indiquées, ces pavillons ne jouiront
provisoirement, pour les mêmes opérations, que du traitement de la nation étrangère la plus favorisée. Il est
d'ailleurs entendu, comme à l'article précédent, que le
traitement de la nation la plus favorisée qui est accordé
aux Mexicains en France par cette disposition provisoire, ne saurait signifier le traitement des nationaux
dont jouissent certains peuples, mais seulement en vertu
du principe de la réciprocité.

6. Pour éviter tout malentendu, quant aux conditions qui doivent constituer respectivement un navire
français et un navire mexicain, il est convenu que tous
les bâtimens construits en France, ou tous ceux qui,
capturés sur l'ennemi soit par la marine militaire de
l'Etat, soit par des sujets français munis de lettres de
marque du Gouvernement, seront déclarés de bonne

1827 prise par l'autorité compétente, ou enfin tous ceux qui seront condamnés par les tribunaux pour infraction aux lois sur la traite des noirs, devront être considérés comme français pourvu que d'ailleurs leur propriétaire ou leurs propriétaires, leur capitaine et les trois quarts de leur équipage soient français; de même tous les bâtimens construits dans le territoire du Mexique ou capturés sur l'ennemi par les armemens mexicains, puis condamnés légalement et dont en outre le propriétaire ou les propriétaires, le capitaine et les trois quarts de l'équipage seront mexicains (sauf seulement les exceptions contraires résultant de cas extrèmes et prévus par les lois), devront être considérés comme bâtimens mexicains. Il est convenu de plus que tout navire, pour trafiquer aux conditions ci-dessus, devra être muni d'un registre, passeport ou papier de sûreté, dont la forme sera réciproquement communiquée, et qui, certifié par une personne légalement autorisée à le délivrer, constatera d'abord le nom, l'occupation et la résidence en France ou au Mexique du propriétaire, en exprimant qu'il est unique, ou des propriétaires, en indiquant qu'ils sont seuls et dans quelle proportion chacun d'eux possède; puis ensuite le nom, le chargement, la dimension, la capacité et enfin toutes les particularités du navire qui peuvent le faire reconnaître aussi bien qu'établir sa nationalité.

Vù cependant que dans l'état actuel de la marine du Mexique, il ne serait pas possible à ce pays de profiter de tous les avantages de la réciprocité établie par les articles 4 et 5, si l'on tenait à l'observation littérale et à l'exécution immédiate de la partie du présent article 6, portant que, pour être considéré comme mexicain, un navire devra être construit au Mexique, il est convenu que provisoirement tout navire, de quelque construction qu'il soit, qui appartiendra de bonne foi à un ou plusieurs Mexicains, et dont le capitaine et les trois quarts de l'équipage au moins seront originaires du Mexique ou légalement naturalisés dans ce pays, sera réputé navire mexicain; la France se réservant le droit de réclamer le principe de restriction réciproque relatif à la construction dans les pays respectifs, si les intérêts de sa navigation venaient à souffrir de l'exception faite à ce principe en faveur du Mexique.

7. Tout négociant, tout commandant de navire, ainsi que tous les autres Français, résidant dans les

Etats-Unis Mexicains entièrement libres de faire eux-1827
mêmes leurs affaires ou d'en confier la gestion à qui
bon leur semblera, facteur, agent ou interprète. Ils
ne seront nullement tenus d'employer à cet effet d'autres personnes que celles employées par les Mexicains,
ni de leur payer aucun salaire ou aucune rétribution
plus élevée que ne feraient ces derniers en pareille
circonstance. Ils seront également libres dans tous
leurs achats comme dans toutes leurs ventes, d'établir
et de fixer le prix des effets, marchandises et objets
quelconques, tant importés que destinés à l'exportation,
comme ils le jugeront convenable, et en se conformant
d'ailleurs aux lois et coutumes du pays. Les Mexicains
jouiront en France des mêmes privilèges sous les mêmes
conditions.

Les habitans de chacun des deux pays trouveront
respectivement sur le territoire de l'autre une constante
et complète protection pour leurs personnes et leurs
propriétés; ils y auront un libre et facile accès auprès
des tribunaux de justice pour la poursuite et la défense
de leurs droits; ils seront libres d'employer, dans
toutes les circonstances, les avocats, procureurs ou
agens de toute classe qu'ils jugeront à propos; enfin
ils jouiront, sous ce rapport, des mêmes droits et
privilèges accordés aux nationaux.

8. Pour ce qui est du droit d'hériter des propriétés
personnelles par testament ou autrement, et de celui
de disposer de propriétés personnelles de toute espèce
ou dénomination, par vente, donation, échange, testament ou de quelque autre manière que ce soit, en
tout ce qui se rattache enfin à l'administration de la
justice, les habitans de chacun des deux pays jouiront
respectivement dans l'autre des mêmes privilèges, libertés et droits que les nationaux, et ils ne supporteront
pas de droits ou impôts plus élevés que ceux-ci.

9. En tout ce qui concerne la police des ports, le
chargement et le déchargement des navires, la sûreté
des marchandises, biens et effets, les habitans des
deux pays seront respectivement soumis aux lois et
statuts du territoire où ils résideront. Ils seront cependant exempts de tout service militaire forcé, soit sur
terre, soit sur mer, et ne seront soumis à aucun
emprunt forcé. Leurs propriétés ne seront pas d'ail-

1827 leurs assujéties à d'autres charges, réquisitions ou impôts que ceux payés par les nationaux.

10. Il pourra être établi des Consuls de chacun des deux pays dans l'autre pour la protection du commerce; mais ces agens n'entreront en fonction qu'après en avoir obtenu l'autorisation du gouvernement territorial. Celui-ci conservera d'ailleurs le droit de déterminer les résidences où il lui conviendra de les admettre, bien entendu que, sous ce rapport, les deux gouvernemens ne s'opposeront respectivement aucune restriction qui ne soit commune dans leur pays à toutes les nations.

11. Les Consuls respectifs jouiront dans les deux pays des privilèges généralement attribués à leur charge, tels que l'exemption des logemens militaires et celle de toutes les contributions directes, tant personnelles que mobilières ou somptuaires, à moins toutefois qu'ils ne soient sujets du pays ou qu'ils ne deviennent soit propriétaires, soit possesseurs de biens meubles ou immeubles, ou enfin qu'ils ne fassent le commerce, dans lesquels cas ils seront soumis aux mêmes taxes, charges et impositions que les autres particuliers.

Ces agens jouiront en outre de tous les autres priviléges, exemptions et immunités qui pourraient être accordés dans leur résidence aux agens du même rang de la nation la plus favorisée.

12. Les Consuls respectifs pourront, au décès de chacun de leurs nationaux:

1º. Croiser de leurs scellés ceux apposés, soit d'office, soit à la réquisition des parties intéressées, par l'autorité locale compétente, sur les effets mobiliers et papiers du défunt, et dès-lors ces doubles scellés ne seront levés que de concert;

2º. Assister à l'inventaire qui sera fait de la succession lors de la levée des scellés;

3º. Enfin réclamer la remise de la succession, qui ne pourra leur être refusée que dans le cas d'opposition subsistante de quelque créancier, national ou étranger, puis administrer et liquider personnellement, ou nommer, sous leur responsabilité, un agent pour administrer et liquider ladite succession, sans aucune intervention ultérieure de l'autorité territoriale.

13. A moins de stipulations contraires entre les armateurs, les chargeurs et les assureurs, les avaries que les navires des deux pays auraient éprouvées en

mer, en se rendant dans les ports respectifs, seront 1827 réglées par les Consuls de leur nation, à moins toutefois que des habitans du pays où résideront les Consuls ne se trouvent intéressés dans ces avaries : car elles devraient être réglées dans ce cas, du moins en ce qui concernerait ces habitans, par l'autorité locale.

14. Toutes les opérations relatives au sauvetage des navires français échoués sur les côtes du Mexique seront dirigées par les Consuls de France, et réciproquement les Consuls mexicains dirigeront les opérations relatives au sauvetage des navires de leur nation, échoués sur les côtes de France.

L'intervention des autorités locales aura cependant lieu dans les deux pays pour maintenir l'ordre, garantir les intérêts des sauveteurs, s'ils sont étrangers aux équipages naufragés, et assurer l'exécution des dispositions à observer pour l'entrée et la sortie des marchandises sauvées.

15. Les Consuls respectifs seront exclusivement chargés de la police interne des navires de leur nation ; et les autorités locales ne pourront y intervenir en vertu de l'article 9 qui leur réserve la police des ports, qu'autant que les désordres survenus seraient de nature à troubler la tranquillité publique, soit à terre, soit à bord d'autres bâtimens.

16. Les Consuls respectifs pourront faire arrêter et renvoyer, soit à bord, soit dans leur pays, les matelots qui auraient déserté des bâtimens de leur nation. A cet effet, ils s'adresseront par écrit aux autorités locales compétentes et justifieront, par l'exhibition des registres du bâtiment ou rôle d'équipage, que les hommes qu'ils réclament faisaient partie dudit équipage : sur cette demande, ainsi justifiée, l'extradition ne pourra leur être refusée. Il leur sera de plus donné toute aide et assistance pour la recherche, saisie et arrestation desdits déserteurs, qui seront même détenus et gardés dans les prisons du pays à la réquisition et aux frais des Consuls, jusqu'à ce que ces agens aient trouvé une occasion de les faire partir. Si pourtant cette occasion ne se présentait pas dans un terme de trois mois à compter du jour de l'arrestation, les déserteurs seraient mis en liberté et ne pourraient plus être arrêtés pour la même cause.

1827   17. Les archives et en général tous les papiers des chancelleries des Consulats respectifs seront inviolables, et, sous aucun prétexte, ils ne pourront être saisis ni visités par l'autorité locale.

124.

Convention entre la France et le Duché de Parme, en date du 13. Août 1827, résultant des lettres du Baron de Damas, Ministre des affaires étrangères, et du Comte de Neipperg, chargé du même ministère à Parme, en date du 16. Octobre 1827.

Cette Convention porte consentement de la part des deux Gouvernemens, au paiement intégral des pensions accordées par l'une des deux Puissances aux sujets de l'autre, sans que les titulaires soient obligés de résider dans les Etats du Souverain de qui ils auront reçu cette récompense.

125.

Traité conclu à Constantinople, entre le Royaume des Deux-Siciles et la Porte Ottomane. En date du 16. Octobre 1827.

La Cour Royale des Deux-Siciles, ancienne alliée de la Sublime Porte, ayant sollicité la permission pour ses bâtimens marchands de naviguer et commercer dans la mer Noire comme les bâtimens marchands de quelques autres Cours amies; et la Sublime Porte voulant observer les lois des égards et de la considération envers Sa Majesté le Très Magnifique Roi du Royaume des Deux-Siciles, comme aussi satisfaire au septième article de la Convention conclue dernièrement à Ackermann avec la Cour de Russie, lequel concerne le commerce de la mer Noire, le Mi-

nistère, du Reis Effendi, et le très éclairé chevalier 1827
Joseph Romano, chargé d'affaires actuel de Sa Majesté le Roi du Royaume des Deux-Siciles, après
avoir correspondu ensemble sur cet objet de commerce,
afin de l'établir et disposer de manière qu'il en résulte des avantages communs aux deux Parties; les
articles ci-mentionnés et exposés ont été arrangés et
réglés.

Art. 1er. La Sublime Porte accordant aux bâtimens véritablement napolitains, d'aller avec pavillon de
leur nation de la mer Blanche à la mer Noire chargés
de productions de leur pays et des autres Etats, comme
aussi de retourner de la mer Noire dans la mer Blanche,
avec des chargemens des productions de Russie, tous
les bâtimens qui arriveront dorénavant, dans le canal
de la Résidence Impériale, seront d'abord visités comme
il faut par les préposés, comme le sont actuellement
les vaisseaux autrichiens, anglais et français, et s'il
s'y trouve des marchandises prohibées, production des
Etats de la Sublime Porte, savoir: terckies (grains),
armes et autres instrumens de guerre, chevaux, coton,
coton filé, peau, plomb, cire, maroquin, suif, cuir,
peau de mouton, poix résine, soufre, soie, laine, be-
rofouk, istefdie, huile, cuivre, toiles, et en outre des
rayas fugitifs déguisés en voyageurs ou matelots, après
qu'ils auront été débarqués, les firmans de sortie nécessaires pour ces bâtimens seront expédiés, sans qu'il
y soit inséré de vaines difficultés qui ne touchent point
aux réglemens du gouvernement de la Sublime Porte.
De plus, les achats des bâtimens de la Sublime Porte
seront prohibés, ainsi qu'ils l'ont été de tout temps.

2. En réciprocité des profits et avantages qui
dériveront de ce commerce pour les négocians napolitains, la Sublime Porte ayant le droit d'acquérir aussi
par là de son côté quelque avantage de compensation,
il sera perçu sur les navires napolitains qui navigue-
ront comme il est dit ci-dessus, un droit de permis,
proportionnellement et convenablement à leur port,
c'est-à-dire qu'ils seront censés être de trois rangs:
le 1er rang des navires du port de seize mille kilo.;
le 2e de celui de onze mille, et le 3e de celui de six
mille: que le port des navires de mille à six mille kilo.
sera compté pour six mille; celui des navires au-dessus de six mille kilo., pour onze mille; et le port de

1827 ceux qui excèdent onze mille, pour seize mille; et que les susdits navires, chaque fois qu'ils viendront dans le Canal de la Résidence Impériale et auront la permission d'aller dans la mer Noire, paieront à leur départ, l'aller et le venir ne comptant que pour un voyage, un droit de permis à la caisse de l'Amirauté à laquelle il a été affecté, savoir: les bâtimens de 1er rang, six cents piastres; ceux du 2e rang, quatre cent cinquante; et ceux du 3e rang trois cents. Aucune contestation, aucun débat ne pourra avoir lieu entre les deux Parties, soit par l'offre d'une somme moindre, soit par la demande d'une somme plus forte.

3. Les bâtimens napolitains qui iront et viendront dorénavant dans le Canal de la Résidence Impériale avec le véritable pavillon de leur nation, après que les principes ci-dessus établis de la visite auront été observés, n'éprouveront point les vaines difficultés qui n'ont pas lieu envers les autres puissances. En outre, si lesdits navires en entrant dans le port de Constantinople avec leurs cargaisons de denrées qu'ils apporteront des Echelles russes situées dans la mer Noire, exposent qu'ils ont une voie d'eau, que leurs cargaisons seront mouillées et perdues, et quand ils voudront ainsi par nécessité verser les denrées dont ils sont chargés dans un autre bâtiment, de même qu'à l'égard des navires des susdites Puissances; l'affaire sera d'abord représentée à la Sublime Porte par la mission de Naples, et renvoyée à l'examen des préposés de la douane et du port, et après leur rapport, le transbordement sera publiquement permis par un firman *Touralu.*

4. De même qu'en vertu des Traités existant entre les deux Cours, les sujets napolitains sont protégés dans la Résidence Impériale et dans les autres lieux de l'Empire Ottoman situés dans la mer Blanche ils le seront aussi désormais pareillement dans ceux de la mer Noire. Si leurs navires éprouvent quelque avarie, et qu'ils aient besoin de réparation, ils pourront les réparer, calfater, acheter avec leur argent, des vendeurs, les vivres qui leur sont nécessaires, et ils ne seront, d'aucune manière, inquiétés à cet égard, sans cause légitime.

La Cour des Deux-Siciles observera, de son côté, en réciprocité envers les sujets [de] la Sublime

Porte, tous les articles arrêtés ci-dessus en faveur 1827
de ses propres sujets, et elle promet de faire jouir les
navires marchands de la Sublime Porte, qui vont dans
les ports du Royaume des Deux-Siciles, de tous les
privilèges et de toutes les exemptions qu'ont obtenus
les navires marchands des Puissances les plus favori-
sées, et on aura soin que leur observation soit toujours
maintenue de cette manière.

Conclusion.

L'instrument relatif au commerce de la mer Noire,
des bâtimens marchands napolitains, et amicalement
convenu et arrangé en quatre articles sur lesquels on
a correspondu comme ci-dessus, sera scellé et signé
par les deux Parties, et accepté et ratifié dans trois
mois, et plus tôt si faire se peut, par l'échange de
notes officielles respectives.

Fait à Constantinople, le 16. Octobre 1827.

(L. S.) *Signé:* JOSEPH ROMANO.

De la Capitale, vers la fin du mois de rebiulewel
1243.

Signé: ESSEYD. MEHMED ESSAD PERTEW,
(L. S.)   Reis Effendi.

126.

Convention entre la France et le Brésil au sujet de bâtimens français captu-rés, et aux indemnités à donner aux propriétaires, signée à Rio-de-Ja-neiro, le 21. Août 1828.

Au nom de la Très Sainte et Indivisible Trinité.

Sa Majesté le Roi de France et de Navarre et Sa
Majesté l'Empereur du Brésil, ayant, par un article
additionnel au Traité du 8. Janvier 1826, signé par
Leurs Plénipotentiaires respectifs, en date de ce jour,
fixé, dans l'intérêt commun du commerce de leurs
sujets, d'une manière claire, précise et conforme au
principe de la réciprocité, le sens que doit avoir à
l'avenir cette partie de l'article 21 du même Traité qui

1828 est relative aux droits des belligérans envers les neutres, en cas de blocus d'un port ou ville quelconque; et considérant que de la diversité du principe suivi jusqu'à présent par les Hautes Parties contractantes est résultée la diversité et l'incertitude de la règle adoptée dans les jugemens de quelques-uns des bâtimens français arrêtés et capturés par l'escadre brésilienne dans la rivière de la Plata; et Sa Majesté l'Empereur du Brésil, voulant concilier, d'une part, le respect dû aux lois et formes judiciaires qui régissent l'Empire, avec ce que, de l'autre, prescrit l'équité en faveur des réclamans ou personnes lésées par suite de la condamnation définitive qui, par ce motif, a été prononcée contre les bâtimens et leurs cargaisons, et désirant en même temps donner à Sa Majesté Très Chrétienne une preuve non équivoque du prix qu'il attache à sa fidèle amitié et à sa puissante alliance; Leurs dites Majestés ont résolu de conclure, à cet effet, une convention spéciale, et ont nommé pour Leurs Plénipotentiaires, savoir:

Sa Majesté le Roi de France et de Navarre, le sieur Marquis de Gabriac, etc.

Et Sa Majesté l'Empereur du Brésil, Leurs Excellences MM. le Marquis d'Aracaty, Pereira, etc.

Lesquels, après avoir échangé leurs pleins pouvoirs respectifs, trouvés en bonne et due forme, sont convenus des articles suivans:

Art. 1er. Le Gouvernement du Brésil s'oblige et s'engage à payer au Gouvernement français, en indemnité de pertes causées à ses sujets, la valeur des coques, agrès et cargaisons des navires français nommés *le Courrier*, *le Jules* et *le San-Salvador*, qui ont été saisis et capturés par l'escadre de la rivière de la Plata, et définitivement condamnés par les tribunaux du Brésil.

2. Ces indemnités auront pour base, quant aux navires, la valeur de leurs coques et agrès, estimés d'après les polices d'assurance, lorsqu'il ne s'élèvera contre elles aucun soupçon fondé de dol ou de fraude dans leur évaluation, à laquelle seront ajoutés le montant du fret acquis et les frais et débours extraordinaires pour solde et entretien d'équipage et pour toutes dépenses quelconques occasionées par l'arrestation et la capture du bâtiment; et quant aux cargaisons, le

compte sera réglé d'après les manifestes, connaissemens et factures, et d'après les prix courans des marchandises dans le port de Rio-de-Janeiro au moment de l'arrestation. Les polices d'assurance, connaissemens, factures, comptes de frais et débours, et tous autres documens quelconques, devront être présentés légalisés en bonne et due forme.

3. A la valeur de l'indemnité qui sera liquidée pour chaque bâtiment, sera ajouté, à titre de dommages et intérêts, un intérêt de six pour cent par an, à partir d'un mois après la capture, jusqu'aux époques ci-dessous fixées pour les paiemens; et au montant total des indemnités qui seront liquidées pour les cargaisons, fret, dépenses et débours extraordinaires occasionés par la capture, sera ajouté, à titre de dommages et intérêts, un intérêt de cinq pour cent par an, à partir de six mois après la capture jusqu'auxdites époques.

4. Les indemnités seront liquidées et fixées par une commission composée de quatre membres, savoir: deux commissaires liquidateurs, et deux commissaires arbitres, l'un de ceux-ci devant être appelé dans les cas seulement où les deux premiers ne seraient pas d'accord: il sera alors désigné par la voie du sort. Un commissaire liquidateur et un commissaire arbitre seront nommés par le Gouvernement du Brésil, et l'autre commissaire liquidateur et l'autre commissaire arbitre, par le représentant de Sa Majesté Très Chrétienne près la Cour de Rio-de-Janeiro.

Les susdits commissaires recevront des réclamans ou autres personnes intéressées les comptes et documens ci-dessus, énoncés, et tous autres titres qui pourront être présentés à l'appui de leurs droits; et quoique les réclamans aient la faculté de produire toutes les pièces justificatives qui leur conviendront, jusqu'à la clôture de travaux de la commission, il est néanmoins expressément convenu et réglé qu'aucune réclamation ne sera examinée et prise en considération, si elle n'a été présentée dans les soixante jours qui suivront immédiatement l'installation de la commission.

5. La commission sera installée dans l'espace d'un mois après la signature de la présente Convention, et ses fonctions devront être définitivement terminées au 28. Février de l'année 1829.

1828 veraient dans le port au moment du blocus ou du siège, de sortir avec leurs chargemens, et ils ne seront pas sujets à confiscation même dans le cas où ils resteraient dans le port jusqu'à la reddition de la place.

21. Les maisons, personnes et biens des citoyens des Villes Anséatiques, qui se trouvent dans le territoire des Etats-Unis mexicains, jouiront de la protection du Gouvernement, pourvû qu'ils respectent la Constitution, les lois et les usages du pays. Ils continueront à jouir du privilège d'avoir des cimetières particuliers; on ne troublera ni leurs cérémonies funèbres, ni leurs sépultures. Et les citoyens du Mexique trouveront la même protection dans les Républiques Anséatiques; ils auront le libre exercice de leur religion, soit en public, soit en particulier.

22. Les articles additionnels de ce Traité qui pourraient devenir, par la suite, utiles aux intérêts des deux Puissances contractantes, seront considérés comme en faisant partie.

23. Ce Traité durera pendant trente ans, et douze mois de plus, à compter de la déclaration de l'intention où serait une des Puissances, de le faire cesser; et alors, il cessera seulement entre ceux qui feront et recevront la déclaration, et conservera sa force et sa vigueur pour les Républiques qui n'auraient ni proposé, ni accepté sa cessation.

24. La présente Convention sera ratifiée, etc.

128.

Déclaration entre le Danemarc et la Russie, concernant le Salut de Mer. Signée à Copenhague, le 15. Janvier, 1829.

Sa Majesté le Roi de Danemarc et Sa Majesté l'Empereur de toutes les Russies, désirant écarter pour l'avenir les malentendus, auxquels a donné lieu quelquefois l'omission involontaire du salut entre les Vaisseaux de Guerre des deux Puissances, tel qu'il est stipulé par le Traité du 30. Octobre, 1730 *); consi-

---

*) Voy. *Dumont*, Supplément, Vol. 2. Part 2. p. 285.

présentations au Gouvernement, lorsqu'un article sera 1828 tarifé au dessus de sa valeur; on écoutera de suite ses représentations, pour éviter les retards dans le départ des marchandises.

5. Tout bâtiment appartenant à un citoyen d'une des Républiques Anséatiques et commandé par un citoyen desdites Républiques, sera considéré comme bâtiment desdites Républiques, et tout bâtiment mexicain, propriété entière d'un citoyen du Mexique et commandé par un capitaine mexicain, sera considéré comme bâtiment mexicain; et tout bâtiment mexicain qui, chargé dans un port quelconque, se destinera pour les ports de Lubeck, Bremen et Hambourg, sera traité comme s'il était Anséatique.

6. Tout bâtiment faisant le commerce entre les deux pays contractans, devra être porteur d'un rôle d'équipage, d'un passeport et d'une carte de sûreté, signés en bonne et due forme par l'autorité compétente, indiquant les qualités et du propriétaire, et du navire et de son chargement.

7. Les navires anséatiques qui porteront des marchandises dans les ports du Mexique; devront présenter les certificats d'origine de ces marchandises, délivrés par les Consuls, ou, à leur défaut, par les douanes respectives, et au défaut de celles-ci, par les autorités locales.

8. Aussitôt qu'on le pourra, on sera dispensé de la formalité des certificats d'origine.

9. Les bâtimens de Lubeck, Bremen et Hambourg, paieront dans les ports du Mexique les mêmes droits de tonnage, d'éclairage (fanal), d'ancrage et de port (puerto y prático), que ceux de la nation la plus favorisée. Et les navires mexicains jouiront des mêmes droits, dans les ports desdites Républiques.

10. Dès la signature du Traité, ni les bâtimens de Lubeck, de Bremen et de Hambourg, qui entreront dans les ports des Républiqes Anséatiques, ni ceux appartenant à ces Villes, qui entreront dans les ports mexicains, ne seront assujétis à des droits autres ou plus grands à l'entrée et à la sortie que ceux payés par la nation la plus favorisée.

11. Toutes les marchandises que les bâtimens mexicains pourront importer dans les ports du Mexique, pourront également l'être par les navires anséatiques

1828 veraient dans le port au moment du blocus ou du siège, de sortir avec leurs chargemens, et ils ne seront pas sujets à confiscation même dans le cas où ils resteraient dans le port jusqu'à la reddition de la place.

21. Les maisons, personnes et biens des citoyens des Villes Anséatiques, qui se trouvent dans le territoire des États-Unis mexicains, jouiront de la protection du Gouvernement, pourvû qu'ils respectent la Constitution, les lois et les usages du pays. Ils continueront à jouir du privilège d'avoir des cimetières particuliers; on ne troublera ni leurs cérémonies funèbres, ni leurs sépultures. Et les citoyens du Mexique trouveront la même protection dans les Républiques Anséatiques; ils auront le libre exercice de leur religion, soit en public, soit en particulier.

22. Les articles additionnels de ce Traité qui pourraient devenir, par la suite, utiles aux intérêts des deux Puissances contractantes, seront considérés comme en faisant partie.

23. Ce Traité durera pendant trente ans, et douze mois de plus, à compter de la déclaration de l'intention où serait une des Puissances, de le faire cesser; et alors, il cessera seulement entre ceux qui feront et recevront la déclaration, et conservera sa force et sa vigueur pour les Républiques qui n'auraient ni proposé, ni accepté sa cessation.

24. La présente Convention sera ratifiée, etc.

128.

Déclaration entre le Danemarc et la Russie, concernant le Salut de Mer. Signée à Copenhague, le 15. Janvier, 1829.

Sa Majesté le Roi de Danemarc et Sa Majesté l'Empereur de toutes les Russies, désirant écarter pour l'avenir les malentendus, auxquels a donné lieu quelquefois l'omission involontaire du salut entre les Vaisseaux de Guerre des deux Puissances, tel qu'il est stipulé par le Traité du 30. Octobre, 1730 *); consi-

---

*) Voy. *Dumont*, Supplément, Vol. 2. Part 2. p. 205.

dérant que ce cérémonial, dénué d'une utilité réelle, **1829**
est généralement tombé en désuétude parmi les Nations
Européennes, et convaincus d'ailleurs que, d'après les
relations d'amitié qui unissent les deux Gouvernemens,
la suppression d'une partie de ces formalités ne portera
aucune atteinte aux égards, qu'ils ont toujours temoignés
mutuellement à leurs Pavillons respectifs, ont résolu
de simplifier quelquesunes des Stipulations du dit Traité,
et ont à cet effet muni d'autorisations spéciales, savoir:

Sa Majesté le Roi de Danemarc, le Sieur Erneste
Henri Comte de Schimmelmann, Son Ministre d'Etat
Intime et Chef du Département des Affaires Etrangères,
Chevalier de l'Ordre de l'Eléphant, Grand Croix de
celui du Dannebrog, et décoré de la Croix d'Argent
du même Ordre; et

Sa Majesté l'Empereur de toutes les Russies, le
Sieur Paul Baron de Nicolay, Son Conseiller Privé,
Envoyé Extraordinaire et Ministre Plénipotentiaire près
Sa Majesté Danoise, Chevalier de l'Ordre de Ste Anne
de la Prémière Classe, et de St. Wladimir de la Troisième, Grand Croix de celui de Danebrog, et Chevalier de l'Ordre de l'Etoile Polaire; lesquels sont convenus des Articles suivans:

Art. I. Le salut à donner par les Vaisseaux de
Guerre des deux Puissances, en vertu des Articles I,
II, III, V, XIII, et XIV, du Traité du 30. Octobre,
1730, est réciproquement aboli. Aucun Navire de
guerre, qu'il soit en marche ou à l'ancre, ne sera plus
tenu de saluer ceux de l'autre Puissance, à moins que
ce ne soit par égard pour un Pavillon Amiral, de la
part d'un Officier d'un rang inférieur.

Par suite de cette disposition, l'Article VI. du dit
Traité, lequel stipule que les Vaisseaux de Guerre
respectifs ne se salueront pas dans la Baltique, depuis
Bornholm jusqu'à la côte de Livonie, reste sans objet.

II. Il est toutefois entendu, que les Vaisseaux de
Guerre de chacune des deux Puissances continueront
de saluer les Forts et Batteries de l'autre, d'après la
teneur de l'Article VII du Traité de 1730, et que ce
salut leur sera rendu coup pour coup.

III. Pour les cas prévus à l'Article I. du présent
Arrangement, l'Article XI du Traité de 1730 est modifié
de manière, que les Amiraux ne seront tenus que de
rendre 2 coups de moins, et le Grand Amiral 4 coups

1829   A cette fin ont nommé leurs Plénipotentiaires respectifs, savoir:

Sa Majesté le Roi des Pays-Bas, le Sieur Anton Reinhard Falk, son Ambassadeur Extraordinaire et Plénipotentiaire à la Cour Britannique;

Et le Président Liberateur de la République de Colombie, le Sieur Joseph Fernandez Madrid, Envoyé Extraordinaire et Ministre Plénipotentiaire près Sa Majesté Britannique;

Lesquels après s'être communiqué mutuellement leurs Pleins-pouvoirs, ont conclu les articles suivans:

Art. I. Il y aura amitié perpétuelle, constante et sincère, entre Sa Majesté le Roi des Pays-Bas, ses Etats et Sujets d'une part, et le Gouvernement et les Habitans de la République de Colombie d'autre part.

II. Une liberté réciproque de commerce aura lieu, entre les Possessions de Sa Majesté le Roi des Pays-Bas en Europe, et le territoire de Colombie.

Les habitans des deux pays jouiront d'une pleine liberté et sureté, pour se rendre, avec leurs navires et leurs cargaisons, dans tous les lieux, ports et rivières des susdites Possessions et Territoires, où d'autres Etrangers ont, en ce moment ou obtiendront par la suite, la permission de se rendre; ils pourront y entrer, sejourner et résider; y louer et occuper des maisons et des magasins pour leur commerce, et en général ils jouiront de la plus complète protection et sureté par rapport à leurs affaires; en se soumettant, toutefois respectivemént aux lois et réglemens des deux Pays.

III. Pareillement les Vaisseaux de Guerre des deux Nations auront la même liberté d'aborder sans empêchement et en sureté, tous les ports, rivières et lieux, dont l'entrée est ou sera permise aux Vaisseaux de Guerre de quelque autre Nation.

IV. Sa Majesté le Roi des Pays-Bas accorde à la République de Colombie, que ses Habitans pourront naviguer et trafiquer librement dans toutes les Possessions du Roi hors de l'Europe, de la même manière que, d'après les principes généraux de son système colonial, cette faculté est actuellement accordée, ou pourra être accordée à l'avenir, à quelque autre Nation: bien entendu, que si par la suite, de plus grandes prérogatives venaient à être accordées à cet égard à une autre Nation Etran-

D'après cette certitude que vous lui fournissez 1829
n Excellence le Président a donné des ordres pour
e l'art. 6 de la loi du 15. Juillet 1828, qui fixe les
strictions relatives aux droits de douanes et autres,
c. *), ne soit point appliqué aux bâtimens de la na-
n que vous représentez.

Je profite avec bien du plaisir, Monsieur le Con-
l Général, de cette occasion pour vous renouveler
ssurance de la haute considération avec laquelle.

J'ai l'honneur de vous saluer.
Signé: B. INGINAC.

Je soussigné F.-R. Thorbecke, Consul Général
à la république de Brême, certifie par ces présentes
e la copie ci-dessus est exacte et conforme à la
ttre qui m'a été écrite et adressée sous la même date
r le secrétaire général de la République d'Haïti.

Port-au-Prince, le 14. Mars 1829.

(*Signé*) F.-R. THORBECKE,
Consul Général de Brême.

130.

*'raité d'Amitié, de Navigation et de
'ommerce, entre le Royaume des
'ays-Bas et la République de Colom-
ie. Signé à Londres, le 1er Mai 1829.*

Des relations de commerce s'étant établies, de-
is quelque temps, entre le Royaume des Pays-Bas
et les Etats de la République de Colombie, il a été
gé utile au maintien et à l'extension des intérêts
utuels, de confirmer et de protéger ces relations au
oyen d'un Traité d'Amitié, de Navigation et de
ommerce.

---

*) Cet Article VI de la loi du 15. Juillet 1828 est de la teneur
suivante: "Les nations qui n'ayant point de Traités, avec
la République, imposeront dans les ports de leur domination,
sur les bâtimens Haitiens, ou sur les produits par eux importés d'autres droits ou de plus forts droits que ceux auxquels
seront assujettis leurs bâtimens ou les bâtimens d'autres nations dans leurs mêmes ports, seront traités en Hayti sur le
pied de la réciprocité."

Note de l'Editeur.

X x 2

1829   A cette fin ont nommé leurs Plénipotentiaires respectifs, savoir:

Sa Majesté le Roi des Pays-Bas, le Sieur Anton Reinhard Falk, son Ambassadeur Extraordinaire et Plénipotentiaire à la Cour Britannique;

Et le Président Liberateur de la République de Colombie, le Sieur Joseph Fernandez Madrid, Envoyé Extraordinaire et Ministre Plénipotentiaire près Sa Majesté Britannique;

Lesquels après s'être communiqué mutuellement leurs Pleins-pouvoirs, ont conclu les articles suivans:

Art. I. Il y aura amitié perpétuelle, constante et sincère, entre Sa Majesté le Roi des Pays-Bas, ses Etats et Sujets d'une part, et le Gouvernement et les Habitans de la République de Colombie d'autre part.

II. Une liberté réciproque de commerce aura lieu, entre les Possessions de Sa Majesté le Roi des Pays-Bas en Europe, et le territoire de Colombie.

Les habitans des deux pays jouiront d'une pleine liberté et sureté, pour se rendre, avec leurs navires et leurs cargaisons, dans tous les lieux, ports et rivières des susdites Possessions et Territoires, où d'autres Etrangers ont, en ce moment ou obtiendront par la suite, la permission de se rendre; ils pourront y entrer, sejourner et résider; y louer et occuper des maisons et des magasins pour leur commerce, et en général ils jouiront de la plus complète protection et sureté par rapport à leurs affaires; en se soumettant, toutefois respectivement aux lois et réglemens des deux Pays.

III. Pareillement les Vaisseaux de Guerre des deux Nations auront la même liberté d'aborder sans empêchement et en sureté, tous les ports, rivières et lieux, dont l'entrée est ou sera permise aux Vaisseaux de Guerre de quelque autre Nation.

IV. Sa Majesté le Roi des Pays-Bas accorde à la République de Colombie, que ses Habitans pourront naviguer et trafiquer librement dans toutes les Possessions du Roi hors de l'Europe, de la même manière que, d'après les principes généraux de son système colonial, cette faculté est actuellement accordée, ou pourra être accordée à l'avenir, à quelque autre Nation: bien entendu, que si par la suite, de plus grandes prérogatives venaient à être accordées à cet égard à une autre Nation Etran-

gère, en conséquence de nouvelles concessions à la 1829
navigation et au commerce des Pays-Bas, les Citoyens
de Colombie seront autorisés à réclamer les mêmes
prérogatives, aussitôt que leur Gouvernement aura
consenti, de son côté, à des concessions équivalentes
en faveur de la navigation et du commerce des Pays-Bas.

V. La concession de Sa Majesté le Roi des Pays-
Bas, mentionnée dans l'Article IV. a lieu, dans la supposition, que, reciproquement, les Navires venant des
Colonies de Sa Majesté, auront un libre accès dans
les Ports de la République, et y jouiront du même accueil, que s'ils venaient des Etats du Roi en Europe.

VI. Dans lesdites Colonies, et en général, dans
toutes les Possessions et Pays de l'une des Parties
Contractantes, les Navires de l'autre, dont les Equi-
pages auront été réduits par des maladies ou autrement,
auront la faculté d'enrôler les marins, dont ils auront
besoin pour pouvoir continuer leur voyage; bien entendu
qu'ils se conformeront à ce qui pourrait être prescrit
par les Ordonnances Locales, touchant l'enrôlement des
Sujets, ou Citoyens, dans les Pays respectifs.

VII. Il ne sera imposé, dans les Ports de l'une
des Parties Contractantes sur les Navires de l'autre, à
titre de tonnage, droit de fanal, port, pilotage, sauvetage en cas d'avarie ou de naufrage; ou tels autres
frais généraux ou locaux, que ce pusse être; des droits
autres ni plus forts, que ceux que payent, dans les
mêmes Ports, les navires de la Nation la plus favorisée.

VIII. Les produits du sol et de l'industrie des
Pays-Bas, sous Pavillon des Pays-Bas, et les produits du sol et de l'industrie de Colombie, sous Pavillon Colombien, ne payeront dans les Ports de Colombie et des Pays-Bas, à l'entrée et sortie, des droits
autres ni plus élevés que ceux exigés, ou à exiger
par la suite, dans les Pays respectifs, de ces mêmes
articles, importés ou exportés par des navires de la
Nation la plus favorisée.

IX. Seront considérés et traités réciproquement
comme Navires des Pays-Bas et de la Colombie,
tous ceux reconnus pour tels dans les Etats, auxquels
ils appartiennent respectivement d'après les lois et réglemens existans ou à promulguer dans la suite; desquelles lois et réglemens, l'une des Parties Contractantes donnera communication à l'autre en temps conve-

1829 nable: bien entendu que chaque navire devra toujours être muni de Lettres de Mer, ou d'un Passeport, délivré par l'Autorité compétente.

X. Les produits du sol et de l'industrie des Pays-Bas, ne seront soumis sur le territoire de Colombie, et réciproquement, à des droits d'entrée autres ou plus élevés, que ceux qui se payent, ou qui seront payés par la suite de pareils articles, de quelque autre Pays étranger: le même principe s'observera pour l'exportation.

Aucune prohibition quelconque, d'entrée ou de sortie, de quelques articles, n'aura lieu dans le commerce réciproque des deux Parties Contractantes, qui ne soit étendue également à toutes les autres Nations.

XI. Les Commerçans, Commandans de Navire, et autres Sujets ou Citoyens de l'une des Parties Contractantes, auront, sur le Territoire de l'autre, liberté entière d'y diriger eux-mêmes leurs affaires, ou d'en confier la direction à qui bon leur semble, soit Courtier, Facteur, Agent, ou Interprète; sans être tenus d'employer, à cet effet, d'autres Personnes, ou de leur donner un plus fort salaire ou remunération, que ne le font, en pareil cas, les Nationaux.

Pareillement l'acheteur et le vendeur auront pleine liberté de régler, et de fixer le prix de leurs marchandises et effets, n'importe leur nature, ainsi que bon leur semblera, en se conformant aux Lois et coutumes établies dans la Pays.

XII. Dans tout ce qui est relatif à la Police des Ports le chargement et déchargement des Navires, la sûreté des marchandises, biens et effets; les Sujets et Citoyens des Parties Contractantes seront soumis aux Lois et Ordonnances locales; et par contre, ils jouiront des mêmes droits et priviléges, que les Habitans du Pays, où ils font leur séjour.

XIII. En cas d'avarie, ou de naufrage, on accordera, réciproquement aux Navires des deux Parties Contractantes, la même protection et secours dont jouissent en cas pareil, les Navires du Pays où le malheur arrive.

XIV. Les Sujets et Citoyens respectifs, soit Négocians ou autres, jouiront pour leurs personnes, leurs demeures et leurs effets, de la protection la plus complète et la plus constante, sans qu'il soit permis de les inquiéter en aucune manière, par une mesure 1829 arbitraire quelconque, mais, uniquement, ensuite de l'application régulière des mêmes lois, qui régissent les indigènes: ils auront un accès libre et facile aux Tribunaux, pour poursuivre et défendre leurs intérêts, et pourront employer tels Avocats, Procureurs ou Agens, qu'ils jugeront expédient; et en général, tant par rapport à la distribution de la justice, que dans ce qui est relatif à la succession de propriété, par testament ou autre manière; comme aussi à l'égard de la faculté de disposer de leur propriété, n'importe sa nature, par vente, donation, échange, ou de quelque autre manière que ce soit; ils jouiront des mêmes prérogatives et libertés que les indigènes du Pays où ils résident; dans aucun de ces cas, ils ne seront assujettis à de plus forts impôts ou droits, que n'en payent les indigènes; et enfin, ils seront exempts de tout service militaire forcé tant de terre que de mer.

XV. Les Sujets de Sa Majesté le Roi des Pays-Bas qui se trouvent sur le territoire de Colombie, lors même qu'ils ne professent pas la Religion Catholique, jouiront d'une parfaite et entière sûreté de conscience, sans être exposés à aucune molestation ou perturbation à cause de leur croyance religieuse, ou dans leurs exercices religieux, pourvu que ceux-ci aient lieu en maison particulière; avec les égards convenables et le respect nécessaire pour les Lois, usages et coutumes établies. Ils auront aussi la liberté d'enterrer, dans les lieux destinés à cet effet, ceux de leurs compatriotes, qui viendront à décéder sur le susdit territoire; et leurs funérailles, ou sépultures ne seront troublées en aucune manière, ni sous un prétexte quelconque.

Les Citoyens de Colombie jouiront, dans toutes les possessions de Sa Majesté, du libre exercice de leur religion en public ou en particulier, dans leurs maisons, ou dans les temples destinés au culte, conformément au principe de tolérance universelle consacrée par la Loi Fondamentale du Royaume.

XVI. Pour plus grande sûreté du commerce entre les Pays-Bas et la Colombie, il est d'ailleurs convenu que si, malheureusement, par la suite, il survenait quelque interruption dans les relations amicales actuellement existantes, les Sujets ou Citoyens de l'une des Parties Contractantes, qui se trouveront sur le territoire

1829 de l'autre, jouiront du privilège d'y rester et d'y continuer à vaquer à leurs affaires, sans aucune espèce d'empèchement, aussi long-temps, qu'ils s'y conduiront paisiblement, et qu'ils ne commettront point d'offenses contre les Lois; leurs effets et propriétés confiés et prêtés à des Individus ou à l'Etat, ne seront sujets ni à la saisie, ni au séquestre, ni à aucune autre prétention, que celle qui pourrait frapper pareillement les effets, ou les propriétés appartenant à des Sujets ou Citoyens de l'Etat, dans lequel ils se trouvent.

XVII. Dans le cas où l'une des Parties Contractantes seraient en guerre, il sera permis aux Sujets ou Citoyens de l'autre, de continuer leur navigation et leur commerce avec les Ports ennemis.

Il n'y aura d'exception, que pour les objets de contrebande, et pour les endroits effectivement assiégés ou bloqués par la Partie Belligérante, avec des forces suffisantes pour empècher l'entrée des Neutres.

XVIII. Sous la dénomination de contrebande sont compris: les canons, mortiers, armes à feu, pistolets, bombes, grenades, boulets, fusils, pierres à feu, mèches, poudres, rondaches, piques, sabres, bandoulières, gibernes, selles et brides, etc., excepté telle quantité de ces articles nécessaires à la défense des Navires et de leurs équipages.

XIX. Dans les cas, où un Navire Marchand d'une des Parties Contractantes peut être visité par un Vaisseau de Guerre de l'autre, il est convenu que cette visite ne se fera que par une chaloupe, montée par 6 hommes, tout au plus; que le Patron du Navire Marchand ne sera pas obligé de quitter son bord, et que les Papiers de mer n'en seront pas enlevés.

Si le Navire Marchand se trouve sous convoi d'un Vaisseau de Guerre la visite n'aura point lieu, et l'on se contentera de la déclaration sur parole d'honneur du Commandant du Convoi que le Navire ne porte pas d'objets de contrebande.

XX. Les Vaisseaux de Guerre de la Partie Belligérante et leurs prises, jouiront, dans les Ports de la Partie Neutre, de tout l'accueil et de toute la protection compatibles avec le droit des gens.

XXI. Dans le cas, où les Parties Contractantes seraient en guerre, en communs, contre une troisième Puissance, il est stipulé, que les Vaisseaux de Guerre de l'une des Parties, prendront sous leur convoi les 1829 Navires Marchands de l'autre, aussi souvent qu'ils tiendront la même route; que les prises des Vaisseaux de Guerre de l'une des Parties Contractantes seront admises dans les Ports de l'autre, et y pourront être vendues après condamnation légale; et que les Navires de l'une des Parties Contractantes, repris sur l'ennemi par l'autre, seront restitués à leurs propriétaires primitifs; déduction faite en faveur des recepteurs d'un 8e tout au plus de la valeur de la prise, si la reprise a été faite par un Vaisseau de Guerre, ou d'un 6e, si elle l'a été par un Corsaire.

XXII. S'il était reconnu par la suite, que les Ordonnances actuellement existantes sur le Commerce des Esclaves, seraient insuffisantes pour empêcher les Navires des Pays-Bas et de Colombie d'y prendre part, les Parties Contractantes s'engagent à se concerter mutuellement sur les moyens ultérieurs qu'il serait utile d'adopter.

XXIII. Il sera libre à chacune des Parties Contractantes, de nommer des Consuls pour la protection du commerce, qui pourront résider sur le territoire de l'autre; cependant aucun Consul ne pourra exercer ses fonctions comme tels, avant de n'avoir été approuvé et admis, dans la forme usitée par le Gouvernement sur le territoire duquel il résidera. Chacune des Parties Contractantes pourra excepter de la résidence des Consuls, tels endroits particuliers, où elle ne jugerait pas à propos de les admettre.

XXIV. Les Agens Diplomatiques et Consuls de Colombie dans les Possessions de Sa Majesté le Roi des Pays-Bas, jouiront de toutes prérogatives exemptions, et immunités, accordées ou à accorder ultérieurement, aux Agents de même rang de la Nation la plus favorisée. Et les Agens Diplomatiques et Consuls de Sa dite Majesté, jouiront, sur le territoire de Colombie, de toutes les prérogatives exemptions et immunités, dont les Agens Diplomatiques des Consuls de Colombie jouissent dans le Royaume des Pays-Bas.

XXV. Le présent Traité sera ratifié, et les Ratifications en seront échangées, à Londres, dans l'espace de 9 mois, ou plûtôt si faire se peut. Il restera en force et valeur pendant l'Espace de 12 ans, à da-

1.

Traité secret concernant les Vaudois, conclû à la Haye entre les Ministres de Sa Majesté Britannique et de leurs Hautes Puissances les États-généraux des Provinces-Unies des Pays-Bas d'une part, et M. le Président de la Tour, Envoyé de Son Altesse Royale, le Duc de Savoye d'autre part. En date du 20. Octobre 1690.

(British and Foreign State-Papers. Lond. 1833. p. 670.)

Son Altesse Royale, qui a déjà reçu en ses bonnes graces, et remis sous sa protection royale, ses Sujets Vaudois de la religion, et qui reçoit journellement des preuves de leur fidélité, et de leur attachement à son service, déclare par le présent Article, qui aura la même force et vigueur que s'il étoit inséré dans le Traité, ou Actes d'inclusion, arrêté aujourd'hui entre le Roi de la Grande-Bretagne et les Seigneurs Etats Généraux des Provinces-Unies des Pays-Bas, d'une part, et Son Altesse Royale de l'autre, qu'aux instances et à la considération de Sa Majesté Britannique et de leurs Hautes Puissances, elle a révoqué, comme d'effet elle révoque, l'édit décrété contre les dits Vaudois le 31. Janvier, 1686, et tous autres Edits ou Ordres quelconques donnés en exécution d'icelui; les a relevés, et relève de toute contravention à ceux, et leur en accorde à cet effet, en tant que besoin est ou seroit, abolition pleine et entière, sans que jamais ni eux ni autres qui les auroient aidés ou favorisés, en puissent être recherchés, en général ou en particulier, de quelconque manière que ce soit.

Qu'elle veut que tous les prisonniers soient mis en liberté, et tous enfans, garçons et filles, de quelque age et en quelque lieu qu'ils puissent être, rendus sans payer aucuns frais ou dépens, les laissant en pleine liberté de retourner avec leurs parens et de faire profession de leur religion; sans qu'on puisse inquiéter ni

1690 rechercher eux ni tous autres au sujet des abjurations qu'ils pourroient avoir faites. Qu'elle remet et conserve eux, leurs enfans et postérité, dans la possession de tous et chacun leurs anciens droits, édits, coûtumes et privilèges, tant pour les habitations, négoce, et exercice de leur religion, que pour toute autre chose; les rétablit et restitue dans tous leurs biens, fonds, maisons, héritages, noms, raisons et actions, et tous autres qui se trouveront en nature, et qu'ils pourront justifier, par tout genre de preuve, leur avoir appartenu avant le dit Ordre du 31. Janvier, 1686.

Qu'incontinent après la Ratification du principal Traité, et du présent Article, Son Altesse Royale fera expédier, en conformité du présent Article, des Lettres Patentes, en forme d'Edit, en faveur des dits Vaudois ses Sujets, et autres gens de la religion, qui se veulent établir dans les dites Vallées, en prêtant le serment de fidélité accoutumé comme fidèles Sujets de Son Altesse Royale; lesquelles Sa dite Altesse Royale fera entériner et vérifier au Sénat et en la Chambre des Comptes de Turin, et partout où besoin sera; et finalement, les Ministres de Sa Majesté Britannique et de leurs Hautes Puissances, seront instruits et autorisés pour régler, selon les anciens Edits, Droits et Concessions avec les Ministres de Son Altesse Royale, le détail des choses, et ce qui pourroit rester et être omis; pour la sûreté des dits Vaudois dans cet article, comme aussi pour l'exécution d'icelui, tant à l'égard des choses concernant leur religion que leurs biens, droits et toutes autres.

Les dits sieurs Plénipotentiaires ci-mentionnés ont promis et promettent respectivement, au nom de leurs Maitres et Principaux, de faire inviolablement observer le contenu du présent article, et d'en fournir les Ratifications en bonne et dùe forme dans deux mois ou plutôt s'il se peut. En foi de quoi ils ont signé le présent article, et à icelui apposé le cachet de leurs armes.

Fait à la Haye, le 20. Octobre 1690.

(L. S.) DURSLEY.
(L. S.) PH. DE LA TOUR.
(L. S.) WALRAVE DE HEECKEREN.
(L. S.) B. DE NETELHORST.

2.
Ordonnance du Duc de Savoye en faveur des Vaudois, datée de Turin, le 23. Mai 1694.

Victor Amedée II. par la Grâce de Dieu, Duc de Savoye, Prince de Piémont, Roi de Chipre, etc. etc. etc.

Ayant été obligés, par les réitérées et très pressantes instances d'une Puissance Etrangère dans l'année 1686, de faire publier les Edits du 31. Janvier, et 9. Avril, contre nos fidèles Sujets Religionnaires des Vallées de Luserne, Pérouse, et St. Martin, et lieux adjacens, savoir: Prarustin, St. Barthelemi et Rocheptate, et ayant déjà été invités à les recevoir dans nos bonnes grâces par les preuves manifestes de fidélité, et les témoignages rauthentiques de zèle pour notre service, que nos Sujets Religionnaires nous ont donnés, et continuent à nous donner, comme aussi par la considération que nous avons pour les instances faites par Sa Majesté le Roi de la Grande-Bretagne, et par Leurs Hautes Puissances les Etats Généraux des Provinces Unies des Pays-Bas, nous avons jugé par ces motifs, de ne devoir pas différer plus long temps à faire paroitre, qu'ils sont entièrement retablis dans nos bonnes grâces, afin de les inciter d'autant plus de s'en rendre dignes. C'est pourquoi par ces présentes, que nous voulons avoir force d'Edit, de notre certaine science, pleine puissance, autorité absolue, et avec l'avis du Conseil, revoquons et annulons les Edits du 31. Janvier, et 9. Avril, 1686, et leurs entérinemens, comme aussi toutes les déclarations de peine, sentences, ordonnances, et tous les autres actes et ordres faits en exécution des dits Edits en haine des susdits Religionnaires, de manière qu'ils resteront à l'avenir sans aucune force et effet comme si jamais ils n'avoient été donnés.

Nous faisons aux susdits Religionnaires, ample grâce et entière remission, absolution, et abolition, en tant qu'il est ou seroit besoin, de toutes les contraventions aux dits Edits, et de tous les autres excès, de quelle nature et qualité et pour énormes qu'ils puissent être,

1694 attribués aux mêmes Religionnaires, et qui pourroient requérir une spéciale ou individuelle mention, et de toutes les peines déclarées et encourues par eux, tant en général qu'en particulier. Nous rétablissons les dits Religionnaires et tous ceux qui leur auront donné assistance, conseils, et faveur, en leurs premiers honneurs et en nos bonnes grâces, comme ils étaient avant les contraventions aux dits Edits. Ordonnons que tous ceux des dits Religionnaires qui se trouveront encore detenus, soient immédiatement élargés, et que tous les enfans d'un et d'autre sexe de quel age que ce soit, et en quel lieu de nos Etats qu'ils se pourroient trouver, soient rendus sans paiement d'aucun dépens, et laissés en pleine liberté de retourner avec leurs parens dans les dites Vallées, et là faire profession de leur Religion, sans pouvoir être molestés ni recherchés eux ni aucun autre, à cause de quelque acte de leur Religion et de l'abjuration qu'eux ou leurs pères pourront avoir faite, comme faite par violence.

Nous défendons à cet effet, à qui que ce soit de leur faire aucun empêchement ni difficulté, en les empêchant ou autrement, dans leur retour aux dites Vallées, et encore moins de leur faire la moindre violence laquelle sera de même défendue aux susdits Religionnaires contre les Catholiques qui voudroient rester dans cet état et continuer à professer la Religion Catholique; voulons que nos Gouverneurs et Juges des lieux soient tenus de veiller à l'exécution de ce qui est dessus, et que les dits Religionnaires de l'un et de l'autre sexe ne soient aucunement forcés ou empêchés, d'user en cela de leur libre arbitre et pleine liberté de retourner aux dites Vallées, remettant les dits Religionnaires, et voulant qu'ils soient maintenus avec leurs enfans et posterité, dans la possession de tous et chacun de leurs anciens droits, édits, coûtumes, pratiques, et privilèges, tant à l'égard de leurs habitations, négoce, commerce, et exercice de la Religion qu'ils professent, que de toute autre chose, sans exception d'aucune, comme ils étoient avant les susdits Edits; rétablissant et remettant les Religionnaires dans la tranquille et paisible possession de tous leurs bienfonds, maisons, héritages, titres, raisons, et actions, et de toute autre chose qui se trouveroit en être et en nature, et qu'ils pourront justifier par toute sorte de preuve de leur avoir appartenue immédiatement avant 1694 les susdits Edits. Ordonnant à tous ceux qui pourroient être en possession, sous quel titre que ce puisse être, des biens ou effets qui ont appartenu, comme dessus, aux Religionnaires avant les dits Edits, qu'en conformité de ce qui est dessus ils les rendent et leur en laissent la libre et tranquille jouissance, sans les inquiéter ni molester, en quelle manière que ce soit, ni présentement ni à l'avenir sous quel prétexte que ce soit. Défendant à tous Magistrats, Juges, Officiers Fiscaux, et tous autres qu'il appartiendroit, d'inquiéter, tant eux que leurs adhérans, tant à présent qu'à l'avenir, réellement ni personnellement pour cause des susdits contraventions, annexes, connexes, et dépendances; en sorte qu'ils ne puissent plus être recherchés, tant en général qu'en particulier, encore moins inquiétés en aucune manière en leurs personnes et biens, pour cause des susdites contraventions ni pour aucun acte de leur Religion et de l'abjuration qu'ils pourront avoir faite comme dessus, par acte forcé. En partant, suivant l'exemple pratiqué aussi autrefois en de semblables occasions par nos Prédécesseurs, imposons au Fisque et à tout autre qu'il appartiendroit, un perpétuel et final silence, déclarant dès à présent nul tout ce qui viendroit à s'en suivre au contraire.

Promettant notre protection à tous ceux qui seront inquiétés contre la présente notre Déclaration.

Nous permettons, en outre, à toute personne née de la même Religion et la professant, de s'aller librement établir dans les dites Vallées, en prétant pourtant auparavant entre les mains de notre Grand Chancelier le serment dû et accoutumé et fidélité, et de vivre et être nos bons, fidèles et obéissans Sujets, et de nos Successeurs à la Couronne, pendant leur séjour aux Vallées, dans lesquelles ils pourront posséder des fonds dans les limites prescrites, et aussi y jouiront des mêmes privilèges et prérogatives, sans exception, dont jouissent et peuvent jouir les Religionnaires naturels du Pays, excepté les Français, à l'égard des quels cette concession s'entendra indifféremment pendant la présente Guerre, et après la Paix faite seulement en faveur de ceux qui seront sortis de France à cause de leur Religion et ne s'y seront pas rétablis depuis. De plus, quant à ceux de la Vallée de Pragela et de Pé-

1694 rouse qui professent la même Religion, cette concession n'aura lieu en leur faveur qu'au bout de 10 Ans
après la Paix.

Déclarant, en outre, que ceux de la dite Vallée
de Pragela, et de Pérouse, qui auront occasion de se
venir établir dans celle de Luzerne et autres depen-
dantes de nos Etats, entre les nommés dans cet Edit,
à cause de quelque héritage, substitution, ou mariage,
le pourront faire en tout temps, pourvu qu'ils viennent
s'y établir fixement, laissant le séjour des dites Vallées
de Pragela et de Pérouse. Voulant pourtant que les dits
Religionnaires Vaudois ou Etrangers qui seront pour
venir s'établir dans les dites Vallées, ne pourront en
aucune manière molester les Catholiques habitans dans
les dites Vallées sous quel prétexte que ce soit.

Nous permettons en outre à tous les habitans Religionnaires de nos Vallées d'acheter et d'acquérir, sans
violence mais de bon gré, des biens tant meubles qu'
immeubles situés dans les limites de nos dites Vallées
en quelles mains qu'ils pourroient être. Pour cet effet, nous mandons et commandons à nos Magistrats,
Ministres, et Officiers, et à tous autres qu'il appartiendroit, d'observer, et faire inviolablement observer, les
présentes, et à notre Sénat de Piémont de les entériner et approuver, en tout et partout comme nous dis-
posons, sans aucune difficulté ni contradiction; voulant
qu'elles soient publiées dans les manières accoutumées
aux lieux des dites Vallées et autres où il sera nécessaire, afin que personne n'en puisse prétendre cause
d'ignorance, et qu'on donne la même foi à la Copie
imprimée par notre Imprimeur, Valetta, qu'à notre propre Original, car tel est notre plaisir et intention.

Donné à Turin ce 23. Mai, 1694.

VICTOR AMEDÉE.

3.

*Convention secrète concernant les Vau-
dois, conclue entre la Grande-Bretagne et le Duc de Savoye, en date
du 4. Août 1704.*

Ensuite du Traité qui a été aujourd'hui conclu et
signé entre Sa Majesté la Reine de la Grande-Bretagne,

et Son Altesse Royale de Savoye, par leurs Plénipo- **1704**
tentiaires, savoir, de la part de Sa Majesté Britannique,
par le Sieur Hill, et de la part de Son Altesse Royale,
par le Sieur Comte de Vernon, les mêmes Plénipotentiaires ont convenu des suivans Articles Secrets:

Art. IV. Sa dite Altesse Royale s'oblige aussi de
confirmer, comme elle confirme par le présent Article,
le Traité secret du 20me Octobre, 1690 conjointement
avec l'Edit du 23. Mai, 1694, concernants le rétablissement des Vaudois, lequel Edit aura toute la même
force et vigueur que le dit Traité secret, comme s'il
étoit pareillement ici inséré de mot à mot.

Nous Plénipotentiaires susdits, en vertu de nos
Pleins Pouvoirs respectifs, avons conclu, arrêté et
signé la présente convention qui aura la même force
et vigueur que le Traité par Nous signé aujourd'hui
et y avons apposé le cachet de nos armes, en promettant aussi respectivement l'entière et inviolable observation, et nous obligeant pareillement d'en fournir
les Ratifications en bonne et dùe forme, savoir de Sa
Majesté Britannique dans six semaines et de Son Altesse Royale dans huit jours.

Fait à Turin, le 4me jour du mois d'Août, l'an
de Grâce 1704.

(L. S.)	Richard Hill.
(L. S.)	C. El. de Vernon.

4.

Convention et article secret entre S. M. le Roi de France et S. M. Victor Amé II Roi de Sicile sur l'exécution de l'article IV du Traité d'Utrecht. Signé à Paris le 4. Avril 1718.

Comme par le Traité de Paix signé à Utrecht le
11. Avril 1713 entre le feu Roi Très-Chrétien, et Son
Altesse Royale de Savoie à présent Roi de Sicile, il
a été convenu entre autres choses des cessions respectives portées par l'article 4, et que les Commissaires
ci-devant nommés de l'une et de l'autre part pour
régler les limites entre la France, le Piémont, et le

1718 Comté de Nice, et tout ce qui regarde l'exécution
des dites cessions réciproques, conformément au dit
article 4 du Traité d'Utrecht, n'ont pas pû convenir
sur quelques points qui sont demeurés jusqu'à présent
indécis, les Commissaires du Roi de Sicile soutenant,
que selon le sens littéral du dit article, le village ou
hameau des Clavières étoit compris dans les lieux cédés
par le feu Roi Très-Chrétien, comme situé aux eaux
pendantes du côté du Piémont, et même que quelque
petite partie du village de Genèvre étoit aussi compris
dans la cession faite au Roi de Sicile, comme étant
située au milieu de la plaine qui est au dessus du
Mont-Genèvre, qu'ils prétendoient devoir être partagé
suivant les termes du dit Traité; et les Commissaires
du Roi Très-Chrétien prétendant au contraire, que le
village ou hameau des Clavières n'étoit point compris
dans la dite cession, et que les villages d'Antrames
et de Saint Martin, que les Commissaires du Roi de
Sicile prétendoient faire partie du Comté de Nice,
étoient compris dans la cession qui a été faite par le
Roi de Sicile de la Vallée de Barcelonnette, et de ses
dépendances, et le Sérénissime et Très-Puissant Prince
Louis XV Roi Très-Chrétien de France et de Navarre,
et le Sérénissime et Très-Puissant Prince Victor Amé
Roi de Sicile, de Jérusalem, de Cypre etc., voulant
concourrir chacun de leur part à tout ce qui peut
marquer le désir qu'ils ont d'affermir la bonne intelligence, et d'entretenir l'union étroite que les liens du
sang leur inspirent, et terminer à l'amiable les dits
différends, ils ont donné à cet effet leurs pleins pouvoirs
respectifs, sçavoir Sa Majesté Très-Chrétienne au Sieur
Marquis D'Huxelles Maréchal de France, Chevalier de
ses Ordres, Gouverneur de la Haute, et Basse Alsace,
de Strasbourg, de Châlons sur Saone, son Lieutenant
au Gouvernement de Bourgogne, et Président du Conseil
des affaires étrangers, et au Sieur de Clermont Comte
de Chiverny, Marquis de Monglat, Baron de Sensy,
de Rupz, et de Delaye, Grand Bailly de Dole, Gouverneur de Monsieur le Duc de Chartres, et Sa Majesté
Sicilienne au Sieur Marquis de Bellegarde d'Antremont
Conseiller d'État, Premier Président de la Chambre
des Comptes de Savoie, son Ambassadeur auprès du
Roi Très-Chrétien, et au Sieur Joseph de Provane
Comte de Pralong Chevalier Grand Croix, et Grand

Conservateur des Ordres de Saint Maurice et de Saint 1718
Lazare, Gentilhomme de la Chambre, et Premier Secrétaire des Guerres du Roi de Sicile, les quels après
s'être communiqué respectivement leurs dits pleins pouvoirs sont convenus des articles qui suivent.

I. Sa Majesté Très-Chrétienne, et Sa Majesté
Sicilienne sont convenues que le village ou hameau
des Clavières est compris dans ce qui en conformité
du susdit article 4 du Traité d'Utrecht, a été cédé à
Sa Majesté Sicilienne, de même que la moitié de la
plaine qui est au dessus du Mont-Genèvre, à prendre
la dite moitié à une égale distance du dit lieu des
Clavières, et du village de Genèvre, celles du côté du
dit village de Genèvre, restant au Roi Très-Chrétien,
et celle du côté des Clavières au Roi de Sicile.

II. Sa Majesté Très-Chrétienne déclare, et reconnoit que les villages d'Antraunas et de Saint Martin
n'ont point été compris dans la cession faite par Sa
Majesté Sicilienne dans le susdit article 4 du Traité
d'Utrecht, de la Vallée de Barcellonette, et de ses
dépendances, et que les dits villages d'Antraunas, et de
Saint Martin avec leurs dépendances, doivent demeurer
à Sa dite Majesté Sicilienne.

III. Sa Majesté Sicilienne de son côté, céde et
transporte irrévocablement, et à toujours à Sa Majesté
Très-Chrétienne le village du Mas qui est à l'extrémité
du Comté de Nice vers la Provence, et ses dépendances, pour être tenus à l'avenir, et possédés par Sa
dite Majesté Très-Chrétienne, ses Héritiers et Successeurs en toute proprieté et Souveraineté, et avec
les mêmes clauses portées par le dit article 4 du Traité
d'Utrecht à l'égard des lieux respectivement cédés par
icelui.

IV. Et comme à cause des susdites difficultés, les
limites n'ont point encore été marquées, Sa Majesté
Très-Chrétienne, et Sa Majesté Sicilienne nommeront
respectivement dans l'espace de deux mois du jour de
la signature du présent Traité des Commissaires pour
se transporter sur les lieux, convenir des limites entre
le Royaume de France, le Piémont, et le Comté de
Nice, et y faire planter des bornes en conformité du
susdit article 4 du Traité de Paix d'Utrecht, et de la
présente convention.

V. Le présent Traité sera approuvé, et ratifié

1718 par Sa Majesté Très-Chrétienne, et par Sa Majesté Sicilienne, et les lettres de ratification en, seront échangées, et délivrées respectivement dans le terme d'un mois, ou plutôt si faire se peut, à compter de ce jour.

En foi de quoi Nous en vertu des pleins pouvoirs respectifs de Sa Majesté Très-Chrétienne, et de Sa Majesté Sicilienne, avons signé ces présentes de nos seigns ordinaires, et à icelles fait apposer les cachets de nos armes. A Paris le quatrième avril mil sept cent dixhuit.

HUXELLES.   DE BELLEGARDE D'ANTREMONT.

L. DE CLERMONT DE CHEVERNY.   JOSEPH PROVANA.

Article secret.

Ensuite du Traité que Nous Ministres soussignés de Sa Majesté Très-Chrétienne, et de Sa Majesté Sicilienne, avons signé ce-jourd'hui en vertu de nos pleins pouvoirs respectifs, il a été convenu par le présent article secret que le Roi de Sicile, ses Héritiers et Successeurs, ne pourront en aucun temps ni sous aucun prétexte que ce soit, faire des fortifications aux villages des Clavières, d'Antraunas, et de Saint Martin, ni dans leurs dépendances, et que respectivement le Roi Très-Chrétien et ses Héritiers, et Successeurs ne pourront aussi en aucun temps, ni sous quelque prétexte que ce soit, faire des fortifications aux villages de Mont Genèvre, et du Mas, ni dans leurs dépendances, le présent article aura la même force en vertu que s'il étoit inséré dans le dit Traité, il sera approuvé et ratifié par leurs Majestés Très-Chrétienne, et Sicilienne, et les lettres de ratification en seront échangées et délivrées respectivement dans le terme d'un mois, ou plutôt si faire se peut. A Paris le quatrième avril mil sept cent dixhuit.

HUXELLES.   DE BELLEGARDE D'ANTREMONT.

L. DE CLERMONT DE CHEVERNY.   JOSEPH PROVANA.

Ratifié par le Roi de France le 20. *Avril* 1718.

5.

Traité de paix entre la Russie et la Chine, conclu, signé et promulgué sur la frontière le 21. Octobre (vieux style) 1727 *).

Par ordre de l'auguste Empereur du royaume de Daitsing [1]) se sont assemblés pour conclure un traité de paix et régler les frontières:

Tschabina, conseiller privé, président du tribunal des mandarins et assesseur du ministère de l'intérieur;

Tegoût, conseiller privé, président du tribunal qui gouverne les provinces extérieures [2]) et grand de; la bannière rouge;

Toulichin, vice-président du ministère de la guere et l'ambassadeur de l'impératrice des Oros [3]); le comte illyrien, Sawa Wladyslavitsch.

Ces plénipotentiaires des deux Empires se sont réunis à Nibtchoo [4]) pour conclure un traité de paix

---

*) Ce Traité définitif entre les Empires de Russie et de Chine a été écrit originairement en mandschou et s'appellait dans cette langue: *Dschouvan emou Khatsin-ni-bithke* (écrit des onze articles). Il a été traduit par la suite en latin et en russe. Ces deux traductions ne sont cependant pas exactes sur plusieurs points. La traduction française qui suit est aussi fidèle que possible. Le Traité en question ayant été conclu 1827 au nom de Catherine Alexiewna, Impératrice de la Russie, dont on ignorait alors le décès, sa ratification n'eut lieu que le 14. Juin 1728, au nom de l'Empereur Pierre II. Les ratifications ont été échangées près des bords de la Kiachta.

1) C'est le nom de la dynastie Mandschoue régnant actuellement en Chine: en chinois, Thai-thsing.

2) Toulergi golo be dasara dchourgan, appelé aussi Monggo dchourgan ou le tribunal mongol, en chinois li Fan youan. Il gouverne les provinces au-delà de la grande muraille. On pourrait l'appeler aussi le tribunal des affaires étrangères, puisqu'il est chargé des négociations et communications avec les puissances étrangères et leurs ambassades.

3) Oros est le nom que la plupart des nations asiatiques donnent aux Russes.

4) Nom donné par les Mandschoux à la ville de Nertschinsk.

1727 et pour régler les frontières; voilà avec précision les articles dont ils sont convenus:

Article 1er. Le présent traité a été conclu pour le maintien d'une paix perpétuelle entre les deux empires. Il est donc convenu que, depuis ce jour, chaque empire régira et surveillera soigneusement ses propres sujets. En vertu de la paix conclue, les deux empires tiendront leurs sujets en ordre pour éviter toute occasion de disputes.

Article II. Ce traité de paix, renouvelé et conclu entre les deux empires, exige qu'il ne soit plus question de ce qui a pu avoir lieu antérieurement entre les deux puissances; d'anciens déserteurs ne seront plus réclamés, et ils resteront dans l'empire où ils se trouvent à présent; mais ceux qui passeraient désormais la frontière ne seront retenus sous aucun prétexte. Au contraire, on les recherchera sans délai, pour les saisir et les livrer aux autorités de la frontière respective.

Article III. Les grands de l'empire du centre et le comte illyrien Sawa Wladyslavitsch, ambassadeur des Oros, sont convenus que le principal objet de leurs travaux était la détermination des frontières entre les deux empires, mais qu'il était impossible de les fixer avec précision sans examiner les lieux en détail. A cet effet, le comte illyrien Sawa Wladyslavitsch, ambassadeur de l'empire des Oros, est venu lui-même à la frontière avec Tsereuf adjudant-général de l'empire du centre, Doro-i Giyonwang [1]) du Déhasak et gendre de l'Empereur, Beszuge, commandant de la garde impériale et Toulichin, vice-président du ministère de la guerre.

Ils ont déterminé les points par lesquels la frontière passerait de la manière suivante: Le pays, entre la maison de garde de l'empire des Oros près de la rivière de Kiachta et du poteau (*obo*) de l'empiere, du centre placé sur le sommet du mont Orkhoïtou, sera divisé en deux parties égales et on érigera un poteau (*obo*) pour servir de marque de la frontière. Un dépôt de commerce sera établi à la même place et

---

1) Les Doro Giyonwang étaient dans ce temps princes de la seconde classe, aujourd'hui ils ne comptent que dans la troisième.

des commissaires (*kamisar*) y seront envoyés. De cet 1727
endroit, vers l'est, la frontière passera au-dessus de
la crête du mont Bourgouteï jusqu'à la maison de garde
de Kiran. Après la maison de garde de Kiran viennent Tsikteï, Arou Kidoure et Arou Khadangsou; la
frontière passe en ligne droite par ces quatre maisons
de garde le long de la rivière Tchonkon (Tchikoï);
puis d'Arou Khadangsou à la maison de garde Eber
Khadangsou et de là à la maison de garde mongole
Tsagan Oola (la montagne blanche). Le désert entre
le pays habité par les sujets de l'empire des Oros et
la maison de garde mongole de l'empire du centre
sera divisé en deux parties égales comme à Kiachta.
Où il y a des montagnes, des sommets de montagnes et des
rivières dans le voisinage du pays habité par les sujets de
l'empire des Oros, ils serviront à déterminer leur frontière,
et où les montagnes et les rivières se trouvent à plus de
proximité de la maison de garde mongole, ils serviront
également à établir la frontière de l'empire du centre;
mais où il y a des vastes plaines sans montagnes ni
rivières, elles seront divisées en deux parties égales,
et on établira des poteaux au milieu pour marquer
cette frontière depuis la maison de garde de Tsagan
Oola jusqu'aux bords de la rivière Ergoune (Argoun).
    Les envoyés des deux empires pour l'inspection
des places situées au-delà de la maison de garde mongole Tsagan Oola, ont décidé de tirer la frontière à
l'ouest, en partant des deux poteaux du centre érigés
à Kiachta et en suivant, par-dessus le mont Orkhoïtou,
les endroits suivans: mont Orkhoïtou, Toumen Kout-
schohoun, Bitsiktou, Khochogo, Bouïllesootou Oola,
Kouke Tsilootou, Khonggor Obo, Yonggor Oola,
Bos Anyga, Gondyan Oola, Khodahhaitou Oola, Koï
Moulou Bougoutou Dabagan, Egouden Dchoo-i Moulou Dositou Dabagan, Kisenektou Dabagan, Gorbi
Dabagan, Nouktou Dabagan, Ergik Dargak-Daigan,
Doros Dabagan, Keudche Madau Dabagan, Kim Ki-
nitsik Bom et Chabinai Dabagan.
    Le centre de cette chaîne de montagnes, égale-
ment divisée, fut admis comme limite. Où les montagnes et les rivières se trouvent au milieu, on les a
divisées également; de manière que depuis Chabigai
Dabagan jusqu'aux bords de la rivière Ergoune, tout
ce qui est au sud de la nouvelle frontière appartien-

1727 dra à l'empire du centre, et tout ce qui est au nord à l'empire des Oros.

Après avoir achevé ce partage du pays, en avoir dressé un plan et une description exacte, les deux parties ont échangé réciproquement ces descriptions. Elles ont été remises entre les mains des grands des deux empires. Les sujets des deux empires qui se trouvaient sans permission au-delà de la frontière, nouvellement convenue, ont été recherchés et ramenés dans leur pays respectifs. On adopta la même mesure à l'égard des vagabonds, de manière que la frontière en fut entièrement purgée.

Les Ouriagangkhaï de l'un et de l'autre empire qui donnaient un tribut de cinq peaux de zibelines sont restés sous l'empire de leurs anciens maîtres, mais ceux qui jusqu'à cette époque ne donnaient qu'une peau de zibeline en furent exemptés, du jour de la conclusion du traité. Un rapport fut dressé, à cet égard, pour être confirmé et échangé réciproquement.

Article IV. Une fois que la frontière entre les deux empires est déterminée et qu'aucun déserteur ne saurait être accueilli réciproquement, on est convenu avec le comte illyrien Sawa Wladyslavitsch, ambassadeur de l'empire des Oros, d'établir la liberté du commerce entre les deux Etats. Le nombre des marchands qui peuvent aller tous les trois ans à Pekin ne pourra dépasser deux cents, comme c'était déjà convenu antérieurement. S'ils ne sont que de simples commerçans, on devra, de plus, fournir à leur entretien comme autrefois, mais aucune taxe ne doit aussi être exigée ni du vendeur ni de l'acheteur. Quand les marchands arrivent à la frontière, ils doivent l'annoncer par écrit, au reçu duquel on enverra un officier pour les recevoir et les accompagner dans l'intérêt de leur commerce. S'ils achètent pendant leur voyage des chameaux, des chevaux, des provisions de bouche, ou s'ils louent des ouvriers, il faut qu'ils les achètent ou qu'ils les louent à leurs propres dépens. Les marchands doivent avoir un chef, chargé de diriger leurs affaires et de décider les différends qui pourraient s'élever entre eux. Si ce chef de marchands est un homme d'un rang élevé, il sera reçu et traité selon son rang. On peut vendre toutes sortes de marchandises, excepté celles qui sont prohibées par les lois des deux empires. Il n'est permis

à personne de rester dans le pays étranger secrètement **1727**
et sans la permision de son chef. Si quelqu'un meurt,
tous ses biens, de quelque nature qu'ils soient, seront
rendus au peuple de son pays, comme cela a été
convenu avec l'ambassadeur de l'empire des Oros, le
comte illyrien Sawa Wladyslavitsch. Outre le commerce fait par les caravanes entre les deux empires,
des maisons pour le commerce ordinaire seront établies
sur les frontières respectives, près de Kiachta, sur le
Selengg, et à Nibtchoo (Nertschinsk), qui, selon
qu'on le jugera nécessaire, seront entourées de haies
et de palissades. Ceux qui se rendront à ces places
pour affaires commerciales doivent strictement suivre
le chemin direct. S'ils s'en écartent, pour faire le
commerce dans d'autres endroits, toute leur marchandise sera confisquée au profit du gouvernement. On
nommera des deux côtés un nombre égal d'officiers
qui seront sous le commandement de chefs d'un rang
égal et chargés de la protection de ces places de commerce. Tous les différends seront réglés d'après ce
qui a été convenu avec l'ambassadeur de l'empire des
Oros, le comte Illyrien Sawa Wladyslavitsch.

Article V. *La maison des Oros dans la capitale*
(Pékin) *servira désormais à loger les Oros voyageurs.*
Sur la demande du comte illyrien Sawa Wladyslavitsch
ambassadeur de l'empire des Oros, et sous l'assistance
des grands de l'empire du centre chargés de traiter
les affaires des Oros, *un temple* (Miao) *a été érigé
près de cette habitation. Le prêtre* (lama) *qui se
trouve dans la capitale demeurera dans cette habitation avec trois autres prêtres pour son assistance;
lorsque ces derniers arriveront, ils seront traités
comme leurs prédécesseurs et employés dans le temple
sus-mentionné. Il est permis aux Oros d'y remplir
les devoirs de leur culte avec toutes ses cérémonies
et d'y faire leurs prières. Quatre jeunes Oros
connaissant et sachant écrire le latin et le russe et
deux Oros plus âgés, que le comte illyrien Sawa
Wladyslavitsch, ambassadeur de l'empire des Oros,
a laissés dans la capitale pour apprendre le chinois,
demeureront aussi dans le même lieu; leur entretien
sera payé par le gouvernement, et lorsqu'ils auront
fini leurs études, ils auront la liberté de s'en retourner dès qu'on leur en donnera l'ordre.*

Article VI. Quant à la correspondance entre les
deux empires, il est très nécessaire que les lettres
soient munies d'un sceau. Le tribunal des affaires
des provinces extérieures est chargé d'expédier, après
y avoir mis le sceau, les lettres de l'empire du centre pour le sénat (*sanat yamoun*) de l'empire des
Oros. Les lettres de l'empire des Oros adressées
à l'empire du centre doivent être envoyées au tribunal des provinces extérieures sous le seing de
l'empire des Oros ou celui du gouverneur de Tobolsk
(*Tobol Khotou-ni da*). Tous les écrits relatifs aux
affaires de frontières, d'entrepôts de commerce, de
déserteurs ou de vols commis, doivent être signés et
cachetés par le Tousiyetou Khan Waial dordzi, et par
le Wang Dandzin dordzi s'ils proviennent de l'empire
du centre, et par les commandans des villes limitrophes s'ils proviennent de l'empire des Oros. La correspondance réciproque du Tousiyetou Khan Waial
dordzi et du Wang Dandzin dordzi avec les Oros
aura lieu au moyen de messagers envoyés exprès, toujours par la route de Kiachta. Cependant il sera permis, dans des affaires d'une grande importance, de
choisir le chemin le plus proche. Si l'on contrevenait
à cette disposition, le Wang de la frontière et les
commandans des villes chez les Oros doivent respectivement en prendre connaissance et, après avoir examiné l'affaire, punir les coupables de leur nation

Article VII. Quant aux places frontières situées
sur la rivière Oud, elles ont été déjà le sujet de négociations entre Soungoutou, grand de l'intérieur, et
le comte Féodor Alexievitsch Golownin. Ces pays doivent rester à présent sans nouvelle démarcation entre
les deux parties, on réglera cela plus tard par des ambassadeurs ou par correspondance. A cette occasion,
voilà ce qui fut dit au comte illyrien Sawa Wladisla-
vitsch, ambassadeur de l'empire des Oros: "Puisque
tu as été envoyé comme plénipotentiaire de ton Impératrice pour régler toutes-les affaires, nous devons décider aussi quelque chose sur ce point. Nos sujets
passent souvent à présent la frontière pour aller dans
le pays appelé Khingan Tougourip et par conséquent,
si nous ne parvenons pas à décider quelque chose
pendant cette négociation, on peut craindre que des
différends ne surgissent entre les habitans des frontiè-

des commissaires (*kamisar*) y seront envoyés. De cet 1727
endroit, vers l'est, la frontière passera au-dessus de
la crète du mont Bourgouteï jusqu'à la maison de garde
de Kiran. Après la maison de garde de Kiran viennent Tsikteï, Arou Kidoure et Arou Khadangsou; la
frontière passe en ligne droite par ces quatre maisons
de garde le long de la rivière Tchonkon (Tchikoï);
puis d'Arou Khadangsou à la maison de garde Eber
Khadangsou et de là à la maison de garde mongole
T'sagan Oola (la montagne blanche). Le désert entre
le pays habité par les sujets de l'empire des Oros et
la maison de garde mongole de l'empire du centre
sera divisé en deux parties égales comme à Kiachta.
Où il y a des montagnes, des sommets de montagnes et des
rivières dans le voisinage du pays habité par les sujets de
l'empire des Oros, ils serviront à déterminer leur frontière,
et où les montagnes et les rivières se trouvent à plus de
proximité de la maison de garde mongole, ils serviront
également à établir la frontière de l'empire du centre;
mais où il y a des vastes plaines sans montagnes ni
rivières, elles seront divisées en deux parties égales,
et on établira des poteaux au milieu pour marquer
cette frontière depuis la maison de garde de Tsagan
Oola jusqu'aux bords de la rivière Ergoune (Argoun).

Les envoyés des deux empires pour l'inspection
des places situées au-delà de la maison de garde mongole Tsagan Oola, ont décidé de tirer la frontière à
l'ouest, en partant des deux poteaux du centre érigés
à Kiachta et en suivant, par-dessus le mont Orkhoïtou,
les endroits suivans: mont Orkhoïtou, Toumen Kout-
schohoun, Bitsiktou, Khochogo, Bouïllesootou Oola,
Kouke Tsilootou, Khonggor Obo, Yonggor Oola,
Bos Anyga, Gondyan Oola, Khodahhaitou Oola, Koï
Moulou Bougoutou Dabagan, Egouden Dchoo-i Moulou Dositou Dabagan, Kisenektou Dabagan, Gorbi
Dabagan, Nouktou Dabagan, Ergik Dargak-Daigan,
Doros Dabagan, Keudche Madau Dabagan, Kim Ki-
nitsik Bom et Chabinai Dabagan.

Le centre de cette chaîne de montagnes, également divisée, fut admis comme limite. Où les montagnes et les rivières se trouvent au milieu, on les a
divisées également; de manière que depuis Chabigai
Dabagan jusqu'aux bords de la rivière Ergoune, tout
ce qui est au sud de la nouvelle frontière appartien-

1727 voyer quelqu'un pour les recevoir. Après la réception
de la lettre d'invitation, *on a à leur fournir des provisions à chaque relais et à les recevoir avec respect. Lorsqu'ils seront arrivés à destination, ils
doivent être logés et nourris sans frais.* S'ils arrivent pendant une année où le commerce est interdit,
ils ne doivent point apporter de marchandises. Si on
envoie un ou deux messagers dans une affaire importante, ils ont à présenter leurs papiers aux officiers de
la frontière, qui leur fourniront des chevaux, des guides et des provisions, sans qu'ils aient besoin d'avoir
prévenu de leur arrivée. — Tout cela, ainsi que nous
le sommes convenus avec l'ambassadeur de l'empire
des Oros, le comte illyrien Sawa Wladyslavitsch.

La correspondance par lettres et messagers, étant
de la plus haute importance pour les deux empires, ne
souffrira aucun délai: par conséquent, si des lettres
expédiées à l'avenir restent sans réponse ou si des
messagers se trouvent inutilement arrêtés dans leur
voyage, ce sera un acte fait en opposition avec le but
du présent traité. En ce cas, ni ambassadeurs ni
marchands ne seront plus reçus jusqu'à ce que les
difficultés se trouvent aplanies, et ce n'est qu'alors
qu'on rétablira les communications ordinaires.

Article X. Les sujets des deux empires qui dorénavant se cacheront devant leur gouvernement, seront
punis de mort à l'endroit même où on les saisira. Des
gens armés qui traverseront la frontière sans commettre
des meurtres ou des pillages, mais sans passe-ports,
seront punis également en proportion de leurs crimes.
Des soldats qui désertent et volent leur maître auront
la tête coupée s'ils sont sujets de l'empire du centre.
S'ils appartiennent à l'empire des Oros, ils seront
étranglés, et les choses volées seront restituées au
commandant ou à son gouvernement. Ceux qui passent
la frontière et volent des chameaux ou du bétail seront
remis à leurs juges naturels, qui les condamneront à
payer dix fois, et en cas de récidive, vingt fois la
valeur de la chose volée; pris une troisième fois, il
seront punis de mort. Celui qui passe la frontière
pour chasser, à son profit, dans le voisinage, sera
puni selon le tort qu'il a fait, et son gibier appartiendra
au gouvernement. Les hommes du peuple qui traverseront la frontière, sans passe-port, seront également

à personne de rester dans le pays étranger secrètement 1727 et sans la permision de son chef. Si quelqu'un meurt, tous ses biens, de quelque nature qu'ils soient, seront rendus au peuple de son pays, comme cela a été convenu avec l'ambassadeur de l'empire des Oros, le comte illyrien Sawa Wladyslavitsch. Outre le commerce fait par les caravanes entre les deux empires, des maisons pour le commerce ordinaire seront établies sur les frontières respectives, près de Kiachta, sur le Selengg, et à Nibtchoo (Nertschinsk), qui, selon qu'on le jugera nécessaire, seront entourées de haies et de palissades. Ceux qui se rendront à ces places pour affaires commerciales doivent strictement suivre le chemin direct. S'ils s'en écartent, pour faire le commerce dans d'autres endroits, toute leur marchandise sera confisquée au profit du gouvernement. On nommera des deux côtés un nombre égal d'officiers qui seront sous le commandement de chefs d'un rang égal et chargés de la protection de ces places de commerce. Tous les différends seront réglés d'après ce qui a été convenu avec l'ambassadeur de l'empire des Oros, le comte Illyrien Sawa Wladyslavitsch.

Article V. *La maison des Oros dans la capitale* (Pékin) *servira désormais à loger les Oros voyageurs.* Sur la demande du comte illyrien Sawa Wladyslavitsch ambassadeur de l'empire des Oros, et sous l'assistance des grands de l'empire du centre chargés de traiter les affaires des Oros, *un temple* (Miao) *a été érigé près de cette habitation. Le prêtre* (lama) *qui se trouve dans la capitale demeurera dans cette habitation avec trois autres prêtres pour son assistance; lorsque ces derniers arriveront, ils seront traités comme leurs prédécesseurs et employés dans le temple sus-mentionné. Il est permis aux Oros d'y remplir les devoirs de leur culte avec toutes ses cérémonies et d'y faire leurs prières. Quatre jeunes Oros connaissant et sachant écrire le latin et le russe et deux Oros plus âgés, que le comte illyrien Sawa Wladyslavitsch, ambassadeur de l'empire des Oros, a laissés dans la capitale pour apprendre le chinois, demeureront aussi dans le même lieu; leur entretien sera payé par le gouvernement, et lorsqu'ils auront fini leurs études, ils auront la liberté de s'en retourner dès qu'on leur en donnera l'ordre.*

1736 inter et Serenissimum et Potentissimum Principem
Ludovicum XV Galliarum Regem Christianissimum, de
certis quibusdam Articulis praeliminaribus conventum
sit, eiusmodi pacis conditiones in se continentibus,
quibus ambo paciscentes plene se contentos esse decla-
rarunt; exin, coelesti Numine pacificis hisce sensibus
porro benedicente factum est, ut non minus a Serenissimo et Potentissimo Principe Carolo Emanuele Sardiniarum Rege Articulorum horum praeliminarium tenor
plene adoptaretur; sicuti proinde nunquam non nobis
praecipuae curae fuit, semel promissa religiose adim-
plere, ita haud minus iis quae Articulo quarto prae-
fatorum praeliminarium, favore modo memorati Regis
disposita reperiuntur, ex asse satisfacere constituimus:
quem in finem, cum inter alia sancitum sit, ut saepe
dicto Regi optio, seu inter Novarensem et Vigevanensem, seu inter Vigevanensem et Tortonensem, seu
denique inter Novarensem et Tortonensem districtus ita
competat, ut selecti ab eodem bini ex tribus ante
recensitis districtibus a residuo Ducatu Mediolanensi
segregati, retenta tamen feudi Imperialis qualitate et
natura, caeteris ditionibus suis uniantur, eidemque quatuor terrac S. Fedele, Torre de' Forti, Gravedo et
Campo Maggiore cedant. Nos certa spe freti, non
minus a saepe fato Serenissimo et Potentissimo Principe Carolo Emanuele Sardiniarum Rege praeliminarium
Articulorum tenorem ex asse adimpletum iri, pro nobis
et Successoribus nostris selectos ab eodem binos districtus, Novarensem nimirum et Tortonensem, prouti
tum ab Antecessoribus nostris Hispaniarum quondam
Regibus, ac simul Mediolani Ducibus, tum a nobis-
metipsis fuerunt possessi, tum praedictas quatuor terras
S. Fedele, Torre de' Forti, Gravedo et Campo Maggiore eidem cedimus, reliquis Statibus suis, qui nobis
ceu Imperatori et Imperio subsunt, uniendos.

Renuntiamus proinde omnibus iuribus, actionibus
et praetentionibus, quae nobis quacumque demum de
causa in ante memoratos binos districtus Novarensem
et Tortonensem, tum modo dictas quatuor terras S.
Fedele, Torre de' Forti, Gravedo et Campo Maggiore
competunt, eademque iura, actiones et praetentiones
in eundem Serenissimum et Potentissimum Principem
Carolum Emanuelem Sardiniarum Regem, eiusque
Descendentes masculos in infinitum, hisque deficienti-

res. Des pareils différends seraient contraires au traité 1727 de paix entre les deux empires: nous devrions donc arranger à l'instant cette affaire." L'ambassadeur de l'empire des Oros, le comte illyrien Sava Wladyslavitsch répondit. "L'impératrice ne m'a pas donné de pouvoir pour traiter des affaires des pays situés vers l'est. Nous n'avons pas une connaissance exacte de ces pays, il faut donc que tout reste, là bas, dans l'état actuel, mais pour prévenir qu'aucun de nos sujets ne passe la frontière, je vais le défendre à l'avenir." Les nôtres répliquerent: "Si ton impératrice ne t'a pas autorisé à négocier par rapport aux contrées de l'est, nous n'en parlerons plus et elles resteront dans leur état actuel. Mais, après ton retour, défends rigoureusement à tes sujets de passer la frontière; car, si l'un d'eux, arrivé sur notre territoire, est saisi par nos gens, il sera puni sans que l'on puisse dire que nous avons violé la paix. Si, au contraire, un de nos sujets passe la frontière, vous aurez le même droit de le punir; bref, puisque rien n'est décidé par rapport à la rivière Oud et aux districts avoisinans, tout restera comme jusqu'ici; mais vos sujets ne doivent point s'établir plus près qu'ils n'étaient." Aussitôt que l'ambassadeur de l'empire des Oros, le comte illyrien Sawa Wladyslavitsch, sera retourné dans son pays, il informera l'Impératrice de cet état de choses. Puis, il faudra envoyer sur les lieux des gens possédant la connaissance des gens possédant la connaissance de ces pays; car il serait bon de se mettre en état d'en venir à une décision, puisque l'affaire, insignifiante en elle-même, pourrait cependant nuire à la cordialité existante entre les deux empires. Outre cela, un autre rapport a été fait à ce sujet et a été envoyé au sénat.

Article VIII. Les commandans limitrophes des deux empires doivent décider les affaires selon les lois de la justice et sans aucun délai; s'ils y mettent du retard par intérêt, chaque empire les punira selon les lois.

Article IX. Si d'un côté ou de l'autre des commissaires d'un rang quelconque se trouvent délégués, ils doivent d'abord se présenter à la frontière et y annoncer leur mission et leur rang. On ne doit pas les retenir long-temps à la frontière, mais on doit y en-

1741 man Luna Pacheco Enriques de\Almanza, Funes de
· Villa-Pando, Arragon et Monroy Comte de Montijo
etc. Seigneur de la ville de Moquer, Mis de la Ál-
garba, Villa Nueva del Freno et Boucarotta, Cte de
Fuendiduena, Mis de Valderabano, Ossera et Casta-
neda, Seigneur des villes de la Adrada Guetortaxas,
Viertas, Orespa et les Palais, Maréchal-Major de Castille, Alcude major de la ville de Seville, Alcayde perpétuel de la ville de Guadix, Capitaine principal des
cent gentilshommes de la maison de Castille, gentilhomme de la chambre de Sa Maj., Président du Conseil suprême des Indes et Surintendant des mines royales de vief-argent des royaumes d'Espagne et de celles des Indes, Grand-écuyer de la Reine d'Espagne,
Chevalier des ordres de la toison d'or et de St. Janvier, Grand d'Espagne et nommé Ambassadeur extraordinaire et plénipotentiaire de S. M. catholique à la
Diète électorale de Francfort;

Et Son Alt. Sérén. Electorale désirant sincerement
le renouvellement des susdites liaisons qu'Elle a tant
souhaité et souhaite, et de concourir au succès des
vues que S. M. peut avoir, Elle a donné, afin de faire
un Traité avec la dite Majesté catholique, ses pleins-
pouvoirs à S. E. le Cte de Terring, son chambellan,
Ministre d'état, Président de son Conseil de guerre,
Général de cavallerie, gouverneur de la ville de Munic,
et Grand-Croix de l'ordre de St. George;

Lesquels Ministres respectifs, après avoir examiné
leurs pleins-pouvoirs et en avoir fait l'échange, sont
convenus des articles suivans:

Art. 1. Qu'il y aura une ferme et étroite alliance
et amitié entre le Roi et S. A. S. E. de Bavière, sans
que pour aucun prétexte elle puisse s'altérer.

Art. 2. Qu'ils s'obligeront réciproquement à travailler à tout ce qui leur sera utile et à empêcher le
préjudice et le dommage que l'on voudrait leur faire.

Art. 3. Que la principale vue de la présente alliance et union étant de se procurer réciproquement
de la part de S. M. catholique et de celle de S. A. S. E.
de Bavière tous les avantages qui dépendront d'elles,
et aucun événement ne pouvant y être plus directement
contraire que d'avoir à disputer les droits et prétentions respectives sur la succession ouverte dans la maison d'Autriche avec un Empereur qui ne manquerait

punis selon ce qui a été convenu avec l'ambassadeur 1727
de l'empire des Oros, le comte Sawa Wladyslavitsch.

    Article XI. Ce traité de paix, conclu entre les
deux empires, a été échangé de la manière suivante:
l'ambassadeur de l'empire des Oros, le comte Sawa
Wladyslavitsch, en a déposé une copie en langue oros
et en latin, signée et scellée, entre les mains des
grands de l'empire du centre, et les grands de l'empire
du centre en présentèrent une autre copie, à l'ambassadeur comte Sawa Wladyslavitsch, en langue mandschoue, en oros et en latin. — Ce traité a été imprimé
avec exactitude, et distribué à tous les officiers sur
les frontières, pour que son contenu parvienne à la
connaissance de tous. Le septième jour de la septième
lune de la cinquième année du Khowaliasoun Tob *).

6.
*Cession des Provinces de Novare et de
Tortone faite par l'Empereur Charles
VI à Charles Emanuel III Roi de
Sardaigne. Luxembourg, le 6. Juin
1736.*

    Nos Carolus VI, Divina favente Clementia, electus
Romanorum Imperator semper Augustus, ac Germaniae,
Hispaniarum, utriusque Siciliae, Hungariae, Bohemiae,
Dalmatiae, Croatiae, Sclavoniaeque etc. Rex, Archidux
Austriae, Dux Burgundiae, Brabantiae, Mediolani,
Mantuae, Stiriae, Carintiae, Carnioliae, Limburgi,
Lucemburgi, Geldriae, Wurtembergae, Superioris et
Inferioris Silesiae, Calabriae, Princeps Sueviae, Marchio
Sacri Romani Imperii, Burgoviae, Moraviae, Superioris
et Inferioris Lusatiae, Comes Habspurgi, Flandriae,
Tyrolis, Ferretis, Kiburgi, Coritiae, et Namurci, Do-
minus Marchiae Sclavoniae, Portus Naonis et Salina-
rum etc.

    Notum, testatumque vigore praesentium facimus.
Cum finiendo bello Italiae in primis luctuosissimo, Nos

---

    *) C'est la traduction du mot chinois Young Tching, qui signifie
rectitude perpétuelle. Cette date correspond au 21. Octobre
1727.

1736 inter et Serenissimum et Potentissi ium Principe
Ludovicum XV Galliarum Regem Christianissimum, t
certis quibusdam Articulis praeliminaribus conventu
sit, eiusmodi pacis conditiones in se continentibu
quibus ambo paciscentes plene se contentos esse deci
rarunt; exin, coelesti Numine pacificis hisce sensibi
porro benedicente factum est, ut non minus a Sereni
simo et Potentissimo Principe Carolo Emanuele Sai
diniarum Rege Articulorum horum praeliminarium tene
plene adoptaretur; sicuti proinde nunquam non nobi
praecipuae curae fuit, semel promissa religiose adim
plere, ita haud minus iis quae Articulo quarto prae
fatorum praeliminarium, favore modo memorati Regi
disposita reperiuntur, ex asse satisfacere constituimu
quem in finem, cum inter alia sancitum sit, ut saep
dicto Regi optio, seu inter Novarensem et Vigevane
sem, seu inter Vigevanensem et Tortonensem, se
denique inter Novarensem et Tortonensem districtus it
competat, ut selecti ab eodem bini ex tribus ant
recensitis districtibus a residuo Ducatu Mediolanen
segregati, retenta tamen feudi Imperialis qualitate t
natura, caeteris ditionibus suis uniantur, eidemque qua
tuor terrac S. Fedele, Torre de' Forti, Gravedo et
Campo Maggiore cedant. Nos certa spe freti, nos
minus a saepe fato Serenissimo et Potentissimo Prin
cipe Carolo Emanuele Sardiniarum Rege praeliminarium
Articulorum tenorem ex asse adimpletum iri, pro nobis
et Successoribus nostris selectos ab eodem binos di
strictus, Novarensem nimirum et Tortonensem, prout
tum ab Antecessoribus nostris Hispaniarum quonda
Regibus, ac simul Mediolani Ducibus, tum a nobis
metipsis fuerunt possessi, tum praedictas quatuor terras
S. Fedele, Torre de' Forti, Gravedo et Campo Mag
giore eidem cedimus, reliquis Statibus suis, qui nobi
ceu Imperatori et Imperio subsunt, uniendos.

Renuntiamus proinde omnibus iuribus, actionibu
et praetentionibus, quae nobis quacumque demum d
causa in ante memoratos binos districtus Novarense
et Tortonensem, tum modo dictas quatuor terras S
Fedele, Torre de' Forti, Gravedo et Campo Maggion
competunt, eademque iura, actiones et praetentione
in eundem Serenissimum et Potentissimum Principe
Carolum Emanuelem Sardiniarum Regem, eiusqu
Descendentes masculos in infinitum, hisque deficienti

bus, in Principes masculos per agnationem ex Serenis-1736
sima Sabaudica Domo oriundos, eorumque Descendentes
masculos iuxta ordinem primogeniturae in hac Domo
stabilitum transferimus, absolventes hunc in finem ab
obsequio et iuramento quod nobis praestiterunt universos
praedictorum binorum districtuum et quatuor ante memoratarum terrarum incolas, qui id imposterum iis,
quibus iura nostra cessimus, praestare tenebuntur.

In quorum omnium fidem praesens cessionis nostrae
instrumentum propria manu subscripsimus, sigilloque
nostro Caesareo, Regio atque Archiducali pendente
firmari iussimus. Datum ex arce nostra Luxenburgi,
die sexta mensis iunii, anno Domini millesimo septingentesimo trigesimo sexto, Regnorum nostrorum Romani vigesimo quinto, Hispaniarum trigesimo tertio,
Hungarici vero et Bohemici vigesimo sexto.

C A R O L U S.

PHILIPPUS LUDOVICUS COMES A SINZENDORFF.

Ad mandatum Sacrae Caesareae, Regiaeque Catholicae
Maiestatis proprium

Jo. CHRISTOPHORUS BARTENSTEIN.

7.

Traité d'Alliance entre l'Espagne et la Bavière. Conclû et signé á Nymphenbourg, le 28. Mai 1741.

(C. M. v. Aretin's Sammlung ungedruckter Baier-
scher Staats-Verträge.)

Sa Maj. catholique connaissant le constant attachement que la Sérénis. Maison de Bavière a toujours eu
pour Sa personne royale, et les anciennes preuves
qu'elle en a données tant à Son Royaume qu'à Son
auguste famille, et désirant lui donner des marques distinguées du désir qu'elle a de voir son élévation et
son agrandissement, et d'y contribuer autant qu'il
peut dépendre d'Elle, Elle á voulu renouveler avec le
Sérén. Electeur de Bavière les anciennes liaisons qui
ont toujours subsisté entre les deux Maisons: pour cet
effet S. M. catholique a muni de Ses pleins-pouvoirs
Son Excellence Don Christoph Porto-Carrero, Gus-

1741 man Luna Pacheco Enriques de Almanza, Funes de
Villa-Pando, Arragon et Monroy Comte de Montijo
etc. Seigneur de la ville de Moquer, Mis de la Al-
garba, Villa Nueva del Freno et Boucarotta, Cte de
Fuendiduena, Mis de Valderabano, Ossera et Casta-
neda, Seigneur des villes de la Adrada Guetortaxas,
Viertas, Orespa et les Palais, Maréchal-Major de Castille, Alcude major de la ville de Seville, Alcayde perpétuel de la ville de Guadix, Capitaine principal des
cent gentilshommes de la maison de Castille, gentilhomme de la chambre de Sa Maj., Président du Conseil suprème des Indes et Surintendant des mines roy-
les de vief-argent des royaumes d'Espagne et de c-
les des Indes, Grand-écuyer de la Reine d'Espag-
Chevalier des ordres de la toison d'or et de St. Javier, Grand d'Espagne et nommé Ambassadeur ex-
ordinaire et plénipotentiaire de S. M. catholique à
Diète électorale de Francfort;

Et Son Alt. Sérén. Electorale désirant sincere-
le renouvellement des susdites liaisons qu'Elle a
souhaité et souhaite, et de concourir au succès
vues que S. M. peut avoir, Elle a donné, afin de
un Traité avec la dite Majesté catholique, ses pl-
pouvoirs à S. E. le Cte de Terring, son chamb-
Ministre d'état, Président de son Conseil de g-
Général de cavallerie, gouverneur de la ville de M-
et Grand-Croix de l'ordre de St. George;

Lesquels Ministres respectifs, après avoir ex-
leurs pleins-pouvoirs et en avoir fait l'échange,
convenus des articles suivans:

Art. 1. Qu'il y aura une ferme et étroite al-
et amitié entre le Roi et S. A. S. E. de Bavière
que pour aucun prétexte elle puisse s'altérer.

Art. 2. Qu'ils s'obligeront réciproquement-
vailler à tout ce qui leur sera utile et à empêch-
préjudice et le dommage que l'on voudrait leur

Art. 3. Que la principale vue de la prése-
liance et union étant de se procurer réciproq-
de la part de S. M. catholique et de celle de S. A-
de Bavière tous les avantages qui dépendront-
et aucun événement ne pouvant y être plus direc-
contraire que d'avoir à disputer les droits et p-
tions respectives sur la succession ouverte dans-
son d'Autriche avec un Empereur qui ne mon-

pas à l'exemple de ses prédécesseurs de mêler l'Empire 1741 dans ses querelles particulières, les hauts contractans s'engagent d'employer tous les moyens possibles pour empècher que le Grand-Duc de Toscane ne parvienne au trône impérial.

Art. 4. Que Sa Majesté catholique employera ses soins et ses amis afin que S. A. S. E. de Bavière parvienne à la couronne impériale, à moins qu'il n'en soit autrement convenu entre elles dans le cours de cette alliance.

Art. 5. Que S. M. catholique et S. A. S. E. de Bavière ayant également déclaré avoir des droits et prétentions sur les Etats de la succession du feu Empereur Charles VI;

Elles sont convenues de faire valoir et suivre aujourd'hui de concert ces droits et prétentions, comme aussi de se convenir sur eux à l'amiable selon qu'en conviendra et sera conforme à la justice respective des deux parties et à la tranquillité du corps germanique, sans que rien de tout ce qui se fera et passera tel qu'il puisse être de la part de chacun des contractans en faveur de ses intérêts, droits et prérogatives propres et particulières d'ici au tems de l'ajustement susdit, puisse porter aucun préjudice aux droits de S. M. catholique ni à ceux de S. A. S. E. de Bavière.

Art. 6. S. M. catholique tant pour le bien de la cause commune que par rapport à son amitié pour l'Electeur, et afin qu'ils puissent parvenir tous les deux plus aisément aux fins qu'ils se proposent de cette alliance, donnera à S. A. S. Electorale un subside de 10,000 florins de Hollande par mois pour chaque mille hommes d'infanterie et 30,000 autres florins de la même monnaie aussi par mois pour chaque mille hommes de cavalerie, pour faire une augmentation de 5,000 hommes d'infanterie et de 1000 hommes de cavalerie, lequel subside montant à 960,000 florins de Hollande par an, commencera un mois après la ratification du présent traité et sera payé à Paris par quartier à celui qui sera chargé de procuration de S. A. S. Electorale pour les recevoir, et les dites subsides dureront aussi longtems qu'il sera nécessaire à la sûreté de S. A. S. Electorale et pour l'objet de la présente alliance, sur quoi l'on se concertera de bonne foi là-dessus, S. A. S. Electorale devant être avertie six mois avant

1741 que ces besoins cessent, lesquels dur ont aussi long tems que la guerre que les hauts contractans voudraie éviter; si, contre leur attente, elle vient à s'allume pour se faire rendre justice sur les prétentions respe tives, les parties contractantes promettent et s'engage réciproquement de n'écouter aucune proposition ni a commodement quelconque ou alliance. que ce puis être avec un prince de l'Europe qui pourrait avoir rap port aux fins de cette alliance sans se les communique fidèlement et de n'en accepter aucune sans un conse tement mutuel et réciproque.

Art. 7. S. M. catholique pour témoigner encor plus particulièrement son amitié à l'Electeur et con sidérant les grands frais que S. A. S. Electorale a faire pour la levée du susdit corps de troupes et pou faire toutes les sortes de préparatifs nécessaires l'exécution des vues réciproques; s'engage et prome de lui payer à quinze jours de la ratification du pré sent traité et à Paris à celui qui sera chargé de pro curation de S. A. S. Electorale de Bavière pour le re cevoir, 800,000 livres monnaie de France; et S. A. S E. de Bavière de son côté pour convaincre S. M. ca tholique qu'elle ne demande que d'être en état de l servir utilement et avancer autant qu'il peut dépendre d'elle le succès de la présente alliance, consent et ve que les dits 800,000 livres, monnaie de France, soie décomptés du million d'écus qui, selon la déclaratio royale de l'année 1727 devait se compter à quinze ré aux de billiton, chacun, et que sa dite Majesté s'e engagée de payer au sérén. Electeur en dédommage ment des grandes pertes que sa maison électorale souffertes dans la guerre pour la succession à la mo narchie d'Espagne et qui restent encore dues.

Art. 8. Que quand les dits subsides cesseront, S. M catholique continuera de payer la moitie de la somm des dits subsides et dans les mêmes termes afin qu par ce moyen le reste du dit million d'écus qui es dû à S. A. S. E. de Bavière soit entièrement acquitté

Art. 9. Le cas arrivant que S. M. catholique eû besoin des secours et des troupes de S. A. S. Electo rale en Italie, alors le sérén. Electeur, si elles peuvent passer par le Tyrol et dans le cas que S. M. catholique les demande, sera tenu et promet d'y faire passer et de fournir 5000 hommes d'infantérie   1000 homme

de cavalerie pour lesquels S. M. catholique donnera à 1741
S. A. S. Electorale la somme d'autres 960,000 florins
de Hollande par an, à raison de 10,000 florins de Hollande par mois pour chaque 1000 hommes d'infanterie, et 30,000 florins de la même monnaie pour chaque 1000 hommes de cavalerie, et de plus, si ce cas
arrive, S. M. catholique s'engage de payer à sa dite
A. S. Electorale, 800,000 livers monnaie de France à dé-
compter du reste du million d'écus dont il a été parlé
dans l'article ci-dessus, comptant à Paris deux mois
avant que le susdit corps de troupes se mette en marche
pour l'Italie.

Art. 10. S. A. S. E. de Bavière croyant son droit
incontestable sur les rentes dotales provenant de l'Infante Marguerite mariée avec l'Empereur Léopold, et
que le payement qui pendant plus de trente ans a été
acquitté avec ponctualité n'a été interrompu que par
une opposition mal fondée de la cour de Vienne dans
l'année 1725, demande à S. M. catholique et insiste de
le faire rentrer dans la pleine et juste jouissance des
dites rentes dotales que sa dite A. Electorale dit mon-
ter à 28,822 piastres par an, sans que par aucune raison quelconque le dit payement puisse à l'avenir être
suspendu ni arrêté, en sorte qu'il se fasse tous les
ans et dans le cours de chacun commençant de la présente année 1741, et continuant ainsi sans interruption
d'année en année, comme aussi que les arrérages des
dites rentes dotales qui sont échus depuis l'année 1725
jusqu'à la fin de 1740 soient payés pour entier acquit-
tement, continuant après la cessation des subsides
susdits à payer la moitié de leur montant dans les
mêmes termes jusqu'à ce que la dite dette soit acquittée tout de la même manière qu'il en est parlé ci-dessus pour l'autre du reste du million d'écus et le Cte de
Montijo n'étant pas instruit de ce fait s'engage à
ce qu'étant, comme sa dite A. S. Electorale le croit,
et qu'il n'y ait rien à discuter sur la justice, que S. M.
catholique avec son équité si connue de l'univers, accordera au sérén. Electeur cette demande comme elle
est proposée en l'insérant expressément dans la ratification, ou bien au même tems de la dite ratification,
marquera à sa dite A. S. Electorale les raisons qui
peuvent faire différer ou en être un obstacle au tout
ou en partie s'il y en a.

1741   Art. 12. S. A. S. Elect. de Bavière donnera la ga
tie à tout ce qui pourra s'acquérir et conquérir en
lie et s'adjuger au sérén. Infant Dom Philippe et à
héritiers et successeurs, s'engageant aussi de co
buer de son possible à ses conquêtes et à son
grand et digne établissement.

    Art. 13. S. M. catholique s'engage. que l'Ia
Dom Philippe donnera, dès qu'il sera en posses
de son établissement, la garantie au sérén. Elec
de Bavière et à ses successeurs de tout ce qu'il
sède à présent et qu'il pourra acquérir après sans
judicier aux droits du Roi son père.

    Art. 14. Tant que durera cette alliance S. A. S
de Bavière donnera le passage par ses états à q
conques troupes soit auxiliaires soit à la solde de S.
catholique, du Roi des Deux-Siciles ou du sérén.
fant Dom Philippe qu'ils jugeront nécessaires de f
passer pour le bien de leur service à quelque
que ce soit, moyennant que ces troupes se conform
aux réglemens et aux usages établis dans l'Em
quand les Princes du dit Empire font passer de l
troupes par les états les uns des autres.

    Art. 15. S. A. S. E. de Bavière s'oblige autant
peut dépendre d'elle à solliciter et faire que la ju
soit rendue sur tous les biens allodiaux des états d'I
lorsqu'on traitera cette affaire.

    Art. 16. S. M. catholique et S. A. S. E. de Bav
s'obligent et s'engagent que pour aucun motif que
soit, soit que S. A. S. Electorale obtienne la couro
impériale, comme aussi qu'elle ne l'obtienne pas,
ne se sépareront pas de ce traité dont l'échange
ratifications se fera dans l'espace de six semaines
plûtôt s'il est possible.

    Art. 17. Si quelque puissance souhaitait entre
intervenir dans la présente alliance et amitié perpétu
S. M. catholique et S. A. S. Electorale s'entendront
leur admission qui ne se pourra faire que du con
tement et de concert entre les deux hauts contract

    En foi de quoi nous les ministres de S. M. C.
de S. A. S. Electorale, et en vertu de nos pleins-pouv
avons signé le présent traité et y avons fait app
le cachet de nos armes.

    Fait à Nymphenbourg, le 28. Mai 1741.

Art. 1er. Comme il a été convenu par l'article dix-sept du traité signé ce jourd'hui que toutes les Puissances qui voudront y entrer n'y seront admises que du consentement réciproque des deux parties contractantes, S. A. S. E. de Bavière ayant fait connaître qu'elle avait actuellement des traités d'alliance et d'union avec les sérén. Electeurs de Cologne et Palatin, et que par cette raison elle désirerait que le traité signé ce jourd'hui leur fût communiqué et qu'ils fussent invités d'y accéder, S. M. catholique y a pleinement consenti, sans cependant arrêter le cours du dit traité à cause que le tems presse extrêmement, s'engageant en outre à contribuer autant qu'il peut dépendre d'elle aux avantages des deux sérén. Electeurs de Cologne et Palatin dans la ferme persuasion où S. M. catholique est de trouver en eux les mêmes sentimens a l'égard des intérêts de sa couronne et de sa famille royale. Cet article secret aura la même force et vigueur que s'il était inséré mot-à-mot dans le traité signé ce jourd'hui.

En foi de quoi nous les ministres de S. M. catholique et de S. A. S. E. de Bavière et en vertu de nos pleins-pouvoirs avons signé le présent article secret et y avons fait apposer le cachet de nos armes.

Fait à Nymphenbourg, le 28. Mai 1741.

Second article secret.

Les hauts contractans sont convenus que le présent traité et article séparé signés ce jourd'hui ne seront rendus publics que de leur consentement mutuel. Cet article aura la même force et vigueur que s'il était inséré mot-à-mot dans le traité signé ce jourd'hui.

En foi de quoi nous les ministres de S. M. catholique et de S. A. S. E. de Bavière et en vertu de nos pleins-pouvoirs avons signé le présent article secret et y avons fait apposer le cachet de nos armes.

Fait à Nymphenbourg, le 28. Mai 1741.

8.

Traité arrêté et signé entre les M nistres de S. M. le Roi de Pologr Electeur de Saxe et de S. A. S. l'Electei de Bavière Francfort le 19. Septen bre 1741.

S. M. le Roi de Pologne, Electeur de Saxe, toujours eu une sincère intention de remplir la garant qu'elle a donnée à la Pragmatique Sanction ; mais co sidérant, qu'elle ne peut plus avoir lieu, elle ne pe se dispenser de poursuivre ses droits, ainsi de conc avec S. A. S. E. de Bavière, pour prévenir tout su de division entre leurs sérén. maisons à l'occasion l'extinction des mâles de la maison d'Autriche dans personne de l'Empereur Charles VI et voulant cimen une union si convenable, et si désirable pour la tra quillité de l'Empire et de leurs royales et électora maisons, S. M. le Roi de Pologne, Electeur de Sa a donné ses pleins-pouvoirs à son ministre d'état act le S. Jean Frédéric de Schönberg, et à son conseil d'ambassade le S. Ferdinand Louis de Saul, et S. S. E. de Bavière pareillement les siens au S. Je George Cte. de Königsfeld, son conseiller d'état act vice-gouverneur du haut Palatinat et chevalier Gra Croix du très illustre ordre de St. George, lesqu en vertu des dits pleins-pouvoirs dûment échangé dont les copies seront insérées mot-à-mot à la fin présent traité, sont convenus des articles suivans:

Art. 1. S. M. le Roi de Pologne, Electeur de Sa et S. A. S. E. de Bavière pour parvenir à une p prompte, et plus sûre exécution des conditions du p sent traité contractent dès à présent, et pour toujo une amitié la plus sincère et la plus intime et v alliance, et union la plus étroite tant pour eux, q pour leurs successeurs, héritiers, leurs états, pays sujets de manière, que les parties contractantes t vailleront sérieusement à l'avancement de leurs intér réciproques, et à prévenir et repousser tous les to et dommages qu'on leur pourrait faire par les moye les plus convenables, qu'elles pourront trouver, o

seulement pour se mettre à l'abri de toute insulte, 1741
mais pour agir aussi avec toutes leurs forces *tant
propres*, qu'auxiliaires en conséquence de leurs intérêts.
Promettant S. M. le Roi de Pologne, Electeur de Saxe,
et S. A. S. E. de Bavière de ne pas poser les armes,
qu'ils ne se soient mis dans la reelle possession des
royaumes, pays, et états respectifs, dénommés au
présent traité.

Art. 2. S. M. le Roi de Pologne, Electeur de Saxe,
se mettra en possession dès à présent de la Moravie,
du quartier d'Obermanhartsberg, et de la haute Silésie,
jusqu'à la rivière de Neyss, la ville de Neyss exceptée,
laquelle doit rester à S. M. le Roi de Prusse.

Art. 3. En considération du présent traité, et pour
prévenir toute espèce de sujet de division entre les
hauts contractans, S. M. le Roi de Pologne, Electeur
de Saxe, pour lui, ses descendans, successeurs et
héritiers se désiste en faveur de la maison Palatine de
Sulzbach des deux sexes, de ses prétentions sur les
duchés de Juliers et de Bergues, et cède dès *à présent* les droits que sa maison électorale avait sur ces
principautés à la dite maison Palatine.

Art. 4. S. A. S. E. de Bavière se mettra dès à présent en possession du royaume de Bohème, de la haute
Autriche, du Tyrol, et de l'Autriche antérieure.

Art. 5. S. A. S. E. de Bavière promet et s'engage
de reconnaître S. M. le Roi de Pologne, Electeur de
Saxe, en qualité et avec le titre de Roi de Moravie,
et celui de Duc de la haute Silésie, et employera ses
bons offices non seulement près des Electeurs de Cologne, et Palatin, mais encore près de tout le collège
électoral afin qu'ils reconnaissent S. M. Polonaise en
qualité de Roi de Moravie et de Duc de la haute Silésie.

Art. 6. La Moravie, la haute Silésie, la portion de
la basse Autriche nommée le quartier *d'Obermanhartsberg*, et tous les autres pays, seigneuries, et droits,
que la Saxe possède déjà, ou qu'elle va acquérir en
vertu du présent traité et qui ont été jusqu'ici des
fiefs de la couronne de Bohème, seront censés et déclarés libres, et affranchis de cette mouvance et seront
regardés à l'avenir fiefs *promiscua* de l'Empire.

Art. 7. Toutes les possessions des Princes de
Schwarzbourg, des comtes de Reuss, et des comtes
ou barons de Schönberg, qui ont été jusqu'ici des fiefs

1741 de la couronne de Bohème seront pareillement censés
libres de cette mouvance, laquelle au contraire avec
tous ses droits *présens et futurs* tels qu'ils ont été,
ou auraient pu être exercés, jusqu'à présent, et particulièrement celui d'aperture ou de réversion, est cédée
par le présent traité à S. M. le Roi de Pologne, Electeur
de Saxe, ainsi, et de la façon que les dites possessions
des princes de Schwarzbourg, des comtes de Reuss,
et des comtes ou barons de Schönberg ont relevé, et
dépendu jusqu'ici par manière de vasselage de la cour
féodale de Prague, elles reléveront et dépenderont
dorénavant de la cour féodale à Dresde, S. A. S. E.
de Bavière promettant aussi de faire délivrer le plutôt
possible par la cour féodale de Prague à celle de
Dresde tous les actes et papiers anciens et nouveaux,
qui concernent les dites possessions et leurs mouvances
féodales.

Art. 8. S'étant trouvé des difficultés insurmontables
pour procurer à S. M. le Roi de Pologne, Electeur de
Saxe, un chemin de communication de la Lusace à la
haute Silésie dont il ira se mettre en possession: S. A.
S. E. de Bavière est convenue qu'indépendamment du
libre passage, qui sera donné en tout tems à la personne de S. M. le Roi de Pologne, Electeur de Saxe,
et à ses sujets, de même qu'à ses troupes suivant le
droit des gens, et les usages et constitutions de l'Empire, l'on conviendra des chemins qui seront jugés les
plus commodes, pour le commerce des anciens avec
les nouveaux, et des nouveaux avec les anciens états
de S. M. Pol. sur lesquels chemins il ne sera établi
aucuns droits, douanes, péages, ni impôts quelconques
pour les marchandises et effets, qui seront tirés des
uns de ces états aux autres, soit en montant, soit en
descendant, bien entendu que les marchandises qui
seront tirées de la Bohème, ou qui y seront débitées,
payeront les droits ordinaires communs aux autres nations.

Art. 9. Quant au commerce entre la Bohème et les
états de S. M. Polonaise, on s'entendra là-dessus incessamment à l'avantage réciproque par une convention
particulière, ainsi que sur le *bona principis* appelé
en allemand le *Fürstengut.*

Art. 10. S. M. le Roi de Pologne, Electeur de
Saxe, et S. A. S. E. de Bavière promettent de se garantir
mutuellement tous les états, pays et provinces hérédi-

taires qu'ils possèdent actuellement, et ceux dont ils se 1741
vont mettre en possession, savoir de ces derniers à
S. M. le Roi de P., Electeur de Saxe, tout le Mar-
graviat de Moravie, et la haute Silésie jusqu'à la rivière
de Neyss, la ville de Neyss exceptée, qui doit rester
à S. M. le Roi de Prusse, avec la portion de la basse
Autriche appelée le quartier d'Obermanhartsberg, et
toutes leurs appartenances, circonstances, et dépendances et à S. A. S. E. de Bavière le royaume de
Bohème, la haute Autriche, le Tyrol, et l'Autriche
antérieure avec toutes leurs appartenances, circonstances,
et dépendances, promettant de s'assister réciproquement
de toutes leurs forces, qui ne pourront être moindres
de quatorze mille hommes d'infanterie, et de quatre
mille chevaux chacun, et de la manière la plus prompte,
et la plus efficace dans le cas où il en pourra être
besoin soit de la part de S. M. le Roi de Pol., Electeur
de Saxe, pour employer les dites troupes à mettre en
possession S. A. S. E. de Bavière, du royaume de
Bohème, de la haute Autriche, du Tyrol, et de l'Autriche antérieure, soit de la part de S. A. S. E. de
Bavière pour mettre en possession S. M. le Roi de
Pologne, Electeur de Saxe de la Moravie, de la haute
Silésie, et de la portion de la basse Autriche appelée
le quartier d'Obermanhartsberg, soit pour faire cause
commune contre tous ceux, qui les voudraient attaquer
sous quelque prétexte que cela puisse être, et de ne
pas s'en désister jusqu'à ce que tous les torts et dommages qu'on pourrait leur faire, et à leurs états héréditaires soient 'dûment réparés. Les deux hauts contractans sont pareillement convenus de s'aider mutuellement de grosse artillerie, et autres munitions de guerre
suivant la convenance et la proximité des lieux, où se
feront les opérations, promettant de s'en faire raison
l'un à l'autre de gré à gré soit en argent, soit en
nature.

Art. 11. S. M. le Roi de Pologne, Electeur de
Saxe, et S. A. S. E. de Bavière s'engagent de n'entrer
dans aucun nouveau traité, convention, accord ou
liaison de quelque nature qu'ils soient, qui pourraient
être contraires aux présens engagemens, et de ne pas
faire l'un sans et contre le consentement de l'autre ni
paix, ni armistice avec la maison d'Autriche; mais de
s'assister mutuellement et efficacement jusqu'à ce qu'on

1741 puisse parvenir à une paix stable, solide et avantageuse pour les deux hautes parties contractantes, qui se communiqueront fidèlement toutes les propositions, qu'òn pourrait leur faire là-dessus, et en outre elles concerteront ensemble les opérations de guerre, et s'entreaideront à les faire réussir autant qu'il est possible.

Art. 12. S. M. le Roi de Pologne, Electeur de Saxe, et S. A. S. E. de Bavière promettent d'agir de concert ensemble dans la plus parfaite union et correspondance dans tout ce qui peut regarder l'élection d'un futur Empereur, et à cet effet être du même avis pour suspendre la voix de Bohème à la prochaine diète d'élection, et de ne donner en aucun cas leurs suffrages au Grand-Duc de Toscane, pour la couronne Imperiale et que s'il y a partage dans le collège Electoral en faveur de chacun des deux hauts contractans, ils n'emploieront l'un et l'autre que les voies amiables, pour laisser aux Electeurs une pleine et entière liberté de décider entre eux deux.

Art. 13. S. M. le Roi de Pologne, Electeur de Saxe, et S. A. S. E. de Bavière ayant considéré combien il serait convenable d'inviter d'autres puissances tant en dehors qu'en dedans de l'Empire d'accéder à ce traité d'union et d'alliance pour en assurer d'autant plus l'exécution, les hauts contractans sont convenus d'inviter dès à présent S. M. T. C. S. M. Cath., S. M. Brit. et S. M. le Roi de Prusse de vouloir bien y accéder et accorder leur garantie.

Art. 14. Les ratifications du présent traité seront fournies et échangées dans l'espace de quinze jours, ou plûtôt s'il est possible. En foi de quoi nous ministres de S. M. le Roi de Pologne, Electeur de Saxe, et de S. A. S. E. de Bavière avons signé et apposé le cachet de nos armes. A Francfort le 19. Septembre 1741.

(L. S.) JEAN FRÉDÉRIC DE SCHÖNBERG.
(L. S.) JEAN GEORGE COMTE DE KÖNIGSFELD.
(L. S.) FERDINAND LOUIS DE SAUL.

9.

Acte d'accession et de ratification de S. A. S. E. Palatine, au traité conclù entre S. M. le Roi de Pologne et S. Alt. S. E. de Bavière. Manheim le 21. Octobre 1741.

Charles Philippe, par la grâce de Dieu, Comte Palatin du Rhin, Archi-Trésorier et Electeur du St. Empire Romain etc.

Son Alt. S. E. de Bavière, nous ayant communiqué le traité conclu le 19. Septembre dernier entre elle et S. M. le Roi de Pologne et Electeur de Saxe, au sujet des prétentions, que S. M. comme Electeur de Saxe avait sur quelques pays héréditaires, que feu sa Majesté Impériale Charles VI. de glorieuse mémoire a laissés, comme aussi de celles, que la sérén. maison de Saxe formait sur les duchés de Juliers et Berg, et nous ayant requis en suite de l'étroite union qui subsiste entre S. A. S. E. de Bavière, et nous, d'accéder au dit traité et de le ratifier; et nous ayant reconnu, combien l'article troisième de ce traité (en vertu duquel sa Majesté le Roi de Pologne, Electeur de Saxe, se désiste pour lui, ses descendans, successeurs et héritiers, en faveur de la maison Palatine de Sulzbach des deux sexes, de ses dites prétentions sur les duchés de Juliers et de Berg et cède dès à présent les droits, que sa maison Electorale avait sur ses principautés à la dite maison Palatine) est et sera avantageux à notre maison, et la branche Palatine de Sulzbach, nous avons de l'avis de notre conseil et aussi de notre propre mouvement tant pour nous que pour nos héritiers et successeurs mâles et femelles, accepté, approuvé, ratifié et confirmé le susdit traité dans tout son entier, comme par ces présentes nous acceptons, approuvons, ratifions et confirmons, promettant de garder et observer le tout inviolablement, sans aller, ou venir au contraire directement ou indirectement, ni permettre qu'il y soit contrevenu, en quelque sorte et manière que ce soit. En témoin de quoi nous avons fait mettre notre scel à ces présentes. Donné à Manheim ce 21. Octobre 1741.

(L. S.) CHARLES ELECTEUR PALATIN.

10.

Convention préliminaire entre les maisons ducales de Saxe-Gotha et de Saxe-Hildbourghausen. Conclue et signée à Hildbourghausen, le 26. Juin 1744.

(Ratifiée par les Ducs de Saxe-Gotha et de Saxe-Hildbourghausen le 8. Juillet 1744.)

Zu wissen sey hiermit: Demnach die Durchlauchtigsten Fürsten und Herren, Herr Friedrich und Herr Ernst Friedrich, Gevettern, Herzoge zu Sachsen, Jülich, Cleve und Berg, auch Engern und Westphalen etc. aus tragender rühmlicher Sorgfalt für die Ruhe und Wohlfahrt Dero gesammten Hochfürstlichen Häuses, und zu Befestigung des freundvetterlichen innigst treu gemeinten guten Wohlvernehmens, der Nothdurft zu seyn befunden haben, wegen des bevorstehenden und in Gottes Händen ruhenden Anfalls derer S. Coburg-Meiningischen Lande und Zubehörungen, zu Verhütung beschwerlicher Distractionen und Weiterungen, in Zeiten eine standhafte Vereinigung unter sich zu treffen, in sothaner Absicht auch von erstbeochgedachter Ihro des Herrn Herzog Friedrich zu S. Gotha Hochfürstliche Durchlaucht Dero Legationsrath Gotter anhero abgesendet, und mit demselben von denen unten bemeldten S. Hildburghäusischen hierzu committirten respective Geheimen und Hofräthen in Conferenz getreten worden; also haben beiderseits Fürstliche Gevollmächtigte, auf vorgängliche vertrauliche Besprechung, bis auf Ihrer Hochfürstlichen Herrschaften gnädigste Ratification, welche binnen nächsten 14 Tagen reciproce erfolgen, oder der etwa sich findende Anstand durch schriftliche Communication bekannt gemacht werden soll, nachstehende Präliminar-Abrede unter sich geschlossen.

Zum ersten: Weil in dem Fürstbrüderlichen Punktations-Rezess vom 8. März 1679 sowohl als in denen darüber gestellten Erinnerungen und hierauf erfolgten Resolutionen vom 8. und 24. Septbr. des neu beregten

rs §. 9. allermeist aber in dem von weiland Ihro 1744
serliche Majestät Leopoldo glorwürdigsten Anden-
s bestätigten Haupt - Vertrag vom 24. Februar 1680
5 junct §. 22, als welche Punctations- und Haupt-
- Vergleiche noch überdem durch die Kaiserliche
langwierige Cognition ertheilte endliche, und anno
5 im revisorio von neuem confirmirte Sentenz vom
April 1714 membr. 1. aus Kaiserlicher Macht - Voll-
menheit auf das Kräftigste und nochmalen bestä-
t, fürnehmlich auch in allen bei dem hochfürstlichen
amthause Sachsen Gothaischer Linie vorkommenden
cessions - Geschäften zur immerwährenden Richt-
nur und Statutis domesticis gesetzet, mithin aller-
s Fürstliche Herren Interessenten zu deren unver-
chlichen Festhaltung, bei Vermeidung einer Kaiser-
en Strafe von einhundert Mark löthigen Goldes,
stlich angewiesen worden, ordo succedendi in stir-
oder nach denen Hochfürstlichen von weyland Herrn
zog Ernsts zu S. Gotha nachgelassenen Herren
nen abstammenden Häusern, auf deutlichste fest-
tellet ist; also wird es hierbei sowohl wegen des
gangs erwähnten S. Coburg - Meiningischen Anfalls,
auch wegen derer fernerweiten in dem Hochfürstl.
amthause S. Gothaischer Linie nach Gottes Willen
über lang oder kurz begebenden Successionen zu
auester Befolgung obiger Hausverträge und der
serlichen allergerechtesten Erkenntnisse, mittelst
es nochmals unabänderlich und unwiederruflich ge-
en. Gleichwie nun

Zum Andern, solchem allen gemäs, und da Sachs.
Iburghausen durch die verbindliche Declaration vom
Februar 1683 wegen der nunmehro und etwa künf-
weiter bevorstehenden Anfälle im Fürstlichen Sammt-
se S. Gothaischer Linie, von der Abgabe und Zu-
lassung des praecipui portionis virilis Gothani gänz-
freigesprochen ist, vor höchst ermeldete Ihro des
rn Herzog Friedrich zu S. Gotha Hochfürstl. Durch-
ht für Sich, Ihre Fürstliche Erben, Successoren
Nachkommen, die vollständige tertiam oder vier
lftheilige an, bei und von dem Anfall Dero Fürstl.
Coburg - Meiningischen Lande und Zubehörungen,
h allen accessorischen dividendis, cum omnimoda
sdictione et superioritate territoriali und deren freien
rcitio, auch nach solcher Proportion mit denen da-

1744 mit verknüpften Bürden oder praestandis, dem Hochfürstl. Hause S. Hildburghausen ein- und zugestehet;
also wird von Sr. des Herrn Herzog Ernst Friedrich
zu S. Hildburghausen Hochfürstl. Durchlaucht hinwi-
derum für Sich, Ihre Fürstl. Erben, Successores und
Nachkommen, dem auch Hochfürstl. Hause S. Goth
nicht nur seine gleichmässige ex jure proprio zu fordern habende völlige tertia ebenfalls zugestanden und
bekennet, sondern auch sein intuitu des Hochfürstl
Hauses S. Saalfeld rezessmässig annoch competirn
des praecipuum portionis virilis gerne und willigst ge-
gönnet, und daran einige Hinderung nicht zu machen,
auf das feierlichste, jedoch ohne Evictions-Verbindlich-
keit, versichert.

Zum Dritten, soll die künftige Theilung der Land,
Zubehörungen und accessorischen Stücke auf vorgäng-
gige Ratificirung der alten Portions-Anschläge und
obigem divisore und denen, durch die vorhandene Hausverträge sowohl, als insonderheit durch die Kaiserlich
in der Coburg-Eisenberg- und Römhildischen Succes-
sions-Sache erkannte Sentenzien festgesetzten prin-
piis divisionis in Ruhe und Friede bewerkstelliget und
jedem Hochfürstl. Theil seine zu fordern habende Ge-
bührniss, sobald es möglich, localiter ein- und überwiesen werden. Alldieweilen aber

Zum Vierten, wegen der eveniente casu im gemeinschaftlichen Namen und salva peraequatione, fern
zu bewirkenden Ergreif- und Handhabung des Besitzes sowohl, als der mittlerweiligen Verwaltung der
anfallenden S. Coburg-Meiningischen Lande, eine besondere standhafte Verabredung zu treffen, die Noth-
digkeit erheischet, hierzu aber die Zeit dermalen so
kurz geschienen, als ist dieser Punct auf weitere Vernehmung für dieses Mal gestellet und anbei geringst
versichert worden, noch vor nächstkommenden Micha-
lis durch zusammengeschickte vertraute Räthe nicht
nur den punctum apprehendendae possessionis in gewissen jedem Hochfürstl. Theil mit möglichster Beobachtung der Contiguität und nach dem Fuss der oben-
gezogenen alten Portions-Anschläge specialiter zu as-
signirenden Aemtern, verabhandeln, sondern auch gegenwärtige nach erfolgter Ratification gleichwohl ver-
bindlichst bleibende und inzwischen vor männiglich
geheim zu halten versprochene Präliminar-Abrede bis

einen ausführlichern Rezess, nach Befinden, bringen 1744
zu lassen.

Urkundlich dessen haben Sich beiderseits Hochfürstl. Gevollmächtigte, nebst Vordruckung Ihrer gewöhnlichen Pettschafte eigenhändig unterschrieben.

So geschehen Hildburghausen, den 26. Juni 1723.

(L. S.) Heinrich Ernst Gotter
(L. S.) Johann Carl von Hessberg.
(L. S.) Johann Sebastian Kob.
(L. S.) Georg Friedemann Bechmann.

11.

Convention de partage entre les maisons ducales de Saxe-Gotha et de Saxe-Hildbourghausen, d. d. Hildbourghausen, le 6. Février 1745.

(Ratifiée par les deux Parties contractantes le 6. Février 1745.)

Zu wissen: Dass im Verfolg der wegen des bevorstehenden Sachsen-Meiningischen Landes-Anfalls
unterm dato den 26. Junii 1744 zwischen denen S. Gothaischen und S. Hildburghäusischen Gevollmächtigten
Räthen getroffenen und von Dero beiderseits gnädigsten
Herrschaften am 8. Julii ejusd. ann. approbirten Präliminar-Abrede, und insonderheit des 4 Artikuls, auf
heutigen unten bemeldeten dato, nach vorgängiger
vertraulichen Vernehmung, bis auf gleichmässige gnädigste Ratification, nachstehender fernerweiter Provi-
sionalvergleich geschlossen worden.

Zum Ersten hat von bemeldten Landes-Anfall,
sobald selbiger wird erschienen seyn, nach denen im
Fürstlichen Sammthause Sachsen durch Verträge und
Judicata festgesetzten, mithin auch bei hiernächstiger
Local-Theilung selbst also zu beobachtenden und zum
Grunde, salva rectificatione et peraequatione, diesen
müssenden principiis der Contiguität und möglichster
Zusammenhaltung der Lande, der Fürstliche S. Hild-
burghäusische Theil, sowohl in dem Hennebergischen
Amte Massfeld, inclusive zu Herpf und Stepfershausen,
desgleichen im Gut Henneberg, mit allen in solchen

1745 Distrikten gelegenen Gütern, Vasallen, Ein- und Zubehörungen, als auch in dem Coburgischen Amte Neuhaus; der Fürstliche S. Gothaische Theil aber auf
ebenmässige Art und Weise, in der Residenz, Städten
und Aemtern, Meiningen, Wasungen, Sand, Frauen-
breitungen und Salzungen, mit allen darinnen befindlichen Gütern, Vasallen, Ein- und Zugehörungen, die
possession per Commissarios unverweilt zu ergreifen,
und einander daran in keine Wege hinderlich zu fallen,
sondern vielmehr hierzu allen möglichsten Vorschub zu
leisten. Da übrigens S. Saalfeld, wegen seiner Con-
successions- oder rezessmässigen Mit-Erbschafts-Ge-
bührniss, in dem Amte Sonneberg oder Neustadt und
dem S. Meiningischen Antheil des Amtes Römhild Besitz
zu nehmen von selbsten wissen wird, gleichwohl, da
es hierunter zu weit greifen wollte, davon gemeinschaftlich und mit Nachdruck zurückgehalten werden soll.

Zweitens geschieht obige Besitz-Ergreifung in
denen hierzu angewiesenen Städten, Aemtern und Orten
in beider hoher Herrschaften S. Gotha und S. Hildburghausen gemeinschaftlichen Namen, massen hierzu
sowohl, als auch zu Annehmung des Handschlags, und
dafern es nöthig scheinet, zur wirklichen Verpflichtung
derer Collegiorum, Geist- und Weltlichen, Civil- und
Militair-Bedienten, Vasallen etc. etc., wie ingleichen
zu Verfügung des öffentlichen Kirchengebets, welches
doch soviel möglich generaliter zu fassen ist, und zu
andern erforderlichen Anstalten, S. Hildburghausen dem
auch Fürstlichen Hause S. Gotha, und solches reciproce
jenem Kraft dieses in der beständigsten Rechtsform,
Art und Weise, volle unumschränkte Macht und Gewalt
ertheilet haben will. Weilen auch

Zum Dritten, in dem unterm dato den 4 dieses
Monats Februar gefertigten Conferenzial-Protocoll,
welches ohnedem eben dafür, als wenn es gegenwärtigem
Recess wörtlich mit einverleibet wäre, zu achten ist,
die Mittel, nebst der Art und Weise der von jedem
Theil zu bewerkstelligenden Besitzergreifung bereits
ausführlich, so viel nach jetziger Beschaffenheit der
Umstände möglich gewesen, verabredet worden. Als
wollen Sich beide Fürstliche Häuser hierdurch zu dessen
allen genauer Beobachtung, und demnächst zu aller
möglichsten mutuellen Assistenz-Leistung contra quoscunque nochmals verbunden haben.

Viertens, ist beliebet worden, dass das Amt Neu-1745 haus sowohl als alle übrige· zur künftigen Erbmasse gehörige Aemter, nach dem beim Anfall und darauf erfolgender Rectification sich wirklich findenden portionsmässigen Ertrag bei der Localtheilung angeschlagen und demjenigen Fürstl. Theil, das, was ihm bei der Peräquation von seiner rezessmässigen Erb-Gebührniss am Ende noch ermangeln möchte, von andern Orten, wo es sich zu gleichmässiger Beobachtung der Contiguität am besten fügen wird, ersetzet und ergänzet werden soll.

Fünftens wird die förmliche Concertir- und Ausfertigung derer nöthigen Vollmachten für die Commissarien, Patente, Verpflichtungs-Formuln und anderer bei erscheinendem Fall erforderlichen Expeditionen, wegen des im Protocollo bemerkten jetztmaligen Anstands noch zur Zeit aus- und auf weitere Vernehmung gestellt. Hingegen ist

Sechstens wegen künftiger Interims-Administration der anfallenden Lande für gut befunden worden, dass selbige in Justiz-, Polizei-, Kirchen-, Consistorial- und Landschaftssachen, bei ihrer bisherigen Verfassung in genere, bis zur Localtheilung, ungeändert zu conserviren, und nicht minder der Cammeral-Etat wenigstens bis zum nächsten Rechnungsschluss gemeinsamlich fortzuführen, folglich alle von S, Gotha mit gemeinschaftlichen Pflichten für Sich und S. Hildburghausen, und zwar bei der solennen Verpflichtung (gestalten es, so viel den in Actu apprehendendae possessionis communi nomine abzufordernden Handschlag betrifft, bei der Disposition des zweiten Paragraphi und dem darinnen enthaltenen reciprocirlichen Vollmachtspunkt sein Bewenden behält) in Gegenwart eines S. Hildburghäusischen Commissarii, in Ansehung der diesem Fürstlichen Hause angewiesenen Aemter, einstweilen zu belegende Meiningische Collegia in ihrem Esse zu lassen, auch solche sowohl als sämmtliche Diener, dass sie ihren Functionen fernerhin obzuliegen hätten, und dabei vor der Hand und bis auf weitere Landesfürstliche Entschliessung continuiret würden, gleich anfänglich bei Leistung des Handschlags zu bedeuten wären. Jedoch bleibet denen Fürstl. Herrschaften billig vorbehalten, ratione der speciellen Landes-Administrations-Einrichtung nach erlangter Possess das nöthige annoch unge-

1745 säumt, nach eigenen Gutbefinden, unter sich auszumachen und zu reguliren.

Urkundlich ist gegenwärtiger Provisional-Vergleich
von beiderseits fürstlichen Gevollmächtigten unterschrieben und besiegelt, auch dessen Geheimhaltung sancte
versprochen, und Dero gnädigsten Herrschaften hohe
Ratification binnen drei Wochen auszuwirken versichert
worden.

Hildburghausen, den 6. Februar 1745.

(L. S.) HEINRICH ERNST GOTTER.
(L. S.) JOHANN CARL v. HESSBERG.
(L. S.) JOHANN SEBASTIAN KOB.
(L. S.) GEORG FRIEDEMANN BECHMANN.

12.

*Convention entre les maisons ducales
de Saxe-Gotha et de Saxe-Hildbourghausen, pour l'observance du principe
de la succession linéale in stirpes
dans le cas éventuel de l'extinction de
la maison ducale de Saxe-Weimar.
Conclue, signée et ratifiée à Hild-
bourghausen, le 16. Décembre 1748.*

Zu wissen sey hiermit: Demnach die Beide Hoch-
Fürstliche Häuser Sachsen-Gotha und Sachsen-Hildburghausen bis anhero in beständig guter Eintracht
und Wohlvernehmen gegeneinander geblieben, die
Durchlauchtigste Fürsten und Herren, Herr Friede-
rich und Herr Ernst Friedrich Carl, Gevettern, Herzoge zu Sachsen, Jülich, Cleve und Berg, auch Es-
gern und Westphalen etc. auch noch immer zu auf
mehrere Befestigung dieses vertraulichen guten Ein-
verständnisses eifrig bedacht sind; Insonderheit aber
von letzt Höchst gedachter Ihro Fürstl. Durchlaucht
zu Sachsen-Hildburghausen sogleich nach übernommener
Dero Selbsteigenen Landes-Regierung der Freund-
Vetterliche Antrag geschehen, dass bei einer derent-
wegen zu haltenden Conferenz allem demjenigen aus

ı Grunde vorgebauet werden möchte, was über kurz 1748
r lang solcher beyderseitigen Fürstlöblichsten gu-
Gesinnung hinterliches sich begeben konnte. Als
en Ihro Durchlauchtigkeiten der Nothdurft erach-
einige vertraute Räthe zusammenzuschicken und
Erreichung des Gemeinsamen Christ-Fürstlichen
lzwecks freundliche Unterhandlung zu pflegen. In
:her Absicht dann, als auf vorgängige Communica-
Dero unten ernannte Bevollmächtigte, sich im Mo-
Septembris dieses Jahres nachet Erfurth und noch
thin am 11. dieses Monats allhier in Hildburghausen
einander betaget, bald Anfangs bei Eröffnung
ersteren Conferenz der Hochfürstliche Sachsen-
lburghausische Theil den vorschläglichen Antrag ge-
ı, dass da in den bisherigen zwischen Sachsen-Gotha
Sachsen-Salfeld über die Fürstl. Sachsen Wei-
ische Vormundschaft gewechselten, bevorab durch
Druck bekannt gemachten Schriften zuweilen auch
Frage: Wie auf den in Gottes Händen alleinig
enden Fall der Erlöschung des Hoch-Fürstlich Sach-
-Weimarischen Hauses succediret werden müsste?.
ɹekommen; anförderst dieser wichtige Punct even-
iter besprochen und ausser allem Zweifel gesetzet,
ıin diejenige Quelle, woraus in Zukunft allerhand
sverständnisse und Weiterungen entspringen könn-
, in Zeiten, und wenigstens (wenn ja Sachsen-Mei-
ɹen und Sachsen-Coburg-Salfeld auf ihren bisher
usserten, so einseitig, als ungegründeten Succes-
ıs-Principiis allenfalls noch ferner beharren sollten)
ıchen Sachsen-Gotha und Sachsen-Hildburghausen,
ch eine verbindliche Abrede gestopfet werden möchte.
Wiewohl nun die Sachsen-Gothaischen Herren Ab-
rdnete anfänglich in Antwort zu vernehmen gege-
, wie Dero gnädigsten Herrn Principals Hochfürstl.
·chlaucht als Hoher Vormund Dero Fürstlichen
ɛg-Befohlnen, des Durchlauchtigsten minderjährigen
ı-Prinzens Herrn Ernst August Constantini, Her-
s zu Sachsen-Weimar und Eisenach, welchen Sie
ɹinnigst und väterlich liebten, Sich einem solchen
ıntum, der sich mit letzt Höchstgedachter Ihre
·chl. Ableben begebete, nicht ohne Betrübniss vor-
en könnten, und demnächst befahren müssten, dass
auf dergleichen Fall eingehendes Engagement mit
Zeit, obgleich ohne allen Grund, misszudeuten,

1748 und Ihro beschwerlich aufzurücken von Uebelgesinnten
Gelegenheit ergriffen werden dürfte; Hiernächst auch
in denen Fürstl. Sachsen-Gothaischen diesjährigen Impressis die ächten Principia, wornach eine künftige
Succession zu reguliren sey, bereits summarisch ange-
zeiget worden wären. Nachdem aber hierwieder die
weitere Vorstellung geschehen, welchergestalt die Eröffnung der Sachsen-Weimar und Eisenachischen Succession gleichwohl ein Menschlicher Fall sey, worauf
man schon in denen vorigen Verträgen und Hausver-
fassungen gesehen, überhaupt auch nicht unbekannt
wäre, dass von denen in Gott ruhenden Hochlöblich-
sten Vorfahren im Hause Sachsen über solcherley, dem
Anscheinen nach, bevorgestandene Successions-Fälle,
mehrmalen dergleichen provisional-Dispositiones verabredet, und wie es zu Verhütung schädlicher Collisionen
wegen der Besitz-Ergreif- und mitlerweiligen Verwalt-
ingleichen darauf fürzunehmenden Theilung nicht weniger mit Succession der Lande selbst nach deren Zu-
stand und Gelegenheit zu halten sey, freundlich verglichen worden. Als haben endlich beiderseitige Herren Deputati aus solchen und andern hierzu bewegen-
den Ursachen, fürnemlich aber zu Abwendung aller beschwerlichen Weitläuftigkeiten und hingegen zu immer-
mehreren Verbindung beider Hoher Herrschaften und
Ihres unter Sich ruhmwürdigst cultivirenden guten
Wohlvernehmens und treumeinender Einigkeit, die weitere Unterredung hierüber angetreten und bis auf Dero
beiderseitigen Höchsten Herren Principalen gnädigste
Ratification folgendes verbindlich abgeredet und geschlossen.

Erstlich und zuvörderst: Wünschen beiderseits
Hochfürstliche Hochfürstliche Durchl. Durchl. zu Sachsen-Gotha und Sachsen-Hildburghausen, dem auch
Durchlauchtigsten Erb-Prinzen zu Sachsen-Weimar
und Eisenach, Herrn Ernst August Constantino aus
wahrer aufrichtiger Christ-Fürstlicher Liebe, dass Sie
in Dero Hoffnungsvollen Wachsthum fernerhin wohlge-
deihlich zunehmen und nicht nur Dero Majorennität
erreichen und die Selbsteigene Regierung Dero Väterlichen Lande antreten, sondern auch Dero Fürstl.
ches Haus bis auf die allerspätesten Zeiten der Welt
fortpflanzen möchten. Daferne jedennoch aber ....

Zweytens, wider alles diesseitiges Hoffen, nach dem

Willen des Allerhöchsten derjenige Fall erfolgen sollte, 1748 dass vorerwähnter Ihro des Herrn Erb-Prinzens zu Sachsen-Weimar, Hochfürstl. Durchl. entweder noch in der Minderjährigkeit mit Tod abgehen, oder auch nach hero ohne Hinterlassung Fürstlicher Männlicher Leibes-Erben verfallen, oder auch sonsten die Hoch Fürstliche Sachsen Weimarische Linie über kurz oder lang erlöschen würde. So machen Ihro Hochfürstl. Hochfürst. Durchl. Durchl. zu Sachsen-Gotha und Sachsen-Hildburghausen, sich hiermit gegen einander verbindlich, unter Ihren beiden Fürstlichen Häusern der eventualen Erblandesfolge halber, die Successionem in stirpes ein vor allemal dergestalt beobachten zu lassen, dass

Drittens das Hochfürstliche Haus Sachsen-Gotha dem auch Hochfürstlichen Haus Sachsen-Hildburghausen, an sothanem Sachsen-Weimar-Eisenach und Jenaischen Landes-Anfall, inclusive der dasigen Hennebergischen Landes-Portion mit allen Ein- und Zubehörungen an Lehn- und Erbe-Actionen, Rechten und Gerechtigkeiten, auf accessorischen Dividendis et peraequandis und dergleichen, nichts überall davon ausgeschlossen, sondern mit alle deme, was vermöge der Erbverbrüderungen und Hausverträge zur allgemeinen Landes-Succession gehörig ist, nebst denen damit verknüpften Bürden und praestandis, wenn sich besagter Anfall noch bei Lebzeiten des Herrn Herzog Anton Ulrichs zu Sachsen-Meiningen Durchl. zuträget, den vollständigen unverkürzten und ungeschmälerten Vierten, nach dessen vorher, oder auch währender Communion, ohne Successionsfähiger männlicher Descendenz sich begebenden tödtlichen Hintritt aber den Dritten Theil, cum omnimoda jurisdictione et superioritate territoriali und deren freien Exercitio aus reifem Vorbedacht hierdurch aufs feierlichste, kräftigste und rechtsbeständigste bekennet, zugestehet und einräumet, auch demselben zuwider zu keiner Zeit einigen Einwurf oder Hinderung machen will, Worgegen zum

Vierten dem Hochfürstlichen Haus Sachsen-Gotha von Sachsen-Hildburghausen hinwiederum Dero gleichmässiges Successions-Recht und erbliche Landesfolge in obigen Anfall und alle dessen Zubehörungen nichts überall ausgeschlossen, sondern in alle Maasse und Weise, wie im nächstvorstehenden Dritten Articulo ge-

1748 dacht und ausgedrucket ist, nemlich zum allerwenigsten
die vollständige respective quarta oder, Tertia, hiermit
ebenfalls aufs feierlichste und rechtsbeständigste zugestanden, und eingeräumet wird, auch darwider nicht
allein zu keiner Zeit, die Fälle mögen sich auch ereignen wenn und wie sie wollen, einige Einrede, Widerspruch oder Hinderung gemachet, sondern auch noch
über dieses existente Casu gegen Sachsen-Meiningen
und Sachsen-Saalfeld, sich aller Selbstbeliebigen Maass-
regeln und Principiarum zu bedienen freigelassen, mithin daferne so dann des Herrn Herzogs zu Sachsen-
Gotha Hochfürstl. Durchl. ratione jetzt gedachter beider Fürstl. Häuser in mehreres in Güte oder durch
Recht erhalten würden solches Ihro ebenfalls von Sachsen-Hildburghausen nicht misgönnet werden sollte.
Wie nun

Fünftens, ob hochernannte Fürstliche Herren Compaciscenten bei solchem Vergleich und unter Sich beliebten Modo succedendi in stirpes unabänderlich verbleiben; Also versprechen Sich auch Dieselbe zu dessen
Behauptung alle mutuelle Assistenz-Leistung, und dass
Sie bei Ereigniss dieses Successions-Falles in allzeit
unveränderlicher Freundvetterlicher Harmonie und ver-
traulicher Correspondenz, mit zusammengesetzten Kräften und Consiliis contra quoscunque vor einen Mann
stehen wollen.

Sechstens machen Sich des Herrn Herzogs zu
Sachsen-Hildburghausen Hochfürstl. Durchl. hiermit
anheischig, von denen Herren Appanagirten Ihres
Fürstlichen Hauses, besonders denen Prinzen, Herrn
Joseph Friedrichs und Herrn Ludwig Friedrichs, Durchl.
Durchl., den von Ihnen auszustellenden Agnatischen
Consens in alle dasjenige, was Sie dieser in Gottes
Händen stehenden Sachsen-Weimarischen Erb-Landes-
folge halber, sich, als obstehet, mit Sachsen-Gotha
zu vergleichen vor gut und rathsam gefunden, binnen
sechs Monaten von Zeit der erfolgten Ratification an,
auszuwirken und beizubringen.

Siebentens: Zu sorgfältiger Vermeidung aller künftigen Collisionen wegen der Possess-Ergreifung haben
Sich beide Fürstliche Theile dahin vereiniget, dass,
woferne der Todesfall des Fürstlich Sachsen-Weimarischen Erb-Prinzens, währender deren Minderjährigkeit

und der Sachsen-Gothaischen Vormundschaftlichen Ad- 1748
ministration sich begeben würde; Auf solchem Fall
Sachsen-Gotha die Besitzergreifung auch im Namen
und von wegen Sachsen-Hildburghausen in Kraft diesen
Recessus oder auch einer Ihnen allenfalls noch zu er-
theilenden besondern Vollmacht verrichten und überhaupt das Fürstliche Haus Sachsen-Hildburghausen
pro vero, legitimo et indubitato Com-Possessore sothaner Verlassenschaft nach dessen Rechts- und Re-
cessmässigen respective Vierten oder Dritten Theil hierdurch zum Voraus nicht allein agnosciren und demselben
alle und jede Effectus Compossessionis dergestalt hiermit zugestanden und eingeräumet haben, als ob Es
dieselbe Selbst in Person, oder durch die Seinigen
vollständig und überall actu Corporali ergriffen hätte,
sondern auch diesem Fürstlichen Theil und bis zu der
allernächst nach möglichster Contiguität und Zusammenhaltung derer Lande und Fürstenthume vorzunehmenden Local-Division, sofort zum gemeinschaftlichen
Corregimine und dessen gleichmässigen ungehinderten
und freien Exercitio gelangen lassen, und solches alles
demselben Kraft dieses dahin jetzt alsdann und dann,
als jetzt, eventualiter eingeräumet haben, auch über
die Art und Weise, wie selbiges zu verführen, das
weitere alsdann ohngesäumt verabreden lassen wolle.
Wie dann nicht weniger nach geendigter jetzigen Vormundschaftlichen Landes-Administration, wegen des
sodann noch bevorstehenden Sachsen-Weimarischen Anfalls, in Ansehung der Gemeinsamen Besitz-Ergreifung,
und weme sodann die Vollmachten aufzutragen, auch
ratione der Interims-Administration unter beiden hohen
Herren Compaciscenten das weitere besprochen und
verglichen werden soll.

Vors Achte verbinden Sich Sachsen-Gotha und
Sachsen-Hildburghausen, dass, wenn ein oder der
andere dieser hohen Theile sothanen Sachsen-Weimar-
und Eisenachischen Anfalls wegen, mit Sachsen-Meiningen oder Sachsen-Saalfeld einen Particular-Vergleich
treffen werde und könne, dennoch solchem nichts, so
demjenigen, was in gegenwärtigem Recess unter Ihrem
beiderseits reciproce stipuliret und versichert worden,
entgegen wäre, mit einfliessen, sondern widrigenfalls
dergleichen hiermit zum Voraus vor null, nichtig und
unverbindlich erkläret seyn solle.

1748 Urkundlich dessen allen haben Sich beiderseits Hochfürstliche Gevollmächtigte nebst Vordruckung Ihrer Pettschaften eigenhändig unterschrieben.

So geschehen Hildburghausen den 16. Decembr. anno 1748.

F. Freih. v. Wolzogen.   H. E. Gotter.
(L. S.)   (L. S.)
C. F. Marschalch v. H.   J. Sebastian Kob.
(L. S.)   (L. S.)

13.

Traité entre l'Imperatrice-Reine Marie Thérèse et le Roi de Sardaigne, pour régler les différends survenus par rapport à l'exécution des Traités des années 1703, 1738, 1743 et 1748, et pour favoriser le commerce de leurs États. En date du 4. Octobre 1751.

(Archives de Turin.)

Concorrendo le premure de Sua Maestà il Re de Sardegna, e quelle di Sua Maestà l'imperatrice Regina ad unirsi al plausibile fine di coltivare, e sempre più assodare la reciproca buona armonia, con togliere di mezzo le differenze insorte fra le due Corti, in consequenza delle cessioni fatte colli Trattati di Torino 8. Novembre 1703, di Vienna 18. Novembre 1738, di Worms, 13. Settembre 1743 e finalmente di quelle d'Aquisgrana 18. Ottobre 1748, dei Distretti respettivamente enunciati nei Trattati medesimi, e con facilitare il commercio, la comunicazione de' generi, e la maggior convenienza de' rispettive sudditi; quindi e, che rispettivamente autorizzatti dalle Loro Maestà gl' infrascritti Ministri, cioè, per parte de Sua Maestà il Re de Sardegna, l'Illustrissimo ed Eccellentissimo Signor Conte Bogino di Migliandolo e di Vinai, suo Ministro di Stato, e Primo Segretario di guerra, e per parte di Sua Maestà l'Imperatrice Regina, Duchessa di Milano, l'Illustrissimo ed Eccellentissimo Signor Conte

Christiani, Signore di Ravarano suo Consigliere intimo 1751 attuale di Stato, Gran Cancelliere per la Lombardia Austriaca, Vice Governatore del Ducato di Mantova, e Generale Soprintendente delle Poste della Maestà Sua in Italia, in vigore delle plenipotenze loro spedite da' rispettivi Sovrani, da registrarsi in piede della presente Convenzione, e delle quali si sono rispettivamente rimessa copia autentica, sono, dopo le opportune discussioni e diligenze, convenuti nelli seguenti Articoli.

Articulo I.
Conservazione, e riparazione del Naviglio grande, che si deriva dal Ticino.

Sull' Articulo del Naviglio grande solito estrarsi dal Ticino verso Milano, si è convenuto, che il primo oggetto della materia, di cui si tratta, debba essere la derivazione, e conservazione del detto Naviglio, e poscia la libertà della comune navigazione sopra detto fiume, per quanto potrà conciliarsi cól detto oggetto primario.

I. Sarà adunque permesso alla Regia Camera di Milano non solamente continuare la derivazione di detto Naviglio dal fiume Ticino e di quella quantità d'acqua, ch'è solita estrarre per il medesimo, a proporzione della presente capacità del cavo del detto Naviglio, ma ancora conservare le opere, e ripari respingenti l'acqua del fiume medesimo verso l'imboccatura di detto Naviglio, nello stato, posizione, e misura, in cui di presente si trovano, e come sono descritti nelli Tipi annessi alla presente Convenzione, concordati, e sottoscritti da' rispettivi Ingegneri, e vidimati dall'Illustrissimo ed Eccellentissimo Signer Cavaliere Ossorio, Ministro di Stato di Sua Maestà il Re di Sardegna, e suo Primo Segretario per gli Affari Stranieri, e da detto Ministro Plenipotenziario di Sua Maestà Imperiale e Reale sotto li 21 giugno ultimo scorso e sono, la Morena de' Sassi, posta di frente ad un vecchio canale, marcata nei detti Tipi colla lettera *A.*; l'Armatura, che incominciando dalla sboccatura del Lancone, si estende sino all'Oggetto, lunga braccia cinquecento ottantacinque, composta per le prime trecento sessanta braccia, di soli sassi naturali del fiume, e per le rimanenti braccia ducento venticinque, costituita di chieppi, marcata *B. C.*; la Filarola detta dell'Oggetto,

1751 lunga braccia cinquanta, oncie tre, alta sino ad eguagliar l'orizzonte del bosco, grossa braccia quattro, oltre la scarpa degli schieppi, che gliene garantisce il piede verso del fiume, e che per alquante braccia si estende al di più della lunghezza della stessa Filarola per coprirne l'estremità, e per allontanare lo spirito delle acque, che non investano la susseguente Morena, marcata colle lettere *C.D.*; la Morena, o sia Armatura di semplici sassi borloni, affrancati nel mezzo con un ordine di pali e di vimini, la quale fu sostituita interinalmente alla distrutta Filarola dell'Oggetto, lunga braccia quattrocento sessanta, alta quanto lo è l'orizzonte dell'antidetta Filarola, e grossa da sei braccia all'incirca, per ragguagliato, marcata *D. F.*; l'Armatura degli schieppi, e sassi esistente di sopra del Porto di Oleggio, lunga braccia quattrocento, larga in alcuni siti sette, ed in altri sole cinque braccia, nel di cui fine evvi un respingente a guisa di pennello, lungo circa braccia diecisette, stato pur esso convenuto in ottobre dell'anno 1749, marcata *KK.*; la grande Armatura, che circolare va secondando la Ripa tra il Porto di Oleggio e la sboccatura del Cavo della Lanca di Bragadano, lunga mille e qualche braccia, larga nel suo piede da braccia cinque per sino a quindici, sendo composta per le prime ducento cinquanta braccia di semplici sassi naturali del fiume, e per il rimanente di sua lunghezza è di schieppi, specificata con le lettere *L. M.*; il grande Travacatore, detto di Bragadano, il quale, quantunque sia attualmente fuori del canale navigabile del fiume, si tiene in qualche modo riparato, consicchè non rovini del tutto, e sopra di esso vi si mantiene un sostegno di cavallettoni e fascine dirigenti le acque ordinarie a restituirsi in Ticino, sendo questo marcato colla lettera *Q.*; la Morena, e susseguente Filarola detta della Lanca, le quali sostengono le superiormente derivate acque per reintrodurle nel fiume, marcata colle lettere *SS.*, lunghe tra ambedue braccia quattrocento venticinque; l'Armatura detta de' Mancini, e la susseguente detta della Bocca di Pavia, composte a più ordini di colonne rizzoloni, lunghe nel di loro giro braccia cinquecento trenta, le quali inservono a contenere il fiume entro i limiti di ben imboccare il Naviglio, assicurando il basso fondo de' Mancini dalle corrosioni, che vi farebbero le acque, essendo esse Armature con-

trassegnate colla lettera *T.*; la Filarola detta di mezzo, 1751
composta di quattro ordini di pali, fregiature, vimi-
nate, e rizzo, attualmente tutta scomposta, e che dovrà rimettersi nel primiero suo essere, avendo questa
servito in passato per dividere la forza delle acque, e
spingere giù per la bocca di Pavia non poca parte delle
giare, che si trasportano dal fiume, lo che fu sempre
vantaggioso anche alla navigazione verso Pavia, sendo
marcata colla lettera *V.*; lo Sperone, o sia Paladella,
che, attraversante gran parte del fiume, invita e sos-
tiene le acque ad imboccare nel grande Naviglio, sendo
composta a più ordini di colonne, taglioni, fregiatura,
sassi, e bitume, il tutto nella superficie coperto con
regolare declive di grossi lastroni di vivo, inchiavellati
di ferro, la di cui lunghezza è di quattrocento cinque
braccia, e marcato colla lettera *X.*

II. Sarà pure lecito a detta Regia Camera con-
vertire in vivo, o in legno, e vivo, per maggiore so-
lidità, le opere sovra marcate, le quali in oggi sono
di semplici sassi naturali del fiume, e fare quelle opere
nuove, che si trovassero opportune, purchè siano a
seconda delle presenti.

III. Potrà similmente la detta Regia Camera non
solamente levare dal letto del fiume, anche dalla parte
Novarese, superiormente però all'imboccatura del detto
Naviglio, i sassi occorrenti, ma ancora provvedere per
via di contratti privati, da farsi co' proprietarii, come
si è praticato sin ora, li vivi e legnami occorrenti per
li ripari inservienti alla conservazione, e derivazione
del Naviglio suddetto, colla esenzione de' dazi, ed
ogni altro dritto che potesse essere dovuto.

IV. Quando per qualche improvviso o straordinario
movimento del fiume dovesse alcuna delle dette opere
esistenti allungarsi, oppure aggiungersi qualche altro
riparo separatamente da esse, potrà anche ciò farsi
dalla detta Regia Camera, a seconda però della Ripa
Novarese, e senza pregiudizio del territorio di Sua
Maestà Sarda.

V. In ognuno de' suddetti casi dovrà bensì prima
darsene l'avviso all' Ingegnere di Sua Maestà Sarda
residente in Novara, o in Vigevano, acciocchè non
solamente ne sia informato, ma possa anche soprav-
vedere alle suddette rispettive opere, che sieno per
intraprendersi come sopra, a riserva, che si trattasse

1751 del mero risarcimento di qualche rottura, o del mero
allungamento di trenta o quaranta braccia, secondo la
presente direzione de' ripari già esistenti, che potrà
farsi anche senza il detto avviso, siccome ancora non
si ritarderà di mettere mano all'opera negli altri suddetti casi, quando il ritardo potesse intanto esporre i
ripari a qualche pericolo, bastando in tale circostanza,
che si dia all'Ingegnere suddetto nel medesimo tempo
l'avviso.

VI. Dovendosi poi fare opere, o ripari affatto
nuovi per qualche nuova direzione sostanziale, contin-
gibile nel corso del fiume, per la conservazione, e
derivazione del Naviglio suddetto, a proporzione delle
contingibili mutazioni del fiume nel suo corso, dovrà,
quando mutino il sistema generale presente, prima di
mettersi mano alle medesime, darsene l'avviso all'Ingegnere suddetto residente in Vigevano, o in Novara,
e concertarsi col medesimo, ad effetto, che le opere
sieno formate con tale direzione, che servano unicamente
al fine primario della conservazione, e derivazione
medesima, e non portino pregiudizio al territorio di
Sua Maestà Sarda. Nascendo discordia fra gl'Ingegneri,
si riferirà a' rispettivi Governi, per prendere le misure
corrispondenti all'istantaneità delle opere, ed alla presente Convenzione.

VII. Se mai per qualche accidente improvviso
alcuna delle opere, come sopra, esistenti, o altre, che
si facessero, divenissero inutili alla conservazione del
Naviglio, e pregiudiziali al territorio di Sua Maestà
Sarda, dovranno conseguentemente disfarsi a spesa di
detta Camera di Milano.

VIII. Finalmente resta accordato, che salvo il
detto oggetto antecedente e principale, si debba a
comune beneficio far uso a spese comuni de' mezzi
opportuni per mantenere reciprocamente la libera navigazione; e giacchè si dubita, che il taglio dell'ingeramento formatosi nel sito della Bocca di Pavia tra le
lettere *T. X. V.*, possa essere pregiudiziale all'imboccatura del Naviglio, attesochè, essendo il pelo dell'
acqua alla lettera *Z.* tre braccia e mezzo all'incirca
più basso, che il piano orizzontale delle acque superiori
allo sperone verso l'imboccatura del Naviglio, questo
maggiore declivio potrebbe attirare a quella parte lo
spirito, ossia filone, come dicesi, del fiume, deponendo

alla Bocca del Naviglio le giare, si è progettato di fare 1751
a spese comuni un Travacatore nel luogo di sotto all'
ingeramento, fra la punta della Paladella X., e la
punta dell'Armatura della Bocca di Pavia T., di altezza
eguale alla Paladella medesima, facendo però o nel
mezzo, o in quel sito, che nella visita troverassi più
adattato dello stesso Travacatore, un'apertura bastante
per il passaggio delle acque, e delle navi, in modo
tale però, che anche nel sito dell'apertura medesima,
l'altezza del piano del Travacatore arrivi a segno,
che serva di sostegno tale alle acque, che queste con
bastante spirito s'introducano nel Naviglio medesimo,
e che la spesa della manutenzione si faccia a metà,
come quella del primo lavoro, e di reciproca intelligenza. Tale progetto è stato riconosciuto praticabile,
e di comune interesse; ben inteso però che in caso di
scarsezza di acque, o di ingeratura della Bocca del
Naviglio, lecito sia alla Regia Camera di Milano rial-
zare con quei sostegni amovibili, che stimerà del caso,
l'apertura del detto Travacatore; siccome però la pre-
cisa situazione, e tutte le rispettive dimensioni di detto
Travacatore non possono essere conciliate, se non con
formarne un tipo di comune convenienza coll'ispezione
sul fatto, così si sono tutte queste particolarità riser-
vate, veduto il tipo, ad ulteriore concerto.

Articolo II.
Somministrazioni pendente la guerra dal 1742 al 1748.

Essendosi col concorso de' rispettivi Regii Commissariati, e del Fisco esaminati e riconosciuti i conti
delle somministrazioni fatte nella passata guerra reciprocamente alle truppe delle due Corone, tanto in
munizioni da bocca, come in munizioni da guerra, ed
ogni altro genere di forniture, e sussistenze, comprese
anche alcune partite di sale vendute dalla Regia Camera
di Milano alle Gabelle di Sua Maestà Sarda, è risultato
il Commissariato della stessa Maestà Sua di comune
accordo, fatte le compense di tutto ciò che ha ricevuto
dalla detta Camera, e Commissariato Imperiale Regio,
creditore della somma di lire un milione trecento ot-
tantamila quattrocento sessantasette, soldi cinque, denari due, moneta di Piemonte, come dalli conti, e

1751 tabelle, sottoscritti da' rispettivi Commissariati sotto il giorno 22 giugno 1751.

Articolo III.

Trattamento de' Sudditi delle Provincie smembrate sullo Stato di Milano, e de' Sudditi dello Stato di Milano sulle Provincie smembrate.

Li Decreti promulgati o da promulgarsi ne' due Stati rispettivamente *contra forenses, et non habitantes*, e li valimenti, o siano annate solite alle volte imporsi agli esteri, e non abitanti, come tali non comprenderanno per l'avvenire, come non hanno compreso sin ora li sudditi, ed abitanti delle provincie smembrate, e li sudditi, ed abitanti rimasti uniti allo Stato di Milano, i quali proseguiranno, come in appresso, ad essere trattati vicendevolmente siccome lo erano prima delle rispettive smembrazioni; ed in conseguenza non solamente li rispettivi sudditi ed abitanti saranno esenti da detti carichi, ma ancora continueranno a godere reciprocamente, senza dispensa, la libertà di acquistare, ed abitrare ne' rispettivi Dominii, e la vicendevole abilità alle successioni si testamentarie, che intestate, ed alle Superiorità locali Religiose, salvo l'arbitrio de' rispettivi Sovrani ne' casi d'inconvidenza personale, e salva la separazione già fatta de' Conventi spettanti alla Religione de' Cappuccini.

Ferma pure dovrà rimanere, rispetto a' Minori Riformati, la divisione seguita in Roma nell'anno 1745 della Custodia di Pavia sotto l'invocazione di S. Pasquale Baylon dalla Provincia d'Oltre Po sotto l'invocazione di S. Diego, e dovrà rispettivamente osservarsi ed eseguirsi quanto fu nell'istesso anno e nell'anzidetta Città convenuto tra i Compromissarii delle dette Custodia, e Provincia, siccome anche le intelligence che si sono prese e signate in questa Città il dì 28 dell'ora scorso Settembre, rispetto all'Ospizio di Santa Giuletta, dai Religiosi rispettivamente delegati a nome sì dell'una, che dell'altra.

Articolo IV.

Comunicazione de' Generi.

I. Agli abitanti nelle valli d'Ossola, e nelle terre della parte del Lago Maggiore ceduta a Sua Maestà

il Re di Sardegna, sarà permesso di estrare annual- 1751
mente dalla Provincia del Ducato di Milano la seguente
quantità di granaglie, da somministrarsi sul mercato
di Laveno, cioè di formento some settemila, segala
quattromila, formentone, o sia melica, legumi, e marciatici, in tutto some seimila, mediante il pagamento
de' dritti dovuti, tanto alla Regia Camera di Milano,
quanto a qualunque altro Uffiziale, compreso quello residente in Laveno suddetto, li quali non potranno eccedere in tutto soldi tredici, denari sette e mezzo,
moneta di Milano, per ogni soma di stara dodici; similmente misura di Milano, compresa anche la mercede
della Scrittura, dimodochè, estratti detti grani, nulla
più vengano a costare agli estraenti, a titolo de' dritti,
che la mercede suddetta.

II. Agli abitanti della città di Pavia, e terre Pa-
vesi rimaste sotto il dominio di Sua Maestà l'Imperatrice Regina, mediante il pagamento di eguale dritto,
come sopra, alle Regie Gabelle di Sua Maestà il Re di
Sardegna, o loro Uffiziali, sarà permesso di estrare
annualmente la seguente quantità di granaglie, cioè
dall'Oltre Po Pavese formento some novemila, e dalla
Lumellina segala some quattromila, e tra melica, mi-
glio, legumi e marciatici some quattromila, da regolarsi
alla misura come sopra.

III. Dette rispettive concessioni sono reciprocamente accordate alle Comunità, e a' loro abitanti, e
si spediranno sopra li certificati, o procure delli rispettivi Amministratori, da presentarsi, per le estrazioni
del formento accordate al Pavese, al Direttore delle
Regie Gabelle in Voghera, per la segala, ed altre
minute granaglie come sopra, al Regolatore delle Gabelle in Pieve d'Albignola; e per le estrazioni accordate all'Ossola, o alle terre cedute, come sopra, al
Commissario delle tratte residente in Laveno.

IV. Occorrendo, che per causa di fallanza ne'
raccolti fosse necessaria la ritenzione di tutta, o parte
di dette Granaglie a beneficio degli Stati de' rispettivi
Sovrani contrattanti, rimarrà in tale caso, e durante
il bisogno, come sopra, sospesa l'estrazione da quel
paese, a cui, per la causa sovra espressa, sarà necessaria la ritenzione; ben inteso, che succedendo nell'
uno o nell'altro Dominio il caso della eventuale fallanza
o sia penuria di raccolto, come sopra, debba recipro-

1751 camente darsene avviso per tutta la metà di settembre della quantità, che potrà lasciarsi estraere, e di quella che resterà sospesa, affinchè possano vicendevolmente prendersi in tempo le misure correlative al bisogno.

V. Alli rispettivi possessori di effetti stabili nelle Provincie smembrate in questo secolo dallo Stato di Milano, e rimaste rispettivamente unite allo stesso Stato, sarà permesso di estraere, senza pagamento di verun dritto, la quantità de' frutti precisamente necessaria all'uso delle loro famiglie, o suo supplemento, purchè sieno frutti raccolti ne' proprii loro beni situati in alcuna di dette Provincie, ed i ricorrenti non possedano nella Provincia, dove abitano, o in quelle immediatamente confinanti dei rispettivi Dominii suddetti, beni sufficienti al loro mantenimento, e ciò sovra il certificato giurato di cadun Possessore, da presentarsi a' rispettivi Direttori delle Gabelle, relativamente alle Provincie cedute, ed a' rispettivi Referendarii, relativamente alle rimaste unite allo Stato suddetto, per riportarne da essi la licenza, la cui spesa non potrà eccedere soldi trenta di Milano per caduna di dette licenze di qualunque quantità, limitata però all'uso, come sopra, compresa la mercede della Scrittura.

VI. Similmente avendo alcuni abitanti del Lago Maggiore, sì da una parte, che dall'altra, li beni senza solari, e cantine in un Dominio, e le case adattate al ricovero de' frutti di detti beni nell'altro, resta convenuto, che per questi abitanti e per questi casi sia permesso trasportare a' tempi del raccolto i frutti nelle case suddette, e ciò reciprocamente, e senza pagamento di verun dazio.

VII. Agli abitanti in dette Provincie del Ducato, di Pavia, e di Lodi, sarà pure permesso di estraere il riso dal Novarese e dal Vigevenasco, mediante il pagamento alle Regie Gabelle di Sua Maestà il Re di Sardegna di soldi quarantasette, denari sei, moneta di Milano, ogni cosa compresa, e per caduna soma di stara dodici, misura predetta di Milano, sotto la riserva però della fallanza, o sia bisogno interno, portata dall'antecedente §. IV.

VIII. A favore della città di Milano, e Provincia del Ducato si permetterà l'estrazione del carbone, e legna da fuoco dalle terre cedute del Lago Maggiore senza pagamento di verun dritto, mediante però la cautela di riportare il ritorno, o sia certificato dell'in-1751 troduzione dal luogo della destinazione.

IX. De' vitelli di prima e seconda sorta, degli agnelli e capretti nati in dette terre, o nelle valli d'Ossola, si permetterà pure per detta città di Milano, e Provincia del Ducato l'estrazione senza esazione di dritto per la quantità, che di tempo in tempo, e secondo le circostanze sarà praticabile, senza fare mancanza agli Stati di Sua Maestà il Re di Sardegna, e mediante la cautela sovraccennata di riportarne il certificato dell'introduzione dal luogo della destinazione.

X. A favore della fabbrica del Duomo di Milano, si permetterà pure l'estrazione, senza pagamento di dritto, da dette terre del Lago Maggiore, de' marmi, o siano sarissi di qualunque sorta destinati ad uso di detta fabbrica, mediante il certificato de' signori Fabbricieri della medesima, e l'altro dell'introduzione, come sopra.

XI. Nel resto, fra le Provincie dello Stato di Milano rimaste sotto il Dominio di Sua Maestà l'Imperatrice Regina, e le cedute a Sua Maestà il Re di Sardegna, vi sarà il libero commercio de' generi e prodotti da' rispettivi Dominii, e permessi di estraersi, mediante il pagamento de' rispettivi dazi; ben inteso però, che anche rispetto al buttiro sarà permessa l'estrazione dal paese Austriaco per l'Oltre Po, pagato il dazio, come sovra, per la quantità che per tempo sarà praticabile, senza fare mancanza all'interno dello Stato.

Articolo V.
Commercio.

I. Per le mercanzie e robe, che, rimontando il Po da qualunque parte situata inferiormente a Cremona, verranno condotte agli Stati di Sua Maestà il Re di Sardegna, e così per le altre, che da' medesimi Stati saranno trasportate a qualunque luogo inferiormente a Cremona, si ridurrà il pagamento de' dritti della Gabella grossa di Cremona ad un terzo meno di ciò che di presente pagasi, per patto risultante dall'ingiunto Stato segnato *A.*, e soscritto dai rispettivi Ministri plenipotenziarii.

II. Esigendosi già nell'Oltre Po Pavese per conto di Sua Maestà il Re di Sardegna un dazio discendente dal Dado, o sia Tariffa Pavese, e suoi aumenti, se

1751 ve ne sono, per le mercanzie e robe procedenti da
Genova, e Genovesato, per fermarsi nella Lombardia
Austriaca, o per passare più oltre, e viceversa procedenti dalla suddetta Lombardia, e d'altronde per via
di essa a Genova, e come sopra, la prefata Maestà
Sua, per facilitare il commercio, ridurrà il detto dritto
di transito alla quantità espressa nella Tariffa formatasi
di comune concerto, e registrata sotto la lettera *B.*,
firmata e riconosciuta come sopra: la riscossione poi
del solito dazio di transito dal Genovesato alla Lombardia Austriaca, e viceversa per la via di Tortona,
e Giurisdizione Tortonese, resterà invariabile, com'è
al presente nel Dado stampato di detto dazio.

    III. Vicendevolmente per l'istessa ragione di dare
maggiore facilità al commercio reciproco dei due Stati,
siccome le Regie Gabelle dello Stato di Milano esige-
vano in passato l'intiero dritto di transito di Pavia, e
Pavese al di quà del Po, sulle mercanzie procedenti
da Nizza, destinate allo Stato predetto di Milano, tut-
tochè non toccassero la Giurisdizione del Pavese Austriaco, così la riscossione del detto dritto di transito
Pavese al di quà del Po, si ridurrà, e dovrà regolarsi
in tutto uniformemente, e come resta rispettivamente
portato dalla detta nuova Tariffa segnata sotto la lettera *B.* per le mercanzie e robe procedenti da Nizza,
e destinate per la Rotta di Torino e Novara a detto
Stato di Milano, e ciò oltre il dazio proprio del Ducato, da pagarsi come in passato.

    IV. La navigazione del Lago Maggiore rimarrà
intieramente esente da ogni e qualunque imposizione
ed esazione di dazio di transito, tanto dall'una che
dall'altra parte, con dichiarazione, che quand'anche,
o a cagione di venti contrarii, o per qualche altro
accidente simile dovessero le mercanzie e robe appro-
dare a parte diversa dalla sua destinazione, e trat-
tenersi o scaricarsi per qualche giorno nell'una o nell'
altra Giurisdizione, a motivo di risarcire, o mutare
nave, o di attendere il rilievo della condotta, siano,
ciò non ostante, considerate di transito, purchè in
detti casi, a scanso d'ogni frode, facciasi prontamente
alla più vicina Posta delle rispettive Gabelle la giusta
notificazione delle mercanzie e robe, e della loro destinazione, la quale notificazione dovrà riceversi *gratis.*

    V. Per li bestiami, robe, e generi originarii,

manufatti, o migliorati nelle valli d'Ossola, ed altre 1751
terre cedute del Lago Maggiore, come pure procedenti
dagli Svizzeri e Vallese, per quei capi, che sono dalla
Tariffa segnata *C.* espressi, si pagherà alle Regie
Gabelle di Sua Maestà il Re di Sardegna, a norma
della detta Tariffa, il dritto inalterabile di transito rispetto all'Ossola, Vallese e Svizzeri, e di uscita, rispetto agli altri Luoghi in essa specificati, con dichiarazione, che, pagato il dritto di transito, non si abbi
più a soggiacere ad altro dritto per l'uscita, per aver
a pagarsi un dritto solo, allorchè però siano destinati
per lo Stato di Milano.

VI. Per le mercanzie e robe, che vengono da
Oltremonte per la strada del Sempione e dell'Ossola
verso lo Stato di Milano, e più oltre come sopra, e
viceversa per le procedenti dallo Stato di Milano, e
d'altronde, come sopra, verso Oltremonte per la detta
strada, le Regie Gabelle di Sua Maestà Sarda esigeranno, tutto compreso, due terzi solamente del dazio
di transito Novarese sul piede del Dado stampato, e
corrente: succedendo però qualche accidente di peste
(che Dio tenga lontana) o altro simile, per cui la
condotta delle mercanzie fosse resa impraticabile per
la via di Susa, Torino e Novara, onde convenisse
rivolgerla dalla parte del Vallese, Sempione ed Ossola,
in tali casi si riserva Sua Maestà Sarda d'indennizzare
le sue Regie Gabelle, con far esigere per le mercanzie,
e robe procedenti come sopra, quell' istesso dritto di
transito che riscuotono di presente per i dazi di Susa
e di Vercelli, oltre li due terzi, come sopra, del dazio
Novarese: promettendosi per la parte dell' istessa
Maestà Sua, di dare nel termine di due mesi dopo la
ratifica una distinta specificazione di detti due dazi,
secondo la presente osservanza: e vicendevolmente occorrendo alcuni de' suddetti accidenti, per li quali le
condotte si rivolgessero per la via del Po, il pagamento
del dritto della Gabella grossa di Cremona si porterà
dalli due terzi alli tre quarti della rilevanza del suddetto Patto *A.*

VII. Le barche procedenti dagli Stati di Sua
Maestà Sarda, o a quelli destinate, che, a tenore dei
Trattati, devono avere la libera comunicazione del
fiume Ticino dirimpetto a Pavia, senza che possano
essere trattenute, visitate, ed assoggettate al paga-

1751 mento di alcun dritto in detto sito, continueranno a
godere l'intiera pattuita loro esenzione, e non pagheranno, che la solita mercede espressa nell' allegato *D.*
al Capitano della Darsena di Pavia per l'esercizio del
suo uffizio: ben inteso però, che dette barche debbano
ad ogni richiesta produrre il ricapito comprovante la
loro partenza dagli Stati di Sua Maestà Sarda, e la
loro destinazione agli Stati medesimi.

Articolo VI.
Economati Regii per i Benefizii, che hanno il titolo in un Dominio ed i beni nell'altro.

Allorché venga a vacare qualche Beneficio, che
abbia il titolo sopra uno di detti Dominii, e li beni in
tutto, o in parte sopra l'altro, sarà l'incombenza dell'
Economo Regio del Dominio, in cui si troveranno situati
li beni, di fare diligentemente custodire li frutti vacanti
nella forma solita praticarsi, e di farne il rilascio al
successore nel benefizio, allorchè dall' altro Economo
Regio del Dominio, in cui sarà situata la Chiesa Tito-
lare, gli sarà dato l'avviso, o fatto presentare il certificato del possesso preso legittimamente di detto titolo:
ed a tal effetto li due Economi Regii potranno vicendevolmente intendersi e darsi la mano per i casi suddetti misti, affine di assicurare in tempo la custodia
de' vacanti, ed il rilascio legittimo de' medesimi.

E siccome nello Stato di Milano vi sono alcune
Commende dell' Ordine Militare de' Santi Maurizio e
Lazzaro, di cui Sua Maestà il Re di Sardegna è Gran
Maestro, cioè una di San Lazzaro fuori delle mura
della città di Pavia, già patronata della Famiglia Sa-
limbeni, tenuta in oggi dal Conte Della Porta, la
quale possiede parte dei beni nello Stato di Milano e
parte nella Lumellina; e l'altra dei Santi Maurizio e
Lazzaro, patronata della Famiglia Negri di Pavia,
stata eretta da Lodovico Negri Patrizio, e Decurione
di detta Città, colla dote di beni situati nello Stato di
Milano, si è convenuto ed accordato, che le Bolle, le
quali saranno dalla prefata Maestà Sua in tale qualità
di Gran Maestro spedite per la collazione di esse,
avranno la loro esecuzione in detto Stato di Milano,
purchè si riporti preventivamente il regio beneplacito,
e che gli atti di riduzione di dette Commende, e quelli

d'immissione in possesso ne' rispettivi casi, si faranno 1751 dall'Economo Regio nello Stato di Milano in nome di detto Ordine Militare de' Santi Maurizio e Lazzaro, e sulle insinuazioni ed avvisi dell'Auditore Generale di esso.

Articolo VII.,
Collegio Ghislieri.

Essendo insorto qualche disparere intorno la qualità, e requisiti de' ventidue Alunni sudditi di Sua Maestà il Re di Sardegna soliti ammettersi e mantenersi nel Collegio Ghislieri instituito in Pavia da S. Pio V, sotto la protezione de' Sovrani di Milano *pro tempore,* si è convenuto di conciliare l'insorta differenza, coll'accettare, come ha accettato Sua Maestà Sarda, la proposizione del Marchese Ghislieri, compadrone di detto Collegio, colla quale ha esibito l'assegno di tanti suoi beni posti nella Lumellina, quanti producono un annuo reddito netto di lire ottomila quattrocento venti una, e soldi dodici, moneta di Milano, corrispondente alla spesa, che per detta manutenzione faceva il Collegio, e quelli mantenere in forma comune, e di ragione, colla facoltà di redimerli, dando un capitale, che al quattro per cento formi una simile annua rendita, ad effetto di applicarla, col consenso delle Comunità interessate, a quel Collegio, che più piacerà a Sua Maestà, per la sussistenza di detti Alunni, cioè due Tortonesi, due Vigevanaschi, e dieciotto Alessandrini, la nomina de' quali sarà a disposizione della Maestà Sua.

Quindi in conseguenza di detta accettazione si è convenuto, che essendosi già riportato dalle dette comunità interessate in forma valida l'assenso a detto progetto, ed alla liberazione di detto Collegio, e suoi Compadroni, dall'obbligo di mantenere gli Alunni suddetti originarii di dette Provincie, sinattantochè sortirà effetto il detto assegno, o sarà effettivamente consegnato il capitale corrispondente al medesimo, e fattone passare l'Atto autentico all'Excellentissimo Governo di Milano, debba immediatamente l'accennato Marchese Ghislieri passare all'effettuazione dell'assegno suddetto in forma egualmente valida, e rimettersene dal detto Governo il Documento autentico alla suddetta Real Corte; ben inteso però, che sino al pagamento effettivo di detto capitale sia riservato alle dette Comunità

1751 per il caso, che li fondi suddetti nella Lumellina, sopra
quali sarà situato il detto assegno, fossero evitti, il
regresso alle prime ragioni, e che il Collegio sia obbligato di ammetterli nuovamente, purchè abbiano i
requisiti necessarii; e che per non lasciare la legge
della fondazione delusa nel numero ordinato dal suddetto Fondatore, sia tenuto detto Marchese Ghislieri,
come già ha promesso, di supplire con altrettanti Con-
vittori, da eleggersi a suo arbitrio, il numero dalle
fondazioni prescritto.

Si è per fine convenuto, che il suddetto assegno
da farsi dal Marchese Ghislieri debba seguire in tempo,
onde al principio del prossimo Anno Scolastico, e così
nel giorno di Santa Catterina 25 novembre di quest'
anno, abbia il suo effetto.

Articolo VIII.
Remissione delle Scritture riguardanti i Paesi ceduti.

In conseguenza de' riferiti Trattati avendo il Governo di Milano consegnate le carte del Censimento
corrispondenti alle Provincie cedute a Sua Maestà il
Re di Sardegna contro ricevuta della persona autorizzata dalla Maestà Sua a riceverle, fatta, tanto per
dette carte, come per alcune riguardanti i confini,
con promessa di far separare le altre, che ancora si
trovassero, concernenti sì detta materia de' confini, che
le Giudiziali e Camerali appartenenti a dette Provincie,
come sovra, smembrate, resta convenuto, che dall'accennato Governo si daranno indilatamente gli ordini
per terminare la separazione suddetta, ad effetto di
fare la successiva consegna delle restanti, che ancora
si trovassero in originale, se riguarderanno il solo
interesse del paese posseduto da Sua Maestà Sarda,
o in copia, a spese della Maestà Sua, se li Documenti
od atti riguardassero interesse misto.

Articolo IX.
Ufficii conceduti dalla Camera di Milano a titolo oneroso.

Sua Maestà il Re di Sardegna nel supprimere,
che fece, coll'Editto 6 marzo 1750 gli Ufficii de' Referendarii, i quali erano stabiliti nelle Provincie smem-

brate dallo Stato di Milano, ordinò al Magistrato della 1751
Camera, che, ricorrendo alla medesima quelli, che li
avessero acquistati con titolo oneroso, aggiudicasse
loro l'indennizzazione, che potesse esser loro legittimamente dovuta; e siccome oltre i suddetti Uffici di
Referendarii ve n'erano, e ve ne possono essere alcuni
altri della stessa natura beneficiabili, stabiliti nelle stesse
Provincie, Sua Maestà, in conseguenza de' medesimi
principii di equità, ha già dati gli ordini convenevoli
affinchè per quelli che furono acquistati a titolo oneroso,
o siano i proprietarii mantenuti nell'esercizio de' medesimi, o essendo soppressi, si aggiudichi pur anche
dalla Camera, in caso di ricorso, quella indennizzazione,
che sarà agli acquisitori di essi di ragione dovuta,
quando non riesca di convenire per via di qualche
temperamento sulla medesima con i Capi d'Azienda,
a' quali possono avere relazione.

Articolo X.
Ratifica della Convenzione per i transiti de' sali.

Poichè è stata sotto il giorno 11 marzo ultimo
scorso stabilita, e segnata da' Ministri autorizzati per
parte delle Loro Maestà la Convenzione riguardante i
transiti de' sali procedenti da Venezia, e da Genova
per servizio delle rispettive Camere di Piemonte e
Milano, e le cautele da praticarsi in detti transiti,
gl'infrascritti Ministri rinnovando in conformità delle intenzioni delle Maestà Loro la Convenzione suddetta in
tutta la sua serie e continenza, come se fosse qui in-
serita di parola in parola, hanno dichiarato, come di-
chiarano, che anche questa si abbia per compresa sotto
la ratifica da farsi dalle Loro Maestà rispettivamente
degli Articoli della presente generale Convenzione.

Articolo XI.
Prorateo Civico.

Dovendosi dopo lo smembramento delle Provincie,
e Distretti procedente dalle rispettive cessioni, venire
ad una equitativa divisione tra li Pubblici rimasti sudditi a Sua Maestà Imperiale Regia, e li Pubblici passati sotto il Dominio di Sua Maestà Sarda, tanto de'
redditi, e fondi comuni, come spettanti alla Società,
o acquistati in tempo che durava la medesima, quanto

1751 dei debiti comuni, per essere stati in detto tempo
contrattati, nè essendosi potuto prima conseguire un
sì giusto e lodevole intento per l'inviluppo dei fatti, e
per la quantità delle quistioni insorgenti dalli medesimi,
con pregiudizio non solamente di detti corpi, ma ancora dei rispettivi creditori de' medesimi, hanno le
Loro Maestà fatti unire i Rappresentanti delle Parti
interessate, e deputati Ministri per assisterle, ed esaminare, e comporre *de bono, et aequo* le dette vertenze, e dopo molti Congressi tanto per le preliminari
diligenze disposte con gli appuntamenti dei 14 maggio
scorso, quanto per la finale conciliazione delle rispettive vertenze, si è venuto ad un definitivo stabilimento
colle scritture di convenzione accordate fra gl'interessati, ed approvate in Real nome delle Loro Maestà,
col quale stabilimento sono rimaste le vicendevoli pretensioni definite, composte, e transatte nel modo seguente, che dovrà invariabilmente da tutti gl'interessati venir eseguito senza ulteriore riclamazione.

    I. Cominciando dal Prorateo generale fra la Con-
gregazione dello Stato di Milano per l'una parte, e li
Pubblici smembrati colle tre succennate cessioni dall'
altra, fatta la distinta discussione delle vicendevoli pretensioni, e li conti relativi alle medesime, si è convenuto, che li detti Pubblici debbano in favore della
Congregazione suddetta rinunciare alla porzione loro
spettante nel fondo della Dogana della Provincia del
Ducato, acquistata in comune nome, e in tempo della
Società, e colli danari comuni, trasferendo nella detta
Congregazione le ragioni ed azioni loro competenti,
e che viceversa la detta Congregazione rinunci alli
due crediti, che teneva contro detti Pubblici, o parte
di essi per le due partite, l'una di lire cento, ottantasei mila trecento settantacinque, soldi quattordici, denari tre, l'altra di lire cinquantasette mila novecento
settantotto, denari sette: la prima procedente da tanti
debiti comuni pagati da detta Congregazione col proprio danaro dopo li rispettivi smembramenti: l'altra da
altrettanta somma esatta da detti Pubblici, dopo la
separazione della Società, più del contingente ad essi
spettante nelle rendite comuni, e che vicendevolmente
rinuncino, come hanno rinunciato in rispettivo favore
a tutte le altre ragioni ed azioni a dette Parti competenti, sì per qualunque altro capitale, come per gl'in-

teressi decorsi sin'ora, ed a qualunque altra preten- 1751
sione eccitata, o eccitabile per qualunque titolo dedotto,
e non dedotto, e procedente dalla Società suddetta,
sinchè è rispettivamente durata, compreso l'evento della
lite pendente innanzi i Tribunali di Milano per il rim-
plazzo Pessina, il qual evento la detta Congregazione
ha assunto in se medesima in correspettivo di dette rinuncie fatte in suo favore da detti altri Pubblici, dimodochè, salva l'infrascritta divisione per l'avvenire
degli effetti comuni, l'una parte non abbia più a pretendere dall'altra cosa veruna.

    II. Fattasi poi la discussione dello stato di detti
effetti comuni consistenti in regalie dette di censo, e
tasse, e di riduzioni dal cinque al sette, vendutisi in
varii tempi dalla Regia Camera allo Stato, e fattosi
il calcolo del contingente della rispettiva partecipazione
corrispondente alle quote, colle quali i diversi Pubblici
uniti prima dei rispettivi smembramenti sono concorsi
ad acquistarli, si è concordemente riconosciuto, che
la Congregazione dello Stato rimasta suddita a Sua
Maestà Imperiale e Reale, resta creditrice sopra i
fondi esistenti nei paesi smembrati per eguaglianza, e
compimento della propria porzione, della somma di
lire quarantun mila cinquantatre, soldi uno, denari uno
annue, e si è accordato, che la detta somma debba
cominciare a correre a suo beneficio dal principio dell'
anno corrente, e regolando il capitale prodotto da detto
annuo reddito col ragguaglio del cinque per cento
conteggiato dalla Regia Camera nei contratti di ven-
dite da essa fatte allo Stato, si è convenuto, che per
saldare più presto anche questo conto, debba la Congregazione Austriaca assegnare ai detti Pubblici, in
pagamento del capitale corrispondente a detto annuo
reddito, tanta parte de' suoi debiti sino alla somma di
lire ottocento ventun mila sessantuna, soldi uno, denari otto fruttiferi al cinque per cento come sopra,
e pagabili dentro il termine di anni dieci, coll'interesse già detto, pendente l'estinzione del capitale, da
decorrere come sopra; colla dichiarazione però, che
quando fra creditori di detta Congregazione vi siano
dei sudditi di Sua Maestà Sarda, debbano essere questi
preferiti nell'assegno suddetto: e quando la detta
Congregazione non trovasse facilità ne' suoi creditori
per accettare l'assegno del mentovato capitale, potrà

1751 la medesima fare l'assegno dell'annuo reddito, intendendosi tanto per l'uno, che per l'altro caso col Generale delle Finanze di Sua Maestà Sarda, dal cui dipartimento dipendono li detti Pubblici dei paesi smembrati, e posseduti della Maestà Sua.

III. Procedendo colle istesse massime equitative, si è regolato il Prorateo particolare dei rispettivi Pubblici per la divisione degli effetti comuni, e debiti similmente comuni, e fatti i conti fra la Città di Pavia, e le porzioni smembrate dal suo Principato, si sono rilasciati alla medesima gli effetti comuni, e divisibili esistenti nella Città, e Principato Austriaco, ascendenti all'annuo reddito così accordato di lire quindici mila e cinquecento, e conteggiata l'importanza dei debiti comuni antecedenti al 1707, nella somma di lire due millioni settecento settantotto mila cento trentaquattro, soldi quindici, denari dieci, si è assegnata all'istessa Città un'antiparte passiva, corrispondente al detto reddito attivo fruttifero al due per cento per la capitale somma di lire settecento sessantacinque mila, e fatta la divisione del residuo in regola di quota, si è accresciuto il contingente della Città sino a lire un milione cinquecento quarantanove mila cinquecento sessantaquattro, soldi diciassette, denari quattro, e si è caricato alla Provincia della Lomellina la somma di lire cinquecento trenta mila trecento ventisei, soldi uno, denari sei, ed all'Oltre Po, e Siccomario è similmente toccata la somma di lire settecento tre mila duecento quarantatre, soldi diciassette, le quali unite formano il totale di detti debiti precedenti il 1707, e fruttiferi al due per cento, che dovrà correre a favore dei creditori dal 1751 in avanti.

IV. Fatta successivamente la seconda divisione dei debiti posteriori al 1707 in concorso dell'Oltre Po, e Siccomario colla Città, si è in regola di quota, come sopra assegnata a detta Città la somma di lire cento dieci mila e cento, soldi quindici, denari otto, ed all'Oltre Po, e Siccomario, quella di lire cinquantanove mila novecento nove, soldi diciannove, denari quattro, le quali unite formano il totale di lire cento settanta mila e dieci, soldi quindici, importanza integrale dei debiti comuni, parte fruttiferi al quattro, e parte al cinque per cento, già divisi fra gl'interessati,

anche con relazione a detto interesse, di cui la Città 1751
di Pavia si è caricata a tutto l'anno corrente, in correspettivo di altre compense assegnate alla medesima,
e da decorrere dal primo dell'anno prossimo 1752 a
carico rispettivo di detti Pubblici debitori, approvan-
dosi in Real nome delle Loro Maestà la divisione già
fattasi dei creditori, coll'assegno dei rispettivi possessori alle rispettive Comunità debitrici, per maggior
comodo delle Parti, per quanto è stato possibile.

V. Dalla divisione dei debiti contratti sopra l'estimo
civile Pavese, si è passato alla divisione degli altri debiti sopra l'estimo rurale del Principato di Pavia, e ri-
tenute le rispettive quote, e la totale importanza dei
debiti comuni, ascendenti in tutto alla capitale somma
di lire quattrocento cinquantun mila cinquecento tren-
totto, soldi dieci, e prededotta l'antiparte passiva di
lire quindici mila cinquecento, corrispondente al valore
della casa comune rimasta al Principato Austriaco, si
è stabilito il contingente di debiti spettanti a detto
Principato, compresa la suddetta antiparte, in lire
cento cinquantasette mila e ventidue, soldi quindici,
denari tre, ed il contingente spettante all'estimo rurale
dell'Oltre Po, e Siccomario, in lire duecento novanta-
quattro mila cinquecento quindici, soldi quattordici,
denari nove, le quali unite formano il totale di detti
debiti comuni fruttiferi a diversi ragguagli, e già divisi fra loro col riguardo ai medesimi, ed alla diver-
sità de' possessori, e posti in corrente per gl'intcressi,
secondo le rispettive porzioni. Sendosi poi proposta
per parte dei Professóri Palatini, e di Pavia, che per
antichi privilegii godevano al tempo della smembrazione
nell'Oltre Po, e Siccomario, tante immunità de carichi
per la somma di lire due mila trecento cinquanta di
Milano, la dimanda di essere continuati, come conces-
sionarii a titolo oneroso, per le passate loro fatiche, è
stato convenuto doversi continuare per l'avvenire l'immunità all'Abate Olivazzi di lire seicento cinquanta nel
luogo di Mezzanino Siccomario, e di lire seicento nel
luogo di Pancarana al De-Antonis, Lettori giubilati,
finchè viveranno, con che resti totalmente estinta la
pretensione degli altri.

VI. Fatti i conti, a norma degli stessi principii,
fra la Provincia, così detta del Ducato di Milano, e le
porzioni del Lago Maggiore smembrate dalla medesima,

1751 e possedute da Sua Maestà Sarda, si è riconosciuto ammontare il totale dei debiti comuni alla somma di lire cinque millioni quattrocento dodici mila settecento quattro, soldi dodici, e prededotti da detta somma li redditi ricavati dal Ducato sopra gli effetti comuni, li fondi di cassa esistenti in tempo dell' ultima cessione, il valore della casa comune posta in Milano, e degli effetti comuni situati nella Provincia, e rilasciati alla medesima, ed altre partite bonificate alle Comunità suddette smembrate, si è residuata la somma dei restanti debiti comuni e divisibili, a lire due millioni quattrocento mila quattrocento ventitre, soldi sedici, denari sette, e si è convenuto, che di questi debba assegnarsene in ragione di quota alle dette Comunità del Lago Maggiore, separate da detta Provincia coll' ultima cessione, la somma di lire cento ventidue mila fruttifera, parte al quattro, e parte al quattro, e soldi dodici, e denari sei per cento, e si è approvata la divisione dei creditori già fatta con detta regola, proporzione, e riguardo alla diversa qualità di detti interessi.

VII. Si è in appresso assunta la divisione dei debiti comuni alle diverse Congregazioni degli interessati Milanesi possidenti nello Stato di Milano, nell' Oltre Po, e nella Lomellina, e fatta in diversi Congressi la discussione di diversi debiti precedenti il primo, e l'ultimo smembramento, si è cominciato dai debiti comuni alla Lomellina, ed ascendendo questi al totale di lire cento novantacinque mila fruttifere nella maggior parte al due, e nel resto, parte al tre, al quattro, e al cinque per cento, conciliate equitativamente le diverse ispezioni cadenti sopra tale riparto, si è transatto, e convenuto coll' autorità degl' infrascritti Ministri Plenipotenziarii, che si assegni agl' interessati Lomellini, per giusto loro contingente di detti debiti, la somma capitale di lire settanta mila fruttifere al due per cento dal 1751. in avanti, e che il resto rimanga a carico delle altre due Congregazioni dei possidenti nello Stato di Milano, e nell' Oltre Po, ed ascendendo questo residuo a lire cento venticinque mila, ed unito questo ai debiti posteriori, formando la somma totale di lire cento sessantacinque mila cento e quattro, se n'è fatta la divisione in regola come sopra, di quota, e ne è spettato agl'interessati Milanesi Austriaci la porzione di lire cento ventitre mila cento cinquanta-

nove, ed a simili interessati Milanesi possessori negli 1751
Stati di Sua Maestà Sarda la somma di lire quarantun
mila novecento quarantacinque, la quale per lire trenta
mila seicento ottanta, corrispondente all'estimo aggregato alla Congregazione Civile dell'Oltre Po, è stata
allo stesso addossata, da ripartirsi su detto estimo ag-
gregatogli, e per la residua somma di lire undici mila
duecento sessantacinque, corrispondente all'altro estimo
non ancora aggregato ad alcun corpo, sendo in discussione per trattarsi di beni situati tra il Po ed il
Ticino, dovrà pagarsi dai rispettivi censiti l'interesse
annuo ai rispettivi creditori allo stesso spettanti, da
addossarsi in seguito tanto per il capitale, quanto per
gl'interessi a quel corpo, a cui da Sua Maestà Sarda
verranno uniti.

VIII. Le scritture comuni fatte in tempo della
Società dovranno consegnarsi in proporzione della materia, che riguardano, lasciando alle Provincie Austriache,
e consegnando alle smembrate il rispettivo loro particolare interesse; e riguardando interesse misto, dovranno
gli Archivi, presso i quali si trovano, darne copia
autentica alla Parte che la dimandasse, colla sola
mercede della scrittura.

IX. Si sono contemporaneamente fatti li conti delle
restanze dovute alla cassa del censimento di Milano in
tutto l'anno 1733, sino al terzo dell'imposizione fatta
allo Stato in detto anno, e in detta causa, e si è
stabilita d'accordo detta restanza in lire cinquanta mila
moneta di Milano, pagabili alla Cassa di Milano nel
termine di due mesi dopo la ratifica, colla dichiarazione,
che nulla possa l'Ufficio e Cassa suddetta più pretendere per detta causa dalle Provincie e Distretti smembrati, e che viceversa non sia l'Ufficio suddetto tenuto
a dare altre scritture, oltre le già date per la porzione
originale spettante alle Provincie e Distretti come sopra,
salva solamente alle medesime la facoltà di avere copia
a loro spese di quelle, che loro potessero occorrere
ulteriormente.

Per ultimo, affine di tranquillare anche le vertenze
tra le Provincie smembrate, e li sudditi abitanti nello
Stato di Milano, si sono esaminati li conti tra la Città
di Alessandria, e le Compagnie sotto nome Zappa,
Clerici, Brivio, e Brentani, e tanto in dipendenza
dell'instrumento di transazione dell'anno 1708, quanto

1751 ulteriormente proposte, e sono stati composti in lire tredici mila e cinquecento, quali dovrà la Città di Alessandria corrispondere per saldo, e totale pagamentò a dette Compagnie; dichiarandosi, che tanto questa, come tutte le altre somme sopra espresse, sono state regolate, e conteggiate a moneta di Milano, e di Grida.

Articolo XII.
Prorateo Camerale.

Essendo stato per la parte di Sua Maestà l'Imperatrice Regina preteso verso Sua Maestà Sarda il Prorateo dei Debiti Camerali, sì ipotecarii, che chirografarii, corrispondenti alle Provincie e Distretti posseduti da Sua Maestà Sarda, in conseguenza dei Trattati sopra menzionati, cioè, che dovesse concorrere alla soddisfazione dei creditori di detta Camera di qualunque sorta siano, a prorata delli debiti Camerali passati in Sua Maestà Sarda, e singolarmente anche per il concorrente di quelli che furono assegnati ai Montisti di S. Carlo, e di S. Francesco, Cassa di redenzione, ed agli antichi Proprietarii delle Poste; ed essendosi al contrario, per la parte di Sua Maestà Sarda, oltre alle altre molte eccezioni alla massima, e quantitativo di detta dimanda, contrapposta la pretensione delli suoi crediti, tanto per le somministrazioni fatte nell'ultima guerra, liquidate in lire un millione, trecento ottanta mila quattrocento sessantasette, soldi cinque di Piemonte, come sopra nell'Articolo II, quanto per la pretesa importanza delle somministrazioni fatte dalla Real Casa di Savoia alle truppe Imperiali, liquidate dal Commissariato Austriaco l'anno 1706 e 1708, in lire otto millioni trecento sessantotto mila ottocento novantasei, soldi tre, moneta suddetta, come pure per i frutti intermedii fra la signatura, ed esecuzione del Trattato di Worms pretesi similmente, e per l'ammontare delle artiglierie, e munizioni da guerra pretese per li due Castelli di Arona, e Domodossola; è stato per equitativo temperamento, diretto costantemente all'istesso suddetto fine comune alle Loro Maestà di coltivare semprepiù l'armonia, e di prevenire opportunamente ogni incidente, proposto, e di comune consenso accordato tra gl'infrascritti Ministri, a nome delle Maestà Loro, che si faccia, e s'intenda fatta, in virtù della presente Convenzione, vicendevole liberazione delle 1751 suddette reciproche pretensioni, di modo che in favore di Sua Maestà l'Imperatrice Regina s'intenda estinta ogni, e qualunque ragione, e pretensione procedente. dai detti crediti, e competente a Sua Maestà Sarda, sua Camera, e Commissariato, e non possa per detti titoli più pretendersi, nè dimandarsi cosa veruna; e viceversa la Camera di Sua Maestà Sarda non rimanga soggetta per l'avvenire ad alcuna molestia a titolo di quanto sovra, nè dalla Camera di Milano, nè da suoi creditori, o altri che pretendessero, o potessero pretendere di avere ragione come sovra, ed in conseguenza nemmeno dai suddetti Montisti di S. Carlo, e S. Francesco, Cassa di redenzione, e Proprietarii delle Poste per li redditi esistenti ne' Dominii di Sua Maestà Sarda, che fossero loro stati per qualunque titolo assegnati dalla Camera di Milano; ed in esecuzione di quanto sopra sono stati effettivamense rimessi all'infrascritto Ministro Plenipotenziario di Sua Maestà Imperiale Regia tutti li conti suddetti in originale.

La presente Convenzione sarà approvata, e ratificata da Sua Maestà il Re di Sardegna, e da Sua Maestà l'Imperatrice Regina, e le ratificanze saranno rispettivamente cambiate, e rimesse fra il termine di quattro settimane, o più presto se sarà possibile.

In fede di che Noi Ministri Plenipotenziarii delle Maestà Loro, abbiamo segnata la presente Convenzione, e vi abbiamo fatto apporre il sigillo delle nostre armi. Dato in Milano li quattro del mese di ottobre l'anno mille settecento cinquantuno.

BOGINO.   CRISTIANI.

Articolo separato ed aggiunto.

Essendo dopo la segnatura della Convenzione generale, poco prima firmata dagl'Infrascritti Ministri Plenipotenziarii, stato esibito ai medesimi il detaglio di alcune regalie vendute dalla Regia Camera di Milano prima dei rispettivi smembramenti, le quali stendono i loro rami nell'uno, e nell'altro Dominio, e ricordata la congruenza di dividerle, tanto per provvedere al caso della redenzione, che piacesse di fare a detta Camera, o a quella di Piemonte, quanto per regolare la porzione delle onoranze, e dell'arbitrio chiamato

1751 dal cinque al sette rispettivamente dovute alle due
Camere per alcune delle accennate regalie, sentiti
gl'Interessati, e riconosciuto il rispettivo prodotto, si
è .anche quest' Articolo convenuto in tutto, come in
appresso.

I. La privativa delle carte da giuoco venduta per
il prezzo di lire cento quarantasei mila quattrocento
ventotto l'anno 1645 a Gerolamo Caimo, a cui sono
succedute la Case Calchi, e Rabbia, attualmente affittata in totale per lire sette mila e novecento, cioè per
i Rami che si stendono sopra gli Stati di Sua Maestà
Sarda, in lire tre mila duecento quarantacinque, e
per quelli, che si stendono nello Stato di Milano, in
lire quattro mila seicento cinquantacinque, dovrà in tale
proporzione dividersi, ed aversi per divisa in avvenire,
e così in caso di redenzione dovrà questa seguire mediante il pagamento di lire sessanta mila cento quarantasei, soldi tredici denari nove per la Regia Camera
di Piemonte, e di lire ottantasei mila duecento ottan-
tuna, soldi sei, denari tre per la Regie Camera di
Milano, ed in eguale proporzione corrispondersi le
onoranze.

II. La regalia delle pelli verdi del Principato di
Pavia, venduta l'anno 1649 per il prezzo di lire novanta
mila settecento quattordici, soldi cinque, denari dieci
a Domenico Ceriana, a cui è succeduta la Casa Rosales,
attualmente affittata in totale nella somma di lire nove
mila, cioè in lire settecento cinquanta nove, soldi dieci
per la Lumellina, ed in lire settecento novanta quattro
per l'Oltre Po, e Siccomario, posseduti da Sua Maestà
Sarda, ed in lire sette mila quattrocento quarantasei,
soldi dieci, per il resto del Principato rimasto Austriaco,
dovrà dividersi, ed aversi per divisa nell'avvenire, a
proporzione di detto prodotto, non solamente all'effetto
della redenzione, e delle onoranze, ma ancora all'effetto
dell'arbitrio dal cinque al sette, a cui è soggetta, la
divisione del qual arbitrio ascendente a lire mille cento
ventuna, soldi cinque, riviene nella porzione di lire
cento novantatre, soldi dieci, denari nove per la Reale
Camera di Piemonte, e di lire novecento ventisette per
la Reale Camera di Milano annualmente; e volendo
redimersi, spetterà alla Camera di Milano la somma
di lire settantacinque mila e cinquantasei, ed a quella

di Piemonte lire quindici mila sei cento cinquant'otto, 1751 soldi cinque, denari dieci.

III. Il dazio del vino forestiere venduto l'anno 1705 per il prezzo di lire trecento cinquantadue mila settecento quarantatre, soldi tredici, denari sei a Giacomo Roviglio, a cui è succeduto il Conte Alario, e di presentaneo reddito nel suo totale di lire diciassette mila seicento quarantadue, soldi quattordici, cioè per lire cinque mila cinquecento ventuna, soldi sette, denar sette negli Stati di Sua Maestà Sarda, e per lire dodici mila cento ventuna, soldi sei, denari cinque nello Stato di Milano, dovrà dividersi, ed aversi per diviso nell'avvenire per il caso di redenzione, in regola di lire duecento quarantadue mila trecento cinqnanta, soldi dodici, e denari cinque per la Camera di Milano, e lire cento dieci mila trecento novantatre, soldi uno, denari uno per quella di Piemonte, e colla stessa norma si ripartiranno le onoranze.

IV. Il dazio del vino a minuto della Città e Principato di Pavia, venduto l'anno 1655 per il prezzo di lire quindici mila quattrocento cinquantasei soldi otto, denari tre ad alberto Monticelli, a cui sono succedute diverse persone, dovrà dividersi, per il caso della redenzione, in regola di lire nove mila cinquecento sette, soldi dodici, denari nove per la Regia Camera di Piemonte, e di lire cinque mila novecento quarantotto, soldi cinque, e denari sei per quella di Milano, e restando l'arbitrio già alienato nella Congregazione dello Stato, si divideranno colla regola suddetta fra le due Camere le onoranze.

V. Si stendono egualmente nell'uno e nell'altro Dominio la privativa dell'Endago, venduta nell'anno 1693 per il prezzo di lire duecento sessanta mila cinquecento sessantadue, e soldi dieci a Giuseppe Bolognino, a cui sono succedute diverse persone, e quella de' Strazzi venduta nel 1665 in lire ottanta mila a Francesco Pietrafatta, cui è succeduto l'Avvocato Minala, per le quali non essendo presentemente affittate non si è potuto fissare il rispettivo prodotto, e perciò si riserva la congrua divisione ad ulteriori diligenze; siccome poi non è stato possibile avere le notizie sufficienti per liquidare, se vi siano attrassati, si per le onoranze, che per il detto arbitrio, nè sarebbe facile, e breve la detta liquidazione, si è accordato, che s'in-

1751 tendano reciprocamente pagate le onoranze a tutto l'anno corrente, e che rispetto a quelli del mentovato arbitrio, liquidati che siano, avranno a dipendere dalle benigne disposizioni dei rispettivi Sovrani. Le somme suddette sono state conteggiate a moneta di Milano.

Il presente Articolo dovrà aver forza, come se fosse inserito di parola in parola nella Convenzione principale, e così cadere sotto la ratifica dei rispettivi Sovrani. Dato in Milano li quattro del mese di ottobre, l'anno mille settecento cinquantuno.

BOGINO. CRISTIANI.

Ratifié par l'Impératrice le 26. Octobre de la même année.

14.

Convention entre l'Impératrice-Reine Marie Thérèse et le Duc de Modène. En date du 24. Juillet 1752.

(Extrait.)

Art. 1. Si è convenuto di ritenere per base delle presenti intelligenze la sostanza, e lo spirito della Convenzione provisionale accordata fra li rispettivi Dominii li sei Aprile 1667 colla mediazione del Commisario Imperiale; spiegandola pero, modificandola, e ricudendola a termini corrispondenti allo stato presente delle cose, e convenienti a dare più certo, e solido fine alle insorte controversie sopra il fiume nel tratto, che come sopra, scorre intermedio ai due Stati.

Quindi dichiarasi, che tanto à Sua Maestà, come Sovrana del Montovano, e sue dipendenze, come al Serenissimo Signor Duca di Modena come Sovrano di Briscello e sue dipendenze, competa l'uso ed esercizio della promiscua Giurisdizione sulle acque vive del fiume dal confine di Guastalla segnato col numero I nel disegno, che va unito al presente Trattato sotto la lettera A.; e dal punto corrispondente nell'opposto continente Montovano marcato per la sola figurazione col numero II sino alla prima colonna marcata nello stesso continente alla sinistra del fiume col numero III corrispondente nella destra al punto IV, e che da detti

punti III e IV. andando all' insu del fiume la Giurisdi- 1752
zione sia privativa del Ducato di Mantova alla forma
della Convenzione seguita l'anno, mille cinquecento trenta
nove fra il Signor Duca di Mantova ed il Signor Cardinale Estense Padrone allora di Briscello da registrarsi
alla lettera B, fissati equitativamente nelle riferite ubicazioni coll' assistenza dei rispettivi Ingegneri da detti
Signori Ministri Plenipotenziarii, con relazione agli
antichi disegni, gli antichi termini indicati nella Convenzione suddetta, ed in oggi più non esistenti; e tutto
ciò senza conseguenza per l'Alto, e Superiore Dominio
Territoriale preteso egualmente dalli due Stati sopra
l'intiero fiume dentro gli accennati confini, il quale
Dominio si lascia per ora indeciso colla riserva in
favore di ambi li Principi delle ragioni che ad essi
competono, o potevano competere prima del presente
Trattato, senza che il medesimo possa giammai fare
stato in avvenire, od esempio pregiudiciale ad alcuno
di essi per ciò, che riguarda la mentovata Superiorità
Territoriale.

Art. 2. L'uno e l' altro Principe potrà continuare
nella esigenza dei dazi, dei quali si trova in possesso
sopra detto fiume tanto per lungo, quanto per traverso.
In conseguenza il Sovrano di Mantova potrà continuare
ad esigere il suo dazio di Viadana, ed altri, che ha
sopra il fiume tanto dentro gli accennati confini, quanto
oltre i medesimi, tanto all' ingiù verso il Ferrarese,
quanto all' insù verso il Cremonese, sin dove stendesi
oltre la Giurisdizione sua privativa anche la sua Superiorità Territoriale sopra il fiume suddetto. E siccome per rapporto alla esigenza del dazio di Briscello
ricorreva la stessa dubbiezza relativamente alla corrispondenza delle moderne ubicazioni colle antiche, e
specialmente colle espresse nella Convenzione suddetta
del mille cinquecento trenta nove, così li signori Ministri Plenipotenziarii, riconosciuti li disegni antichi e
moderni, e sentiti gli ingegneri, hanno equitativamente arbitrato, che sia lecito all' Altezza Sua Serenis-
sima di far esigere detto suo dazio di Briscello non
solamente lungo il tratto cadente sotto l' accennata
promiscua Giurisdizione, ma ancora sino alla seconda
colonna segnata col numero V, ed al punto figurato
nell' apposto continente nella ripa destra col numero
VI, ancorchè la linea corrispondente a questi due punti

1752 sia tirata nel sito cadente sotto la privativa Giurisdizione del Ducato di Mantova, di modo che sino a questa linea competa al Signor Duca di Modena non solamente il diritto dell'esigenza ma ancora quello della insecuzione ed arresto dei contrebandi. Ma perchè le frequenti mutazioni del fiume potrebbero rendere col tempo nuovamente incerte le due linee suddette riferite alle due enunciate colonne, l'una terminante la Giurisdizione promiscua, e l'altra l'esigenza, ed insecuzione per lo dazio di Briscello, così ad effetto di renderle invariabili, e certe, sarà ligata l'ubicazione di dette colonne poste presentemente nell'argine maestro del Po a Viadana sulla sinistra del fiume con una lineare misura, e colla direzione di quel vento, che sarà rilevato con una bussola ad una delle torri più visibili di Viadana, ad oggetto che possano incontrarsi in ogni tempo ed in ogni occasione colla linea diretta da venti le misure e stazioni, che saranno proratte a squadra, e così con un mezzo sempre certo, per essere la direzione de' venti immutabile a differenza di quella de' fiumi.

I.

TABLE CHRONOLOGIQUE.

II.
TABLE ALPHABETIQUE.

Rome (Cour de).

ABLE CHRONOLOGIQUE DE L'APPENDICE.

Lightning Source UK Ltd.
Milton Keynes UK
UKHW012142180219
337529UK00012B/1312/P